法治文明溯源
中华法系经典案例解析

崔亚东　主编
米振荣　施伟东　杨　华　副主编

商务印书馆
The Commercial Press

主编简介

崔亚东，上海市法学会党组书记、会长，上海市高级人民法院原党组书记、院长，二级大法官。

1969年12月入伍，1974年1月入警，曾任中国人民解放军原陆军74师通信连战士；安徽省合肥市公安局民警、侦查员、干事、政治处副主任、预审处副处长、收容审查所所长，合肥市公安局副局长、局长、党委书记；安徽省公安厅副厅长、厅长、党委书记，武警安徽省总队第一政委、党委第一书记（兼）；中共贵州省委常委、政法委书记，贵州省公安厅厅长、党委书记，副总警监，贵州省维稳办主任（兼），武警贵州省总队第一政委、党委第一书记（兼），贵州省法学会会长（兼）。

2013年4月任上海市高级人民法院代院长、党组书记，2014年1月任上海市高级人民法院院长、党组书记，二级大法官；2018年7月任上海市法学会党组书记，2018年10月当选上海市法学会会长。

本书编写团队

顾 问

张文显 黄德宽

编委会

主任、主编

崔亚东

副主任、副主编

米振荣 施伟东 杨 华

委 员（按姓氏笔画排序）

丁守胜 生键红 孙培江 刘学尧 张 新 陈树森
段守亮 徐世亮 席建林

编辑部

主 任

杨　华（兼）

副主任（按姓氏笔画排序）

王　赫　朱铁军　孙建伟　沈丽飞　赵玉成　胡荣鑫
夏　邦　蔡一博

编写人员（按姓氏笔画排序）

丁　宁　万　达　马健博　王　伟　王腾宇　王嘉兴
王　霏　毛兴满　叶　戈　田　颂　卢　进　包　翌
吕　健　吕曼菲　朱秋晨　刘子娴　刘文燕　刘　杰
刘彬华　孙海峰　纪冬雨　李旭颖　李　超　李　震
李　露　杨　敬　吴　双　吴嘉懿　何　超　库娅芳
汪　露　沈佳莹　沈　烨　宋亚文　张　辰　张　倩
张博闻　张　鑫　陆　越　陈　冲　陈晓龙　林梦婷
杭峻如　周晓宇　周　嫣　赵　丹　赵宇翔　赵拥军
胡丽萍　胡晓爽　拜金琳　段　夏　秦方舟　秦玉罕
夏万宏　徐　凤　徐　涛　徐锦宜　龚杨帆　章国栋
梁诗园　巢宇宸　董步凡　董　燕　储继波　詹　可
戴逸婷

前言

习近平总书记指出："自古以来，我国形成了世界法制史上独树一帜的中华法系，积淀了深厚的法律文化。中华法系形成于秦朝，到隋唐时期逐步成熟，《唐律疏议》是代表性的法典，清末以后中华法系影响日渐衰微。与大陆法系、英美法系、伊斯兰法系等不同，中华法系是在我国特定历史条件下形成的，显示了中华民族的伟大创造力和中华法律文化的深厚底蕴。中华法系凝聚了中华民族的精神和智慧，有很多优秀的思想和理念值得我们传承。"[1]"近代以后，不少人试图在中国照搬西方法治模式，但最终都归于失败。历史和现实告诉我们，只有传承中华优秀传统法律文化，从我国革命、建设、改革的实践中探索适合自己的法治道路，同时借鉴国外法治有益成果，才能为全面建设社会主义现代化国家、实现中华民族伟大复兴夯实法治基础。"[2]

中华法系源远流长，中华法律文化底蕴深厚。

深入研究中华法系及中华法系精神、中华法律文化，探索中华法系的起源和形成脉络，弘扬中华法律文化精神，让中华民族古老优秀的法治智慧服务于新时代，助力实现中华民族的伟大复兴，是一个新课题。习近平总书记关于中华法系、中华优秀传统法律文化的重要论述，是习近平法治思想的重要组成部分，为我们研究、传承中华优秀传统法律文化指明了方向。

在深入学习、深刻领会、努力践行习近平法治思想，推动全面依

---

[1] 习近平:《坚定不移走中国特色社会主义法治道路 为全面建设社会主义现代化国家提供有力法治保障》，《求是》2021年第5期。

[2] 同上。

法治国的伟大实践中，我们组织当代法官、检察官运用习近平法治思想、法治思维、法治方法对中华古代经典案例进行解析，编写《法治文明溯源：中华法系经典案例解析》一书，让沉睡千百年的中华古案例，服务于当代司法实践，服务于法治中国建设。这一创想得到了张文显、黄德宽等学术大家和米振荣、施伟东、杨华、席建林、孙培江、段守亮、张新、徐世亮、刘学尧、生键红、丁守胜等专家学者的赞同、支持和积极参与。编写工作于 2022 年 4 月启动。

一、指导思想

本书坚持以习近平法治思想为指引，运用马克思主义辩证唯物主义和历史唯物主义的观点，坚持把马克思主义法治原理与中国法治实际相结合，与中华优秀传统法律文化相结合。遵循守正创新、古为今用、推陈出新、择善而用的原则，选取中华古代经典司法案例，组织当代专家学者和资深法官、检察官对选取的中华古代经典案例进行深入研究、挖掘、精解，通过现代法官、检察官与古代司法官跨越千年的对话，使中华古案例内蕴的精神与当代法治更为契合，服务于中国当代司法，服务于法治中国建设，以弘扬中华法系精神，传承中华优秀传统法律文化，为全面依法治国、建设法治中国、实现中华民族伟大复兴提供法治智慧和力量。

二、本书的特点

（一）以案例为切入，传承弘扬中华法系精神

本书的编写以中华古代经典案例为切入口，运用习近平法治思想、

法治思维和法治方法，结合新时代中国特色社会主义法治实践，精选、精解中华古代经典案例，推陈出新，古为今用。

案例指已有的可作为典型事例的案件。现代意义上的案例最早来源于医学界对病情诊断和处理方法的记录。司法案例包括通过记录真实而复杂的情境、典型的事件、多个问题的呈现及典型的解决方法，可以对相关问题进行深入的研究分析，从中寻找带有规律性、普遍性的成分。对司法人员而言，案例是动态的法典；对民众而言，案例是鲜活的法治教材。案例还是宣传、弘扬法治的重要载体。案例通过一个个生动的法律实践活动，体现法律方法、社会价值和法治理念，从而展现案例的指引、规范和示范的核心功用。

（二）精选中华古代经典案例，择善而用

习近平总书记强调："要注意研究我国古代法制传统和成败得失，挖掘和传承中华法律文化精华，汲取营养、择善而用。"①

在中华传统法律文化发展的历史长河中，产生了灿若繁星的案例。本书选取的案例跨度从我国西周时青铜器僰匜铭文中记载的一个案件的判决书（距今约2800年，这是我国迄今发现最早出土的诉讼判决书）至《清稗类钞》②中记载的清嘉庆时县令郑裕国为民审银币案，涵盖先秦、秦、汉、三国、晋、南北朝、隋、唐、宋、辽、金、元、明、清等不同时期。选取对象以二十四史、《左传》、《资治通鉴》及南宋《折狱龟鉴》、《名公书判清明集》、清《刑案汇览》等文献中的记载为主，兼及吸收近年出版的历史档案和睡虎地秦简、黑城文书等出土文物资料中的案例，本着古为今用、择善而用的原则，共选取了117个经典案例。

本书选取案例涉及的判官，上至帝王将相，下至普通基层司法官员，既有历史上的著名官员狄仁杰、白居易、包拯、文天祥、王阳明、

---

① 2014年10月23日习近平总书记在十八届四中全会第二次全体会议上的讲话。
② 《清稗类钞》是民国时期徐珂创作的一部清代掌故遗闻的汇编著作。

海瑞、于成龙等，也有普通县令和不太知名的审判官。选取的案例中既有毛泽东在湖南全省公立高等中学堂读书时作文《商鞅徙木立信论》中所写"法令者，代谋幸福之具也"涉及的"徙木为信"典故，[①]也有董仲舒春秋决狱、柳宗元《驳〈复仇议〉》等产生重大历史影响的判决案例和司法事件，还有宋太祖判失猪、县令审汤圆等有趣小案。

本书选取的案例，具有真实性、典型性、适用性的特点，体现了中华优秀传统法律文化的精华，有助于当代人深入了解中华法律文化的根脉，了解中华法系的源头、形成与发展。

（三）发挥古案例指引功能，推陈出新

本书所选案例，既有青铜器上的铭文、出土简牍、石碑刻文，也有史书传记和文质兼备的判词。案例涵盖刑事、民事、商事、行政、经济、知识产权、国际法等尽可能多的领域，涉及法理学、刑侦学、审判学、法医学、死刑复核、信访制度、基层纠纷解决制度等方面。在案例呈现上力求真实性、经典性；在原文注释上力求精准性、权威性；在当代精解上力求时代性、适用性。

本书坚持守正创新、古为今用、推陈出新的原则，注重分析古案例中蕴含的优秀传统司法理念和精神，通过深度挖掘，展现案例的指引和示范价值，助力当代人深入了解中华法律文化的根脉，深入了解中华法系的源头、形成与发展历程，为当代人从古案例中学习、借鉴中华优秀法律文化提供参考，使之成为司法人员判案参考、借鉴的工具书，成为广大民众了解中华优秀传统法律文化的有益读本。为立法、执法、司法人员学习研究习近平法治思想、传承弘扬中华优秀传统法律文化提供帮助。

[①] 见中共中央文献研究室、中共湖南省委《毛泽东早期文稿》编辑组编：《毛泽东早期文稿（一九一二年六月——一九二〇年十一月）》，湖南人民出版社2008年版，《商鞅徙木立信论》为首篇。

（四）以习近平法治思想为指引，当代法官、检察官精解、体现新时代法治精神

本书坚持以习近平法治思想为指引，由当代资深法官、检察官进行案例精解，体现习近平新时代中国特色社会主义法治精神和中国特色社会主义法治实践。

目前已出版的中华法系案例书籍，或偏重于原始资料的汇集注释，或偏重于中国古代法律故事的整理介绍。本书由当代法官、检察官对中华法系经典案件进行解析，不是简单地注释、注解，不是简单地从现代回望古代，而是坚持运用习近平法治思想的最新理论和实践成果去剖析中华经典古案例，进行创造性转化、创新性发展。通过当代法官、检察官的研究、挖掘、剖析，从中发现我们应当学习什么、传承什么、借鉴什么，挖掘出古代经典案例中的司法精华，揭示古代经典案例中的优秀传统法律文化精神，并注入新时代中国特色社会主义法治新思想。真正做到古为今用、推陈出新、汲取营养、择善而用，为今天的司法实践、法治中国建设，提供参考与借鉴。

三、关于本书的编写

本书的编写工作，主要由上海市法学法律界的专家学者和法官、检察官承担（法官、检察官占多数，编写团队成员简介附书后）。他们在深入学习、深刻领悟习近平法治思想的基础上，深入研究、挖掘中华古案例的精华，结合自己的司法实践，从理念、学理、法理以及法律适用上作出解读，力争为中华经典古案例注入新时代的法治精神。

这里特别要指出的是，本书编写得到了中国著名法学家张文显、中国著名古文字专家黄德宽的大力支持。他们对本书的编写体系、案例选择提出了宝贵的指导意见，并欣然为本书作序，使本书的品质得到了提升。在此向两位专家表示衷心的感谢！

本书集中修改、统稿过程中，米振荣、杨华以及赵玉成、胡荣鑫、詹可等同志注入了极大的心血；席建林、孙培江、段守亮、张新、徐世亮、陈树森、朱铁军及各章节的负责同志，利用工作之余，牺牲休息时间，研读撰写，几易其稿，一丝不苟，反复修改，精心解析，为成书付出了辛勤的汗水，在此向他们表示感谢！本书的编写还得到了丁守胜、生键红、孙建伟、沈丽飞、孙莉等多位专家学者的帮助和支持，为书稿资料收集，对书的结构、写作提出了宝贵的审订意见等，在此同时表示感谢。

本书难免存在一些不足之处，请各位读者不吝指正，以期进一步完善。

愿此书成为学习、研究、践行习近平法治思想，弘扬中华优秀传统法律文化，古为今用的有益读本。

崔玉东

2023 年 8 月

目录

序一 …………………………………………………… 1
序二 …………………………………………………… 11

序章 …………………………………………………… 14
　"法"（灋）字变迁与中华法系精神 …………… 14
　中国司法官的始祖皋陶 ……………………………… 36

第一章　西周时期经典案例评述 ………………… 42
　一、敢以乃师讼 ……………………………………… 44
　二、周公敬明乃罚 …………………………………… 49
　三、周穆王惟良折狱 ………………………………… 56
　四、召公甘棠听讼 …………………………………… 64

第二章　春秋战国时期经典案例评述 …………… 70
　一、令尹子文不护亲 ………………………………… 72
　二、惠公斩庆郑 ……………………………………… 78
　三、王里国与中里徼 ………………………………… 83
　四、李离错杀伏剑 …………………………………… 88
　五、许灵公诉郑侵田 ………………………………… 93
　六、宋国引渡猛获 …………………………………… 98
　七、王叔与伯舆争政 ………………………………… 104
　八、蕉鹿自欺 ………………………………………… 110

九、腹䵍杀子 ································· 115
　　十、晋郤至诉周侵田 ··························· 119
　　十一、楚弃疾忠孝两全 ························· 124
　　十二、石奢纵父 ······························· 127
　　十三、公孙黑犯节 ····························· 131
　　十四、孔子赦不孝 ····························· 137
　　十五、子皋为狱吏 ····························· 143
　　十六、叔向断狱 ······························· 147
　　十七、卫君臣对簿公堂 ························· 151
　　十八、茅门之法 ······························· 158
　　十九、魏绛行法 ······························· 163
　　二十、游贩夺妻 ······························· 169

第三章　秦国与秦代经典案例评述 ················· 174
　　一、立木为信 ································· 176
　　二、不知何人刺女子婢最里中 ··················· 182
　　三、验证被殴流产 ····························· 190

第四章　两汉时期经典案例评述 ··················· 195
　　一、疑狱诏 ··································· 197
　　二、缇萦代父 ································· 203
　　三、粟君告寇恩 ······························· 208
　　四、寒朗冒死诤冤狱 ··························· 216
　　五、孙章矫诏免死 ····························· 223
　　六、袁安释冤囚 ······························· 230
　　七、周纡尸语 ································· 235
　　八、春秋决狱 ································· 241
　　九、隽不疑捕假太子 ··························· 249

十、钟离意宽纵孝囚 ································· 255
　　十一、王烈赦盗牛 ··································· 261
　　十二、张释之执法守正 ······························· 266
　　十三、强项令董宣 ··································· 272
　　十四、郅恽守城拒光武 ······························· 278
　　十五、苏孺文治罪故人 ······························· 283
　　十六、薛宣断缣案 ··································· 289
　　十七、武帝守法杀外甥 ······························· 294

第五章 三国两晋南北朝时期经典案例评述 ············· 299
　　一、陈表审盗 ······································· 301
　　二、吉盼乞代父命 ··································· 306
　　三、窦礼近出不还 ··································· 313
　　四、烧猪证人尸 ····································· 318
　　五、纵凶断命案 ····································· 321

第六章 隋唐时期经典案例评述 ······················· 327
　　一、录囚视死如归 ··································· 329
　　二、太宗叹人死不能复生 ····························· 333
　　三、唐临治狱 ······································· 337
　　四、狄仁杰宽刑结案 ································· 345
　　五、韩思彦解兄弟讼 ································· 350
　　六、董行成策贼 ····································· 355
　　七、张琇报仇杀人案 ································· 359
　　八、徐元庆复仇 ····································· 366
　　九、曲元衡杖杀柏公成母 ····························· 376
　　十、姚文秀打杀妻状 ································· 381
　　十一、戴胄据法力争 ································· 387
　　十二、唐太宗曲赦党仁弘 ····························· 393

十三、法与天下画一 399
十四、李令质守法 403
十五、徐大理论狱 408
十六、判重南山 413
十七、萧钧两谏救死囚 417
十八、魏謩遵法治 422
十九、王法岂容枉杀平人者 427

第七章　两宋辽金时期经典案例评述 432

一、淳化失猪 434
二、司理用刑致死 438
三、文天祥察微析疑原情定罪 444
四、范西堂守令亲民 451
五、张咏宽饥民 461
六、查账杀巨贪 466
七、弃官救死囚 471
八、石普发配 477
九、新婚犯逾年杖 481
十、钱若水重审死囚 486
十一、鹌鹑狱 494
十二、包拯断惠民河阻塞 499
十三、阿云狱 504
十四、檀偕使耕夫杀盗 513
十五、执同分赎屋地 518
十六、典买田业合照当来交易或见钱或钱会中半收赎 524
十七、赁人屋而自起造 532
十八、受人隐寄财产自辄出卖 537
十九、包拯判割牛舌 543
二十、智断分家 546

二十一、张奕断盗贼纵火 ………………………… 550

　　二十二、欧阳左手 ……………………………… 554

　　二十三、鞠真卿处理斗殴 ……………………… 558

　　二十四、蝇子识凶 ……………………………… 561

　　二十五、移剌斡里朵断邻人欺钱 ……………… 566

第八章　元代经典案例评述 ………………………… 571

　　一、胡长儒智断 ………………………………… 573

　　二、苏天爵辨疑 ………………………………… 579

　　三、义绝与和离 ………………………………… 586

　　四、人民饿死，官吏断罪 ……………………… 593

　　五、失林婚书案文卷 …………………………… 600

第九章　明代经典案例评述 ………………………… 608

　　一、片言折狱 …………………………………… 610

　　二、王阳明桌围听供 …………………………… 615

　　三、海瑞情理推断命案 ………………………… 620

　　四、李兴辨冤 …………………………………… 627

　　五、里甲老人 …………………………………… 633

　　六、南明弘光元年徽州土地买卖契约 ………… 639

第十章　清代经典案例评述 ………………………… 644

　　一、抢劫新娘案 ………………………………… 645

　　二、于成龙审断冯婉姑抗婚案 ………………… 649

　　三、调处息讼六尺巷 …………………………… 656

　　四、兄弟争产 …………………………………… 661

　　五、袁枚审未嫁先孕 …………………………… 668

　　六、松江府为禁奸胥市狯私勒茶商陋规告示碑 …… 675

　　七、清苑投毒案 ………………………………… 682

八、查档取证断新讼 ⋯⋯⋯⋯⋯⋯⋯⋯⋯⋯⋯⋯⋯⋯⋯ 689

九、袁枚审物擒奸 ⋯⋯⋯⋯⋯⋯⋯⋯⋯⋯⋯⋯⋯⋯⋯⋯ 694

十、黄中还银获银 ⋯⋯⋯⋯⋯⋯⋯⋯⋯⋯⋯⋯⋯⋯⋯⋯ 701

十一、丁乞三仔案 ⋯⋯⋯⋯⋯⋯⋯⋯⋯⋯⋯⋯⋯⋯⋯⋯ 708

十二、郑裕国为乡民审银币 ⋯⋯⋯⋯⋯⋯⋯⋯⋯⋯⋯⋯ 712

十三、藏区争讼 ⋯⋯⋯⋯⋯⋯⋯⋯⋯⋯⋯⋯⋯⋯⋯⋯⋯ 718

本书编写团队成员及分工简介 ⋯⋯⋯⋯⋯⋯⋯⋯⋯⋯⋯⋯ 725

序一

由上海市法学会会长、国家二级大法官崔亚东先生主编，诸多专家学者和资深法官参与研究和撰稿的《法治文明溯源：中华法系经典案例解析》一书即将出版发行。该书立意高远，以117个典型案例描绘了从夏商周至清代绵延数千年依然鲜活如斯的中华司法实践，科学的法学技术和方法浸润笔端，古老的法治文明和智慧跃然纸上，现代和传统在这一个个案例中交融在一起，谱写出美妙而生动的华章。这一堪称开创性、示范性的科学工程，是一部贯通古今、以案晓理、以文载道、史论结合的法学文献，其匠心独运、品位独到、构思独特，值得称赞和推介。值这部鸿篇巨制出版发行之际，我应编委会约请，就"中华法系"及其法理、法典、案例略陈己见，谨以为序。

中华法系是中华法治文明中一颗璀璨的明珠，是人类法治发展史上堪称传奇的佳话。中华法系在秦汉变法中萌芽，在唐风宋韵中长成，在中华文明的历史画卷中展开，编织着东方大国气韵生动的法治故事，蕴含着中华民族博大精深的法理经义。中华法系中有很多优秀的思想、理念、智慧，至今仍值得我们传诵、传承、传扬。正如习近平总书记所指出的："我国古代法制蕴含着十分丰富的智慧和资源，中华法系在世界几大法系中独树一帜。"[①]"自古以来，我国形成了世界法制史上独树一帜的中华法系，积淀了深厚的法律文化。"[②]

中华法系之所以"独树一帜"，其缘由有三：第一，中华法系有悠

[①] 习近平：《加快建设社会主义法治国家》（2014年10月23日），载习近平：《论坚持全面依法治国》，中央文献出版社2020年版，第111页。
[②] 习近平：《坚定不移走中国特色社会主义法治道路 为全面建设社会主义现代化国家提供有力法治保障》，《求是》2021年第5期。

久的历史,在数千年社会变迁、王朝兴替中得到淬炼。中华法系形成于秦朝,到隋唐时期逐步成熟,其生命一直延续到明清。《唐律疏议》是中华法系的法典代表。近代以来,中华法系受到西方法律文化的强烈冲击,法律制度几近破碎、法律文明趋乎沉默,但其民族精神和法理基因一直根植于历史纵深处,等待岁月激荡后的重生。多少次,我们翻开典籍,回眸中华法系的历史印记,总有说不出的激动和莫可名状的自信。第二,中华法系着眼于整个文明秩序的建构,而不拘于立法、审判等法律技术。例如,中华法系主张"天人合一""道法自然""社会和合""移风易俗",坚持"礼法合一""德法并济""明德慎罚""大德小刑",奉行"理天下者,以人为本"。天理、国法、人情共同生生不息地滋养着中华传统法律文化,"术"统于"道",故恒久而绵长。第三,中华法系虽孕育、形成于中国本土,但影响遍及域外、发展盛于千年,魅力于今不减。中国本土的法律典章及制度曾一度成为东亚各国的"母法"。例如日本的文武天皇和元正天皇模仿隋唐律令制定了《大宝律令》和《养老律令》;高丽的李氏王朝以唐律为蓝本制定了《高丽律》和《经国大典》;安南(古越南)的黎氏王朝"遵用唐宋旧制"制定了《国朝刑律》和《鸿德刑律》;等等。由此,中华法系便形成了以唐律为母法,以日本、高丽、安南、琉球等国的法律为子法的法制体系和文化传统,成为世界法制史上形成时间最早、存续时间最久的法系。由是观之,称中华法系"独树一帜"再恰当不过了。

而身处现代世界的我们,又如何走进浩瀚经典之中,透过历史的棱镜,一睹中华法系之风采呢?在我看来,中华法系之"美"存于中华法理、中华法典、中华案例之中,是法理思想、法律制度、法治实践三种形态的完美统一。

"中华法理"为根。"法理"是中华法系的核心范畴,承载于中国古代法律文献和典籍中,呈现于诸多经典法理表达和精湛法理格言上,焕发出中华民族与众不同的文化气质。从法理的理论逻辑和法治的实践逻辑出发,举其要者,有:"法者,治之端也";"灋,刑也。平之如水，从水；廌，所以触不直者去之，从去"；"经国序民，正其制度"；"法度者，正之至也"；"国无常强，无常弱。奉法者强则国强，奉法者弱则国弱"；"凡将立国，制度不可不察也"；"小智者治事，大智者治人，睿智者治法"；"道私者乱，道法者治"；"法者，非从天下，非从地出，发乎人间，合乎人心而已"；"法者，天下之准绳也"；"法者，天下之理"；"法者，国家所以布大信于天下"；"法者，所以兴功惧暴也；律者，所以定分止争也；令者，所以令人知事也"；"欲知平直，则必准绳；欲知方圆，则必规矩"；"治国无其法则乱，守法而不变则衰"；"法与时转则治，治与世宜则有功"；"明礼以导民，定律以绳顽"；"有伦有序"；"治乱世用重典"；"观时而制法，因事而制礼"；"一时之强弱在力，千古之胜负在理"；"道之以政，齐之以刑，民免而无耻；道之以德，齐之以礼，有耻且格"；"有道以统之，法虽少，足以化矣；无道以行之，法虽众，足以乱矣"；"治国有常，而利民为本"；"政之所兴在顺民心，政之所废在逆民心"；"得众则得国，失众则失国"；"治天下也，必先公，公则天下平矣"；"立天下之正位，行天下之大道"；"大道之行也，天下为公"；"尽公者，政之本也；树私者，乱之源也"；"以天下之目视，则无不见也；以天下之耳听，则无不闻也；以天下之心虑，则无不知也"；"法不察民之情而立之，则不成"；"为国也，观俗立法则治，察国事本则宜"；"立善法于天下，则天下治；立善法于一国，则一国治"；"法约而易行"；"法必明，令必行"；"令之不行，政之不立"；"天下之事，不难于立法，而难于法之必行"；"法令既行，纪律自至，则无不治之国，无不化之民"；"法令行则国治，法令弛则国乱"；"法立，有犯而必施；令出，唯行而不返"；"法立于上，教弘于下"；"徒善不足以为政，徒法不足以自行"；"纵有良法美意，非其人而行之，反成弊政"；"人法兼资，而天下之治成"；"法不阿贵，绳不挠曲"；"凡法事者，操持不可以不正"；等等。这些经典论述，以其内在的法理逻辑串联起来，足以展现中国古典法理学思想体系，彰显中华法系的理性思辨和实践智慧。

更为令人称叹的在于，我们的祖先们在立法、执法、司法等纷繁复杂的实践中如切如磋、如琢如磨，雕刻出"法理"这一概念珍品，用以指称那些在实践中得到验证的普遍法律原则、深邃法律思想、永恒法律精神。早在1900多年前的汉代，在史册中就记载有"明于法理""明达法理""明练法理""雅长法理"等词汇，作为对精通法律之人才的称赞之语。后来，"法理"一词演变为律文所蕴含的正当依据、治国理政的根本原理等，具有了形而上的意蕴。南朝齐武帝永明年间，廷尉孔稚珪曾奏曰，"臣闻匠万物者以绳墨为正，驭大国者以法理为本"，法理被奉为治国理政之"本"。到唐代，唐代统治者明确提出"不习经史，无以立身；不习法理，无以效职"，熟谙法理成为选拔官员的重要条件。到宋代，统治者进一步主张在司法审判中援引法理、裁判应"合于法理"。可见，"法理"正是中华法系的一个文明"意象"，若未能深谙其道，便难以窥见中华法系无比动人的思想华光。

"中华法典"为干。"法典"是中华法系的制度表现，法典化是中华法系的主要特色。中国是文字大国，是汉字的发源地，我们的祖先们早就学会了用文字表达法律、将法律成文化、将成文法律法典化，并逐渐形成了"有典有册""律例统编"的法典文化和典章化传统。春秋时期，郑国执政子产铸"刑鼎"、邓析编订《竹刑》，是成文法典的雏形。战国时期，魏国李悝创制《法经》，设《盗》《贼》《囚》《捕》《杂》《具》六篇，含实体法和程序法，开中华法典化之先河。之后，商鞅以《法经》为蓝本，改法为律，制定《秦律》六篇。自秦朝始，中国历朝历代统治者都保持着"法典情结"，倾力编纂法典布信天下，以示权威。汉朝以《秦律》为基础，制成《九章律》，确立以律、令、科、比为形式的一整套法律制度。三国两晋南北朝时期各朝都编纂法典，其中曹魏《新律》、两晋《泰始律》具有代表性。法典化的鼎盛时期出现在隋唐，隋朝制定《开皇律》，唐初以《开皇律》为基础制定《武德律》12篇500条，后编定《唐律疏议》30卷，永徽四年（653）颁行全国。《唐律》和《律疏》相结合，构成了中国历史上最完整的封建法典，是中华法系成熟的标志。正如著名唐律研究专家刘晓林所言："中华法系最为成熟、完备的形态是以《唐律疏议》为代表的古代法典与律令体系，以及围绕律令体系形成的一整套立法、司法等法律操作技术与法学理论系统，更为重要的是基于此而孕育的法治传统、法律文化与文明秩序。"[①] 清末法律家沈家本论及法典沿革时曾说："论者咸以唐法为得其中，宋以后皆遵用，虽间有轻重，其大段固本于唐也。"[②] 事实确乎如此，《唐律疏议》确立了中华法系的内在逻辑，以后《宋刑统》《大元通制》《大明律》《大清律例》等各代法典基本沿唐律。

中国古代法典化的特色和优势体现在：第一，以"法典"维护国家统一、社会稳定、人民安宁。在5000多年文明演进中，我国逐渐形成了一整套包括朝廷制度、君臣共治制度、郡县制度、土地制度、税赋制度、盐铁专卖制度、科举制度、监察制度、军事制度等在内的国家制度和国家治理体系。自秦朝结束分封制，改行郡县制，统一度量衡，车同轨、书同文、国同制，两千多年来都沿袭统一的中央集权体制和基本法律制度，这种政治体制和法律制度两千多年来总体上有效地保障了国家统一、民族融合和社会发展，制定（编纂）法典就是把这些制度法律化，使之具有至高无上的权威，更好地维护国家统一、政权巩固、人民安宁。第二，以"法典"适应"变法""新政"。我国历史上的历次变法，从战国时期商鞅变法、宋代王安石变法到明代张居正变法，都伴随着法典化进程，战国时期著名政法改革家李悝编纂《法经》，商鞅以《法经》为蓝本制定《秦律》等，就是为了推动改革、推行新政，巩固和扩大改革成果。"唐太宗以奉法为治国之重，一部《贞观律》成就了'贞观之治'；在《贞观律》基础上修订而成的《唐律疏议》，为大唐盛世奠定了法律基石。"[③] 第三，以"法典"实现

---

① 刘晓林：《中华法系新诠》，《法制与社会发展》2022年第5期。
② [清]沈家本：《历代刑法考》（上册），商务印书馆2011年版，第43页。
③ 习近平：《在中央全面依法治国委员会第一次会议上的讲话（二〇一八年八月二十四日）》，载习近平：《论坚持全面依法治国》，中央文献出版社2020年版，第226页。

法制统一。维护皇权和统治阶级利益的封建社会法律，必然把打击犯罪作为立法之重，"以刑为主"是其本色。但随着经济关系、家庭关系、社会关系的复杂化，后来的法典中有关民生、财产、婚姻、继承、诉讼等的内容越来越多，呈现出从"诸法合一"到"诸法合体"再向综合性法典发展的趋势。第四，以"法典"彰显精湛法律技艺。例如，从《法经》开始的各代表性法典均以"总则"与"分则"为体例，且法典中的定义、界定非常精确，法言法语精湛易懂，力求"所定律令，芟繁就简，使之归一，直言其事"。同时，法典文化中还蕴藏着诸多原创性概念，如"律母"（例如以、准、皆、各、其、及、即、若等词）、"律眼"（例如但、同、俱、依、并、从、累减、递减、从重、罪同、同罪、听减、得减、收赎等词）等。可见，"法典"正是演绎于中华法治文明曲谱中的主旋律，若离法典而言中华法系，必然游谈无根、词不达意。

"中华案例"为叶。根深干挺而有叶茂。"案例"是中华法系丰富而精彩的内容。中国古代案例蕴含着中华文化独特的法理精神，体现着法理与伦理、法治与礼治、法意与习惯等的统一性。出自衙门的浩瀚案例与立于朝廷的大国法典互为补充、交相辉映，以特有的灵活性和实用性适应社会民俗差异、地方社情民意、社会文化变迁，并不断为法典修订完善提供鲜活素材，保障了传统中国法制体系的稳定性和延续性。特别是在法制转型及多元法文化交汇时期，案例扮演着法律与社会冲突的缓冲器作用。案例虽小，却意蕴悠长，它是中华法系在社会生活里的微观镜像，是中华法理、中华法典摇曳在漫长岁月中的倒影。我们品读这些案例与解析，总可以寻到其中隽永的法理况味，总可以感怀其中睿智的情、理、法平衡，总可以借以照亮现代的法律难题和疑难案件。我们挖掘、提炼古代案例中的义理和智慧，必将有利于推动中华司法文化传承和发展，让中华法系在新时代重焕蓬勃生机。

司法案例闪动着中国古代司法文明之"光"。司法文明是法治文明进而是中华文明的重要标志，一个个经典案例深刻体现了中国古代司法文明。在几千年的社会发展中,我们的祖先讲仁爱、重民本、守诚信、崇正义、尚和合、求大同,秉持出礼入刑、隆礼重法、民惟邦本、本固邦宁、天下无讼、以和为贵等理念。这些既是中华民族的文化之根、精神之魂,也是司法的文明价值和人文精神。从书中的案例与分析当中可以看出,历代司法官都非常重视把"仁、义、礼、智、信"等核心道德作为司法断案的根本标准,用于定分止争、惩恶扬善、弘风阐化,促进社会形成"循法成德""缘法循理""诸侯轨道,百姓素朴,狱讼衰息""礼乐天下"的良好风尚。在司法实践中,主张"礼法合一""德法并济",注重"内圣外王""刚柔相济",善于"导之以德,齐之以礼""正人心,厚风俗"。中国古代司法文明还体现在"德礼为本,刑罚为用""明德慎罚""大德小刑"上。按著名法史学家张晋藩先生对"明德慎罚"的阐释,明德在于敬德保民、以德化民;慎刑就是谨慎用刑,避免滥杀无辜。[①] 从唐代到清代,明君贤臣均对"断罪不如法""出入人罪""受赇枉法""请托枉法""挟仇枉法""滥用刑罚""淹禁稽迟"等严加查办,甚至把"断狱不公""听讼不审""淹延囚系""惨酷用刑"等列为必须整治的社会祸害。中国古代司法注重人文关怀,对孤寡老人、妇女儿童等实行宽宥、恤刑;维系家庭伦理,实行"亲亲相隐";主张以法为教、以吏为师,为官者、执法者要清正廉洁、光明正大。

司法案例谱奏出中国古代司法智慧之"乐"。中国哲学的真谛在"天人合一",中国司法的智慧在"法理情统一"。唐宋时期,统治者把"执法严明、谨持法理、审察人情"作为司法的最高境界,明确提出司法裁判应"当人情、合法理"等,而这也型构了中国古代司法的根基。天理、国法、人情相互贯通、动态平衡,彰显中国古代司法智慧之"律动之美"。优秀的司法官恰似一位精妙绝伦的琴师,善于拨动法、情、理的琴弦,丝丝入韵,袅袅成音。天理(天下之理)、国法(国家之法)、人情(人间常情)都是司法官需要考量的因素,既严格循法,又观照天

[①] 参见张晋藩:《中华法系的回顾与前瞻》,中国政法大学出版社2007年版,第148页。

理和人情。严格司法,就是依法断罪、援法断罪,即"刑当罪则威,不当罪则悔""赏当贤、罚当暴,不杀不辜,不失有罪"。只有严格司法,才能从根本上保证司法公正,正所谓"且法,国之权衡也,时之准绳也。权衡,所以定轻重;准绳,所以正曲直"。但严格司法又不是刻板司法、机械司法,而要讲究法情理统合,包容人情世故、伦理纲常、世态万千。他们释法说理,非法律条文至上,亦非典籍经义至信,而是融天理、国法、人情于一体。他们依法断案,非推演而至,亦非就事论事,而是追求现实的合理性。他们或许不会"为真理而真理",却把这份虔诚运用到对百姓真切的体察之中。中国古代优秀的司法官还特别讲求审判时效,避免拖延了事,如南宋时期著名判官真德秀曾言:"一夫在囚,举室荒业,囹圄之苦,度日如岁,其可淹久乎!"

司法案例折射出中国司法传统之"虹"。与中国两千多年以德主刑辅为核心的法律文化和法情理一体化的司法智慧相适应,中国古代形成了一套殊异于任何其他国家的独具特色的司法传统,其本色可以概括为三点。其一,司法之规范渊源的多元性,司法官们善于使之各得其宜。司法官在断案时,往往同时考量国家法、民间法、案例法、道德规范、民风民俗、法理精义、国学经典等,努力融合多种优势,取得多重效果。正如法律史专家顾元教授所言:在中国古代,"一个成熟而合格的司法官不仅详究律的文义,并且兼读例案,以了解法律的实际运用;更要旁通经史,以探询法律的理论基础;此外他又须研读各种地方情事之书,了解民情风俗,认识当时当地的社会和将要接触的事物"[①]。其二,司法判例互相借鉴。我国古代司法案例虽然没有英美法系中判例的制度性约束力,也没有形成当代中国指导性案例的"参照"惯例,却在日积月累的司法实践中达成了典型案例共识,因其参考价值而被借鉴,自然形成了事实上的"先例"。《刑案汇览三编》中曾记载这样一个案例:清朝嘉庆二十五年(1820),徐还大和徐棒南两

---

① 顾元:《衡平司法与中国传统法律秩序——兼与英国衡平法相比较》,中国政法大学出版社2006年版,第13页。

人先发生口角，进而发展为斗殴，打斗中徐还大误杀了前来劝和的胞伯徐松观。江苏巡抚审理此案后，依律判决，处以死刑，并将判决送达刑部核准，准备秋后行刑。但在全国秋审时，皇帝获知，该犯人还有一个守寡20多年的母亲健在，且该犯也没有其他兄弟，无人可分担赡养母亲的义务。与此同时，刑部查到，嘉庆二十一年（1816）四川省有一个类似的案子。于是，就参照之前案件判决，将此犯改判为死刑缓期执行，批准徐还大暂时回家赡养母亲。本案的处理过程和判决结果富有深意地诠释了"先例"的影响力。其三，类推司法、法官造法与法典律令相辅相成。尽管中国古代有比较完备的国家法典，但是生活的万花筒千变万化，社会的矛盾纠纷层出不穷，法典无法精确预测未来的一切，天衣无缝的法典如镜花水月。司法官必须要面对纷繁复杂的社会现实，在处理形形色色新奇案件、疑难案件时，根据封建社会的法律意识、道德准则、司法经验以及具体案件事实，创造出适合当下案件的裁判规则。由此，司法实践中便形成了"有法者以法行，无法者以类举，听之尽也"的传统，这一传统一直延续至清代。例如，清末编纂的中国历史上第一部民法典《大清民律草案》第1条规定："民事本律所未规定者，依习惯法；无习惯法者，依条理。"这里的条理（法理）所指就是法官的法律认知和司法理念，这在事实上承认了法官造法的现实性、合法性和合理性。

历史是最好的老师，只有以史为鉴，才能开创未来。本书百余案例固然无法穷尽一切法治故事，写出中华法系之壮丽史诗，但这串联起来的法治余韵，未尝不能博古通今，引领我们从历史走向未来。习近平总书记指出："历史和现实告诉我们，只有传承中华优秀传统法律文化，从我国革命、建设、改革的实践中探索适合自己的法治道路，同时借鉴国外法治有益成果，才能为全面建设社会主义现代化国家、实现中华民族伟大复兴夯实法治基础。"① "要注意研究我国古代法制传

---

① 习近平：《坚定不移走中国特色社会主义法治道路 为全面建设社会主义现代化国家提供有力法治保障》，《求是》2021年第5期。

统和成败得失,挖掘和传承中华法律文化精华,汲取营养、择善而用。"①《法治文明溯源:中华法系经典案例解析》的出版,正是法学法律界践行习近平总书记重要指示的实际行动,是传承中华优秀传统法治文化、讲好中国法治故事的重要学术贡献。在坚持全面依法治国、推进法治中国建设的新征程上,这部作品将有利于广大读者深化对中华法系的历史认知,增强对中华法治文明的历史自信。研究中华案例是我们深入挖掘中华优秀传统法律文化资源、科学阐释中华法系、推动中华法治文明现代化的重要契机。面向未来,我们要不断激活中华法理、中华法典、中华案例的无限生命力,为中华法系重生、中华法治文明进步、中华民族伟大复兴而奋斗不已。

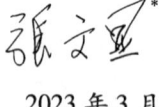

2023 年 3 月

---

① 习近平:《加快建设社会主义法治国家》(2014 年 10 月 23 日),习近平:《论坚持全面依法治国》,中央文献出版社 2020 年版,第 110—111 页。

* 张文显,著名法学家,现任中国法学会党组成员、学术委员会主任,吉林大学和浙江大学文科资深教授。曾任吉林大学党委书记,吉林省高级人民法院党组书记、院长,二级大法官。——编者注

序二

中华法治文明源远流长，是中华优秀传统文化的重要组成部分。历代有文字记载保存至今的法律文献，积淀和传承着深厚的中华法治思想和司法经验，对于建设社会主义法治国家是一份可资借鉴的珍贵文化遗产。

法律作为维系社会秩序和国家治理的工具，随着国家的出现和发展而不断地完善和发展。根据文献记载，我国古代刑法的制定最早可追溯到传说中的尧舜时代。《尚书·舜典》："象以典刑，流宥五刑，鞭作官刑，扑作教刑，金作赎刑。眚灾肆赦，怙终贼刑。钦哉，钦哉，惟刑之恤哉！"帝舜任命皋陶为卿士，主管刑狱法典。夏、商、周三代都制定有法典，《左传·昭公六年》记载："夏有乱政，而作《禹刑》。商有乱政，而作《汤刑》。周有乱政，而作《九刑》。"夏、商、周这几部刑法的详情虽不可考，但《尚书·吕刑》《周礼》保存的法制材料以及郑铸刑书、晋铸刑鼎、李悝制《法经》等记录，反映出我国先秦时期法制发展的梗概。《汉书·刑法志》认为，上古社会"制礼以崇敬，作刑以明威"，"先王立礼，'则天之明，因地之性'也。刑罚威狱，以类天之震曜杀戮也；温慈惠和，以效天之生殖长育也。《书》云'天秩有礼'，'天讨有罪'。故圣人因天秩而制五礼，因天讨而作五刑。大刑用甲兵，其次用斧钺；中刑用刀锯，其次用钻凿；薄刑用鞭扑。大者陈诸原野，小者致之市朝，其所繇来者上矣"。从《汉书·刑法志》对上古法治发展的论述来看，早在先秦时期就已经奠定了我国的法治传统。经历春秋战国的历史巨变，"至于秦始皇，兼吞战国，遂毁先王之法，灭礼谊之官，专任刑罚"。汉承秦制，"萧何攈摭秦法，取其宜于时者，作律九章"。到汉武帝时"文书盈于几阁，典者不能遍睹"，可见当时的文书法典之盛。先秦秦汉历史久远，法律文献早已亡佚，成为我国法制史研究的缺憾。

随着现代考古学与古文字学的发展，近代以来新发现大量先秦秦汉出土文献，其中包括许多珍贵的法律资料。比如，甲骨文的发现使商代的"五刑"以及刑具、监狱和罪隶等相关法制史料得以再现。西周有多篇金文铭文记载了有关诉讼案件，从这些案例可了解西周诉讼程序、案件审理、判决、执行、偿罚等内容，反映了西周时期相关诉讼制度情况。20世纪70年代以来，新出土大量战国秦汉简牍，其中包括多批次法律文书的重要发现，例如荆州包山战国楚简法律文书、清华战国楚简《成人》篇、睡虎地秦简《秦律十八种》、岳麓书院秦简法律文献、江陵张家山汉简《二年律令》《奏谳书》以及荆州胡家草场汉简律令，等等。这些新发现的战国秦汉法律文献，再现了战国秦汉时期的刑法律令面貌，极大地拓展了我们对先秦秦汉法治文明的认识。

汉代以降，虽然世代更替，世事变迁，但中华法治文明的传承因沿却是一脉相承的。赵尔巽等所撰《清史稿·刑法志》对此有所总结："周衰礼废，典籍散失。魏李悝著《法经》六篇，流衍至于汉初，萧何加为九章，历代颇有增损分合。至唐《永徽律》出，始集其成。虽沿宋迄元、明而面目一变，然科条所布，于扶翼世教之意，未尝不兢兢焉。君子上下数千年间，观其教化之昏明，与夫刑罚之中不中，而盛衰治乱之故，綦可睹矣。"我国历代法治思想的传承和演进、法典的制定和颁布执行，各代正史都专辟《刑法志》（《魏书》作《刑罚志》、《金史》作《刑志》）予以记载，留下了中华法治历史的丰富资料。中国法制史研究者对我国古代法治的发展和演变进行过许多研究，已取得了不少值得参考的有价值的成果。

我国历代制定和颁行的法律刑典汇聚成独具特色的中华法系，贯穿其中的"则天因地、礼法相辅、刑德并重、司中执正、重教恤刑、扬善惩恶"等法治精神，是中华优秀传统文化的重要组成部分。尽管历代法治活动得失不一，积累的法律刑典也有其时代和历史的局限性，但蕴含其中的中华法治文化和司法实践精华，值得我们进一步进行深入的发掘和弘扬。

从中华传统法治文明中汲取当代法治建设的思想和文化资源，是新时代"坚持全面依法治国，推进法治中国建设"的必然要求。为适应新时代法治建设需求，崔亚东先生主持编纂《法治文明溯源：中华法系经典案例解析》一书，这部书对传承中华优秀传统法律文化，推进新时代法治建设是非常有意义的。全书从传世和出土文献中选取古代经典案例，每篇案例先根据学术界整理研究的成果选录原文，再详加注释，并进行白话翻译，为当代读者提供了极大的便利。这部书最大的创新，在于对案例的法学解析。"解析"部分对每篇案例都进行了深入的分析解读。这些解读立足于现代法学理论和实践，对古代案例蕴含的法律思想和内容进行深度发掘，揭示案例具有的司法价值及其当代意义。该书的编著者自觉弘扬中华法治文明，从传统法律文化中取其精华，古为今用，以服务于当代法治中国建设，这些努力和追求应予充分肯定。

在从事出土文献与中国古代文明研究的过程中，新发现的法律文书资料是一个重要的研究领域，但我本人对相关问题却未能开展深入研究。读这部书的部分稿件，使我对古代法治文明的历史演变和发展水平获得了新的认识。我相信，这部书不仅对司法界的广大读者具有参考价值，对热爱中国古代历史文化的广大读者而言也是颇值得一读的。蒙本书主编崔亚东先生邀约，我得以比一般读者更早地了解到此书，荣幸有加，略陈浅见，是为序。

2022 年 12 月 18 日于清华园

---

* 黄德宽，著名古文字专家，现为清华大学首位人文讲席教授、博士生导师，清华大学出土文献研究与保护中心主任，曾任安徽大学校长、党委书记。——编者注

序章

"法"(灋)字变迁与中华法系精神[*]

一个汉字的历史,就是一部小的文化史。

——陈寅恪[①]

图1 大盂鼎铭文拓片中的"灋"字,西周早期

图2 汉代《说文解字》中的"灋"字

灋保先王,匍有四方。

——《大盂鼎》[②]

---

[*] 本文作者:崔亚东,上海市法学会党组书记、会长;杨华,上海政法学院人工智能法学院院长、教授、博士生导师。

[①] 转引自苗炜:《甲骨文》,《三联生活周刊》2003年第37期。另有引用陈寅恪语"凡解释一字即是作一部文化史",见沈兼士:《"鬼"字原始意义之试探》附录,原载《国学季刊》五卷三号(1935年),第45—60页;后收入葛益信、启功编:《沈兼士学术论文集》,中华书局1986年版,第202页。

[②] 译为:庄严地保有先王之道,拥有天下。原始文献详参《殷周金文集成》,中华书局2007年版,第1517页。

敬夙夜勿灋朕令。

——《师酉簋》《师虎簋》等①

敬夙夜用事，勿灋朕令。

——《大克鼎》②

灋，刑也。平之如水，从水；廌，所以触不直者去之，从去。

——《说文解字·廌部》③

中国汉字"法"，来源于中华古文字"灋"字。据考证，"灋"字最原始的字形存于西周青铜器铭文中，约在公元前11世纪的西周早期，距今3000余年。《辞海》《说文解字》等辞书中均将"灋"作为"法"的异体字。据梅因《古代法》记载，西方"法律"（Nomos）一词最早出现在古希腊晚期，距今2400多年。④ 可见"法"（灋）字及其含义不是舶来品，它孕育于中华文明的宝库，植根于中华文化的沃土。从"灋"到"法"，字形的变迁及其内涵的不断丰富，体现了中华法系形成与充实的历程，彰显了中华民族法治精神的一次次升华。

一、从"灋"到"法"的字形演变

（一）"灋"字的出现及其含义

"灋"字最早出现于周康王年间（公元前11世纪）铸造的著名的大盂鼎的铭文中。据专家考证，"灋"字在迄今发现的甲骨文中没有出现过。

---

① 译为：日夜虔敬，不要让我周天子的命令流于废弛。原始文献详参《殷周金文集成》，中华书局2007年版，第2630、2687页。

② 译为：日夜虔敬以行事，不要让我周天子的命令流于废弛。原始文献详参《殷周金文集成》，中华书局2007年版，第1515页。

③ 译为：灋，是刑法的意思。之所以偏旁为"水"，是因为法律如水那样公平；而之所以有"廌"，是因为"廌"是传说中古代的一种独角兽，生性正直，古代用它进行"神明裁判"，见到不公平的人，它会用角去顶，因此也就有了"去"。原始文献详参［东汉］许慎：《说文解字》，中华书局2020年版，第314页。

④ 详见〔英〕梅因：《古代法》，沈景一译，商务印书馆1959年版，第2—4页。

1. 古汉字"灋"的出现

大盂鼎 1849 年出土于陕西岐山礼村（今陕西省宝鸡市眉县常兴镇李家村），现藏于中国国家博物馆。

《大盂鼎铭文》全文 291 字，记载了西周早期周康王于二十三年（前 998）九月册命贵族盂之事，其内容主要是周康王告诫盂汲取商王嗜酒误国之教训，告诫其要牢记前车之鉴等。在《大盂鼎铭文》中，"灋"字出现于"灋保先王"和"勿灋朕命"两句中："故天异临子，灋保先王，王少有四方……王曰：盂，若敬乃政，勿灋朕命……"这是我国迄今为止发现的最早有明确记载"灋"字出现的古代文献。

图 3 大盂鼎及其铭文照片

图 4 大盂鼎铭文拓片

在之后出土的很多中国古代青铜器铭文中都有这个"灋"字。例如,"灋"字在西周中期的恒簋盖、师酉簋、伯晨鼎和西周晚期的大克鼎等的铭文中均有出现。

图 5　由左至右:西周中期恒簋盖和西周晚期大克鼎中的"灋"字

2. 西周金文"灋"字

西周金文中的"灋"字,其用法有二:

一是"灋"通"废"字。在"勿灋朕命"中,"灋"也通"废"字。郭沫若先生认为,灋假为"废",古音邦钮双声,"灋保先王"乃"大保先王",废,大也。① 根据张亚初的统计,在《〈殷周金文集成〉引得》中共收"灋"字 22 例,其中 21 例表"废弃"义,1 例表"大"义。从甲骨文字形上看,"废""效"字都含有弓箭之义,可代表"灋",商周都使用"灋"表示"废""效"的含义。②

二是用作表严正、庄严、好等义。法的本义为效法、仿效,如《商君书·更法》:"治世不一道,便国不必法古。"由仿效之义又引申为效法的"途径、方法"和"榜样、标准",再引申出"法律、法令"之义。至于"法平如水",则是古人由偏旁构型,派生出的一种展望。③ 在后者而言,"灋"的词源很可能和某种与"水"相关的神圣仪式有关,并引申为庄严、严正之义。故而,"灋保先王"也可以理解为"庄严地、严正地、好好地保有先王之道"。

---

① 郭沫若:《两周金文辞大系图录考释(二)》,载《郭沫若全集·考古编》(第八卷),科学出版社 2002 年版,第 86 页。
② 转引自武树臣:《寻找最初的独角兽——对"廌"的法文化考察》,《河北法学》2010 年第 28 期。
③ 唐汉:《图说字源》,红旗出版社 2015 年版,第 821 页。

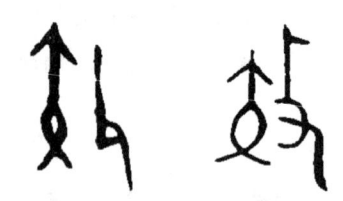

图6　由左至右：甲骨文和西周早期效父簋中的"效"字

（二）"灋"字的构成及字义

在迄今出现的甲骨文中，虽然没有发现"灋"字，但构成"灋"字的"水""廌""去"三个字均有在甲骨文中出现。

图7　甲骨文中的"水"字

胡大展认为，"灋"起源于上古的判决。① 许慎等人认为"水"是一个象征，即平地入水，不偏不颇、公平正直。另一种观点认为，水代表一种判决或刑罚。在上古时期，个人不可能"离群索居"。因此，放逐是原始氏族最可怕的惩罚之一。人们如果做了违背公共生活准则的事，就会被赶到"河对面"，等于宣告死刑。在自然力蛮荒粗暴的原始社会，"水"是具有威胁性的一种刑罚，具有一种文化意义，即古代公共生活的化身。直至《睡虎地秦墓竹简·法律答问》中还有"疠者有罪""定杀水中"的规定。以"廌"或"水"神判的结果，就是"去"，即令有罪者离去。② 无独有偶，古巴比伦《汉谟拉比法典》中也有类似的记载，当时一些案件的裁决是把案件的原告、被告抛进河

---

① 胡大展：《"灋"意考辨——兼论"判决"是法的一种起源形式》，《比较法研究》2003年第6期。
② 李力：《从神判看古老的"灋"字——由王里国与中里徼案说先秦的审判文化》，《中国审判》2006年第1期。

里，能浮起者为无罪。

图 8　甲骨文中的"廌"字　　图 9　甲骨文中的"豸"字

"廌"也写作"豸"，是中国古代夏朝乃至更早时期传说中的神兽——獬豸，据说它能辨别曲直，古人用它进行"神明裁判"，在审理案件时，它会用角去触理屈的人。《墨子·明鬼》① 和汉代杨孚的《异物志》中都记载了这样的故事。对于这种说法，汉代的王充在其《论衡·是应篇》中表示了怀疑，近代的章太炎在其著作《文始》中也持类似的观点。董作宾在《获白麟解》一文中写道："在中国古代记载里，一角的兽，名目繁多。如廌、犀、兕、麐、麃、驨、駮之类。""此种一角能牴之兽，古或有之，但不知应属何类。解廌之名，当是后人附会为之者。因廌音宅买切，略同于牴，以其善于抵触，所以呼之曰廌。后来又因它能分解曲直，辨别斜正，所以在廌上又冠以解的美名。"② 1971 年 12 月，殷墟发掘卜骨，刻词有"御廌""御臣""御众""御牧"等。对此，郭沫若认为"廌或作豸，是莫须有的一种怪兽——獬廌的省称。《说文》：'解廌，兽也。似山牛一角。古者决讼令触不直者。'盖古时奴隶主于判处罪状时，将牛角去其一，以神乎其事。故后世司法官所戴之冠名'獬廌冠'。廌字音读如宰，在此即读为宰，当是执法小吏。"③ 而杨树达著《说廌》，例举辕固生击彘免罪和李禹刺虎的典故，论证了上古神判论的社会基础。④

---

① 吴毓江撰：《墨子校注》（上册），中华书局 2006 年版，第 339 页。
② 董作宾：《获白麟解》，载宋镇豪、段志洪：《甲骨文献集成》（第 26 册），四川大学出版社 2000 年版，第 180—194 页。
③ 郭沫若：《出土文物二三事》，人民出版社 1972 年版，第 28 页。
④ 杨树达：《积微居小学金石论丛》，中华书局 1983 年版，第 82—83 页。

图10 "灋"字从战国到秦代演变示例（由左至右依次为：西周中期恒簋盖铭文、西周晚期大克鼎铭文、战国时期郭店楚简《缁衣》文、战国时期楚文字、战国晚期睡虎地秦简文、秦始皇时期秦篆文）

（三）关于"法"的定义

东汉许慎编著的《说文解字》系中国最早的系统分析汉字字形和考究字源的辞书，其中对"法"的解释为："灋，刑（型）也。平之如水，从水；廌，所目（以）触不直者去之，从去。"[1]

商务印书馆出版的《新华字典》对于"法"的解释为："同'灋'。会意。从'水'，表示法律、法度公平如水；从'廌'（zhì），即解廌，神话传说中的一种神兽，据说它能辨别曲直，在审理案件时，它能用角去触理曲的人。基本义：刑法；法律；法度。"[2]

中华书局出版的《辞海》中，将"法"作了如下释义：法为方法、办法；更指国家制定或认可，并以国家以强制力保证其实施的行为规范的总和，与最广义的"法律"通用，包括宪法、法律（狭义）、行政法规、规章、判例、惯例、习惯法等各种成文法与不成文法。[3]

《布莱克法律词典》将"法"定义为：1. 在一个社会中，通过系统地运用政治组织和社会的力量，或通过强力支撑的社会压力，命令人类活动和关系的制度。2. 立法、司法判例和公认的法律原则的总和；司法和行政行动的权威依据；特别是特定管辖区的法院在争议时裁决所适用

---

[1] 段玉裁注曰："荆也。荆者，罚辠也。易曰：利用荆人，以正法也。引伸为凡模范之称。木部曰：模者，法也。竹部曰：范者，法也。土部曰：型，铸器之法也。平之如水。从水。说从水之意。张释之曰。廷尉，天下之平也。廌所㠯触不直者去之。从廌去。下字今依韵会补。此说从去之意。法之正人，如之去恶也。方乏切。八部。法，今文省。许书无言今文者，此盖隶省之字，许本无，或增之也。如㳒本有斯无折。佱，古文。"参见《说文解字注·四》。

[2] 《新华字典》（第12版），商务印书馆2021年版，第122页。

[3] 《辞海》，上海辞书出版社1999年版，第2532页。

的规则、标准和原则。3. 法律体系中涉及特定领域的整套规则或原则。①

《牛津法律大辞典》对"法律"作了如下定义:"一般来说,法律是一种通过社会组织的力量来调整社会关系、规范人们行为的统治手段。"②

《牛津高阶英汉双解词典》(第6版)对"法"的界定则分为三个方面:"一是指一个国家或社会中的任何人都必须遵守的规范集合;二是指一部特殊的规范集合;三是指处理犯罪、合同等特定领域的规范集合。"③

由此可见,中外对"法"的解释是趋同的,都是指人们应当遵守的规则、规范,都代表了公平正义等法的本质要求。法还是统治阶级实现统治的手段。但"法/Law"的出现时间有所不同,其代表的民族精神也有差异。

二、"法"字字义的演变与拓展

(一)从"灋"到"法"的字义演变

春秋战国时期,随着"灋"的广泛运用,其所表示的"法"的含义也不断扩充。公元前5—前3世纪的战国时期,出现了"法"字,并有了后代诉讼程序的含义,文献考证也证实春秋时期已出现诉讼程序。随之而来的是"法"字含义的丰富。东汉时期,许慎的《说文解字》中出现了为我们所熟知的对法的解释。

图11 战国时期的"法"字④

---

① Bryan A. Garner (editor-in-chief), *Black's Law Dictionary* (8th edition), West Publishing Co., 2004, p.900.
② 《牛津法律大词典》,光明日报出版社1988年版,第517页。
③ 《牛津高阶英汉双解词典》(第6版),商务印书馆2004年版,第987页。
④ 见故宫博物院编:《古玺汇编》,文物出版社1981年版,第247页;汤馀惠编:《战国文字编》,福建人民出版社2001年版,第661页。

在最初的"灋"字含义中,立法者被明确为统治者,"制令各顺其宜"①。因此,法的形式和内容也更加贴近现实,法律逐渐呈现出以下一些特点。其一,立法形式易于为民众所知。在"灋"字字义中原本并不包含成文法的含义,在战国时期,产生了一种全新的法律形式——律。"律"字的出现为"灋"字注入了新的思想内涵,并在这一时期成为"灋"字的主要意涵。此后,文献中的"灋"字,多指成文法为主体的法令。立法的成文法化在秦国变法中体现得更为充分。秦国所制定的成文法也是秦国吞并六国统一天下的有力武器。从睡虎地秦简《语书》中看,秦代区分良吏与恶吏的标准就是是否"明法律令"(通晓国家的法律条令):"凡良吏明法律令,事无不能(也)。"② 其二,法律在现实生活中的权威性得到加强。在法律的实施上,战国时期的法家首先提出"明王之治天下也,缘法而治"③,并确立了法律的绝对权威,"有敢剟定法令、损益一字以上,罪死不赦"④。这样的法律要求具有一贯性,"普施明法,经纬天下,永为仪则"⑤。其三,法律更加明白易知。只有明白易知的法律条文,才能得到普遍一贯的实施,因此,"明法"的概念在法家著作中多有出现。同时,既然法律之目的是为了"爱民",就要让一般人也能知道法律是如何规定的。"故圣人为法,必使之明白易知,名正,愚知遍能知之。"⑥ 其四,法律呈现标准化。法律还与度量衡一样,被视为一种标准,具有稳定性与普遍适用性。法律常常和度量衡并称,因而产生了一个新的词汇——"法度",经常出现在如秦始皇刻石中的"端平法度,万物之纪"等各类文献之中。

德国历史法学派认为,法律是一个国家民族精神的体现及产物。

---

① 《商君书·更法》。
② 详见《睡虎地秦墓竹简·语书》。
③ 《商君书·君臣》。
④ 《商君书·定分》。
⑤ 《史记·秦始皇本纪》。
⑥ 《商君书·定分》。

19世纪德国法学家萨维尼对法做过一个比喻——"法从某种意义上来讲就是生活着的人本身"。萨维尼认为，法律就是一种"民族精神"，是一个民族所特有的不可分割的禀赋和取向，一切法律均缘起于人们的行为方式，产生于人民的习俗和信仰。他针对当时分裂的德意志民族，提出早在"人类信史"展开之前，这种精神就已存在，它是法起源的重要精神养料，"法律随着民族精神的成长而成长，随着民族精神的壮大而壮大，当这一民族丧失其个性时，法便趋于消逝"①。赫尔德也提出，每一个民族共同体都有权以自己的方式探求幸福，我们必须努力成为我们自己。每一个人都要忠于自己的民族祖先，每一个民族的学术、感情与民族的身体气质和物质环境紧密相关。②

我国当代学者梁治平从家与国、礼与法、义与利等概念入手探寻中国古代法律经验和由此形成的意义世界，认为古人以人、社会、自然的"和谐"为基本价值，形成了区别于西方法律文化的法律传统，也就有了国人对"法"的独特理解。"这种区别导致了清末以来西方法律移植的种种波折。"因此，今人只有理解了古人的智慧与限制、近世变革的进步与局限，才能在观念上更清楚需要什么样的当下和未来。③

（二）从"灋"到"法"的字义拓展

"法"字之所以发生这样的字形、字义变化，不仅由于秦文成为商周古文字与汉以降今体文字之间的过渡，更在于法的内涵随着法的实践而逐渐拓展。正如马克思在《摩尔根〈古代社会〉一书摘要》和《家庭、私有制和国家的起源》等经典性著作中所指出的那样，法的起

---

① 〔德〕弗里德里希·卡尔·冯·萨维尼：《论立法与法学的当代使命》，许章润译，中国法制出版社2001年版，第6页。
② 转引自李聪烈：《萨维尼"民族精神说"对立法者的启发》，《法治周末》2023年5月18日。
③ 罗东：《专访梁治平：法律不仅是制度，也离不开其背后的意义世界》，《新京报·书评周刊》2021年5月7日专题《与秩序重逢》。

源与社会的阶级分化密切相关。① 在古代中国法律及实践不断发展的社会基础上，人们对法律的认识也不断深化，在日常使用中推动今"法"逐渐取代古"灋"。

韩非子提出了"故先王以道为常，以法为本""故以法治国，举措而已矣"的思想。② 战国时法家认为通过法律来爱民的方式，就是"设法度以齐民"③，变法可以改造民俗，形成秦国所崇尚的"农战"的民俗或社会价值观。这种法律之目的，表现出典型的现实主义倾向。质言之，法家在先秦时期已将现实主义法律思想付诸实践。无论是印度法系，还是数百年后的古代西欧法，他们的法律价值观仍然与宗教和神学紧密联系在一起。在中世纪前期，整个西欧的法律制度基本没有脱离宗教制度。世界知名法学家哈罗德·伯尔曼说，在11世纪后期和12世纪早期以前的这个阶段，西欧各种法律秩序中被使用的法律规则和程序，在很大程度上与社会习惯、政治制度和宗教制度并无差别。没有人试图将当时的法律和法律制度组成为一种独特的结构。法律极少是成文的。④

"法"字的内涵随中华法系的发展而不断拓展。"法"与"刑"在古代往往为同义词。对于"刑罚"，春秋以前称为"刑"，春秋之后一般称为"法"，至战国时商鞅又改"法"为"律"。⑤ 西汉中期，"灋"字逐渐演变成"法"字，是确立"法"作为国家治理指导思想的重要

---

① "在社会发展的某个很早的阶段，产生了这样一种需要：把每天重复着的产品生产、分配和交换用一个共同规则约束起来，借以使个人服从生产和交换的共同条件。这个规则首先表现为习惯，不久便成了法律。随着法律的产生，就必然产生出以维护法律为职责的机关——公共权力，即国家。"中共中央马克思恩格斯列宁斯大林著作编译局编译：《马克思恩格斯文集》（第3卷），人民出版社2009年版，第322页。
② 《韩非子·饰邪》："故先王以道为常，以法为本"。《韩非子·有度》："故以法治国，举措而已矣"。
③ 《韩非子·八经》。
④ 参见〔美〕哈罗德·J. 伯尔曼：《法律与革命——西方法律传统的形成》，贺卫方等译，中国大百科全书出版社1993年版，第58页。
⑤ 参见北京大学法学百科全书编委会、饶鑫贤等：《北京大学法学百科全书（中国法律思想史·中国法制史·外国法律思想史·外国法制史）》，北京大学出版社2000年版，第176页。

探索期。西汉中期以后，历经东汉、魏晋南北朝，传统法律经历了"儒家化"的过程。① 在后秦，姚兴于长安设立了中国历史上第一所独立的法律教育机构——律学。魏晋南北朝时期，律学从经学中独立，这一时期开始对法典进行系统、完整的注释，提出"罪刑法定""参考判例法"等刑法原则及"本其心、审其情、精其事"的审判原则，法学家成为一个地位崇高的独立群体。唐代《唐律疏议》的颁布与实施，代表着以儒家经典为代表的中华文化精神与法律制度深度融合，"其精雕细刻的水平趋于极致，是中国古代律学发展的最高成就"，"在立法技术和法律注释层面，即使是当时东罗马帝国编纂的《国法大全》，也是无法相比的"。②《唐律疏议》作为中华法系的代表性法典，曾一度成为东亚各国的"母法"，中华法系由是形成了以唐律为母法，以日本、高丽、安南、琉球等国的法律为子法的文化结构。③ 在宋代，"法"的含义与内容不断扩展。随着商品经济的发达，宋代逐步建立与完善财产交易、契约合同等相关的法律制度；在社会治理中，充分发挥家族组织、家法族规在基层社会治理过程中的作用。辽金元时期，将少数民族习惯法融入中华法系，进行了法典的编纂，丰富了中华法系的内容。明清两代通过《大明律》《大清律例》等律法，全面强化维护国家"大一统"格局，维护中央集权，建立系统的职官管理法律制度，推动中华法系进一步完备。虽然清末以后中华法系的全球影响减弱，但中华法系精神一直得到传承，影响着我国的法制进程。

---

① 陈寅恪认为："司马氏以东汉末年之儒学大族创建晋室，统制中国，其所制定之刑律尤为儒家化。既为南朝历代所因袭，北魏改律复采用之，辗转嬗蜕，经由（北）齐、隋以至于唐，实为华夏刑统不祧之正宗。"参见陈寅恪：《隋唐制度渊源论稿·唐代政治史述论稿》，商务印书馆2015年版，第111—112页。
② 何勤华等：《中华法系精神》，上海人民出版社2022年版，第114页。
③ 参见张文显：本书《序一》。

三、传承与弘扬中华法系精神

（一）中华法系的演进与影响

习近平总书记指出："自古以来，我国形成了世界法制史上独树一帜的中华法系，积淀了深厚的法律文化。中华法系形成于秦朝，到隋唐时期逐步成熟，《唐律疏议》是代表性的法典，清末以后中华法系影响日渐衰微。"① 在漫长的历史进程中，中华法系逐渐凝聚形成了独特的法律精神和制度品格。

1. 中华法系的形成

公元前21世纪的夏朝就产生了习惯法，殷商时期奴隶制法律制度不断发展，至西周时期逐步完善。夏商时期《禹刑》《汤刑》"夏刑三千条"问世，出礼入刑、明德慎罚；西周则有"欒命""吕刑"，礼乐刑罚、断狱听讼、"三宥三赦"等制度建立，成为中国德刑并举治国思维及刑法制度的起源。春秋战国时期，公元前536年郑国执政子产"铸刑书"；约公元前407年魏国李悝编纂中国历史上第一部系统性的成文法典《法经》，创封建法制之先河；商鞅在秦国变法时颁布《分户令》《军爵律》，依法推行富国强兵措施，贯彻法家"以法治国""明法重刑"的主张。秦朝时期，颁新律令，从单纯刑法向全面治理转变；明确刑罚类别、刑罚适用原则，保护鳏寡孤独、老幼妇残；创建专制主义中央集权的行政管理体制；统一车轨、文字、度量衡。至此，用于社会治理的一整套刑事、民事、行政国家制度逐步建立，中国历史

---

① 习近平：《坚定不移走中国特色社会主义法治道路，为全面建设社会主义现代化国家提供有力法治保障》，《求是》2021年第5期。

上数千年相沿的专制制度的基本框架基本形成，以后历代王朝的有关制度，都是在此基础上不断发展完善的。

2. 中华法系的成熟

汉承秦制并儒家化，汉武帝"罢黜百家，独尊儒术"，儒家对传统社会政治法律秩序构建产生巨大影响；汉文帝十三年（前167）下诏废止肉刑。魏晋南北朝时期，《魏律》以《周礼》"八辟"为基础制定"八议"；《晋律》和《北齐律》相继确立"准五服制罪"制度；北魏太武帝正式确立死刑复奏制度，为唐代的死刑三复奏打下了基础。隋唐以来，《开皇律》首创封建制五刑、"十恶不赦"制度；唐太宗以《贞观律》奉法治国，实现"贞观之治"；首部行政法典唐六典诞生，首次规定法官回避制度；唐高宗永徽三年（652）中华法系集大成者《唐律疏议》的诞生，奠定了大唐盛世的法制基石。至此，完备的法律体系逐渐建立，依法治国得到坚持，遵纪守法风气形成，中华法系发展逐步成熟。正如习近平总书记指出的那样："从我国古代看，凡属盛世都是法制相对健全的时期。"

3. 中华法系的势弱

公元1247年，世界法医学鼻祖、南宋法医学家宋慈撰成《洗冤集录》，其重视现场勘验，构筑司法证据规范基础，使得中华法系的法医学达到了当时的世界最高水平。辽金元时期将少数民族习惯法融入到中华法系中，进行了法典的编纂，进一步丰富了中华法系的内容。明清时期，德主刑辅、礼刑合一、明刑弼教等封建法制指导原则逐步变化；清乾隆五年（1740）中国最后一部封建成文法典《大清律例》编定完成。此后，伴随封建王朝的衰落和革命思潮的涌起，中华法系的影响在一段时间内逐渐式微。然而，值得注意的是，中华法系的制度虽伴随封建统治的衰微而衰微，但是中华法系的精神内核伴随着中华文明的传承，仍然为一代又一代后人传承弘扬。中华法系是中华民族数千年法律实践的结晶，自原始社会末期以至近代，源远流长，独树一帜,"其民族精神和法理基因一直根植于历史纵深处,等待岁月激荡后的重生"①。

4. 中华法系影响深远

中华法系与英美法系、大陆法系、伊斯兰法系和印度法系并称为世界"五大法系",是五大法系中存续时间最长的法系,产生了影响力经久不衰的成文法典和经典判例,对东亚法律文化乃至世界法律文化均有较大影响。历史上,我国《开皇律》和《唐律疏议》在越南直接作为本国法律予以适用。日本的《大宝律令》和《养老律令》、朝鲜高丽王朝的《高丽律》《经国大典》等律令条文的制定,都深受中华法系精神的滋养和影响。现代以来,中华法律精神仍然被世界所推崇。在耶鲁大学校园里竖立着中华神兽"獬豸"的塑像;在美国最高法院东入口的门楣上有"三圣像",从左到右依次是:中国的孔子,古代犹太人领袖摩西,古希腊立法者及大法官梭伦。中华法系中讼简刑轻、调解息争、天下大同的"无讼"境界等法治精神内核成为人类法治文明的共同财富。

图 12 耶鲁校园里竖立的中华神兽"獬豸"的塑像及其铭牌

几千年来,华夏民族将法律制度、伦理道德与自然、政治、哲学

---

① 参见张文显:本书《序一》。

融于一体，凝聚儒家"修身、齐家、治国、平天下"的家国情怀，以礼治、德治为指引，以法制、刑制为根基，始终坚守"讲仁爱、重民本、守诚信、崇正义、尚和合、求大同"的价值理念，逐步形成了具有中华民族特色的法制体系——中华法系。中华法系厚植于绵延不断的中华文化沃土，凝聚了历代中华儿女的智慧结晶和中华民族的伟大创造力，具有独特的文化底蕴、与时俱进的时代性和独树一帜的世界性。

（二）中华法系的精华

习近平总书记指出："在几千年的历史演进中，中华民族创造了灿烂的古代文明，形成了关于国家制度和国家治理的丰富思想，包括大道之行、天下为公的大同理想，六合同风、四海一家的大一统传统，德主刑辅、以德化人的德治主张，民贵君轻、政在养民的民本思想，等贵贱均贫富、损有余补不足的平等观念，法不阿贵、绳不挠曲的正义追求，孝悌忠信、礼义廉耻的道德操守，任人唯贤、选贤与能的用人标准，周虽旧邦、其命维新的改革精神，亲仁善邻、协和万邦的外交之道，以和为贵、好战必亡的和平理念，等等。这些思想中的精华是中华优秀传统文化的重要组成部分，也是中华民族精神的重要内容。"[①] 中华法律文化凝聚了中华民族的精神和智慧，理念先进，底蕴深厚，在人类文明史上如一颗璀璨的明珠，彰显了中华民族的绵延生命力、伟大创造力和中华法律文化的独特影响力。

中华上下五千年的朝代起伏、兴衰更替，对历代的法制律令、道德礼教，既有赓续、传承、弘扬，也有转型、摒弃、创新。而中华法系的精华，例如天人合一、天下无讼、以和为贵的价值理念，出礼入刑、隆礼重法的治国策略，民惟邦本、本固邦宁的民本理念，德主刑辅、明德慎罚的慎刑原则，援法断罪、罚当其罪的平等观念，保护鳏寡孤独、老幼妇残的恤刑原则等，数千年来一直被传承、转化和弘扬，历久弥新。

---

① 2019年10月31日习近平总书记在党的十九届四中全会第二次全体会议上的讲话。

（三）中华法系精神的传承与弘扬

中华法系精神连绵不绝，其经过长期与时俱进的发展演变，已经积淀内化为百姓举手投足间内蕴的人生观、世界观和价值观，成为中华民族独特的精神标识。当前，我们正处于全面依法治国的新时代，如何看待中华传统法律文化，如何传承、弘扬、发展中华优秀传统法律文化精神，是法学教育和法学理论研究的新课题。

习近平总书记强调，"要按照立足中国、借鉴国外，挖掘历史、把握当代，关怀人类、面向未来的思路，着力构建中国特色哲学社会科学，在指导思想、学科体系、学术体系、话语体系等方面充分体现中国特色、中国风格、中国气派"[1]；"历史和现实告诉我们，只有传承中华优秀传统法律文化，从我国革命、建设、改革的实践中探索适合自己的法治道路，同时借鉴国外法治有益成果，才能为全面建设社会主义现代化国家、实现中华民族伟大复兴夯实法治基础"[2]。在新时代，如何传承和弘扬中华优秀传统法律文化精神，构建中国特色社会主义法治体系，为中国式现代化提供法治保障，习近平总书记从理论和实践上为我们指明了方向，提供了根本遵循和光辉榜样。

党的十八大以来，习近平总书记坚持大历史观，运用马克思主义辩证唯物主义和历史唯物主义的世界观、方法论，深度考察人类社会法治发展的历史，总结了人类社会发展规律、中国共产党执政规律、社会主义建设规律和我党成立以来对法治的探索和实践，深刻地指出，"从我国古代看，凡属盛世都是法制相对健全的时期"，"从世界历史看，国家强盛往往同法治相伴而生"，"我们党越来越深刻认识到，治国理政须臾离不开法治"；[3] "我们党历来重视法治建设"[4]，"虽历经坎

---

[1] 2016年5月17日习近平在哲学社会科学工作座谈会上的讲话。
[2] 2020年11月16日习近平在中央全面依法治国工作会议上的讲话。
[3] 2018年8月24日习近平总书记在中央全面依法治国委员会第一次会议上的讲话。
[4] 2020年11月16日习近平总书记在中央全面依法治国工作会议上的讲话。

坷但对法治矢志不渝"①。在此基础上，习近平总书记提出了全面依法治国的基本方略，并纳入了"四个全面"的总体布局。

习近平总书记将马克思主义法治原理同中国法治实践相结合，同中华优秀传统法律文化相结合，创立了习近平法治思想，开辟了中国特色社会主义法治道路。习近平总书记坚持古为今用、推陈出新，创造性转化、创新性发展，在深入研究、深度挖掘的基础上，择善而用，充分吸纳、继承、发扬了中华传统法律文化的精华，赋予了中华传统法律文化新的时代内涵，使中华传统法律文化焕发出新的生命力。例如：

习近平总书记提出"法治强则国强"的思想，是将中国古代传统的奉法强国理念转化发展为全面依法治国的新思想、新理念、新战略。习近平总书记指出"法治兴则国兴，法治强则国强"②，并作了高度学理化、系统化的阐释，引领了新时代全面依法治国战略的实施。古代思想家韩非曰："奉法者强，则国强；奉法者弱，则国弱。"③ 商鞅曰："法令者，民之命也，为治之本也。"④

习近平总书记提出的"以人民为中心"的新发展理念，是对"民惟邦本""民为贵，社稷次之，君为轻"⑤以及"德惟善政，政在养民"⑥等中国传统民本思想的继承、弘扬和发展，并创造性地提出了以人民为中心的法治思想，强调以人为本的法治实践，法治为人民谋幸福，公正司法、执法，司法、执法为民，努力让人民群众在每一个司法案件中感受到公平正义，维护人民利益，保障人民对美好生活的向往。

习近平总书记提出"法安天下，德润人心"⑦，"道德是法治的基石。法律只有以道德为支撑，才有广泛的社会基础而成为维系良治的

---

① 2018年8月24日习近平在中央全面依法治国委员会第一次会议上的讲话。
② 《习近平著作选读》（第2卷），人民出版社2023年版，第568页。
③ 《韩非子·有度》。
④ 《商君书·定分》。
⑤ 《孟子·尽心章句下》。
⑥ 《尚书·虞书·大禹谟》。
⑦ 2016年12月9日习近平在中共中央政治局第三十七次集体学习时的讲话。

良法"①，是对中华优秀传统法律文化"德主刑辅、明德慎罚"等理念的传承和发展。古人云"君子以厚德载物"②，"治之经，礼与刑，君子以修百姓宁。明德慎罚，国家既治四海平"③。

习近平总书记提出"绿水青山就是金山银山"④的绿色发展新理念，倡导人与自然和谐共生，是对古人"仁爱万物，顺时立政"的天人合一思想的转化、创新和发展。习近平总书记指出，"保护生态环境必须依靠制度、依靠法治。只有实行最严格的制度、最严密的法治，才能为生态文明建设提供可靠保障"⑤，要"像保护眼睛一样保护自然和生态环境，坚定不移走生产发展、生活富裕、生态良好的文明发展道路，实现中华民族永续发展"⑥。我国自古以来就有"禹之禁，春三月，山林不登斧斤，以成草木之长；夏三月，川泽不入网罟，以成鱼鳖之长"⑦，"毋坏屋，毋填井，毋伐树木，毋动六畜，有不如令者，死无赦"⑧，"其穿垣出污秽者，杖六十"⑨等保护生态、人与自然和谐共生的朴素思想和制度规定。

习近平总书记强调："要以中国为观照、以时代为观照，立足中国实际，解决中国问题，不断推动中华优秀传统文化创造性转化、创新性发展，不断推进知识创新、理论创新、方法创新，使中国特色哲学社会科学真正屹立于世界学术之林。"⑩

古人云："技可进乎道，艺可通乎神。""法"无止境，前行是艰难的，探索永无止境。历史和现实表明，法治是国家长治久安和繁荣发展的重要保障，法律是治国之重器、治国理政最大的规矩。深入研究、

---

① 习近平：《坚持法治与德治并举》，《浙江日报》2006年5月19日"之江新语"专栏。
② 《易传·象传上·坤》。
③ 《荀子·成相》。
④ 2005年8月15日时任浙江省委书记习近平在安吉余村考察时的讲话。
⑤ 2013年5月24日习近平在十八届中央政治局第六次集体学习时的讲话。
⑥ 2022年10月16日习近平总书记在中国共产党第二十次全国代表大会上的报告。
⑦ 《逸周书·大聚解》。
⑧ 《伐崇令》。
⑨ 《唐律疏议·卷二十六·杂律》。
⑩ 2022年4月25日习近平在中国人民大学考察时的讲话。

挖掘中华法系精神，解读古代经典判例理念和智慧，推陈出新、择善而用，对于弘扬中华优秀传统法律文化，指导当代法治实践，推动法治中国建设，实现国家治理体系和治理能力现代化，具有重大意义。

附：中华法系与世界其他法系对照参考表[①]

年代	时期		中国法治发展	世界法治发展
公元前21世纪—前1000年	中国夏商时期	两河流域苏美尔文明与巴比伦文明，欧洲古希腊迈锡尼文明与荷马史诗时代	根据《左传》，在夏商时有《禹刑》《汤刑》，《左传》中有"昏、墨、贼、杀；皋陶之刑"的记载，《唐律疏议》引《尚书大传》称有"夏刑三千条"。	公元前21世纪苏美尔文明的《乌尔纳姆法典》是迄今所知的世界上最早的成文法典。约公元前1776年古巴比伦颁布的《汉谟拉比法典》是世界上现存的第一部较完备的成文法典。公元前1500年古印度诞生《吠陀经》，确立了传统印度法的基本价值。
公元前11世纪中期	中国西周早期	欧洲希腊黑暗时代	大盂鼎中出现最早的"灋"字。	荷马史诗中出现记载观看审判的神话故事。
公元前10—前8世纪	中国西周中期到东周初	古埃及第22—24王朝，欧洲古罗马建城	公元前10世纪，周穆王发布《蔡命》，作《吕刑》，成为中国德刑并举治国思维及刑法制度的起源。	公元前10世纪，印度教《梨俱吠陀》完成。以色列-犹太国诞生所罗门判案故事。公元前8世纪古埃及法老博克霍里斯立法限制债务奴隶制的发展。

[①] 本表旨在表明中华法系在世界主要法系中的地位、中华法治文明在世界法治文明中的地位。将中国法治事件与世界其他国家的法治事件按照时间排序，选取中国与世界法治发展史中所发生的具有变革性、标志性的重大事件及对后世产生深远影响的事件，通过对比，展现中华法系与世界各大法系发展过程及其在人类法治进程中的意义与价值。限于篇幅，仅作概括性对比和概要式介绍，供读者参考。

(续表)

年代	时期		中国法治发展	世界法治发展
公元前6世纪	中国春秋时期	欧洲希腊城邦时期	公元前536年，郑国执政子产将郑国的法律条文铸在象征诸侯权位的鼎上，向全社会公布，史称"铸刑书"，是我国最早的成文法。	公元前594年，雅典执政官梭伦进行了雅典历史上最有影响的一次立法，包括制定解负令、宪制改革法令等。
公元前5世纪	中国战国时期	欧洲罗马王政时代	约在公元前407年，魏国李悝编订了中国历史上第一部比较系统的成文法典《法经》。 公元前356年商鞅变法，以《法经》为蓝本，改法为律。在湖北云梦睡虎地出土的秦律中，不仅包括《法经》六篇，而且有《田律》《效律》《置吏律》《仓律》《工律》《金布律》等二十几部单行法规的条款原文，记载法条六百余条，证明了秦国时已经形成了较为完备的刑律及法律体系。	公元前450年，古罗马颁布了《十二铜表法》，标志着罗马成文法典的诞生。
公元前2世纪	中国秦汉时期	欧洲罗马共和国至罗马帝国时期	汉文帝十三年（前167）下诏废止肉刑。	公元前2世纪，罗马共和国进入万民法时代。
公元6—7世纪	中国南北朝至唐时期	欧洲西罗马灭亡，东部进入拜占庭帝国时期，中东阿拉伯与伊斯兰教兴起	唐高宗永徽三年（652），诞生中华法系集大成者《唐律疏议》。	公元529年，标志性的成熟法典查士丁尼《国法大全》颁布，古代罗马法留给世人浩瀚的私法规定及私法学说。 公元7世纪阿拉伯半岛诞生了伊斯兰法系，至10世纪完成定型。

(续表)

年代	时期		中国法治发展	世界法治发展
公元10世纪	中国宋辽时期	欧洲中世纪	宋太祖建隆四年（963）颁布了宋代第一部法典《宋刑统》，并制定《编敕》4卷，106条，与《宋刑统》并行。	11世纪，意大利出现罗马法复兴运动。
公元13世纪	中国宋金时期	欧洲中世纪	宋慈于公元1247年著《洗冤集录》，被誉为"世界法医学鼻祖"。	1215年，第四次拉特朗大公会议明确禁止神职人员参与任何形式的审判，神判制度退出历史舞台。13世纪，诞生了德意志《萨克森明镜》、法兰西《博韦的习俗和惯例》等习惯法汇编。
公元14—16世纪	中国明朝	欧洲文艺复兴时期	明太祖洪武三十年（1397）颁布《大明律》，460条。	1532年，西欧诞生划时代法典《加洛林纳法典》。15世纪末，法国诞生人文主义法学派。
公元18世纪	中国清朝	欧洲资本主义社会时期，美洲美国独立战争	清乾隆五年（1740）编定完成《大清律例》，共39卷。	17世纪，欧洲诞生自然法学派。1776年，美国通过《独立宣言》；1804年法国颁布《拿破仑民法典》。18世纪末，德国兴起历史法学派。

中国司法官的始祖皋陶

原文

帝曰:"皋陶!惟兹臣庶,罔或干予正,汝作士,明于五刑,以弼五教,期于予治。刑期于无刑,民协于中,时乃功,懋哉!"皋陶曰:"帝德罔愆,临下以简,御众以宽。罚弗及嗣,赏延于世。宥过无大,刑故无小。罪疑惟轻,功疑惟重。与其杀不辜,宁失不经。好生之德,洽于民心,兹用不犯于有司。"帝曰:"俾予从欲以治,四方风动,惟乃之休。"

——《尚书·大禹谟》①

(尧)得皋陶,聘为大理。

——《春秋元命苞》②

儒者说云:"觟𧣾者,一角之羊也,性知有罪。皋陶治狱,其罪疑者,令羊触之,有罪则触,无罪则不触。斯盖天生一角圣兽,助狱为验,故皋陶敬羊,起坐事之。"

——《论衡·是应篇》③

注释

【皋陶 [gāo yáo]】亦作"皋繇 [yáo]"。传说虞舜时的司法官。《尚书·舜典》:"帝曰:'皋陶,蛮夷猾夏,寇贼奸宄 [guǐ],汝作

---

① 原始文献详参《尚书译注》,上海古籍出版社2016年版,第31页。
② 原始文献详参《七纬(附论语谶)》,中华书局2012年版,第423页。
③ 原始文献详参《论衡校释》,中华书局1990年版,第760页。

士.'"《论语·颜渊》:"舜有天下,选于众,举皋陶,不仁者远矣。"

【臣庶】即臣民。

【懋 [mào]】通"茂",大,美好。

【愆 [qiān]】《说文解字》:"过也。"

【御】统治;治理。

【宥 [yòu] 过】谓宽恕别人的过错。

【不经】不合常法。《书集传》:"圣人之法有尽而心则无穷,故其用刑行赏,或有所疑,则常屈法以伸恩。"

【有司】官吏。古代设官分职,各有专司,故称。

【大理】掌刑法的官。《礼记·月令》郑玄注:"理,治狱官也。有虞氏曰士;夏曰大理;周曰大司寇。"

【獬豸 [xiè zhì]】,同"獬豸",传说中的神兽。

译文

帝舜(于是转向皋陶)说:"皋陶,之所以现在广大臣民无人犯我所制定的法纪,是由于你被我任为士师,能够正确运用五刑来辅助五教,期望让我的政事达到善治境地。要用刑罚来达到消灭刑罚的目的,使人民都能走上正道,你的功劳就大了!"皋陶回答:"帝!您在德行上毫无差错,对臣下的要求简明扼要,治理民众非常宽大;刑罚不牵连子女,而奖赏却延及后世;对偶然的过失,再大也给以宥赦,对明知故犯的罪恶,再小也处以刑罚;对罚罪有疑问就从轻发落,对赏功有疑问却从重给予奖励;宁可犯不执行常法的过失,也要避免杀害无辜的人。您这些好生的美德,已经融入了人民的心里,因此,人民都能守规矩,不犯法纪。"帝舜说:"让我如愿治理人民,四方都如草木随风而动听我号令,这都是你的功劳啊!"

帝舜找到了皋陶,于是任命他为大法官。

儒者说:"獬豸,是一种头上长着一只角的神羊,獬豸有知晓谁是罪人的天性。当皋陶审理刑狱案件时，对于某些值得怀疑但暂时无法定罪的人，就叫神羊去触碰犯罪嫌疑人。凡是遇见有罪的人，獬豸就会用角去触碰他；遇见无罪的，它就不碰了。这大概是上天有意降生下来的独角圣兽。因此皋陶非常敬重他的神羊，在起居生活中都小心翼翼地侍奉它。"

解析：司法官的始祖皋陶

中国上古历史中有一位重要人物，不仅与尧、舜、禹一起被列为"上古四圣"，还被尊为中国传统司法官的始祖，这就是皋陶。皋陶是迄今为止在我国历史文献中记载的第一位法官形象，是尧、舜、禹时期的"首席法官"，约生活于公元前21世纪，在中国传统文化和中华法治文明中占有重要地位。

1. 皋陶的法治理念：罪刑法定、用刑宽省

上古部落时期，"蛮夷猾夏，寇贼奸宄"，社会比较动荡。舜命皋陶为"大理"，辅助自己处理部落事务。因其宽平的刑罚思想，皋陶得到部落首领和成员的一致称赞。《文子》曰："皋陶喑而为大理，天下无虐刑。"《尚书·大禹谟》记载了皋陶在处理刑狱时的基本原则。司马迁也认为皋陶用法宽省，"民各伏得其实"。其赏罚平等、刑罚不株连的原则，一直被夏商周三代所继承。"罪疑惟轻，功疑惟重"则与现代刑法的明确性原则保持了高度一致，与西方司法"不明确，即无效"的原则具有一定的近似性，是罪刑法定主义在我国传统法治中的理论渊源。"与其杀不辜，宁失不经"，则认为定罪有疑问时一定要从轻，不能从重，其"慎杀"的刑罚思想是对上古时期朴素自然的"天罚"思想的直接继承。皋陶秉持与"上天有好生之德"相类的理念，使所有的刑狱、政务都"洽于民心"，并注重道德教化，最终目的则是使人

们的行为"不犯于有司"。这与舜帝"刑期于无刑，民协于中"的治世理念是相辅相成的。

2. "独角兽" 獬豸：善分曲直的司法"神兽"

上古氏族部落普遍推崇"天罚"思想，司法活动具有浓厚的神判法特征。据传，皋陶饲有一只名为"獬豸"的神兽，可以分辨是非曲直，帮助皋陶断狱。獬豸在中国古代是传说中的神兽，一般认为其兼有羊和麒麟的外形，头上长有独角。汉代东方朔所撰《神异经》中云："獬豸忠直，见人斗，则触不直；闻人论，则咋不正。一名任法兽。"汉代王充也在《论衡》中记载了皋陶用獬豸治狱的传说。

作为司法正义的象征，獬豸一直受到后世的推崇。春秋战国时期，有称楚文王曾获獬豸，并照其形态制冠，即獬豸冠。《淮南子·主术训》："楚文王好服獬冠，楚国效之。"于是獬豸冠在楚国成为一种时尚。"秦灭楚，以其冠赐御史。"秦代的御史主管弹劾、纠察官员过失诸事，并赋有司法职权，秦代统治者将獬豸冠赐予御史，表明对司法官吏给予了辨曲直、求正义的价值期望，獬豸冠也顺理成章地成为御史独特而鲜明的服饰特征。隋代獬豸冠仅被赋予不畏强权、监察百官的御史，以及司隶校尉等监察官吏。唐代凡御史台九品以上的官员都佩戴獬豸冠。明清时，御史穿绣有"獬豸"图案的补服，"纠劾百司，辨明冤枉，提督各道，为天子耳目风纪之司"[1]。御史被赋予如此重要的职责，正与獬豸"不畏强权，明辨是非"的精神品质相映衬。

在历代演化中，獬豸的外型有向麒麟变化的倾向。山羊较为朴素，引入麒麟这种瑞兽形象，则起振官威之用。麒麟也有角，"状如麇，一角，戴肉，设武备而不为害，所以为仁也"[2]。由于麒麟的角是"样子货"，后世认为麒麟是仁兽、瑞兽。但正因如此，麒麟也失去了獬豸那种嫉恶如仇、是非分明的"司法官"性格。其实，我们继承中华传统

---

[1]《明史·志·卷四十九》。
[2]［清］段玉裁：《说文解字注》。

文化中对獬豸的崇拜，不应该仅仅停留在法官所谓威严、体面的形象上，更应该追求其明辨是非曲直、不畏强权的执着精神。基于这样的价值追求，后世才会将獬豸与司法官吏直接联系起来，尊称皋陶为中国法官的始祖，獬豸则成为传统司法官（法官和检察官）的图腾。

3. "李"或"理"：最早的法官的称谓

一般认为，皋陶曾经担任的"理"，是我国较早的法官称谓。实际上，"李"和"理"都是法官的早期称谓，在黄帝以前，尚无与司法官相关的称谓记载，到了黄帝时期，司法官则称为"李"。唐尧时，皋陶为"大理"，法官称谓首次与具体的历史人物对应，使法官有了具体的形象。虞舜时，皋陶为"士"（或称"士师"），对内惩处"奸宄"，对外抵御"寇贼"，开始从军事官向司法官过渡。夏商以后，"士""士师""司寇""尉"等都被用来指代法官。

在1972年，山东临沂出土了银雀山竹简《守法守令等十三篇》，其中《李法》篇记载有黄帝时期"置李官""李主法"等语，进一步佐证了《管子》和沈家本关于早期法官称谓的表述。《管子·法法》载："舜之有天下也，禹为司空，契为司徒，皋陶为李，后稷为田。"沈家本认为"李者，法官之号也，总主征伐刑戮之事"。由于刑起于兵，则"总主征伐刑戮之事"的李官，应该是早期的"法官"称谓之一。

古汉语中，"理"和"李"同音通用，均可用于指代"法官"。《管子·小匡》："弦子旗为理。"《礼记·月令》："孟秋之月，命理瞻伤察创，视折审断。"司马迁《报任安书》："遂下于理。"《史记·循吏列传》："李离者，晋文公之理也。"这里的"理"都指的是治狱之官，即"法官"。法官的官署——大理寺，自北齐至明清，也都是中央重要的司法机构。所以，"理"作为法官的称谓，一直没有离开人们的视野。作为法官的"李"，虽然少于"理"，但自先秦至明清，仍然沿用。除《李法》篇记载有"置李官""李主法"外，《管子·法法》言"皋陶为李"，明代王铎《太子少保兵部尚书节寰袁公神道碑》亦有载："抚臣大恚曰:'袁李官廷我耶,岂石氏之无颇?'"这都说明"李"作为法官称谓,一直在使用中。

不过,"理"似乎更接近"法官"的职业本质。"理"本意为玉石本身的纹路,《说文解字》云:"理,治玉也。顺玉之文而剖析之。"我国古代早期将主司法、刑狱的官吏称为"理""大理",将其官署称为"大理寺",就是遵循的"理"的这一基本含义。现代社会普遍讲"辨法说理",还是沿用了"顺玉之文而剖析之"这一基本义理。

(吴双　上海市长宁区人民法院)

第一章　西周时期经典案例评述

西周存续于公元前11世纪至公元前771年,西周建政后,政治、经济、文化日趋发达,其法律制度在夏、商的基础上有了很大的发展。目前中国发现最早的文字材料为商代的甲骨文和金文,最早的传世文献形成于西周时期。青铜器㺇匜铭文是我国迄今为止已出土的最早的一份法律文书,记录了西周晚期裁判者伯扬父对下级奴隶主牧牛诉上级奴隶主牧师一案的裁决情况,说明当时判词维护社会秩序的作用已受到重视。"周公敬明乃罚"的故事,让人们看到了西周时期人们对犯罪主观恶性与刑罚轻重之间关系的考量。西周时期的司法是中华法治文明源头。"明德慎罚"是西周司法审判的特点。

在立法指导思想上,西周初年的统治者从面临的政治统治和法制的实际情况出发,在总结殷纣穷兵黩武、暴极而亡沉痛教训的历史条件下,形成了"以德配天"与"明德慎罚"的法律思想。

以"以德配天""明德慎罚"为表现形式的"德治"思想在西周的形成和确立,意味着夏商神权思想一统天下的局面已被打破。"以德配天"的天命转移思想,论证了西周政权与法制建立的合理、合法性及其巩固的必要性与可能性。

西周是我国奴隶制社会发展的鼎盛时期,其"礼刑并用"的法律体系和司法原则,对巩固当时奴隶制国家政权起着极为重要的作用,对后世封建制法制的发展也产生了重要影响。

在夏商时期,占统治地位的意识形态和政治法律思想是"天命""天罚"的神权法思想,而周代统治者在吸取商朝一味"重刑辟"而至灭亡的教训上，提出"以德配天"的德治思想。西周的"德治"思想主要表现为立法上的"明德慎罚"与司法上的"礼主刑辅""礼刑并用"。从"德治"指导思想出发，西周建立了一整套独具特色的礼刑并用的法律体系。据史载，西周有两次重要立法活动。一为制礼，即"周公制礼"，一为制刑，即"吕侯作刑"，由此形成了西周法律体系"礼"和"刑"两个重要组成部分。礼在西周居于极为重要的地位，被奉为"国之干""政之舆"和"王之大经"，具有现代意义的根本法性质。礼确定了社会各阶级、阶层间的尊、卑、贵、贱等级特权关系，即贯穿周礼始终的"亲亲"和"尊尊"的基本原则以及"贵贱有序""以贵治贱"的统治制度，同时周礼还具有预防犯罪的作用。至于"吕侯作刑"，西周中叶，司寇吕侯奉穆王之命，制定《吕刑》，共3章22项，其主要内容是：增加犯罪条文，规定了墨、劓、剕、宫、大辟等五种刑罚，确立赎刑制度，规定刑罚原则、诉讼制度和法官守则。周穆王告示吕侯法律恰当实施的原则，体现了古代中国对司法裁判者良知、道德最初的追求。

周礼与《吕刑》共同构筑了西周的法律体系，礼和刑具有紧密不可分的关系，即所谓"律出于礼"。一方面，礼是刑即法的基础和渊源，另一方面，从广义上讲，礼的本质就是法。"周公寓刑于礼"就是礼刑一体的说明，礼的约束作用依靠刑的强制来维系，刑的实际运用又以礼的原则为指导，礼刑并用，互为表里。作为阶级统治的工具，两者的本质是相同的，但两者的作用及运用范围却并不完全一样。首先，礼与刑所适用的对象和范围侧重点不同，所谓"礼不下庶人，刑不上大夫"。其次，礼与刑作为调整社会关系的规范所起的作用也是不尽相同的，礼着眼于事前预防与教化，而刑着重于事后罚罪与惩治。

在德治的立法指导思想下形成的"礼刑并用"，"礼"与"刑"以相辅相成、互为表里的关系，在各自的适用范围内发挥着不同的作用，彰显出西周奴隶制法律制度的显著特点，并给后世封建法制以巨大影响，中华法系"礼法结合"的特征即渊源于此。

一、敢以乃师讼

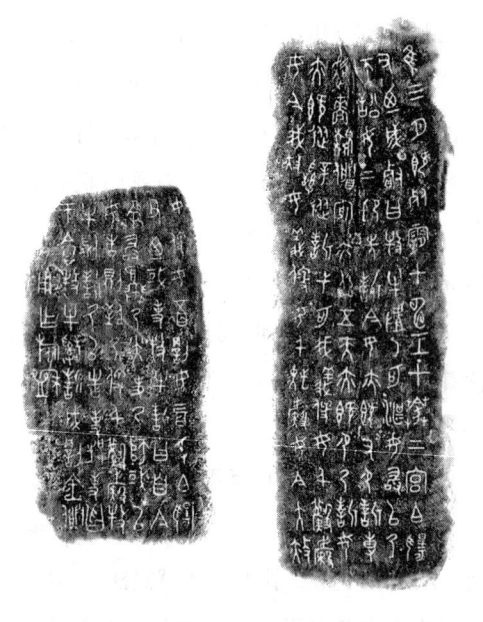

图 13　𫠊匜铭文（1975 年陕西岐山县董家村出土，现藏陕西岐山县博物馆）

原文

唯三月既死魄甲申，王才在菜上宫。伯扬父乃成劾曰："牧牛，𫠊乃苟勘。汝敢以乃师讼。汝上代先誓。今汝亦既又御誓，专格啬睦儥，复亦兹五夫。亦即御乃誓，汝亦既从辞从誓。式苟，我宜鞭汝千，𢾭剧汝。今我赦汝，宜鞭汝千，黜剧汝。今大赦汝，鞭汝五百，罚汝三百锊。"伯扬父乃又或使牧牛誓曰："自今余敢扰乃小大事，乃师或以汝告，则致，乃鞭千，𢾭剧。"牧牛则誓。乃以告吏觐、吏曶于会。牧牛辞誓成，罚金，儮用作旅盉。

——《殷周金文集成》①

注释

【僾匜［yìng yí］】匜，古代盥器，形如瓢，与盘合用，用匜倒水，以盘承接。

【唯】通"维"，文言助词，用于句首或句中。

【既死魄】亦作"既死霸"。指月之下弦至晦的一段时间。

【棻［fēn］】通"丰"，亦作鄷。即丰京。在今陕西长安县西沣河西岸。与镐［hào］京同为西周都城。周文王伐崇侯虎自岐迁此。《诗经·大雅·文王有声》："既伐于崇，作邑于丰。"周武王迁都镐京，丰京遂成行都。但仍为周的政治、文化中心。

【成劾】完成的判决。《尚书·吕刑》："上其鞫劾文辞。"传疏："汉世问罪谓之鞫，断狱谓之劾。"

【戲［zhā］】从上往下指。

【蠛剭［miè wū］】蠛剭刑。戴头巾在屋内受死刑。剭杀，指古代贵族、大臣在屋内受刑，区别于平民在市上公开受刑。

【锊［lüè］】质量单位。即锾，约合六两。

【曶［hū］】疾速，此处为人名。

【盉［hé］】酒器，用青铜制成，多为圆口，腹部较大，三足或四足，用以温酒或调和酒水的浓淡。盛行于中国商代后期和西周初期。

译文

周王三月下旬甲申这天，王在丰京上宫，司法官伯扬父定下了判辞，

---

① 原始文献详参《殷周金文集成》，中华书局2007年版，第5541页。

判决说:"牧牛!你在此之前的行为何其过分。你违背了先前的誓言竟敢与你的上司打官司。你现在只有再一次盟誓了。专、格、嵩、睦、儳五人均已到场,也仅仅这五人。你只有当着他们的面宣诵你的誓辞,并只能服从判辞,听从誓约。最初的责罚,我的本意是打你一千下,处你以䵂劓之刑。即使我想减免你的刑罚,也要打你一千下,处你黥劓之刑。现在我决定大赦你,免除你鞭刑五百下,其余五百鞭和墨刑折合罚铜三百锊。"伯扬父又让牧牛发誓说:"从今以后,我在大事小事上再也不敢扰乱你了。"伯扬父说:"如果你的上级再告你,只要案件到了我手上,我就要加重惩罚,鞭你一千下,并处䵂劓之刑。"牧牛于是发了誓。伯扬父把审判结果告诉了官吏觕和曶。牧牛的书面誓词写成了,罚金也交上来了,儳用这罚金中的铜做成了宗旅的盉。

解析:中华第一案(出土)

青铜器儳匜铭文是我国迄今为止出土的最早的法律文书,记录了西周晚期下级奴隶主牧牛诉上级奴隶主牧师一案的裁决情况,裁判者为伯扬父。这说明当时判词维护社会秩序的作用已受到重视。如今,我国的裁判文书与古代的判词在内容与结构上已截然不同,但二者在彰显司法公正、树立司法权威等方面的功能上具有内在的一致性。

1. 裁判文书说理具有体现司法公正的功能

从儳匜铭文上可以看出,裁判者伯扬父是依据奴隶制的刑典对案件进行判决的,作出的处罚也与牧牛这类人的身份地位的有关规定相适,判词亦具备一定的格式,裁判文书和诉讼程序也有一套完备准则,这些要素在现代社会正是依法裁判之要求。但即便是在依法裁判的框架内,法官的自由裁量权仍存在被滥用的可能。那么,如何防止其专断独行导致公民的诉讼权益受损害?实际上,正是裁判文书说理的三大特性——裁判理由的外在表现性、逻辑理性和公开性，在一定程度上约束着法官的自由裁量权。裁判文书说理要求法官必须在遵循法治经验的基础上，依循法律原则在规定的范围内进行论证，从而尽可能消解民众对其"肆意、专横、擅断"的疑虑，彰显司法公正。

第一，裁判理由的外在表现性。法官也是社会中的个体，无法站在"上帝视角"去判断一切，但其在书写裁判文书时却不得不经历一个说服自己的过程。论证的过程成为赋予自身行动理由的过程，亦即一个合理性重构的过程。根据佩雷尔曼的听众理论，听众有三种类型——普遍听众、特殊听众，以及说话者自己。说理的功能就在于通过语言的外在表现形式，促使法官把自己视作裁判文书的读者，与自己进行比直觉空想更理性的对话，从而让法官反思判断的妥适性，并进行必要的纠正，真正实现自圆其说。第二，裁判理由的逻辑理性。法官形成结论通常并不是按照一个清晰的逻辑逐步推导出来的，而是先由内心经验和司法前见形成一个大致结果，有时甚至会受到心情的影响，这意味着司法裁判的形成过程可能是非理性的；但法律证立的过程一定是理性的，它也会如其外在表现性一样，迫使法官回到逻辑理性中来。第三，裁判理由的公开性。文书公开意味着裁判理由须接受来自各方面的检视，外界能够就论证的适当与否进行评判。于是法官不得不努力把理由说透、讲明白，尽可能保证司法结果和诉讼程序的公正。由于以上三点特性，法官作出裁决时总是受到一定程度的约束，必须理智地衡量大小前提的选取、法律理由的阐述是否足以支持裁判的正当性，从而体现司法维护正义的核心功能。

2. 裁判文书说理具有支持裁判正当性的功用

在奴隶社会和封建社会，法院作出裁判不需要详尽说明理由，正如㚤匜铭文上的裁判理由就仅仅有"敢以乃师讼"和"上代先誓"两点。但在近现代社会，随着司法民主化、人民维护自身利益的意识加强，判决理由逐渐成为各法域司法裁判的必需部分。在我国司法公信力还未完全确立的当下，裁判文书说理发挥支持裁判正当性的功用显得十分重要。如果说正当性是裁判理由的内在评价标准，那么裁判结果的可接受性就是裁判理由的外在评价标准——上诉率和结案率就是最直观的表现形式。可接受性是建立在其正当性基础之上的，为赋予裁判结论正当性，法官在给定裁判结果时，必须通过裁判文书说理这一媒介向当事人阐释法官的内心证成，即得出该结论的理由及其法律依据，以彰显裁判司法理性，让公众接受裁判结果，降低之后裁判执行的阻碍。特别是在二审程序中，由于程序具有终局性，除非裁判理由的说服性很强，否则在一审中胜诉的当事人很难接受被改判后的结果。

3. 裁判文书说理具有指引社会行为的功能

在僰匜铭文上，裁判者伯扬父通过裁判维护了西周等级制度，并通过判词警示挑战固有秩序的新兴阶层，达到了引导社会的目的。法律规范在司法中须依赖法官的判断权发挥作用，法官在裁判文书既判性的基础上，表达对社会道德伦理的价值认知及其指引下的自主性意志。因此，法官不仅仅是定分止争的审判人员，更是社会系统的中介角色，将社会的文化脉络与规范性预期输入自身，再通过裁判文书的说理输出给社会。在这个过程中，文书说理既能吸收社会生活发展的动态活力，又能依靠法官敏锐的洞察力和预见力将法律所倡导的价值注入社会生活，引导社会朝向正确的方向前进。

裁判文书说理经由语言媒介，通过一例例个案的阐释和说明，引领民众形成正确的法治观念，将法律规范的预期行为模式深深嵌入到公民的日常生活实践中。在我国，社会主义核心价值观就是主流价值理念的载体，最高人民法院《关于加强和规范裁判文书释法说理的指导意见》中明确将"弘扬社会主义核心价值观"作为裁判文书说理的目的之一。这就要求法官在文书说理时以社会主义核心价值观作为价值支撑，巧妙适用于个案并予以弘扬。

（刘彬华　上海市长宁区人民法院）

二、周公敬明乃罚

原文

王曰:"呜呼! 封,敬明乃罚。人有小罪,非眚,乃惟终,自作不典,式尔,有厥罪小,乃不可不杀。乃有大罪,非终,乃惟眚灾,适尔,既道极厥辜,时乃不可杀。"

王曰:"呜呼! 封,有叙时,乃大明服,惟民其敕懋和。若有疾,惟民其毕弃咎。若保赤子,惟民其康乂。"

"非汝封刑人杀人,无或刑人杀人。非汝封又曰劓刵人,无或劓刵人。"

王曰:"外事,汝陈时臬司师。兹殷罚有伦。"又曰:"要囚,服念五六日至于旬时,丕蔽要囚。"

王曰:"汝陈时臬事罚,蔽殷彝,用其义刑义杀,勿庸以次汝封。乃汝尽逊曰时叙,惟曰未有逊事。已! 汝惟小子,未其有若汝封之心。朕心朕德,惟乃知。"

——《尚书·康诰》①

注释

【敬明】谨慎严明。

【眚[shěng]】过错。《广韵》:"眚,过也。"

【终】始终,总。

---

① 原始文献详参《尚书译注》,上海古籍出版社2016年版,第282页。

【不典】不守常道；不合准则。《尚书正读》："典，法也。"

【式】用。

【尔】如此。

【有】虽然。

【适】偶然。

【叙】顺从。

【时】这。

【明】顺服。

【敕】告诫。

【毕】尽。

【咎】罪过。

【赤子】小孩。《尚书正义》疏："子生赤色，故言赤子。"

【外事】指外土诸侯奉行王事。《尚书正义》传曰："言外土诸侯奉王事，汝当布陈是法，司牧其众及此殷家刑罚有伦理者兼用之。"一说指在外朝听狱之事。

【陈】公布。

【臬〔niè〕】法度。

【师】众，指臣民。

【要囚】审察囚犯的供辞。《孔传》："要囚，谓察其要辞以断狱。既得其辞，服膺思念五六日，至于十日，至于三月，乃大断之，言必反覆思念，重刑之至也。"

【服念】反复考虑。《书集传》："服念，服膺而念之。"

【丕】乃，于是。

【蔽】判断。

【彝〔yí〕】不变的，常理，法理。

【义】宜，应该。

【勿庸】不用。

【次】恣，顺从。

译文

王说："啊！封，刑罚要谨慎严明。如果一个人犯了小罪，而非过失，还经常干一些违法的事；这样，虽然他的罪过最小，却不能不杀。如果一个人犯了大罪，但不是一贯如此，只是由过失造成的灾祸；这是偶然犯罪，可以按法律给予适当处罚，不应把他杀掉。"

王说："啊，封，如果你能照这样做，就会使臣民顺服，臣民会互相劝勉，和顺相处。你要像医治病人一样，尽力让臣民抛弃自己的过错。要像护理孩子一样保护臣民，使他们健康安宁。

"除了你封可以惩处人、杀人之外，任何人都无权惩罚人、杀人。除了你封可以下令割罪人的鼻子和耳朵外，任何人都不能施行割鼻断耳的刑罚。"

王说："判断案件，你要宣布这些法则管理狱官，这样，殷人的刑罚就会有条理。"王又说："囚禁的犯人，必须考虑五六天甚至十天，才对其作出判决。"

王说："你宣布了这些法律后，要依据它们来惩治罪犯。根据殷商的刑罚来判罪时，该用刑的就用刑，该杀的就杀掉，不要照你的意思来行事。如果完全按照你的意思行事才叫顺从，那么就没有顺从的事。唉！你还是个年轻人，不可顺从你的意思。我的心愿和德行，只有你才能了解。"

解析：最早区分故意与过失犯罪，最早记载累犯从重制度

同世界刑法发展史的一般情况相比较，中国古代对犯罪主观状态的思考和研究要相对完备和成熟，规定故意犯罪和过失犯罪的区分也渊源甚古。在《尚书·康诰》"周公敬明乃罚"的记载中，已经体现了对犯罪主观状态的考量。

刑自罪生，罪重刑重，罪轻刑轻，罪刑均衡。刑罚由犯罪所引起，刑罚的轻重取决于犯罪社会危害性的大小——犯罪社会危害性重的，刑罚亦重，犯罪社会危害性轻的，刑罚亦轻。这便是刑法的基本原则之一：罪刑相适应原则。它是"刑罚个别化原则"的对称，又称"罪刑均衡原则""罪刑等价原则"，是 18 世纪后期西方启蒙思想家为反对封建刑法的等级特权主义和罪刑擅断，基于法律面前人人平等的思想所提出的。意大利刑法学家贝卡利亚在其名著《论犯罪与刑罚》中明确提出，犯罪与刑罚应当等价。该原则也是中国刑法的一项基本原则，贯穿于中国刑法的始终。

"周公敬明乃罚"的故事，则体现了西周时期对犯罪主观恶性与刑罚轻重之间关系的考量：故意犯罪，即使所犯小罪，短时间内多次再犯的，也应当从重处罚；过失犯罪，即使所犯大罪，也可从轻发落。其中包含了故意犯罪、过失犯罪的量刑区分，也体现了对故意累犯从重处罚的量刑尺度，是中华文明对罪刑相适应原则的积极探索和大胆实践。

1. 犯罪主观状态影响定罪量刑

故意犯罪，行为人对犯罪结果持期待和放任的态度，有较强的主观恶性；而过失犯罪，行为人并不愿意看到犯罪结果的发生，主观恶性较低，因此二者在定罪量刑方面必然存在区分和差异。这符合社会公众的朴素认知，现代如是、古代亦如是。《尚书·舜典》记载"眚灾肆赦，怙终贼刑"，早在奴隶制前的舜帝时代就有"故意特重其刑罚，过失酌减其处分"的原则。尧舜时代的史事是一种传说，而目前学界公认的是，至少在西周时期已正式出现了对犯罪主观状态的考量。最具代表性的，即是上文《尚书·康诰》关于"周公敬明乃罚"的记载。此外，《尚书·大禹谟》中"宥过无大，刑故无小"也表明了"过失从轻"的思想；《周礼》有关过失犯罪的记载亦有多处。《地官·司救》谓"司救掌万民之衺恶过失而诛让之，以礼防禁而救之"，《地官·调人》云"凡过而杀伤人者，以民成之，鸟兽亦如之"，这些记载都反映了一个思想，即区分故意、过失，过失从轻。《秋官·司刺》在说明"司刺"的职责时云：司刺"掌三刺三宥三赦之法：一宥曰不识，再宥曰过失，三宥曰遗忘……"。"宥"即宽恕，"不识""过失""遗忘"虽然在含义上稍有差别，但都是指那种不曾预料或者虽然事前有所预料却临时又忘记的、主观认识不符合实际的情况。可见过失犯罪可以得到宽恕已成为量刑的原则之一。

随着经济、文化的发展，统治阶级的治世经验有所进步，犯罪主观心态的思想亦得到进一步展开，并贯彻落实到刑事立法与司法中。尤其西汉以后，儒家思想在整个中国古代思想领域里一直占据优势，对于法律、刑罚的制定和实施发挥着重要影响。在追究刑事责任方面，儒家置重动机，把主观动机放在较结果更为重要的地位，对疑案难案所实行的"春秋断狱"即是一例，这种倾向在一定程度上导致了封建司法中的罪刑擅断，但同时也为后来关于过失犯罪的系统性规定奠定了思想基础。

我国现行《刑法》第14条第1款规定："明知自己的行为会发生危害社会的结果，并且希望或者放任这种结果发生，因而构成犯罪的，是故意犯罪。"《刑法》第15条第1款规定："应当预见自己的行为可能发生危害社会的结果，因为疏忽大意而没有预见，或者已经预见而轻信能够避免，以致发生这种结果的，是过失犯罪。"过失犯罪，法律有规定的才负刑事责任，且相较于故意犯罪，均设定了较轻的法定刑。由此，故意犯罪与过失犯罪这种古老、质朴的刑法理念，在当今的社会依然保持着持久的生命力和重要的价值地位。

2. 重复故意犯罪影响量刑标准

从虞舜前期的"不施刑罚"，到《尚书》中"怙终贼刑"，从中华法系成熟时期的《唐律疏议》，到近代《大清新刑律》，累犯制度在中国刑法史上留下诸多珍贵记录。

虞舜中期后，重复犯罪现象增多，累犯处罚原则逐渐形成。《尚书·舜典》记载"眚灾肆赦，怙终贼刑"。《孔传》曰："眚，过；灾，害；肆，缓；贼，杀也。过而有害，当缓赦之。"《尚书·周书·康诰》记载："人有小罪，非眚，乃惟终，自作不典，式尔，有厥罪小，乃不可不杀。乃有大罪，非终，乃惟眚灾，适尔，既道极厥辜，时乃不可杀。"朱熹在《书传辑录纂注》中注："怙谓有所持，终谓再犯。"这里的眚是过失，眚灾是由过失造成的灾祸，"眚""过""眚灾"指的都是过失犯罪。"怙终""故""非眚"则指故意犯罪。从《舜典》和《康诰》可以发现，施用刑罚不能只看客观罪行，还要看主观方面，重罚故意犯罪且不思悔改者，适当处罚过失犯罪且愿意悔改者。《康诰》中周公的观点还有点慎罚的现代意味。"怙终贼刑"是我国古代关于累犯制度的最早记载，既与如今犯罪学上的累犯意义相似，又可见到如今刑法学意义上累犯处罚原则的影子。自此，累犯制度在我国历朝律法中开始占有重要地位，对重复故意犯罪的加重处罚原则在我国古代法制史中承袭下来。《周礼》《汉书》《唐律》《宋刑统》中均有记载、沿革及发展。

时至近代，清末宣统二年（1910）颁布的《大清新刑律》首次在刑法中使用"累犯"一词。《大清新刑律》采取普通累犯制和执行开始主义，把构成累犯的时间条件规定为前后罪之间间隔五年，比较合理地限定了累犯的范围。同时明确区分了累犯与并罚数罪，并清晰地规定了对累犯和三犯的处罚。其在第4章第19条规定："已受徒刑之执行，更犯徒刑之上之罪者，为再犯，加本刑一等，但有期徒刑执行完毕，无期徒刑或有期徒刑执行一部分而后免除后，逾五年而再犯者，不在加重之限。"第20条规定："三犯以上者，加本刑二等，仍依前条之例。"

累犯制度不仅是国家在刑法条文中对于重新犯罪者的强硬表态，更是切实影响广大重新犯罪者人身自由以及国家刑罚资源配置的普遍实践。我国现行《刑法》第65条明确了累犯的认定和处罚原则，即被判处有期徒刑以上刑罚的犯罪分子，刑罚执行完毕或者赦免以后，在五年以内再犯应当判处有期徒刑以上刑罚之罪的，是累犯，应当从重处罚，但是过失犯罪和不满十八周岁的人犯罪的除外。第 66 条还规定了"特别累犯"，即对危害国家安全犯罪、恐怖活动犯罪、黑社会性质的组织犯罪的犯罪分子，在刑罚执行完毕或者赦免以后，在任何时候再犯上述任一类罪的，都以累犯论处。

  法律总是植根于现实生活的。任何一种法律制度都有其存在的现实基础，它不是立法者随意的创制，而是社会现实和社会需要在法律上的反映。累犯制度设立的现实基础即是重新犯罪现象的存在，而通过施以重刑，对重复犯罪行为产生威慑，则契合了社会的法治信仰和公正需求，这正是这一制度源远流长的现实基础和理论底蕴。

（吴双　上海市长宁区人民法院）

三、周穆王惟良折狱

原文

王曰:"吁!来,有邦有土,告尔祥刑。在今尔安百姓,何择非人?何敬非刑?何度非及?两造具备,师听五辞。五辞简孚,正于五刑。五刑不简,正于五罚;五罚不服,正于五过。五过之疵:惟官,惟反,惟内,惟货,惟来。其罪惟均,其审克之!五刑之疑有赦,五罚之疑有赦,其审克之!简孚有众,惟貌有稽。无简不听,具严天威。墨辟疑赦,其罚百锾,阅实其罪。劓辟疑赦,其罚惟倍,阅实其罪。剕辟疑赦,其罚倍差,阅实其罪。宫辟疑赦,其罚六百锾,阅实其罪。大辟疑赦,其罚千锾,阅实其罪。墨罚之属千,劓罚之属千,剕罚之属五百,宫罚之属三百,大辟之罚其属二百,五刑之属三千。上下比罪,无僭乱辞,勿用不行,惟察惟法,其审克之!上刑适轻,下服;下刑适重,上服。轻重诸罚有权。刑罚世轻世重,惟齐非齐,有伦有要。罚惩非死,人极于病。非佞折狱,惟良折狱,罔非在中。察辞于差,非从惟从。哀敬折狱,明启刑书胥占,咸庶中正。其刑其罚,其审克之。狱成而孚,输而孚。其刑上备,有并两刑。"

王曰:"呜呼!敬之哉!官伯族姓,朕言多惧。朕敬于刑,有德惟刑。今天相民,作配在下。明清于单辞,民之乱,罔不中听狱之两辞,无或私家于狱之两辞。狱货非宝,惟府辜功,报以庶尤。永畏惟罚,非天不中,惟人在命。天罚不极,庶民罔有令政在于天下。"

——《尚书·吕刑》[①]

[①] 原始文献详参《尚书译注》,上海古籍出版社2016年版,第438—439、443页。

注释

【吕刑】《尚书正义》："吕侯为穆王时司寇,奉命作刑书,称《吕刑》。"《史记·周本纪》："诸侯有不睦者,甫侯言于王,作修刑辟……命曰《甫刑》。"近人杨树达《积微居金文说》(卷四)认为,《毛伯班簋》为穆王时器,铭文中的吕伯即《吕刑》中的吕侯。《礼记》称《吕刑》为《甫刑》。一般认为《吕刑》产生于西周穆王时代,是我国现存历史最古老的刑书。

【有邦】有邦国,指诸侯,亦泛指国家。《书集传》："有邦,诸侯也。"

【有土】指有土地之君或有封地之臣。《尚书正读》："有土者,畿内有采地之臣。"

【祥刑】谓善用刑罚。《尚书正义》传："告汝以善用刑之道。"

【度】度量、谋虑。

【及】《史记·周本纪》引作"宜"。宜,相宜、适宜。

【两造】又作两遭,"遭"同"曹"。两造即诉讼的两方——原告与被告。《尚书正义》传："两,谓囚、证;造,至也。"

【听】听治,治理。

【五辞】亦作"五词",谓诉讼时原告被告双方的述词。《尚书正义》疏："凡断狱者,必令囚之与证,两皆来至,囚证具备,取其言语……乃据辞定罪,与众狱官共听其辞,观其犯状,斟酌入罪,或入墨、劓,或入宫刵。"一说犹言五听。孙星衍："五辞,即五听也。"劓[yì],割鼻刑。刵[fèi],砍脚刑。五辞简孚,谓五刑条文与犯罪事实相符可信。

【五罚】对罪不当五刑者处以相应的五种赎金,称为五罚。凡不足墨刑者罚百锾;依次劓,二百锾;刵,五百锾;宫,六百锾;大辟,千锾。《尚书正义》传："不简核,谓不应五刑,当正五罚,出金赎罪。"

【五过】古代刑法规定可以宽恕的五种罪过。曾运乾《尚书正读》："五过，疑于五刑、五罚而为过失者……五辞与罚仍不相应，是罚之疑者也，则质之于五过而宥免之。""五过之疵"则指法官判定人为五过时，容易犯重罪轻判的弊病。

【内】内为女，因女人而结成之裙带关系。

【货】货贿。

【来】接受请托。

【克】《汉书·刑法志》引作核，核实。

【貌】外表相像而实质不同。

【锾 [huán]】古代重量单位，六两为一锾。百锾指六百两铜。

【阅实】审查核实。《尚书正义》疏："阅实其罪，检阅核实其所犯之罪，使与罚名相当。"

【上下比罪】刑律上没有明确规定的犯罪行为，则应视情况比照上下条文，用比附类推的方式定罪量刑。

【无僭乱辞】不要使判词出现差错和混乱。

【权】变通、权衡、灵活性。

【世轻世重】就是说要根据社会情况对刑罚轻重作适当调整，社会安定和平宜用轻刑，社会动乱宜用重刑。

【惟齐非齐】调整刑罚轻重的目的，只是为了使民众趋向齐一。

【折狱】审判案件。《尚书正义》疏曰："断决狱讼。"

【哀敬】又作哀矜。怜悯，敬畏。

【胥 [xū]】相互。

【占】揣度、斟酌。

【输】更也，变更之意。改变判决亦须信实。

【上备】谓具文向上司呈报备案。《尚书正义》传曰："其断刑文书上王府，皆当备具。"

【有并两刑】有一人犯有两种罪者，也把两种罪及判决结果一并上报。

【官伯】指诸侯。孙星衍："官伯,谓司政典狱也。"司政典狱,谓诸侯,见《孔传》。一说指典狱官和诸侯。《书集传》："官,典狱之官也;伯,诸侯也。"

【族姓】同姓大臣。孙星衍："族姓,谓伯父、伯兄、仲叔、季弟、幼子、童孙也。"

【中听】以公正的态度听取。后以指治狱得当。

【两辞】原被告双方的申诉。《尚书正读》："两辞,两造之讼辞也。"

【狱货】指狱吏受贿所得之物。《尚书正义》疏曰："治狱受货,非家宝也。"

【府】聚、取。

【庶尤】众人的怨恨。《尚书正义》传曰："其报则以众人见罪。"

【在命】察知上天之命。

【令政】善政。《尚书正义》疏曰："若令众民无有善政在於天下,则是人主不中,天亦将罚人主。"

【监】同"鉴",取法、借鉴。

译文

王说："啊！来吧！诸侯和各位大臣,我告诫你们要避免刑罚而注重德教。如今你们要如何选择用以安定百姓呢,不该是靠贤人吗？要如何慎重呢,不正是靠刑罚吗？要考虑什么呢,不就是判断适宜吗？
"原告和被告都来齐了,法官根据辞听、色听、气听、耳听、目听来考察断案；如果五听核实可信,就用五刑来处理。如果用五刑处理不能核实,就用五罚来处理；如果用五罚处理也不可从,就用五过来处理。五过的弊端是：法官倚仗权势,以报恩怨,畏惧高位强权,索取贿赂,受人请求。发现上述弊端,法官就与罪犯同罪,（对于这些）你们必须详细察实啊！根据五刑定罪的疑案有可以从轻处置的,要详细察实。

核实验证要听取他人意见，再微小的细节也要调查清楚。没有核实不能治罪，应当共同敬畏上天的威严。判处墨刑感到可疑，可以从轻处治，罚金一百锾，要核实其罪行。判处劓刑感到可疑，可以从轻处治，罚金二百锾，要核实其罪行。判处剕刑感到可疑，可以从轻处治，罚金五百锾，要核实其罪行。判处宫刑感到可疑，可以从轻处治，罚金六百锾，要核实其罪行。判处死刑感到可疑，可以从轻处治，罚金一千锾，要核实其罪行。关于墨罚的条目有一千，劓罚的条目有一千，剕罚的条目有五百，宫罚的条目有三百，死罪的条目有二百。五种刑罚的条目共有三千。（刑律上没有记载的）要比较相关法条判处其罪行，不要错乱判词，已经赦免的就不要重新处罚，应当明察，应当依法，要核实案情。重刑宜于减轻，就减一等处治，轻刑宜于加重，就加一等处治。各种刑罚的轻重允许有些灵活性。刑罚有些时期要轻些，有些时期要重些；总体上公平公正而具体到个案又有所不同；不同时期可类比对照而又各有侧重。刑罚虽不置人死地，但受刑罚的人感到比重病还痛苦。不要依靠巧辩的人审理案件，而是应该靠善良的人审理案件，这样就没有不公正合理的。从矛盾处考察供词，不服从的犯人也会服从。应当怀着哀怜的心情判决诉讼案件，明白地检查刑书，互相斟酌，都要以公正为标准。当刑当罚，要详细察实。要做到案件判定了，人们信服；改变判决，人们也信服。刑罚应具文向上级呈报备案，有时也可以把两种罪行合并考虑，只罚一种。"

王说："啊！要谨慎地对待刑狱！主持狱政的诸侯与同宗子弟们，我的话多是令人畏惧之词，我谨慎地对待刑狱，实行德政也要兼有刑罚。现在上天帮助民众，在人间设立君主作为对应。办案时要明察一面之词，不可偏听偏信，对民众的治理，无不是法官公正地听取诉讼双方供词的结果，不要为私利而有所偏袒。办案时收受的财货不是宝物，那只是在积累罪恶，将会招致民众的怨恨，国家也会惩治你。这种严厉的惩罚永远令人敬畏，这不是上天不公，是你们自绝其命。上天如果对这些贪赃枉法之人不加以严惩，那么天下的百姓就不能享有善政了。"

解析：最早提出司法者的良知追求

社会秩序统一于良法，良法的效力又通过司法裁判得以展现。在西方，最早提出良法之治的是亚里士多德，其在《政治学》中阐明："城邦虽有良法，要是人民不能全都遵循，仍不能实现法治……"在中国，由此上溯五百余年，《尚书·吕刑》同样记载了周穆王告示吕侯法律应如何恰当实施的原则——"吁！来，有邦有土，告尔祥刑。在今尔安百姓，何择非人？何敬非刑？何度非及？"从秩序与法律的关系来看，古今中外均认为个案裁判所宣示的法，有"尔安百姓"的作用。而对于法律的实施，周王进一步提出"何择非人"，即选择合适的"人"。《吕刑》中进一步指明"非佞折狱，惟良折狱，罔非在中"，说明"惟良折狱"是"有德惟刑""威庶中正"的关键之所在，周天子认为的良法之治，统一于执法的"良人"。而"良人"则应做到"哀敬折狱"，以怜恤、同情的心理判决诉讼案件。从古至今，司法是国家管理社会的一种基本形式，是社会公正的终极保护手段。诚然，周天子时代的"良人"更多指向崇德、开明的统治阶层，但"惟良折狱""哀敬折狱"的法治思想，仍有极高的借鉴价值，体现了古代中国对司法裁判者良知、道德最初的追求和渴望。

马克思指出："法官是法律世界的国王，法官除了法律就没有别的上司。"现代社会，法官是国家法律的实施者，司法裁判是法官适用法律的产出品。司法公正是人类共同追求的价值理念和价值目标，是法治社会的核心要求，是司法机关的灵魂和生命，而法官就是寻求公平正义的职业，是法律秩序的维护者，是法的守护神，更是实现社会救济、维护社会正义的"掌门人"，对于纠纷的处理和社会正义的实现起着决定性的作用。

对于一名法官而言，其专业能力固然重要，但更重要的是良知。法官良知，是指法官作为司法人员基于自然正义和社会正义的基本要求，在司法实践中表现出的对公平、正义的良善认知心理。法官作为社会的良心职业，应存公正善良之心，根据公平正义的基本价值理念，依据法律规定对个案违法与否作出公正的评判。法官良知是一种超越于普通公众正义善良意识的对自然法原理以及自然公正原则的皈依，亦是基于法官职业伦理对社会公平正义的自觉体验与自觉认同。因此，法官良知的伦理根据，一方面包括人类普遍的道德法则，其基本表现是社会公众行为规则的常识、常理和常情；另一方面包括立基于普遍道德法则之上的法官职业伦理，"法官倾听良知呼唤、反思、挖掘良知的力度应该高于而不能等于或低于其他社会职业群体"。

当然，法官良知绝非没有法律观念的泛道德主义"良知"，不能偏离"合法性"前提，法官绝不能用单纯的道德和情感去判决法律争讼。具体而言，法官良知除了社会公众应该具有的基本良知外，在法治内涵中还应包含裁判操作、价值取向和信仰追求三个层次：

1. 裁判操作：自由裁量中的良心法则

"其罪惟均，其审克之"，法官在自由裁量中，要经常"反省自己的思想，要追寻影响或引导他得出结论的那种种影响力，要掂量各种可能冲突的考虑因素——逻辑的、历史的、习惯的、道德的、法律的确定性和灵活性、法律的形式和实质等等"[1]。而引导法官经常"反省"作出理性而公正裁断的恰恰是其内心存留的法官良知。法官自由裁量权的设置是为了让法官根据千差万别的具体案情酌情予以裁断，从而实现实质正义。然而，如果法官良知缺失甚至个别法官心术不良，自由裁量权就可能异化而最终成为伤害正义的"魔鬼。"因此，在自由裁量中法官必须秉承自己对法官良知的体认，胸怀"赤子之心"，服从良心的召唤和对自然法理念的内在认同，在公平正义的基础上作出既符合法律又符合人性的合理判决。

---

[1] 〔美〕本杰明·卡多佐：《司法过程的性质》，苏力译，商务印书馆2000年版，译者前言。

2. 价值选择：公平正义的价值理念

"明清于单辞，民之乱，罔不中听狱之两辞，无或私家于狱之两辞"，一个有良知的法官必将在良知的引导下努力探寻个案的公平正义之所在。一旦发现个案的公平正义之所在，有良知的法官必然努力恪守心中的价值准则，排除一切阻力尽可能地作出公正的判决。

法律作为一种意义体系，表现在法律的最高价值和终极目标是公平正义。如果法律没有公平正义的普遍价值，必将堕落为"恶法"；所谓"法治"也必将堕落为"恶法之治"。如果普通公民的公平正义观念对个案正义还难以产生实质影响的话，那么执掌国家司法大权的法官，其公平正义理念将直接决定案件的走向，从而直接决定当事人的命运。因此，公平正义不仅应该成为法治的灵魂，更应该成为法官的灵魂。

3. 信仰追求：法律至上的真诚信仰

正如"永畏惟罚，非天不中，惟人在命"所反映的，有良知的法官必然信仰法律，而信仰法律的法官必然是有良知的法官。法律不仅是由一系列法律规则组成的体系，同时也是一个具有伦理意蕴的意义体系。法治社会所遵循的法必然是"良法"，而对法律的尊崇只有内化为一个民族内在的崇高信仰时，法治才可能在这个民族社会生根。伯尔曼指出："法律必须被信仰，否则它必将形同虚设。"[①] 法官良知只有不断升华为内心崇高的法律信仰，才能牢固地扎根于法官内心。在此意义上，法律信仰是法官良知的高级形态，法官良知是法官法律信仰的初始形态。一个在良知指引下具有崇高法律信仰的法官，必然会将法律的普遍价值扎根于心中，在审判中自觉排除非法干预。法官正是在其良知的指引下通达法律信仰之门，从而达到法律信仰的崇高的理想境界。

（吴双　上海市长宁区人民法院）

---

① 〔美〕伯尔曼：《法律与革命：西方法律传统的形成》，贺卫方等译，中国大百科全书出版社1993年版，序言。

四、召公甘棠听讼

原文

召公之治西方,甚得兆民和。召公巡行乡邑,有棠树,决狱政事其下,自侯伯至庶人各得其所,无失职者。召公卒,而民人思召公之政,怀甘棠不敢伐,歌咏之,作《甘棠》之诗。

——《史记·燕召公世家》[1]

注释

【召[shào]公之治西方】召或作邵,西周初人,姬姓,名奭[shì],周文王庶子。因采邑在召(今陕西岐山西南),故称召公或召伯,又称召康公。佐武王灭商后,封于燕(今北京西南琉璃河乡),后由其子就封,自己留于王都。成王时任太保,为三公之一。曾掌理东都的修建,又与周公分陕(地名,今河南陕县西南)治国,"自陕以西召公主之,自陕以东周公主之"(《史记·燕召公世家》)。成王卒,受遗命辅佐康王。享高寿,相传"至康王之时,尚为太保,出入百有余岁矣"(《论衡·气寿》),故后人以"若召公寿"为祝词。

【兆民】古称天子之民,后泛指众民,百姓。《尚书·吕刑》:"一人有庆,兆民赖之。"

【巡行】出行巡察;巡视。《礼记·月令》:"(孟夏之月)命司徒巡行县鄙,命农勉作,毋休于都。"

---

[1] 原始文献详参《史记》,中华书局1982年版,第750页。

【棠树】棠梨树。后以"棠树"喻惠政,亦称"棠政"。北魏郦道元《水经注·济水二》:"明年,甘露复降殿前树。从事冯巡、主簿华操等相与褒树,表勒棠政。"

【各得其所】此处为原意,指各人都得到满足。《周易·系辞下》:"日中为市,致天下之民,聚天下之货,交易而退,各得其所。"

译文

召公在西边封地的治理很得老百姓的拥护。召公为了方便老百姓打官司,来到乡里老百姓当中,在一棵棠树下审理案件,定分止争。召公在审理案件中,从侯伯贵族到老百姓,他都尽职尽责,公正审判,使各人皆得其所宜。召公去世后,民众感念他的施政行为,怀念棠梨树下的召公之政而不敢(忍)砍伐是树,于是作甘棠诗以示缅怀。

解析:最早的巡回审判制度

从"召公巡行乡邑,甘棠树下决狱政事"到陕甘宁边区的"马锡五巡回审判方式",千年之间巡回审判制度的继承与发展,体现中华法系法律制度文明的独特内涵。作为巡回审判的起源,"甘棠听讼"发生背景为西周时期,辅佐周成王理政的召公勤政爱民,经常巡视乡里,在田间地头决断政事、解决纷争,且"自侯伯至庶人各得其所,无失职者"。"召公甘棠听讼"所体现的中华法系独特的历史底蕴和文化内涵,对当下诉讼方式的变革乃至诉讼制度整体性建构具有深刻的启迪意义。

1. "民惟邦本,本固邦宁"的民本理念与当代诉讼方式的建构

中华文明悠久的发展历程积淀了独特的法律品格、内在精神和制

度内涵，形成了系统性的中华法系文明，彰显了中华民族伟大创造力，在世界法律体系中独树一帜。立足传承和弘扬中华优秀法律文化传统，赋予中华法律文化新的时代内涵，并有机融合到当代中国特色社会主义司法制度中，具有强烈的现实意义。

先秦时期，尤其是夏商周三代，是中华法律文化的肇始和奠基阶段。"甘棠听讼"是"民惟邦本，本固邦宁"的民本思想在中华法系诉讼方式中真实、生动的体现。这一法律文化底蕴在二千多年后抗日战争时期的陕甘宁边区得到新的发展。当时，时任陕甘宁边区陇东分区专员兼边区高等法院分庭庭长的马锡五，在边区实行深入群众、开展调查、注重调解、就地审理的"马锡五巡回审判方式"。"通过司法实践，马锡五逐渐形成了一套鲜明的审判特点：一是贯彻党的群众路线，密切联系群众；二是通过调查研究，分清是非，实事求是；三是把审判同调解结合起来，尽最大可能方便群众；四是诉讼手续简便易行，尽量深入基层，充分结合农村实际进行司法活动。"[1] 由此可见，"召公甘棠听讼"与"马锡五边区巡回审判"体现了共同的特征，"在纠纷的处理中，更多的是依据人民群众所熟知的常识、常理和常情习惯。而司法对民间习惯的依赖，势必会造成国家制定法与地方风俗民情的紧张关系，司法活动必须在二者中找到平衡点"。[2]

这一巡回审判方式，逐渐演化成"马背上的法庭""田间法庭""弄堂里的法庭""校园里的法庭"。这些审判方式的探索传承了以民为本的理念，是党"全心全意为人民服务"宗旨的忠实体现，更是党"一切为了群众，一切依靠群众，从群众中来，到群众中去"的群众工作路线的具体实践。这种诉讼方式，注重当事人诉讼参与性和诉讼便捷性，注重司法官员的实地调查和深入群众，是中华传统文化和党的宗旨作风的高度融合、相辅相成。

---

[1] 姚康康：《马锡五审判方式的意义及其影响》，《钟山风雨》2014年第1期。
[2] 胡伟：《"马锡五审判方式"与司法的群众路线再审视》，《安阳师范学院学报》2014年第3期。

2. 行仁政、重教化的传统文化底蕴与当代纠纷解决制度的重构

如今,重提"甘棠精神""巡回审判",不是简单地重复历史,而是更好解决中国自身的问题。与"甘棠听讼"形成鲜明对比的是,倡导程序正义的西方国家却因日益繁琐的诉讼程序和高昂的诉讼成本,导致普通民众与司法正义产生巨大的鸿沟,引发广泛反思;20世纪70年代虽然出现了以加强诉讼权利保障、改革法律援助和公益诉讼制度、发展替代性纠纷解决机制(ADR)、简化诉讼程序为主要内容的"接近正义"运动,但至今仍难以根本改观。要切实防止如下情况——"司法改革过程中对他国司法经验不问国情所奉行的'拿来主义'也使得我国社会主义司法无论体制还是工作都迷失了其基于中国当下国情的人民性,导致了司法制度设计背离国情民情、司法工作的方式方法没有为群众着想或者考虑群众需要、司法裁决不能使群众信服和满意从而获得普遍或广泛的接受等一系列问题"。[①]

中华法系文明与西方法治文明不同,不是起源于以权利和义务为基础的规则构建,而是表现为"出礼入刑、礼法结合、德主刑辅"的礼法合一。西周初期也充分吸收商朝覆亡的教训,认识到"天畏忱,民情大可见",践行"仁者,爱人"的儒家理念,倡导"亲亲而仁民",重教化而慎刑罚。在现代纠纷解决制度的建设和完善过程中,要从中华法系文明中汲取养分和经验,进一步提升司法的参与性、便捷性、亲民性,更好体现司法的"人民性"。当下,"把非诉纠纷解决机制挺在前面",着力探索一站式诉讼服务和一站式纠纷解决,除此之外,以"全业务网上办理、全流程依法公开、全方位智能服务"为特征的智慧法院建设和"互联网空间治理规则+电子诉讼规则+智能辅助系统"一体化的互联网司法模式,均切实体现了司法的人民性和司法为民的根本宗旨。

[①] 朱继萍:《马锡五关于司法的政治性与法律性之法治思想及其借鉴》,《山东科技大学学报(社会科学版)》2016年第12期。

3. 天理、人情、法理兼顾与当下纠纷解决的价值取向

"中国法的哲学基础是天理、人情、国法，中国历代虽有成文法典，但其价值取向不是权利，而是伦理；不是法律，而是道德。德主刑辅，明刑弼教，法律向人们提供的只是行为准则，而不是必须遵守的规范，解决争端，重要的是要符合天理、人情的道德原则。因为道德是永久不变的，法律是可变的，所以法律只是道德的手段，天理、人情、国法的协调才能达到社会秩序和谐安定的目的。"①

正如学者所言，"在古代中国，行政和法律规则之间并无明确界限；没有摆脱统治者顾问身份的可辨认的法律职业；没有置身于道德和政策论据之外的特殊的法律推理模式"②。但"甘棠听讼"依然能够做到"各得其所，无失职者"，即实现公平正义和司法公正，并且召公深得百姓爱戴，死后还被百姓咏诗纪念。除了诉讼方式的因地制宜、贴近群众之外，召公的理政问狱还体现了中华法系的深层文化追求，如《论语·为政》中所言，"道之以政，齐之以刑，民免而无耻。道之以德，齐之以礼，有耻且格"。也即，让"德"与"礼"深入民心，则民"有耻且格"，这势必优于"政"与"刑"。

"在中国法制漫长的发展过程中，形成了执法、明理、原情的内在统一关系，这是中华法系的特点之一，也是中国法文化中长期积淀的传统。""从法制发展的历史看，法与理合，易于为人所接受；法顺人情，冲淡了法的僵硬与冷酷的外貌，更易于推行。法与理、情合，不仅增加了法的权威性，也加强了社会渗透力。因此，历代的圣君贤相都力求做到奉理、执法、原情，并将这三者的和谐统一看作强国之本、固国之源。"③ 应当认识到，在现代法治的条件下，解决纠纷乃至全面推进依法治国，都离不开中华文明优良传统道德的继承和发扬。在当下的纠纷解决过程中，事实认定、法律条文的解读及司法适用的过程

---

① 王绍棠：《法系·中国法系的再讨论》，《南京大学法律评论》1999年春季号。
② 〔美〕昂格尔：《现代社会中的法律》，吴玉章、周汉华译，中国政法大学出版社1994年版，第92页。
③ 张晋藩：《中华法系特点再议》，《江西社会科学》2005年第8期。

必然带有不确定性和主观性,而在事实认定的自由心证过程和法律适用的价值判断过程中,唯有切实体现出情、理、法的结合,才能让人民发自内心接受和认可,并在此过程中得到潜移默化的教育和启迪。

(孙海峰　上海市长宁区人民法院)

第二章　春秋战国时期经典案例评述

春秋战国时期社会的发展与变化在思想文化领域的反映，就是士阶层的兴起与私学的兴盛。代表不同政治集团利益的思想家们，针对当时社会变革所出现的问题发表意见，提出各自的看法。各家的争论主要围绕"礼治"和"法治"问题展开，而主张"礼治"的儒家和主张"法治"的法家作为对立双方则是各派的代表。儒家法律思想的代表人物是孔子。首先，面对春秋末世"礼崩乐坏"的局面，孔子极力推崇周公，试图挽救和维护传统的"礼治"。尽管把实行礼治作为治理国家的最高准则和基本方法，但孔子并不排斥刑罚的适用，而是强调先礼后刑，先教后杀。其次，孔子强调刑罚适中，宽严相济。孔子认为对犯罪者实行刑罚制裁的目的，不仅仅在于惩罚个别违法的人，从根本上来说是为了消灭犯罪、消灭刑罚。

以管仲和韩非为代表的法家法律思想，明确提出抛弃人治，以法治代之的主张。认为"法"是衡量人们言论和实行赏罚的标准，是人人必须遵守的行为规范。在这一时期，子产铸"刑鼎"与邓析私制《竹刑》促成了成文法的颁布，打破了"刑不可知，则威不可测"的状态；李悝《法经》的创制和商鞅变法的成功，实现了法家"以法治国"从理论到实践的有效转换，对加快秦国统一六国的步伐功不可没；战国末年，作为法家的集大成者，韩非对法家思想体系的完善和系统化做出了巨大贡献。在以往法家思想着眼于法的功能的基础上，韩非进而研究法的来源与法的本质，填补了法理论体系的空白。

春秋战国时期，社会的剧烈变革引发思想领域的强烈反响，与法律思想关系密切的儒、法、道等学派，互相论战、争鸣，使这一时期的法律思想得到了前所未有的发展,并深入到法理学领域,对法律的起源、本质、作用以及法律与社会经济、时代要求、国家政权、伦理道德、风俗习惯、自然环境乃至人口、人性等的关系问题,都提出了一系列主张,大大丰富了中国乃至整个世界的古代法学。

一、令尹子文不护亲

原文

楚令尹子文之族有干法者,廷理拘之。闻其令尹之族也,而释之。子文召廷理而责之曰:"凡立廷理者,将以司犯王令而察触国法也。夫直士持法,柔而不挠,刚而不折;今弃法而背令,而释犯法者,是为理不端,怀心不公也。岂吾有营私之意也,何廷理之驳于法也?吾在上位以率士民,士民或怨而吾不能免之于法。今吾族犯法甚明,而使廷理因缘吾心而释之,是吾不公之心,明著于国也。执一国之柄而以私闻,与吾生不以义,不若吾死也。"遂致其族人于廷理,曰:"不是刑也,吾将死。"廷理惧,遂刑其族人。成王闻之,不及履而至于子文之室,曰:"寡人幼少,置理失其人,以违夫子之意。"于是黜廷理而尊子文,使及内政。国人闻之,曰:"若令尹之公也,吾党何忧乎!"乃相与作歌曰:"子文之族,犯国法程。廷理释之,子文不听。恤顾怨萌,方正公平。"

——《说苑·至公》[1]

注释

【令尹子文】令尹为楚国宰相。令尹子文为春秋时期楚国贤相,三任首辅,"自毁其家,以纾国难",孔子誉为"忠"。

【廷理】楚国官名,掌刑狱。

---

[1] 原始文献详参《说苑校证》,中华书局1987年版,第359—360页。

【直士】正直、耿直之士。《荀子·不苟》:"身之所长,上虽不知,不以悖君;身之所短,上虽不知,不以取赏;长短不饰,以情自竭,若是则可谓直士矣。"

【恤顾】顾惜。

译文

楚国的宰相子文的家族中有一个人犯了法,廷理把他逮捕起来。但廷理听说这人是令尹的族亲,就释放了他。子文知悉后把廷理召来斥责他说:"国家设置廷理,是为了让他主持纠察触犯王令和违犯法律的人。正直的官吏执法,可以有一定的灵活性但不能曲解法律,要坚持原则而不能屈服于权势;今天你抛弃法律违背王令,而宽纵犯法的人,这是你当廷理的做事不端正,心怀不公啊。难道是我自己有意徇私吗,为什么廷理不依法办事呢?我身居高位领导人民,即使人民中有人埋怨,我也不能让他们免于法律的制裁。现在我的族人很明显触犯了国家法律,假使我允许廷理因为讨我欢心而释放他,这就在全国人民面前表明我心怀不公。执掌一国的大权而以私心闻名,与其让我活在世上而不合正道,不如让我死去。"于是就把族人交给廷理,对廷理说:"不对这个人执行刑罚,我就去死。"廷理很害怕,便依法对子文的族人施加了刑罚。楚成王听说了这件事,来不及穿好鞋就跑到子文的家,对子文说:"我年纪幼小,任命廷理失当,以至于违背了您的意愿。"于是罢免了廷理并尊崇子文,让子文一并管理内政。百姓听说后,说:"如果都像令尹这样持法公平,我们这些人还忧虑什么呢!"大家作歌称颂说:"子文的族人,违犯了国法。廷理要宽免,子文要惩罚。体恤老百姓,正直又公平。"

解析：法家"法不护亲"理念

《说苑·至公》中记述的"令尹子文不护亲"事例，体现了楚国令尹子文维护司法公正、执法不"私"的品行。这与先秦法家的执法观相契合，即主张"上法不上贤"，强调"不别亲疏，不殊贵贱，一断于法"①，从而维护法律的权威，保障国家和社会秩序的稳定。总体来说，先秦法家执法观主要有以下几个方面值得借鉴：

一是要审慎执法。关于这一点，先秦诸子尽管出发点不一，但意见较为一致。儒家把慎刑看作取得民心的关键，在其看来，百姓之所以犯罪，往往是由于执政者不能先教而后刑，民众是因无知而犯罪，责任在于统治者，因此在使用刑罚的时候应该慎之又慎，对死刑的运用更应如此，千万不能草率行事。如《孟子·梁惠王上》指出："左右皆曰可杀，勿听；诸大夫皆曰可杀，勿听；国人皆曰可杀，然后察之，见可杀焉，然后杀之。"道家认为法律制度掌握在统治者手中，并不是专门惩罚人的，有德的统治者只掌握法律，无德的统治者才运用惩罚。如《老子》第七十九章提到，"圣人执左契，而不责于人""故有德司契，无德司彻"。所以执法要谨慎，最好是执而不用。墨家从"兼爱"立场出发，主张慎重执法，主张如果刑法使用不当，就会致乱，"譬之若有苗之五刑然。昔者圣王制为五刑，以治天下，逮至有苗之制五刑，以乱天下。则此岂刑不善哉？用刑不善也"。"善用刑者以治民，不善用刑者以为五杀。"② 其关键在于执法是否慎重。法家虽然主张厚赏重罚，强调重刑，但那只是制定法律时的原则。在执法时，则强调不能肆意妄为、任意而行，而是必须严格谨慎、不枉不纵，既不能因为仁

---

① 出自《史记·太史公自序》。
② 出自《墨子·尚同中》。

爱而"有过不罪，无功受赏"①，也不能任意用刑，虐杀臣民。这样才能达到以刑去刑的目的，否则将导致亡国。由此可见，法家把慎重执法当作关系天下安危的大事。

二是要秉公执法。成文法的公布使得法令彰明，执法者不能擅自增损法律内容，而必须秉公执法，这成为一种历史趋势。《管子·立政》说："正月之朔，百吏在朝，君乃出令布宪于国，五乡之师，五属大夫，皆受宪于太史……宪未布，令未致，不敢就舍，就舍，谓之留令，罪死不赦。"滞留法令，是不可赦免的死罪。商鞅更是把公布法律条文、使全体臣民知晓法律作为以法治国的首要条件："古之明君，错法而民无邪，举事而材自练，赏行而兵强。此三者，治之本也，夫错法而民无邪也，法明而民利之也。"②错法，就是明法，使"天下吏民无不知法"。这样，可以增强吏民的法制观念，"吏不敢以非法遇民，民不敢犯法以干法官也"③。司法官吏在执法过程中就只能秉公行事。首先，要求国君及执法者任法去私。《商君书·修权》曰："国之所以治者三，一曰法，二曰信，三曰权。法者，君臣之所共操也……君臣释法任私必乱。故立法明分，而不以私害法则治。"《管子·明法解》也强调："故法度行则国治，私意行则国乱。明主虽心之所爱，而无功者不赏也；虽心之所憎，而无罪者弗罚也……故〈明法〉曰：'先王之治国也，不淫意于法之外。'"要求国君及执法者端正态度，秉公而行，做到"怒不过夺，喜不过予，是法胜私也"④。不因个人的感情和喜恶影响执法。只有处断公平，法律才具有权威性。《荀子·君子》说："刑当罪则威，不当罪则侮。"其次，对待犯罪对象要一视同仁。"有功于前，有败于后，不为损刑；有善于前，有过于后，不为亏法；忠臣孝子有过，必以其数断；守法守职之吏，有不行王法者，罪死不

---

① 出自《韩非子·内储说上》。
② 出自《商君书·错法》。
③ 出自《商君书·定分》。
④ 出自《荀子·修身》。

赦。"① 在执法时真正做到"刑无等级"，秉公处断。因为先秦诸子已经明确意识到，只有秉公执法，法律才能成为维护统治秩序的最根本的保障，"故明主之治也，当于法者赏之，违于法者诛之。故以法诛罪，则民就死而不怨，以法量功，则民受赏而无德也，此以法举错之功也。故《明法》曰：'以法治国，则举错而已'"②。韩非子在《有度》中对秉公执法的后果作了准确的描述："法不阿贵，绳不挠曲，法之所加，智者弗能辞，勇者弗能争。"

三是要严格执法。法家把维护法令尊严看成是关系国家安危的大事，因此要求一准于法。《管子·重令》曰："凡君国之重器莫重于令。令尊则君尊，君尊则国安……故曰：亏令者死，益令者死，不行令者死，留令者死，不从令者死。五者死而无赦，惟令是视。"为保证法律的权威性，严格执法，法家要求做到两点：第一，一准于法，把法令看作治国的唯一标准。一方面要求"为人君者不多听，据法倚数，以观得失，无法之言，不听于耳；不法之劳，不图于功；无劳之亲，不任于官。官不私亲，法不遗爱，上下无事，唯法所在"③。另一方面，执法官员在司法过程中，要"不淫意于法之外，不为惠于法之内也，动无非法"④。总之，一切要依法办事，有法必依，执法必严。为达到这一目的，韩非子要求君主清除"五蠹"，"一法而不求智"。⑤ 商鞅在《商君书·赏刑》中更是强调对官吏执法时损益法令者严惩不贷："守法守职之吏有不行王法者，罪死不赦，刑及三族。"第二，法律一经制定，就必须君臣共守，君主也有遵守法律的义务，法令的权威高于君主的权威。《管子·法法》指出，"不为君欲变其令，令尊于君"，"明君……置法以自治，立仪以自正。故上不行，则民不从；彼民不服法死制，则国必乱矣。是以有道之君，行法修制，先民服也"。把"禁胜

---

① 出自《商君书·赏刑》。
② 出自《管子·明法解》。
③ 出自《慎子·君臣》。
④ 出自《管子·明法》。
⑤ 出自《韩非子·五蠹》。

于身"作为"令行于民"的前提,强调执法者带头遵守法令,《商君书·君臣》也强调"故明主慎法制……事不中法者,不为也",做到了"君臣上下贵贱皆从法,此谓为大治。"① 在维护法令尊严方面,儒家和法家有相通之处,孔子就从为政在人的角度出发,要求执政者作出表率,带头遵行礼法以达到"身正令行"之目的。

我国经济社会正处于深度转型期,法院作为执法、司法的主体,能否做到严格执法、公正司法,无疑是全面推进依法治国、建设社会主义法治国家的关键。先秦法家主张的"君臣上下皆从法"的法治观和执法观,与我国当前法治建设所倡导的公平公正法治理念存在诸多契合之处,为我国的社会主义法治建设提供了可资借鉴的思想底蕴和理论参考。

(刘彬华 上海市长宁区人民法院)

---

① 出自《管子·任法》。

二、惠公斩庆郑

原文

君令司马说刑之。司马说进三军之士而数庆郑曰："夫韩之誓曰：失次犯令，死；将止不面夷，死；伪言误众，死。今郑失次犯令，而罪一也；郑擅进退，而罪二也；女误梁由靡，使失秦公，而罪三也；君亲止，女不面夷，而罪四也。郑也就刑！"庆郑曰："说！三军之士皆在，有人能坐待刑，而不能面夷，趣行事乎！"丁丑，斩庆郑，乃入绛。

——《国语·晋语三》[①]

注释

【晋惠公】（？—前637），姬姓晋氏，名夷吾，晋献公之子，晋文公之弟。

【庆郑】春秋时晋国大夫。晋惠公五年，秦国饥荒，求粟于晋，庆郑劝惠公借粮以还情，惠公不听。次年爆发秦晋韩原之战，庆郑不为惠公所用，出言讽谏惠公，终遭杀害。

【夫韩之誓】指韩原之战誓词。公元前645年，秦穆公率军攻打晋国，秦晋两国的军队在韩原（陕西韩城）交战，晋军兵败，晋国国君晋惠公被俘。

【梁由靡】春秋时晋国人，晋献公时大夫。

---

① 原始文献详参《国语译注》，上海古籍出版社2017年版，第285页。

【面夷】谓使颜面受伤。《国语·晋语三》:"将止不面夷,死。"韦昭注:"夷,伤也。"

【趣】督促;催促。

【绛［jiàng］】春秋时期晋国都城。在今山西曲沃县南。其地南临于绛水、绛山,故称绛。

译文

惠公命司马说执刑。司马说召来三军兵士,当众列举庆郑的罪状说:"在韩原之战前全军宣过誓,扰乱军阵违抗军令的,处死;主将被俘,部下脸上不挂彩的,处死;散布谣言动摇军心的,处死。现在庆郑扰乱军阵违抗军令,这是第一项罪;擅自进退,这是第二项罪;耽误梁由靡而放跑了秦君,这是第三项罪;国君被俘,你不割破面颊,这是第四项罪;庆郑,你接受刑罚处死吧!"庆郑说:"司马说!三军兵士都在这里,我能坐着等待处刑,难道还怕脸上挂彩吗?赶快用刑吧!"丁丑这天,庆郑被斩首,然后惠公才进入国都绛城。

解析:法律逻辑思维在判词中的彰显

《国语·晋语》记载的晋惠公斩庆郑案,执法官司马说在接到晋惠公将庆郑处以死刑的命令后,在判处庆郑死刑时,先列举其"伪言误众"等四罪才杀之。这篇判词不仅有对法律依据的援引,也有对本案事实的归纳,诸般罪行,逐一罗列,用法刑之,无可辩驳。其中展现出传统中国法律实践对司法三段论的运用,通过缜密法律逻辑思维引导下的判词说理让庆郑自觉认罪伏法,对三军兵士予以教育警示。这对于我们当代法官在裁判说理中运用法律逻辑思维从而收获更好的法律实施效果具有示范借鉴意义。

1. 公正之源：法律逻辑思维中的形式有效性

司马说执行时先明确了"失次犯令，死；将止不面夷，死；伪言误众，死"的"誓"作为法律规定的大前提；再归纳查明庆郑"失次犯令""擅进退""误梁由靡，使失秦公""君亲止，不面夷"的"四罪"作为案件事实的小前提；最后得出"郑也就刑"的判决、裁决结论。西周时期开始出现成文法的雏形，本案中的"誓"具备一定的规范性、普遍性和强制性，在韩原之战中发挥了作为三军兵士行为规范的作用，因而可以作为执法官司马说在判词中援引定罪的依据，而庆郑违抗军令、擅自进退等行为对应了"誓"中的假定条件，故而得出了对庆郑处以死刑的法律结论。本案的判词展现了形式逻辑，是一次完整的司法三段论思维方法的应用。

司法三段论的逻辑应用过程是将一般的法律规定适用于特殊个案的演绎推理过程，它是司法过程形式合理性的必要保证，为法律裁判提供正当性基础。"谨守逻辑形式并避免谬误只是追求正义的工具，但它们的的确确是论证的关键工具。谨守逻辑形式并避免谬误可以说服别人，并给予司法判决正当性，将迷惑与含糊不清的事物一扫而空。"[1] 我国经过长期努力形成了中国特色社会主义法律体系，国家社会生活的各方面总体上实现了有法可依，而法院在案件裁判中以严守立案、开庭、取证、质证、合议等多项法定程序为前提，法官在裁判文书中严格依据当事人信息、观点陈列、证据采纳、事实认定和法院认为的格式对最终结果进行论证，通过严格合法的司法程序作出裁判论证和三段论程序式的逻辑推理，实现人们对于裁判结果的信服。

2. 公正之基：法律逻辑思维中的实质有效性

逻辑推理不仅要符合演绎推理的形式要件，还必须保证大前提和小前提的正确性，如此推理的结论才具有可接受性。美国霍姆斯大法

---

[1]〔美〕鲁格罗·亚狄瑟：《法律的逻辑》，唐欣伟译，商周出版社2005年版，第22页。

官指出"法律的全部生命不是逻辑",并不是否定法律与逻辑的关系,但也对过分依赖形式逻辑的做法提出了批评和修正,[①] 对法官提出了准确适用法律和查明事实两方面的要求。

法律存在滞后性,面对现实发生的新情况、新问题和层出不穷的各类纠纷,仍然可能存在法律无明确规定的情况,即"法律漏洞",也可能出现法律规定之间的矛盾,即"法条冲突"等各类现实情况。对此,法官们首先是依循法律逻辑思维提供解决问题的路径和方法,若穷尽形式逻辑后仍难以解决问题,则会根据案件实际情况运用法学方法论来确定实质有效的大前提,包括法律解释、类推使用、漏洞填补、利益衡量等。

准确查明事实也是前提为真的必然要求。法律事实与自然事实不同,法官在判断当事人的法律关系主张后,查阅法条寻找请求权基础,从而确定要查明的案件事实和初步证明责任分配;再充分保障当事人权利,通过庭审调查,固定案件基础事实,确定无争议事实,并明确双方事实争点和待证事实;进而分析证据,根据证据的真实性、合法性、关联性予以证明力判断,确定证明标准和责任;最终对案件事实作出某种选择,形成法官自己的法律事实判断,保障法律事实真实。

3. 公正之径:法律逻辑思维在裁判文书中展示

不同时期、不同国家人民对于司法公正的期盼是一致的,特别在当下中国,"法治"作为重要概念被纳入社会主义核心价值观,它也是当代中国精神的集中体现、全体人民共同的价值追求。法治是社会文明的基石,公正司法是全面依法治国的生命线,要实现让人民群众在每一个司法案件中都感受到公平正义,就必须将法官的逻辑思维在裁判文书中予以显现,强化裁判文书的适法说理。

"法律思维方式的特点包括:一切依法办事的精神,兼听则明的长

[①] 参见陈金钊:《逻辑固法:对法律逻辑作用的感悟》,《重庆工学院学报(社会科学版)》2007年第7期。

处,以三段论推理为基础三个方面。"① 裁判文书里司法三段论的应用,是法官以成文法律规定为根本依据,将个人经验和社会价值融入其中,建构审判规则大前提,并构建裁判事实的小前提,而最终形成法律结论的过程。在"审判规则"和"裁判事实"的结合中,当大前提存在缺陷或模棱两可时,法官从立法目的、社会利益价值衡量等角度对其进行补充,此时须予以说理;当小前提无法形成内心确信,根据举证责任分配来进行事实是否存在认定时,也须予以说理。唯有如此,法律思维逻辑才有确定且合理的适用条件,相应涵摄推理得出的结论才为真。这样才能真正让诉讼当事人服判,达到息讼止争的目的;获得司法共同体的认同,维护法治本身的稳定、一致;达到法律效果和社会效果的统一,实现形式正义与实质正义的统一。

(周晓宇　上海市长宁区人民法院)

---

① 季卫东:《法律职业的定位——日本改造权力结构的实践》,《中国社会科学》1994年第2期。

三、王里国与中里徼

原文

非惟若书之说为然也,昔者齐庄君之臣,有所谓王里国、中里徼者。此二子者,讼三年而狱不断。齐君由谦杀之,恐不辜;犹谦释之,恐失有罪。乃使之人共一羊,盟齐之神社。二子许诺。于是泏洫,撋羊而漉其血。读王里国之辞既已终矣;读中里徼之辞未半也,羊起而触之,折其脚,祧神之而槀之,殪之盟所。当是时,齐人从者莫不见,远者莫不闻,著在齐之《春秋》。诸侯传而语之曰:"诸盟矢不以其请者,鬼神之诛,至若此其憯遬也!"以若书之说观之,鬼神之有,岂可疑哉!

——《墨子·明鬼》[1]

注释

【由】为"欲"之假借字。
【谦】同"兼"。
【盟】盟诅即宣誓,诉讼之当事人,先令盟誓。察其誓不实者,撤销其诉讼。
【泏 [chù] 洫】泏,水流出的样子。洫,田间的水沟。
【撋】搅乱。
【既已】已经。《庄子·逍遥游》:"子治天下,天下既已治矣。"

---

[1] 原始文献详参《墨子校注》,中华书局2006年版,第339页。

【祧［tiāo］】祭。

【殪［yì］】杀死。

【矢】通"誓"。

【请】为"情"之假借字。

【憯［cǎn］】《说文》:"憯,痛也。"

【遫［chì］】开;张。

译文

齐国齐庄公的臣子中,有两个人分别叫做王里国、中里徼。这两个人的官司打了三年,司法官还是不能判断谁是谁非。齐王左右为难:二人都杀掉的话,恐怕错杀无辜;将他们都放走,又担心纵容犯罪。于是,齐王决定用一只神羊来判断曲直。王、中二人都同意,并在神社盟诅,当庭陈述其情。王氏陈述完后,神羊无动于衷;中氏陈述不到一半,神羊突然跃起,并用角触碰中氏,把中氏的脚折断了,然后神社中供奉的远祖的神灵突然出现,杀死了中氏。这件事当时跟随围观的齐国人都看到了,并且迅速传播开来,使整个齐国都知道了,并被记载在齐国的史书上。诸侯们相互传告:"那些不以实情发誓的人,鬼神的惩罚来得是这样的惨痛快速!"从此书的说法来看,难道还怀疑鬼神的存在吗!

解析:盟誓中的诚信原则、契约精神与司法仪式

从《墨子·明鬼》中记载的"王国里与中里徼案",可以看到春秋战国时期通过盟誓解决纠纷的理念和方法。文中的"盟齐之神社"即指在齐国神社歃血盟誓。清代惠士奇在解释"有狱讼者使之盟,其礼盖如此"时,就引用了"王里国和中里徼案"。作为中国先秦政治制度

的重要组成部分,盟誓制度广泛适用于天子分封、诸侯分宗、法律诉讼乃至于日常的生活中。运用在诉讼中的盟誓,作为一种纠纷解决机制,可以为当代司法实践提供有益启发。

1. 盟誓制度的诚信内涵与失信惩戒机制的构建

《周礼》将"司盟"一职置于秋官司寇之下,会盟各方就某事约定好各自的义务为"盟",而表达愿意坚守盟约的决心并自我设定好背盟之罚则为"誓"。按照《周礼·司盟》的说法,"有狱讼者,使之盟",即让打官司的人先各自发誓,表明各自的无辜,如果有罪的话,则甘愿接受神罚。可见,盟誓隐含着信守盟约、愿受罚誓、尊重盟约的理念,这与当今时代司法裁判的诚信原则有相通之处。伴随着"神权"向"强权"的过渡、宗法的衰落以及成文法的出现等,作为纠纷处理机制的盟誓逐渐式微,而社会契约和法律成为解决纠纷的重要手段。但盟誓隐含的信守承诺之精神却延续至今。

先秦时期的盟誓制度具有很强的宗教属性,与当代相比,促使个体信守承诺的内在驱动确有不同,但诚信原则的司法价值和功能显而易见。作为民法的基本原则,诚信原则给予法律条文适用的弹性,填补了法律约束的空白,扩充了法官的自由裁量权,有利于平衡社会各方之利益。充分重视诚信原则的价值,要求失去诚信者应受相应的惩罚,因此建立健全失信惩戒机制是应有之义。当前,我国人民法院的失信惩戒工作注重法治化,明确了各项信用惩戒措施的政策及法律依据、种类及适用范围;推进信息化,推动联动部门与法院信息网络的互通;积极共享信息,分享失信名单,提供一站式信息查询;注重各方利益平衡保护等。通过这些具体的失信惩戒工作,有力弘扬了社会主义核心价值观,助推了社会信用体系建设。

2. 盟誓活动的契约属性与多元化解纷机制的完善

先秦时期的盟誓活动具有契约的属性。关于盟誓的誓辞,《左传》称为"载书"。郑玄注云:"载,盟辞也。盟者,书其辞于策,杀牲取血,坎其牲,加书于上而埋之,谓之载书。"这里载书的性质其实就是一种双方订立的契约,意味着平等独立的个体,愿意自己约束自己,通过协商而非逼迫的方式达成双方兼顾的交易。盟誓之"盟"在于文书契约的形式,倚重的是刑律的惩罚;盟誓之"誓"在于口头承诺的形式,倚重的是神灵的威慑。可见,盟誓之作用在于"所以周信也,故心以制之,玉帛以奉之,言以结之,明神以要之"①。无论是仪式还是内容,盟誓都有契约之属性,反映了盟誓者对契约的尊重与认同,更体现了通过和平方式协商解决争议并自愿遵从的价值取向。

如果双方都能崇尚契约精神、和平协商解决争议,则不仅有利于节约资源,也有利于在自愿遵从的基础上彻底化解矛盾。在当前构建全民共建共治共享的社会治理格局之大背景下,发展完善多元化纠纷解决机制成为必经之路。将诉讼、仲裁与人民调解、司法调解等多种解纷方式结合起来,形成优势互补,既能缓解案多人少的矛盾,又能从根本上化解矛盾,贯彻情理法相融合的准则,实现法律效果和社会效果的统一。最高人民法院目前正在积极推动深化人民法院一站式多元化解纷机制,通过分类分级预防化解矛盾纠纷路径的建立、强化法院分流对接功能、健全基层解纷服务体系以及推进重点行业领域矛盾纠纷预防化解等工作,期望推动纠纷从源头化解,构建起源头防控、排查梳理、纠纷化解和应急处置的社会矛盾综合治理机制。

3. 盟誓断案的司法仪式与庭审活动秩序化的保障

先秦时期的盟誓能让盟誓者诚实陈情,如有不实则甘愿遭受神明处罚,这除了源于对神灵的敬畏以及极端迷信的威慑,也与盟誓的仪式感有关。"盟齐之神社""凿地为坎""修筑高台"对于场所有所限定安排;"撼羊而溅其血""杀牲取血""歃血""宣读载书、昭告神明"等对于仪式与过程有详细设置,这些极为复杂又极其庄重的程序,协同构筑出一个超越了世俗形态的神性场域。在该场域中,参与主体

---

① 《左传·哀公十二年》。

通过宣誓陈词等仪式，唤醒了盟誓者对于这一活动的信仰、尊崇与敬畏，凸显了此种仪式无可置疑的神圣性。由此形成的盟誓者内心敬畏，直接影响到后续的誓约自愿遵从的程度，也给司法者断案裁判提供了重要的价值参考。

尽管仪式天生具备宗教性的色彩，但并不意味着只有宗教属性的活动才能发挥仪式的价值。诉讼程序尤其是庭审活动中对司法仪式、司法秩序的要求，对于维护司法权威、形成法律信仰具有重要意义。此前，最高人民法院出台《关于进一步规范庭审秩序保障诉讼权利的通知》，明确应从维护司法权威、彰显司法文明和培育司法信仰的高度提高认识。庭审活动的秩序化、规范化，既意味着当事人的诉讼权利得到有效保障，也为诉讼权利的有序有效合法形式提供了程序上的保障。总之，对司法仪式的尊重让庭审更加庄严，让法官更规范自我，让当事人更讲求诚信、更信任法律。即便是在线上庭审大力推行的当下，线上庭审的秩序化、规范化也应当是关注的重点。

（赵丹　上海市长宁区人民法院）

四、李离错杀伏剑

原文

李离者，晋文公之理也。过听杀人，自拘当死。文公曰："官有贵贱，罚有轻重。下吏有过，非子之罪也。"李离曰："臣居官为长，不与吏让位；受禄为多，不与下分利。今过听杀人，傅其罪下吏，非所闻也。"辞不受令。文公曰："子则自以为有罪，寡人亦有罪邪？"李离曰："理有法，失刑则刑，失死则死。公以臣能听微决疑，故使为理。今过听杀人，罪当死。"遂不受令，伏剑而死。

——《史记·循吏列传》①

注释

【晋文公】（前697，一说前671—前628），春秋时期晋国国君。名重耳，晋献公子。因献公立幼子为太子，他流亡在外十九年，后由秦国送回。即位后整顿内政，增强军队，使国力强盛。公元前632年，晋文公亲自率军，在城濮（今山东鄄城西南）大败楚军；又大会诸侯于践土（今河南原阳西南），成为霸主。

【理】法律；司法官。

【过听】错误地听取。

【傅】附会；强加。

【邪［yé］】同"耶"，疑问词。

---

① 原始文献详参《史记》，中华书局1982年版，第3102—3103页。

译文

李离，是晋文公的司法官。有一次因误听案情而错杀了人，就把自己关押起来并判了自己死刑。晋文公对他说："官有贵贱之分，刑罪有轻重之分。下属官吏有过失，不是你的罪。"李离说："我居于司法官位之首，没有让下属做过我的职位；受最高的俸禄，也不曾分享给下属。如今因为误听案情错杀了人，就把自己的罪过推到属下官吏的身上，这是从来没有听到过的道理。"他谢绝了晋文公的好意，不接受赦令。晋文公说："你如果自认为有罪，那么我也有罪啦？"李离说："司法官吏审案断狱有法律规定，错判刑自己要受刑，错杀人自己要抵命。您认为我能听察微理决断疑案，所以委派我任司法长官。如今我错杀了人，这个罪该判为死刑。"于是他不接受晋文公的赦令，以剑自刎而死。

解析：中国的司法责任制传统

"晋李离错杀自伏剑"出自《史记·循吏列传》，记述了李离作为春秋战国时期执掌晋国刑罚的最高裁判官，因误听下属不实之辞而错杀了人，最终拔剑自刎的事例，这是一起在春秋战国时期"失刑则刑，失死则死"的司法官问责传统下发生的事件。司法官责任制度在先秦奴隶社会时期已现雏形，并逐步在战国与秦代得以确立，影响久远。早在公元前21世纪，夏朝就用严刑峻法规定了审判者责任，审判官枉法裁判须受"鞭作官刑"的惩罚。到西周时期，在《周礼》上记载"攘狱罪"，意在督促审判官要及时受理和审判状告者的控诉，有意拖延、拒不受理的审判官要被惩戒，但犯该罪须承担刑罚的具体规定到唐朝才明确下来。

中华文明的司法官责任制度在几千年的历史实践中，发挥了国家机器运行的制衡作用，制约了司法官员行使权力的恣意性，保障了司法的相对公正，维护了法律的尊严，有利于社会秩序的安定。其对于党的十八大以来的司法责任制改革具有一定价值借鉴意义，主要体现在：

一是支撑司法运行的杠杆。中国古代司法官员行使司法权力是为人臣者忠君的义务，而非执行一种国家权力。在君主集权的封建专制统治下，司法权始终作为君权的附属权力而存在，其目的也是为了保障君权的稳定，因而，司法官员的权力和责任必定受君权的制约，带有明显的义务性。正因如此，历朝历代的法律对于司法官员的责任制度都有明确、系统、严厉的规定，其目的就在于通过严酷的震慑和惩罚来确保司法官员义务的落实。这正与古代各级司法机关及司法官员对君权具有强烈依附性相关，也是中国古代行政严重干预司法的根由之一。中国古代司法官员宏观上的义务本位和微观上的权力膨胀之间存在极大反差，因而司法官员责任制度就成了调适两者冲突、制约司法权力滥用的有力杠杆。党的十八大以来提出的司法责任制改革，则是司法权力运行机制的重大转型与革命，给法院带来的是革命性、历史性的变化，对于构建中国特色社会主义审判权力运行体系、完善中国特色社会主义司法制度具有里程碑意义。唯有全面落实司法责任制，才能满足建设公正高效权威的社会主义司法制度的需要，才能推动中国特色社会主义法治体系的完善。

二是平衡民众心理的调节器。中国古代的法律制度具有强烈的特权色彩，而司法又缺乏程序上的公开性，加之对于司法程序的监督和制约机制亦不够完善，使得司法具有神秘性且缺少公正性。此外，中国古代一贯实行行政权与司法权合一的机制，在助长了行政专横的同时，也增添了司法的可怖性。在古代中国人眼里，司法活动具有高度的权威但是缺乏公信力，普通百姓只有在逼不得已时才会通过诉讼来解决问题。在此条件下，严谨规范的司法官员责任制度具有重要的意义,违法的司法官员受到法律的严惩,可以减少民众的怨愤,在一定程度上平衡民众的心理,从而更好地发挥禁奸止恶的功能。在当代中国,李离"理有法,失刑则刑,失死则死。公以臣能听微决疑,故使为理。今过听杀人,罪当死"的责任感仍值得我们发扬和继承。习近平总书记在党的十八届四中全会上所作的《关于〈中共中央关于全面推进依法治国若干重大问题的决定〉的说明》中指出,"司法不公的深层次原因在于司法体制不完善、司法职权配置和权力运行机制不科学、人权司法保障制度不健全"。改革以前,法院内部对裁判的层层审批把关虽然有其合理之处,却有自身难以克服的弊端,比如判、审的分离违背司法规律,行政化的审批模式分散了责任,管理环节过多影响审判效率,也给权力寻租留下了较多空间等。如今,全面落实司法责任制,就是要着力解决过去审者不判、判者不审、权责不明、责任不清等问题,去除司法行政化的弊端,促进司法更加公正、更加高效、更加权威、更具公信力。

三是实现社会和谐的法律精神。 在中国古代,司法官员行使司法权力、进行司法活动的公正与否,不仅关系到普通百姓的生活、社会秩序的稳定,也关系到统治阶级的根本利益。因而,为了实现司法公正,历代统治阶层在法律制度层面进行了不断的探索,除了丰富完善官吏的选任与考课制度、监察制度和行政典章外,还不断地加强完善司法官员的责任制度,以制约司法官员的权力,强化行政与司法职能。该制度在宏观上反映了封建时期的法治精神,在一定程度上实现了特定时代背景下的社会正义。如今,习近平总书记指出,"必须牢牢把握社会公平正义这一法治价值追求,努力让人民群众在每一项法律制度、每一个执法决定、每一宗司法案件中都感受到公平正义"[①]。人民群众对司法机关的信赖不是凭空、抽象的,而是在每一个司法案件中点滴积累来的。人民法院每年办理的案件数以千万计,但必须深刻认识到,执法办案中万分之一的失误和不公,对当事人而言都是百分之百的伤

---

① 2018年8月24日习近平总书记在中央全面依法治国委员会第一次会议上的讲话。

害。全面落实司法责任制，直接目标是为了促进提高审判质量、效率和司法公信力，而归根结底是为了满足人民群众对司法为民、公正司法的期待，努力让人民群众在每一个司法案件中感受到公平正义。

（刘彬华　上海市长宁区人民法院）

五、许灵公诉郑侵田

原文

四年……冬十一月，郑公孙申帅师疆许田。许人败诸展陂。郑伯伐许，取锄任、泠敦之田。

晋栾书将中军，荀首佐之，士燮佐上军，以救许伐郑，取氾、祭。楚子反救郑，郑伯与许男讼焉，皇戌摄郑伯之辞。子反不能决也，曰："君若辱在寡君，寡君与其二三臣共听两君之所欲，成其可知也。不然，侧不足以知二国之成。"

五年……夏……许灵公诉郑伯于楚。六月，郑悼公如楚，讼，不胜，楚人执皇戌及子国。故郑伯归，使公子偃请成于晋。秋八月，郑伯及晋赵同盟于垂棘。

十四年八月，郑子罕伐许，败焉。戊戌，郑伯复伐许。庚子，入其郛。许人平以叔申之封。

——《左传·成公四年、成公五年、成公十四年》[①]

注释

【公孙申】亦称叔申（？—前581），是春秋时期郑国的执政大夫。

【展陂[bēi]】春秋许地。杜预注："展陂，亦许地。"

【锄任、泠[líng]敦】锄、泠，春秋许地，在今河南许昌县境内。

【栾书】（？—前573），姬姓，栾氏。春秋时期大臣，晋景公、晋

[①] 原始文献详参《春秋左传译注》，上海古籍出版社2017年版，第666、671、726页。

厉公时期执政大臣、统帅。

【士燮［xiè］】（？—前574），祁姓士氏，又称为范文子。春秋时期晋国大夫。

【郑悼公】（？—前585）春秋时郑国国君。公元前586—前585年在位。名费，一作濆［fèi］，或沸。郑襄公之子。

【皇戌】春秋时郑国人。事悼公，为卿。

【子反】（？—前575），公子侧，芈姓，熊氏，名侧，字子反，楚穆王之子，楚庄王之弟。

【请成】请和，求和。杜预注："成犹平也。"

【垂棘】春秋晋地名，以产美玉著名。

【郛［fú］】郭也。字亦作烰，城外面围着的大城。

译文

鲁成公四年（前587）十一月，郑国大夫公孙申率领军队在许国的土地上划定疆界。许国人在展陂打败了他们。接着郑悼公又来讨伐许国，侵占了锄任、泠敦的土地。

晋国大夫栾书统帅中军，荀首作为副将，士燮作为上军的副将，去解救许国、讨伐郑国，攻占了氾邑和祭邑。楚国大夫子反前来解救郑国，郑悼公和许灵公在子反面前争辩是非，郑国大夫皇戌代表郑悼公发言。可是子反没能作出裁决，说道："两位君上如果肯屈尊到敝国国君那儿去一趟，敝国国君和他的大臣们一起来听一听二位君上的想法，那么一定能了结这个案子。不然的话，我没能力了结你们两国间的争端。"

鲁成公五年夏天，许灵公向楚共王状告郑悼公。六月，郑悼公到楚国应诉，最后没有胜诉，楚国人就把皇戌和子国抓了起来。所以郑悼公回国去了，并派公子偃去向晋国请求和解。八月，郑悼公跟晋国的赵同在垂棘结盟。

鲁成公十四年（前577）八月，郑国大夫子罕讨伐许国，被打败了。二十三日，郑成公又去讨伐许国。二十五日，攻入许国首都的外城。许国人把十年前被郑国公孙申划过去的土地重新割让给郑国以求和。

解析：和平解决领土争端

领土是一个国家最基本的构成要素，事关国家主权、安全和发展大局，各国都予以高度重视。然而，世界范围内陆地领土毕竟是有限的，而国家领土理论上是无限的，这种有限和无限，构成了一对内在的矛盾体，易演变成国与国之间的领土争端。许灵公诉郑侵田案，是历史上较早的通过法律手段来解决国际领土争端的案例，其中蕴含的法律治理、协商谈判等思想，对于把握当前风云变幻的国际形势，具有很大的参考价值，体现了中华法系一脉相承的内在价值。

1. 追根溯源：国际领土争端产生的根源探究

不论是在古代还是现代，领土争端问题都一直存在，其不仅严重影响地区和平稳定，甚至影响国家的生死存亡。与其他国际争端相比，领土争端中的利益交织最为复杂，且容易引发战争。国际领土争端产生的根源主要有两方面：一是经济利益导致的领土争端。随着生产技术的进步，人类活动的疆域在不断扩大，对资源的需求也逐步在提升，一些曾经无人问津之处便成为国家之间争夺的目标，且原本没有国家在意的问题演变成引发国际领土争端的主要因素。[1] 比如在水资源匮乏的非洲，河流附近地区便成为发生冲突的高频场所，西亚的阿拉伯地区丰富的石油资源也是导致局部冲突不断的重要因素。在本案例中，许国与郑国之间的战争并不是偶然，而是在这一时期，奴隶制开始瓦

---

[1] 〔美〕肯尼斯·沃尔兹：《国际政治理论》，信强译，上海人民出版社2003年版，第3页。

解，封建因素逐渐增长，各国为攫取资源不断通过战争方式侵占领土，以追求更大的生产力解放。① 二是殖民主义导致的领土争端。在主权国家之间，领土争端经常会升级为武力冲突，其中部分领土争端是由旧殖民主义导致。历史上，亚洲、非洲、拉丁美洲饱受欧洲列强殖民入侵之苦，国家主权受到侵犯，国民遭到屠杀，资源被大量掠夺。此外，不同的侵略者会基于各自的利益考量而对同一个被殖民国家领土进行分割、交易。这也对逐渐独立的被殖民国家造成了隐患。② 本案例中，许国与郑国之间的战争未曾停歇，带有强烈的掠夺主义色彩。

2. 方法统筹：综合运用多种方式解决争端

在许灵公诉郑侵田案中，双方除了使用法律手段外，也同样采取了谈判、和解等缓和的方式，而非仅仅寄希望于某种单一的解决路径。从当代解决国际争端的实践来看，争端的种类不同、对争端的看法不同，会在一定程度上影响争端解决方式的选择：当案件被认为是政治争端时，往往会通过政治手段解决；当案件被认为是法律争端时，则更倾向于通过法律手段解决。现实中的领土争端常常是政治、法律等多种因素混杂于一体，因此，当某一领土争端产生时，将其简单地划为政治或法律纠纷并不十分准确。在国际争端上，更为恰当的方式是采取综合手段，即避免从单一、独立的角度思考，而是应当将其置于国际关系背景下进行整体性考察，在努力实现规则预期的同时，寻求各方都满意的解决方案。这种方案既包括谈判、协商、和解为主的政治方式，还包括将争端诉至国际司法机构等法律方式。

3. 固本培元：以增强国家能力建设为根本

随着当前国际争端的处理逐渐由权力导向转变为规则导向，掌握充分完备的法律应对措施在解决国际争端、维护国家主权上发挥着越

---

① 朱小略、杨佳伟：《春秋时期诸侯国的主权特征》，《国际政治研究》2019年第6期。
② 刘建平：《战后东亚秩序的"帝国"结构原理：从"阵营对抗"到"正常化"》，《文化纵横》2015年第2期。

来越重要的作用。我国当前对国际争端解决的研究不再满足于纯粹的规则与理论引入,而是将眼光放长远,着眼于对世界贸易组织规则、海洋法和更广阔领域的探索和实践。

(李超　上海市长宁区人民法院)

六、宋国引渡猛获

原文

（庄公）十二年秋，宋万弑闵公于蒙泽。遇仇牧于门，批而杀之。遇大宰督于东宫之西，又杀之。立子游。群公子奔萧。公子御说奔亳。南宫牛、猛获帅师围亳。

冬十月，萧叔大心及戴、武、宣、穆、庄之族以曹师伐之。杀南宫牛于师，杀子游于宋，立桓公。猛获奔卫。南宫万奔陈，以乘车辇其母，一日而至。

宋人请猛获于卫，卫人欲勿与，石祁子曰："不可。天下之恶一也，恶于宋而保于我，保之何补？得一夫而失一国，与恶而弃好，非谋也。"卫人归之。亦请南宫万于陈，以赂。陈人使妇人饮之酒，而以犀革裹之。比及宋手足皆见。宋人皆醢之。

——《左传·庄公十二年》[①]

注释

【宋万】南宫长万（？—前682），亦作南宫万，春秋时期宋国将领。

【批】用手打击。

【子游】宋公子。

【亳[bó]】宋邑，在今河南商丘市北。

[①] 原始文献详参《春秋左传译注》，上海古籍出版社2017年版，第161—162页。

【萧叔大心】萧邑大夫,叔为长幼顺序,大心为名。戴、武、宣、穆、庄:均为宋国以前的国君。

【于师】即于亳,因为军队就驻扎在亳。

【宋】宋国的都城。

【石祁子】春秋时卫国人。父石骀仲为卫大夫,死后无嫡子,有庶子六人争当继承者。掌卜之人谓之曰若沐浴佩玉,则得吉兆。五人皆听从其言。独石祁子以为持亲丧,不沐浴佩玉,人称心正知礼。

【非谋】不是好的计谋。

【手足皆见】是说南宫长万力气大,一路挣扎得犀牛皮破裂,露出手脚。

【醢 [hǎi]】剁为肉酱。

译文

鲁庄公十二年(前682)秋季,宋国的南宫长万在蒙泽杀死了宋闵公。他在城门口遇到仇牧,反手便打死了他。在东宫的西面遇到太宰华督,又杀了他。他拥立子游为国君。公子们都逃亡到萧邑,而公子御说逃亡到亳地,南宫牛、猛获率领军队包围了亳地。

冬季,十月,萧叔大心和宋戴公、武公、宣公、穆公、庄公的族人借调曹国的军队讨伐南宫牛和猛获。在阵前杀死了南宫牛,在宋国都城杀死了子游,拥立宋桓公为国君。猛获逃亡到卫国,南宫长万逃亡到陈国,长万自己驾车拉着他母亲,一天就到了。

宋国人到卫国请求归还猛获。卫国人想不给他们。石祁子说:"不行。普天下的邪恶都是一样可恶,在宋国作恶而在我国受到保护,保护了他有什么好处?得到一个人而失去一个国家,结交邪恶的人而丢掉友好的国家,这不是好主意。"卫国人把猛获归还给了宋国。宋国又到陈国请求归还南宫长万,并且施以贿赂。陈国人让女人劝南宫长万饮酒,灌醉之后就用犀牛皮把他包了起来。等到达宋国时,南宫长万挣扎得手脚都露出来了。宋国人把猛获和南宫长万剁成了肉酱。

解析：春秋时期的引渡实践

《左传》在外交思想方面的成就十分突出，不仅表现在纵横畅叙各国之间的复杂关系，也体现在涉及各个国家的案件处理上。左丘明在《左传·庄公十二年》讲述的"宋国引渡猛获案"，就是《左传》国际法思想的体现之一，该案例生动记载了国际司法协助，特别是引渡制度的早期实践，其中所反映的国际司法合作的原则、价值追求和影响因素等国际法思想，对于当今的国际引渡制度及其实践都有着深远影响。

1. 国家平等：引渡产生的基本原则

引渡是指被请求国把当时在其境内，并被请求国控诉为罪犯而进行追捕、判刑的相关人员，交付请求国依法处置的国际司法协助行为。引渡是国家的主权行为，其主体是国家。国家的出现是引渡制度乃至国际司法协助产生的基本前提。

春秋时期，周天子在形式上虽然还是天下共主，但实际上已经没有能力继续控制诸侯国，诸侯不再朝觐天子，亦不再进贡。从"礼乐征伐自天子出"变为政由方伯、"礼乐征伐自诸侯出"，甚至礼乐征伐"自大夫出"，乃至"陪臣执国命"[①]，出现了一个列国内乱、诸侯兼并和征伐戎狄的混乱局面，各诸侯国在事实上已经具有很大程度的独立性，逐步产生了现代意义上的国家雏形。

国家的出现为引渡的出现提供了现实土壤。南宫长万、猛获等在事发后从宋国分别逃至陈国和卫国，三国之间相对独立和平等地位决定了宋国无法直接到他国抓获二人，只能通过外交途径与两国协商，

---

① 《论语·季氏》。

要求抓捕后引渡。这一国际引渡制度的古代雏形中所反映的国家主权平等、相互尊重等古代国际法思想，一路传承延续并成为现代国际法的基本原则。现代国际条约在制定中的各方共同参与、双边条约缔结时的"轮署制"及使用本国文字、国家间的对等原则等，都是国家主权平等原则的具体体现。

2. 合作信义：引渡制度的价值基础

春秋时期王权衰弱，旧的秩序被打乱，而诸侯割据纷争，新的社会秩序又长时间难以建立，形成了该时期列国并列的"国际形势"。一方面，位于中原地区的齐国和晋国，南方的楚国，以及西北一带的秦国等主要诸侯大国实力不断膨胀，通过战争争夺土地、人口和对其他诸侯国的统治权，相继争霸、兼并不断；另一方面，小国求盟图存，诸侯国间的交往频繁，成为空前活跃的诸侯国外交实践时代。

案例中对于南宫长万和猛获的引渡，体现了当时宋、陈、卫三国在彼此国际关系处理中的价值取向，即合作共赢，通过在引渡案上的相互配合，建立信任，达成各自目标。这一精诚合作的国际关系处理思想，一脉相承地体现了以孔子为代表的仁义学派"诚实信义"的原则和墨子"兼爱""非攻"的仁爱思想。

在国际合作的具体形式上，我国古代的引渡只是国家间偶尔的特定外交事件。"猛获引渡案"中，二人的引渡只是当时政治形势下针对猛获和南宫长万二人的个案处置。这种个案的实践经过几千年的发展和演变，逐渐被制度化和规范化，具体表现为国家之间签订双边、多边国际条约，并制定有关引渡的法律规范。如，1987 年我国同波兰签订了第一个司法协定《关于民事和刑事司法协助的协定》，1993 年我国和泰国签署了第一个双边引渡条约《中泰引渡条约》，皆为我国引渡制度的发展打下了坚实基础。此后，我国签订的司法协助协定和双边引渡条约数量不断增加，参加了多个包含引渡条款的国际公约，并于 2000 年制定了《中华人民共和国引渡法》，规范了对外引渡合作的条件和程序，将引渡纳入法制化轨道，也使我国的刑事司法国际合作进入规范化、常态化发展道路。

3. 惩治恶行：引渡协作的目标追求

春秋时期是一个社会大变革的时代，在周文化重德思想的长期影响下，"礼崩乐坏"使许多有识之士更加强调伦理的价值，将伦理道德视为拯救社会动乱的良方。"礼义廉耻，国之四维。四维不张，国乃灭亡"[①]，"君子动则思礼，行则思义，不为利回，不为义疚"[②]，道德伦理不仅是个人道德修养的重要衡量标准，也成为国家治理的重要准则。

"猛获引渡案"起因于南宫长万弑君、杀人、叛乱，其行为既有违忠、义、仁、善等道义传统和礼法，又造成了宋国的战乱和动荡，为当时的统治阶级和有识之士所诟病，因此在宋国提出引渡的要求后，卫国和陈国尽管存在不同的声音，但最终都协助进行了引渡。可见，对于恶行的惩治是引渡得以进行的目标追求。引渡制度发展至今，将"打击犯罪、主持正义"作为目标追求，传承了我国古代引渡实践惩治恶行的初衷。

春秋时期对恶行的判断标准是礼，具有一定的抽象性和灵活性；而国外早期的引渡对象则主要是政治逃犯、异教徒，政治色彩明显。引渡制度发展至今，对恶行的判断标准渐渐发生变化，并逐渐固定、明确为"基于人类共同利益，对于那些损害社会公共利益尤其是异常严重破坏社会生活基础而受到普遍良知谴责的行为"[③]，通常是指请求国和被请求国法律都认为是犯罪、至少必须判处一定徒刑的行为，政治犯则被排除在外。

4. 国家利益：引渡考虑的核心因素

在复杂的国际关系中，国家之间出现分离聚合、亲疏冷热的复杂关系是多种因素综合作用的结果。其中，国家利益是决定性因素。国家利益是国家生存和发展的权益，维护国家利益是主权国家对外活动

[①] 语出《管子·牧民》。
[②] 《左传·昭公三十一年》。
[③] 黄风：《引渡制度》（增订本），法律出版社1997年版，第3页。

的出发点和落脚点。引渡这一国际司法协作制度的运行中也同样反映出各国对于本国利益的追求和维护。

春秋时期，作为小国的宋、卫、陈三国，要在大国的争霸中图存，需要纵横捭阖，考虑引渡对其政权稳固和两国间关系的影响。因此，尽管卫国引渡猛获有惩治恶行的目的，陈国引渡南宫长万受到贿金的影响，但更多都是出于国家间友好关系的考虑。

随着现代引渡制度的发展，双边、多边国际引渡条约和国内引渡法律规范不断丰富完善，对引渡的程序和条件进行了明确规定，为国际引渡提供了法律依据。但从引渡的实践来看，国家利益依然是国家间开展引渡合作的核心因素，主要表现为两个方面：一是对于普通刑事犯罪的引渡符合各国打击犯罪的共同目标和利益；二是我国《引渡法》规定有关引渡合作必须遵循平等互惠原则，且不得损害国家主权、安全和社会公共利益，这为引渡实践的发展留下了空间。

（董燕　上海市长宁区人民法院）

七、王叔与伯舆争政

原文

王叔陈生与伯舆争政。王右伯舆，王叔陈生怒而出奔。及河，王复之，杀史狡以说焉。不入，遂处之。晋侯使士匄平王室，王叔与伯舆讼焉。王叔之宰与伯舆之大夫瑕禽坐狱于王庭，士匄听之。王叔之宰曰："筚门闺窦之人而皆陵其上，其难为上矣！"瑕禽曰："昔平王东迁，吾七姓从王，牲用备具。王赖之，而赐之骍旄之盟，曰：'世世无失职。'若筚门闺窦，其能来东厎乎？且王何赖焉？今自王叔之相也，政以贿成，而刑放于宠。官之师旅，不胜其富，吾能无筚门闺窦乎？唯大国图之！下而无直，则何谓正矣？"范宣子曰："天子所右，寡君亦右之。所在，亦左之。"使王叔氏与伯舆合要，王叔氏不能举其契。王叔奔晋。不书，不告也。单靖公为卿士，以相王室。

——《左传·襄公十年》①

注释

【王叔陈生】姬姓王叔氏，王叔国（今河南省孟津县）人，春秋时期王叔国第三任君主，王叔文公的孙子，王叔桓公的儿子。

【右】同"佑"，帮助、偏袒。

【出奔】亦作"出犇[bēn]"，出走，逃亡。

【说】同"悦"。

---

① 原始文献详参《春秋左传译注》，上海古籍出版社2017年版，第845—846页。

【士匄［gài］】匄或写作丐。又称范宣子。春秋时人。晋国大夫。士燮之子。晋悼公时任中军之佐。曾根据晋襄公七年（前621）在"夷之蒐［sōu］"（夷地举行的大蒐礼。大蒐礼是春秋时期诸侯国借用田猎活动来组织军队、任命将帅、训练士卒的重要军事活动，又是当时推行政策、加强统治、准备战争的重要手段，类似国人大会）宣布的法令，制定刑书，后被赵鞅、荀寅继续采用，铸成刑鼎公布。

【瑕禽】周灵王卿士伯舆之属大夫。

【坐狱】指诉讼双方互相辩论。杜预注："狱，讼也。《周礼》：命夫命妇不躬坐狱讼，故使宰与属大夫对争曲直。"杨伯峻注："坐狱，两造对讼。亦单言曰坐。"

【筚［bì］门闺窦】筚门，柴门；闺窦，同"圭窦"，上尖下方的圭形门洞。形容穷苦人家的住处。

【七姓从王】杜预注："平王徙时，大臣从者有七姓，伯舆之祖皆在其中，主为王备牺牲，共祭祀。"

【牲用】犹牺牲，供祭祀用的纯色全体牲畜。杨伯峻注："牲用为一词，义犹牺牲。"

【骍［xīng máo］旄】亦作"骍毛"，赤色的牛。古代重要盟会时所用牲。杜预注："骍旄，赤牛也。举骍旄者，言得重盟，不以犬鸡。"

【厎［dǐ］】同"底"，终。

【贿成】谓贿赂公行，政治腐败。杜预注："随财制政。"

【合要】核验；印证。杨伯峻注："合要，谓前此两方相争之罪状、证辞等取而合之。"

【契】书契，谓出予受入之凡要。凡簿书之最目，狱讼之要辞，皆曰契。

【单靖公】春秋时期单国国君。王叔陈生与伯舆争政时，单靖公代替王叔陈生为卿士，以相王室。

译文

　　王叔陈生和伯舆争夺政权，周灵王帮助伯舆一方，于是王叔陈生发怒后逃亡。当王叔陈生到达黄河，周灵王让他官复原位，杀了史狡以让他高兴，但王叔陈生不回成周，就住在黄河边上。于是晋悼公派士匄调和王室的争端，王叔陈生和伯舆两人之间开始争讼。王叔的家宰和伯舆的大夫瑕禽在周天子的朝廷上争论是非，士匄听取他们的诉讼。王叔的家臣头子说："柴门小户的人都要凌驾于他上面的人，上面的人就很难自处了。"瑕禽说："从前平王东迁，我们七姓大夫跟随周天子，牺牲全都具备，天子信赖他们，而赐给他们用赤牛祭神的盟约，说：'世世代代不要失职。'如果是柴门小户，他们能够来到东方住下来吗？而且天子又怎么会信赖他们呢？现在自从王叔把持周政权，用贿赂来完成政事，把执行法律的责任放在宠臣身上。各个有关的官员，都阔气得很，这样一比，我们能不是柴门小户吗？请大国考虑一下，如果下面的人就不能有理，那么什么叫公正呢？"士匄说："天子所帮助的，我们君主也帮助他；天子所不帮助的，我们君主也不帮助他。"就让王叔和伯舆对证讼辞，王叔拿不出他的证据来。《春秋》之所以没有记载王叔逃亡到晋国，是由于他没有通告鲁国的缘故。单靖公做了卿士以辅助王室。

解析：权力争夺的司法解决

　　春秋时期，经济形态上由农村公社"井田制"向"编户齐民"的小农经济转变，政治体制由奴隶社会过渡至封建社会，社会各阶层之间的矛盾随之凸显，纠纷也不断增多。根据《左传》的记载，春秋时期常见的纠纷有"争室、争立、争政、争罪、争田"等表现形态。春秋时期的"争政"行为，主要是发生在卿大夫因争夺执政权或某种政治利益而产生的争端。上述案件中陈生与伯舆争政的故事，即为两者之间对周王室执政权的争夺。不同主体之间发生纠纷，自然就会出现解决纠纷的机制。

陈生与伯舆之间的纠纷解决途径，在程序构架上与现代的诉讼程序有类似之处，主要表现在以下几个方面：第一，有专门人员对纠纷予以裁判。在上述案例中，晋悼公派范宣子作为司法官入周听讼，经过双方辩论、质证一系列环节，最终维持了周王的决定。范宣子作为中间方并最终给出结论，其承担的角色就类似于现代诉讼程序中法官的角色。第二，可以委托第三人参加诉讼。在上述案件中，当事人并没有亲自参加，王叔之宰与伯舆之大夫瑕禽作为代理人参加了诉讼。第三，双方当事人可充分发表意见并进行辩论。第四，证据是诉讼双方能否取得胜诉的重要因素。在上述案件中证据包括言辞证据和书面证据。

与其他解决纠纷的方式相比，诉讼是一种公开、公平、公正的解决纠纷机制，可以更为充分保障各方当事人的合法权益，其程序上的严谨性也更能让双方当事人信服。在王叔陈生与伯舆争政案件中，虽然陈生的地位要高于伯舆，陈生也仗着自己为皇亲国戚企图以权压人，但是作为司法官的范宣子仍然秉持公平公正的原则，最终裁判陈生败诉，陈生纵然盛气凌人，也只能接受这个结果。该案例体现了诉讼程序在解决争端时的特点和优势，同时也给现行司法制度提供了如下启迪：

第一，司法裁判要坚持以事实为依据，以法律为准绳。无论是民事诉讼、刑事诉讼还是行政诉讼，以事实为依据，以法律为准绳是法官依法裁判的最基本原则。以事实为根据，要求司法机关办理案件要从实际出发，实事求是，依据客观存在的事实认定案件事实。以法律为准绳，要求司法机关办理案件要在查明案件事实的基础上，依照法律规定，对案件作出正确的处理，正确认定当事人之间的民事权利义务关系，正确认定行政机关具体行政行为的合法性，正确认定刑事被告人的行为是否构成犯罪、构成什么犯罪以及应当适用的刑罚。陈生与伯舆争政之案，范宣子在裁判时虽然充分听取了双方当事人的举证质证意见，但周王的意见对诉讼双方的胜败影响很大，正如范宣子曰："天子所右，寡君亦右之；所左，亦左之。"最终的裁判结果也维持了周王的结论。虽然陈生的确无理，但范宣子以周王的意见为裁判原则无法实现真正的公平与正义。在司法裁判中，只有坚持以事实为依据，以法律为准绳的原则，最终的裁判结果才更能符合事实，当事人对于裁判结果才能真正信服，诉讼才可以真正发挥其定分止争的作用。

第二，司法不能保护"坏人"，不能"谁能闹谁有理""谁横谁有理"。陈生与伯舆争政之案，陈生仗着自己为皇亲国戚，企图以权压人，通过无理取闹的方式给周王及司法官范宣子施加压力，得到令其满意的裁判结果。但是范宣子不畏强权，坚持原则，最终裁判陈生败诉。范宣子的做法让人颇受启发，倘若执法办案者因当事人闹访或其他极端行为就做出让步，将会极大损害司法公信力。最高人民法院提出在司法裁判中坚决防止"谁能闹谁有理""谁横谁有理""谁受伤谁有理"等"和稀泥"做法，让司法有力量，有是非，有温度。法不能向不法让步，不能"会哭的孩子有奶吃"，不能让守法者吃亏，这是人民群众的朴素情感，更符合中华民族的传统美德和善良风俗。不和稀泥、惩恶扬善，拒绝按"闹"分配、守护公平正义，才能让司法有力量，有是非，有温度，让法治社会激荡浩然正气。

第三，要推进多元化纠纷解决机制，建设现代化诉讼服务体系。春秋时期为我国古代社会大变革时期，各类纠纷不断增加，因此出现了类似现代的诉讼机制以解决各种主体间的矛盾。随着我国经济的飞速发展，社会矛盾日益多样化与复杂化，寻求快捷、有效的多元化纠纷解决方式成为人们迫切的需求，而正式的司法程序由于人力、物力、财力的巨大耗费，已经难以满足人们的这种需求，且我国司法机关也面临着"诉讼爆炸"的压力。以调解、仲裁、诉讼为主的多元化纠纷解决机制呼之欲出，但相互之间尚未形成功能互补和程序衔接的有机体系，影响这些纠纷解决机制应有功能的充分发挥。只有进一步推进多元化纠纷解决机制，建设现代化诉讼服务体系，才能解决案多人少的现实矛盾，真正的发挥诉讼解决纠纷机制的效用。要坚持把非诉讼纠纷解决机制挺在前面，推动纠纷化解关口前移，为群众提供更加丰富快捷的解纷渠道；要以完善多元化纠纷解决机制为抓手，着力破解案多人少难题，精准对接人民调解、行业调解、专业调解、律师调解等解纷力量，内部推进分流、调解、速裁、快审等各环节有机衔接，建设更加科学的诉讼服务体系，真正发挥纠纷解决机制定分止争的效用。

（万达　上海市长宁区人民法院）

八、蕉鹿自欺

原文

郑人有薪于野者，遇骇鹿，御而击之，毙之。恐人见之也，遽而藏诸隍中，覆之以蕉，不胜其喜。俄而遗其所藏之处，遂以为梦焉。顺涂而咏其事，傍人有闻者，用其言而取之。既归，告其室人曰："向薪者梦得鹿而不知其处，吾今得之，彼直真梦者矣。"室人曰："若将是梦见薪者之得鹿邪？讵有薪者邪？今真得鹿，是若之梦真邪？"夫曰："吾据得鹿，何用知彼梦我梦邪？"

薪者之归，不厌失鹿。其夜真梦藏之之处，又梦得之之主，爽旦，案所梦而寻得之。遂讼而争之，归之士师。士师曰："若初真得鹿，妄谓之梦；真梦得鹿，妄谓之实。彼真取若鹿，而与若争鹿。室人又谓梦仞人鹿，无人得鹿。今据有此鹿，请二分之。"以闻郑君。郑君曰："嘻！士师将复梦分人鹿乎？"访之国相。国相曰："梦与不梦，臣所不能辨也。欲辨觉梦，唯黄帝、孔丘。今亡黄帝、孔丘，孰辨之哉？且恂士师之言可也。"

——《列子·周穆王篇》[①]

注释

【骇鹿】受惊的鹿。

【隍】没有水的城壕。《说文解字》："隍，城池也，有水曰池，无

[①] 原始文献详参《列子译注》，上海古籍出版社2016年版，第92页。

水曰隍。"

【蕉】通"樵",柴。殷敬顺释义:"蕉,与樵同。"

【顺涂】犹沿路。

【讵[jù]】岂,难道。

【爽旦】黎明,清晨。

【士师】春秋战国置,主管狱讼刑罚的长官。《孟子·梁惠王下》:"士师不能治士,则如之何?"焦循正义:"士师,狱官吏也。"《周礼·秋官·士师》:"士师之职,掌国之五禁之法,以左右刑罚。"

【恂[xún]】相信。

译文

郑国有个人在野外砍柴,碰到一只受了惊的鹿,便迎上去把鹿打死了。他怕别人看见,便急急忙忙把鹿藏在干池塘里,并用砍下的柴覆盖好,他高兴得不得了。过了一会儿,他忘了藏鹿的地方,便以为刚才是做了个梦,一路上念叨这件事。路旁有个人听说此事,便按照他的话把鹿取走了。回去以后,告诉妻子说:"刚才有个砍柴人梦见得到了鹿而不知道在什么地方,我现在找到了,他做的梦简直和真的一样。"妻子说:"是不是你梦见砍柴人得到了鹿呢?难道真有那个砍柴人吗?现在你真的得到了鹿,是你的梦成了真吗?"丈夫说:"我真的得到了鹿,哪里用得着搞清楚是他做梦还是我做梦呢?"

砍柴人回去后,不甘心丢失了鹿。夜里真的梦到了藏鹿的地方,并且梦见了得到鹿的人。天一亮,他就按照梦中的线索找到了取鹿的人的家里。于是两人为争这头鹿而吵起来,告到了法官那里。法官说:"你最初真的得到了鹿,却胡说是梦;明明是在梦中得到了鹿,又胡说是真实的。他是真取走了你的鹿,你要和他争这头鹿。他妻子又说他是在梦中认为鹿是别人的,并没有什么人得到过这只鹿。现在只有这头鹿,请你们平分了吧!"这事被郑国的国君知道了。国君说:"唉!这法官也是在梦中让他们分鹿的吧?"为此他询问宰相。宰相说:"是梦不是梦,这是我无法分辨的事情。如果要分辨是醒还是梦,只有黄帝和孔丘才行。现在没有黄帝与孔丘,谁还能分辨呢?姑且听信法官的裁决算了。"

解析:"真伪不明"时的自由心证

"蕉鹿自欺"寓意为糊里糊涂,自己欺骗自己。元代洪希文有诗云:"得非爱憎聪,戏我如蕉鹿。"从法学视角来看,法官处理当事人间的争议时,按照三段论的推理逻辑,查明事实是小前提,缺乏清楚的案件事实,裁判便会受到阻碍。因此,司法裁判的过程也是裁判者认定事实的过程。由于人类认知的局限性和证据的有限性,人类认识永远存在未知领域,案件的事实也会存在"真伪不明"的情况。对于新时代的法官而言,如何汲取传统中华法系中的智慧,认真对待"真伪不明",形成自己的心证,是一项重要课题。

1. 事实"真伪不明"时证明责任的存在价值

有观点认为,"真伪不明"或许是一种客观存在的状态,法律的判断主要取决于它能否在"真""伪"的二元事实外,进行合理的事实认定及释法裁判。如果案件在"真伪不明"的情况下,法官仍然根据真或伪的状态进行裁判,此时的真伪不明就没有存在的价值。

在证据缺失、心证尚未达到确信状态时,"真伪不明"本身就是一种确定的案件状态的认定结果。这是通过间接的方式,对裁判者在证据不足情况下认知能力受限的承认,此时并不要求对案件真伪与否给出明确的答案。诚如罗森贝克所言:"如果人们强制法官,让他将真实性没有达到确认的主张,作为不真实来对待,这便构成对自由心证的扼杀。"[1] 容忍"真伪

---

[1] 〔德〕莱奥·罗森贝克:《证明责任论》,庄敬华译,中国法制出版社2002年版,第15页。

不明"这种实际心证的存在，更加贴合实际审判情况，彰显现代司法的理性光环。从裁判的结果上来看，案件真伪不明时的裁判方法，与案件"明"或"伪"时，也有较大区别。

现代证明责任理论建构了有别于传统"依证明标准裁判"的"证明责任裁判"，将"真伪不明"的状态独立出来，按照证明责任形成了"并不形成证明"的实体判决。[①] 当事实认定是"真"或"伪"时，按照"法律规范为大前提，案件事实为小前提"的逻辑推理顺序，准确适用法律，通过实际案例确认、宣示实定法规范的有效性。与此相对应的是，在案件事实"真伪不明"时，此时的裁判并不是"不适用法律"，通过借助证明责任规范来适用法律，此时的法律适用情形更能探清法律规范的边界，贴合立法的宗旨，并在各种价值相冲突时进行有效的权衡，具有独特的意义。

2. 证据"真伪不明"不等于事实"真伪不明"

在"真伪不明"的认识中，存在一种误区，即将证据"真伪不明"与事实"真伪不明"混为一谈，认为两者是相似的。其实不然，虽然证据与事实在同一个案件中常常相互勾连，但"真伪不明"真正所指向的是事实的真伪不明，而非证据。证据的真伪性可以通过相应的证据规则、调查规则来进行确认或排除，而事实"真伪不明"的状态则无法通过规则排除，即便是运用相应的辅助方法裁判，事实"真伪不明"时的心证状态仍将存在。

3. 证据"真伪不明"转向事实"真伪不明"的具体方法

其一，证据应当是真实存在的。这是首要的关键因素，证据必须存在，当证据不存在时，不能被认定为证据"真伪不明"，而应当从证据的特性入手，将其认定为不符合证据客观性要件之情形，否定其对指控案件事实的作用。当物证灭失时，法院仍认为证据"真伪不明"，

[①] 〔德〕汉斯·普维庭：《现代证明责任问题》，吴越译，法律出版社2000年版，第138页。

这是对证据基本属性产生的误区。比如在某盗窃案中，由于盗窃的金器已销赃而无法找回，法院审理认为证据"真伪不明"而不予认定数额。① 从理论上讲，金器在已经灭失的情况下，就不能作为证据来佐证犯罪事实，而非法院认定的证据"真伪不明"。其二，需要对证据的资格进行审查判断。证据的资格问题是最基本的研究视角，在审查的机制上应遵循证据"准入—评价"的二元模式，可通过一系列的证据规则来检验证据，提纯证据的纯度，如贯彻传闻证据规则、意见证据规则、最佳证据规则、非法证据排除规则等。同时，结合证据的客观性、关联性、合法性的特性，减少误判风险。从程序角度来看，要充分利用庭前会议和法庭调查的程序，加强对证据的审查，同时在诉讼过程中，充分保障当事人举证、质证的权利。其三，以严格的排除或不排除作为证据"真伪不明"时的最终决定。如果经过前面一系列的程序和规则，审查结果显示证据为假或对证据本身存疑时，则无法进行证据调查，应当作出排除该证据的决定。如果证据经受住了真伪的考验，消除了"真伪不明"的状态，那么此时的证据就不需要排除。其四，裁判者应当规范裁判文书中用语，以证据资格决定是否排除该证据，替代证据"真伪不明"，避免陷入混乱的问题。

（李超　上海市长宁区人民法院）

---

① （2019）湘 0281 刑初 199 号裁判文书。

九、腹䵍杀子

原文

墨者有巨子腹䵍，居秦，其子杀人。秦惠王曰："先生之年长矣，非有他子也，寡人已令吏弗诛矣。先生之以此听寡人也。"腹䵍对曰："墨者之法曰：'杀人者死，伤人者刑。'此所以禁杀伤人也。夫禁杀伤人者，天下之大义也。王虽为之赐而令吏弗诛，腹䵍不可不行墨者之法。"不许惠王，而遂杀之。子，人之所私也；忍所私以行大义，巨子可谓公矣。

——《吕氏春秋·孟春纪·去私》[1]

注释

【墨者】春秋战国时墨家的门徒和学者。

【巨子腹䵍［tūn］】巨子，墨家对其学派有重大成就者的尊称。《庄子·天下》："南方之墨者……以巨子为圣人，皆愿为之尸。"陆德明释义："巨子，向崔本作钜，向云：'墨家号其道理成者为钜子，若儒家之硕儒。'"

【秦惠王】（前356—前311），亦作秦惠文王。战国时秦国国君，在位二十七年，名驷。秦孝公之子。

【大义】正道；大道理。《周易·家人》："《象》曰：女正位乎内，男正位乎外。男女正，天地之大义也。"

【公】《春秋元命苞》："公之为言公正无私也。"

---

[1] 原始文献详参《吕氏春秋集解》，中华书局2009年版，第31页。

译文

墨家有一位圣贤名叫腹䵍,居住在秦国,他的儿子杀了人。秦惠王对他说:"先生您的年岁大了,只有一个儿子,我已经命令执法官吏不杀他了。先生您在这件事上听从我的意见吧。"腹䵍回答说:"墨家的规则是:'杀人者判处死刑,伤人者判徒刑。'这是用来禁止杀人伤人的。禁止杀人伤人,是天下的大义啊。大王虽然给我这样的恩赐,但是我腹䵍不能不执行墨家的法律规定。"他不接受秦惠王的恩赐,终于让惠王下令,把自己的儿子杀了。子女是一般人所宠爱的,克制自己的私情来实行公法大义,墨家这位圣贤可以称得上大公无私的人了。

解析:大义灭亲与公正无私的价值追求

腹䵍杀子的故事集中反映了墨家思想中法无偏私的观点,也是墨家核心思想"兼爱"的生动体现。

1. "大义灭亲"的案例回顾

该案例与尧舜禅让、祁奚荐贤的故事前后呼应,共同作为"去私"的典型事例,论证了君主只有"诛暴而不私",才能成就王霸之业的观点。先秦时期,墨家作为并起之百家中的一派,之所以能产生巨大影响,不仅在于其理论的影响力,更在于其具有纪律严明的组织活动。腹䵍作为这一组织中的领导人(巨子)带头遵守"墨者之法"而大义灭亲。《吕氏春秋》对腹䵍的做法表示了高度赞扬——"子,人之所私也。忍所私以行大义,巨子可谓公矣"。

2. "亲亲相隐"与"大义灭亲"关系的历史考察

"亲亲相隐"的精神在儒家思想的谱系中源远流长,《论语》中曾讲"父为子隐，子为父隐，直在其中矣"。"亲亲相隐"精神在古代的立法和司法实践中也得到了充分的体现，秦律中就有"子告父母、臣妾告主，非公室，勿听。而行告，告者罪"的规定。之后历代王朝均承袭沿用这一原则，《唐律疏议》第六卷中设有专门条款："诸同居，若大功以上亲及外祖父母、外孙、外孙之妇、夫之兄弟及兄弟妻，有罪相为隐。"《大明律》同样从作证等角度规定了"同居亲属有罪得互相容隐""弟不证兄，妻不证夫，奴婢不证主"。可见随着历史的发展，"亲亲相隐"被赋予了越来越广泛的内容，同时在制度上不断明确化。

在中国传统文化中，无论经典文献或者历代法条判例，既有包含"亲亲相隐"精神的容隐观，也不乏鼓励大义灭亲的因素。"大义灭亲"的记载首见于《左传·隐公四年》，历史上的事例更是不胜枚举，如周公诛弟、季友鸩兄、汉文帝处死亲舅等。"大义灭亲"的对象大多局限于严重危害国家安全、君主利益和传统伦理道德的犯罪者，例如《唐律疏议》中规定："谋反、谋大逆、谋叛此三等罪，并不得相隐。故不用相隐之律。"由于大义灭亲的行为高度契合了人们对于公正无私的价值追求，因此这样的举动在古今中外常常被传为美谈。1927年4月，湖北省红安县七里坪地区农民协会成立了以审判土豪劣绅为主要职能的七里坪革命法庭，被誉为"中国革命第一法庭"，其首任庭长张南一上任的第一案就是公开审判自己的亲舅舅。这大义灭亲之举沉重打击了当地的反革命势力，也赢得了当地人民的支持和爱戴。

3."亲亲相隐"与"大义灭亲"冲突的现代调和

面对法律运行过程中与亲情如何协调的问题，中国自古就有"亲亲相隐"和"大义灭亲"两种理念，它们虽然立场迥异，但都不排斥中国社会的道德传统。两项制度在长期的实践发展中瑕瑜互现，其中不乏令人警醒之错失和可资借鉴之成功经验。关于前者，由于古代封建社会平等思想的阙如，现今需要剔除其中封建尊卑伦常的规定，注入现代平等精神。关于后者，"亲亲相隐"制度的设计理念——法律不强人所难，与现代刑法学中普遍认可的"期待可能性"理论不谋而合。

我国1979年《刑法》第310条规定："明知是犯罪的人而为其提供隐藏处所、财物，帮助其逃匿或者作虚假证明包庇的，处三年以下有期徒刑、拘役或管制；情节严重的，处十年以上有期徒刑。"这是结合当时的社会背景和立法需求，将"大义灭亲"规定为一项强制性的义务。而在2010年，为更好地贯彻落实宽严相济刑事政策，最高人民法院发布了《关于处理自首和立功若干具体问题的意见》，其中规定："犯罪嫌疑人被亲友采用捆绑等手段送到司法机关，或者在亲友带领侦查人员前来抓捕时无拒捕行为，并如实供认犯罪事实的，虽然不能认定为自动投案，但可以参照法律对自首的有关规定酌情从轻处罚。"纵向比较前后立法语言的差异，可见新出台的司法解释不再将"大义灭亲"作为公民的一项强制性义务，而是对其予以充分肯定和积极鼓励，这一转变体现了我国立法活动越来越人性化、保护人权、维护信任关系的价值取向。

（吕健　上海市长宁区人民法院）

十、晋郤至诉周侵田

原文

（鲁成公十一年秋）晋郤至与周争鄇田，王命刘康公、单襄公讼诸晋。郤至曰："温，吾故也，故不敢失。"刘子、单子曰："昔周克商，使诸侯抚封、苏忿生以温为司寇，与檀伯达封于河。苏氏即狄，又不能于狄而奔卫。襄王劳文公而赐之温，狐氏、阳氏先处之，而后及子。若治其故，则王官之邑也，子安得之？"晋侯使郤至勿敢争。

——《左传·成公十一年》[①]

注释

【郤［xì］至】（？—前574），春秋时晋国人。晋景公时温邑大夫，又称温季。

【鄇［hóu］】古地名，故址在今河南省武陟县。杜预注："鄇，温别邑。"今河内怀县西南有鄇人亭。

【刘康公】春秋时周定王同母弟。或称王季子，其获封之食邑在刘地。周之卿士。

【单襄公】春秋时周人，名朝。周定王卿士，其食邑在单地。

【抚封】据有封地。杜预注："各抚有其封内之地。"

【苏忿生】西周人。周武王时为司寇。慎用狱法，赏罚公正，封地在苏。

---

① 原始文献详参《春秋左传译注》，上海古籍出版社2017年版，第707页。

【司寇】官名。三代始置。殷、周、春秋沿置。王室为卿爵，诸侯国或卿爵或大夫爵，为国君重要辅佐大臣之一。春秋鲁、宋等国又设大司寇、少司寇，郑国有野司寇。战国时或称邦司寇。主刑狱诘盗，督造兵器。

【檀伯达】西周人。周武王之臣。与苏忿生俱封于河内，伯达封于檀邑，因以为氏。

【即】靠近。苏氏即狄，杜预注："事在僖十年。"

【狐氏、阳氏】指狐毛之子狐溱［zhēn］，温大夫。狐氏是晋国卿族，晋国六卿之一，为唐叔虞的后代沦落于狄族的支属，始于狐突。阳氏即阳处父（？—前621），春秋时晋国人，晋国太傅。晋襄公元年，率师攻蔡国。三年，楚师围江国，处父攻楚以救江。七年，襄公卒，贾季本为中军帅，怨处父，改为中军佐，遂使族人杀之，温是他的采邑。

译文

鲁成公十一年（前580）秋天，晋国大夫郤至与周王室为了附属温邑的鄇邑的土地所有权发生争执，周简王命令刘康公、单襄公到晋国去打官司。郤至说："温邑是我固有的封地，所以不敢失去。"刘康公、单襄公说："当初周朝推翻商朝的时候，让诸侯拥有封地。苏忿生占有温邑并担任了司寇，他与檀伯达一起受封在黄河边。后来苏忿生投靠狄国，却又不能与狄国人和睦相处，就逃到卫国。之后襄王为了慰劳晋文公而把温邑赐给他，大夫狐溱和阳处父先后拥有温邑，最后才轮到你。如果要论它是谁固有的话，那么它本来就是周王属官的封邑，怎么能是你得到它呢？"晋厉公让郤至别再争了。

解析：周王与大夫诉讼解决土地纠纷

《晋郤至诉周侵田》一案记载于《左传·成公十一年》，发生于我国的春秋时期。该时期，田土纠纷在诸侯国之间、诸侯国与个人之间、个人之间普遍发生。《晋郤至诉周侵田》当属国与个人之间的纠纷，当时的周王室虽有"天下共主"之名，但其与诸侯间隶属和支配的关系弱化，以至于周简王需要与晋国大夫个人进行诉讼。该案中，晋厉公在听取晋国大夫郤至与周简王的诉讼代理人刘康公、单襄公关于土地所有权来源的诉辩意见后，作出裁决支持了周简王关于"王室之邑"的观点。其中的纠纷解决机制、法文化特点、土地制度的变迁值得后世深鉴。

1. 规则之治：纠纷多元解决机制的早期探索

春秋时期，各诸侯国、贵族之间发生田土纠纷，既有通过暴力方式解决的，包括战争、报复和复仇，也有非暴力方式，包括谈判、调解和诉讼裁判。其中，诉诸盟主裁判的方式逐渐成为春秋时期解决田土纠纷的常见方式，裁判者通常是地区性大国，可以确保裁判结果的履行。各诸侯国间也常交叉使用多种方式来解决纠纷。春秋时期的土地纷争可从国际公法的角度解读，将国际关系区分为和谐关系、不睦关系、战争关系和会同关系等类型，进而通过交涉、成好、调解、干涉、裁判等方式来解决。此外，亦可以民事诉讼的角度观察，春秋时期的田土纠纷不仅大量存在于贵族之间，还如本案一般，存在于封建等级不同的周王室与士大夫之间，而在诉讼中双方当事人具有平等的诉讼地位，在裁判者的主持下分述土地所有权的来源。《周礼·地官·小司徒》中记载的"地讼以图正之"，即是当时所有权纠纷解决的记载。

2. 文化之传：宗法制度和礼法的影响

西周时期，周王朝以宗法制度构建国家结构形态，并分封诸侯，形成了土地的国有制，周王对土地拥有最高所有权，正如《诗经·北山》云："溥天之下，莫非王土，率土之滨，莫非王臣。"《礼记·王制》规定诸侯和臣属对土地只有占有、使用权而无处分权，不许买卖，即"田里不鬻"。周王有权收回原来授予臣下的采邑，更易其主。伴随西周王室的东迁，周王朝的实际控制力日渐衰落，周人引以为傲的"德—礼"制度也随之崩溃。此后的社会思潮经历了由春秋时以"尊王""复礼"为代表的拯救，到战国时全盘重建的转变。本案纠纷的发生系基于该历史背景产生，晋厉公在听完周简王关于温邑最初由周王室分封给苏忿生，后由周襄王收回后赐给晋文公，再由大夫狐溱、阳处父先后拥有，最后轮到郤至，本来就是周王官员的封邑的辩称后，对于温邑属"王室之邑"以及周王室的"土地国有制"表示认可。可见，宗法制度、"尊王"、"复礼"等观念仍根植在人们心中，重血缘、重家族的文化传统不仅未消失，而且在春秋战国时期形成了百家争鸣中的重要部分，对后世产生了深远的影响。

3. 经济之需：土地所有权制度的变迁

《周礼》将城邑分公邑、家邑、小都及大都，四种城邑分为国家委派大夫治理的公邑及细分家邑、小都、大都之采地。采地主可世袭采地，亦可管理采地之土地、人民与财产。此外有禄田和赏田，禄田根据官职俸禄，受禄田者仅得禄田所得粟米，不可世袭禄田。赏田因功而赏，可世袭管理，性质近似采地。诸侯对其域内土地或城邑法理上仅是占有而非所有。春秋时期，诸侯权力逐步扩展，自行将土地或城邑分赐给卿大夫，不经周天子同意而进行土地分换。至春秋中期之后，卿大夫亦不经诸侯同意将采地内部分土地或城邑分赐家臣。诸侯对域内土地或城邑，逐渐由法理上的占有转变为实际所有。春秋中后期，各国竞相改革，如晋国"作爰田"、齐国"相地而衰征"、鲁国行"初税亩"、楚国"量入修赋"、秦国"初租禾"等,自此中国形成了二元的土地所有权观念——国有和私有并存。土地所有权和使用权关系的演变对国家也会产生重要的影响。几千年来,我国的土地制度经历了土地氏族公社所有制、奴隶主贵族土地国有制、封建社会的国家地主自耕农所有制,再到近代的平均地权、土地革命,以及新中国成立之后土地改革、社会主义改造、公社化运动、家庭联产承包责任制等变迁。近年颁行的《民法典》明确了土地承包经营权可依法互换和转让,进一步完善了我国的土地制度。

"晋郤至诉周侵田"作为《左传》记载的诸多"侵田"案件之一,体现了我国古代在纠纷解决方面的智慧,展现了我国法律文化中的礼法观念,也为我国历史上土地所有制的变迁及现有土地制度的完善提供了研究素材和参考。千年之后,我们仍能从这简短的文字中体会到深植于中华文化中的理念价值,激励我们在中国式现代化司法制度的道路上走得更加坚定、更加自信。

(汪露　上海市长宁区人民法院)

十一、楚弃疾忠孝两全

原文

楚观起有宠于令尹子南，未益禄，而有马数十乘。楚人患之，王将讨焉。子南之子弃疾为王御士，王每见之，必泣。弃疾曰："君三泣臣矣，敢问谁之罪也？"王曰："令尹之不能，尔所知也。国将讨焉，尔其居乎？"对曰："父戮子居，君焉用之？泄命重刑，臣亦不为。"王遂杀子南于朝，轘观起于四竟。子南之臣谓弃疾，请徙子尸于朝，曰："君臣有礼，唯二三子。"三日，弃疾请尸，王许之。既葬，其徒曰："行乎？"曰："吾与杀吾父，行将焉入？"曰："然则臣王乎？"曰："弃父事仇，吾弗忍也。"遂缢而死。

——《左传·襄公二十二年》[1]

注释

【观起】（？—前551），春秋时楚国人，令尹子南属臣。子南（？—前551），本名是芈姓，熊氏，春秋时楚国令尹，楚庄王之子。

【益】"溢"的本字。这里用为增加之意。

【御士】近卫之士。《左传·僖公二十四年》杨伯峻注："御士，盖王侍御之士。"

【轘［huàn］】用车子向四方奔驰而将所系人体撕裂，用作中国古代车裂人的一种刑罚。《说文》："轘轘，车裂人也。"

---

[1] 原始文献详参《春秋左传译注》，上海古籍出版社2017年版，第940页。

【四竟】同"四境"。

【二三子】犹言诸君；几个人。《论语·八佾》："二三子何患于丧乎？"

译文

楚国的观起受到令尹子南的宠信，他没有增加俸禄，却有了能驾几十辆车子的马匹。楚国人很担心这种情况，于是楚康王打算诛戮他们。子南的儿子弃疾做了楚康王的近卫之士，楚康王每次见到他，就一定哭泣。弃疾说："君王几次向下臣哭泣，请问是因为谁的罪过？"楚康王说："你是知道令尹的不善行为。国家打算诛戮他，你还不逃走吗？"弃疾回答说："父亲被诛戮儿子不逃走，君王哪里还能加以任用？至于泄露命令而加重刑罚，下臣也不会这么做。"楚康王就在朝廷上杀死子南，车裂观起，并在国内四方把尸体示众。子南的家臣对弃疾说："请求让我们把子南的尸体从朝廷上搬出来。"弃疾说："君臣之间有规定的礼仪，这只有看诸位大臣怎么办了。"过了三天，弃疾请求收尸。楚康王答应了。安葬后，他的手下人说："出逃吗？"弃疾说："我参与杀我父亲的预谋，要出逃，哪有什么地方可去。"手下人说："那么你还是做君王的臣下吗？"弃疾说："抛弃父亲而在仇人手下听凭差遣，我无法忍受这么做。"于是弃疾就上吊死了。

解析：情法兼重的中华智慧

《左传·襄公二十二年》中讲述了"楚弃疾忠孝两全"案例，其中暗含了在情与法冲突时应以法为先、坚持法治的思想，也因符合古代的核心价值观而受到世人的赞颂。

论及中国古代情与法的冲突如何解决时，往往首先被想到的是"亲亲相隐"原则。亲亲相隐是春秋战国时期儒家提出的主张，其内容主要有三点：亲属有罪相隐，不论罪或减刑；控告应相隐的亲属，要处刑；有两类罪不适用亲亲相隐原则，一类是谋反、谋大逆、谋叛及其他某些重罪，另一类是某些亲属互相侵害罪。但在本案中，弃疾在面临自己的父亲子南触犯国法时并没有向父通风报信、窝藏包庇，而是坚持法治思想，支持楚康王依法惩处其父，实属崇尚法律、遵守法律、捍卫法律的典型。

党的十八届四中全会通过的《中共中央关于全面推进依法治国若干重大问题的决定》，提出了推动全社会树立法治意识的重大任务。法治的力量来源于民众对法治的信仰和拥护。卢梭曾言，一切法律之中最重要的法律，既不是铭刻在大理石上，也不是刻在铜表上，而是铭刻在公民的内心中。只有人民内心拥护法律，全社会信仰法律，法律权威才能真正树立，法治社会建设才能真正得以推进。[①]

"每个时代都有每个时代的精神，每个时代都有每个时代的价值观念。"[②] 上古尧舜时期推行"五典"：父义、母慈、兄友、弟恭、子孝。西周周公制"礼"：亲亲尊尊。春秋时期管子提出"国之四维"：礼、义、廉、耻。战国时期孟子主张"四端"：仁、义、礼、智。汉代倡导"五常"：仁、义、礼、智、信。宋代推崇"八德"：孝、悌、忠、信、礼、义、廉、耻等。[③] 总结中国古代社会的核心价值观，探寻其融入司法的经验，对于当前将中国社会主义核心价值观融入法治建设的重大课题具有借鉴价值。

"忠孝两全"意为对国家尽忠、对父母尽孝，二者都能兼顾，一直是中国古代传统文化所推崇的，可谓中国古代的核心价值观。本案中，弃疾即在情法冲突时做到了忠孝两全，故为后人所传颂。

（丁宁　上海市长宁区人民法院）

[①] 刘明：《只有人民内心拥护法律，法律才能发挥作用》，《经济日报》2016年3月14日。
[②] 习近平：《习近平谈治国理政》，外文出版社2014年版，第168页。
[③] 周名峰：《中国古代核心价值观融入法典的经验及当代启示》，《暨南学报（哲学社会科学版）》2019年第6期。

十二、石奢纵父

原文

石奢者，楚昭王相也。坚直廉正，无所阿避。行县，道有杀人者，相追之，乃其父也。纵其父而还自系焉。使人言之王曰："杀人者，臣之父也。夫以父立政，不孝也；废法纵罪，非忠也；臣罪当死。"王曰："追而不及，不当伏罪，子其治事矣。"石奢曰："不私其父，非孝子也；不奉主法，非忠臣也。王赦其罪，上惠也；伏诛而死，臣职也。"遂不受令，自刎而死。

——《史记·循吏列传》①

注释

【楚昭王】（？—前489），春秋末楚国国君，熊氏，名珍，楚平王之子。

【阿避】曲从回避。

【行县】谓巡行所主之县。

【立政】确立为政之道。

译文

石奢，是楚昭王的国相，他为人刚强正直廉洁公正，既不阿谀逢

---

① 原始文献详参《史记》，中华书局1982年版，第3102页。

迎，也不胆小避事。一次出行属县，恰逢途中有凶手杀人，他追捕凶犯后发现凶手竟是自己的父亲。他放走父亲，回来便囚禁了自己。他派人告诉楚昭王说："杀人凶犯是我的父亲。若以惩治父亲来树立我的政绩，这是不孝；若废弃法度纵容犯罪，又是不忠；因此我该当死罪。"昭王说："你追捕凶犯而没抓获，不该论罪伏法，你还是去治理国事吧。"石奢说："不偏袒自己父亲，不是孝子；不遵守王法，不是忠臣。您赦免我的罪责，是主上的恩惠；服刑而死，则是为臣的职责。"于是石奢不听从楚王的命令，自杀而死。

解析：誓死捍卫法律尊严

《史记·循吏列传》中记载的"石奢纵父自刎案"讲述了官吏放走了杀人的父亲后请罪自杀的故事。春秋战国时期尚无审判官吏回避的规定，因此出现了审判官审理自己的亲属时面临情法冲突的两难情形。对审判官吏的回避制度始于唐朝，为了防止审判官吏因亲属或仇嫌关系而故意出入人罪，《唐六典》第一次以法典的形式肯认了审判官吏的回避制度，称作"换推"制。[①] 在本案中因无回避制度，故石奢在面临情法冲突时，选择纵父后自杀，以自己生命承担了违法的责任，反映了当时司法官吏对法律责任规定的自觉维护的观念和循法精神。石奢的做法有以下典型意义：

1. 切实维护司法公正、司法权威

司法公正是司法活动的灵魂和生命线，保证司法公正也是提高司法权威、司法公信力的关键。习近平总书记曾在中央政法工作会议讲话中指出："政法战线要肩扛公正天平、手持正义之剑，以实际行动维护社会公平正义，让人民群众切实感受到公平正义就在身边。"古代中

[①] 赵永红：《中国古代诉讼回避制度》，《中央政法管理干部学院学报》2000年第5期。

华文化中就有维护司法公正的良好传统,如在本案中,石奢的父亲犯下了杀人的罪行,本该受到法律的制裁,但因受到孝道文化的影响,只能将父亲放走,但放走后也自知徇私枉法而自杀。石奢用行动昭告犯罪即应当受到法律的惩处,用行动维护了司法的公正和权威。

2. 严格遵守司法官责任制度

司法官责任制度是中国古代法文化的重要内容。以法治官,是中国古代行政法制的悠久传统,也是中国传统政治法律文化的一个突出特点。[①]我国古代的职官管理制度颇为严密,早在奴隶制时期就有对官吏犯罪予以处罚的规定。如《尚书·舜典》中有"象以典刑,流有五刑,鞭作官刑,扑作教刑,金作赎刑"的记载,作为治官的"官刑"也适用于执法裁判的司法官吏。《尚书·吕刑》规定了"五过之疵"(惟官、惟反、惟内、惟货、惟来),司法官吏审判案件因为依仗官势、私报恩怨、受人左右、接受贿赂、接受托请,以致影响了案件的正确处理时,都要承受与枉法幅度相对应的刑罚处罚。在春秋时期,司法官吏因错杀而承担刑事责任的法律思想或法律规定就已存在,而且受法家思想影响,在执行上十分严格。[②]本文中的案例不仅体现了石奢的循法精神,更反映了当时司法官吏自觉维护法律规定的观念。以内心自省与责任约束相结合的中国古代司法官责任制度,是中国古代的一大创造,也是古老的中华法系区别于世界其他法系的显著标志之一。

3. 全面落实司法责任制

司法官责任制度发展至现代中国,就是司法责任制。全面落实司法责任制是党的二十大部署的重大改革任务,这是司法系统贯彻习近平新时代中国特色社会主义思想、深化司法体制综合配套改革、推进司法体系和司法能力现代化的重要举措。全面落实司法责任制在司

---

① 张勇:《中国古代司法官责任制度及其法文化分析》,中国政法大学法学博士学位论文,2002年。
② 张勇:《中国古代司法官责任制度及其法文化分析》,中国政法大学法学博士学位论文,2002年。

体制改革主体框架中具有基础性地位、标志性意义和全局性影响，对于确保司法机关依法独立公正行使职权具有深远意义。司法责任制的核心要义就是"让审理者裁判，由裁判者负责"，它在赋予法官审理裁判案件主导权和决定权的同时，强调法官对裁判结果负责。司法责任制中的"责任"内涵丰富，既包括法律责任，又涉及纪律责任；既包括行为责任，也包括结果责任；既包含法官审判责任，也包括审判行政管理责任等。[1] 司法责任制的全面落实不仅要依靠制度上的推进与完善，更需要审判人员内心的认同和自觉的遵守。审判人员只有始终坚守以公平正义为根本遵循的法律职业良知，始终坚持对案件质量终身负责的责任感，才能真正使司法责任制落实落地，使每一个司法裁判都能经得起法律和道德良知的拷问及历史检验。

（丁宁　上海市长宁区人民法院）

---

[1] 杨春福：《全面落实司法责任制》，中国社会科学网，http：//www. cssn. cn/zx/bwyc/202006/t20200605_ 5139314. shtml，最后访问时间：2022 年 3 月 24 日。

十三、公孙黑犯节

原文

郑徐吾犯之妹美，公孙楚聘之矣，公孙黑又使强委禽焉。犯惧，告子产。子产曰："是国无政，非子之患也。唯所欲与。"犯请于二子，请使女择焉。皆许之，子皙盛饰入，布币而出。子南戎服入。左右射，超乘而出。女自房观之，曰："子皙信美矣，抑子南夫也。夫夫妇妇，所谓顺也。"适子南氏。子皙怒，既而囊甲以见子南，欲杀之而取其妻。子南知之，执戈逐之。及冲，击之以戈。子皙伤而归，告大夫曰："我好见之，不知其有异志也，故伤。"

大夫皆谋之。子产曰："直钧，幼贱有罪。罪在楚也。"乃执子南而数之，曰："国之大节有五，女皆奸之。畏君之威，听其政，尊其贵，事其长，养其亲。五者所以为国也。今君在国，女用兵焉，不畏威也。奸国之纪，不听政也。子皙，上大夫，女，嬖大夫，而弗下之，不尊贵也。幼而不忌，不事长也。兵其从兄，不养亲也。君曰：'余不女忍杀，宥女以远。'勉，速行乎，无重而罪！"

五月庚辰，郑放游楚于吴，将行子南，子产咨于大叔。大叔曰："吉不能亢身，焉能亢宗？彼，国政也，非私难也。子图郑国，利则行之，又何疑焉？周公杀管叔而蔡蔡叔，夫岂不爱？王室故也。吉若获戾，子将行之，何有于诸游？"

——《左传·昭公元年》①

---

① 原始文献详参《春秋左传译注》，上海古籍出版社2017年版，第1102—1103页。

注释

【徐吾犯】人名。

【公孙楚】姬姓，游氏，名楚，字子南，又称游楚，是郑穆公的孙子，公子偃的儿子，子蟜［jiǎo］的弟弟，郑国下大夫。

【公孙黑】（？—前540），姬姓，驷氏，名黑，字子皙，又称姬黑，春秋时期郑国上大夫。

【子产】（？—前522），春秋时郑国大夫公孙侨的字，一字子美。郑简公十二年为卿，二十三年起执政，有政绩。郑声公五年卒。郑人悲之如亡亲戚。死后被孔子称为"古之遗爱"。《论语·公冶长》："子谓子产，有君子之道四焉，其行己也恭，其事上也敬，其养民也惠，其使民也义。"

【委禽】婚礼最先为纳采，纳采用雁，委禽即纳采。杜预注："禽，雁也，纳采用雁。"

【布币】送上礼品，陈于堂上。

【櫜［gāo］甲】即裹甲，把甲穿在衣服里面。

【冲】大道四交处。

【直钧】双方都有理。

【奸】犯。

【忌】尊敬。

【周公杀管叔而蔡蔡叔】管叔，姬姓，名鲜，周武王弟，周公旦之兄。武王灭商后，封之于管，和蔡叔、霍叔共同统治商代遗民，史称"三监"。蔡叔，西周人，姬姓，名度。周文王第五子，武王弟。封于蔡。武王去世，成王年幼，周公旦摄政，蔡叔乃与管叔、武庚联合东夷作乱，周公讨而平之，蔡叔被放逐，管叔与武庚同被诛。《史记·周本纪》载："周公奉成王命，伐诛武庚、管叔，放蔡叔。"蔡，杜预注"蔡，放也"。

【行】遣之上路。

【大叔】（？—前507）即子太叔。游氏，名游吉，为游氏宗主，所以子产征询他的意见。春秋时郑国人。简公、定公时任正卿。熟悉典章，长于辞令，出使诸侯，循礼尽职，不辱使命。郑定公八年，继子产治国政。

【亢宗】意指维护宗族之名声，能光宗耀祖。

【获戾】得罪，获咎。《尚书·汤诰》："兹朕未知获戾于上下。"

译文

郑国徐吾犯的妹妹长得非常漂亮，公孙楚已经和她订了婚，公孙黑又强行派人送去聘礼。徐吾犯为此害怕，就把这事告诉了子产。子产说："这是国家政事混乱，并非您所能担忧的。她愿意嫁给谁就嫁给谁。"徐吾犯请来了这二位，让妹妹自己选择。他们都同意了。公孙黑穿着非常华美，进来后送上礼品，陈于堂上，然后就出去了。公孙楚穿着军服进来，左右开弓，一跃登车而去。妹妹在房间内看着他们，说："子晳的确很英俊，但是子南才算是真正的男子汉。丈夫要像丈夫，妻子要像妻子，这就是所谓的顺。"于是，徐吾犯的妹妹便嫁给了公孙楚家。公孙黑为此非常愤怒，过了不久，他把铠甲穿在衣服里面去见公孙楚，想要杀死他而占有他的妻子。公孙楚知道了他的企图后，拿着戈驱赶他，到了路口的交叉处，用戈敲击他。公孙黑受了伤回去，告诉大夫说："我好好地去见他，却不知他别有用心，所以才受了伤。"

大夫们都在议论着这件事。子产说："双方都有理，年纪小、地位低的有罪，此罪在于公孙楚。"于是就抓住公孙楚，然后列举他的罪状，说："国家的大节有五条，你都触犯了。惧怕国君的威严，听从他的命令，尊重贵人，事奉长者，奉养亲属，这五条是用来治理国家的。如今国君在国都里，你擅自动用武器，这就是不惧怕威严。触犯了国家的法律，这就是不听从命令。子晳是上大夫，你是下大夫，而你又不肯居下，这就是不尊重贵人。年纪小而不尊敬，这就是不事奉长者。利用武器对付堂兄，这就是不奉养亲属。国君说：'我不忍心杀你，赦免你放逐到遥远的地方。'尽你所能，赶快逃走吧，不想再加重你的罪行！"

五月初二，郑国便把公孙楚放逐到吴国。正准备送公孙楚上路，子产又向太叔征询意见。太叔说："游吉不能保护自身，怎么能保护一族？他的事情属于国家政治，而不是个人的危难。您在为郑国做打算，有利于国家就实行，你又有什么疑惑呢？周公杀死管叔，而放逐了蔡叔，难道是因为不爱他们？这是在巩固王室。游吉如果获得罪行，您也将执行惩罚，那又何必顾虑游氏诸人呢？"

解析：审判中的"情理法"融合

德治，是古代思想家的重要命题。在中国古代判词中，提倡教而后诛，反对不教而诛，往往依托情理，通过"动之以情，晓之以理"的方式，让当事人明白自己的错误，以礼法为依据谆谆教导，而教育的过程也正是判词说理的过程。东周时期的"公孙黑犯节案"便是其中的典型代表，该案判词中的"余不女忍杀"，说明尽管公孙黑犯了五项大罪行，但是仍然不轻易处死，这是宽宥慎行。当然，不杀也并不是不做惩罚，宥汝以远，这样的刑罚也维护了当时的法律权威，真正实现了"情理法"兼容。

1. 传统"情理法"的消极作用

从古至今，儒学的思想发展一直对整个国家有着不可替代的作用，但这也容易使人过于注重人情而忽视法律的规定，产生诸多不利影响。第一，容易使得权力因为人情而被滥用。小农经济影响下的聚居状态使人们以宗族和血缘为纽带生活，以家族为单位的社会观念长期延续，进一步加深了人情社会的风气,影响了整个国家法律制度的构建。这使法官在审理案件的过程中有诸多顾虑,容易陷入人情和法律的艰难抉择中。被滥用的人情观使法律的权威性被破坏,从而导致国民乃至整个国家的利益受损。第二,容易导致国民对法律的"不信任"。在被宗族观念笼罩千年的社会中,相较于"情"而言,"法"的意识是相对薄弱的。当"情"与"法"冲突时,"法"为"情"让步的错误观念仍深深植根于国民的内心深处。如果一味追求"情"而忽略了"理",很容易使得民众从心理上对法律的权威性产生强烈的不信任感。第三,容易导致法律在道德压力下摇摆不定。"情"使得司法者在舆论的压力下容易产生以人情为主的断案观念,从而造成定罪量刑趋于主观化的不良后果。长此以往,会出现国民对公权力机构的信任危机,这会违背法律本身存在的意义,阻碍整个法治社会发展的进程。

2. 传统"情理法"的积极作用

今天中国人对待法律的态度都可从情、理、法三位一体的观念中得到显现,对于传统法律文化,我们应尽力发掘"情理法"中有利于社会发展的因素,促进法治社会的建设。其一,它为我们提供了良好的立法借鉴。古代立法注重"情"和"理"的有机结合,认为二者是比"法"更为重要的存在,统治者以此来约束人们自觉遵守情、理和法。在现代社会的发展中,应充分借鉴祖祖辈辈留给我们的智慧成果,在新的历史条件下创造和实施符合我国国情的、合乎情理的新法律,给国民带来强烈的归属感。其二,它为我们提供了良好的司法借鉴。古代的官员对案件的审判以兼顾情、理、法三者的协调统一为追求,不会单纯依据法条来定罪,而是基于情感和道德的角度来进一步评判和审视罪犯的行为,将其行为综合分析后才会对照法律予以定罪,这有利于建立司法者行使权力的威信,对于当今的法治建设亦有重要的借鉴意义。没有人情味的法律条文难以得到群众拥护和认可,难以成为保障整个国家和社会的利器。

3. 传统"情理法"的现代转型

虽然传统的法律文化有一定的局限性，但裁判者应该以辩证的眼光来看待它存在的意义，使其更好为建设法治社会服务。第一，坚持以法为本的观念。在现代法治社会，处在第一位的必然是"法"，其次是"理""情"，因而要改变传统以"情"为首位的观念，树立以"法"为核心的法治观念，以"法"为根基，"情""理"辅助"法"的实施，更好促进整个"情理法"法治观念的现代化转型。第二，辨明"情"和"理"在三者中的位置。绝不能忽视这二者在法律文化中的重要作用，因为它们让冷酷的法律条文有了人情味，但过度滥用亦会导致法律权威成为道德利益的牺牲品。只有"情"与"法"融合，才能利于整个社会和谐稳定地向前发展。第三，让"情"与"理"在法治社会下绽放新的光彩。在当前的法治建设背景下，"情"和"理"应侧重"民情""民理"等方向的发展。任何脱离人民群众的行为都是被整个社会以及国家否认的错误行为，党和国家始终秉承以人为本的核心理念，引领人们朝着法治社会的建设继续向前。

（刘彬华　上海市长宁区人民法院）

十四、孔子赦不孝

原文

孔子为鲁大司寇，有父子讼者，夫子同狴执之，三月不别。其父请止，夫子赦之焉。季孙闻之不悦，曰："司寇欺余。曩告余曰：'国家必先以孝。'余今戮一不孝以教民孝，不亦可乎？而又赦，何哉？"冉有以告孔子。子喟然叹曰："呜呼！上失其道，而杀其下，非理也；不教以孝而听其狱，是杀不辜。三军大败，不可斩也；狱犴不治，不可刑也。何者？上教之不行，罪不在民故也。夫慢令谨诛，贼也；征敛无时，暴也；不试责成，虐也。政无此三者，然后刑可即也。《书》云：'义刑义杀，勿庸以即汝心，惟曰未有慎事。'言必教而后刑也。既陈道德，以先服之，而犹不可；尚贤以劝之，又不可；即废之，又不可；而后以威惮之。若是三年，而百姓正矣。其有邪民不从化者，然后待之以刑，则民咸知罪矣。《诗》云：'天子是毗，俾民不迷。'是以威厉而不试，刑错而不用。今世则不然，乱其教，繁其刑，使民迷惑而陷焉，又从而制之，故刑弥繁而盗不胜也。夫三尺之限，空车不能登者，何哉？峻故也。百仞之山，重载陟焉，何哉？陵迟故也。今世俗之陵迟久矣，虽有刑法，民能勿逾乎？"

——《孔子家语·始诛第二》[①]

[①] 原始文献详参《孔子家语通解》，齐鲁书社2013年版，第13—14页。

注释

【大司寇】官名。春秋时宋、鲁等国置。宋大司寇为六卿之一,听国政。鲁大司寇摄国政,掌狱讼、刑罚。

【同狴[bì]】谓同囚一狱。王肃注:"狴,狱牢也。"

【执】捕捉,逮捕。

【别】区分,辨别。

【季孙】为季孙斯(?—前492),又称季桓子。春秋末鲁国人。季平子之子。鲁定公时执政。

【曩[nǎng]】以往,从前。

【冉有】(前522—前489),春秋末鲁国人,姓冉,名求,字子有,亦称冉求。孔子弟子。以善从政著称。孔子谓其多才艺:"千室之邑,百乘之家,可使为之宰也。"(《论语·公冶长》)对孔子之学说躬行不力,然对孔子之"富而后教"思想饶有兴味,长于理财,自称如在小国从政三年,可使民足。为季氏家臣,助季氏聚敛财富,孔子斥之"非吾徒也,小子鸣鼓而攻之可也"(《论语·先进》)。

【义刑义杀】正当和必要的刑罚与杀戮。

【毗[pí]】通"弼",辅助。

【陵迟】斜坡延缓。《荀子·宥坐》:"三尺之岸,而虚车不能登也。百仞之山,任负车登焉。何则?陵迟故也。"杨倞注:"陵迟,言丘陵之势渐慢也。"

译文

孔子为鲁国的大司寇,掌管刑狱,当时有一件父子相讼的案件。孔子将那对父子一同关进监狱,过了三个月,既不审理,也不判决。后来,做父亲的请求不要审判,孔子便将他俩都放了。

季桓子听说此事后，很不高兴，说："这个大司寇欺骗了我，过去他告诉我说：要治理好国家，一定要把孝道摆在第一位。如今我们杀一个不孝的儿子，来教育老百姓都要对父母尽孝，这样不是很好吗？却又把他释放了，这是为什么？"

冉求把这些话告诉了孔子，孔子长叹了一声说："唉！为上者丧失治民之道，而要杀掉老百姓，这是不合理的。不去教化人民讲究孝道，却要判处不孝，任其狱讼，这是杀害无辜的人。三军打了大败仗，不能去杀士兵啊。牢狱没有整顿好，不可滥用刑罚。为什么？上面的教化没有推行，罪责不在百姓啊。那法令松弛而刑罚严酷，就是凶狠；随时征赋收税，就是残暴；没有经过试验、教育，而责令他做出成效，就是虐害。主政如果没有这三方面的问题，便可按法令去加以刑罚了。《尚书》说：'义刑义杀，勿庸以即汝心。'意思是处罚得当，杀戮适宜，就不用内心感到不安了。谨慎从事，就是说要先教育而后刑罚。自己首先要身体力行，使人们先从内心里感到心悦诚服；如果还不行，就尊重贤能来鼓励他们向善；又不行，就罢黜无能之辈，停止他们所享有的权利；仍然不行而后用法令的权威去慑服他。这么经过三年的教化，百姓中的正气自然形成，有少数邪恶不听教化的，再拿刑罚来惩治他们，那么百姓就知道什么样是作奸犯科了。《诗经》曰：'辅弼天子，使老百姓不致迷失方向。'因此权力虽大而不轻易去用，刑罚摆在一边而不轻易用刑。可如今则不是如此，教化紊乱，刑罚却繁重。百姓不明白是非善恶，糊里糊涂地陷入犯罪，接着就用刑罚去制裁他们，所以刑罚越多，盗贼反而越制服不了。很小的险阻，一辆空车却爬不上去，为什么呢？因为陡峭啊。很高的山岳，满载着货物的重车也能够爬上去，为什么呢？因为坡度很缓。现今风气衰败已久，即使有刑法在，百姓怎能不违法犯规呢？"

解析：孔子的慎刑与德法并举

《论语·为政》云："导之以政，齐之以刑，民免而无耻；导之以德，齐之以礼，有耻且格。"用刑罚惩治的方法，人们只是为了免于刑罚而被迫遵守，并不知道违法犯罪是可耻的，而用礼教化人们知道廉耻，民众就会自我约束走上善道。《尚书·康诰》中说，对于刑罚，特别是死刑，要严格依法适用，不能随心所欲。《荀子·宥坐》论及，面对不顺心如意的人，必须先进行教化，没有效果才能用刑。《诗经》提到，作为大臣要辅佐君主，教育百姓不迷惑，因而威严的制裁可以不用，严厉的刑罚可以搁置。这些都体现了我国古代的"慎刑"思想。

1. 我国古代的明德慎罚

"明德慎罚"是西周以后各个朝代德主刑辅治国思想的理论源泉。周公以后，孔子、孟子、荀子等人将这一理论发扬光大，孔子将明德慎罚诠释为"为政以德"，即执政者充分运用礼义道德的教化功能，教化百姓，这是最根本的治国之策。[①] 为此，执政者必先正己，然后正百姓，施政过程就是道德的感化过程："其身正，不令而行；其身不正，虽令不从。"从西周至现代，这一观念成为了治国理政的主流思想，它是我国博爱兼容传统文化的体现，也为我国现代化法治建设提供了重要借鉴。儒家所倡导的礼法合治、德主刑辅的治国思想，启示我们要强调以德治从源头上制止犯罪，以法治从根本上惩治犯罪，以德治和法治相结合的治理模式为基础，推陈出新，探索出一条适合我国当前国情、民情的治理道路，从而推进国家治理体系和治理能力现代化。

---

① 覃楚翔：《明德慎罚思想对我国立法的影响》，《汉字文化》2018年第11期。

2. 德治对法治缺陷的弥补

孔子在父子诉讼中赦免儿子,其行为和论述集中体现了以德为先、以德去刑的法治思想。孔子提出对于老百姓要教育为先,为政者不仅要亲自讲解教育,还要以身作则,用圣贤榜样的力量来教育感化。只有在教育感化无能为力时,才能借助于刑罚,实施刑罚。法律作为统治阶级实现阶级统治的工具,是国家按照统治阶级的利益制定或认可,并以国家强制力保证其实施的行为规范的总和,其本身具有强制性。人类的法治发展史已经证明法律不是万能的,法的作用是有限的,其存在"教条主义""缺乏人性关怀"等不足之处。应借鉴使用德礼教化的方式息诉止讼,构建一个自律自觉、信法守法的社会。重视道德和法律的互相配合,用道德约束人,用法律惩罚人,实现"礼禁于未然之前,法施于已然之后"。

当今社会,德治教育在保护未成年人成长中的作用尤为明显。2020年新修订的《未成年人保护法》和《预防未成年人犯罪法》对社会强烈关注的未成年人违法犯罪问题作出回应,就国家、社会、学校在教育未成年人、对未成年人进行行为矫治等方面作出规定,例如对因不满法定刑事责任年龄不予刑事处罚的未成年人,经专门教育指导委员会评估同意后,教育行政部门会同公安机关可以决定对其进行专门矫治教育。专门矫治教育的专门场所实行闭环管理,公安机关、司法行政部门负责未成年人的矫治工作,教育行政部门承担未成年人的教育工作。违法犯罪的未成年人既是侵害者也是受害者,通过"司法一条龙""社会一条龙"工作体系[1]对他们施以"德治",以达到教育保护的目的。对未成年人的保护和教育是相辅相成的,教育是为了更好的保护,保护必须进行教育,只有将两者有机结合起来,才能真正实现德治背景下对未成年人司法保护的实效性。

---

[1] 即公安侦查、检察院审查、法院审判引入司法社工服务,实现未成年人权益保障和帮扶工作无缝对接,持续化的跟踪服务。

3. 积极使用人民调解落实"慎刑"思想，丰富"德法并举"实践

调解制度具有悠久的历史传统，《周礼》中即有"调人掌司万民之难而谐和之"的记载，在西周已经有专人负责调解工作。在普遍信奉"和为贵"的中国古代社会，以传统无讼观为基础形成的调解机制，以"情"为原则，能高效解决民事纠纷，并避免裁判带来的矛盾激化等问题，真正实现案结事了、平息纠纷，促进社会关系融洽。调解可以充分考虑双方当事人的真实意思表示，使得双方选择尽可能实现自己利益的纠纷处理结果，在利益最大化的情形下，当事人并不会积极追求再次诉讼，因而节约了司法资源，提升了司法效率。

2010年颁布的《人民调解法》，对人民调解的定义、原则、程序、协议等进行了规定，提升了人民调解的规范性并拓宽了适用范围，标志着人民调解进入了一个新的发展阶段。与传统的调解相比，如今的人民调解具有调解组织多样化与专业化、调解队伍职业化、调解协议具有法律约束力、调解与诉讼可以有效衔接等特点。[1] 解决纠纷的目的不是为了惩罚，而是为了维护当事人的正当利益，化解社会矛盾。作为我国纠纷解决机制中的"第一道防线"，人民调解被国际社会誉为"东方经验""东方之花"，[2] 是一项具有深厚中华民族传统文化内涵的中国特色法律制度，应当不断在实践中丰富其内涵，促进其进一步蓬勃发展。

（李旭颖　上海市长宁区人民法院）

---

[1] 王霞:《人民调解制度的沿革与发展》,《学习时报》2018年8月14日。
[2] 李胜慧:《论人民调解制度的发展和完善》,西南财经大学硕士论文,2012年。

十五、子皋为狱吏

原文

孔子相卫,弟子子皋为狱吏,刖人足,所跀者守门。人有恶孔子于卫君者曰:"尼欲作乱。"卫君欲执孔子。孔子走,弟子皆逃,子皋从出门,跀危引之而逃之门下室中,吏追不得。夜半,子皋问跀危曰:"吾不能亏主之法令而亲跀子之足,是子报仇之时也,而子何故乃肯逃我?我何以得此于子?"跀危曰:"吾断足也,固吾罪当之,不可奈何。然方公之狱治臣也,公倾侧法令,先后臣以言,欲臣之免也甚,而臣知之。及狱决罪定,公憱然不悦,形于颜色,臣见,又知之。非私臣而然也,夫天性仁心固然也。此臣之所以悦而德公也。"

——《韩非子·外储说左下》①

注释

【子皋[gāo]】(前521—?),即高柴,字子羔或子皋。春秋时卫国人。一说为齐人。孔子学生。身长不满五尺,状貌甚恶,在鲁、卫两国先后四次为官,历任鲁国费宰、郕[chéng]宰、武城宰和卫国的士师。

【狱吏】官名。春秋置,掌理狱讼。

【刖[yuè]】古代的一种酷刑,把脚砍掉。

【跀[yuè]危】指古代受刖刑的人。

---

① 原始文献详参《韩非子集解》,中华书局1998年版,第293页。

【倾侧】指偏离。

【愀［cù］然】忧伤，脸色改色。

译文

孔子当卫国相国时其弟子子皋任刑狱官。一次，子皋执法，砍掉了一个人的脚并罚这个人做了城门的看守。此事没过多久，另有人暗地里在卫国国君那里给孔子栽赃，说孔子图谋犯上作乱。卫国国君相信了，并于派人四处捉拿孔子及其弟子。孔子和一些弟子先逃出了城门。子皋逃得慢，到城门口时卫兵已经赶到。危急时刻，被砍脚的人突然出现，带子皋躲进城门边自己的住家内。半夜，子皋迷惑地问被砍脚的人："我为维护卫国法令而执法严厉，砍了你的脚，现在正是你报仇雪恨的时候，为什么你却偏要将我藏起来？"被砍脚的人说："我被砍脚，那是罪有应得，属于没有办法的事情。在治罪的过程中您反复推敲法令，为我说话，并希望我能免于刑罚，这些情况我都知道。而且在执行判决的时候您还焦虑不安、心里不悦，这些又表现在了您的脸上，我也瞧见了。我明白您不是徇私枉法袒护我才如此，而是出于天生仁爱之心才这样。我之所以要隐藏和解救您正是要报答您的恩德。"

解析：注重司法的社会效用

春秋时期，特别是孔子生活的春秋末年，礼制逐渐失去调整社会秩序的强有力作用。孔子引仁入礼，改造了自西周以来的礼制，为法秩序构建提供了价值指引和规范基础。《论语·子路》中所谓"刑罚不中，则民无所措手足"，正表明在当时的社会背景下，儒家思想对法在指引、教化等方面积极作用的肯定。

1. 兼容仁爱之心与法治精神，达成法与情的司法目的

作为法家思想集大成者的韩非提出了以"法治"代替之前的"礼治"的观点，反对将道德作为政治统治的标准，但他并没有否认道德的价值，正如其在《外储说左下》中引用孔子的话："善为吏者树德，不能为吏者树怨。"但法律如何具体适用、任用什么样的人担任执法官等诸多问题，却未能在实践中得到系统性解决。韩非认识到在实施法度的过程中只有做到公正，才能得到百姓的自觉遵守与服从，即达到"以罪受诛，人不怨上"的效果。子皋为狱吏时，不仅认真推敲法令，判断对有罪者是否应刖足，而且在施刑时秉其"仁爱"的天性，表现出了对被刖足者的怜悯、同情。正因如此，被刖足者虽受酷刑，但对施刑者不仅不怨恨，反而持理解的态度。

这则关于儒家人物的故事，在《孔子家语》中也有类似记载。韩非借此故事说明，兼容仁爱之心公正严格执法，哪怕是实施严刑重罚，也不会招致怨恨。掌权者要依法办事，更要仔细谨慎，同时仁爱之心不可或缺。只有在法律的限度内处理得当，法与情才能够兼容。可见，仁爱之心与法治精神不相违背，犯罪者也该得到应有的同情和关怀。这一点在当代《刑事诉讼法》"教育公民自觉遵守法律""尊重和保障人权"的立法任务中得到了传承。

2. 提升司法的道德能力，充盈法治的道德底蕴

毫无疑问，当代新中国的法治与韩非所称"法治"有着本质的不同。但子皋为受刑者着想、保证刑法实施公正性的做法，仍然值得当今的司法人员借鉴。正如西方法谚云："法乃公正善良之术。"实践中，由于法律规范的滞后性、演绎逻辑的局限性、证据信息的不完全性，法官在对案件事实进行法律评价时，会进行一定的自由裁量，而司法实践表明：受时代欢迎的法官，是那些能够在案件事实认定和法律适用上进行综合考量，实现法安天下与德润人心有机统一的法官；是那些既关注当下案件的裁决结果是否符合法律规定、当事人是否接受，

又注意运用善良的司法裁决方法和技巧,实现良好的道德效应和社会引领的法官。①

3. 推动法律与道德融合,厚植发展的法治土壤

《韩非子·用人》:"释仪的而妄发,虽中小不巧。释法制而妄怒,虽杀戮而奸人不恐。罪生甲,祸归乙,伏怨乃结。故至治之国,有赏罚而无喜怒。故圣人极有刑法,而死无螫毒,故奸人服。发矢中的,赏罚当符,故尧复生,羿复立。"依这段记载,要建立"至治之国",就必须摆脱喜怒的牵绊,专依法律来实施刑罚。"法律是准绳,任何时候都必须遵循;道德是基石,任何时候都不可忽视。"② 良法之所以能深入人心,是因为良法是成文的道德,法律与道德协同发力,法安天下,德润人心。依法施刑而让民众信服,正表明法律作为权威或准则已深入人心,法律规范成为人们内心评判是非曲直的标准和引导人们言行举止的规范,所以即使有人因违背了法令而受到处罚,也心甘情愿地接受、服从处罚,更不会怨恨执行法律的个人。

(吕健　上海市长宁区人民法院)

---

① 李群星:《努力在司法裁决中实现法律与道德的融合》,《人民法院报》2017 年 3 月 22 日。
② 习近平总书记在主持十八届中共中央政治局第三十七次集体学习时的讲话。

十六、叔向断狱

原文

晋邢侯与雍子争鄐田,久而无成。士景伯如楚,叔鱼摄理,韩宣子命断旧狱,罪在雍子。雍子纳其女于叔鱼,叔鱼蔽罪邢侯。邢侯怒,杀叔鱼与雍子于朝。宣子问其罪于叔向。叔向曰:"三人同罪,施生戮死可也。雍子自知其罪,而赂以买直,鲋也鬻狱,刑侯专杀,其罪一也。已恶而掠美为昏,贪以败官为墨,杀人不忌为贼。《夏书》曰:'昏、墨、贼,杀。'皋陶之刑也。请从之。"乃施邢侯而尸雍子与叔鱼于市。

仲尼曰:"叔向,古之遗直也。治国制刑,不隐于亲,三数叔鱼之恶,不为末减。曰义也夫,可谓直矣。"

——《左传·昭公十四年》[①]

注释

【雍子】楚国申公巫臣之子,由于在家族中受到父母的欺压和谗害,而楚国的国君和大夫都不帮助解决,他十分怨恨,便逃到晋国为官。

【鄐[chù]】古邑名,中国春秋时属晋,约在今河北。

【叔鱼】羊舌鲋[fù](？—前528),复姓羊舌,名鲋,也称叔鲋,字叔鱼,春秋时期晋国大夫,羊舌职之子。叔鱼是叔向的异母胞弟,作为司法官员却因贪污被处死。

---

① 原始文献详参《春秋左传译注》,上海古籍出版社2017年版,第1273—1274页。

【叔向】晋大夫羊舌肸[xī]，字叔向，后以其字为姓。见《通志·氏族三》

【施生】判生者罪。杜预注："施，行罪也。"

【买直】行贿赂以获取胜诉。杨伯峻注："以女嫁于叔鱼而得胜诉，故曰买直，购买胜诉也。"

【鬻[yù]狱】收受贿赂，出卖官爵，枉法断狱。

【专杀】擅自杀人。

【昏、墨、贼、杀】《禹刑》是夏朝法律的名称，是后人为纪念夏的始祖禹而命名的。其内容已无法考证，仅有零星的文献记载，其中就包括"昏、墨、贼，杀"。昏是指"恶而掠美"，即自己做了坏事而窃取他人的美名。墨是指"贪以败官"，贪得无厌，败坏官纪。贼是指"杀人无忌"，即肆无忌惮地杀人。犯这三种罪之一的，就要被处以死刑。

【遗直】指直道而行、有古人遗风的人。杜预注："言叔向之直，有古人遗风。"

【三数】表示为数不多。

【末减】谓从轻论罪或减刑。杜预注："末，薄也；减，轻也。"

译文

晋国雍子强占了邢侯（邢台）的部分封地，邢侯与他打了很长时间官司，但一直没有结果。晋国的司法官景伯因公去楚国时，叔鱼代理司法事务，晋相韩宣子令他审理这一案件。自知理亏的雍子为了打赢官司，把女儿嫁给了叔鱼，叔鱼便判雍子胜诉。本认为自己有理的邢侯输了官司后，勃然大怒，当场把叔鱼和雍子杀死了。韩宣子问叔鱼的哥哥叔向，这一案件该怎样处理。叔向说："这三个人都有罪，对活着的邢侯应执行死刑，对已死的雍子、叔鱼戮尸。雍子明知理亏，却用女儿去贿赂法官；叔鱼贪赃枉法，邢侯私自杀人，所以三人罪责相同。自己有罪而掠取别人的美名就是昏，贪婪而败坏职责就是墨，杀人而没有顾忌就是贼。《夏书》说：'犯昏、墨、贼这三种罪行的人，处死。'这是皋陶所定的刑法，请予以遵守。"韩宣子遂杀了邢侯，把雍子、叔鱼的尸体置于街头示众。

孔子说："叔向，他有着古代流传下来的正直作风。治理国家执行刑法，不包庇自己的亲人。三次指出叔鱼的罪恶，不将之减少淡化。这事做得合乎道义，可以称得上正直了。"

解析：刑不隐亲

《左传·昭公十四年》中所讲述的"叔向断狱"一事体现了多重我国古代传统的司法理念，如罪刑法定、法律面前人人平等等，可谓诸多现代重要法律原则的源头实践，具有重要的参考、借鉴意义。

1. 严格依照成文法的规定定罪量刑

据史料记载，我国有成文法律的历史很长，可溯及春秋时期之前，但这些成文的法律是不公布的，如本案例中的《夏书》即为夏朝时期舜的司法官皋陶制定的法律。虽不公开，但司法官判案时也应严格依照法律规定来定罪量刑。春秋时期，随着生产力水平的提高，生产关系、阶级关系的变化，王权失坠、霸政兴起，新兴地主阶级登上了历史舞台。新兴地主阶级将斗争的矛头首先指向以秘密、专横为特征的奴隶制法律制度，并将代表封建地主阶级意志的成文法公布于众，从而引发了中国历史上最早的一次法律变革，拉开了中华法系的序幕，在法律制度发展史上具有划时代意义。[①]

2. 一脉相承的罪刑法定原则

本案中，叔向提出要依照《夏书》的规定判决此案，并根据《夏

[①] 马珺：《中国历史上最早的一次法律变革——春秋成文法的公布及争论》，《河南社会科学》2004年第4期。

书》中所述"昏、墨、贼"三种罪行都该处死的标准给邢侯、雍子、叔鱼三人定罪量刑。该案蕴含的法治思想精髓与刑法理论中的罪刑法定原则是一脉相承的。我国现行《刑法》第 3 条规定："法律明文规定为犯罪行为的，依照法律定罪处刑；法律没有明文规定为犯罪行为的，不得定罪处刑。"概括来讲，则为"法无明文规定不为罪，法无明文规定不处罚"。罪刑法定原则包含多重层次含义，其中第一层含义为规定犯罪及其后果的必须是成文的法律。这一思想在 2500 多年前的我国春秋时期即已形成并得以实践。

3. 坚持公正司法，不徇私情

叔鱼因贪赃枉法被处以死刑，叔鱼的哥哥叔向在执法时不偏袒庇护自己的亲人，孔子称赞其"治国制刑，不隐于亲"。这是我国古代传统中恪守公正司法、决不徇私枉法的生动体现，对当今时代下司法机关秉公办案具有极强的借鉴意义。

公正是司法制度的首要价值目标，历来为人类社会所追求和崇尚。党的十八大以来，习近平总书记反复强调，公平正义是执法司法工作的生命线，要努力让人民群众在每一起案件办理、每一件事情处理中都能感受到公平正义。党中央坚定不移深化司法体制改革，不断促进社会公平正义，努力建设一支信念坚定、执法为民、敢于担当、清正廉洁的政法队伍，出台了防止干预司法"三个规定"等一系列司法政策，实践中也出现了一大批恪守公正司法的优秀典型，如全国模范法官周春梅等。只有公正司法，才能实现实体法律的正义性，才能完整保护全体人民的根本利益。"举直错诸枉，则民服；举枉错诸直，则民不服。"全体司法人员要进一步弘扬刚正不阿、坚守公正的传统文化，敢于依法排除来自司法机关内部和外部的干扰，始终坚守公正司法的底线，严格杜绝执法不公不廉，不断健全和完善公正、高效、权威的中国司法制度，努力让人民群众感受到公平正义就在身边。

（丁宁　上海市长宁区人民法院）

十七、卫君臣对簿公堂

原文

（二十七年）冬，楚子及诸侯围宋。宋公孙固如晋告急。……狐偃曰："楚始得曹，而新昏于卫，若伐曹、卫，楚必救之，则齐、宋免矣。"

二十八年春，晋侯将伐曹，假道于卫。卫人弗许。还，自南河济，侵曹、伐卫。……卫侯请盟，晋人弗许。卫侯欲与楚，国人不欲，故出其君以说于晋。卫侯出居于襄牛。……夏四月戊辰，晋侯、宋公、齐国归父、崔夭、秦小子慭次于城濮……己巳，晋师陈于莘北……楚师败绩……卫侯闻楚师败，惧，出奔楚，遂适陈，使元咺奉叔武以受盟……或诉元咺于卫侯曰："立叔武矣。"其子角从公，公使杀之。咺不废命，奉夷叔以入守。六月，晋人复卫侯。宁武子与卫人盟于宛濮。……卫侯先期入，宁子先，长牂守门，以为使也，与之乘而入。公子歂犬、华仲前驱。叔孙将沐，闻君至，喜，捉发走出，前驱射而杀之。公知其无罪也，枕之股而哭之。歂犬走出，公使杀之。元咺出奔晋……卫侯与元咺讼，宁武子为辅，针庄子为坐，士荣为大士。卫侯不胜。杀士荣，刖针庄子，谓宁俞忠而免之。执卫侯，归之于京师，置诸深室。宁子职纳橐饘焉。元咺归于卫，立公子瑕。

（三十年春）晋侯使医衍酖卫侯。宁俞货医，使薄其酖，不死。公为之请，纳玉于王与晋侯，皆十瑴，王许之。秋，乃释卫侯。卫侯使赂周歂、冶廑曰："苟能纳我，吾使尔为卿。"周、冶杀元咺及子适、子仪。公入，祀先君，周、冶既服，将命，周歂先入，及门，遇疾而死。冶廑辞卿。

——《左传·僖公二十七年、僖公二十八年、僖公三十年》①

---

① 原始文献详参《春秋左传译注》，上海古籍出版社 2017 年版，第 377、382—391、404 页。

注释

【狐偃［yǎn］】字子犯，春秋晋人。为晋文公舅，故也称为"舅犯"。文公为公子时，出亡在外，偃与兄毛从之十九年；及文公归国，乃以偃为大夫，信任不疑，言听计从，最后辅佐文公平定周室之乱而成霸业。

【襄牛】又名襄陵。春秋宋邑。在今河南睢［suī］县。

【国归父】齐桓公时代重臣国懿仲之子，姜姓，国氏，名归父，谥"庄"，故史称国庄子。

【小子慭［yìn］】嬴姓，名慭秦穆公的小儿子，春秋时期秦国大夫。

【城濮［pú］】位于山东鄄城西南临濮集。春秋卫地。

【宛濮】古邑名。春秋卫邑。在今河南省长垣市西南。

【长牂［zāng］】卫国大夫。

【歂［chuán］犬】卫国大夫。

【沐】洗发。《说文》："沐，濯发也。"

【元咺［xuān］】（？—前630），春秋时卫国大夫。

【橐饘［tuó zhān］】亦作"橐饘"。指衣食。杜预注："宁俞以君在幽隘，故亲以衣食为己职。橐，衣囊；饘，糜也。"

【辅】诉讼人。国君不能与大臣争讼，故卫成公委托宁武子。

【坐】代理人。《周礼·秋官司寇·小司寇》疏："古者取囚，要辞皆对坐。治狱之吏，皆有严威，或恐狱吏衰尊，故不使命夫命妇亲坐。若取辞之时不得不坐，当使其属或子弟代坐也。"

【大士】答辩人，正狱讼之官。《礼记·曲礼下》："天子建天官，先六大：曰大宰、大宗、大史、大祝、大士、大卜，典司六典。"王引之《经义述闻·礼记上》："今案《晏子春秋·谏篇》：'吾为夫妇狱讼之不正乎，则泰士子牛存矣；为社稷宗庙之不享乎，则泰祝子游存矣.'泰士、泰祝即大士、大祝也。大士正狱讼，盖若《秋官·士师》察狱讼之辞矣。"《左传·僖公二十八年》杜预注："大士，治狱官也。"

【酖［zhèn］】同"鸩"，以酒毒人。

【宁俞】即宁武子。春秋时卫国人。卫文公、成公时大夫。卫成公无道为晋所攻，失国奔楚、陈，卒为晋侯所执。宁俞不避艰险，周旋其间，卒保其身，而济其君。孔子称之曰："邦有道则智，邦无道则愚。其智可及也，其愚不可及也。"

【瑴［jué］】本作"珏""玨"。白玉一双为一瑴。

【冶廑［jǐn］】卫成公时大夫。

【子适、子仪】子适为公子瑕，子仪为公子瑕同母弟。

译文

鲁僖公二十七年（前633），楚成王联合陈国、蔡国、郑国、许国的军队包围了宋国。宋国大夫公孙固到晋国通报紧急情况。晋国大夫狐偃向晋文公建议说：楚国不久前与曹国结盟，并且刚刚和卫国建立联姻关系，如果我们去讨伐曹国和卫国，楚国一定会去救他们，那么齐国和宋国就可以解围了。

第二年春天，晋文公准备讨伐曹国，向卫国借路。卫国人不答应。晋军只好退回去，渡过南河，攻打曹国，并讨伐卫国。卫成公请求加入晋齐同盟，晋国人不答应。卫成公想要与楚国联合，国内的贵族又不同意，所以把他们的国君赶出首都，以讨好晋国。卫成公只好离开首都到襄牛居住。四月一日，晋文公、宋成公、齐国大夫国归父和崔夭、秦穆公的儿子小子憗率领各自的部队驻扎在城濮。第二天，晋军在城濮摆开阵势。结果楚军被打败了。卫成公听到楚军失败的消息，很害怕，就出逃到楚国，接着又逃往陈国。他派大夫元咺辅佐自己的弟弟叔武去跟晋国签订和约。有人向卫成公诬告元咺说：他已经立叔武为国君了。当时元咺的儿子元角正跟随成公，成公派人把他杀了。

然而元咺并没有抛弃成公的命令，还是协助叔武回国留守摄政。六月，晋国人同意卫成公恢复君位。他的亲信宁武子与卫国国内的人在宛濮签订了协议。卫成公在商定的日期之前就回国了。宁武子又抢在他前边，当时长牂把守首都的城门，把他当作成公的使者，跟他同乘一辆车就进城去了。公子歂犬和华仲走在成公的前头。叔武正要洗头，听说国君到了，很高兴，用手握着头发就跑出去迎接，结果被走在成公前头的人用箭射死了。成公知道他无罪，就枕着他的大腿哭了一场。公子歂犬跑了出去，成公派人杀死了他。于是元咺出逃到晋国。卫成公与元咺打了一场官司。他派宁武子为助手，针庄子为诉讼代表，士荣为辩护人。结果卫成公没有胜诉。晋文公处死了士荣，处针庄子刖刑，认为宁武子忠心耿耿，就赦免了他。晋国人还拘捕了卫成公，把他送到周朝首都，关在特别的牢房里。宁武子负责他的衣食起居。元咺回到卫国，立公子瑕为国君。

鲁僖公二十年（前630）春天，晋文公派医生衍用毒酒暗杀卫成公。宁武子买通了医生，使他把毒酒调得很稀薄，所以卫成公喝了没死。后来鲁僖公为他请求释放，并向周襄王和晋文公献上玉石，每人十对，周襄王就答应了。秋天，周朝廷释放了卫成公。卫成公派人买通周歂、冶廑说：你们如果能把我接回去，我就让你们做卿。周歂、冶廑就杀了元咺和公子瑕、公子仪。成公回到首都，在宗庙祭祀先君，周歂、冶廑二人穿戴整齐等在门外。准备受封时，周歂先进去，刚走到门口，突然暴死了。冶廑吓得谢绝了卿的爵位。

解析：君臣在法律面前地位平等

"卫君臣对簿公堂"出自《左传》，记述了卫成公与元咺打官司的事例。从中可见，在春秋战国时期，君臣在法律面前地位平等。这与法家的主张——法是代表国家和社会整体利益的"公法"、具有普遍适用的平等性，在观念上相一致。他们反对西周以来奴隶主贵族实行"礼不下庶人，刑不上大夫"的"礼治"，主张"法不阿贵""刑无等级""不殊贵贱，一断于法""君臣上下贵贱皆从法"。在等级森严、阶级固化的先秦社会，上层群体拥有诸多特权，不受法律约束，由此导致的社会矛盾日益尖锐，因此以韩非子为代表的法家提出"法不阿贵，刑过不避大臣，赏善不遗匹夫"，主张法律应当平等适用。法律还应重点约束贵族和官僚阶级，因为只有在官僚贵族守法的基础上，法律才能真正地得到贯彻执行，从而让百姓自觉守法，实现国家富强。"法不阿贵"思想，在维护君主地位的同时又限制了官僚贵族阶级的特权思想，该主张的实质是尊君权而推行法治，从而维护法律的权威性，也维护了社会秩序的稳定。

1. 法律平等是立法层面的平等

法律面前人人平等作为我国宪法的基本原则之一，正是对上述先秦"法不阿贵"思想的继承与发展，一个国家的法律只有将平等思想融入其中才能充分地保障公民的基本权利。虽然韩非子的"法不阿贵"思想根本目的是维护封建君权的统治，与现代文明社会真正的法律面前人人平等有所区别，但其提出的主张对后世的法治实践产生了重要的理论影响。新时代的法治建设，首先必须在立法层面体现人人平等，在设定规则时对各主体一视同仁，避免形成偏袒特定利益群体的制度规则。

2. 法律平等是司法、执法和守法上的平等

在实施法律时，公民在司法、执法、守法上一律平等。司法活动中，公民不分民族、种族、性别、职业、宗教信仰、财产状况等，一视同仁地受到平等的对待，不允许任何凌驾于法律之上的特权，更不允许在适用刑罚上同罪异罚、有罪不罚或无罪乱罚。司法机关对所有公民的各种权利和权益一律平等地予以保护，同时对所有公民的违法犯罪行为依法予以相同程度的制裁。这既包括刑事案件，也包括行政、

民事案件；既包括刑法、行政法和民法等实体法，又包括刑事诉讼法、行政诉讼法和民事诉讼法等程序法。此外，还应对弱势群体实行司法救助，减、免、缓交诉讼费用，使孤老残幼平等行使诉权成为可能。

行政机关执法也要贯彻平等原则。一是执法时对所有公民都一律平等对待，不允许对同样的情况、同样性质和情节的行为与事件，在适用法律上区别对待，必须坚持无偏见和不歧视；二是执法前后保持一致，维护执法的一贯性；三是行政领域的权力评判和裁决应当保持超脱和中立，判断是非和裁决纠纷应当讲求公道，不能偏听偏信。应保持独立品格，不受人情唆使、金钱诱惑、权力摆布，不容忍非法律因素如职位、身份、背景等介入执法领域。此外，各民族一律平等，也是我国公民权利和义务平等性的一大鲜明特点。

公民守法也要平等，所有公民都必须严格遵守宪法和法律，既享有自己应有的权利，又履行自己应尽的义务。社会中的每位公民都明白，如果有了例外，最终也会对自己产生不利。任何人都不能置身于法律之外，高居于法律之上。无数事实证明，公民在法律面前一律平等的原则，是反对特权思想、特权地位、特权人物的有力武器。

3. 法律平等是实体权利上的平等，更是程序权利上的平等

公民的权利既包括实体权利，也包括程序权利。实体权利是公民根据实体法的规定而享有的权利，例如信息权、劳动权、受教育权、受救济权、所有权、债权、继承权等。程序权利是公民根据程序法的规定而享有的权利，例如公民的申诉权、请求回避权、陈述权、质证权等。所有人都受法律的约束，同等情况同等对待，不同情况不同等对待。无论在实体权利和程序权利上，任何人都不享有法外特权。

长期以来，人们往往将司法判决结果的公正即实体公正作为衡量是否公正的主要标准，因而在我国的司法实践中仍存在重实体正义而轻程序正义的现象。实际上，如果仅有规定实体权利内容的法律，而

没有规定实现权利之方法和途径的法律，正义就会落空。实体不公或许只是个案正义的泯灭，而程序不公则是制度正义性的丧失。换言之，实体错误就像把物品的重量称错了，而程序错误则是把秤杆上的定盘星定错了，所以无论怎样称都是必定不准的。当前，越来越多的国家在法治建设进程中，逐步克服只注重结果而不关心过程的导向，从而提高了对权力的规范程度和约束力，实现着对自由、平等、安全、秩序、人权等多元价值的必要关注、尊重和保障，避免独裁、专制和压迫。公民的程序权利需要具有平等功能的程序保障：首先，程序应该是中立的，这意味着程序的进行只受法律的约束，任何与本案无关的因素均应排除在程序之外；其次，应保障各方当事人拥有同等效果的"进攻"和"防御"手段，排除一方当事人拥有的天然优势对程序的影响，禁止强者利用与法律无关的因素压服弱者；再次，可以通过加重程序负担的方式抵消一方当事人的实体法律地位优势，避免当事人实体权利差距的绝对化；最后，应确保公权力行使程序的透明性。

（刘彬华　上海市长宁区人民法院）

十八、茅门之法

原文

荆庄王有茅门之法,曰:"群臣大夫诸公子入朝,马蹄践霤者,廷理斩其辀、戮其御。"于是太子入朝,马蹄践霤,廷理斩其辀、戮其御。太子怒,入为王泣曰:"为我诛戮廷理。"王曰:"法者,所以敬宗庙,尊社稷。故能立法从令、尊敬社稷者,社稷之臣也,焉可诛也?夫犯法废令、不尊敬社稷者,是臣乘君而下尚校也。臣乘君,则主失威;下尚校,则上位危。威失位危,社稷不守,吾将何以遗子孙?"于是太子乃还走,避舍露宿三日,北面再拜请死罪。

一曰:楚王急召太子。楚国之法,车不得至于茅门。天雨,廷中有潦,太子遂驱车至于茆门。廷理曰:"车不得至茅门。非法也。"太子曰:"王召急,不得须无潦,遂驱之。"廷理举殳而击其马,败其驾。太子入为王泣曰:"廷中多潦,驱车至茆门,廷理曰'非法也',举殳击臣马,败臣驾。王必诛之。"王曰:"前有老主而不逾,后有储主而不属,矜矣!是真吾守法之臣也。"乃益爵二级,而开后门出太子:"勿复过。"

——《韩非子·外储说右上》[1]

注释

【茅门】茅或作茆。春秋时楚国的法律,诸侯外朝在雉门外。"雉"

---

[1] 原始文献详参《韩非子集解》,中华书局1998年版,第325页。

通作"弟",因讹作"茅"或"茆"。

【霤［liù］】檐下之地。

【辀［zhōu］】车辕。

【御】驾车人。

【潦】积水。

【殳［shū］】古代的一种武器,用竹木做成,有棱无刃。

【败】毁坏。

译文

楚庄王有名为茅门的法律:"群臣大夫及各位公子进入朝廷时,只要马蹄践踏到茅门屋檐下滴水的地方,廷理官就斩断他的车辕,处死他的车夫。"有一天太子入朝,马蹄践踏到茅门屋檐下滴水的地方,廷理官就斩断了他的车辕,处死了他的车夫。太子很愤怒,进宫对楚庄王哭泣着说:"请为我杀了那廷理官。"楚庄王说:"法令,是使宗庙敬重,使国家政权尊贵的。所以能够树立法令、服从法令、尊敬国家的人,就是国家的忠臣,怎么可以诛杀呢?至于那冒犯法令、废弃法令、不尊敬国家的人,是臣子凌驾于君主而下与上相对抗。臣子凌驾于君主,那么君主就丧失威严;臣下与君主相对抗,那么君主的地位就会有危险,威严丧失地位危险,就会国家守不住,我拿什么来传给子孙呢?"于是太子转身就跑,离开居住的房屋在郊外露宿了三天,然后向北面拜了两拜请求楚庄王给自己判死罪。

另有一种说法:楚王紧急召见太子。楚国的法律规定,车不能进入到茅门。天下了雨,庭院里有积水,太子就把车子赶到了茅门。廷理官说:"车子不能进入到茅门。到了茅门,就违法。"太子说:"大王召见很急,不能等待到没有积水的时候。"随后驱赶马车继续前进。廷理官举起殳击打太子的马,破坏了他的车驾。太子进宫对父王哭泣着说:"庭院里有很多积水,我驱车赶到茅门,廷理官说'这是违法',

并举起殳击打我的马,破坏我套好的车驾。父王一定要替我杀了他。"楚庄王说:"前面有(我)年老的君主在而不逾越法规,后面有(你)继位的太子在而不归附你,这值得敬重啊!这真是我守法的臣子啊。"于是升廷理官两级,开了后门让太子出去。并告诫:别再犯这样的错误了。

解析:任何人不能凌驾于法律之上

先秦时期的楚国重视以法治国,其法治经验丰富、成效显著,被赞誉为"国法行而纲纪立",为楚国在春秋初期率先称霸奠定了坚实的基础。楚国统治阶级对法律的信仰和尊崇,尤其是刑无等级的公平法治思想,是先秦法家法治思想中的重要组成部分,至今仍有借鉴价值。作为先秦法家集大成者的韩非,坚奉"法者,事最适者也",认为以法治国是执政理民的不二途径。《韩非子·外储说右上》中就记载了一则贯彻法律面前人人平等原则的案例。

1. 司法公正是法治精神的内在要求

《韩非子·有度》中写道:"法不阿贵,绳不挠曲。"韩非认为,要推行法治就必须坚持法律对所有人一视同仁,在法律实施过程中不避权贵。这一原则必然要通过司法官在案件的审理中贯彻落实。茅门之案中,楚庄王作为该案件最终的司法官,不仅认定了太子的罪行,同时认为看门官能"立法从令、尊敬社稷",是"守法之牙",依法作出不偏私的公正裁决。这反映出公正公平的法治精神在楚国的司法活动中得到了有效的贯彻。

"法者,天下之公器。"公平正义是人们衡量一个国家和社会文明发展程度的重要标准,是人类社会发展进步的重要表现。中国古代的政治家对公正问题有诸多深入思考,例如《墨子·兼爱下》中"王道荡荡，不偏不党"的论述就强调了公正与政治清明的紧密联系。先秦时期的商鞅用"壹刑"来主张任何人犯了同样的罪都要受到同样的处罚。公正是法治的生命线，司法公正更是古往今来人民群众对法治的必然要求。

司法是维护社会公平正义的最后一道防线，司法为民是我国司法工作的根本出发点和落脚点。习近平总书记在十八届中央政治局第四次集体学习时明确要求"努力让人民群众在每一个司法案件中感受到公平正义"，表明对促进公平正义这一政法工作核心价值追求的高度重视，也是对全国政法队伍寄予的殷切期望。人民群众对公平正义的判断标准是具体而非抽象的，这就要求当代中国的司法机关要以工匠精神和精细化的工作态度着力办出经得起法律、人民和历史检验的铁案。

2. 奉法守职是法治精神的实践基础

茅门之案是一则集中体现楚国君臣秉公行法、刑不阿私的案例，其中不仅有当权者维护法治、提倡依法断案的公正，也有廷理作为执法者面对太子坚持严于执法、敢于行法的奉法守职。廷理作为茅门之法的执法官，面对所有触犯法令的行为都能坚决执行法纪。韩非在记述中肯定了这一点，坚持王子犯法与庶民同罪。在执法者面前，上至国君下至庶民都应遵章运作、依法办事，决不允许以权谋私。唯有如此，才能维护法律的尊严，真正使法律发挥其应有的治国安邦作用。中国古代的正史记载中，将奉公执法、清正廉洁的官吏称为"循吏"。汉代史学家司马迁在《史记》中专作《循吏列传》，自此以后，历代正史代代承袭。

3. 新时代执法者要坚守职业良知、执法为民

当代中国，"奉法守职"又被赋予了更为丰富的新内涵。党的二十大报告强调："坚持依法治国、依法执政、依法行政共同推进，坚持法治国家、法治政府、法治社会一体建设，全面推进科学立法、严格执法、公正司法、全民守法，全面推进国家各方面工作法治化。"坚持严

格执法，是形成高效法治实施体系、全面推进依法治国、建设社会主义法治国家的基本要求。习近平总书记多次在中央政法工作会议上强调"要坚守职业良知、执法为民""要信仰法治、坚守法治，做知法、懂法、守法、护法的执法者，站稳脚跟，挺直脊梁，只服从事实，只服从法律，铁面无私，秉公执法"。忠于人民、奉法而治、严明职守应当成为新时代执法者的职责和使命。

（吕健　上海市长宁区人民法院）

十九、魏绛行法

原文

晋侯之弟扬干乱行于曲梁，魏绛戮其仆。晋侯怒，谓羊舌赤曰："合诸侯，以为荣也。扬干为戮，何辱如之？必杀魏绛，无失也！"对曰："绛无贰志，事君不辟难，有罪不逃刑，其将来辞，何辱命焉。"言终，魏绛至，授仆人书，将伏剑。士鲂、张老止之。公读其书，曰："日君乏使，使臣斯司马。臣闻：'师众以顺为武，军事有死无犯为敬。'君合诸侯，臣敢不敬？君师不武，执事不敬，罪莫大焉。臣惧其死，以及扬干，无所逃罪。不能致训，至于用钺，臣之罪重，敢有不从，以怒君心。请归死于司寇。"公跣而出，曰："寡人之言，亲爱也；吾子之讨，军礼也。寡人有弟，弗能教训，使干大命，寡人之过也。子无重寡人之过，敢以为请。"晋侯以魏绛为能以刑佐民矣，反役，与之礼食，使佐新军。

——《左传·襄公三年》[①]

注释

【曲梁】春秋晋地，在今山西路城县东北四十里石梁。

【魏绛[jiàng]】春秋时晋国人，亦称魏庄子。

【羊舌赤】春秋时晋国人，字伯华，封于铜鞮[dī]，世称铜鞮伯华。有贤名，孔子亦曾对之表示称许。

[①] 原始文献详参《春秋左传译注》，上海古籍出版社2017年版，第791页。

【贰志】异志；二心。

【辟难】避难。《易·否》："君子以俭德辟难，不可荣以禄。"

【士鲂[fáng]】(？—前560)，祁姓，彘[zhì]氏，名鲂，谥号曰"恭"，晋国卿大夫。

【张老】春秋晋大夫张孟之别称。字孟，名老，晋悼公时大夫，曾任中军司马。

【执事】从事工作；主管其事。

【钺[yuè]】古代兵器，青铜制，像斧，比斧大，圆刃可砍劈，商代及西周盛行。又有玉石制的，供礼仪、殡葬用。

【司寇】官名。夏殷已有之。周为六卿之一，曰秋官大司寇。掌管刑狱、纠察等事。春秋列国亦多置之。孔子尝为鲁司寇。

【跣[xiǎn]】光着脚。《五杂俎》："古者以跣为敬，故非大功臣，不得剑履上殿。"

【礼食】古代国君赐臣下进食的一种礼遇。韦昭注："礼食，公食大夫之礼。"《仪礼·士相见礼》："若君赐之食，则君祭先饭，徧尝膳，饮而俟，君命之食，然后食。"汉郑玄注："臣先饭，示为君尝食也。此谓君与之礼食。"

【亲爱】亲近喜爱。《礼记·大学》："人之其所亲爱而辟焉。"

【教训】教导训戒。

【新军】春秋晋国军队建制名。

译文

晋侯在曲梁会合诸侯，他的弟弟扬干扰乱军队行阵，作为中军司马的魏绛依军法杀了替扬干驾车的仆人。晋侯知道后很生气，对羊舌赤说："会合各路诸侯，为的是使晋国增加光彩。但我的弟弟扬干却受到惩罚，还有什么耻辱比这更大？一定要把魏绛杀掉，不放过他！"羊舌赤回答说："魏绛对国家忠心耿耿没有二心，在君上手下做事不避艰难,如果有了罪也决不会逃避刑罚,他一定会来说明情况的,不必派人去抓他。"话刚说完,魏绛就到了,他把所写的书状交给晋侯的御仆,准备用剑自杀。大夫士鲂和大夫张孟赶紧制止了他。晋侯展看魏绛呈上的书状,上面写道:"当初君上因为找不到适当的人,派我担任了这个司马的官职。我听说:'军队里的人服从军纪才有战斗力,军队里做事宁死也不犯军纪才值得称赞。'君上会合诸侯,这样大的事我怎么敢不认真对待呢?国家的军队中有人违反军纪,执行军法的人办事对君命不敬重,没有比这更大的罪了。我害怕犯死罪,所以处置了扬干,自己的罪过是无法逃避的。由于事前没有能对军队很好地进行训练,致使动用大钺刑戮,我的罪是很重的,岂敢不服从刑罚而使君上发怒。所以请求君上把我交付司寇判处死刑。"晋侯读了书状,来不及穿上鞋子就从座位上走下来,对魏绛说:"我的话,是从个人亲近喜爱关系上说的;您对扬干的惩治,是依军队法纪办事。我对自己的弟弟,没有很好教育,以致他犯了军法,这是我的过错。您如惩罚自己又将加重我的过错,请不要这样,谨以此为请。"晋侯通过这件事知道魏绛能以刑法辅佐自己治理百姓,从盟会回国,在太庙设宴招待他,任命他为新军副帅。

解析:法治兴则国家兴

"自古以来,我国形成了世界法制史上独树一帜的中华法系,积淀了深厚的法律文化","与大陆法系、英美法系、伊斯兰法系等不同,中华法系是我国特定历史条件下形成的,显示了中华民族的伟大创造力和中华法制文明的深厚底蕴。中华法系凝聚了中华民族的精神和智慧,有很多优秀的思想和理念值得我们传承。"[①] 在此案例中,魏绛坚

---

① 习近平:《以科学理论为指导,为全面建设社会主义现代化国家提供有力法治保障》,《习近平谈治国理政》(第四卷),外文出版社2022年版,第289—290页。

持原则、执法不二,依法惩治杨干,并最终得到重用。中华文明和中国历史一再证明,"法治兴则国家兴,法治衰则国家乱"。

1. 从"以法治国"到"依法治国"——法制健全是推行法治的扎实基础

早在公元前 7 世纪左右,管仲为齐国相,提出"威不两错,政不二门,以法治国,则举措而已",凭借"以法治国"的治国方略,使齐国大治,"九合诸侯一匡天下"。从管仲起,到韩非综合法家思想提出"法、术、势"相结合的理论,历时数百年。在这期间,法家的思想不断得到充实和发展,成为先秦最具代表性的学说。先秦的"法"并没有以国家强制力保证实施的含义,至春秋时期,"法"逐渐产生统治者通过言行确定为后人遵循的范式、准绳的含义。① 新中国成立至今,以宪法为核心,由法律、行政法规、地方性法规等多层次的法律法规构成的中国特色法律体系已经形成,这为全面推进依法治国奠定了扎实基础。党的十八大以来,党中央明确提出全面依法治国,并将其纳入"四个全面"战略布局予以有力推进。党的十八届四中全会专门进行研究,作出关于全面推进依法治国若干重大问题的决定。党的十九大召开后,党中央组建中央全面依法治国委员会,从全局和战略高度对全面依法治国又作出一系列重大决策部署,推动我国社会主义法治建设发生历史性变革,取得历史性成就。

2. 从"法之必行"到"严格执法"——高素质法治队伍是推行法治的坚实保障

该案例中魏绛严格执行军纪国法,惩治扬干,不仅获得了晋悼公的信任,还赢得了进一步发挥自己才干的机会,是古代官员严格执法的典范。"天下之事不难于立法,而难于法之必行。"而"昔孙武所以能制胜于天下者,用法明也。"由此可见,从古至今,高素质执法、司

---

① 宁全红:《先秦"法"义之变迁》,《厦门大学法律评论》2013 年第 4 期。

法队伍的建立都是推进法律实施的重要保障。对此，习近平总书记强调："全面推进依法治国，建设一支德才兼备的高素质法治队伍至关重要。"高素质法治队伍以法治为信仰，切实将敬畏律法、崇尚法治内化于心，养成依法办事的自觉，更将对法治的信仰外化于行，积极自觉地依法办事。作为新时代的法官，时刻要有敬畏法律的清醒意识，要坚持法律面前人人平等，牢记法律底线不可触碰、法律红线不可逾越，敬畏"法者天下之公器"、治国之重器的威严，做到心有所畏、言有所戒、行有所止，涵养捍卫法律的浩然正气，切实维护法律的尊严。

3. 从"世轻世重"到"公正司法"——公平正义是推行法治的永恒追求

长久以来，公平正义一直是国家治理和法治模式的价值追求，也是司法的灵魂和生命。孔子强调，"举直错诸枉，则民服；举枉错诸直，则民不服"①。荀子指出："刑称罪则治，不称罪则乱。"② 举直错枉、刑罪相称，就能民服国治。《尚书·吕刑》则进一步提出，"轻重诸罚有权，刑罚世轻世重"。《周礼·秋官·大司寇》提炼掌建邦国之三典："一曰刑新国用新典，二曰刑平国用中典，三曰刑乱国用重典。"也即刑罚可以根据国家和社会治安的不同情况适时进行变通，追求法治的稳定与变通的辩证统一。③ 魏绛为了严惩扰乱军纪的杨干，而"戮其仆"，以重典维护军纪国法。而晋侯"以魏绛为能以刑佐民矣，反役，与之礼食，使佐新军"，向民众宣告公平正义得到践行，司法公正者委以重任。"党的十八大以来，在法治中国建设的进程中，我国古代法治传统和成败得失得到了深刻总结，民法典等重要法律的制定都从优秀法治传统文化中汲取精华、择善而用。挖掘传统中华传统法治文化，实际也是向其注入新的时代内容，使其焕发生机，在法治中国建

---

① 出自《论语·为政》。
② 出自《荀子·正论》。
③ 郝铁川：《中华法系的创造性转化》，《东方法学》2022年第1期。

设中发挥积极作用。"① 当前,司法领域依然存在一定的突出矛盾和问题,要善于从古代法治传统中吸取经验、汲取养分,进一步加强司法制约监督,规范司法权力运行,提高司法办案质量和效率,努力让人民群众在每一个司法案件中感受到公平正义。

(李旭颖　上海市长宁区人民法院)

---

① 沈国明:《中华法系文化要素的发掘与发展》,《法学》2022 年第 3 期。

二十、游眅夺妻

原文

十二月，郑游眅将归晋，未出竟，遭逆妻者，夺之，以馆于邑。丁巳，其夫攻子明，杀之，以其妻行。子展废良，而立大叔，曰："国卿，君之贰也，民之主也，不可以苟。请舍子明之类。"求亡妻者，使复其所。使游氏勿怨，曰："无昭恶也。"

——《左传·襄公二十二年》[1]

注释

【游眅［pān］】（？—前551）名或作贩、畈。春秋时郑国人，字子明。郑简公时大夫。

【竟】同"境"，边界。

【逆】迎接。

【馆】住宿。

【贰】《说文》："贰，副益也。"段注："当云副也，益也。"

【昭恶】揭露或昭示邪恶。

译文

春秋时期，郑国的大夫游眅准备去晋国，遇到一个迎亲的队伍。

---

[1] 原始文献详参《春秋左传译注》，上海古籍出版社2017年版，第941页。

游贩见新娘美貌，就抢走了新娘，一起在城里住下。新郎非常生气，趁游贩不备，拿着武器杀死了他，带着自己的妻子逃走了。郑国的执政官子展听说这件事以后，认为游贩有罪，就没有让游贩的儿子良承袭父亲的爵位，而改立游贩的弟弟，说："卿是国君的副手，人民的宰臣，不能苟且随意。请舍弃游贩这类的恶人。"又派人找到杀死游贩的人，让他仍然回到自己的乡里居住，并且告诫游氏族人不得怨恨这个人。

解析：官员犯罪惩戒之法

游贩抢夺人妻案记载于《左传》，讲述了郑国的执政大臣处罚卿大夫游贩犯罪的故事。游贩是春秋时郑国郑穆公的后代，承袭父亲职位，当上了郑国的卿大夫。当时郑国位于晋、楚两个大国之间，经常需要开展外交活动。郑国派游贩前往晋国做使节，途中游贩却因抢夺人妻被杀，可谓罪有应得、有辱使命。郑国执政大臣废除了游贩儿子游良按惯例继承其父职位的权利，而改立游吉继承游贩的职位。游吉擅长外交辞令，多次代表郑国出使晋、楚等国，后在郑国继任执政之位。由此可见，我国早在春秋时期已注重官员的品行，对官员犯罪进行惩罚，对官员选任加以考察，体现出中国古代士大夫阶层严谨的法制与道德传统。经过几千年的沉淀和发展，传统的为吏之道仍值得我们借鉴，在打造新时期忠诚、干净、担当的干部队伍建设过程中予以倡导。

1. 治吏以严：官员犯罪惩戒之法律规范

对于官员犯罪惩戒的规定，自古有之，以涉及职务犯罪的为主。《左传》引《夏书》记载了"昏、墨、贼、杀，皋陶之刑也"，其中的"墨"即指"贪以败官"，即贪得无厌败坏风纪。这是中国最早的关于贪污贿赂犯罪的规定。《睡虎地秦墓竹简》中则记录了秦朝有"不直、失刑、纵囚、不胜任、不廉、吏见之不举"等官吏职务犯罪的罪名。至《唐律疏议》，更有官员职务犯罪的系统规范，其中《职制》《厩库》篇规定了普通渎职犯罪，《捕亡》和《断狱》篇对司法渎职犯罪作出特别规定，《杂律》篇中编入了其他渎职罪，如市场管理的渎职行为等。从具体的内容看，唐朝已意识到贪污犯罪的社会危害性大于一般的财产犯罪，对官吏贪赃"十五匹，绞"，而常人盗窃，盗五十匹仅科以"加役流"的刑罚。[1]《宋刑统》对公罪和私罪作了明确区分并规定"公罪谓缘公事致罪，而无私曲者"，"私罪谓不缘公事私自犯者，虽缘公事，意涉阿曲，亦同私罪"。此处的私罪指盗窃、强奸等犯罪。公罪是履职中的过错，公罪在没有徇私枉法的情况下，惩处力度较低，可适用官当、赎刑等，如有受人嘱托、枉法裁判等情况，则与私罪同以决罚论。[2] 清朝的官员革职事由，大致可以分为不力、疏误、侵贪、乖谬、疏防、违抗、欺蒙、营私、败检、纵容、衰庸、迟玩、滥刑残酷、循庇、贻误、扰民等十六大类。[3] 纵观中国古代的官员惩戒规定，虽有官当、赎刑等与现代司法理念不一致之处，但其规定内容之全面、考量之细致已经达到很高的程度。

2. 治吏以德：官员品性修养之自律文化

中国古代向来重视官员的道德修养，古籍中也有大量记载。尧舜禹时代在王位禅让时将"德"作为考量标准。《尚书·皋陶谟》中记载了皋陶提出官吏应"宽而栗，柔而立，愿而恭，乱而敬，扰而毅，直而温，简而廉，刚而塞，强而义"，后世称之为"皋陶九德"，对官员品行、能力、处事等方面都提出了很高的要求。西周吸取夏商两朝官吏失德而亡国的教训，提出"六德"（知、仁、圣、信、义、忠），以及"六行"（孝、友、睦、姻、任、恤）。《周礼》还对官僚群体提出了

---

[1] 参见郭晓倩：《中国古代官员职务犯罪研究》，参见 https://www.fx361.cc/page/2021/1110/9410263.shtml，最后访问时间：2022年7月21日。
[2] 参见宁欧阳：《宋代公罪与私罪探析》，《长江师范学院学报》2018年6月第34卷第3期。
[3] 赵亮：《嘉庆朝官员革职案研究》，中国人民大学中国古代史博士学位论文，2007年。

"为官六廉"的要求，以廉为本，为民勤政，具备"善、能、敬、正、法、辩"六种品质。孔子曾说过"其身正，不令而行；其身不正，虽令不从"，《战国策》载"道德不厚者，不可以使民"，都要求官员有高尚的道德，才能成为"国君副手、人民宰臣"。睡虎地秦墓竹简中由51支竹简组成的《为吏之道》记载："为吏之道，必精洁正直，慎谨坚固，审悉毋私，微密纤察，安静毋苛，审当赏罚。严刚毋暴，廉而毋刖，毋复期胜，毋以愤怒决。"此外，该篇还总结了吏的"五善"和"五失"，从正反两个方面进行阐述，记载了秦朝对官吏道德品格及行为规范的要求。① 在这样的文化传统下，中国古代涌现了一批道德高尚的官员。如宋朝的苏洵与其子苏轼、苏辙三人就是传统中国"君子—士大夫"型模范人格的典型代表，父子三人为官均践行孝悌忠信、正气仁民、尽责奉公、廉洁崇俭的道德准则。② 这些优秀品质历代传承，成为文人士大夫的气节、操守和节义，形成了他们的是非观、荣辱观，也成为了百姓的道德表率。

3. 治吏以规：官员选拔监督之制度设计

《礼记》记载"夏后氏官百，天子有三公、九卿、二十七大夫、八十一元士"，三公九卿均由皇帝任免。汉朝时，确定了察举制和征辟制的选官制度，由地方长官在辖区内考察选取人才并推荐给上级或中央，经考核后任命。而从隋唐时期开始推行的科举制度大大改变了官员选任的机制，通过考试形式选拔人才，寒士亦可入选成为官员，促进了社会阶层的流动，也形成了文化水平、素质更高的文官队伍，对后世造成了深远的影响。为官期间，官员还要接受政绩考核。从官员的考核机制来看，历代均有不同，如西周的"六计课群吏"、秦朝的"上计"和"法官法吏制度"、唐朝的"四善"和"二十七最"、宋朝的"考课法"和"磨勘法"等。如秦律中的《田律》《工律》等都规定了

---

① 参见王海强：《宋代官德教育研究》，郑州大学中国史博士学位论文，2018年。
② 范忠信：《三苏吏治官箴理念与传统士大夫道德自律文化》，《上饶师范学院学报》，2021年4月第41卷第2期。

对主管官吏考核的具体内容、月份、标准和方法。除考核制度外，历代还设有监察机关对官员品行进行监督。西周时期设立"司士"进行监察。秦朝设立御史大夫、监御史，分别位于中央和地方，行使监察、弹劾百官之职。汉朝时则设立御史台。唐朝的御史台进一步分为台院、殿院、察院，尚书左右丞具有弹劾御史台官员的功能。宋朝允许"言官风闻奏事"，广泛推行弹劾制度。各朝各代通过不同的官员选拔、考核和监察的方式，对官员的品性、才能和实绩进行遴选和监督。

（孙海峰　上海市长宁区人民法院）

第三章　秦国与秦代经典案例评述

概括而言，秦国与秦代的法治具有以下特点：

一是"以法为本"的基本方针。在中国古代法律发展史中，秦国的法律发展有其独特性。秦原本是"僻在塞州"的经济文化发展比较落后的小国。秦孝公时，起用法家代表人物商鞅进行变法，使其一跃为强国并最终统一六国。秦朝建立后，在法家思想的影响下，逐渐形成了一套系统的管理社会政治、经济、文化的理论和具体而得力的措施。秦代自商鞅变法起，就把实行郡县制、什伍制、消除旧贵族特权、打击割据势力和维护中央集权制作为法制建设的基本原则，贯彻到法律建设的各个方面。自商鞅变法起，就形成了排斥儒家学说的传统，把法家思想上升为国家的统治思想。秦代在排儒的同时，把法家的法治学说作为立国之本，强调"以法为本""事断于法"和"以吏为师""以法为教"，厉行法治。

二是重法轻儒。重法轻儒的立国和立法方针，使秦的法律制度形成了与汉代以后的中国法制不同的风格和特色。秦代采用法家"以法治国"的主张，在民事、刑事、行政等各方面的法律建设和实践上取得了显著的成就。

在民事法规方面，以法家思想为指导，体现于对民事关系的调整和对婚姻家庭关系的规范。其一，秦代首先明确"户"为特殊的权力主体，除奴隶和赘婿不能立户外，"四境之内，丈夫女子皆有名于上，生者著，死者消"。其二，在所有制方面，把国家所有制和私人所有制区分开来，明确所有权保护和消灭等问题。其三，在婚姻家庭方面，规定结婚年龄以身高为标准，女为六尺二寸，男为七尺二寸。结婚须经过官府登记方为有效，夫妻之间存在法律连带责任，赋予家长对家庭财产的处置权和对儿女婚姻的主婚权。

在刑事规定方面，第一，在定罪量刑的基本原则方面更加深入，具体形成区分故意和过失、自首从轻等原则，特别是开始关注犯罪意识和刑罚追究时效等问题。第二，在刑罚的具体表现形式上，分为生命刑，如族刑、具五刑、车裂；身体刑，如墨、劓、剕、宫、笞；劳役刑，如城旦舂、鬼薪白粲、司寇等；财产刑，如赀、赎、没、收；以及以耐刑为主的耻辱刑、夺爵为主的身份刑和流放刑等。

在行政法规方面，在全国范围内"废分封、行郡县"，设立各级职官，建立起一整套中央集权的封建专制主义体制。秦代初期对吏治还极为注重，要求颇严。出台《为吏之道》，并提出了一整套封建官吏应遵循的行为规范，将"五善""五失"作为对官员分别予以奖惩的原则。以上这些重要的决策、措施和制度，秦代统治者都以制、诏、律、令明文加以规定，并依靠法制手段保证其贯彻实施。

秦代的大一统为我国二千多年来各民族相依并处的共同大家庭创立了根基，"以法治国"的策略也开创并奠定了中华民族的统一格局和中华法系的统一思维。此外，秦代建立的法制也为以后历代的封建法制奠定了基础，可谓上承《法经》下启汉魏，既集战国变法之大成，又为历代法典之总起，在中国法制史上具有不可替代的地位。

一、立木为信

原文

令既具，未布，恐民之不信己，己乃立三丈之木于国都市南门，募民有能徙置北门者予十金。民怪之，莫敢徙。复曰"能徙者予五十金"。有一人徙之，辄予五十金，以明不欺。卒下令。

令行于民期年，秦民之国都言初令之不便者以千数。于是太子犯法。卫鞅曰："法之不行，自上犯之。"将法太子。太子，君嗣也，不可施刑，刑其傅公子虔，黥其师公孙贾。明日，秦人皆趋令。行之十年，秦民大说，道不拾遗，山无盗贼，家给人足。民勇于公战，怯于私斗，乡邑大治。秦民初言令不便者有来言令便者，卫鞅曰："此皆乱化之民也。"尽迁之于边城。其后民莫敢议令。

——《史记·商君列传》[1]

注释

【具】完备。

【布】宣告，公布。

【金】古时重量单位，一金即一镒，一镒为二十两。

【期年】一整年。期，周年。

【"秦民"句】秦国百姓到国都告新法令不便利的数以千计。

【于是】在这时。是，通"时"。

---

[1] 原始文献参见《史记》，中华书局1982年版，第2231页。

【卫鞅】（约前390—前338），公孙氏，名鞅。卫国公族的后代。于前356年（一说前359）在秦国实行变法。变法十年，秦国大治，国势日强。

【将法太子】准备按法律规定处罚太子。

【"刑其"句】惩罚他的老师公子虔。

【黥［qíng］】用刀刺刻犯人的面额，然后涂上黑色使之永留痕迹的刑法。《说文解字》："黥，墨刑在面也。"

【趋令】遵守法令的要求。趋，趋向，趋附。

【道不拾遗】路上遗失的东西无人拾取。古时用以形容刑法严峻或民风淳厚。《韩非子·外储说左上》："子产退而为政，五年，国无盗贼，道不拾遗。"

【怯】畏惧，害怕。

【大治】谓政治修明，局势安定。《礼记·礼器》："是故圣人南面而立，而天下大治。"

【乱化之民】扰乱国家秩序反对推行新法的百姓。乱，扰乱。化，风俗，教化。

【议令】谈论新法。

译文

秦国的新法令已经制定完成，尚未公布，恐怕老百姓不相信，就在都城市场的南门竖起一根三丈长的木头，招募百姓中有谁把木头搬到北门就赏给十金。人们觉得奇怪，没有人敢搬动。又下令说："能把木头搬到北门的赏五十金。"有一个人把木头搬走了，当即就赏给他五十金，以表明决不欺骗。然后终于发布法令。

新法在民间施行了整一年，秦国老百姓有数以千计的人到国都反映新法不方便。正当这时，太子触犯了新法。卫鞅说："新法不能顺利推行，是因为上层人触犯它。"将依新法处罚太子。太子是国君的继承人,又不能施以刑罚,于是就处罚了监督他行为的老师公子虔,以墨刑处罚了给他传授知识的老师公孙贾。第二天,秦国人就都遵照新法执行了。新法推行了十年,秦国百姓都非常高兴,路上没有人拾别人丢的东西为己有,山林里也没了盗贼,家家富裕充足。人民勇于为国家打仗,不敢为私利争斗,乡村、城镇社会秩序安定。当初说新法不方便的秦国百姓又有说法令方便的。卫鞅说:"这都是些搅乱教化的人。"全部把他们迁移到边境。此后,百姓再也不敢议论新法。

解析:重诚信守法制

公元前356年,战国时期秦国的秦孝公即位以后,决心改革图强,便下令招贤。商鞅自魏国入秦,提出了废井田、重农桑、奖军功,实行统一度量、建立县制和实行连坐之法等一整套变法求新的发展策略,深得秦孝公的信任。被委任为左庶长的他,在变法之初困难重重。除了既得利益者的反对,变法之难还在于国家缺失公信力,难以取信于民。因此,商鞅立木取信,彰显法治公信力。同时,针对太子触犯新法一事,商鞅坚持依法处罚太子,彰显法治公正。虽时隔千年,但中华法系中重诚信、行法制的思想对于今天全面加强依法治国仍具有借鉴意义。

1."诚信"一词的历史溯源

"诚信"一词在我国有着悠久的历史,在《礼记·祭统》中便有"身致其诚信"的记载。此外,诚信二字在儒学经典名著中也被多次提及,《论语》中就有38处谈到"信"字,比如《论语·颜渊第十二》中孔子所说"民无信不立"。[①] 关于"诚""信"两字的内涵,也存在不同观点。我国古代词典《说文解字》中这样解释"诚""信":"诚,

---

① 杨伯峻:《论语译注·论语词典》,中华书局2009年版,第88页。

信也；信，诚也。"据此有学者认为两者的含义是相同的。但有学者提出反对意见，认为"诚"与"信"在本质上是不同的，"诚"通常作为本体论范畴来讨论，而"信"却始终是伦理学概念。[①] 具言之，"诚"着重体现的是个人的道德修养，是一个人的内在品质。"信"突出的是人际交往过程中的一种外化表现。因此，"诚""信"二字在中国传统文化中具有各自独立的价值内涵。

"诚信"一词在我国历史久远，在本案例中，商鞅立木取信，深知变法必须建立在诚信的基础上，新法令才会顺利得以实施。作为现代法律基本原则的"诚信原则"与我国法律传统存在继受关系。《大清民律草案》第1章第2条就规定"行使权利履行义务，依诚实及信用方法"，这是诚实信用原则第一次在民法中被明文规定。[②]

2. 诚实信用原则司法适用的特征

我国《民法典》第7条规定："民事主体从事民事活动，应当遵循诚信原则，秉承诚实，恪守承诺。"诚实信用原则作为民法的基本原则，甚至被称为《民法典》中的霸王条款。当然，从规范的视角看，其在司法适用过程中并非任意选择，必须准确把握该原则的特征进行精准适用。总的来说，诚实信用原则至少具有三个方面的特征：

一是补充性。通常诚实信用的内容是已经为法律、合同所规定的具体权利义务，也就是说最基本的诚实信用行为是遵守法律规定，遵守合同约定。只有当法律没有明确规定或是合同约定不详时，当事人方能主张适用诚实信用原则，此时补充性的功能也最为明显。对法官来说，援引诚实信用原则作为裁判依据的情形，应当限定在以下两种情况：一是法律和合同都未作出规定，且通过法律解释也不能找到直接依据。二是法律和合同虽然作出了规定，但是直接适用会显示公平，

[①] 何怀宏：《良心论——传统良知的社会转化》，上海三联书店出版社1994年版，第139页。

[②] 蔡泳曦：《论民事诉讼中的诚实信用原则》，西南政法大学法学博士学位论文，2009年。

无法实现实质正义，法官可依据诚实信用原则进行价值解释作出裁判。

二是强制性。诚实信用原则作为一种法典规范，既是民法的基本原则，指导着民事主体的权利义务实践，也是法官适法过程中的衡平利器。诚实信用原则的强制性主要体现在以下两个方面：一是不管当事人是否在合同中有明确约定适用，诚实信用原则都作为一种约束性条款实现了对民事主体权利义务的规范。当事人亦不得约定拒绝适用，即使作出约定，也为无效，也就是说，当事人要受到诚实信用原则的限制，必须履行相应的诚信义务。二是诚实信用原则也对法官进行了适当性约束。法官在审理民事案件时，在无法律规定和合同约定时，也必须按照诚实信用原则的要求，进行适用，受其拘束。

三是衡平性。所谓衡平性就是指法官在裁判过程中，不能单纯地追求程序上的正义，而应当充分考虑当事人双方的利益关系，准确地对当事人权利义务进行界定，实现实质上的正义。在利益衡平过程中，法官具有一定的自由裁量权，将原则性的诚实信用原则作出具体化适用。

3. 诚实信用原则司法适用的情形

诚实信用原则不仅可以弥补法律漏洞，还具有修正现行法律的功能。[①] 由于法官在适用诚实信用原则过程中具有较大的自由裁量权，因此有必要明确具体的司法适用情形。总的来说，主要有以下几种情形：

一是在法律无明确规定或是合同约定不详时，可适用诚实信用原则进行漏洞填补。对立法者来说，不具有预知一切事项的能力，诸多立法事项也只是针对当前的重点突出问题，因此也就无法做到全方位、详尽的立法整合。[②] 于是会出现对法律规则的疑问，比如法律文本本身的模糊性，存在理解不一致的情况，或是法律规定中大量存在的不确定性概念，比如恶意、重大等词汇，也有可能存在法律没有直接规定

[①] 陶婷：《民事诉讼诚实信用原则的法理基础及其适用范围》，《河北法学》2014年第10期。

[②] 杨鹏：《立法技术的现状与愿景》，《行政法学研究》2021年第3期。

的情况，法官只能按照基本原则和自身主观价值判断作出决定。故法官在审理个案时，要对抽象的条文通过法律解释方法将案例予以具体化，诚实原则就成为解释法律的一项基本原则，来处理当事人之间的权利义务关系。

二是当法律规则之间存有冲突，无法得出明确结论时，可通过适用诚实信用原则来解决。在民事案件中，规则之间的冲突存在以下可能情形：一是对于某一纠纷，有两个或两个以上的规则可以适用，且不同规则的适用会得出不同结果。二是在某个纠纷中，法官适用一种法律规则得出一个确定结果，但类似事实的案件却适用不同的规则得出不同的结果，即相同事实不同裁判结果，出现"同案不同判"。对于规则的冲突，通常是上位法优于下位法，特别法优于普通法，新法优于旧法，若仍然无法得出结果时，法官可借助诚实信用原则，研判法律规范背后的价值作出裁判。

三是在适用具体规则上实现不了实质正义时，诚实信用原则具有适用空间。若适用现行法律规定的具体规范时，会出现明显不公正的判决，而适用诚实信用原则能够实现实质正义时，法官应根据诚实信用原则进行适法。[①] 这是结果论中诚实信用原则的具体要求，而诚实信用原则也因为道德基础和内涵的不同与民法中其他基本原则相区别开来。也就是说，需根据案件结果导向进行考虑，最大限度地实现实质正义。

（李超　上海市长宁区人民法院）

[①] 褚凤：《诚信原则对动机的法律规制——兼评〈民法总则〉第 153 条》，《求索》2017 年第 5 期。

二、不知何人刺女子婢最里中

原文

六月癸卯，典赢告曰：不知何人刺女子婢最里中，夺钱，不知之所，即令狱史顺、去疢、忠文、□固追求贼。婢曰：但钱千二百，操篓，道市归，到巷中，或道后类堅拊婢，偾，有顷乃起，钱已亡，不知何人之所。其拊婢疾，类男子。呼盗，女子龀出，谓婢背有笄刀，乃自知伤。讯婢：人从后，何故弗顾？曰：操篓，篓鸣匋匋然，不闻声，弗顾。讯婢：起市中，谁逢见？曰：虽有逢见，弗能知。讯婢党有与争斗、相怨，及商贩、葆庸、里人、知识、弟兄贫穷，疑盗伤婢者，曰：无有。视刀，铁环，长九寸。婢偾所有尺半荆券一枚，其齿类贾人券。婢曰：无此券。讯问女子呛，曰：病卧内中，不见出入者。顺等求弗得，令狱史举闚代。举闚以婢偾〔所〕券廉视贾市者，类缯中券也。今令贩缯者视，曰：券齿百一十尺，尺百八十钱，钱千九百八十，类缯中券。讯等，曰：无此券。譏求其左，弗得。举闚求无征物以得之，即收讯人竖子及贾市者、舍人、人臣仆、仆隶臣、贵大人臣不敬德，它县人来流庸，疑为盗贼者，遍视其为谓，即簿出入所以为衣食者，廉问其居处之状，弗得。举闚又将司寇裘等……收置□□□□而从之□，不□□□□□□……视行□不□，饮食靡大，疑为盗贼者，弗得。举闚求遍悉，弗得。□□□□遍（？）□□用（？）隶妾每等晨昧里，研调廉问不日作市贩、贫急穷困、出入不节、疑为盗贼者，公卒瘛等遍令人微随视为谓、出入、居处状，数日，乃收讯。其士伍武曰：将阳亡而不盗伤人。其一人公士孔，起室之市，落莫行正旗下，有顷即归，明又然，衣故布带，黑带，带有佩处而无佩也，瞻视应对最奇，不与它人等。孔曰：为走士，未尝佩鞞刀、盗伤人，无坐也。举阘疑孔盗伤婢，即譋问黔首：有受孔衣器、钱财，弗诣吏，有罪。走马仆诣白革鞞系绢，曰：公士孔以此鞞予仆，不知安取。孔曰：未尝予仆鞞，不知云故。举间以婢背刀入仆所诣鞞中，祗。诊视鞞刀，刀环唅旁，傅鞞者处独青有钱，类刀故鞞也。诘讯仆孔，改曰：得鞞予仆，前忘，即曰弗予。孔妻女曰：孔雅佩刀，今弗佩，不知存所。诘讯女、孔，孔曰：买鞞刀不知何人所，佩之市，人盗绀刀，即以鞞予仆。前曰得鞞及未尝佩，谩。诘孔：何故以空鞞予仆，谩曰弗予？雅佩鞞刀，又曰未尝？孔无解。即就讯，磔，恐猲欲答，改曰：贫急无作业，恒游旗下，数见贾人券，言雅欲剽盗，详为券，操，视可盗，盗置券其旁，令吏求贾市者，无言。孔见一女子操箦但钱，其时吏悉令黔首之田救螽，邑中少人，孔自以为利足刺杀女子夺钱，即从到巷中，左右瞻无人，以刀刺，夺钱去走。前匿弗言，罪。问如辞。赃千二百钱，已论，孔完为城旦。孔端为券，贼刺人，盗夺钱，置券其旁，令吏勿知，未尝有。黔首畏害之，出入不敢，若斯甚大害也。顺等求弗得，乃令举阘代，无征物，举阘以智研诇求得，其所以得者甚微巧，俾令盗贼不敢发。

六年八月丙子朔壬辰，咸阳丞□礼敢言之。令曰：狱史能得微难狱，上。今狱史举阘得微〔难〕狱，为奏廿二牒，举阘间无害，谦絜敦悫，守吏也，平端，谒以补牢史，劝它吏，敢言之。

——《张家山汉简·奏谳书》[①]

注释

【典】乡吏名。秦在战国时置里正，闾里的行政长官，管理一里事务，后为避秦王嬴政之讳改称里典。

[①] 原始文献参见《二年律令与奏谳书——张家山二四七号汉墓出土法律文献释读》，上海古籍出版社2007年版，第377—378页。

【疢［chèn］】泛指疾病，本文中为人名用字。

【簦［dēng］】古代有柄的笠，像现在的雨伞。

【堑拊】后面轻击。

【偾［fèn］】覆，翻倒在地。

【齔［chèn］出】牙齿脱落。

【笄［jī］刀】发簪刀。

【党】古代地方户籍编制单位。五百家为党。

【葆庸】即庸保，受雇充任杂役的人。《史记·刺客列传》："高渐离变名姓为人庸保，匿作于宋子。"司马贞索隐："谓庸作于酒家，言可保信，故云庸保。"

【荆券】古代用于买卖或债务的契据。书于简牍，常分为两半，双方各执其一，以为凭证。

【贾人】商人。《国语·越语上》："臣闻之，贾人夏则资皮，冬则资絺，旱则资舟，水则资车，以待乏也。"韦昭注："贾人，买贱卖贵者。"

【譞［xuān］求】多言访求。

【征物】通证物，证明、验证之物。

【竖子】年轻的仆人。

【舍人】住宿之人。

【庸】受雇用，出卖劳动力。

【晨昧】犹昼夜。

【诇［xiòng］】，侦察；探听。

【不节】不遵法度；无节制。《周易·节》："不节之嗟，又谁咎也。"高亨注："言人不守制度，以致受刑罚而嗟叹。"

【落莫】冷落，单独。

【鞞［bǐng］】刀剑柄上或鞘上近口处的装饰（一说刀剑鞘）。

【黔首】战国及秦代对人民的称谓。

【祇［zhī］】本义为恭敬。

【环唅】环的喙。

【雅】平素，素来。

【绀［gàn］】红青，微带红的黑色。

【猲［hè］】古通"吓"，恐吓，吓唬。

【螽［zhōng］】蝗类的总名。

【利足】善于行走；善于奔走。《荀子·劝学》："假舆马者，非利足也，而致千里。"

【城旦】古代刑罚名。一种筑城四年的劳役。《墨子·号令》："以令为除死罪二人，城旦四人。"孙诒让间诂引应劭曰："城旦者，旦起行治城，四岁刑也。"

【谦絜［jié］】谦虚廉洁。絜通"洁"。

译文

（秦始皇六年）六月癸卯日，里典赢报告："不知何人刺女子婢于最里中劫取钱以后不知去向。"（县廷）立即命令狱史顺、去疢、忠文、□固追捕强盗。受害人婢说道："我提着一千二百钱，撑着伞，从集市上回家。走到巷中，像是由后面上来一人，突然将我击倒在地。过了一会才站起身发现钱不见了，不知被谁拿走了。那人快速地推了我一下，像是一个成年男子。我大声呼喊有强盗。有一个叫龇的女子走过来，告诉我背上有一把笄刀。我这才知觉自己受了伤。"法官问婢："有人从后面走来，你怎么没有回头看一眼呢？"答道："我打着伞，雨落伞上啪啪着响，听不到后面来人的声音，所以没有回头看。"又问："从市里走出时，见谁没有？"答："虽然见到一些人，但是都不认识。"问婢："在乡里，是否有与你发生过争斗、相互怨恨的仇人，以及商人、庸保、里人、熟人、弟兄贫穷、疑似伤害婢仆的人？"答："没有。"凶器是一把柄头环形的刀，长九寸。婢仆倒处有一个一尺半长的荆券。看上面刻的齿，像是商人用的券。婢说："我没有这样的券。"讯问女子哙,答道:"我有病在房里躺着,没见有人进出。"狱史顺等人未能捕获凶手,便令狱史举闕继续追查。举闕在被刺伤现场拾得的那支券,令市场上的商人鉴别,认为像交易用的券。于是便令贩缯的商人察看。他说:"券上的齿'缯一百一十尺,每尺一百八十钱,共计一千九百八十钱',像交易缯所用券。"审问贩缯等人。答道:"我们没有这支券。"多言访求此券的左半边,没有找到。举闕搜寻一番后,也没有得到任何证物。于是收捕讯问有关人家的童仆、商贩、舍私人家的奴仆、官府的奴隶、显贵人家家奴中品德不好的以及外县在本地打工人中行踪可疑者。详细查看他们的言语并记录下他们谋生过程中的一举一动,查访他们居住环境,都没发现任何问题。举闕又带领司寇裘等……将大吃大喝、可疑为盗贼者拘捕讯问,也未发现凶犯。举闕对相关情况做了详细摸排,仍未发现凶犯……隶妾每等人黎明深入刺探、察访白天不做买卖,贫困潦倒,行为不检,可疑是盗贼的公卒癃等。全都令人暗中隐蔽监视他们的行动、生活数日后,收讯了其中的士伍武,说是一名在外游荡、没有户籍的人,但没有干过抢劫伤人的事。另外发现有一人公士孔,形迹可疑。他从家里去集市,总是单独一人走到市亭旗下,过一会又走回去了。第二天仍然这样。这人上衣原有一条黑色带子。带上有系佩玉处,但没有系佩玉。他善于察言观色,能言善对,和一般人不相同。孔说:"我是一名差役,从未佩过带鞘的刀。更没刺伤过人,没犯过法。"举闕怀疑是姓孔的刺伤女子婢。便告诫当地居民,凡是接受过孔某人的衣物、钱财的,不向官府报告,发现后要治罪。有一赶马仆人送到官府一个系着绢的白皮革刀鞘,说道:"这个刀鞘是公士孔送我的,不知道他从什么地方弄到的。"孔说:"我没有送过刀鞘给他,不知道他为什么这样说。"举闕将刺伤被害人婢背的刀,插入仆人交来的鞘中,正好符合。检验这把带鞘的刀,刀柄的环首有一突出处,旁边有残损。而鞘口与环首突出处相应部位呈青色;有残破处,很像是凶犯所用刀原来的刀鞘。于是质问仆、孔,孔改口说:"得到刀鞘后就给了仆,早忘记了,所以说没有给过他刀鞘。"孔妻、女说:

"孔平时佩带刀，如今不佩带，不知把刀放在什么地方。"质问孔的女儿及孔，孔说："这把刀是从一个不认识的人那里买来，曾佩带着到过市场上。刀被人偷了，便把刀鞘给了仆。前次说，得到这把刀鞘后，从没有佩带过，是说谎。"继续质问孔："你为什么把一空刀鞘送给仆，却谎称没有送？平时佩带鞘刀，而说不曾佩带过？"孔无话可说。随即要动用磔刑，恐吓他要笞打。他改口供认："我很穷，又无业，常在亭旗下闲逛。多次见过商人的券，平时打算盗窃，便仔细了解了券的用途，拿了一枚，如果发现有盗窃的机会，便下手偷了，将券放在作案现场，让办案的官吏去集市上查访，我自己不露声色。这一天，我见一女子打着伞，提着钱在路上走，正逢地方官吏督促居民到田间捕蝗虫去了，城镇里人很少。我以为此时适于刺杀该女子抢她的钱。我便跟进巷中，见左右无人，就用刀刺伤她，夺钱就跑。以前隐瞒没招认，我有罪。"审问时，孔犯的供词与以上的陈述相同。赃款一千二百钱已核实。判处孔完为城旦。孔犯蓄意造假券，刺杀人、盗夺钱财后把券放在作案现场，使官吏无从查处。使得居民恐惧，不敢出门，性质恶劣，危害性大。狱史顺等人未能破案，由狱史举閜接办，在没有任何踪迹、迹象可供参考的情况下，举閜以智谋进行调查、研究，捕获了凶手。此案破得很巧妙，使盗贼不敢轻举妄动。

秦始皇六年（前241）八月丙子朔壬辰，咸阳丞以其事迹启奏。《令》曰：狱史能做到得微难狱，很是难得。现今狱史举閜做到了"得微难狱"，特呈上与此案有关的二十二件文书，请审阅。举閜是名办事精干、品德谦逊、公正忠厚办案的官吏，请提升为卒史，以鼓励其他官吏。

解析：秦代判案中的证据运用

不知何人刺女子婢最里中案记载于《奏谳书》，该书是湖北张家山汉墓出土的汉代典籍之一，是一部汉初及汉代之前法律案件的汇编，共收录 22 个案例，以鲜活的法治案例反映了秦汉时期的判案思维。该书与睡虎地秦简《封诊式》中的《贼死》《经死》《穴盗》《出子》等相映，体现出秦朝的刑事侦查检验等工作较高的发展水平。该案经询问被害人，到发现凶器"笴刀"和书证"荆券"，到获得证人提供的"刀鞘"，最终取得了犯罪嫌疑人的口供，并据此作出裁决。该案办理中体现的证据制度的发展、对证据的综合评判方法，对当前的司法工作仍有宝贵的借鉴意义，有助于提高审判质量，有效预防错案。

1. 证据类型趋于丰富

至秦朝，口供虽仍在审判中处于中心地位，但在审断案件过程中已注意搜集和使用其他证据来证明犯罪。如本案中出现的"荆券"以及睡虎地秦简《法律问答》中"亡校券右为害"的"券"就是记载契约的书证。现代国家诉讼中的各种证据形式，如物证、书证、证人证言、被害人陈述、被告人供述、鉴定人意见和现场勘验报告等，秦朝时均已经出现并逐渐被重视。证据的类型也完成了从非理性的"神证"到主观性的"人证"、再到客观性的"物证"的拓展和转变，为当时的审判实践所广泛运用。

2. 取证过程慎用刑讯

中国古代证据制度的突出特点是"据供词定罪"，奉行极为重视被告人口供的"口供主义"。诉讼中，如无被告人供认，仅凭其他证据不能定案；反之，如有口供，而无其他证据也可定案。秦朝时期亦十分重视口供制度。《封诊式》记载"凡讯狱，必先尽听其言而书之，各展其辞，虽智其訑，勿庸辄诘。其辞已尽书而毋解，乃以诘者诘之。诘之有尽听书其解辞，有视其它毋解者以复诘之"，要求司法官员注重审讯方法，以讯得客观的口供，等被询问人陈述完毕，再根据其中矛盾之处和不清楚的地方进行诘问。[①] 如《不知何人刺女子婢最里中案》中

---

① 参见常晓云：《中国古代口供制度浅谈》，《黑龙江史志》2009 年第 2 期。

可见，狱史在诘讯犯罪嫌疑人后，经调查，取得物证、证人证言后再次诘讯，使其无可辩驳，最终作出有罪供述，体现了实物证据等对查明事实的重要作用。另外，秦朝已经注意到刑讯对于口供可信度与证明力大小的影响。《封诊式》另记载了"治狱，能以书迹其言，毋笞掠而得人情为上，笞掠为下，有恐为败"。该规定要求司法官员慎用刑讯，对于多次改变口供、不老实认罪的才可施加刑讯，以不用刑讯逼供而查明案情为上策，以刑讯逼供查明案情为下策，以刑讯逼供使被告因恐惧而说假话，以致未能审明案件为失败。[1] 古代科学侦查技术相对落后，口供对于获取犯罪线索、查清案件事实至关重要，在这样的背景下，慎用刑讯的思想具有进步性。发展至今，现代司法理念的"非法证据排除"制度中，采用刑讯逼供及暴力、威胁等非法方法收集的言词证据应当予以排除，收集物证、书证不符合法定程序不能补正或作出合理解释的应当予以排除，在准确查明案件事实以惩罚犯罪的同时保障人权。

3. 证据评判体现综合性原则

证据的综合评判，是指在证据评判过程中，应该进行综合审查、评价和判断，不应该孤立地对待个别证据，要从证据之间相互关系的角度，对全案证据进行分析，以认定案件事实。本案中，在经过调查取得犯罪嫌疑人供述时，除了上文所述证据外，还核实了"荆券"这一"迷惑性"证据线索的由来，庭审中进一步核实了供词以及赃款金额情况，最终作出相应判处。虽然秦朝时注重的证据类型与当今不同，但即使在现行的证据规则框架下，该案全案的实物证据之间、实物证据与言词证据之间均可相互印证，形成完整的证据链，也可谓达到了证据确实、充分的标准，令人叹服。

（汪露　上海市长宁区人民法院）

---

[1] 参见常晓云：《中国古代口供制度浅谈》，《黑龙江史志》2009年第2期。

三、验证被殴流产

原文

出子爰书。某里士伍妻甲告曰："甲怀子六月矣,自昼与同里大女子丙斗,甲与丙相捽,丙偾庰甲。里人公士丁救,别丙、甲。甲到室即病腹痛,自宵子变出。今甲裹把子来诣自告,告丙。"即令令史某往执丙。即诊婴儿男女、生发及保之状。又令隶妾数子者,诊甲前血出及痈状。又讯甲室人甲到室居处及腹痛子出状。丞乙爰书:令令史某、隶臣某诊甲所诣子,已前以布巾裹,如衃血状,大如手,不可知子。即置盆水中摇之,衃血子殹。其头、身、臂、手指、股以下到足,足指类人,而不可知目、耳、鼻、男女。出水中又衃血状。其一式曰:令隶妾数字者某某诊甲,皆言甲前旁有干血,今尚血出而少,非朔事殹。某尝怀子而变,其前及血出如甲□。

——《睡虎地秦简·封诊式·出子》[1]

注释

【出子】流产。

【爰[yuán]书】中国古代的一种司法文书。秦汉时通行。广义的爰书,包括检举笔录、试问笔录、现场勘验笔录、查封财产报告、追捕犯人报告等。

【捽[zuó]】冲突。《说文解字》:"捽,持头发也。"

---

[1] 原始文献详参睡虎地秦墓竹简整理小组:《睡虎地秦墓竹简》,文物出版社1978年版,第274—275页。

【屏［píng］】通屏，保护。

【痈［yōng］状】皮肤肿胀貌。

【盎】古代的一种盆，腹大口小。

【朔事】月事。

【殹［yì］】句尾语气词，"也"。

译文

流产爰书。某里士伍之妻甲控告说："甲已怀有身孕六个月，昨日白天和同里的大女子丙斗殴，甲和丙互相揪住头发，丙把甲摔倒。同里的公士丁来救，把丙和甲分开。甲回到家里就患腹痛，昨夜胎儿流产。现在甲将胎儿包起，拿来自诉，并控告丙。"当即命令史某前去捉拿丙。随即检验婴儿的性别、头发的生长和胞衣的情况。又命令曾经多次生育过的隶妾检验甲阴部出血和肿胀情况。再讯问甲的家属甲到家后生活和腹痛流产的情况。县丞乙报告：命令史某、隶臣某检验甲送来的胎儿，已先用布巾包裹，形如凝血，有从手指头到掌跟长短，不能辨出是胎儿。当即放在一盆水里摇荡，凝血确系胎儿。胎儿的头、身、臂、手指、大腿以下到脚、脚趾都已像人，但看不清眼睛、耳朵、鼻子和性别。从水中取出，又成为凝血的形状。另一检验程式是：命令曾经多次生育过的隶妾某和某检验甲，都说甲阴部旁边有干血，现仍少量出血，并非月经，某人曾经怀孕流产，她的阴部及出血情况与甲相同。

解析：秦代的尸体勘验制度

《验证被殴流产案》记载于《封诊式》的《出子》一篇中。《封诊式》是湖北省云梦县睡虎地出土的秦墓竹简之一，由 25 节组成，是规定裁决原则、程序及有关公文程式的法律文件。其中《治狱》《讯狱》

是讯问嫌疑人时的理念和方法,《有鞫》《覆》是询问嫌疑人原籍以确认身份的文例,其余21节"爰书"均是对案件进行调查、检验、审讯等程序的文书程式,包含了各类案例,供官吏参照执行。《封诊式》也是世界上最早的法医规范。[①] 本案中,经被殴之人提出诉讼、令史抓捕嫌疑人、检验胎儿及孕妇伤情、询问家属的程序,县丞最终制作"爰书",详细记录"水中辨胎儿"和"查看出血"的检验程式及结果。由此可见当时勘验技术之发达、制度之完善、记录之详细,在中国古代法医学历史上具有开创性意义。

1. 中国古代尸伤勘验形成技术体系

我国古代的《黄帝内经》等医书中已有关于解剖的医学思想。西周时期,《礼记·月令》有云"命理瞻伤、察创、试折、审断决,狱讼必端平"[②],要求司法官员在办理案件过程中须查验伤损、断折等情形,以做到公正判决。秦汉在总结办案经验的基础上,要求司法官吏通过检验方式取得客观证据断明命案。除上文所述之外,《封诊式》中还记载了多个法医尸体检验的案例,如《经死》中详细描述了确定是否"自杀上吊"的先勘验绳索悬挂处所、结套方式等后再解开绳索查看尸体口鼻、勒痕的检验方法;《贼死》中记录了尸体处所、创伤部位、尺寸、出血及衣鞋情况,形成完整的尸检报告。[③] 秦汉检验技术为后来各代所继承发扬。《唐律疏议》中对"伤"势的标准、行凶工具作了区分。发展至南宋时期,宋慈所著《洗冤集录》中对于尸体验证、现场检查、死伤鉴定、急救解毒等方面都进行了详细的归纳和总结,共有53项内容之多,成为后世各代官府检验尸伤的蓝本,也被译成9国21种文字,成为当时世界上最发达的法医学著作。[④] 随着科技的发展,近

---

① 冯雪:《我国古代法医学检验制度对当代法医学鉴定的启示》,《法医学杂志》2016年第32卷第2期。
② 黄道诚:《宋代侦查制度与技术研究》,河北大学博士学位论文,2009年。
③ 参见王瑞蕾:《从出土简牍看秦汉时期的法医学检验制度》,《长江论坛》2013年第5期。
④ 参见陈鸿彝:《〈洗冤集录〉:集中国古代法医学之大成》,《中国法治文化》2016年第6期。

代西方的以自然科学和近代医学为基础的法医学传入中国，现代影像技术、DNA 鉴定等技术的运用，极大地提高了法医鉴定的准确度和精细化水平，当今的刑事侦查及审判工作中，技术和方法虽有更新，但精神内核一脉相承，我国古代传统刑事检验中总结出的方法及其重视实证、探求真相的理念仍应继承和发扬。

2. 中国古代尸体检验形成特定程序

从检验的主体看，战国末期官署设有"令史"一职，专门从事尸体检验和活体检验，同时负责现场勘验、捉拿罪犯。秦代检验尸体的人员为令史、医生和隶臣妾，其中医生参与疾病有关的活体检验和物证检验，隶妾是经产的妇女，负责对女性活体下部检验，在检验官验尸时，由奴隶配合处理尸体、丈量现场等。[①] 清朝时规定"正官应亲诣尸所，督令仵作如法检验"，由刑部司官与州县正印官、仵作到场检验，检验尸伤，还需刑书一名，皂隶二名进行辅助。[②] 秦律、唐律中还分别有关于检验人员"检验不实"违法责任的规定。从检验的启动来看，《封诊式》中案件提出检验的前提是有如负责社会治安、调解邻里纠纷等的里典求盗报案、被害人控告，县令或县丞才会命令令史率隶臣等前去勘验。从检验的公开性看，秦代的令史率领牢隶臣检验尸体时允许家属或里人参加；宋代仵作在检验官的指挥下喝报伤痕时，要求"如到地头，勒令行凶人当面，对尸子细检喝；勒行人公吏对众邻保当面供状"；元朝管民长官带领典史、司吏、信实惯熟仵作行人检验尸体时，要召集尸亲、邻佑、主首人等。[③] 以上尸体检验程序规范的完善，很大程度上保障了检验程序的公正和公开，也起到了威慑和教化的作用，符合当时法制发展的水平和需要。按照我国现行刑事诉讼法

[①] 参见冯雪：《我国古代法医学检验制度对当代法医学鉴定的启示》，《法医学杂志》2016 年第 32 卷第 2 期。

[②] 参见石晋之、蒋铁初：《清代尸伤检验及其价值分析——以巴县为例》，《证据科学》2020 年第 28 卷第 5 期。

[③] 参见冯雪：《我国古代法医学检验制度对当代法医学鉴定的启示》，《法医学杂志》2016 年第 32 卷第 2 期。

规定，对于死因不明的尸体，公安机关有权决定解剖，并通知死者家属到场；检验尸体，应当在侦查人员主持下，由法医或者医师进行；尸体检验的情况，应当详细写成笔录，并由侦查人员和法医或医师签名或者盖章。现代刑事案件办理中，对于尸体检验的程序进一步完善和规范，更大程度保障被害人家属的知情权。

3. 中国古代刑事勘验文书形成完备格式

秦朝时的检验报告书即本案中提及的"爰书"，与一般官府行政文书不同，有特定的模板和格式，类似于当今的司法鉴定意见书，记载鉴定人、鉴定方法和鉴定结论三方面内容。南宋时期颁行了《检验格目》，除要求填写标准的尸体检验内容外，还要求记载承办官员接受检验公文、出发及到达现场的时间、参与检验的人员等，以防官员不亲自检验的情况。之后又推行"正背人形图"，以图形标出尸体部位，作为文字验状的补充。元代的儒吏考试程式又称《结案式》，考察政府规定上报民刑案件结论的通式，其中包括与法医学有关的尸、伤、病、物条。清代的《尸格》类似于刊印好重要部位名称供填注的表格式检验记录文书，详细规定了尸体上必须要验定的方位和基本项目。[①] 从上述规定可见，我国历代对检验文书的样式有专门的要求，并以刊印的方式推行，形成规范和统一的司法检验标准。

秦朝以来的检验尸伤制度，是司法官员们在长期的刑事调查、审判中经验的总结，起到了准确办理命案、打击预防犯罪的作用。我国古代法医学的创立也是中华法治文明史上辉煌的一页，其中包含着重视生命、追求个案正义的价值取向，也蕴含了"慎刑恤狱""以人为本"的法治理念，应可穿透历史，供我们参考和借鉴。

（汪露　上海市长宁区人民法院）

[①] 参见冯雪：《我国古代法医学检验制度对当代法医学鉴定的启示》，《法医学杂志》2016年第32卷第2期。

第四章　两汉时期经典案例评述

两汉时期的法治具有以下两个特点：

一是"明德慎刑"与中华法律体系建立。

秦覆灭之后，获取楚汉战争胜利的刘邦集团建立起了西汉政权。作为中国历史上第一个长期存在且较为稳定的大一统国家，其法制发展具有鲜明的发展脉络。

因政局多变加之长期战乱，汉代初期的经济凋敝，新政权没有足够的能力支付一个复杂的法律系统所需要的成本。为了平复社会、恢复经济，汉初统治者摒弃了前朝法家的治国思想，采用轻徭薄赋、清静无为的道家黄老思想。

汉代最初的法律仅有刘邦所定的约法三章，随着经济社会发展需要不断完善新的法律条文，最终完成了以《九章律》《傍章律》《越宫律》《朝律》为成文法律主体的汉律六十篇。除了律文的形式，令、科、比、品等也是汉代法制的重要组成部分。其中令因其灵活性，可以弥补律文的不足，至汉末已具有相当大的规模数量；比作为皇帝或者廷尉对案件作出的最终判决，具有类似判例的作用，可以在律文缺失时被援引使用。

刑法上，文帝、景帝对肉刑的改革一定程度上是对旧制度五刑的改造，保障了社会生产力的发展。

二是"春秋决狱"与中华法系礼制传统的形成。

经历"文景之治"的快速发展后，中央集权的现实需要迫使汉武帝做出改变。由董仲舒提出了"罢黜百家、独尊儒术"，以春秋时期的儒家孔学为基础，杂糅阴阳家、法家、墨家、名家等诸多思想，形成了一套以"天人感应""三纲五常"为核心的加强中央集权的新思想。随着董仲舒这一思想的确立和发展，儒学的教义及精神逐步影响至法律层面，开启了法律儒家化的进程。

春秋决狱的出现，是儒家思想影响司法的产物，奠定了儒学逐渐法制化的发展趋势。在此趋势下，源于儒家经典中"父为子隐，子为父隐，直在其中"的亲亲得相首匿原则得以确立，成为儒学色彩浓厚的法律制度之一，并为后世所沿用发展。

汉代在财产私有制上，田土的私有一定程度上提高了农民的积极性，促进了汉代农业的发展；皇家财产与政府财产很大程度上的分离，是古代私有财产观念的一大进步，但同时皇家财产与政府财产的对立一定程度上也是皇权受到政府限制的表现。

汉代作为第二个大一统的帝国，在继承前朝制度的基础上做出了适应时情的调整。汉代法律思想的两次转变，从实际情况出发谋求变革发展，并从先秦哲学家们的思想体系中取其精华加以结合运用，因时制宜这一特点也值得被当代法治建设所参考。其次，中华法系的礼制传统，正式发端于汉代法律的儒家化。儒家思想作为封建时代后续的正统法律思想，在其自身不断为后人继承发展的基础上，也持续扩大对于法律思想、法律制度的影响。

一、疑狱诏

原文

高皇帝七年，制诏御史：狱之疑者，吏或不敢决，有罪者久而不论，无罪者久系不决。自今以来，县道官狱疑者，各谳所属二千石官，二千石官以其罪名当报之。所不能决者，皆移廷尉，廷尉亦当报之。廷尉所不能决，谨具为奏，傅所当比律令以闻。

——《汉书·刑法志》①

注释

【高皇帝】即刘邦，沛人，字季。谥汉高皇帝。西汉建立者，在位八年。其以秦律为依据，制定汉律九章。魏晋潘岳《西征赋》："观夫汉高之兴也，非徒聪明神武。"唐张蕴古《大宝箴》："巍巍荡荡，恢汉高大度。"

【御史】官名。周始置，掌邦国都鄙及万民之治令，以赞冢宰。秦置御史大夫，位上卿，掌副丞相；御史监郡，遂有弹劾纠察权。汉代御史执法，受公卿奏事，举劾按章。汉代御史的官署称御史府，或御史台、兰台寺，或简称兰台、御史大夫寺。

【不论】不考察。《荀子·性恶》："不恤是非，不论曲直。"

【系】拘囚；关进牢狱。

【谳［yàn］】审判定罪。

---

① 原始文献详参《汉书》，中华书局1962年版，第1106页。

【二千石官】指郡守、郡尉和县令、县长。郡守、郡尉官俸二千石，县令、县长称为"长吏"。《汉书·武帝纪》："二千石官长纪纲人伦。"注："师古曰：谓郡之守尉，县之令长。"

【廷尉】官名，亦称廷尉卿。战国秦始置，秦、西汉沿置。汉景帝中六年（前144）改名大理，汉武帝建元四年（前137）复旧。秩中二千石，列位九卿，为中央最高司法审判机构长官，遵照皇帝旨意修订法律，汇总全国断狱数，主管诏狱。文武大臣有罪，由其直接审理收狱，重大案件由皇帝派人会审。又为地方司法案件的上诉机关，负责复核审决郡国疑狱，或上报皇帝，有时也派员至郡国协助审理重要案件。属官有正、左、右监，宣帝时增置左、右平。

译文

汉高祖七年（前200），皇帝向御史颁布诏书：对难以决断的案件，小官有时不敢判决，犯罪的人久久不判决，无罪的人长久关押而不处理。从今以后，县、道难以断决的案件，报请郡审理。郡难以断决，报请廷尉审理。廷尉难以断决的，要慎重具体地奏请皇帝，比照相应的法律判决。

解析：疑难案件层报审理制度

秦自商鞅变法来，为加强集权统治，制定了名目繁多的法令，然而在实践过程中却未能适时修订，致其"法治"趋于僵化；在奉行法本主义同时，更将重刑推到极致，强调以刑去刑，轻罪重罚，并辅以酷刑，如仅死刑便有戮刑、磔刑、弃市、枭首、族刑等[①]。最终，秦朝

[①] 参见刘冰、王玮、张蕾：《我国死刑执行方式演变考》，《河北法学》2004年第12期。

的灭亡也从陈胜吴广因大雨无法如期至目的地,据秦律"失期,法皆斩"拉开序幕。

后西汉初立,百废待兴,百姓亟待修养生息。在统治思想上,汉初统治阶层深刻认识到秦王朝"以刑罚为巢",而终有"覆巢破卵之患"的教训,在执法方针上改变了秦代"以法为教"的单纯法家路线,以黄老学派的"无为而治"和"刑德相济"作为执法的指导思想,实行"约法省刑"的执法方针①。在法令制定上,汉虽承秦律,却根据社会及经济发展变化情况,对秦律甄别权衡,有所取舍以求增益。在司法实践中,为尽可能安定民心,汉秉持"恤民""慎刑"思想断案。但由于汉朝在立法时采用列举式罪状等种种复杂因素,汉初疑狱久滞不决,"有罪者久而不论,无罪者久系不决"情况尤为严重。为解决上述问题,高祖七年以诏令形式,将疑狱奏谳制度正式固定于汉朝审判制度中。

该制度的主要内容包括三个方面。

首先,确定四级复审制及疑狱范围。《疑狱诏》规定疑案审定分为四个层级,县道官——二千石官(郡官)——廷尉(中央最高司法长官)——皇帝。对于下级机关上报的疑案,上级机关需"当报之",即下达明确的判决指示②;若依旧无法断案,则需继续上报上层决断③。从《奏谳书》收集的案例来看,高祖时期奏谳的疑狱主要为事实认定困难以及法律适用不明,如"法无正条"或同一情况不同法令均可适用而量刑不同等。然而,该诏虽下,实践中并未获得良好效果,致"上恩如此,吏犹不能奉宣",文帝时期更是形成了"外有轻刑,内实杀人"的执法状况。由此,景帝就疑狱问题继续下诏,认为"狱,人之大命,死不可复生",奉行不可轻率断狱原则,扩大疑狱范围,即

---

① 李治鹏:《关于历史教材中"汉承秦制"的几点认识》,《课程教材教学研究(教育研究)》2014 年第 2 期。
② 张韶光:《秦汉简牍报书中"它有律令"研究》,《通化师范学院学报(人文社会科学)》2016 年第 7 期。
③ 胡伟:《汉代疑狱奏谳制度及其司法实践》,《求索》2010 年第 8 期。

"若虽文致于法而于人心不厌者，则谳之"据法有罪而人心不服的疑案，也需要奏谳上报，实际上是通过该程序对律法的规范性进行重新考核乃至修正。①

其次，以判例汇编形式弥补成文法的不足。湖北江陵张家山出土的竹简《奏谳书》，收录至汉高祖十一年的疑狱案例，并经规范整理，是皇帝意志《疑狱诏》法律化的产物，其中旧案被作为判例用以同类比照、判决。②其地位不亚于律及令，并在一定程度上促进后续决事比的制度化③，适时填补援法断案的空白及不足之处。

最后，审慎适用比附。《疑狱诏》中记载"傅所当比律令以闻"，即奏谳时需比附律令用以增强审判者决断依据。汉初时比附需具备以下三个条件：第一，比附针对"法无正条"案件；第二，比附适用的是律令，而非其他文件书籍；第三，比附处理的案件疑难案件需逐级上报，由上级审查比附律令是否准确、恰当。④由此可见，汉初统治者对比附案件仍持较为审慎态度。然而，至汉中后期，比附被滥用，致"所欲活则傅生议，所欲陷则予死比"的恶劣情况，其原因之一或亦为后期的比附未能施行层报，未能实现制度上的规范和程序上的约束。

从《疑狱诏》中我们可感知到，汉初统治者为适应社会经济变化，从立法思想、法律渊源到断案技术不断更进与完善，体现了初步的德治与法治相结合的思想，而汉代法律制度也为之后中华封建法律制度奠定了基础，对我国现代法律制度的完善亦有所启示。

2021年9月27日，最高人民法院正式发布《关于完善四级法院审级职能定位改革试点的实施办法》（以下简称《实施办法》），其主要目标之一为："在实现审判重心下沉的同时，通过完善提级管辖的标准和程序，推动具有规则意义、涉及重大利益，以及有利于打破'诉讼

---

① 马小娟：《秦汉奏谳制度研究》，兰州大学硕士论文，2017年。
② 刘笃才：《中国古代判例考论》，《中国社会科学》2007年第4期。
③ 蔡万进：《张家山汉简〈奏谳书〉法律地位探析》，《南都学坛（南阳师范学院人文社会科学学报）》2007年第3期。
④ 黄春燕：《论中国传统法律中比附的合理性》，中国政法大学出版社2018年版，第54页。

主客场"、地方保护主义的案件进入较高层级的法院审理。"① 我国是四级法院审判制度，且均涉及案情疑难复杂、法律条文空白、法律适用分歧的疑难案件的审理问题。笔者认为，为使审判人员自由心证以求审判者独立，避免"事实上的一审"实质出现，在以上几类案件出现时，按照我国目前的法律规定，通过正当程序由更高层级法院提级管辖，繁案精审更为正当合理。《实施办法》重点细化了下级法院可向上级法院报请提级管辖的案件类型，并明确"具有法律适用指导意义的案件"是指"法律、司法解释规定不明确或者司法解释没有规定，需要通过司法裁判明确法律适用的"需要填补法律漏洞的案件。

从汉高祖到汉景帝，疑狱奏谳的疑案范围扩大至"虽文致于法而于人心不厌者"，借鉴这一变化，若某法律条文因制定时所依据的客观情况发生重大变化，继续适用将明显有违公平正义，导致案件审判结果无法实现政治效果、社会效果和法律效果的良好统一的，或许可以考虑将此类案件亦纳入"具有法律适用指导意义的案件"范围内，进一步明确法律适用或确立规则。此外，对于一些同时存在"诉讼主客场"问题的案件，下级法院主动上报提级管辖可能积极性不高，上级法院依职权提级管辖的案件发现机制可以进一步完善与细化，或可通过一体化平台或大数据等技术手段，主动筛别符合条件的案件；当事人申请提级管辖等方式也可以加以完善，从而进一步加强上下级法院审级良性互动。

在四级法院具体职能分工方面，《实施办法》明确："高级人民法院重在再审依法纠错、统一裁判尺度；最高人民法院监督指导全国审判工作、确保法律正确统一适用。"《奏谳书》作为《疑狱诏》的法律化产物，经统一整理汇编，由最高统治者发布，为当时大小审判官断案的参照依据。现阶段，我国亦正在逐步构建具有我国特色的案例指导制度，并规定指导性案例各级人民法院应参照适用。据有关数据，

---

① 刘峥、何帆:《〈关于完善四级法院审级职能定位改革试点的实施办法〉的理解与适用》，《人民司法》2021年第31期。

最高院指导性案例指导下级人民法院审判仍有较大作用发挥空间。[①] 对此，案例指导制度或可进一步明确指导性案例的参照效力。注重法官业务能力指导培训，进一步提升类案检索能力，大数据分析能力[②]；建立指导案例适用评价机制。适时整理汇编指导性案例，根据现行法律法规、司法解释等加以修订、完善或宣告失效。对法律条文的适用过程和相关理论进行更深度的论证和归纳，以使法律推理过程更具可参考性，而非仅关注案例裁判结果。

（包翌　上海市第二中级人民法院）

[①] 谢斐：《从"同案同判"到"类案类判"——评〈案例指导与法律方法〉》，《浙大法律评论》2021年第7卷第1期。

[②] 陈阳、荣威：《我国案例指导制度的发展与完善》，《哈尔滨师范大学社会科学学报》2021年第4期。

二、缇萦代父

原文

文帝四年中,人上书言(淳于)意,以刑罪当传西之长安。意有五女,随而泣。意怒,骂曰:"生子不生男,缓急无可使者!"于是少女缇萦伤父之言,乃随父西。上书曰:"妾父为吏,齐中称其廉平,今坐法当刑,妾切痛死者不可复生,而刑者不可复续,虽欲改过自新,其道莫由,终不可得。妾愿入身为官婢,以赎父刑罪,使得改行自新也。"书闻,上悲其意,此岁中亦除肉刑法。

——《史记·扁鹊仓公列传》①

注释

【文帝】即刘恒(前202—前157),西汉皇帝,公元前180—前157年在位。高后八年(前180),吕后死。诸吕之乱平定后,被大臣周勃等迎立为帝。继续推行与民休息政策,劝课农桑,减省租赋,废除收孥相坐律令,免官奴婢为庶人。又募民实边,令民得纳粟拜爵。后世史家将其与景帝统治时期并称为文景之治。

【淳于意】(约前205—?),西汉齐临淄人,为齐太仓令,世称仓公。精于医术。

【缓急】指危急之事或发生变故之时。

【坐】定罪。《左传·昭公二十三年》:"使与邾大夫坐。"注:"讼

---

① 原始文献详参《史记》,中华书局1982年版,第2795页。

曲直也。"

【改过自新】改过,改正错误。自新,自觉改正,重新做人。

【其道莫由】无法走上这条路。莫,没有什么,没有办法。由,经过,通过。

译文

汉文帝四年时,有人上书弹劾齐国太仓令淳于意,因为罪罚要西去长安受肉刑。淳于意有五个女儿,跟着他边走边哭,淳于意大怒说:"生了孩子但没有儿子,遇到大事一个能帮忙的都没有!"于是他最小的女儿缇萦感叹父亲言语,陪着父亲来到长安并上书皇帝,说:"我父亲在齐国为官尚算得上廉洁公正,现在因为犯法要受肉刑,我很痛惜人死不能复生,受过肉刑后,残缺的身体也无法接上复原。即使他们想改过自新,也找不到办法,最终无法如愿。所以,我愿意入官为官婢,换取父亲免受肉刑,让他能改正错误,重新做人。"汉文帝看了上书之后对其情况感到悲伤,便于该年废除了肉刑。

解析:废除肉刑

缇萦代父受过,敢于进言;文帝悯意废刑,善于纳谏。一进一退之间,彰显了中华优秀传统法律文化的底蕴与内核。尽管故事的载体可能已经是残篇断简,但其中承载的古代法制智慧仍熠熠生辉,启迪后世。尤其是对中华法系刑罚文明的演进与发展而言,汉文帝废除肉刑具有里程碑式的意义,不断影响着人们对于礼与法、德与刑、罚与教之关系的思考与探索。

囿于同态复仇论,残酷的肉刑通常包括墨、劓、刖、宫四种刑罚,从秦朝至西汉初期相沿不改,直至缇萦上书,汉文帝才颁布诏令废除肉刑。尽管汉文帝的刑制改革并未给封建君权时代带来彻底的、颠覆性的效果变化，但从微观层面分析，刑罚改革使得民众避免了"断肢体、刻肌肤、终身不息"的摧残之灾，有机会进行自我改过，而非一味提倡以重罚代礼教；从宏观层面展望，刑罚改革有利于教化、引导民众，营造崇德向善的民风社风，更标志着我国古代刑罚制度从野蛮走向文明。

1. 法制文明——明德慎罚，与时俱进

"法者，所以禁民为非而使其迁善远罪也。"① 可见，古人对于法律的理解——重教化、轻刑罚——是超前的，引人向善、明确行为边界才是法律设定的初衷，而法令的终极目的又应当始终与民众的幸福、社会的稳定保持同频。汉文帝体恤民情，善解民意，从实际情况出发，思考当下的刑罚制度与社会发展的适配度，更是将仁孝文化推崇至一定的高度。汉文帝也曾经亲自为母亲薄氏尝药，也许正是基于这份孝心，才使得其对缇萦救父感同身受，产生怜悯之情，继而对一以贯之的肉刑进行了变革。法安天下，德润人心。在坚持依法治国和以德治国相结合的法治背景之下，善于将社会主义核心价值观融入全面依法治国的全过程，既要灵活准确释明法条，也要运用合理妥善的解纷方式便于各方接受，才能达到法理与情理的双向认同，实现案结事了。

文帝刑制改革，既有儒家思想的渗透影响、强秦灭亡的教训借鉴等主观原因，也有百废待兴的社会背景、缇萦上书的历史偶然等客观原因，个中原因相互叠加、联系、作用，最终促成了统治阶级对于刑罚轻重制度进行反思、完善的历史必然。由此观之，不论是古代律法的立、改、废，还是中国特色社会主义法律体系的构建与完善，都应当牢牢把握时代的脉搏，紧紧围绕人民群众的急难愁盼问题，以良法促进人类文明的发展。法制文明力求"新"，也即加快推进数据安全、新型网络诈骗、文化产业等新兴领域、重点领域立法，坚持立、改、

---

① ［北宋］欧阳修：《剑州司理参军董寿可大理寺丞制》。

废、释、纂并举,淘汰不适应社会发展变化的滞后条文,敢于以前瞻性思维打破旧框架的束缚;法制文明力求"民",也即健全、畅通立法机关和社会公众的沟通机制,善于发挥基层立法联系点、公开征求意见、网络问政等民主渠道的作用,广泛凝聚社会共识;法制文明力求"准",法律法规作为上层建筑、顶层设计,必须同当地的经济、政治、文化水平相适应,因地制宜而不盲目移植域外经验,科学论证而不纸上谈兵、闭门造车,最终达到实际化解矛盾冲突的最优效果。

2. 司法文明——宽严相济、罚当其罪

淳于意任齐国太仓令时清廉公正,只是因治疗病入膏肓的贵妇时遭到诬陷,而后被定罪处肉刑。极力主张"无为而治"的汉文帝在斟酌之后决定约法省刑,对淳于意作出减轻刑罚的处置。而现代刑法理论中的罪责刑相适应原则,即是追求过与罚的平衡,充分考量犯罪情节与尊重当事人的主观意图。深入贯彻宽严相济的刑事司法理念,绝不意味着对犯罪的轻视、对罪犯的纵容,而是在法律的框架之内促进社会效果的最大化,释放司法善意,维护社会稳定。

不论是认罪认罚从宽制度,还是少捕慎诉慎押政策,都是现阶段为探索宽严相济的刑事司法实践道路而进行的有益尝试、适时更新,其旨在教育引导犯罪嫌疑人悔过自新,尽快回归社会。而在司法体系的查漏补缺环节,亟须建立健全法律适用问题发现机制,完善配套预警机制,将与人民利益密切相关的,或与社会伦理背道而驰的,又或与时代背景不相契合的司法盲区及时进行纠偏,形成自下而上且高效、便捷的司法监督渠道。尤其是针对典型性、涉民生类纠纷,公安机关、检察机关、审判机关、司法行政机关要各司其职,形成矛盾纠纷妥善化解的闭环,减少冲突对立面,统一法律适用,严格公正司法,让人民群众切实感受到公平正义就在身边。

3. 法治文明——人民立场、依法治国

汉文帝废除肉刑之举,同重农桑、行节俭政策并行,为"文景之

治"的盛景奠定了基础，也预示着儒家思想向古代律法的全面渗透，深远影响着中华法律文化的历史根基。法治文明的一小步，都将成为深刻影响历史演进、发展、沉淀的一大步。面对国内外日趋严峻的形势和复杂多变的任务，全面依法治国必须坚持人民立场，积极回应人民群众的新期盼新要求，不断提高国家治理体系与治理能力的现代化水平。在新型犯罪层出不穷的当下，必须清醒认识到民心所向才是真正的政绩，罪名的设立不能事无巨细，也不可迟滞乏力，刑罚的设定不能逾越民众的常识而过于严苛，也不能过于宽松而丧失法律的威慑力。

中国古代经济向来倚重农耕文明，残酷的肉刑势必会削减劳动力。因此，汉文帝的刑制改革，不仅顺应民心，巩固统治，稳定政权，还是基于保全与发展劳动力的考虑，合乎历史发展的潮流。在推进多层次多领域依法治理的进程中，党政机关要时刻聚焦校园安全、教育"双减"工作、"杀猪盘"等民生领域的痛点、难点、堵点问题，用好指挥棒，提升精细化治理能力，积极排查潜在的风险隐患，着力解决好眼前的困难与矛盾。

汉文帝破旧例，废肉刑，除去的是教条主义对于人性教化、约束乃至惩戒的死板与粗暴；立新规，明礼德，树起的是权力享有者追求良法善治、隆礼重法的理念与策略。前有西汉缇萦救父，后有唐朝长孙无忌带刀入宫案，今有山东聊城辱母杀人案，刑事法律规范与道德、情理的爱恨纠葛是永恒的命题。但我们必须坚信，文明是一个螺旋式上升的过程，刑罚文明更是需要前赴后继的决心与矢志不渝的信念来塑造。在法治国家、法治政府、法治社会一体化建设纵深推进的今天，唯有不断汲取中华优秀传统法律文化的力量，才能将社会主义核心价值观转化为人民群众的情感认同与行为自觉。

（陈晓龙　上海市第二中级人民法院）

三、粟君告寇恩

原文

建武三年十二月癸丑朔乙卯，都乡啬夫宫以廷所移甲渠候书召恩诣乡。先以证财物故不以实，臧五百以上，辞已定，满三日而不更言请者，以辞所出入，罪反罪之律辩告，乃爰书验问。恩辞曰：颍川昆阳市南里，年六十六岁，姓寇氏。去年十二月中，甲渠令史华商、尉史周育当为候粟君载鱼之觻得卖。商、育不能行。商即出牛一头，黄、特、齿八岁，平贾直六十石，与交谷十五石，为七十五石，育出牛一头，黑、特、齿五岁，平贾直六十石，与交谷卅石，凡为谷百石，皆予粟君，以当载鱼就直。时粟君借恩为就，载鱼五千头到觻得，贾直：牛一头、谷廿七石，约为粟君卖鱼沽出时行钱卌万。时粟君以所得商牛黄、特、齿八岁，以谷廿七石予恩顾就直。后二、三〔日〕当发，粟君谓恩曰：黄牛微瘦，所得育牛黑、特，虽小，肥，贾直俱等耳，择可用者持行。恩即取黑牛去，留黄牛，非从粟君借犑牛。恩到觻得卖鱼尽，钱少，因卖黑牛，并以钱卅二万付粟君妻业，少八岁（万）。恩以大车半槶轴一，直万钱；羊韦一枚为橐，直三千；大筥一合，直千；一石去卢一，直六百，犕索二枚，直千，皆置业车上。与业俱来还，到第三置，恩籴大麦二石付业，直六千；又到北部，为业卖（买）肉十斤，直谷一石，石三千，凡并为钱二万四千六百，皆在粟君所。恩以负粟君钱，故不从取器物。又恩子男钦以去年十二月廿日为粟君捕鱼，尽今〔年〕正月、闰月、二月，积作三月十日，不得贾直。时市庸平贾大男日二斗，为谷廿石。恩居觻得付业钱时，市谷决石四千。以钦作贾谷十三石八斗五升，直觻得钱五万五千四，凡为钱八万，用偿所负钱毕，恩当得钦作贾余谷六石一斗五升付。恩从觻得自食为业将车到居延，□行道廿余日，不计贾直。时商、育皆平牛直六十石与粟君，粟君因以其贾予恩已决，恩不当予粟君牛，不相当谷廿石。皆证，它如爰书。

建武三年十二月癸丑朔辛未，都乡啬夫宫敢言之。廷移甲渠候书曰：去年十二月中，取客民寇恩为就，载鱼五千头到觻得，就贾用牛一头，谷廿七石，恩愿沽出时行钱卌万。以得卅二万。又借牛一头以为鞞，因卖，不肯归以所得就直牛，偿不相当廿石。书到。验问。治决言。前言解廷却书曰：恩辞不与候书相应，疑非实。今候奏记府，愿诣乡爰书是正。府录：令明处更详验问。治决言。谨验问，恩辞，不当与粟君牛，不相当谷廿石，又以在粟君所器物直钱万五千六百，又为粟君买肉，籴谷三石，又子男钦为粟君作贾直廿石，皆尽偿所负粟君钱毕。粟君用恩器物币败，今欲归恩，不肯受。爰书自证。写移爰书，叩头死罪死罪敢言之。右爰书。

十二月己卯，居延令守丞胜移甲渠候官。候所责男子寇恩事，乡置辞，爰书自证。写移书到□□□□□辞，爰书自证。须以政不直者法亟报。如律令。掾党、守令史赏。

——《居延新简·破城子房屋二二》①

注释

【建武】东汉光武帝年号（25—56）。

【都乡啬夫】官名。新疆吐鲁番十六国文书中所见。都乡犹明代之坊厢。高昌郡高昌县都乡，即在高昌坊廓所设置的乡。啬夫是乡官，职在知民善恶贫富，安排为役先后及为赋多少。

【甲渠候】指甲渠候官，俗称破城子。在今内蒙古额济纳旗南四十八里，纳林、伊肯河之间的戈壁滩上。为汉代居延都尉西部防线甲渠

---

① 原始文献详参《居延新简释校》，天津古籍出版社2013年版，第751—755页。

候官衙。举世闻名的"居延汉简"大部分出土于此。

【颍川】秦始皇十七年（前230）置，治所在阳翟县（今河南禹州市）。

【觻［lù］得】原为匈奴觻音鹿得王居地，故以名县。据《汉书·地理志》，县境有羌谷水穿流，东北至居延入海。即今之黑河。汉觻得县治所，在今张掖市西北黑河西岸的北古城。

【贾［jià］直】"贾"同"价"，价值。

【橐】囊。

【验问】检验查问。

【居延】西汉武帝时置，属张掖郡，为郡都尉治。治所在今内蒙古额济纳旗东南。东汉为张掖属国都尉治。魏、晋为西海郡治，后废。

【移书】发送公文；布告。汉王充《论衡·谢短》："两郡移书，曰：'敢告卒人。'"

【如律令】谓按法令执行。汉朝诏书或檄文结尾多用此语。后道教符箓仿效官文书，末尾多用"如律令"或"急急如律令"。

译文

建武三年（27）十二月十六日，县廷所在地的都乡啬夫宫，按县廷转来的甲渠的候官粟君对乡民寇恩的控诉状，把被告寇恩召到乡所在地，对他进行了讯问。首先向他说明："法律有规定，如果提供的证词不确实，故意夸大、缩小或隐瞒财物的数量，价值在五百钱以上的，证词已定，三天之内又不去找官吏说明真实情况加以更正的，就按照提供证词不实，使人入罪或出罪，要按照所出入之罪的轻重惩罚自身。"然后讯问了寇恩，并记入口供。寇恩的证词说：他原籍是颍川郡昆阳县市南里，现年六十六岁，姓寇。去年十二月中旬，甲渠令史华商、尉史周育应当替粟君运鱼到觻得去卖，由于华商和周育都不能去。于是华商就给粟君一头价值六十石谷的八岁黄色公牛，另加十五石谷，共值七十五石谷。周育给了粟君一头价值六十石谷的五岁黑色公牛，另加四十石谷，共值百石。他们用这些东西作为替粟君运鱼去觻得的赁金。之后，粟君雇用寇恩，运鱼五千条去觻得卖。双方约定：粟君给寇恩一头牛，二十七石谷；寇恩替粟君卖出鱼之后要交回四十万通用的钱。开始，粟君用华商给他的黄色八岁公牛和二十七石谷给寇恩作工钱。之后，过了两三天快要出发的时候，粟君对寇恩说："黄牛有点瘦，周育给我的黑色公牛虽然小，但比较肥，价钱是一样的，你从中挑一头好的牵走吧。"寇恩就牵走了黑牛，留下了黄牛。这并不是向粟君借的牛。寇恩到觻得卖完鱼，钱不足四十万，就卖掉了黑牛，凑钱三十二万交给粟君的妻子业，还少八万钱。寇恩就把一个价值一万钱的大车轴、一条价值三千钱的熟羊皮袋子、一个值一千钱的大型竹筒、一个价值六百钱盛一石谷物的筐、二根价值一千钱的缰绳，都放在了粟君的妻子业的车上。寇恩与业一起回来的时候，走到第三个驿站，给业籴大麦二石，价值六千钱；走到北部，给业买肉十斤，价值谷一石。总计谷三石，钱二万四千六百，这些都在粟君的妻子业那里。寇恩与业回到居延后，寇恩想取回轴等器物。粟君对寇恩说："你欠我八万钱，还想拿走器物？"大怒。寇恩不敢拿器物而离开。此外，寇恩的儿子寇钦，从去年十二月二十日起替粟君捕鱼，到今年正月、闰月、二月，总计做工三个月零十天，没有拿到应得的工钱。当时，市场上雇工的中等价钱，十五岁以上的成年男子每天二斗谷，所以粟君应该支付工钱谷二十石。寇恩在觻得给业鱼钱的时候，市上谷价每石四千钱，以寇恩的儿子钦应得的谷子十三石八斗五升作价，直觻又得五万五千四百钱，总计八万钱，偿付完所欠粟君的钱后，寇恩还应得其儿子钦的工钱余额六石一斗五升。并且寇恩吃自己的伙食从觻得替粟君的妻子业赶车到居延，一路上披荆斩棘累计走了二十多天，这都没有算钱。当初，华商、周育都以每头牛六十石谷给粟君，粟君也按照这样的价钱把牛给了寇恩，牛归谁已经议定。从以上事实看，寇恩不应当把牛还给粟君，也不应当再给他谷二十石。全部证词，如上述讯问笔录。

建武三年十二月十九日，县廷所在地的乡啬夫官报告：县廷转来甲渠候官的控诉状说：去年十二月中旬，他雇用客民寇恩运载五千条鱼到觻得，工钱为一头牛、谷二十七石。寇恩同意把鱼卖出后交回四十万通用的钱，现在拿到三十二万。寇恩又向粟君借走了头公牛，后把牛卖了，却不肯归还所得到的卖牛钱，不愿意归还所欠的二十石谷。收到这封控诉状之后，对寇恩进行了讯问，作出判断。前次送到县廷的报告书说："寇恩的供词与甲渠候粟君的控告不相符合，怀疑提供的情况不实。"后面甲渠候上书到太守府，表示愿意亲自到都乡作证。太守府命令："要进一步把事情讯问清楚，作出判断上报。"按照太守府的指示，我们又一次对寇恩进行了讯问。寇恩证词说：不应当给粟君牛，也不欠他二十石谷。他说他的器物在粟君那里，值钱一万五千六百；又为粟君买肉，籴谷三石，还派了儿子钦为粟君做工，工价二十石；用这些东西偿还所欠粟君的钱完毕。粟君把寇恩的器物使用坏了，现在又要把这些东西归还给寇恩，寇恩不肯接受，特以他自己的供词为证。现将寇恩的供词抄写成讯问笔录送上。向您叩头，冒死罪上报。以上为报告书。

十二月二十七日，居延县令、代理县丞胜转甲渠候官署：候官粟君控告寇恩欠债不还之事，按都乡啬夫谈的情况和寇恩提供的证词说明，粟君对寇恩的控告是没有根据的，应当按照处理政事故意出入人罪报告上级，依照法律规定予以制裁。狱掾党、代理令史赏。

解析：民事诉讼中对真实证词的追求

粟君控告寇恩纠纷案出自《居延汉简》中的简册《建武三年十二月候粟君所责（债）寇恩事》。东汉初年，张掖郡居延边塞甲渠候粟君向县府递了诉纸，状告一介客民寇恩欠钱不还。县府经过两次传讯验问，最终判决身为候职的粟君败诉，并认定粟君"为政不直"。尽管这一汉简只保存了全案程序的前半段，以至案件最终是否开庭审理以及如何审理的都无从知晓，但现存的在案资料仍可为我们解读及借鉴汉代司法制度提供宝贵来源。

1. 对真实陈述义务的规定及对虚假陈述行为的规制

本案中，居延县府收到粟君的起诉书后，立案的同时移送给被告寇恩所在都乡，并下达公文指令乡啬夫验问被告。都乡验问后制作并上报"治决言"附爰书①，却被县里退回，理由是认为寇恩证词与起诉书不相符，怀疑有不实之处，要求再次详细验问。后都乡再次审问，制作了第二份"治决言"附爰书上报，最终县廷作出判决。不难发现，当时的司法裁判是非常看重当事人的自证陈述及其真实性的，并对判决结果产生了实质性影响。另外，该案两份爰书都提到，乡啬夫在验问之前都照例宣读相关律文，强调庭审时必须提供真实证词及不如实提供证词的法律责任，这也体现了对当事人真实陈述义务的规定及对虚假陈述行为的规制。

当下证据体系远比古代健全，但民事诉讼实践表明，当事人陈述对法官自由心证的形成仍具有相当重要的影响。现代社会的信用体系也日臻完善，但不可回避的是趋利的本性往往驱使当事人在诉讼中作出对己有利的事实陈述，甚至不惜虚假陈述。而当事人的虚假陈述，往往会误导法官的自由心证，增加法官准确认定案件事实的难度，甚至导致误判，损害司法权威。关于如何平衡真实义务与辩论主义的冲突，以及有效认定和规制虚假陈述诉讼行为，粟君控寇恩案及其背后折射出的传统法治文化可以提供相当有益的智识资源。

2. 如何认定当事人虚假陈述

虚假陈述是指当事人故意违反真实义务和完整义务而进行的陈述②，

---

① "爰书"多带有口述、自辩性质，可细分为诉状爰书、辩供爰书、证词爰书及司法人员调查后形成的检讯爰书等，属于秦汉法律文书的一个构成部分。参见刘玉环：《居延新简"候粟君所责寇恩事"册书编联与所含"爰书"探析》，《西南学林》2016 年（下）。

② 《最高人民法院关于民事诉讼证据的若干规定》第 63 条第 1 款明确规定，当事人应当就案件事实作真实、完整的陈述，首次确立了当事人陈述真实义务和完整义务，深化了言词审理原则和当事人如实陈述的义务内涵。

主要表现为不实陈述、虚假否认和不完整陈述三种形态。对当事人虚假陈述的认定一般从两个方面来看：在客观上，可以对当事人的陈述与查明的案件事实进行比对。《最高人民法院关于民事诉讼证据的若干规定》（以下简称《证据规定》）第63条规定，若当事人的陈述与此前陈述不一致的应当说明理由，法官结合其他方面加以认定，可以说这至少涵盖了不实陈述和虚假否认这两种表现形态。在粟君控寇恩案中，第一次上报材料被退回，认定可能存在不实之处，但县廷依旧指令再次审讯，而非直接下断论。在关键问题上第二次的验问结果与第一次相同，第二份自证爰书中还有一个不容忽视的事实是寇恩述及在案件调查过程中粟君想退还扣留的器物遭寇恩拒绝，这个细节想必是县廷定案的重要依据，因为县廷收到第二次文书后并未再问，也许表明其不再对寇恩与粟君截然不同的话"疑非实"。通过对在案描述的推测，县廷对当事人是否虚假陈述的认定，一方面是在客观上对比前后两次验讯口供是否存在差异，特别是在基础性事实或关键事实上是否偏颇，另一方面结合其他客观方面因素加以认定，比如粟君突然要归还器物的反常行为。但在主观上，虚假陈述的主观认识应仅限于故意，出于过失作出的有所偏颇的陈述则不应认定为虚假陈述，过分强调当事人谨慎才能形成确信可能造成当事人不敢主张权利。在实践中对当事人的陈述的主观状态进行核实，本身是存有难度的，也是要通过客观要件去认定是否有故意的主观状态。

3. 如何规制当事人虚假陈述

规制手段是多样的，应综合运用，主要分为事前规制和事后规制。前者是指签署保证书、承诺书、具结宣誓[①]等；事后的规制主要是对虚假陈述的证明力予以否认以及构建虚假陈述的法律责任体系，比如对当事

---

① 《证据规定》第65条："人民法院应当在询问前责令当事人签署保证书并宣读保证书的内容。保证书应当载明保证据实陈述，绝无隐瞒、歪曲、增减，如有虚假陈述应当接受处罚等内容。当事人应当在保证书上签名、捺印。当事人有正当理由不能宣读保证书的，由书记员宣读并进行说明。"

人处以罚款或拘留的强制措施甚至严重的追究刑事责任。无论是事前还是事后规制手段，在粟君案中都不无体现，乡啬夫在讯问寇恩前即向其宣读相关律文，严肃告知虚假陈述的后果，要求其承诺做到真实完整陈述。同时我们也可以看到在汉代民事诉讼中不如实提供证言的行为是一种触犯刑法的行为，可入罪，可见惩戒力度之大，这可以说是完善我国当事人虚假陈述惩戒体系的有益思路。

面对巨大浩繁的《居延汉简》，仍有专家断言，这只是冰山一角，相信后续的发掘会使更多、更重要的汉简出土。粟君控寇恩案只是其中一则诉讼记录，却给我们提供了颇多对于司法制度的启发。要坚信中华法系传统和法治文化是中国特色社会主义法治思想的活水之源，充分彰显了本土性、包容性以及融入现代的延续性和发展性。要坚持以习近平法治思想为指导，不断提炼中华传统法治文化的传承价值、典型意义，坚持唯物史观，继承并发扬中国意识、中国智慧与中国语境，为中国特色社会主义法治建设提供厚重的历史资源和丰润滋养。

（林梦婷　上海市第二中级人民法院）

四、寒朗冒死诤冤狱

原文

寒朗，字伯奇，鲁国薛人也。……永平中，以谒者守侍御史，与三府掾属共考案楚狱颜忠、王平等。辞连及隧乡侯耿建、朗陵侯臧信、护泽侯邓鲤、曲成侯刘建。建等辞未尝与忠、平相见。是时显宗怒甚，吏皆惶恐，诸所连及，率一切陷入，无敢以情恕者。朗心伤其冤，试以建等物色独问忠、平，而二人错愕不能对。朗知其诈，乃上言："建等无奸，专为忠、平所诬。疑天下无辜类多如此。"帝乃召朗入，问曰："建等即如是，忠、平何故引之？"朗对曰："忠、平自知所犯不道，故多有虚引，冀以自明。"帝曰："即如是，四侯无事，何不早奏，狱竟而久系至今邪？"朗对曰："臣虽考之无事，然恐海内别有发其奸者，故未敢时上。"帝怒骂曰："吏持两端，促提下。"左右方引去，朗曰："愿一言而死。小臣不敢欺，欲助国耳！"帝问曰："谁与共为章？"对曰："臣自知当必族灭，不敢多污染人，诚冀陛下一觉悟而已。臣见考囚在事者，咸共言妖恶大故，臣子所宜同疾，今出之不如入之，可无后责。是以考一连十，考十连百。又公卿朝会，陛下问以得失，皆长跪言，旧制大罪祸及九族，陛下大恩，裁止于身，天下幸甚。及其归舍，口虽不言，而仰屋窃叹，莫不知其多冤，无敢牾陛下者。臣今所陈，诚死无悔。"帝意解。诏遣朗出。后二日，车驾自幸洛阳狱录囚徒，理出千余人。

——《后汉书·寒朗传》[1]

---

[1] 原始文献详参《后汉书》，中华书局1965年版，第1417页。

注释

【永平】东汉明帝年号（58—75）。

【谒者】官名。春秋战国时已有，为国君、卿大夫的侍从官员，掌接待引见宾客，朝会时担任警卫，亦奉命出使。东汉初或遣谒者监军及监领筑城和水利工程等，后遂常设监领常备营兵的监营谒者和专掌水利河渠的河堤谒者。

【三府】三公府的省称，指三公的官署，即太尉府、司徒府、司空府。

【掾属】官名。汉朝三公府、将军府分曹办公，掌管一曹事务的正长官称掾，副长官称属。

【考案】审处。

【楚狱】汉光武帝刘秀的儿子刘英为楚王。汉明帝刘庄在位时，楚王因谋逆被废进而自杀。因这一案件受牵连而被处罚的人"以千数"。

【显宗】即汉明帝刘庄。公元57—75年在位。在位期间，遣班超经营西域，又派郎中蔡愔[yīn]出使天竺求佛法。省减租徭，修治汴河，民生比较安定。遵奉光武制度，整顿吏治，严明法令。

【陷入】定罪判刑。

【物色】指形貌、模样。

【大故】大事。

【出之】古代称有罪不判、重罪轻判为出罪，称无罪判刑、轻罪重判为入罪。

【牾 [wǔ]】不顺。《说文解字》："牾，逆也。"

译文

寒朗，字伯奇，鲁国薛地人。东汉永平年间，以谒者兼侍御史身份与三公府属下官员一起，查核审理楚王刘英谋反一案的有关案犯颜忠、王平等人。颜忠、王平的供词中，牵连了隧乡侯耿建、朗陵侯臧信、护泽侯邓鲤、曲成侯刘建等人。但是耿建等人供称从来未与颜忠、王平见过面。当时汉明帝正发怒，官员们都惊恐不安，所以对牵连案件的人，不查清楚有罪无罪都判为有罪，没有人敢宽宥他们。寒朗对他们的冤枉感到伤心和同情，于是他特意提问耿建等人是怎样的形貌，以此来试问颜忠和王平，他俩感到惊愕而回答不出。由此寒朗知道了他们的供词都是捏造的，就向汉明帝写奏章报告："耿建等人并没有参与谋反，这完全是颜忠、王平对他们的诬陷。我猜想天下无罪受冤的人，情况与这相类似的大概不少。"汉明帝就召见寒朗，问他说："耿建等即使如你所说没有干谋反的坏事，但是颜忠、王平为什么要攀引诬告他们呢？"寒朗回答说："颜忠、王平知道自己犯的是大逆不道之罪，因此他们有意捏造牵连许多人，目的是希望拿这来给自己辩白。"明帝说："即使如此，四个侯既然无罪，为什么不早点奏明结案，而把这案拖延至今呢？"寒朗答道："我虽然查明他们没有犯罪，但恐怕天下还有别人来揭发他们的坏事，所以没敢及时上报。"汉明帝大怒，骂他说："你身为执法官员，竟还左右摇摆不定，快把他拉下去！"左右侍卫刚要把他拉下去，寒朗说道："希望让我再说一句话后再去死吧。我不敢欺瞒皇上，我说的这些话，完全是为国家着想。"明帝又问他："谁和你一起写的奏章？"寒朗答道："我自知我提出后必定被灭族，我不敢连累别人，只是从心底里希望皇上能从中有所察觉明白而已。我听到参加审理这案件的官员都说'大逆不道，是罪大恶极的大事，当臣子的应该共同痛恨他们，现在与其宽大他们不如严办他们，这样可以避免以后的责问'。因此他们调查一人牵连十人，审问十人牵连百人。还有，朝中三公六卿会集朝见，当皇上问他们是非得失时，他们都跪拜说道：'按照旧法的规定，凡犯大罪，应判夷九族。而今皇上大恩大德，只对他本人判罪，真是天下大幸。'等到他们回到家中，嘴上虽然不说，却仰望屋顶暗声嗟叹。他们不是不知道许多人是冤枉的，但他们不敢说,那是因为怕触怒皇上啊。我现在已经陈述清楚了,即使死了也毫不后悔。"汉明帝听了,心里明白过来,怒气也平息下来,就下令叫寒朗出去。过了两天,汉明帝乘车到洛阳,亲自审问囚犯和清理案卷,释放了千余人。

解析:不唯权只畏法

在本案中,寒朗作为审理案件的官员,承受着来自明帝严查此谋反重案的巨大压力,在其他审判官员对本案中的冤情和诬陷不敢予以纠正的情形下,不畏冒犯君主权威而揭发本案审理中存在攀诬构陷的冤情,从而维护了司法公平,保证了审判合法,体现了司法人员坚守正义的精神。

1. 司法公正要求司法人员以事实为准绳

司法公正的前提和基础是查明案件事实。司法活动是司法人员在查明案件具体事实的基础上适用具体法律规则的活动,因此明确案件事实细节是确保司法公正的基本。寒朗敢于冒死进谏,是因为他通过审讯取得了可信的证据证明耿建等人确属被诬陷,才得以使明帝平反冤狱,维持了案件处理结果的公正性。由此可见,司法裁判的第一步是通过证据收集和法庭调查查明案件事实,而只有在案件事实清楚,证据相互印证,细节清晰无误的情况下,司法工作者才能根据事实正确适用相应法条。同时,案件具体事实和情况也是审判者运用司法自由裁量权时必须考虑的要素,以民事侵权纠纷为例,侵权动机,侵权所采用行为,侵权后是否补救,都会影响到审判人员的自由裁量。此外,寒朗想要为他人洗刷冤屈,其所做的第一步便是查明事实,以事实为根据说服明帝。事实清楚明确是审判结果具有充分说服力的第一步,只有查明事实,审判人员才能正确适用法律,合理运用自由裁量权,从而才能保证案件处理结果公平公正。

2. 司法公正要求司法人员以严谨公正的态度审案

寒朗之所以能够成功劝谏明帝纠正冤狱,是因为他通过审讯查明了颜忠、王平诬陷耿建等人参与谋反,而寒朗的审讯过程也体现了其作为司法人员严谨的态度、公正的立场:采用科学审讯方法。寒朗在审理本案的过程中,以相当严谨的态度查明了案件事实,其采用的方法颇为符合现代刑事诉讼法的规定:寒朗要求颜忠和王平描述其检举的耿建等人的形貌,在发现二人无法正确回答该问题后,认定二人系诬告。我国现代《刑事诉讼法》及其司法解释中也有类似的指明和辨认共犯的规定,寒朗早在汉代就有了分开询问检举人和犯罪嫌疑人的意识,可谓具有较高的判案智慧,该审理技巧也对后世具有借鉴意义。从长远来说,中华法系历史悠久,在发展中出现了诸多优秀案例,其中凝结着无数司法先辈的智慧结晶,很多断案技巧、推理方法、犯罪心理推测均值得我们学习与借鉴。

寒朗在本案中能够秉持严谨公正的立场殊为难得。在汉代,司法官员在审理案件时,往往持有罪推定立场,对于犯罪嫌疑人常会采用刑讯逼供,但是寒朗在本案中却难能可贵地以类似现代法治"无罪推定原则"的严谨公正态度进行审理。楚王刘英谋反之所以会引发大规模的冤假错案,是因为明帝在谋反案的愤怒下,命令官员对所有可能涉案人员从严处置,对于招供出的人员均严加审理,从而导致该案审理人员对所有被诬陷者持有了一种先入为主的有罪推定思想。只要是被招供出的人员,不论事实与否,先加以牢狱之灾和刑讯逼供,因此导致了大量冤假错案。而在这种司法环境下,寒朗依然能够坚守公平正义的理念,不慑于皇帝权威,不以先见影响审案过程,而是坚持查明事实,才使得无辜的人得以免于杀身之祸。

3. 司法公正要求司法工作者坚守底线

在本案中,不仅是寒朗注意到了耿建等人的冤情,其他审理本案的官员也均对颜忠、王平的诬陷心知肚明，但他们畏惧于皇帝命令的权威，担心劝谏明帝会忤逆其严查本案的圣意，也有些官员想要借此邀功请赏，因此无人敢对明帝陈明案件实情。寒朗在劝谏明帝时，已然是将生死置之度外，秉承着公正重于生死的态度，勇于以其查明的真相劝谏明帝平反冤狱，减少株连，公正执法。寒朗此举体现了司法工作者最为宝贵的职业精神：一是勇于维护公正，无所畏惧。寒朗不忧个人荣辱，不畏皇帝权威，不惧杀身之祸，所求者唯公正耳，体现了司法工作者将维护公平正义放在第一位的可贵精神。二是忠于坚持正义，绝不屈服。公平正义是司法工作者应当坚守的唯一底线，寒朗之所以冒死进言，是因为他坚持公平正义的司法底线高于一切，高于任何权威，甚至高于生命；公平正义是司法者应当遵守并且贯彻的绝对真理，这一思想一直是中华法系悠长历史中从始至终未曾改变的信仰，这一理念与精神和西方近代启蒙运动中发展出的自然法思想不谋而合，说明了绝不以任何事物动摇公平正义的坚守是世界各地司法工作者所公认的准则。三是善于公正执法，正确适法。寒朗在平反冤狱的过程中，展示了高明的审判技巧，在劝谏明帝的过程中，又展现了高超的沟通艺术。公正司法需要讲究方式方法，更需要司法者具备相应的审理技巧与审判智慧。为了坚守司法公正的底线，司法工作者必须在日常工作中丰富审判经验，锻炼审判技巧，完善审判思维，增进审判智慧，从而才能保证司法工作者不为伪证遮目，不为巧言欺骗，不为诡辩说服，才能保障司法工作者正确适用法律，确保案件处理结果的公平公正。

4. 司法公正需要建立纠错机制

在长期历史发展过程中，中华传统司法体系逐渐形成了严密完整的会审、复审、复核等制度，这些制度使诸多案件得以复核，提供了纠正冤假错案的机制，从而促进了司法公正。汉代有录囚制度，即上级司法机关对下级机关的在押囚犯进行复核复审，以检查该囚犯所涉案件是否存在冤屈，从而纠正冤假错案。汉代的录囚制度包括皇帝录囚、刺史录囚和郡守录囚，皇帝录囚正始于本案所发生的汉代明帝时期,从案件中也可见,明帝在接受了寒朗的劝谏后,"亲自审问囚犯和清理案卷,释放了千余人"。同时,在汉代,还出现了越级申诉的制度"诣阙上书",这一制度允许蒙受冤狱的人可以不按照法律规定逐级上告,而是可以越级向中央司法机关申冤。此外,汉代还承袭了秦代的"覆案"制度,即对申诉的案件进行复审,纠正已经审判结束的冤案。纠正冤狱的制度在后世进一步发展:晋代设"登闻鼓"制度,百姓可于登闻鼓处击鼓鸣冤,司法机关闻声录状上奏;宋代设"翻异别勘"制度,规定犯人推翻其口供时应当更换其他法官或者更换其他司法机关重新审理;明代规定九卿会审制度对重大疑难案件进行复审,并规定了朝审制度对死刑案件的判定,又规定了大审审理积压案件,命令京官到外地录囚,还规定了会官审录,及皇帝直接任命中央各行政机构官吏审理大案重囚;清代规定会谳制度,令都察院复核全国死刑案件,设秋审制度复核地方斩监候和绞监候案件,并设朝审复核京城附近发生的斩监候、绞监候案件。

由此可见,中华法系自发源之始就注重纠正冤假错案,并发展出了完善的申诉、会审、复核制度,这些制度不仅给予了民众伸冤申诉的渠道,也促进了审判结果的公正,减少了冤假错案的发生,一定程度上保证了司法公正。因此,现代司法制度应当注重畅通民众申诉渠道,完善案件纠错制度,保证审判质量,从而在制度层面保障司法公正。

(吕曼菲 上海市第二中级人民法院)

五、孙章矫诏免死

原文

郭躬，字仲孙，颍川阳翟人也。家世衣冠。父弘，习《小杜律》。太守寇恂以弘为决曹掾，断狱至三十年，用法平。诸为弘所决者，退无怨情，郡内比之东海于公。年九十五卒。

躬少传父业，讲授徒众常数百人。后为郡吏，辟公府。永平中，奉车都尉窦固出击匈奴，骑都尉秦彭为副。彭在别屯而辄以法斩人，固奏彭专擅，请诛之。显宗乃引公卿朝臣平其罪科。躬以明法律，召入议。议者皆然固奏，躬独曰："于法，彭得斩之。"帝曰："军征，校尉一统于督。彭既无斧钺，可得专杀人乎？"躬对曰："一统于督者，谓在部曲也。今彭专军别将，有异于此。兵事呼吸，不容先关督帅。且汉制棨戟即为斧钺，于法不合罪。"帝从躬议。又有兄弟共杀人者，而罪未有所归。帝以兄不训弟，故报兄重而减弟死。中常侍孙章宣诏，误言两报重，尚书奏章矫制，罪当腰斩。帝复召躬问之，躬对"章应罚金"。帝曰："章矫诏杀人，何谓罚金？"躬曰："法令有故、误，章传命之谬，于事为误，误者其文则轻。"……帝曰："善"。

后三迁，元和三年，拜为廷尉。躬家世掌法，务在宽平，及典理官，决狱断刑，多依矜恕，乃条诸重文可从轻者四十一事奏之。事皆施行，著于令。章和元年，赦天下系囚，在四月丙子以前减死罪一等，勿笞，诣金城，而文不及亡命未发觉者。躬上封事曰："圣恩所以减死罪使戍边者，重人命也。今死罪亡命无虑万人，又自赦以来，捕得甚众，而诏令不及，皆当重论。伏惟天恩莫不荡宥，死罪已下并蒙更生，而亡命捕得独不沾泽。臣以为赦前犯死罪而系在赦后者，可皆勿笞诣金城，以全人命，有益于边。"肃宗善之，即下诏赦焉。

——《后汉书·郭躬传》①

注释

【衣冠】代称缙绅、士大夫。《汉书·杜钦传》："茂陵杜鄴与钦同姓字，俱以材能称京师，故衣冠谓钦为'盲杜子夏'以相别。"颜师古注："衣冠谓士大夫也。"

【决曹掾［yuàn］】官名，西汉丞相府和东汉三公府及郡国皆置，为决曹长官，掌罪法事，秩皆三百石。《后汉书·百官一·太尉》："掾史属二十四人。汉旧注曰：东西曹掾比四百石，余掾比三百石，属比二百石……决曹主罪法事。"

【东海于公】指西汉东海郡人于定国。曾任县狱吏、郡决曹，其精通法律，以善于决狱而闻名。

【断狱】审理判决案件。《周礼·士师》："察狱讼之词，以诏司寇断狱弊公，致邦令。"

【公府】公府掾，官名，即公府掾史属，三公府下属诸曹职吏统称。

【斧钺［yuè］】斧与钺，泛指兵器，亦泛指刑罚、杀戮。《左传·昭公四年》："王弗听，负之斧钺，以徇于诸侯。"

【部曲】军队编制单位。大将军营五部，校尉一人；部有曲，曲有军候一人。

【别将】配合主力军作战的部队将领。《汉书·高帝纪上》："五月，项羽拔襄城还。项梁尽召别将。"颜师古注："别将，谓小将别在他所者。"

【呼吸】一呼一吸，顷刻之间。

【棨［qǐ］戟】有缯衣或油漆的木戟。古代官吏所用的仪仗，出行时作为前导，后亦列于门庭。《汉书·韩延寿传》："功曹引车，皆驾四

---

① 原始文献详参《后汉书》，中华书局1965年版，第1543—1544页。

马，载橐戟。"

【中常侍】官名。西汉元帝时置，为加官，诸侯、将军、卿大夫、尚书、郎中等官员，凡加常侍者，即可出入禁中，常侍皇帝左右。无定员，可多至数十人，任用士人。

【矫制】指假托君命行事。制，制书。《汉书·终军传》："元鼎中，博士徐偃使行风俗。偃矫制，使胶东、鲁国鼓铸盐铁。"颜师古注："矫，托也。托言受诏也。"

【系囚】在押的囚犯。

【金城】西汉置，属金城郡。治所即今甘肃兰州市西北西固城。

译文

郭躬，字仲孙，颍川阳翟（今河南省禹州市）人，其家族世代为官。父亲郭弘，研习《小杜律》。太守寇恂让郭弘当决曹掾，断案达三十年，执法公平。那些被郭弘判罪的人，回去后没有怨恨之情。郡内人将他视为善于决狱的东海于公。郭弘活到95岁去世。

郭躬年轻时继承父业，讲授法律，学生常达数百人。后来被公府征召做了郡吏。东汉永平年间，奉车都尉窦固出击匈奴，骑都尉秦彭做他的副将。秦彭带兵驻扎在另外的地方，有时不经请示就按照法律杀人。于是窦固上奏皇帝说秦彭专权，擅自杀人，请求诛杀秦彭。汉明帝于是请公卿朝臣评判秦彭的罪行。郭躬因为通晓法律，也被召见参与审理。大家都认为窦固的上奏是对的，唯独郭躬说："从法律角度看，秦彭该杀那些人。"明帝说："军队出征，校尉要一律受制于主将。既然秦彭没有作为杀伐凭证的斧钺，怎么能专权杀人呢？"郭躬回答说："校尉要一律受制于主将，那是说校尉与主将驻扎在一起。现今秦彭另率一支军队驻扎于别处，情况不一样，军情瞬息万变，有时不容许先禀告主将后再作处置。况且按汉朝制度规定，戟就是斧钺，所以比照法律秦彭不犯罪。"汉明帝听从了郭躬的意见。又有一案，兄弟两人一起杀了人，但罪责还没有分清。皇帝认为做兄长的没有尽到教育弟弟的责任，所以判了哥哥的重刑而免除了弟弟的死罪。中常侍孙章宣读诏书时，误说两人判的都是重刑，于是尚书上奏皇帝说孙章假传圣旨，罪当腰斩。皇帝又召见郭躬询问他的看法，郭躬回答："孙章应处以罚金。"皇帝说："孙章假传圣旨杀人，怎么只处以罚金呢？"郭躬说："法律上有故意犯罪和失误犯罪的区别，孙章传达诏书出现错误，事属失误，对失误者法律量刑要轻。"皇帝说："好。"

郭躬后来有三次升迁，元和三年，被任命为廷尉。郭躬一家世代运用法律，都务求宽容公平，等到做了法官，审案判刑，大多遵循同情宽恕的原则，于是写了条陈，修改了四十多条量刑过重可以从轻论处的条文，并上奏皇上，得到施行，并写到了法律文件中。章和元年，皇帝对关押犯人进行大赦，对四月丙子日以前的在押犯死罪的犯人减轻一等罪责，不加鞭笞发配金城守边，但大赦令没涉及那些没抓到的逃犯。于是郭躬上奏皇帝说："皇上之所以要施恩给死囚犯让他们减刑戍边，是因为重视人的生命。现在犯了死罪的逃犯总数不下万人，自从大赦天下以来，抓捕的逃犯很多，但赦罪的诏书没有涉及这些人，所以他们都被判了重罪。我私下想皇上福恩应该浩荡宽宏，现今犯死罪以下的人都获得了新生，唯独被捕的逃犯却未能受到皇上的恩泽。我认为大赦令之前犯了死罪又在大赦令之后被抓捕的罪犯，都应不加鞭笞，发配金城，这样既保全了人命，又有益于边防。"汉章帝认为很好，就下诏赦免了那些抓回来的逃犯的死罪。

解析：区分失误——"刑不可以委曲生意"

1. 罪刑法定原则——"法令有故、误"

孙章矫诏免死案中，郭躬劝诫君王说道："法令有故、误，章传命之谬，于事为误，误者其文则轻。"君王效法天道，刑法规定不能歪曲而产生另外的解释。郭躬1900多年前的这句话已经体现了现代刑法意义上的罪刑法定原则的精神。罪刑法定原则的基本含义包括"法无明文规定不为罪"和"法无明文规定不处罚"。郭躬的进言说道：既然法律上有故意杀人和误杀人之分的规定，孙章又的确是错误地传达命令，其构成误杀，误杀人者依照法律应当轻处以罚金。封建王朝统治下的大汉，司法官员极容易将罪刑"法"定等同于罪行"立法者"定，而那时的立法者便是君上、皇帝。郭躬却能直言进谏，坚持从当时法律规定的客观本意出发，遵循着朴素的罪刑法定原则，既然当下法律规定了误传的行为应当处以罚金，便不可以恣意对孙章处以腰斩之刑。

现代意义上的罪刑法定原则其实无论是对立法还是司法都起到了限制作用，从打击犯罪、保护人权立场上诠释新时代罪刑法定原则的内涵有重要的意义。罪刑法定原则是现代刑法相对于其他部门法特有的且至为重要的原则，且已经具有了更多的内涵与外延，正是这些新的发展才使得罪刑法定原则具有历久弥新的生命力。我国《刑法》第3条关于罪刑法定原则的表述是：法律明文规定为犯罪行为的，依照法律定罪处刑；法律没有明文规定为犯罪行为的，不得定罪处刑。罪刑法定原则在当下中国具有以下两个方面的含义：一是只有现行法律将某一种行为明文规定为犯罪的，才能对这种行为定罪判刑，而且必须依照现行法律的规定定罪判刑；二是凡现行法律对某一行为没有规定为犯罪的，对这种行为就不能定罪判刑。关于罪刑法定原则的立法表述充分体现了我国刑法惩罚犯罪、保护人民的立法目的。

2. 罪责刑相适应原则——"误者其文则轻"

在此案中，郭躬认为孙章于事为误，误者其文则轻。可见，当时的刑律除了将罪犯的主观内容作故意和过失之区分之外，还为两种不同的主观内容匹配了不同的刑罚，误者其文轻，表示在当时的法律条文中规定，过失犯罪相较于故意犯罪应当处以更轻的刑罚，承担更轻的罪责，这是一种传统社会中朴素的罪责刑相适应的原则。一个罪犯故意去侵害别人的生命权利和过失造成别人生命权的损失，按照最朴素的伦理道德观念以及惩罚罪犯的理念，理应有所区分，这是善法理应遵循的原则。

马克思主义认为主观和客观是辩证统一的，人的任何行为都是主观与客观的统一。因此在评判罪犯应当承担何种刑罚结果时，除了看犯罪行为性质以及对社会造成的客观危害结果大小，还应当综合考虑罪犯的主观恶性及再犯可能性，切实做到罪、责、刑相适应。我国《刑法》第5条规定：刑罚的轻重，应当与犯罪分子所犯罪行和承担的刑事责任相适应。第14、15条对故意犯罪和过失犯罪作了区分，第61条对量刑做了如下规定：对于犯罪分子决定刑罚的时候，应当根据犯罪的事实、犯罪的性质、情节和对于社会的危害程度，依照本法有关规定判处。相较于郭躬所处东汉王朝对故、误适用不同刑罚之分，当代我国刑法则在总则篇中创设了一套主附结合、轻重有序、互相衔接的多刑种体系，这不仅充分体现了罪责刑相适应的原则，更是为该原则的适用提供了更为科学的刑罚轻重梯度。

3. 以事实为根据，以法律为准绳原则——"刑不可以委曲生意"

东汉王朝是封建王朝，王权统治之下对犯罪行为人的定罪极容易陷入恣意妄为的境地，特别是皇权至高无上的地位极易造成断人生死的司法官员完全按照皇帝的想法去认定犯罪事实，司法官员的立场取决于皇帝的喜好，而非基于事实和法律公正断案、适用刑罚。断案处罚的依据应当是查明的事实和适用的法律，法律规范以各种载体形式向社会大众公布，法律的运行应当符合大众的预期，如果恣意地认定犯罪事实、随意地适用法律，甚至为了讨好皇帝而肆意侵害老百姓的生命、财产便是有违刑律的本意，更会动摇政权稳定的根基。商鞅变法，立木为信，为的就是通过此种方式树立国家法律的权威，取信于民。面对皇帝怀疑孙章因为和罪犯是同乡而故意矫诏的主观判断，郭躬却能直言劝诫：君王效法天道，刑法规定不能歪曲而产生另外解释。这体现了即便是在古代封建社会也存在朴素的"以事实为根据，以法律为准绳"的刑诉法原则。

我国《刑事诉讼法》第 6 条规定：人民法院、人民检察院和公安机关进行刑事诉讼，必须依靠群众，必须以事实为根据，以法律为准绳……以事实为根据，就是审判机关在对具体案件作出判决时，应当以经过质证且查证属实的适格证据所证明的法律事实作为依据和标准。以法律为准绳，就是应严格按照法律的规定办事，把法律作为处理案件的唯一标准和尺度。以事实为根据，要求审判人员不能主观臆断、猜测当时的客观事实到底如何，而是搜集所有与案件相关的证据尽量去重塑当时的客观事实，但是由于时间具有不可逆性，已经发生的客观事实无法重新复原。所以，以"事实为根据"的"事实"应当是通过大量的证据及证据材料支撑起来的"法律事实"，没有证据能够证实的事实以及主观臆断的事实均不能认定为法律事实，更不能成为定罪量刑的基础。

（马健博　上海市第二中级人民法院）

六、袁安释冤囚

原文

永平十三年，楚王英谋为逆，事下郡覆考。明年，三府举安能理剧，拜楚郡太守。是时英辞所连及系者数千人，显宗怒甚，吏案之急，迫痛自诬，死者甚众。安到郡，不入府，先往案狱，理其无明验者，条上出之。府丞、掾史皆叩头争，以为阿附反虏，法与同罪，不可。安曰："如有不合，太守自当坐之，不以相及也。"遂分别具奏。帝感悟，即报许，得出者四百余家。

——《后汉书·袁安传》[①]

注释

【袁安】（？—92），东汉汝南汝阳人，字邵公。汉明帝永平十四年（71）拜楚郡太守，治政严明，名重朝廷。子孙世代公卿，为东汉著名大族。

【覆考】审察。

【府丞】官名。汉代郡府之属吏。《汉书·朱博传》："于是府丞诣阁，博乃见丞掾曰：'以为县自有长吏，府未尝与也，丞掾谓府当与之邪。'"

【掾史】汉郡诸曹掾史的统称。掾为正，史为副，统领一曹事，称某曹掾、某曹史或某曹掾史；也有的只置掾而无史，或只置史而无掾。

[①] 原始文献详参《后汉书》，中华书局1965年版，第1518页。

下设书佐助之。

【阿附［ē fù］】逢迎依附。

【感悟】亦作"感寤"。受感动而醒悟。

译文

汉明帝永平十三年（70），楚王刘英策划叛逆，事情败露后，案子被发到当地追查。第二年，三公府因为袁安擅长理清复杂的案件而推荐了他。于是袁安担任了楚郡太守。当时因为刘英供词牵连而被捕的达几千人。于是汉明帝震怒，官吏追查得急，不少人都在重刑之下屈打成招甚至死去。袁安到楚郡后，先不进府第，而是去处理案件。整理出其中没有确凿证据的囚犯，开列名单请朝廷释放。郡里的属吏们都叩头劝阻说不可，如果附逆反贼，法律规定与反贼同罪。袁安说："如果有违法的事，太守自己担当，不会连累你们。"于是袁安把事情分门别类地上奏，皇帝醒悟过来，马上批准，由此被释放的有四百多家人。

解析：谋反罪中"非法证据排除"

在今天，"非法证据排除"抑或"疑罪从无"已然是一个热门话题，然而在波澜壮阔的中华法系长河中，总能迸发出些许如"非法证据排除""疑罪从无"等充满现代光辉的法治理念，它闪耀着带有普遍意义的思想智慧，即使历经风雨淬炼，亦能表现出强大的生命力。

"袁安释冤囚"发生在近 2000 年前的东汉永平十三年（70）。根据当时的刑事制度，为了取得口供，刑讯逼供是广泛采用的办法，《汉书·杜周传》记载："会狱，吏因责如章告劾。不服，以掠笞定之。"刑讯之下，犯人不胜其苦，不得不屈服招供，所谓"捶楚之下，何求而不得",这是当时造成冤狱的原因之一。值此背景下,本案中的袁安不以屈打成招的口供作为定罪量刑的依据,转而探求确凿证据,并上报皇帝释放了证据不明的囚犯,我们至少在其中看到了现代刑事诉讼制度中的"非法证据排除规则"和"疑罪从无原则",看到了法治工作者的担当和责任,为刑事制度的良性发展提供了历史理据。

1. 破除冤狱的前提——排除非法证据

在袁安身处的汉代,重刑屈打,实则常见之事。通过限制乃至侵犯犯罪嫌疑人的人身权利和民主权利,使得他们在肉体及精神上遭受极大的痛苦而被迫作出认罪的供述,无可避免地制造出冤假错案。而袁安摒弃屈打成招的口供,还囚犯以清白,如同一把手术刀准确地对准了非法取证这一顽疾,是以舍身之险和理性之念,阻挡住了冤狱的发生,充分彰显了非法证据排除的逻辑内涵:非法取证行为获得的证据是受污染的,依据受污染的证据作出的判决也是受污染的,或者是不公正的,因此要将非法证据予以排除。

应当认为,袁安摒弃屈打成招的口供彰显了一名审判者的正直与智慧,也与今时的法治理念不谋而合。如今,犯罪嫌疑人、被告人人权的不断完善早已是检验刑事诉讼进步与文明的核心标尺,我国据此在刑事诉讼法律中确定了非法证据排除规则,核心是通过禁止将非法拘禁、暴力殴打、恐吓威胁等非法手段获取的证据作为定案的依据,从而保障当事人的生命权、健康权、尊严权等基本权利,最大限度防止冤假错案,让人民群众切实感受到司法程序带来的安全感和公正感,是党的十八大以来我国刑事诉讼制度从"以侦查为中心"向"以审判为中心"改革的重要支点。

2. 破除冤狱的核心——坚持疑罪从无

自从人类历史上出现了诉讼这种纠纷解决的方式,事实真伪不明案件如何处理一直是困扰裁判者的一个难题。在神示裁判时期,自然不会存在疑案的纠结;进入证据裁判时代后,面对疑案该如何处理?

尽管东汉的司法实践仍继承了部分秦朝的司法思想，即主张"有罪推定"，但诸如袁安等一批汉代的儒者意识到了此中的昧陋之处，不断在司法实践过程中反对严酷的有罪推定，秉持着"疑罪从无"的理念。《后汉书》中的《寒朗传》《陈宠传》和《袁安传》均记载了永平十三年楚王刘英谋逆案的可怖细节，大量证据不实的无辜者被牵连进来，制造了堆积如山的冤狱，但《后汉书》也清晰记载，正是通过袁安、寒朗、陈宠等这些儒者的努力，在楚王刘英谋逆案中，大量证据不足和有疑点的案件最终进行了无罪处理，对汉代乃至对当下的司法实践都具有积极意义。可以说，袁安在2000多年前的努力，为当代法律不断放射出尊重和保障公民人权的光芒作了重要铺垫。

约翰·罗尔斯在《正义论》中认为"正义是社会制度的首要德性"，就此而言，"疑罪从无"是在疑案中实现正义的首要原则。它作为人权保障的重要理念，已经体现在了《中华人民共和国刑事诉讼法》第12条中，在冤假错案与正义之间构筑了一道防火墙，被认为是现代刑法"存疑有利于被告人"理念的具体体现。确立和坚持"疑罪从无"彰显了现代刑事司法的文明与进步，能够有效减少和避免冤假错案的发生，在我国人权保障史上具有里程碑的意义。

3. 破除冤狱的关键——培育法治人才

"一次不公正的审判，其恶果甚至超过十次犯罪。因为犯罪虽是无视法律——好比污染了水流，而不公正的审判则毁坏法律——好比污染了水源。"[①] 袁安的力挽狂澜，使我们看到了法治建设的曲折和艰辛，看到了法治的些微进步往往伴随着血的代价。纵观古今，欲实现"法安天下"的目标，就必须要有高素质的法治工作队伍来推动社会公平正义的实现。如本案中的袁安，凭借其过人的法治思维，向我们展示了一个合格的法治工作者如何坚持以客观事实为依据，还冤囚以清白，

---

① 〔英〕丹宁勋爵：《法律的未来》，刘庸安、张文镇译，法律出版社1999年版，第7页。

还社会以公道。遗憾的是，历史的局限性告诉我们，如袁安这般的人才并不能根治当时的"人治"陋习，违法办案、程序意识淡薄、人权保障意识缺乏致使错案频发。而可喜的是，历史上有千千万万如袁安一样的法治人才推动着司法理念的更新，维护着社会的公平正义，丰富着中华法系的智慧底蕴，向世人昭示了心怀"天理国法人情"的高素质法治人才队伍是推动法治文明进步的重要力量。

习近平总书记强调，全面推进依法治国，建设一支德才兼备的高素质法治队伍至关重要。因此，在法治国家、法治政府、法治社会一体化建设进程中，我们乐见一批批求真务实、经邦济世的法治人才来参与法治话语加工、法治理论创新、法治文化弘扬，为加快建设社会主义法治国家提供强有力的组织和人才保障，真正做到让人民群众在每一个案件中感受到公平正义。

（秦方舟　上海市第二中级人民法院）

七、周纤尸语

原文

周纤字文通，下邳徐人也。为人刻削少恩，好韩非之术。少为廷尉史。永平中，补南行唐长。到官，晓吏人曰："朝廷不以长不肖，使牧黎民，而性仇猾吏，志除豪贼，且勿相试！"遂杀县中尤无状者数十人，吏人大震。……

纤廉洁无资，常筑墼以自给。肃宗闻而怜之，复以为郎，再迁召陵侯相。廷掾惮纤严明，欲损其威，乃晨取死人断手足，立寺门。纤闻，便往至死人边，若与死人共语状。阴察视口眼有稻芒，乃密问守门人曰："悉谁载藁入城者？"门者对："唯有廷掾耳。"又问铃下："外颇有疑令与死人语者不？"对曰："廷掾疑君。"乃收廷掾考问，具服"不杀人，取道边死人"。后人莫敢欺者。

——《后汉书·酷吏列传》[①]

注释

【周纡 [yū]】东汉官员，为官苛严，好动刑律，永平九年（66）在洛阳令任上去世。

【刻削】苛刻，严酷。

【不肖】自谦之称。

【猾吏】奸猾的官吏。汉王充《论衡·商虫》："豪民猾吏，被刑乞

[①] 原始文献详参《后汉书》，中华书局1965年版，第2493—2494页。

贷者，威胜於官，取多於吏。"

【无状者】谓罪大不可言状的人。

【墼 [jī]】没有烧过的砖坯。

【肃宗】东汉章帝刘炟（56—88）。公元 75—88 年在位。在位期间，社会民生尚称安定，生产有所发展。后世史家将其与明帝统治时期并称为"明章之治"。

【召陵侯】封地位于今河南省漯河市郾城区，东汉设侯爵封国。

【廷掾】官名。汉朝县府掾属。或称五官掾，地位较高，祭祀时可排在功曹之前，兼有督邮之职，经常巡行乡下。《后汉书·百官志》："诸曹略如郡员，五官为廷掾，监乡五部，春夏为劝农掾，秋冬为制度掾。"

【藁 [gǎo]】稻、麦的秸秆。

【铃下】指属下。

【具服】完全服罪。

译文

周纡，字文通，下邳徐县人。他为人苛刻而少予人恩惠，喜好韩非的学说，年轻时候任廷尉史。永平年间，补任南行唐长。上任后，他晓谕官吏百姓说："朝廷不认为我不贤能而派我管理百姓，我天生仇恨狡诈的官吏，立志除掉豪强盗贼，希望大家不要以身试法！"接着杀了县内几十个特别凶暴的人，于是官吏百姓大为震动。

周纡因为为官廉洁所以没有钱，就经常做砖坯来维持生计。汉章帝听说以后很同情他，又让他担任郎官，又升迁他为召陵侯相。廷掾忌惮周纡的严肃公正，想煞煞他的威风，就在清晨时弄来一具尸体，将其手脚砍断，立在相府门前。周纡得知后就去察看，他站在死人身边，装着好像跟死人说话的样子。暗中观察到死人口中和眼中有稻芒，就秘密询问守城门的人说："有谁运稻草进城？"看门的人说："只有廷掾。"他又问身边侍从："外面有谁探询我和死人说话这件事吗？"侍从说："廷掾探询您的这件事。"于是周纡逮捕廷掾并拷问，廷掾全部供认说："我没杀人，弄来的是路边的死人"。自此谁也不敢欺骗周纡了。

解析：汉代刑事断案中的技术运用

法医鉴定结果是刑事证据的重要来源，通过对尸体的检验和现场生物犯罪证据的检测，辅助还原犯罪现场，使证据发挥其最大效用。在当代中国刑事证据制度中，重证据，尤其是重视物证的作用已经成为各界共识，然而在传统刑事证据制度中，特别是秦汉年间，辞供才是刑事证据的主要来源。通过对《睡虎地秦墓竹简》《岳麓书院藏秦简》《张家山汉墓竹简》等出土简牍文献考察、分析发现，在秦汉刑事审判中，嫌犯的供词居于核心地位，案件紧密围绕供词展开。作为基本的证据形式，一般情况下，未获得被告人的口供不得定罪。同时，不轻纳供词，重视使用物证、勘验结论、证人证言等证据来印证嫌犯供词的真实性，以求准确判案，此谓"词、证互印"。

"周纡尸语"这个案例则是秦汉时期证据制度的完美诠释。其中，周纡通过串联人证、物证与被告人供述，使各类证据相互印证，从而破解疑案。"周纡尸语"不仅是探究古代传统刑事证据制度的历史依据，同时，考究传统刑事证据制度的形成过程与成败得失，可以看出刑事证据制度一直在朝着更为文明、公正、规范的方向流变。

1. 刑事科学技术发展的现状

刑事技术作为一门应用科学，综合了实战、科研、服务等各项功能，通过刑事侦查所得到的蛛丝马迹，都可能成为解释犯罪的有力依据。

《周礼》上说："以五声听狱讼，求民情，一曰辞听，二曰色听，三曰气听,四曰耳听,五曰目听。""五听"是我国古代司法官吏在审理案件时,观察当事人心理活动的方法。由于刑事科学技术尚不发达,我国古代审理刑事案件多从"人"入手,这对断案官吏的逻辑和立场提出了很高的要求,而官吏常会受到很多因素的影响,冤狱也通常由此而来。

在科技日新月异的新时代,公安机关迫切需要发现新的方式来弥补过往技术的缺陷。从古代以口供为断案主要手段到现代基因测序等技术的发展,公安机关逐渐拥有了一种强大、可靠、高效的新型武器。遗传密码的唯一性,成为了侦破案件的有力凭据。物证 DNA 检验鉴定能够迅速、准确地指向嫌疑人。

同时,随着电子数据的浪潮席卷全球,电子信息、电子货币等已经成为人类生活的主体。没有现场的犯罪、不发生接触的违法,也随着时代的进步而水涨船高。看不见、摸不着的电子数据,如同无形的幽灵,隐藏在黑暗里,游荡于设备间。但这些数据幽灵也存在宿主,这些宿主便是存储介质。刑事技术便是让这些存储介质"开口说话"的密钥。利用技术让犯罪代码逐一恢复、破译,成为无形的"证人"。

时代向前发展,刑事技术也必将随时代一同发展,伴随刑事技术产生的刑事证据制度也会不断更新,合力成为撼动罪恶的中坚力量。

2. 刑事诉讼中对供述和证据的认定

获得被告人供述即口供是我国刑事证据制度从古至今一脉相承的习惯做法。然而在古代与当代刑事证据制度中,口供却发挥着全然不同的作用。

在古代,裁判者以口供为线索查明事实。栗劲先生在其著作《秦律通论》中谈道:"秦的司法官吏必须依据'有罪推定'的原则,对被告人采取步步追逼一直到刑讯的审判方法,逼使其认罪服法……记录口供的目的,主要不是为了尊重被告人的辩护权利,而是为了进一步追问被告人,使其认罪服法。"而在现代,口供则是证明犯罪故意的重要证据,是构成要件中"有责性"与"该当性"不可缺少的组成因子,绝不是定罪量刑的唯一依据。我国《刑事诉讼法》第55条规定：对一切案件的判处都要重证据，重调查研究，不轻信口供。只有被告人供述，没有其他证据的，不能认定被告人有罪和处以刑罚；没有被告人供述，证据确实、充分的，可以认定被告人有罪和处以刑罚。这是我国刑事诉讼法给予犯罪嫌疑人以人权保障的措施。

人有私心也会有偏差，但环境证据不会。周纡通过观察倒挂在路边的无名死尸，从尸体眼角、口唇上的少量稻芒合理推测该尸体与稻草有关，询问证人（守门人）后得知廷掾曾经装运稻草进城，初步锁定嫌疑人；其又通过询问证人（衙役）有谁打听过其与尸体的对话，印证其合理怀疑；最后加以刑讯出的供述进行佐证，从而确定犯罪嫌疑人。周纡断案的高明与前瞻之处在于，其并未进行有罪推定，而是以物证所证明的事实为主要依据，使得物证、证人证言与被告人供述相互支持、佐证，形成证据闭环，最后达到排除合理怀疑的程度。这体现出汉代刑事证据制度的演进与完善，同时表明汉代法治文明已经达到了一定的高度。

随着法治文明的发展，证据制度也在进步。奉行人治，践踏法治，证据制度就会遭到严重破坏，就会出现"捶楚之下何求不得""欲加之罪何患无辞"的情形，这是值得后人深刻总结的历史教训。我们应当总结历史的经验与教训，大力弘扬法治精神，消除封建专制的影响，提高法治意识。只有这样才能不断推动证据制度的完善，实现司法的公平与正义。

3. 坚持非法证据排除规则

在取得口供的过程中，汉代律法对于辞供取得的方式做了相对明确的程序规定，景帝中元六年（前144）专门制定了《箠令》，对刑罚工具及如何行刑作出了具体的规定："笞者，箠长五尺，其本大一寸，其竹也，末薄半寸，皆平其节。当笞者，笞臀。毋得更人，毕一罪乃更人。"东汉章帝在诏书中也曾说："律云：掠者唯得榜、笞、立。"可见，汉代法律是允许刑讯的，并且将其写入律文之中。在当时的技术条件和观念影响下，刑讯具有其现实性，且有明确的程序要求。而随着司法制度发展，一方面司法技术大幅提升，为查明案件事实提供了强有力的支撑，另一方面刑讯逼供所带来的严重危害和其不法性亦广遭诟病，已被现代司法制度彻底摒弃。

在当代刑事证据制度中，刑讯逼供所获的证据，无论是否真实，一律无效。依据2012年《刑事诉讼法》第54条规定，非法证据的排除范围有三类，其中包括采取刑讯逼供等非法方法收集的供述。两高三部《关于办理刑事案件严格排除非法证据若干问题的规定》对非法供述的排除范围进行了细化。由此可见，目前刑事诉讼程序极度重视对人权的保护和冤假错案的防范。当然，现行非法证据排除规则也并非臻备，比如非法证据的种类仍有拓展空间、非法的方式罗列尚不完全等，但在基本规则的框架之下，刑事证据制度必将循序渐进、步步完善。

古代刑事证据制度给了现代证据科学以重要思考，后世的我们，只有重视证据的关联性、客观性和合法性，坚持法定证明标准，才能打造出经得起时间和实践检验的铮铮铁案。

（沈佳莹　上海市第二中级人民法院）

八、春秋决狱

原文

时有疑狱曰:"甲无子,拾道旁弃儿乙养之以为子。及乙长,有罪杀人,以状语甲,甲藏匿乙,甲当何论?"仲舒断曰:"甲无子,振活养乙,虽非所生,谁与易之。《诗》云:螟蛉有子,蜾蠃负之。《春秋》之义,父为子隐,甲宜匿乙。"诏不当坐。

甲有子乙以乞丙,乙后长大,而丙所成育。甲因酒色谓乙曰:"汝是吾子。"乙怒,杖甲二十。甲以乙本是其子,不胜其忿,自告县官。仲舒断之曰:"甲生乙,不能长育以乞丙,于义已绝矣。虽杖甲,不应坐。"

——《通典·养兄弟子为后后自生子议》[1]

君猎得麑,使大夫持以归,大夫道见其母随而鸣,感而纵之。君愠,议罪未定,君病恐死。欲托孤,乃觉之,大夫其仁乎,遇麑以恩,况人乎,乃褥之,以为子傅。于议何如?仲舒曰:君子不麑不卵。大夫不谏,使持归,非义也。然而中感母恩,虽废君命,徙之可也。

——《唐宋白孔六帖(四)》[2]

甲为武库卒,盗强弩弦,一时与弩异处,当何罪?论曰:兵所居比司马,阑入者髡,重武备、责精兵也。弩櫱机郭,弦轴异处,盗之不至,盗武库兵陈。论曰:大车无輗,小车无軏,何以行之?甲盗武库兵,当弃市乎?曰:虽与弩异处,不得弦不可谓弩矢射不中,与无

---

[1] 原始文献详参《通典》,中华书局1988年版,第1911页。
[2] 原始文献详参王京州、曹辛华主编:《古代类书集成》(第20册),北京燕山出版社2019年版,第60页。

矢同，不入与无镞同。律曰：此边鄙兵所臧直百钱者，当坐弃市。

——《唐宋白孔六帖（十一）》①

甲父乙与丙争言相斗，丙以佩刀刺乙，甲即以杖击丙，误伤乙，甲当何论？或曰：殴父也，当枭首。论曰：臣愚以父子至亲也，闻其斗，莫不有怵怅之心，挟杖而救之，非所以欲殴父也。《春秋》之义，许止父病，进药于其父而卒。君子原心，赦而不诛。甲非律所谓殴父，不当坐。

甲夫乙将船，会海风盛，船没溺，流死，亡不得葬。四月，甲母丙即嫁甲。欲皆何论？或曰：甲夫死未葬，法无许嫁，以私为人妻，当弃市。议曰：臣愚以为，《春秋》之义，言夫人归于齐。言夫死无男，有更嫁之道也。妇人无专制擅恣之行，听从为顺，嫁之者归也。甲又尊者所嫁，无淫行之心，非私为人妻也。明于决事，皆无罪名，不当坐。

——《太平御览·卷六百四十引》②

注释

【仲舒】董仲舒（约前179—约前104），西汉广川（今河北景县西南广川镇）人。景帝时博士。武帝时献"天人三策"得赏识，建议武帝对"诸不在六艺之科、孔子之术者，皆绝其道，勿使并进"（《汉书·董仲舒传》），定儒学为一尊，为武帝采纳。治公羊春秋学，对汉代社会和后来经学发展有广泛影响。

【振】古同"赈"，救济。《小尔雅·广言》："振，救也。"

【螟蠃 [guǒ luǒ]】寄生蜂的一种，亦名蒲卢。腰细，体青黑色，长约半寸，以泥土筑巢于树枝或壁上，捕捉螟蛉等害虫，为其幼虫的食物，古人误以为收养幼虫。

---

① 原始文献详参王京州、曹辛华主编：《古代类书集成》（第27册），北京燕山出版社2019年版，第85—86页。

② 原始文献详参李昉等：《太平御览·卷六百四十》，中华书局1985年版，第2868页。

【君猎得麑［ní］】指秦西巴为太子傅事。

【褥】睡觉时垫在身体下面的东西，同"荐"，推荐。

【一时】当时。

【司马】王宫外门。汉贾谊《新书·等齐》："天子宫门曰司马，阑入者为城旦；诸侯宫门曰司马，阑入者为城旦。"

【阑入】无凭证而擅自进入。《汉书·成帝纪》："阑入尚方掖门。"颜师古注引应劭语曰："无符籍妄入宫曰阑。"

【輗［ní］、軏［yuè］】置于车辕前端与车衡衔接处的销钉。

【或曰：殴父也，当枭首】《孝经·五刑》云："五刑之属三千，而罪莫大于不孝。"在汉律中，不孝之罪亦应斩枭。

【怵怅】恐惧怨恨。

【许止父病】见《春秋公羊传》。昭公十九年，许止为生病的父亲进药，谁知把药服下去之后，父亲一命呜呼。按照法律，是弑父之罪，应当枭首，结果他却被赦免。何休注："原止进药本欲愈父之病，无害父之意，故赦之。"

【擅恣】专权放肆。

译文

当时有这样一桩疑难案件：甲没有孩子，在路边捡了弃婴乙养大，当成儿子一样。等到乙长大成人了，犯罪杀人了，将这个事情告诉了甲，甲把乙藏起来了。甲应该怎么论罪？董仲舒判道："甲没有孩子，把乙养大，就算不是亲生，但是谁也改变不了养大成人的事实和父子之情。《诗经·小雅·小苑》就有记载：螟蛉无子，捕捉螟蛉幼虫教养，变成自己的儿子。而《春秋》纲常之义便是：父亲为孩子隐瞒犯罪事实，所以甲应该隐匿养子乙的犯罪事实。"皇帝于是下令不予追究甲的刑事责任。

甲生了一个儿子乙后送给丙，乙由丙抚育成人。甲趁着喝醉酒的机会对乙说:"你是我儿子。"乙生气地打了甲二十棍子。甲因为乙本来就是自己的儿子,气愤不过,自己告到了县衙。董仲舒认为:"甲既然将乙送给丙抚育成人,没有尽到亲亲之道、养育之责,两人之间的父子关系就已断绝,所以,并不知甲为生父的乙殴甲,就不应以子殴父论罪。"

主君打猎打到了一只小鹿,于是让大夫带回去,结果大夫走在路上,一只母鹿一直跟随着他,并啼叫。大夫不忍心,于是把小鹿放了。主君回来后很生气。还未定大夫的罪时,主君得了快要死的病。这时想选定托孤之臣,才发觉对遇到的小鹿都能施以恩德的大夫是多么仁爱啊,他对人一定也是如此,于是推荐他为儿子的老师。于是问怎么看?董仲舒认为,主君捕获幼鹿,大夫没有进谏,反而让主君带着回来,违背《春秋》之义;大夫被母鹿鸣叫感动,释放小鹿,虽违背君命,但这种仁爱举动应当提倡。

甲是一名看守武器仓库的士卒,偷了强弩的弦线,当时弦线(并没有安装在弩上)与弩是分置两处的,该给他定什么罪呢?我认为:存放武器的地方与皇宫外门相当,擅自闯入都是要受到髡刑的。这是因为重视和保护军备。但弩檗、机郭、弦、轴等武器零件,偷了还不至于构成"盗武库兵"的罪名。有人引用圣人的话说:大车没有輗,小车没有軏,缺少了这些关键的部件,车又该如何行走呢?那么,甲盗窃武库里的兵器,应该弃市吗?我认为:虽然如此,弦没有安装在弩上,没有弦的弩不能叫弩,箭射不中和没有箭一样,射而不能穿和没有箭头一样。法律规定:这种在边远地区盗窃赃物的士兵,如果价值超过一百钱,应当斩首弃市。

甲的父亲乙与丙因言语不合而起了冲突,丙以佩刀刺乙,甲马上用杖击丙,误伤乙,甲当怎么判决?有人认为:"是殴打父亲,应该砍头。"董仲舒认为:我以为父子是最亲的亲人,儿子听到父亲被打,没有不生出恐惧怨恨之心,他拿着棒子是要去救父亲,并不是要殴打父亲。《春秋》上说许止为生病的父亲进药,谁知把药服下去之后,父亲一命呜呼。原本许止送药是为了治愈父亲的病而没有害父亲的意思,所以赦免他。本案也是如此。甲以杖击父，本意是为了救父，而非害父。所以甲不应当判决犯罪。

甲的丈夫乙乘船，遇到海风很大，船沉没乙溺水而死，没有安葬。四月，甲的母亲丙马上把甲给嫁人了。该如何看甲的这种行为呢？有人说，甲的丈夫死后未葬，此时依照律法是不允许改嫁的，而甲却私自当了他人的妻子，甲应该被处以弃市的刑罚。董仲舒认为，以《春秋》中所阐明的义理来看，被告人尚未生子，也没有经济来源，《春秋》之义并不禁止夫死无男之妇女改嫁。因此，该案中的甲妇改嫁的行为虽然有违法律，但是并不违反《春秋》经义中早已确立的伦理原则和成例。该妇女的改嫁并不是其自己的主张，而是听从了其母亲的教令，妇女甲的改嫁是由于母命难违，没有贪图淫乐，因生活所迫，尊长主持明媒正娶，程序都是合法的，并不具有意图再嫁的私心，因此，即便是根据实在法禁止"私为人妻"的规定，该妇女也不能构成本罪名。

解析：春秋决狱的效果考量

春秋决狱，又称"引经决狱""经义决狱"，是指在古代审案断狱时引用《春秋》等儒家经典确立的道德规范和行为准则对既有法律进行解释或补充，以达到对案件的妥善处理。春秋决狱在中国法制史上占据极为重要的地位，它开启了中华法儒家化、伦理化的进程，推动古代成文法不断走向完备，是研究中华法文明的必修课程。

一般认为，西汉儒学大师董仲舒首开春秋决狱之风。《后汉书·应劭传》记载："董仲舒老病致仕，朝廷每有政议，数遣廷尉张汤亲至陋巷，问其得失。于是作《春秋决狱》二百三十二事。动以经对，言之详矣。"本篇中的六个案例即出自董仲舒所著《春秋决狱》。[①]

春秋决狱的出现是为解决作为"政议"的疑狱，这些疑狱的特点

[①] 董仲舒所著《春秋决狱》现已失传，流传下来的六篇案例是其他史料记载。

是法律对此并无明文规定或者虽有规定但法律效果不符合儒家经典倡导的伦理道德。隐匿养子案、弃儿殴父案填补了拟制血亲的空白，误伤己父案、盗窃武库兵案、私为人妻案则明确了相应罪名的成立条件，隐匿养子案、违命纵麑案确立了定罪量刑的例外情形。可见，春秋决狱并未跳过或否认既有的法律，而是通过儒家经义填补法律的空白、明确法律的适用范围，达到了法律效果与社会效果的统一。春秋决狱关于经权观的法律思维方法，很好地平衡了立法与司法、法律遵守与司法能动之间的关系，对当下司法审判具有重要借鉴意义。

1. 司法审判中的经权关系

经权思想是儒家的基本思想之一，以董仲舒为代表的公羊派尤为重视对经权关系的辨析。公羊派认为，经与权是对立的概念，经是应当遵循的基本行为规则，权则是指在特殊情况下采取的灵活性、变通性处理。[1] 宋代朱熹进一步概括为"经是万世常行之道，权是不得已而用之，大概不可用时多"，并提出"常以守经，变以行权"。[2] 董仲舒以经权关系为基本思路解读《春秋》经典并应用于司法断狱，强调了作为经的法律以及针对特殊情况进行权变的必要。

法律代表一个社会的最普遍共识和最低道德要求，具有普遍的约束力和指导性，即为常守之经，但它永远无法涵盖全部生活事实的复杂性和特殊性，无法及时回应社会的新变化。法律的上述瑕疵或缺陷会在某个特殊的具体案件中得以展现，需要法官进行权变处理。因此，司法审判中的经与权并非对立而是统一的关系，权是用来补充经的未尽、纠正经的失灵，最终实现个案的公正并体现法律的权威。

2. 司法审判中的行权之法

董仲舒在其《春秋繁露·玉英》一文中阐述了春秋决狱的基本方

---

[1] 参见赵清文：《道义与结果在道德生活中如何统一——经权观与儒家规范伦理思想的性质》，《道德与文明》2015年第4期。
[2] 《朱子语类·卷三十七》。

法论，"《春秋》之听狱也，必本其事而原其志。志邪者不待成，首恶者罪特重，本直者其论轻"。春秋决狱虽强调原心定罪，但也明确提出要基于事实基础，即所谓通过"其事"探求"其志"。在私为人妻案中，正是因为董仲舒在甲"夫死未葬，更为人妻"的事实之外注意到了"夫死无男，尊者所嫁"的情节，最终作出了甲并非"私为人妻"的权变处理。

司法审判中，法官既要坚持适法统一，又要秉持合法合理，让人民群众在每一个司法案件中都感受到公平和正义。而法官行使自由裁量权的首要前提就是全面查清法律规范构成的每一个事实，审查相应事实是否具有值得评价的特殊性，进而决定处理方式，确保结果公平公正。此外，法官还需要探求法律的规范目的及精神，分析具体案情的规范效果是否与该法律的规范目的及立法精神相违背，是否符合核心价值观的根本导向，是所谓"夫权虽反经，亦必在可以然之域"①。如根据民法典规定，夫妻一方超出日常生活需要举债并用于共同生活或生产经营的，应认定为夫妻共同债务。但在涉及原告为夫妻一方父母的案件时，可能存在该方通过自认或补签借条将此前的婚内赠与变为共同债务的情形，此情况就不符合该规定的规范目的，不能作为处理该类案件的法律依据。

3. 司法权变的制度要求

从春秋决狱的产生及发展来看，法官的职业化是司法权变的内在要求。春秋决狱的产生并非偶然，是建立在董仲舒的经学背景以及西汉"独尊儒术"的时代背景之上，《春秋》等儒家经典为春秋决狱提供了必要的理论依据和方法论支持。自汉以后，研习经学成为入仕为官的重要通道，法官队伍逐步实现了相对的专业化，但因为无法摆脱权力的约束和干扰，春秋决狱也常常因被用于枉法擅断而广泛遭受质疑。

在全面推行依法治国的今天，司法在追求更加精准化、专业化的

---

① 《春秋繁露·玉英》。

同时，也更加注重兼顾法、理、情的平衡。根据司法审判的特点和规律，法官职业化至少包含三个方面的内容：一是加强职业保障建设，使法官不受外部力量干扰，以保证法官的客观中立。二是加强职业道德建设，法官应恪守职业道德规范，践行司法为民的宗旨。三是加强职业技能建设，提升法官专业化水平。

（储继波　上海市第二中级人民法院）

九、隽不疑捕假太子

原文

始元五年,有一男子乘黄犊车,建黄旐,衣黄襜褕,着黄冒,诣北阙,自谓卫太子。公车以闻,诏使公卿、将军、中二千石杂识视。长安中吏民聚观者数万人。右将军勒兵阙下,以备非常。丞相、御史中二千石至者并莫敢发言,京兆尹不疑后到,叱从吏收缚。或曰:"是非未可知,且安之。"不疑曰:"诸君何患于卫太子!昔蒯聩违命出奔,辄距而不纳,《春秋》是之。卫太子得罪先帝,亡不即死,今来自诣,此罪人也。"遂送诏狱。……廷尉验治何人,竟得奸诈。本夏阳人,姓成名方遂,居湖,以卜筮为事。有故太子舍人尝从方遂卜,谓曰:"子状貌甚似卫太子。"方遂心利其言,几得以富贵,即诈自称诣阙。

——《汉书·隽不疑传》①

注释

【隽不疑】西汉勃海(治今河北沧县东南)人,字曼倩。武帝末年,任青州刺史。昭帝时,因捕治齐孝王孙刘泽谋反案,擢为京兆尹。治政严而不酷。

【建】竖起。《诗经·小雅·出车》:"设此旐矣,建彼旄矣。"

【黄旐[zhào]】古代的一种黄色旗子,上面画着龟蛇。《周礼》:"龟蛇为旐,县鄙建旐。"

---

① 原始文献详参《汉书》,中华书局1962年版,第3037—3038页。

【襜褕［chān yú］】古代一种较长的单衣。有直裾［jū］和曲裾二式，为男女通用的非正朝之服，因其宽大而长作襜襜然状，故名。颜师古注："襜褕，直裾禅衣。"

【北阙】用为宫禁或朝廷的别称。《汉书·高帝纪下》："萧何治未央宫，立东阙、北阙、前殿、武库、太仓。"颜师古注："未央宫虽南向，而上书、奏事、谒见之徒皆诣北阙。"

【卫太子】刘据（前128—前91），即戾太子。汉武帝子，母卫皇后。

【勒兵】陈兵。

【阙下】宫阙之下。借指帝王所居的宫廷。

【收缚】收系。

【蒯聩［kuǎi kuì］】卫庄公，公元前480—前478年在位。曾经多次出逃。

【出奔】出逃。

【自诣】自己到来。

【诏狱】关押钦犯的牢狱。

【夏阳】秦地名，今陕西韩城市南。

【湖】胡县，古县名，今河南宝灵市西北。

【舍人】战国、秦时贵戚官僚属员，类似宾客，为主人亲近私属。汉朝为正式职官。太子太傅、少傅属官及皇后、公主属官皆有之。同时，大臣仍有私养舍人者。

译文

汉昭帝始元五年，有一个男子乘坐黄牛车，车上插黄旄旗，穿着黄色宽大的单衣和黄色的下裙，戴着黄色的冠帽，来到皇宫北门，自称是汉武帝时的卫太子。公车上报此事给皇帝，皇帝命令公卿、将军和中二千石的官吏都来辨认。长安城中的下级官吏和百姓聚集来观看的有数万人。右将军统率军队守在宫门外，以防备变故。到来的丞相、御史这些食禄二千石的官吏都不敢发言。京兆尹隽不疑后到，大声命令随行属吏将自称卫太子的人绑起来。有人说："真假都不知道，暂且缓一缓。"隽不疑说："各位何必惧怕卫太子！春秋时卫国太子蒯聩违背父命逃出卫国，当他回来时他的儿子蒯辄（卫出公）拒不接纳，《春秋》肯定了这种做法。卫太子对先帝犯下罪，逃亡在外没有马上服罪而死，现在自行前来，这是个罪犯啊！"于是把他押送到朝廷的监狱。……廷尉审讯他终于弄清其原委。他原是夏阳人，姓成名叫方遂，住在湖县，以占卜算卦为业。曾有原太子舍人到他那儿占卦，对他说："你的相貌很像卫太子。"成方遂听后认为有利可图，希望能因此得到富贵，于是就假称自己是卫太子，来到宫门。

解析：依法解决假太子化解舆情风险

"隽不疑捕假太子案"原载于《汉书·隽不疑传》，常作为典型案例见于各类秦汉法史研究文献，用以阐释西汉时期"春秋决狱"这一极具争议的审判思路。聚焦本案案情不难发现，在当时的时代背景下，"假太子案"足以称为一起重大舆情案件。但隽不疑在其进入审理程序前的妥善应对处理，成功化解了案件的潜在舆情风险，避免了负面舆情的发酵升级。

本案中出现的卫太子，为太后卫子夫之子，汉武帝生前曾立其为太子，颇受武帝宠爱。但武帝晚年昏聩，听信谗言，误认为卫太子利用巫蛊之术，意欲谋权篡位。武帝下令捉拿卫太子，卫太子无奈起兵反抗，但兵败身死，史称"巫蛊之祸"。卫太子死后武帝始知实情，虽追悔不已，但并未为卫太子平反。后另立幼子刘弗陵为太子，即本案案发时在位的汉昭帝。彼时昭帝刚继承皇位，统治根基不稳，时有传闻卫太子尚在世，人心浮动。

本案的发生虽然纯属偶然，但也反映出当时社会上的普遍想法，即认为卫太子谋反案中存在冤屈，对"巫蛊之祸"相关案件的审判有所质疑。因卫太子生前在民间深得民心且为原定继承人，本案如若处理不当，极有可能动摇在位者的统治基础。即使在信息传播效率低下、范围有限的西汉时期，本案亦有引发社会负面舆情的重大风险。

司法公正离不开民众对司法案件的监督，但如何回应民众对于各类案件的关注，如何防止案件引发负面舆情，是现今人民法院必须解答的难题，当然更是推进法治中国建设的必然要求。在面对舆情时如何应对处理，也许可从中国古代司法案例中寻找答案，"隽不疑捕假太子案"便能带来诸多启发。

1. 及时掌握事情事态，防止舆情升级变质

引发重大舆情的案件常与社会关注焦点相符，且常常具有一定的公共属性，本案因涉卫太子，便是如此，此类案件容易吸引民众积极参与讨论并进行二次传播，以致产生舆情效果。从舆论心理层面来看，民众对舆情事件中的当事人时常会产生同理心，即站在当事人的立场考虑问题、体验其内心感受，而忽视了案件本身的真实性。如果放任此种非理性的情绪肆意蔓延，哪怕仅是"假太子"，也将造成远超舆情案件本身的社会影响。而隽不疑在朝廷百官束手无策、聚集民众人数不断增多之时，及时准确地将"卫太子"拿下，控制住了此次舆情的源头，有效防止了事态的恶化。

在应对重大舆情案件时，人民法院应当积极主动，迅速启动应急预案，力争控制舆情"爆发点"，防止舆情发酵变质。对于突发舆情，要密切关注其实时动态，及时跟进可能引发舆情激化的敏感信息，追踪舆情案件的信息源头。对于舆情源头和关键传播点，要积极联系沟通，并对其进行正面引导，争取缓和其负面情绪，消除产生负面舆情的隐患。如果存在针对案件散布不实言论的行为，应及时通过官方途径予以揭穿，并及时联系公安机关依法采取强制措施，防止普通公众被误导而出现过激行为。由于涉案舆情时常事发突然，无法在第一时

间查明案情,此时切忌盲目"速战速决"而扭曲真实情况,避免失误操作致舆情转化变质。

2. 主动发声释法答疑,引导舆论回归理性

西汉时期,尤其是汉武帝时期,儒家思想的政治地位不断上升,反映在司法层面,体现为引用儒学经典《春秋》的经义作为审理案件的依据。但本案略有不同,隽不疑在控制事态后引用《春秋》经义,旨在对其逮捕"卫太子"的行为进行释法说明,以防止负面舆情滋长。在舆情传播中存在一种"沉默螺旋"现象,如果人民法院不能发出自己的声音,失之偏颇的观点相互认同,舆论极有可能出现"一边倒"的情形,逐渐走向极端。尤其是部分案件中,现代法理与民众传统感情认知存在割裂,在部分媒体的煽风点火之下,甚至可能影响到案件的正常审理,有碍司法公正。此外,由于对舆情回应的缺位,民众缺乏案件信息的获取渠道,各种猜忌、谣言甚嚣尘上,严重损害司法权威。

人民法院通过直面民众的释法答疑,与民众积极沟通和对话,可以形成共识进而强化社会认同,引导舆论回归理性,避免社会舆论向极端化方向发展。对于引发舆情的争议案件,人民法院需要重新审视自身的裁判说理是否充分,判后耐心释法解惑,减少裁判说理不明诱发舆论争议的可能,让司法和舆论在良性互动中共同前进。主动公开是谣言最好的消除剂,人民法院应当更多展示自己,通过信息公开、庭审直播等方式主动消除公众疑虑,真正做到阳光司法。

3. 认真对待舆情线索,应查尽查守护公正

本案之所以会成为重大舆情事件,其社会根源在于武帝时期未对"巫蛊之祸"予以澄清,导致卫太子的冤屈长期不能昭雪。至昭帝时期,对卫太子冤情仍采取冷处理,忽视民间涉卫太子冤案的舆情。虽然隽不疑在"假太子案"中的妥善处理,暂时压制了民众对于卫太子冤案的不满情绪,但要想从根本上防止涉卫太子舆情的反复出现,彻

查卫太子冤案并昭告天下才是治本之方。每一次公正的裁判，都在为民众的法治信仰添砖加瓦，而每一起冤假错案，则可能成为民众法治信仰崩塌的导火索。舆情正是导火索燃烧中所溅起的火花，是爆炸的前奏，但也是引爆前最后的警告。案件引发的舆情本身并不可怕，有时候还可从中发现"蛛丝马迹"，查明隐患，拆除定时炸弹，排除潜在风险。

司法机关应当重视舆情的预警作用，对于涉案舆情所反映的差错甚至冤情，决不能行推脱搪塞之实敷衍了事。应将舆情视为提升审判质效的契机而非洪水猛兽，对舆情主动进行研判分析，深挖其背后可能的冤假错案，回应舆论诉求。对于查证属实的冤假错案，人民法院应当敢于纠错、主动查改、坚决问责，让人民群众在每一个案件中都能感受到公平正义，从根本上平息舆情。当每个案件都实现了政治效果、社会效果、法律效果的有机统一，社会形成了天朗气清的舆论环境，各类涉案负面舆情自然无法生长蔓延。

回到本案所处的西汉时期，后来宣帝即位，卫太子的冤情才终于得以昭雪，宣帝也借助此案平复民意、安抚民众、赢得民心，进一步巩固了自己的统治势力，为"孝宣之治"奠定了坚实的基础。而现在，聂树斌案、呼格吉勒图案、念斌案、张氏叔侄案……自2013年至今，人民法院相继纠正多起重大刑事冤假错案并持续推进判后释法答疑、审判质效提升工作，彰显了人民法院有错必纠的决心，体现了中国法治建设的重大进步，为全面建设社会主义现代化国家提供了法治保障。

（龚杨帆　上海市第二中级人民法院）

十、钟离意宽纵孝囚

原文

钟离意字子阿,会稽山阴人也。少为郡督邮。时部县亭长有受人酒礼者,府下记案考之。意封还记,入言于太守曰:"《春秋》先内后外,《诗》云'刑于寡妻,以御于家邦',明政化之本,由近及远。今宜先清府内,且阔略远县细微之愆。"太守甚贤之,遂任以县事。建武十四年,会稽大疫,死者万数,意独身自隐亲,经给医药,所部多蒙全济。

举孝廉,再迁,辟大司徒侯霸府。诏部送徒诣河内,时冬寒,徒病不能行。路过弘农,意辄移属县使作徒衣,县不得已与之,而上书言状,意亦具以闻。光武得奏,以视霸,曰:"君所使掾何乃仁于用心?诚良吏也!"意遂于道解徒桎梏,恣所欲过,与克期俱至,无或违者。还,以病免。

后除瑕丘令。吏有檀建者,盗窃县内,意屏人问状,建叩头服罪,不忍加刑,遣令长休。建父闻之,为建设酒,谓曰:"吾闻无道之君以刃残人,有道之君以义行诛。子罪,命也。"遂令建进药而死。二十五年,迁堂邑令。县人防广为父报仇,系狱,其母病死,广哭泣不食。意怜伤之,乃听广归家,使得殡敛,丞掾皆争,意曰:"罪自我归,义不累下。"遂遣之。广敛母讫,果还入狱。意密以状闻,广竟得以减死论。

——《后汉书·钟离意传》①

---

① 原始文献详参《后汉书》,中华书局1965年版,第1406—1407页。

注释

【山阴】秦置，属会稽郡。治所即今浙江绍兴市。以在会稽山之北而得名。

【督邮】官名。汉朝置，郡府属吏。本名督邮书掾（或谓督邮曹掾），省称督邮掾、督邮。主要职掌除督送邮书外，又代表郡守督察诸县、宣达教令，兼及案击盗贼、点录囚徒、催缴租赋等。守相自辟，秩六百石，其权甚重，有"督邮功曹，郡之极位"之说。

【愆〔qiān〕】过失。

【弘农】西汉元鼎三年（前114）置。取弘大农桑为名。治弘农县（北魏改为恒农县。今河南灵宝市北旧灵宝西南）。

【长休】旧时官吏长期休假。常用为停职或辞职的婉辞。汉蔡邕《被收时表》："臣属吏张宛长休百。"

【堂邑】秦置，属东海郡。治所在今江苏六合县北。

【听】任凭，随。

【殡敛】即殡殓。《荀子·礼论》："殡敛之具，未有求也。"

【丞掾】官名合称，即丞和掾。丞指郡丞，为郡的副长官，佐郡守治郡；掾指诸曹长官，各掌其曹事。

译文

钟离意字子阿，是会稽山阴人。少年时做过郡督邮。当时有个部县亭长受人酒礼，府下登记在案以处罚。钟离意封起了记录退回去，对太守进言说："《春秋》说先内后外，《诗经》说'在家做好妻子的榜样，推广到治家治国'。就是说，明晓政令教化的根本，由身边的人推广到远处的人。现今应该先清理府内，暂且放松一些考察边远县上的细微过失。"太守认为他很贤能，就委任他管县里的事。建武十四年

（39）会稽发生大瘟疫，死了上万人，钟离意独自一人亲自加以抚恤，提供医药，所属地区的百姓大多数受到了他的救济。

钟离意被举荐为孝廉，再次升迁，被征召到大司徒侯霸幕府。朝廷下诏要送囚徒去河内，时值隆冬天寒，囚徒患病不能行走。路过弘农县时，钟离意就让县里替囚徒制作棉衣，县里不得已给了他，但上书朝廷报告，钟离意也将情况详细上报。光武帝得到奏章，给侯霸看，并说："你所派的掾吏良心竟这么好啊，的确是个好官吏。"于是钟离意在路上解除了囚徒的枷锁，听任他们随便走动，但规定了到目的地的日期，囚徒们按期到达，没有一个违背的。钟离意回来后，由于患病被免职。

后来钟离意受职为瑕丘县令。官吏中有个叫檀建的偷窃县里的东西，钟离意屏退左右私自问供，檀建叩头服罪，钟离意不忍心加以刑罚，遣送他回家令他长期休假。檀建的父亲听到了，替檀建安排了酒席，对他说："我听说无道之君用刀残杀人，有道之君用义进行死刑。你有罪，命该如此。"于是令檀建服药而死。建武二十五年，钟离意升任堂邑县令。县里有个叫防广的，为父亲报仇而杀了人，被捕入狱。他的母亲病死了，防广悲恸欲绝，吃不下饭。钟离意十分怜悯，就同意防广回家，使他能敛葬母亲。属下都反对这样做，钟离意说："如果这样有罪，我一个人承担好了，决不连累别人。"于是让防广回家了。防广埋葬完母亲，果然又回到狱中了。钟离意悄悄地把此事向上司作了汇报，防广最后得以减去死罪判罚。

解析：死刑犯获准返乡葬母

死刑犯防广获准于服刑期间返乡敛葬母亲，并于返还狱中后得以减刑的考量因素均为"孝"。孝本源于儒家思想倡导的通过区分尊卑长幼来维系家族秩序所施加于子女对其父母的"礼"。于个人而言，社会角色和所处阶级决定其应当遵循的礼数的内容和守礼的对象。以礼为个人的行为标准,构建起"父子有亲,君臣有义,夫妇有别,长幼有序,朋友有信"的稳定社会秩序。

1. 以礼入法的传统法律文化内容和传承

礼的道德教化,加之法的制裁惩罚,形成了自战国时期始至近代拥有上千年发展积淀的"以礼入法"的中国特色传统法律文化形态。以孝为例,《孝经·五刑章》里提到"五刑之属三千,而罪莫大于不孝",体现了孝在中国传统法律文化中的重要分量。作为礼的重要内容之一,以孝入法的典型体现为:"礼,子当孝事父母,于是供养有缺成为专条。礼,父母在,不蓄私财,于是私财有罚。礼,父母之丧三年,于是释服从吉者有罪,居父母之丧嫁娶者有罪。礼,父之仇弗与共戴天,于是子报父仇,每得原减。"① 此外,"亲亲得相首匿"这一形成于汉代并在我国封建统治时代一直得以沿用的刑罚适用原则源于孔子宣扬的"父为子隐,子为父隐"。

中国古代之礼,究其本质是凝结了社会共识而形成的共同价值取向和追求,以礼入法的法律传统,不仅可断是非黑白,还易教化人心向善。于今日而言,体现当代中国精神,凝结全体人民共同价值追求的是社会主义核心价值观,其反映了当下中国主流价值取向,对国家及社会治理发挥着价值引领作用。将社会主义核心价值观融入中国特色社会主义法治建设可谓"以礼入法"这一传统中华法制思想的传承和延续。

2. 社会主义核心价值观融入司法的意义

培育和弘扬核心价值观,有效整合社会意识,是社会系统得以正常运转、社会秩序得以有效维护的重要途径,也是国家治理体系和治理能力的重要方面。历史和现实都表明,构建具有强大感召力的核心

---

① 瞿同祖:《中国法律与中国社会》,商务印书馆2010年版,第369页。

价值观,关系社会和谐,关系国家长治久安。① 价值观不仅反映了社会价值的取向和追求,还提供了评判尺度和行为准则。法律作为法律主体应当遵守的行为规范,同样发挥着教育、评价、指引和规范的多重功能。故"价值是法治的灵魂,法治是价值的保障",② 社会主义核心价值观与社会主义法律体系在外部运行和内部逻辑上均具有统一性。作为法治建设重要一环的司法,不仅在个案处理中可通过定分止争实现对合法权益的保护,还可通过裁判引入价值衡量标准和方法规范公民行为,从而维护社会秩序,引领社会价值。社会主义核心价值观作为道德标准的高度概括,可以多维度地指引司法审判,促进与保障公平正义的落地。

2018年《中华人民共和国宪法修正案》将"国家倡导社会主义核心价值观"写入宪法,《中华人民共和国民法典》及相关司法解释将"弘扬社会主义核心价值观"规定为立法目的之一。判定法律行为效力的公序良俗原则更是直接将以社会主义核心价值观为中心的善良风俗入法。就司法裁判而言,自2015年以来,最高人民法院印发了《关于在人民法院工作中培育和践行社会主义核心价值观的若干意见》《关于深入推进社会主义核心价值观融入裁判文书释法说理的指导意见》等多部文件,还多次发布弘扬社会主义核心价值观典型案例以供后续类案审判参考。至此,社会主义核心价值观指引司法,司法践行社会主义核心价值观的格局基本形成。

3. 社会主义核心价值观融入司法的路径

为避免社会主义核心价值观融入司法审判形式化,应当遵守的基本原则包括:坚持法治与德治相结合,在对案件作出法律评价的同时注重道德引领作用;坚持以人民为中心,以人民群众能否在司法案件

---

① 习近平:《把培育和弘扬社会主义核心价值观作为凝魂聚气强基固本的基础工程》,《人民日报》2014年2月26日。
② 冯玉军:《习总书记为何强调"用法律推动核心价值观建设"》,《人民论坛》2017年第12期。

中感受到公平正义作为衡量标准；坚持裁判结果的政治效果、法律效果、社会效果相统一。

以司法审判中直接向纠纷各方公开法官心证的核心环节——裁判文书释法说理为例，社会主义核心价值观理想的融入方法具体如下：首先，法律解释方面，在个案处理中做法律解释时，应当与社会主义核心价值观相连接，准确说明法律条文包含的核心价值观的精神内涵、内在要求和具体语境，避免出现脱离法律本身的空谈。其次，利益衡量方面，应当充分考量各方主张利益对应的价值内容，从而进行平衡和取舍。例如在最高法发布的弘扬社会主义核心价值观的典型案例"张某等诉杨某继承纠纷案"中，在遗赠抚养协议和法定继承这两种均受法律保护的权利间，法院通过"友善互助"的价值指引判定"体现了邻里间互帮互助的优良传统和善良风俗的遗赠抚养协议有效"。最后，加强说理方面，在明确案情、适用法律的基础上，充分发挥引入社会主义核心价值观强化说理的作用，使得裁判文书更易被纠纷当事人以及社会群众所接受，发挥法律和道德的双重规范效果。

然而，社会主义核心价值观融入裁判文书说理部分应当遵守一定限度，例如在有明确法律规范的法律关系中，核心价值观并非司法审判的直接法律依据，不可为了过分追求案件审判的社会效果摒弃法治原则。此外，运用社会主义核心价值观进行说理一般只适合于社会广泛关注、争议较大、可能引起社会道德评价的案件。

法律是准绳，道德是基石，社会主义核心价值观是社会主义法治建设的灵魂，推动社会主义核心价值观入法入规、用司法公正指引社会公正、弘扬社会主义法治精神是社会主义核心价值观融入法治建设的应有之义。[1]

（刘子娴　上海市第二中级人民法院）

---

[1] 中共中央办公厅、国务院办公厅：《关于进一步把社会主义核心价值观融入法治建设的指导意见》，2016年12月25日。

十一、王烈赦盗牛

原文

王烈字彦方,太原人也……少师事陈寔,以义行称。乡里有盗牛者,主得之,盗请罪曰:"刑戮是甘,乞不使王彦方知也!"烈闻而使人谢之,遗布一端。或问其故,烈曰:"盗惧吾闻其过,是有耻恶之心。既怀耻恶,必能改善,故以此激之。"后有老父遗剑于路,行道一人见而守之。至暮,老父还,寻得剑,怪而问其姓名。以事告烈,烈使推求,乃先盗牛者也。

——《后汉书·独行列传》①

注释

【王烈】(141—219),董卓作乱时避乱辽东,多次拒绝曹操的征聘。

【刑戮是甘】判罪被杀都愿意。

译文

王烈字彦方,东汉末太原人……他青年时曾在陈寔门下学习,凭借高尚品德著称乡里。乡里有个偷牛的人被牛主人捉住,偷牛贼请求判罪说:"我甘愿受刑被杀,只乞求不要让王烈知道。"王烈听说后让人前去

---

① 原始文献详参《后汉书》,中华书局1965年版,第2696页。

看他，并送给他一匹布。有人询问送布的原因，王烈说："偷牛贼害怕我听到他的过失，说明他还有羞耻之心。既然知道羞耻，就一定能够改过自新，所以鼓励他从善。"后来，有一位老人在路上丢失了佩剑，有位路人看到后，便守在旁边，到了傍晚，老人回来，找到了丢失的剑，他大为惊奇并问了此人姓名，把这件事告诉了王烈。王烈派人调查，原来守剑的人就是从前那个偷牛贼。

解析：王烈遗布，以德化人

东汉时期，王烈作为地方官员，十分重视对百姓的道德教化。其在得知偷牛贼尚有廉耻之心后，还赠与其布匹。他这种以德化人的治理方式使当地百姓无不信服。"诸有争讼曲直，将质之于烈，或至涂而返，或望庐而还"①，意思是说当地百姓凡有争讼，都请求王烈排难解纷、断定曲直，由于蒙受王烈平素之德教，有的走到半途就放弃争执，双方和解而归；有的远远地望见王烈的屋舍，就深感惭愧地彼此相让返回，不敢使王烈听到这事。

王烈遗布感化盗牛贼故事中蕴含的德主刑辅、明德慎罚的德治思想，具有中国古代国家治理的鲜明特色，也是中华传统法律文化的主要特征，体现了中华法系的优秀思想和核心理念。

1. 古代"德治"思想的内涵

德治是儒家思想的核心内容。《论语·有政》云："道之以政，齐之以刑，民免而无耻；道之以德，齐之以礼，有耻且格。"单靠政令刑法去引导和管理，民众就会只在意如何逃避法律的打击，内心对自己违法犯罪的行为不会感到羞耻；如果用礼义道德去引导和管理，民众对自己违法犯罪的行为会感到羞耻，就能自觉遵守国家律法。秦汉以

---

① 《后汉书·独行列传》。

后，儒法合流，"德治"成为了治理国家的最高原则，"法治"成为"德治"的辅助手段。

古代"德治"思想的表现之一，是重视司法的教化作用。而要发挥司法的教化功能，司法官员的道德素质至关重要。因为法是人制定的，又靠人来实行，即使有了好的法律但没有德才兼备的法官也是枉然。因此古代统治者历来重视以德行主导官员的选任和考核。正人君子必须经过"修身、齐家"的陶冶后，才能进入治国的境界，才有资格对人民进行教化。因此，在司法活动中，官吏常常将国法和人情结合起来，发挥个人感召力量并通过教育来调解结案，以期实现"无讼"的和谐理想。

"德治"思想的表现之二，是主张以道德教化消除违法犯罪。儒家认为，人之所以违法犯罪，根本原因在于人的物质生活或精神生活方面不足。其一是统治者横征暴敛、大兴土木，致使民不聊生，人们不得不铤而走险；其二是统治者不对人民进行教育，或者人民穷困潦倒，不具备接受教育的起码条件，不知道违法犯罪是耻辱的事情，自然不会约束自己的行为。因此，要消除违法犯罪现象，统治者必须实行"德治"。

"德治"思想的表现之三，是司法政策中的慎刑恤狱原则。在历代统治阶级看来，刑律虽然不可废止，但治理国家不能单靠刑律，否则往往会引起社会动乱。历代很多司法政策就已体现出了慎刑思想，例如汉文帝废除肉刑以及皇帝死刑复核勾决制、秋审、大赦等慎杀少杀制度，都为中华法系近代化改革奠定了坚实基础。

2. "德治"思想的现代化启示

中国古代司法注重道德教化，强调宽仁慎刑，透露出中国传统司法文化浓厚的人文精神，对现代法治社会建设具有重要的借鉴意义。

首先，要将社会主义核心价值观贯穿法治建设全程。习近平总书记指出："要在道德体系中体现法治要求，发挥道德对法治的滋养作用，努力使道德体系同社会主义法律规范相衔接、相协调、相促进。"① 一方面，良法要以公平、诚信等道德原则为价值目标，将重要领域的道德内容上升为法律。譬如诚信道德，既是中华传统美德之一，又是社会主义核心价值观的重要内容。在失信惩戒机制建立前，当事人违反诚信道德而产生的民事纠纷，只能用返还财产、支付违约金这些民事责任方式来制裁，但这种责任方式并不具备惩罚性质，违法成本低，导致经济交往中违法失信的行为接踵而至，出现诚信危机。对此，我国建立违法失信惩戒机制，让失信人在社会活动中寸步难行，最终使人不敢失信、不能失信。

另一方面，在法律实施过程中注重道德的指引作用。成文法有固定的缺陷，有限的法律条文不能囊括现实生活中的所有情形，有时法律具体执行时难免会和道德发生冲突，故需要用道德来指引司法与执法，以使案件处理符合人的常情常理。如果不重视道德指引作用，则有可能引发社会道德滑坡，例如南京彭宇案，就导致社会上"见危不救"现象层出不穷。相反，"郑州电梯劝阻吸烟案"则树立了良好的示范作用。郑州市杨某劝老人段某不要在电梯里吸烟而发生口角，后段某病发送医院抢救无效离世。段某家属诉至法庭，要求40余万元的赔偿。一审法院适用公平原则，判决杨某补偿死者家属15000元。二审判决认为，一审判决适用法律错误，损害了社会公共利益——"本案中杨某劝阻吸烟行为与段某死亡结果之间并无法律上的因果关系"，因此，撤销一审判决，驳回原告诉讼请求，杨某不需要承担任何法律责任。这一判决获得了良好的社会反响，对民众的道德义举起到了极大的鼓励、引领作用。

其次，要用道德教化手段引导人民遵守法律。法律是成文的道德，道德是内心的法律。习近平总书记强调："发挥好道德的教化作用，必须以道德滋养法治精神、强化道德对法治文化的支撑作用。再多再好的法律，必须转化为人们内心自觉才能真正为人们所遵行。"② 大多数

---

① 《习近平谈治国理政》（第2卷），北京外文出版社2014年版，第134页。
② 《习近平谈治国理政》（第2卷），北京外文出版社2014年版，第117页。

社会成员并不是因为惧怕法律制裁而守法，而是基于内心良知和道德标准。可以说，具有较高道德水平的社会成员其守法是自觉自愿的。就此而言，德治能够为法治提供良好的社会环境，减小法律实施的阻力。此外，德治能够形成良好的社会风尚，在很大程度上有利于减少、化解社会矛盾纠纷。

3. 建设德才兼备的高素质司法队伍

法律实施的效果与司法人员的道德素质关系密切。有道德高尚的执法、司法人员，执法质量才有可能得到保证，否则就有可能损害法律的尊严和权威，影响法律实施的效果。提升司法人员的思想道德水平，有利于防止司法腐败，更好地实现政治效果、法律效果、社会效果的有机统一。为此，司法人员需要不断强化道德素质的培养，提高个人思想境界与道德水准，积极培育和践行社会主义核心价值观，树立宗旨意识，公正、公平地行使职权。

（宋亚文　上海市第二中级人民法院）

十二、张释之执法守正

原文

上行出中渭桥，有一人从桥下走，乘舆马惊。于是使骑捕之，属廷尉。释之治问。曰："县人来，闻跸，匿桥下。久，以为行过，既出，见车骑，即走耳。"释之奏当："此人犯跸，当罚金。上怒曰："此人亲惊吾马，马赖和柔，令它马，固不败伤我乎？而廷尉乃当之罚金！"释之曰："法者，天子所与天下公共也。今法如是，更重之，是法不信于民也。且方其时，上使使诛之则已。今已下廷尉，廷尉，天下之平也，壹倾，天下用法皆为之轻重，民安所措其手足？唯陛下察之。"上良久曰："廷尉当是也"。

——《汉书·张释之传》①

注释

【中渭桥】初称渭桥，为秦始皇建。在秦都咸阳，"渭水南有长乐宫，渭水北有咸阳宫，欲通二宫之间，故造此桥"（《元和郡县志》）。西汉名横桥，习称中渭桥，又名横门桥，别称石柱桥。为都城长安通往北方渭河桥梁。

【乘舆】古代特指天子和诸侯所乘坐的车子。汉贾谊《新书·等齐》："天子车曰乘舆，诸侯车曰乘舆，乘舆等也。"

【跸［bì］】帝王出行时清道，禁止行人来往，泛指帝王出行的

---

① 原始文献详参《汉书》，中华书局1962年版，第2310页。

车驾。

【张释之】西汉南阳堵阳人，字季。汉文帝时拜为中大夫，后为廷尉，执法平允，认为"法者，天子所与天下公共也"。汉景帝时，为淮南国相。年老病卒。

【壹倾】一旦倒向一侧。

【安所措其手足】不知如何安放手足。形容没有办法，不知如何是好。《论语·子路》："刑罚不中，则民无所措手足矣。"

译文

汉文帝的车驾经过中渭桥的时候，忽然有一个人从桥下跑了出来，文帝所乘坐车的马因此受惊。于是文帝令骑兵拘捕了他，并交给廷尉处理。廷尉张释之审问了他。这个人说："我是外县人，听说皇上的车队到来，就躲避在桥下。等了很久，以为车驾已经过去了，刚走出来，看见车马还在赶来，就立即奔跑逃避了。"张释之据此上奏他对此案的判决说："这人冒犯皇上的车驾，依照法律规定，罚金四两。"文帝听了很生气地说："这个人直接让我的马受惊，幸亏我这匹马生性柔顺，如果是另一匹马，岂不是肯定要伤到我了吗？如今廷尉竟只判他罚金四两！"张释之回答说："法律是皇上您与天下百姓共同遵守的，现在法律就是如此的规定，要加重对他的处罚，这样法律就不能使得人民信守了。而且当他冒犯车驾的时候，皇上派人把他当场杀了，那也就罢了。如今已经交付给廷尉，廷尉是天下公平执掌法律的最高长官，在执法上如果有一点偏差，今后全国上下在引用法律上都会为此而畸轻畸重，人民怎么能适从守法呢？所以只是希望皇上仔细研究考虑。"汉文帝思考了很久，说道："廷尉的判决才是对的。"

解析：何以为法官？

汉代在吸取秦二世而亡的教训后，在汉承秦制的基础上，开创了中国法制儒家化的历史时期。汉代初期，在经历了秦末长期战乱及严刑峻法之后，奉行"黄老"的治国思想，实行"清静无为"的治国理念，实现"修生养息"的治国目标。后至汉武帝年间，汉代推行"罢黜百家，独尊儒术"。至此，汉代以秦代法制基本框架为蓝本，纠正秦代法制弊端，运用儒家思想对其改造，成就中华法系的璀璨篇章。

西汉时期，统治者延续秦代保障皇权为中心的重要思想，认为"人性本善"，注重"德与刑"相结合。但从另一个角度而言，统治者已将自身意志上升为神的意志，宣扬必须服从上天的安排，从而加强对百姓的束缚，并通过"礼不下庶人，刑不上大夫"的等级观念，建立统治者的特权，将统治者的意志强加于司法审判之中。为此，统治者沿用中央三公九卿制度。作为中央最高司法审判机构长官，廷尉列"九卿"之一，掌管刑狱，汇总全国断狱数，主管诏狱和修订律令的有关事宜。作为西汉著名的廷尉，张释之曾仕汉文帝、景帝二朝，并以执法公正闻名。"犯跸"案中，其不畏权贵，依法独立公正行使审判权，堪称司法官之楷模。张释之虽处于距今两千多年的西汉时期，但其执法理念和办案思路至今仍有借鉴意义。

1. 现代法律思想初见雏形

中国古代刑法思想一家独大，从《法经》到《大清律例》，"以刑代民""重刑轻民"的理念早已根深蒂固。刑法思想影响下的中国古代法的性质必然为不平等的、有国家强制力介入的，加之中国古代封建思想无处不在，法律制定者欲运用法律解决日常生活中的冲突时，几乎均以"由上至下"不平等的眼光，按照去除不利于己而仅适用有利于己的法律的方式作出决断。虽然汉代吸取了秦二世暴政而速亡的教训，废除墨刑等三项酷刑，但在"犯跸"案中亦有"且方其时，上使使诛之则已"的言论，尤可见中国古代法的性质与现如今相去甚远。

张释之固然有其历史局限性，但其理念中蕴含的对法的性质的观念值得被称赞。首先，法律面前人人平等。"法者，天子所与天下公共也"，县人固然违法，应受责罚；汉文帝欲加重处罚，也应构成违法。张释之义正辞严、秉公执法，身体力行维护法律的权威，在中国古代封建法制的大环境中显得更加难能可贵。其次，法律的权威性来源于遵守。"今法如是，更重之，是法不信于民也"，所有人共同遵守法律是法律权威性的根本。一旦有人突破法律、拒绝遵守、得不到应有的处罚，法律便成为无源之水、无本之木。再次，罪与刑相适应。"天下用法皆为之轻重"，张释之依据违法的事实，选择既有的法律规范进行调整，从而确定判决结果，取得法律效果与社会效果的统一。最后，法律的实现源自法的可预见性。"民安所措其手足"，如果法律为统治者的意志而随意改变，百姓将不再相信法律，法律将形同虚设。

2. "审判者"的理解与定位不断变化

廷尉的设置始于秦代，作为掌控刑狱的官职，独享中央司法权，乃审判制之源，其履行职责体现了统治阶级的意志，理应属于"审理者"。张释之对于案情的理解与判断，将确定被告人的罪名与罪行。审判者有权作出裁判，是基于法律赋予其个人的权力，而非因审判者代表了审判组织履行职务行为。在中华法律发展史中，这一现象已司空见惯。

在社会主义法律体系之下，"审判者"的定义不断更新、完善。习近平总书记指出："司法权从根本上说是中央事权。各地法院不是地方的法院，而是国家设在地方代表国家行使审判权的法院。"现代的审判制度下的"审判者"是一个法律观点，受到我国法律的约束。人民法院依据宪法、人民法院组织法的规定行使审判权；而法官则是审判组织的组成部分，代表人民法院行使审判权。判决的作出并非以法官个人名义而为之，裁判文书由合议庭或独任法官签发后，加盖院印后发生法律效力，足以可见，在社会主义法律体系之下，审判权的真正归属是人民法院，"审理者"依法独立行使审判权，从根源上看是以法院整体为本位的独立行权。

3. 关于"法官职责"的认知

"廷尉，天下之平也"体现张释之对司法官职责的认识。在张释之的观念中，凡是经过法律来裁断的案件，司法官就必须保持中立地位，不能有所偏向，必须以法律的尺度作为衡量是非的标准。这种观念在中国古代封建法制之下难能可贵。即使在汉文帝年间，天下太平，但持有此观点的亦仅有张释之一人，更表明此观点是根据张释之对于"法"的性质理解之下对于"依法独立行使审判权"的深刻剖析。

当今，随着法治社会不断发展、法律建设不断完善，依法独立行使审判权已成为普遍的法治思想，这亦为张释之观念的延续。《中华人民共和国宪法》第126条规定："人民法院依照法律规定独立行使审判权，不受行政机关、社会团体和个人的干涉。"党的十八大报告进一步明确提出，要确保审判机关依法独立公正行使审判权。人民法院在实践中不断追求真相，探索真理。2014年，陕西省延安市中级人民法院判决被告人范太应无罪，切实坚持把尊重和保障人权贯穿刑事审判全过程，旗帜鲜明支持法官依法独立公正行使审判权，扭转错误观念，确保依法惩罚犯罪、保障人权。人民法官代表公权力行使审判权，实践中会面临多方面的挑战。2021年，周春梅法官用自己的生命守住了公正的天平，当情与法在对决、义与利在较量时，她捍卫了毕生的理想！

听其言而观其行，张释之用其一生书写属于他的法的理念，诠释法的平等性、权威性、公正性、可预见性，塑造法官应公平、公正的形象。这一方面得益于汉代对秦代文化的去粗取精，另一方面也是"文景之治"这一时代大背景对于法律人产生的潜移默化的影响。这些观念都深刻影响到了当代的司法实践。在司法实践中，无论是定分止争的审判执行过程，还是在普法宣传、弘扬社会主义法治理念的过程中，都应当坚持正确的法治理念，才能使法治深入人心，实现法律目标，体现法律温度，让人民群众在每一起司法案件中感受到公平正义。

（董步凡　上海市第二中级人民法院）

十三、强项令董宣

原文

时湖阳公主苍头白日杀人，因匿主家，吏不能得。及主出行，而以奴骖乘，宣于夏门亭候之，乃驻车扣马，以刀画地，大言数主之失，叱奴下车，因格杀之。主即还宫诉帝，帝大怒，召宣，欲箠杀之。宣叩头曰："愿乞一言而死。"帝曰："欲何言？"宣曰："陛下圣德中兴，而纵奴杀良人，将何以理天下乎？臣不须箠，请得自杀。"即以头击楹，流血被面，帝令小黄门持之，使宣叩头谢主，宣不从；强使顿之，宣两手据地，终不肯俯。主曰："文叔为白衣时，藏亡匿死，吏不敢至门。今为天子，威不能行一令乎？"帝笑曰："天子不与白衣同。"因敕强项令出。赐钱三十万，宣悉以班诸吏。由是搏击豪强，莫不震栗，京师号为"卧虎"。歌之曰："枹鼓不鸣董少平。"在县五年。年七十四，卒于官。诏遣使者临视，唯见布被覆尸，妻子对哭，有大麦数斛、敝车一乘。帝伤之，曰："董宣廉洁，死乃知之！"以宣尝为二千石，赐艾绶，葬以大夫礼。拜子并为郎中，后官至齐相。

——《后汉书·董宣传》①

注释

【董宣】字少平，东汉陈留圉（今河南杞县）人。初为司徒府属吏。其任北海相时，属官大姓孙丹杀行人，宣收杀其父子及宗亲三十

---

① 原始文献详参《后汉书》，中华书局1965年版，第2489—2490页。

余人。其为洛阳令时，湖阳公主的奴仆杀人，他伺机杀了其奴仆，光武帝命向湖阳公主赔罪，他坚不从命，被称为"强项令"。

【苍头】指奴仆。汉时奴仆以深青色巾包头，故称苍头。《汉书·鲍宣传》："苍头庐儿，皆用致富。"

【骖［cān］乘】陪乘或陪乘的人。骖，通"参"。《汉书·文帝纪》："乃令宋昌骖乘。"颜师古注："乘车之法，尊者居左，御者居中，又有一人处车之右，以备倾侧。是以戎事则称车右，其余则曰骖乘。"

【箠［chuí］杀】用棍棒打死。

【小黄门】宦官名。东汉始置，名义上隶属少府，秩六百石。位次中常侍，高于中黄门。侍从皇帝左右，收受尚书奏事，传宣帝命，掌宫廷内外、皇帝与后宫之间的联络。明帝、章帝之时，员额十人，和帝后增至二十人。

【据地】以手按着地。

【谢】认错，道歉。

【文叔】汉光武帝刘秀的字。

【白衣】古代平民服。即指平民，亦指无功名或无官职的士人。

【强项】不肯低头。

【班】赏赐；分给。

【搏击】惩处打击；弹劾。

【枹［fú］鼓】鼓槌和鼓。《汉书·李寻传》："故古之王者，尊天地，重阴阳，敬四时，严月令。顺之以善政，则和气可立至，犹枹鼓之相应也。"颜师古注："枹，击鼓之椎也。"

【艾绶】系印纽的绿色丝带。汉官秩二千石以上者用之。《后汉书·冯鲂传》："帝尝幸其府，留饮十许日，赐驳犀具剑、佩刀、紫艾绶、玉玦各一。"李贤注："艾即虉，绿色，其色似艾。"

译文

当时,湖阳公主家的奴仆光天化日之下杀人,就因为藏匿在公主家里,所以官吏无法抓捕他。等到公主出行时,就把这个家奴当随从。董宣在夏门亭等着他们,于是就停车拦住马,用刀在地上画着,大声列举公主的过失,呵斥那个奴仆下车,并击杀。公主立即回宫向光武帝告状。光武帝很生气,召来董宣,要用鞭子打死他。董宣磕头说:"请让我说一句话再死。"光武帝说:"你还想说什么?"董宣说:"陛下您有圣德使国家中兴,但放纵家奴杀害良民,以后如何治理天下呢?我不需鞭子打死,请让我自杀。"董宣立刻用头撞击房柱,流的血盖满了脸。光武帝命令小宦官挟持着董宣,让他磕头向公主谢罪,董宣不听从。宦官强按董宣磕头,董宣两手撑地,始终不肯低头。公主说:"皇帝您还是老百姓时,私藏逃亡罪人,官吏们不敢上门搜捕。如今做了天子,威势竟然不能让一个洛阳令听命吗?"光武帝笑着说:"天子不同于老百姓了。"于是放了董宣,敕封他为强项令,赐给他钱三十万。董宣把钱全部分给了下属官员。董宣从此开始打击豪强恶霸,他们没有不震惊害怕的。于是京师的百姓称他为"卧虎",唱歌谣称颂他说:"洛阳令是董少平,喊冤之鼓不再鸣。"董宣当了五年洛阳令后于七十四岁时死在了任上。皇帝派遣使者到他家里吊唁慰问,只见粗布被褥覆盖着董宣的遗体,妻子儿女相对而哭。家里只有几斛大麦和一辆破车。光武帝伤心地说:"直到董宣死去了我才了解了他是如此清正廉洁!"于是追授予董宣二千石,官衔艾绶,按大夫的礼节安葬他。并拜其子为郎中,后来官至齐国相。

解析：强项令与法律面前人人平等

"强项令董宣判湖阳公主苍头白日杀人"案出自南朝刘宋时范晔所编写的《后汉书·董宣传》。董宣担任洛阳县令时，遇光武帝胞姐湖阳公主恶仆杀人一案，他不畏强权，敢于同纵奴行凶、隐匿罪犯的皇亲相抗争，最终使得杀人者就地伏法。在恃权凌法者面前，董宣丝毫不愿低头服软，因而世人给予其"强项令"的美誉。

自先秦法家始，"刑无等级，一断于法"便是中华传统法律文化中司法公正观念的重要内容，管子将"君臣上下贵贱皆从法"[①]视为国家"大治"的标志，韩非亦有"法不阿贵，绳不绕曲"[②]的主张。与立法层面突出特权性与等级性不同，中国古代法制思想在执法、司法层面更为强调法律适用主体的平等性，在一定程度上彰显了法律面前人人平等的原则。先秦法家"不别亲疏，不殊贵贱，一断于法"的思想对后世的执法者产生了深远的影响，西汉张释之、西晋刘颂、唐代戴胄，他们同董宣一样，不畏强御，秉公断案，以实际行动捍卫了法律的尊严，维护了司法的公信力。"强项令"董宣的事迹给当今的司法工作者带来了极大的启发。

1. 清正廉洁，守住司法底气

底气，意指基本的信心和力量。底气足，才能挺直腰杆，不畏人言；底气足，才能放开手脚，干事创业。纵观历史，子罕弗受玉，以廉为宝；王安石辞宝砚，自守清正；于谦拒收礼，两袖清风。这些流芳千古者，他们之所以要抵住诱惑，经住考验，大抵是为了守住自己为人、为官的内心底气。

---

① 《管子·任法》。
② 《韩非子·有度》。

正所谓"公生明,廉生威",公正和廉洁是司法不可或缺的核心价值。当前的司法实践中,公众对司法的公信力存疑是客观事实,究其原因,除我们所面临的社会信任普遍缺失的大环境之外,司法的廉洁性受损也是一个重要的影响因素。要知道但凡出现了一个关系案、人情案、金钱案,那么无数的公正判决所树立起来的良好形象便会荡然无存。作为新时代的司法工作者,我们应当继续不遗余力地追求清正廉洁的司法人格,筑牢拒腐防变的思想防线,克服侥幸心理,做到心中有戒,慎独慎微,切莫因一时的贪欲,被人揪住了"小辫子",失了内心的公允,没了说不的底气。

2. 敢于担当,增强司法勇气

东汉初建之时,社会沉渣泛起,豪族贵胄仗势欺人,吏民违法乱纪现象普遍。董宣以"卧虎"之威名,以雷霆之手段铲除当时的社会顽疾,在是非、善恶面前,能够挺身而出,迎难而上,无论是斩杀湖阳公主的恶仆,还是惩处公孙丹父子,我们均能从中感受到他作为一名执法者的勇气与担当。

与中国古代相比,当前我们的司法环境可谓是发生了质的改变,司法的独立性、能动性达到了前所未有的高度,但是在信息高度发达,纠纷多元复杂的今天,司法勇气与担当在许多时候依然至关重要。首先,勇气与担当是司法创新的需要,新冠肺炎疫情暴发之后,各地法院积极作为、快速行动,创新智慧法院建设,通过在线立案、在线庭审、在线执行等方式更好地满足了公众的司法需求;其次,勇气与担当是司法纠错的需要,呼格吉勒图、聂树斌、张玉环等案件充分说明只有摒弃旧的司法理念,树立有错必纠的决心勇气,着手完善各项诉讼制度,才能预防冤假错案的发生。曾国藩曾言为人避事平生耻,担当二字重千金。作为新时代的司法工作者,我们应勇担当,敢作为,以良知、智慧、操守和勇气来守护好社会正义的最后防线。

3. 以理护法，彰显司法正气

当光武帝为维护皇家威严罔顾法律时，董宣能以理释法，从圣德治国的角度，成功将其说服；当唐高祖对罪不至死的囚徒处以死刑时，李素立敢于进谏，以"法动则人无所措手足"来阐明依法行事的重要性。董宣亦或李素立抗旨执法、以理护法的故事向我们充分展示了释法说理在公正司法、增强司法公信力方面的价值。

虽说当前公众的法律意识有了很大提升，但是因知识储备、认知能力等方面的限制，普通民众的法律意识很大程度上还停留在法律心理、法律观念的层面，对法律现象、司法裁判的理解与评价往往带有较强的个人经验与个人情感。在此背景下，加强司法的说理性就显得尤为必要。只有将"辨法析理，以理服人"作为司法裁判的重要着力点，只有在个案中充分揭示法与理的内在逻辑与联系，才能更好地获得当事人、公众对裁判过程和裁判结果的内心认同，才能让公正司法产生良好的法律效果和社会效果，才能彰显新时代公正司法的浩然正气。

（胡丽萍　上海市第二中级人民法院）

十四、郅恽守城拒光武

原文

恽遂客居江夏教授，郡举孝廉，为上东城门候。帝尝出猎，车驾夜还，恽拒关不开。帝令从者见面于门间。恽曰："火明辽远。"遂不受诏。帝乃回，从东中门入。明日，恽上书谏曰："昔文王不敢槃于游田，以万人惟忧。而陛下远猎山林，夜以继昼，其如社稷宗庙何？暴虎冯河，未至之戒，诚小臣所窃忧也。"书奏，赐布百匹，贬东中门候为参封尉。

——《后汉书·郅恽传》[①]

注释

【郅恽[zhì yùn]】东汉汝南西平人，字君章，东汉时期官员。曾上书王莽，斥其"窃位"。

【孝廉】汉朝选拔举荐人才的项目之一。孝指孝悌。廉指廉洁的官吏。汉制规定，每年郡国从所属吏民中推举孝、廉各一人。到东汉，合孝廉为一，郡国每年从二十万人中推举孝廉一人，边远郡县从十万人中推举一人。东汉顺帝时，左雄奏请郡国孝廉年不满四十，不得察举，皆先诣公府课试，以观其能。其后遂为制度，所举孝廉，朝廷多任之为"郎"。

【上东城门】东汉、魏洛阳城东面北头第一门。汉曰上东门，魏晋曰建春门。

[①] 原始文献详参《后汉书》，中华书局1965年版，第1031页。

【门候】官名,两汉都城十二城门皆置候,属城门校尉,掌开闭城门,查问出入人等。《汉书·百官公卿表上·城门校尉》:"城门校尉掌京师城门屯兵,有司马、十二城门候。"

【拒】据守。

【辽远】遥远。

【槃于游田】槃也做盘。槃游,游乐打猎。"昔文王不敢槃于游田"指周公勉励周成王及其世代子孙,既然即位成王,就不要想着整日游乐、闲逛、巡幸、打猎。没有玩的心思,自然全部精力都在治国理政上。《尚书·无逸》:"文王不敢槃于游田,以庶邦惟正之供。"

【暴[píng]虎冯河】空手打虎,徒步过河;比喻有勇无谋。《诗经·小雅·小旻》:"不敢暴虎,不敢冯河。人知其一,莫知其他。"

译文

郅恽外任江夏教授,郡里推荐他为孝廉,担任洛阳上东门的守门官。有次光武帝出城打猎,回来时已是夜里,郅恽拒绝开启城门。光武帝命令随从人员,叫郅恽从门洞里往外看看脸。郅恽回答说:"火光照不了远处。"就是不接受皇帝的命令。光武帝的车队于是只得绕道从东中门进城。第二天,郅恽写了奏书,说道:"古代周文王不敢沉湎于游猎之乐,是要考虑百姓的事。而今皇上远离京城去山林打猎,夜以继日,把国家大事放在什么地方?这样就好比空手打老虎、徒步渡河,还没引起警惕,这实在是臣下我所忧虑的。"光武帝看后,奏书赏赐郅恽布一百匹,把东中门的守门官降职当琅邪郡参封县任县尉了。

解析:严格执法拒光武帝入城

中国古代宵禁制度诞生于周朝,秦汉时期,宵禁制度得以规范化。

宵禁制度对维护社会稳定、保护百姓安全、预防外敌入侵等方面具有重要作用，因此，早在汉代《越宫律》中就专门对宫廷警卫制度进行了规定。东汉时期，郅恽作为守城官，其工作是守护宫廷门禁，保障城内安全。郅恽恪尽职守，刚正不阿，严格执法。史书赞曰："光武猎还，拒关极谏，真强毅耿直之臣哉！"① 面对郅恽拒关，光武帝虚怀若谷，从谏如流，赏罚分明，非但没有生气，反而奖赏郅恽一百匹锦缎。

"经国序民，正其制度。"② 制度是维护党和国家事业兴旺发达、长治久安的保证。然而，制度的生命力在于执行。若制度得不到有效执行，制度便成为了"稻草人"。"郅恽守城拒光武帝"告诫我们，领导干部应率先垂范，工作机制权责明确是制度落地生根的坚实保障。

廉政的本质是为民。在古籍中，"廉政"一词最早出现在《晏子春秋·问下四》："廉政而长久，其行何也。""廉"字在古汉语中有许多含义。据《周礼》记载，"廉"的含义："一曰廉善，二曰廉能，三曰廉敬，四曰廉正，五曰廉法，六曰廉辨。"这"六廉"是最早的官吏考核标准，即善良、能干、敬业、公正、守法、明智。"政者，正也。"③ 也就是说，古代"政"与"正"是相通的。所以"政"的本意可以概括为政局的清明、政治的公正、政风的良善。东汉开国皇帝光武帝刘秀，是史学界公认的中国十大明君之一。刘秀在位三十三年，坚持不懈地推行仁政，践行勤政，实行俭政，成就了"光武中兴"的丰功伟业。其中，廉政制度呈现出体系完善、内容详尽、"人治"大于"法治"的特点，对促进东汉前期社会经济和政治的恢复起到了重要作用。

干部示范为廉政制度的实施打好"基础桩"。孔子说"为政以德，譬如北辰"，"其身正，不令而行；其身不正，虽令不从"。诸葛亮据此指出："理上则下正，理身则人敬。"这些思想表明，德治教化首先要

---

① 《后汉书·郅恽传》。
② 《资治通鉴·汉纪十》。
③ 《论语·颜渊》。

从最高统治集团做起，否则政令就无法得到贯彻，也就不会收到成效，倡廉更是无从谈及。史书记载，汉光武帝刘秀一生保持节俭作风，以"务从约省"来约束自己和各级官吏，这也是"光武中兴"局面形成的重要因素。明君廉吏的自律行为，直接或间接地影响着民心，进而为封建王朝国家机器的有效运转提供了有利的社会政治环境；同时，它所揭示出的"大官廉则小官守"的政治规则，也成为古代社会廉政建设的一条基本经验。

权责统一为廉政制度落实把准"方向盘"。法之施行，必不能失之于宽、失之于软、失之于散。中国古代采用软硬兼施的方式提高官员职业责任感。从制度建设来看，最为突出的是监察监督制度。监察制度实行得好坏及其效果如何，可以反映出一个王朝的命运。此外，中国古代廉政制度还包括择优防腐的选官制度、抑制官吏勾结营私的回避制度、奖勤罚懒褒廉惩贪的考绩制度等。监察机构在纠举不洁、惩恶扬善、澄清吏治中发挥了重要作用。从廉政教育来看，早在《尚书》中就提出："任官惟贤才，官不必备，惟其人。"孔子言："道之以政，齐之以刑，民免而无耻；道之以德，齐之以礼，有耻且格。"自古以来历代王朝就十分重视对民众和官员进行道德品质教育，向民众和官员灌输"仁、义、礼、智""忠、信、诚、勇""勤、俭、节、廉""公生明，廉生威"①等伦理道德观念。推行责任清单制度，建立协调机制并且强化奖惩制度，才能最大限度减少权力出轨、个人寻租的机会。

"天下之事，不难于立法，而难于法之必行。"②党政机关领导干部与工作人员克尽厥职、以身作则、奉公执法是打造法治国家、法治政府、法治社会的坚实保障。"公生明，廉生威"，执法、司法是否具有公信力，主要看两点：一是公正不公正，二是廉洁不廉洁。公正司法是维护社会公平正义的最后一道防线。如果人民群众通过司法程序不能维护自己的合法权益，那司法就没有公信力，人民群众也不会相信

---

① ［明］郭允礼：《官箴》。
② ［明］张居正：《请稽查章奏随事考成以修实政疏》。

司法。因此，法院工作者要牢固树立司法为民的宗旨，强化责任意识和风险意识，正确对待党和人民赋予的权力——恪尽职守，让正义的天平高悬于每个人的心中；依法办事，让青春在司法为民的事业中发光。

（库娅芳　上海市第二中级人民法院）

十五、苏孺文治罪故人

原文

苏章,字孺文,扶风平陵人也。八世祖建,武帝时为右将军。祖父纯,字桓公,有高名,性强切而持毁誉,士友咸惮之,至乃相谓曰:"见苏桓公,患其教责人,不见,又思之。"三辅号为"大人"。永平中,为奉车都尉窦固军,出击北匈奴、车师有功,封中陵乡侯,官至南阳太守。

章少博学,能属文。安帝时,举贤良方正,对策高第,为议郎。数陈得失,其言甚直。出为武原令,时岁饥,辄开仓廪,活三千余户。顺帝时,迁冀州刺史,故人为清河太守。章行部案其奸臧。乃请太守,为设酒肴,陈平生之好甚欢。太守喜曰:"人皆有一天,我独有二天。"章曰:"今夕苏孺文与故人饮者,私恩也;明日冀州刺史案事者,公法也。"遂举正其罪。州境知章无私,望风畏肃。

——《后汉书·苏章传》①

注释

【苏章】东汉扶风平陵(今陕西咸阳西北)人,字孺文。安帝时为议郎,以直言见称。曾任武原令、冀州刺史、并州刺史。

【三辅】泛称京城附近地区为三辅。

【仓廪】贮藏米谷的仓库。《礼记·月令》:"季春之月……命有司

---

① 原始文献详参《后汉书》,中华书局1965年版,第1106—1107页。

发仓廪，赐贫穷，振乏絶。"孔颖达疏引蔡邕曰："穀藏曰仓，米藏曰廪。"

【行部】巡行所属部域，考核政绩。《汉书·朱博传》："吏民欲言二千石墨绶长吏者，使者行部还，诣治所。"

【奸臧】臧同"赃"，不法受贿。

【望风】远望，仰望。

【畏肃】肃然起敬。

译文

苏章，字孺文，扶风平陵人，他的八代祖上是苏建，武帝在位时担任右将军。他的祖父叫苏纯，字恒公，有很高的声望，他性格倔强急性子而且不怕当面表扬和批评别人，所以士子和友人都很忌惮他，见面后都互相说："与苏桓公见面，害怕他教诲责备人，见不到他，却又思念他"。京城周围的人都称他为"大人"。永平年间，在窦固的军队担任奉车都尉，随军攻打北匈奴、车师有功，受封为中陵乡侯，后来做官到南阳太守。

苏章从小就十分博学，善写文章。汉安帝在位的时候，朝廷推荐苏章为贤良方正，他应对策论考核合格，担任议郎。他多次议论政策得失，发表的言论切中时弊。不久外放当武原县令，当年正逢灾年，苏章立刻打开官仓赈灾，救活了三千多户人。汉顺帝时，他任冀州刺史，有个老朋友任清河太守。苏章在巡行察访中发现他有贪赃行为，于是设宴请太守，叙述两人过去的深厚情谊，谈得很高兴，太守欣喜地对苏章说"人们都只有一个天，我的头上独有两个天。"苏章说："今晚我苏孺文与老朋友饮酒，是私人之间恩义；明天我作为冀州刺史办案，一定会秉公执法。"于是举发太守的罪行而判罪。一州之内都知道苏章不徇私情，人们对他望而生畏，肃然起敬。

解析：执法不徇熟人私情

"法者天下之公器"①，法律，是天下用来衡量是非的工具，也是国家保障长治久安的武器。在绵延了数千年的中华文明历史中，中华法治文明所孕育出的奉法为上、秉公执法的传统法治思想，无疑是其中最令人引以为傲的价值理念之一，闪耀着"法令行则国治"的智慧光芒。

《后汉书·郭杜孔张廉王苏羊贾陆列传》所载苏孺文治罪故人的事迹，让我们看到了古代司法官员刚正不阿、大公无私的价值坚守。苏孺文时任冀州刺史，与昔日故旧相逢，举杯共叙旧时情谊，面对旧友"我的头上独有两个天"的吹捧和拉拢，以"私恩"与"公法"之界分一言回之，并仍按律举发惩治了旧友贪赃枉法的罪行，不因私废公，不因情违法。中华传统法治文化中"秉公执法"的思想理念延续千年，对于今日的司法工作者来说，仍具有潜移默化、润物无声的精神指引作用，为我们培育新时代法治精神、推进新时代法治建设提供了历史借鉴。

1. 私恩与公法

重视伦理人情，是中华传统文化的重要特质之一，讲求人情往来的乡土社会蕴含着特有的社会性潜在规则，身处其中，难免会遭遇讲情分还是讲原则的艰难抉择。作为昔日故人把酒言欢，是畅叙旧时情谊；作为一州刺史开堂审案，却是执行公理王法。对于苏孺文来说，私恩与公法是泾渭分明的，在公法面前，私绝对让位于公。无独有偶，南北朝时的南梁名臣、"风月尚书"徐勉，亦是为官廉政的典范。面对友人求官，以"今夕止可谈风月，不宜及公事"正色相告，在人情面前守住了原则，在大是大非面前守住了公义。

---

① 语出《资治通鉴·汉纪·汉文帝前十年》。

在中国古代社会，正是诸如苏孺文、徐勉这样不徇私情、守正执法的司法官员，为社会正义制度的执行不遗余力，为维护国家安定竖起了坚强屏障。"能去私曲就公法者，民安而国治；能去私行行公法者，则兵强而敌弱。"① 在执法者一次次妥善处理好公与私、情与法的关系的同时，维护了吏治清明和国家机器的正常运转。与之价值理念一脉相承的还有毛泽东同志在"公"与"私"的关系上确立的三条原则："念亲，但不为亲徇私；念旧，但不为旧谋利；济亲，但不以公济私"。秉公心，守公道，毛泽东同志为亲情立下的规矩，划清了私恩与公法的界限。此外，还有已故全国模范法官周春梅，不徇私情、拒绝同学请托，用自己的生命捍卫了维护社会公平正义的司法防线。

2. 法不外乎情与法不容情

如何正确处理"私恩"与"公法"的关系，映射到司法实践中，即我们经常讨论的"法不外乎情"与"法不容情"的关系，或者说是德与法、情与理的关系。

法律具有规范性、公正性和强制性等基本特征。② "法者，引得失以绳，而明曲直者也。"③ 法律是权衡是非、善恶的标准，为社会主体提供了行为尺度，也为执法者提供了需要严格遵照的规章制度以及据此定分止争、维护社会秩序的纲常法纪。法度一旦设立，非经法定程序不得废弛或突破，这是法"不容情"的一面。"有法而行私，谓之不法。"④ 在漫长的封建历史长河中，官官相护、徇私枉法的情况并不鲜见，"刑不上大夫"的情形更是司空见惯。但同样也有像苏孺文这样法不阿贵、执法必严，对老朋友铁面无私的司法官员，换来百姓的"望风畏肃"，实现"导民""绳顽"的教化目的。

不同于"私恩"与"公法"的两造对立，"法不外乎情"所考虑

---

① 张纯、王晓波：《韩非思想的历史研究》，中华书局1986年版，第42页。
② 罗连祥：《习近平对中国传统法治文化的继承与创新》，《江苏大学学报（社会科学版）》2019年第3期。
③ 《黄帝四经·经法·道法》。
④ 《慎子·逸文》。

的"情"与"法"之间的关系更为微妙，往往是兼容并蓄的统一体。"法不外乎情"所要兼顾的情、理、法统一是一种以公平、正义为价值导向的统一，是没有私心和偏见的"无私"。我国传统司法文化中即有德法兼治、明德慎罚的慎刑思想，并一直延续至今。有时候裁判者为了实现公平正义，不仅需要严格把握法律的尺度，还要综合伦理的限度和情理的温度，达到"天理、国法、人情"三者合一的理想效果。

3. 中华法治文明与新时代法治精神

法治文明，其实是不同语境下中华法系的共同追求。古有援法断罪、罚当其罪、"刑过不避大臣"的平等观念，今有"法律面前人人平等""让人民群众在每一个司法案件中感受到公平正义"的价值追求。古有针对司法官员徇私枉法、曲法断案，"其罪惟均"[①]的律法约束，有"不直""纵囚""失刑"等专门惩治司法官员渎职或枉法等职务犯罪行为的规定，今有习近平总书记一再重申的"司法平等是维护社会公平正义的重要手段"以及"用法治思维和法治方式反对腐败"的鲜明观点。

忠诚法度、公正执法，这不仅是中华优秀法治文明的历史延续，是"法律面前人人平等"的价值意蕴，亦是新时代法治建设的重要工程。揆诸现实，司法工作者需担负起弘扬法治精神、共建法治中国的使命，以司法公正引领社会公正。具体而言：一是发挥党总揽全局的核心领导作用，在习近平法治思想指引下，推进新时代全面依法治国。二是牢固树立司法为民、公正司法的理念，着力破解影响司法公正的体制机制障碍。三是严格依法依规办案，防止将私恩凌驾于公法之上，坚决杜绝违法办案、办人情案等问题。四是及时回应人民群众对司法公正的诉求，立足于国家、人民的根本利益秉公执法。

法，平之如水，是公平、正义的象征。司法工作者作为司法公平、

[①] 《尚书·吕刑》。

正义的守护者和践行者，通过创造性地运用和发展中华法治文化，为其注入新的时代内涵，将优秀传统法治文化融入司法实践，为社会达到"正义看得见、公平可预期"的善治状态营造良好的法治氛围。

（王霏　上海市第二中级人民法院）

十六、薛宣断缣案

原文

临淮有一人,持一匹缣到市卖之。道遇雨而披戴,后人求共庇荫,因与一头之地。雨霁,当别,因共争斗,各云:"我缣。"诣府自言,太守丞相薛宣劾实,两人莫肯首服,宣曰:"缣直数百钱耳,何足纷纷,自致县。"呼骑吏中断缣,各与半;使追听之。后人曰:"受恩。"前撮之,缣主称冤不已。宣曰:"然。固知当尔也。"因诘责之,具服,俾悉还旧主。

——《风俗通义·折当》①

注释

【薛宣】字赣君,西汉东海郯[tán]县(今属山东)人。汉成帝时为宛句令,后为长安令。为吏赏罚明,用法平。后继张禹为丞相,封高阳侯。

【缣[jiān]】双丝的细绢。

【临淮】临淮郡,西汉置,治所在徐县(今江苏泗洪)。辖境相当今江苏盱眙[xū yí]、宿迁、盐城、泰州及安徽天长等地。

【霁[jì]】雨过天晴。

【直】通"值"。

【首服】犹言坦白服罪。

---

① 原始文献详参《风俗通义校注》,中华书局1981年版,第589页。

译文

临淮郡有个人带了一匹缣要到集市上卖，路上正巧下起了雨，这人就把缣打开披在身上挡雨。这时从后面跑来一个人，请求和披缣的人一块用缣避雨，这人同意了。雨停后到要分手时因为同披缣而争斗起来，两人都说："这是我的缣。"一直争执到太守府。太守薛宣对两人盘问了很久，两人都不服气。薛宣就对二人说："缣的价值就几百钱，不值得来官府打官司啊。"说完就让手下把缣剪成两半，两人各得一份。然后派人跟在两人的背后偷听。结果听到后来出现的那个人说"感谢太守之恩"，立即上前抓了他。这人不停喊冤。薛宣说："果然，我就知道是这样。"于是薛宣审问了他，那个谎称缣主人的人只好认罪，将缣还给了本主。

解析：审判者定分止争的综合考量

从古至今，审判者一直是法制运行中极为重要的一环。中国古代社会司法、行政合一，一地的行政长官往往也是司法长官、审判者，行政权和司法权的混同使得审判者拥有更高的权力和地位，相应地，其审理案件亦需要进行更多因素的考量。诉讼案件是社会矛盾纠纷复杂化、尖锐化的表现形态，中国古代司法往往又同时承担着秉公裁断、定分止争的双重职能，审判者在断案时仅仅依靠"以事实为依据、以法律为准绳"是不够的，更需要一系列的技巧、策略和智慧。而在中国特色社会主义法治不断发展完善的今天，作为采取职权主义模式国家的审判者（法官）在法律实施的过程中，无疑扮演着举足轻重的角色，作为庭审活动的中心和主导者，审判者的智慧也直接影响着当事人对于案件的认可度，乃至司法的公平公正。

1. 审判思路的创新——剖析人情心理

许多诉讼案件的当事人在诉讼之前就已采取种种措施为自己的行为施加保护，即使是那些事先并未采取任何防护措施的法律纠纷，一旦诉诸法庭，当事人大多也会想方设法寻找借口或避而不谈，以摆脱法律的问责。可以说，诉讼与审判的过程，其实就是当事人相互之间或与审判者彼此进行博弈的过程。薛宣的智慧就在于，他料定真正的物主不会满意如此断案，虽然当堂不敢说，背后一定会抱怨；而不劳而获者得到意外之财，自然会洋洋得意，当堂不敢表现，背后也一定会暴露。薛宣对"人之常情"掌握得很准，派人尾随一听，果然不出所料，一下就破了案。形形色色、层出不穷的当事人的诈伪伎俩无疑是对法官审判智慧的考验，但基于一定的事理，抓住普通人的心理，辅之以谲，诈伪之术也能得以识破。

薛宣的做法属于古代审判过程中官吏常用的"情讯法"。所谓"情讯法"，是指深受儒家文化熏陶的司法官吏在问案中善于运用"情""理"，抓住一些不被人注意的细节，以获取被讯问人内心供述的方法。早在春秋时期就有"以五声听狱讼，求民情"[1]的做法，讲的就是通过察言观色，探寻犯人心理，求得真相。"律设大法，礼顺人情"，[2]自从汉代引礼入律，法律就不再与情理无关或对立。这里的"情"不仅指向仁爱慎刑，也可以指向审判者的审判智慧。"情"首先指的是司法官吏要用心、尽心审案，要求司法官吏秉公、忠恕断狱；其次，"情"要求司法官吏合情合理地推问，得出案件的真实情况，而不能单纯依靠刑讯两造或者证人证言。从大量的案例可知，平恕且严明的法官是善于运用"鞫情之术"的。南宋郑克编纂的《折狱龟鉴》二十门中专门有"鞫情"一门，魏息园《不用刑审判书》所记载的均是以"情"得"情"的典型案例，[3]像李惠拷皮、巧断争牛、黄霸抱儿、苻融辨盗等，

---

[1] 《周礼·秋官·小司寇》。
[2] 张鲁原：《中华古谚语大辞典》，上海大学出版社2011年版，第164页。
[3] 郑牧民：《中国古代获取证据的基本特点及其理据分析》，《湘潭大学学报（哲学社会科学版）》2009年第4期。

都是利用"情讯法"破解难案的典型。

"情讯法"是为古人所极力推崇的一种获取供词的手段，是一种司法技术和知识的总结，在取证技术和手段都极为有限的古代社会被广泛使用。从方法论而言，"情讯法"主要包括察听五辞、情理感化或教化、反复诘问、诈谲等，① 测谎仪就是五听审判方式和现代科技的一个典型结合。当然，在证据获取手段高度发达的今天，其并不宜被简单效法，但它也让我们认识到，司法人员在审判案件时不能简单地陈陈相因，而要根据具体情况深入创新审理思路，细致体察当事人心理，抓住情理，从而掌握真实案情。

2. 审判方法的选择——考量多种因素

要想彻查案件真相，薛宣可以采用很多种审理方法。该案案情简单，如果派人到双方家中及其邻居中调查了解，并不难弄清事实真相。但既然是一件轻微的民事纠纷，便不宜将双方当事人扣留，如果让他们回去，又会制造假象，再生事端，所以必须及时解决。薛宣就当机立断，采取了各分一半的办法，这一选择背后其实包含了审判者全面的思考。

中国古代的司法官吏同时也是行政长官，因此，其审理案件也会有更多的对于社会治理的考量，需要考虑社会的和谐有序、百姓的亲近和教化，以及作为一方父母官的审慎和息讼的职责。② 相比于取证等需要耗费一定人力物力的举措，断缣显然是所有方法中最能节约司法成本和资源的。作为一个标的只有几百钱的轻微民事纠纷，薛宣通过断缣，可以在最短的时间内起到定分止争的作用，将案件的社会影响降到最小。

现今，司法机关已经从行政机关独立，但人民法院作为中国特色社会主义法治的堡垒，审判者在判案时，也依旧要将案件的社会效果、

---

① 参见胡平仁：《中国古代听讼断狱艺术》，《法治研究》2010年第2期。
② 参见苏力：《制度是如何形成的》，北京大学出版社2007年版，第44—48页。

司法资源的分配等因素纳入考量，避免纠纷的加剧，做到案结事了、定分止争，为社会主义法治建设添砖加瓦。

3. 审判结果的追求——坚持公平正义

断缣从表面看来，是一个昏庸的法官解决纷争的偷懒之术，在事实不清的前提下，一人一半，快速地解决矛盾。但薛宣却在将两人放回以后，坚持继续跟进，查明了事实真相，为缣的真正主人实现了公平正义。在薛宣看来，即使是价值微薄的缣，也是百姓的私有财产，也是需要被保护的利益。

公平正义一直都是法治的基本原则和终极追求，作为审判者，让人民群众在每一个案件中感受到公平正义是需要恪守的职业准则。这就要求法官积极探寻纠纷的真相，兼顾法理、人情，维护法治的权威和当事人的合法利益。不论是审判思路的创新，还是审判方法的考量，最终都是为了能够公平公正判罚。通过运用各种审理方法和技巧尽量形成完整证据链，获得更加严谨可信的内心确信，此为形式正义；而在审判中既尊重法律，又兼顾人情、公序良俗和社会效果，努力以合适的方式做到案结事了，妥善解决纠纷，此为实质正义。

断缣，是断案方法而不是处理结果，定分止争从来都是各得其所、伸张正义而不是简单的息事宁人。想用和稀泥等小聪明敷衍了事，注定经受不住人民和历史的考验。为了公平正义不断以多种方式探寻真相，为了维护当事人利益和解决纠纷而不断思考适宜的思路和判罚，这才是审判者真正的智慧。

（杭峻如　上海市第二中级人民法院）

十七、武帝守法杀外甥

原文

隆虑公主子昭平君尚帝女夷安公主。隆虑主病困，以金千斤、钱千万为昭平君豫赎死罪，上许之。隆虑主卒，昭平君日骄，醉杀主傅，狱系内官；以公主子，廷尉上请请论。左右人人为言："前又入赎，陛下许之。"上曰："吾弟老有是一子，死以属我。"于是为之垂涕叹息，良久曰："法令者，先帝所造也，用弟故而诬先帝之法，吾何面目入高庙乎！又下负万民。"乃可其奏，哀不能自止，左右尽悲。朔前上寿，曰："臣闻圣王为政，赏不避仇雠，诛不择骨肉。《书》曰：'不偏不党，王道荡荡。'此二者，五帝所重，三王所难也，陛下行之，是以四海之内元元之民各得其所，天下幸甚！臣朔奉觞，昧死再拜上万岁寿！"上乃起，入省中。

——《汉书·东方朔传》[①]

注释

【隆虑公主】汉景帝刘启之女，母为景帝第二任皇后王娡，汉武帝刘彻的胞姐，嫁隆虑侯陈蟜，有子昭平君。

【主傅】官名，公主傅的简称为主傅。为东汉长公主属官，秩六百石。

【内官】泛指侍卫官。汉朝侍卫官称内官，非侍卫官称外官。

【用】因，因为。

---

① 原始文献详参《汉书》，中华书局1962年版，第2851—2852页

【高庙】宗庙。《后汉书·光武帝纪上》:"壬子,起高庙,建社稷于洛阳,立郊兆于城南。"李贤注:"光武都洛阳,乃合高祖以下至平帝为一庙,藏十一帝主于其中。"

【仇雠［chóu］】仇敌。

译文

隆虑公主的儿子昭平君娶了汉武帝的女儿夷安公主。隆虑公主病危时,进献了金千斤、钱千万,请求预先为儿子昭平君赎一次死罪,汉武帝答应了她的请求。隆虑公主去世后,昭平君日益骄纵,竟在喝醉酒之后杀死了公主的属官,被逮捕入狱。廷尉鉴于昭平君是公主之子而在判罪之后请示武帝的意见,汉武帝身边的人都为昭平君说话:"先前隆虑公主出钱预先赎罪,陛下应允了她。"汉武帝说:"我妹妹年纪很大了才生下这么一个儿子,临终前又将他托付给我。"于是泪流满面,叹息了很久,说:"法令是先帝创立的,若是因妹妹的缘故破坏了先帝之法,我还有何脸面进高祖皇帝的祭庙!对下也对不起万民。"于是批准了廷尉将昭平君处死的判决,汉武帝悲痛不止,周围的人也一起跟着伤感。东方朔却上前祝贺汉武帝说:"我听说圣明的君王治理国政,奖赏不回避仇人,死刑不区分骨肉。《尚书》上说:'不偏向、不结党,君王的大道坦荡平直。'古代的黄帝、颛顼、帝喾、尧、舜五帝都非常重视这两项原则,即使夏禹、商汤、周文王三王都难以做到,如今陛下却做到了,四海之内的老百姓得到各自的安排,这是天下的幸运!我东方朔捧杯,冒死连拜两拜为陛下祝贺!"武帝于是站起来回到了内廷。

解析:法不阿贵,刑无等级

汉武帝守法杀外甥的故事由东汉著名文学家班固记载于《汉书》

一书，见于《东方朔传》。汉武帝以身作则，下令将纨绔不堪的外甥处以死罪，获得东方朔敬仰称赞。汉武帝作为统治者，能够区分情谊与法理，将王室贵胄置身于律法约束之内，真正做到律法所及之处罪责皆为法定，刑无等级之平等。

1. 情与法的分辨

受儒家思想熏陶，自古以来，"道德"与"情理"是纠纷解决与社会治理的重要依据，秦汉时期的"职听讼"便是以情理调处纠纷的具体表现。从今天回看传统法律文化中的"情"和"法"，应当看到，许多"情理"已在长期社会交往中内化为人们无须言明但又有内心拘束力的行为准则，实现法治并非以抛弃道德为前提，情理论断同样要以法律为底线。当代法律制度相较于封建统治时期更具有先进性，在现代纠纷解决中，应更加懂得情理与法之间调和的智慧。

讲法并非无情，言情亦非枉法，重点在于情与法之度。汉武帝顾念亲情而频频落泪，但对法律的过度情理化解读将会导致判决有失公允，伤及司法公信力，危及封建统治之势。再看当今司法，对于民事案件来讲，自然不可低估情理于社会司法的重要性之所在。非诉讼纠纷解决机制就是将纠纷解决的立足点，从法律扩大到情理，父母亲情、手足之情都可成为将纠纷感化消融于法院之外的有效力量。刑事法律则严谨慎重，情理的考量被严格限制在法律可控范围之内。综合来看，法律对情理的考量应以纠正社会不公为出发点，在合理的范围内引情据法。法律应成为维护社会公平正义的有力武器，情理则应成为推动法治社会进程的车轮。

2. 罪刑源于法定

汉武帝贵为君王，即使对外甥有再多的不忍和私情，仍然要受国家律法约束，按照国家法度对外甥处以其应得的刑罚。从取信于民、增加司法公信力的角度来讲，法既已作出，君主的意志也不应成为法律实施路径上的绊脚石。西晋时期律法学家刘颂即提出："律法断罪，皆当以法律令正文，若无正文，依附名例断之，其正文名例所不及，皆勿论"。① 定罪处罚应在法内寻求结论，不应以法外之事作为定罪处罚的理由。正如慎子所言："我喜可抑，我忿可窒，我法不可离也，骨肉可刑，亲戚可灭，至法不可阙也。"

社会至大，罪刑法定在当今社会背景之下，虽已经成为刑法的"帝王原则"，也应意识到立法的更新与进步是"有法可依"的前提。立法者与司法者应各司其职，身兼各自使命。以汉武帝之举为鉴，在当今社会行政与司法合理区分的语境下，立法必然存在滞后性。立法的进步，必然需要对司法案例进行不断研习，以案推动立法进程。案件来源于社会，一个好的案件，便是反应社会百态的集合体。国家司法权力的行使依托于立法，立法需要案例的不断推进。将公平正义反映于每一个案例之中，才能让当事人知法能辩，提升国家司法公信力。

3."人君所与天下共"

汉武帝时期，虽"罢黜百家，独尊儒术"，道德与情理成为社会治理的正统方式，但仍以"汉承秦制"为主流，法家思想得到了延续。秦商鞅尊崇"刑无等级"，天子与庶民同罪，阶级和身份不应成为律法特例。"壹刑者，刑无等级，自卿相将军以至于大夫庶人，有不从王令、犯国禁、乱上制者，罪死有赦。"② 西汉及东汉时期，"法不阿贵"的判例除汉武帝守法杀外甥之外，还有很多。如同记于《汉书》的《衡山王赐传》"太子爽坐告王父不孝弃市"，意思为太子刘爽告发其父通奸之罪使其被处以"弃市"之罪。另见汉武帝时期"王勃嗣，坐宪王丧服奸，废徙房陵"③，常山王刘勃在其为父服丧期间通奸无礼，被废后迁徙至房陵。

法应不畏权胄。若法失信于民，对君王开辟蹊径，以君王意志左

---

① 周永坤：《〈晋书·刑法志〉中的司法形式主义之辩》，《华东政法大学学报》2017年第6期。
② 蒋礼鸿：《商君书锥指》，中华书局2014年版，第101页。
③ 《汉书·卷十四·诸侯王表第二》。

右定罪与刑罚，法将无法使人信从，君王亦无法取信于天下。在建设当今法治社会的进程中，人民法院应当坚守司法原则和底线。当代司法者应从依法治国出发，履行好审判职能，着力维护法之权威。同时，法律的公平正义，不仅要体现在立法、执法、司法、守法几个层面，更应体现在社会治理的方方面面，体现在社会的各个阶层。立法者、司法者、执法者，同样也是守法者。正所谓"打铁还需自身硬"，塑造清正严明的司法环境，牢记司法天平的使命，从严律己以身作则，才能使更多的守法者信法、用法、守法。服务大局、司法为民、公正司法，更要始终把维护公平正义作为司法工作者的首要价值追求。

（段夏　上海市第二中级人民法院）

第五章 三国两晋南北朝时期经典案例评述

纵观整个三国两晋南北朝时期，其法治具有以下特点：

一、"引礼入法、以礼入律"与中华法系的情理观。整个三国两晋南北朝时期战乱动荡，政权实际上由各个士族集团把持。汉朝中后期出现的阴阳灾异和谶纬迷信思想，以及魏晋时期的玄学思想，都在一定程度上对封建正统法律思想产生影响。除了儒家、道家，甚至佛教思想的元素都或多或少地被吸纳。魏晋玄学家对于正统儒学法律观的批判，为后续法学研究学风的发展作出了应有的贡献。在立法上往往都继续沿袭了儒家思想，以维持其等级特权，法律儒家化在这一时期得到了进一步的发展。三国两晋南北朝时期是法制史上一个承前启后的阶段，王朝短期内多次更迭，存在大量的法典编纂活动，在这一时期，法律制度、原则、法典形式、立法水平等方面都逐渐趋于完善。

首先，在立法上，三国时期的魏律，西晋时期的泰始律，北朝的北魏、北齐、北周律，南朝的南梁、南陈律等诸多法典先后出台。第一，在法典编排上，把带有总则性质的篇目置于律首，增减细化每篇的篇目，立法水平上可见进步之处；第二，在法典形式上，在沿用汉朝法律形式的基础上，进一步确立了律令并立的立法格局，开创发展了格、式等法律新形式；第三，大量的法典编撰也催生了一批律学家，为法学研究提供了人员储备。

其次，在法律内容上，"引礼入法、以礼入律"蔚然成风。统治者对稳固政权、特权的需求，使儒家思想得以进一步影响法律。特权阶层所享有的"八议""官当""九品中正制"等制度入律，成为了法定特权,进一步细化了封建等级制度。"准五服以治罪"的原则也是儒家思想法律化的重要表现之一,五服亲等制度在家族小宗中发挥着稳固秩序的作用。

二、"审讯哀矜"与刑事司法谋略。在国家社会层面,三国魏晋南北朝时期制定了"重罪十条",以惩戒危害政权和礼教的行为。刑罚制度上,株连罪的改良、肉刑的减少和宫刑的废止体现了旧五刑向新五刑过渡的趋势。

纵观整个三国两晋南北朝时期,法制发展显示出立法数量多、频次快、内容体例化繁为简、法制思想多元并存等特点,将秦汉以来庞大的法律文本内容逐步简化浓缩,呈现出总结归纳的态势,为中华法系集大成的唐朝法律奠定了基础。政权的频繁更迭虽然不利于社会治理的长治久安,但对于法制发展却提供了机会。新法典对旧法典的扬弃精进、法典编纂培养了法律人才、政治宽松孕育了新的各派思潮等,这段时期的实践与探索使得儒家的精神和伦理学说全面成文化和法典化,立法技术得到全面提升,破旧立新、承前启后,预示了之后隋唐时期中华法系的最终成熟。

一、陈表审盗

原文

时有盗官物者，疑无难士施明。明素壮悍，收考极毒，惟死无辞。廷尉以闻。权以表能得健儿之心，诏以明付表，使自以意求其情实。表便破械沐浴，易其衣服，厚设酒食，欢以诱之。明乃首服，具列支党。表以状闻。权奇之，欲全其名，特为赦明，诛戮其党。

——《三国志·吴书·陈表传》①

注释

【陈表】（204—237），三国吴庐江松滋人，字文奥。陈武之子，继父为将。因率兵平乱有功，被拜为偏将军，封都乡侯。

【无难士】卫士名，三国吴置，隶属无难督，掌护卫皇帝。

【收考】拘捕拷问。

【无辞】没有言辞；没有口实。

【权】即孙权。

【健儿】军卒；士兵。

译文

当时有偷盗公家东西的人，犯罪嫌疑人是"无难军"的兵士施明。

---

① 原始文献详参《三国志》，中华书局1982年版，第1290页。

施明长得强壮剽悍，尽管被拘捕后受到极为惨毒的拷打，但他宁死不说一句话，廷尉将这件事向上汇报。孙权考虑到陈表能得军中士兵们的信任，诏令将施明交给陈表处理，让陈表用自己的办法获取实情。陈表便打开施明的枷锁并让他洗澡，换上他的衣服，厚办酒席，在酒席高兴间劝诱施明。施明于是自首服罪，将同党一一交代出来。陈表由此上表汇报。孙权认为陈表非同常人，为了保全他的名声，特地赦免了施明，而将施明的同党全部斩首。

解析：宽仁哀矜，教化从善

三国时期吴国名将陈表劝诱施明的故事出自《三国志·吴书·陈表传》。官府财物失窃，怀疑是负责皇宫卫戍的士兵施明所为，遂对其严刑拷打却无所获。陈表反其道而行之，以礼相待，施明于是俯首服罪、招供同党。孙权为成全陈表的名声赦免施明，而施明感激陈表，主动向善，最终成为一员骁将。

东汉末年军阀连年混战，社会秩序极度混乱，民间起义反抗迭起。乱世用重典，孙吴政权为控制社会局面、实现富国强民、巩固自身统治，尊崇法家思想，主张通过严刑峻法镇压和威慑犯罪。这一治理倾向在名臣陆逊上书劝谏"施德缓刑"时孙权的回应中可见一斑："夫法令之设，欲以遏恶防邪，儆戒未然也，焉得不有刑罚以威小人乎？"而据清末法学家沈家本考证，"吴时三族之夷屡见"[①]，诛杀宗族的极刑多次发生，可知重刑之滥用。在此背景下，陈表善待和感化嫌疑人使其服罪更显难得，也表明不论主流法律思想如何变化，"慎刑""仁政"始终流存在中华传统司法文化之中，在追求真相的同时注重案件的卓越社会效果。当今，刑讯逼供已被明令禁止，嫌疑人的合法权利受到保障，法外施恩也不复存在，但"施明案"所表现出的"宽仁为治、

---

① 沈家本：《历代刑法考》，商务印书馆2011年版，第21页。

"激励劝善"的精神,值得我们在文明司法的建设过程中时刻自省和传承。

1. 作为刑罚前置程序的道德教化

礼、乐、刑、政的有机结合塑造了中国古代社会治理模式,历朝历代的法律思想和律令制定最终落脚在四种手段的先后排序和逻辑关系之上。制礼以引导人们的情志,作乐以谐和人们的声音,政令以统一人们的举动,刑罚以预防人们犯罪,四者的最终目的是一致的,都是用来协调民心而制定治道。① 而就发挥功能的方式而言,礼乐和刑政分别代表着积极和消极、扬善和惩恶两种倾向。在法律思想长久奉行"儒"的时期,德礼为本、刑政为用,礼乐相较于刑政,占据更重要的地位和更优先的适用层级,思想家和执政者认为只有无法通过教化引导其改邪归正的罪犯,才需要审判处以刑罚。换言之,教化成为刑罚的前置程序,孔子就将"不教而杀"视为暴虐施政的"四恶"之首。倡导教化的慎刑观念以儒家以德服人的追求和"人性善"的预设为前提,使得中国古代的社会治理在强硬的律令之中增添了弹性和温情的色彩。上述特征在"施明案"中表现得尤为典型。

陈表和施明之间存在两种鲜明的身份对比:将领与士兵,刑官与囚犯。陈表处于强势地位却卸下施明的刑具,准许其沐浴更衣,为其准备酒食,展现了充分的体恤和尊重。两人的谈话内容虽然无从考证,但或许可以大胆猜测陈表向施明了解其家庭和生活状况,谈论同为习武之人的志向和愿景;告知怀疑他偷盗的依据,询问缘由和申辩之词,以礼法教义乃至亲情孝道唤醒良知。施明认罪态度的巨大转变,得益于陈表以德劝善和自身人格魅力之下两人之间产生的信任。被赦免后,施明出于对陈表的感激从善,成为骁勇善战的将领,这也印证了刑官的榜样和教导作用。

---

① 出自《礼记·乐记》:"故礼以道其志,乐以和其声,政以一其行,刑以防其奸。礼乐刑政,其极一也,所以同民心而出治道也。"

2. 作为司法者内心约束的宽仁哀矜

孙吴时期刑律严苛、滥用刑罚的大环境下，陈表仍拒绝刑讯，表明"仁政""慎刑"观念并非通过强制性规定发挥作用，而是刑官难能可贵的内心遵循。中国古代始终重视刑官的选任，除"平允中正"之外还要求品性温良、仁爱悲悯、尊重人的生命价值、大公无私等等优秀道德品质，[①] 寄希望于刑官根据主观认知来调适律令的不健全，使审判结果和儒家道德要求、百姓一般认知相匹配，实现公平公正并维护政权稳定。

当下我们已经大踏步迈入法治化时代，法律体系日渐完备，但案件审理和判决仍是人与人交流乃至交心的过程。法条可以框定司法权力行使的边界，但背后的"温度"和人文关怀有待司法者借由裁量权和调解传递给当事人。也因此，"人"的因素在司法活动中相当重要，注定司法不可能被人工智能完全替代。一方面，法律具有滞后性，对于现行法律缺位的新业态、新矛盾，需要司法者依据价值观进行利益衡量作出决断，如近年来出现的平台劳动者权益保护、疫情冲击下中小企业权益保护、《我不是药神》原型陆勇代购仿制药案件等等。另一方面，当事人将矛盾交给法院既出于相信法律，也因为信任法官。经常有当事人表示因为充分相信承办法官才愿意调解。法官内心的温情对于其对待当事人的态度、处理案件的方式方法会产生影响。如果法院机械司法，不擅于体察难处，无法回应上述期待，原有的小矛盾可能被扩大，司法公信力受到影响，亦不利于法治社会建设。

3. 历史照进现实：法律的教育引导功能

惩恶扬善、注重教化的司法传统流传至今，主要表现为法律的教育引导功能。强制力最明显的《刑法》和《行政处罚法》都遵从惩罚和教育相结合的原则，希望违法犯罪人员可以充分认识到其行为的主观恶性和社会危害性从而避免再犯。近年来，我国不断提倡在社会治

---

① 吕丽：《中国古代刑法特色研究》，吉林大学法学博士学位论文，2012年。

理中善用德治和法治相结合的方式,将社会主义核心价值观融入法治建设之中,以道德感化预防和化解社会矛盾。社会治理是多种渠道有机结合的整体,司法发挥教育引导作用应当符合审判权力运行规律。

首先,常怀以人为本的赤子之心。"爱民如子"在社会主义现代化国家反映为"以人民为中心"的司法理念。在案件审理过程中需要主动回应当事人的情感需求,消解抵触情绪,为能够"听得进""说得通"道理打好基础。然而,听取当事人口头表达意见与"案多人少"往往是矛盾的,突出表现在二审书面审理和当事人期待开庭之间的矛盾。如何以柔性方式平衡二者值得进一步探索。其次,巧用证据明确事实。"铁证如山"可见扎实的证据可以起到强有力的威慑作用。生活中常见的交通管理处罚、治安管理处罚等案件,可以通过观看监控视频的方式使当事人自觉认识到违法行为的危害性,不再心存侥幸。最后,精心撰写判词进行说理。不论调解抑或裁判,都是情、理、法三者的综合考量。现代司法运用三段论的推理方式,认定事实、解释和适用法律、得出裁判结论。不可否认,晦涩的法条和法律关系难以被当事人理解,很多时候当事人更希望通过一次诉讼一揽子解决所有问题,甚至提出不合理的要求。此时需要裁判者承担引路人的责任,在判词中指出正确的诉讼路径,充分阐述社会主义核心价值观背后的法理人情,唤起诉讼双方内心共鸣,必要时对于一意孤行的当事人进行训诫,指引其找回良知。由此,一场伟大裁判的意义不但在于解决纠纷、创造规则,而且在于形塑社会价值导向,在多元思潮中点亮社会共识的明灯。

(吴嘉懿　上海市第二中级人民法院)

二、吉翂乞代父命

原文

吉翂，字彦霄，冯翊莲勺人也，世居襄阳。翂幼有孝性。年十一，遭所生母忧，水浆不入口，殆将灭性，亲党异之。

天监初，父为吴兴原乡令，为奸吏所诬，逮诣廷尉。翂年十五，号泣衢路，祈请公卿，行人见者，皆为陨涕。其父理虽清白，耻为吏讯，乃虚自引咎，罪当大辟。翂乃挝登闻鼓，乞代父命。高祖异之，敕廷尉卿蔡法度曰："吉翂请死赎父，义诚可嘉；但其幼童，未必自能造意，卿可严加胁诱，取其款实。"法度受敕还寺，盛陈徽纆，备列官司，厉色问翂曰："尔求代父死，敕已相许，便应伏法；然刀锯至剧，审能死不？且尔童孺，志不及此，必为人所教。姓名是谁，可具列答。若有悔异，亦相听许。"翂对曰："囚虽蒙弱，岂不知死可畏惮？顾诸弟稚藐，唯囚为长，不忍见父极刑，自延视息。所以内断胸臆，上干万乘。今欲殉身不测，委骨泉壤，此非细故，奈何受人教邪！明诏听代，不异登仙，岂有回贰！"法度知翂至心有在，不可屈挠，乃更和颜诱语之曰："主上知尊侯无罪，行当释亮。观君神仪明秀，足称佳童，今若转辞，幸父子同济，奚以此妙年，苦求汤镬？"翂对曰："凡鲲鲕蝼蚁，尚惜其生，况在人斯，岂愿齑粉？但囚父挂深劾，必正刑书，故思殒仆，冀延父命。今瞑目引领，以听大戮，情殚意极，无言复对。"翂初见囚，狱掾依法备加桎梏，法度矜之，命脱其二械，更令著一小者。翂弗听，曰："翂求代父死，死罪之囚，唯宜增益，岂可减乎？"竟不脱械。法度具以奏闻，高祖乃宥其父。

——《梁书·列传第四十一·孝行》[①]

---

① 原始文献详参《梁书》，中华书局1973年版，第651—652页。

注释

【莲勺】一作莲芍县。西汉置，属左冯翊。治所在今陕西渭南市东北来化镇村。

【水浆】指饮料或流质食物，为丧亲时食物。《礼记·檀弓上》："故君子之执亲之丧也，水浆不入于口者三日，杖，而后能起。"

【灭性】谓因丧亲过哀而毁灭生命。《礼记·丧服四制》："毁不灭性，不以死伤生也。"

【天监】南朝梁武帝年号（502—519）。

【衢路】四通八达的道路。

【陨涕】流泪。《韩非子·外储说右上》："于是公有所爱者曰颠颉后期，吏请其罪，文公陨涕而忧。"

【引咎】归过失于自己。

【大辟】古五刑之一，谓死刑。《尚书·吕刑》："大辟疑赦，其罚千锾。"孔传："死刑也。"孔颖达疏："《释诂》云：辟，罪也。死是罪之大者，故谓死刑为大辟。"

【挝 [zhuā]】敲打，击。

【登闻鼓】古代帝王为表示听取臣民谏议或冤情，在朝堂外悬鼓，许臣民击鼓上闻，谓之"登闻鼓"。《资治通鉴·宋文帝元嘉八年》："阙左悬登闻鼓以达冤人。"胡三省注："登闻鼓，令负冤者得诣阙挝鼓，登时上闻也。"

【造意】首倡某种主意、办法。

【款实】实情。

【徽纆 [mò]】亦作"徽墨"，指绳索。古时常特指拘系罪人者。《周易·坎》："上六，系用徽纆，寘于丛棘。"陆德明释义引刘表云："三股曰徽，两股曰纆，皆索名。"

【官司】普通小官吏；百官。《汉书·王莽传上》："祝宗卜史，备物典策，官司彝器。"颜师古注："官司，百官也。"

【蒙弱、稚藐】幼小；弱小。

【委】舍弃。

【泉壤】犹泉下，地下。指墓穴。

【细故】细小而不值得计较的事。

【回贰】犹改志。

【行当】即将；将要。

【释亮】宽恕，释放。

【转辞】改变言辞。

【鲲鮞［kūn ér］】亦作"鲲鱬"，小鱼。《国语·鲁语上》作"鱼禁鲲鮞"，韦昭注："鲲，鱼子也。鮞，未成鱼也。"

【殒仆】去世。

【引领】伸直脖子。

【狱掾】狱曹的属吏。

译文

吉翂，字彦霄，冯翊郡莲勺县人，世代居住在襄阳。翂从小孝顺父母。十一岁时，母亲去世，他悲伤得连一口水也不喝，几乎饿死，亲朋邻里对此都很惊异。

天监初年，吉翂父亲任吴兴郡原乡县令，遭到奸吏诬陷，被逮捕押到京城大狱。吉翂这年15岁，听到消息后，他到大路上号哭，哀请过往的高官帮忙救他的父亲，直感动得行人纷纷落泪。吉翂父亲虽然是清白的，但耻于遭狱吏审讯，于是自己便凭空承担了罪过，按交代的罪应处死刑。吉翂闻讯后就去击登闻鼓惊动朝廷，请求以死换回父亲的活命。梁武帝感到非常惊奇，给司法官蔡法度下令说："吉翂请求以死偿父命，孝义实在可嘉；只是他还是个孩子，所以他未必能想出这个主意，你可以严加威胁和诱哄，审得实情。"蔡法度接受任务回到衙署，在公堂上摆满绳索刑具，周围站满官员，厉声问吉翂说："你替父去死，皇上已经允许，接下去就应该处死；但刀锯无情，你真的想死吗？况且你是个孩子，不会想出这个主意，一定是被人指使的。那人姓什么叫什么，你要一一如实回答。假如你有反悔，我也答应你。"吉翂回答说："我虽蒙昧智弱，但怎么会不知道死的可怕呢？只是弟弟们都还年幼，唯有我年龄稍大，不忍心看着父亲被处死，而自己延缓着苟活下去，这就是我独立拿主意，求请皇帝的理由。如今我要为救回父亲而不惜一死，让尸骨葬在九泉之下，这不是小事，怎么会受人指使呢？皇帝恩准我替父去死，这对我好比登天成仙一样，怎么会反悔呢？"蔡法度知道他已经铁心，威胁无用，就转而诱哄，对他说："皇上知道令尊无罪，马上就要释放并谅解他，我看你神采仪表都很出众，称得上是个好孩子，现在假如回心转意，那么你们父子可双双活命。为何以此美妙年华，却苦苦要求去死呢？"吉翂回答说："所有大鱼小鱼蝼蛄蚂蚁，尚且爱惜自己的生命，何况人呢，怎么愿被碾成粉末？只是我父亲深遭告发，定会按刑律处死。所以想用个人的死，希望延缓父亲的性命。如今我合上眼睛，伸长脖，来听凭处死。现情恩已尽，别无他想，再无一言可答。"吉翂刚被关押时，狱吏依法给他戴上加重的脚镣手铐，蔡法度可怜他年幼，命人将他的脚镣手铐摘去。另让人给他换一副小的，吉翂不听，说："我请求替父先死，身为一名死囚，只应该增加刑具，怎么能减少呢？"始终不肯减去身上的刑具。蔡法度把这一情况全部上奏，梁武帝于是下令释放了吉翂的父亲。

解析：登闻鼓与中华法系的申诉制度

吉翂是南朝时期的梁朝人，自幼极有孝心。他父亲因莫须有的罪名将被处死，当时只有十五岁的吉翂，长途跋涉来到京城，在皇宫前敲响登闻鼓，请求代父亲而死。鼓声惊动了梁国开国帝君，梁武帝惊叹吉翂请死赎父，乃大孝子也，便下令诏赦吉父之罪，还表彰了吉翂的孝行，世人也对吉翂的孝父之举赞不绝口。

吉翂敲响登闻鼓，惊动梁武帝的做法，正是实践了魏晋南北朝时期的击登闻鼓制度。所谓"登闻鼓"，意思是"让皇帝知道的鼓"，当时的法律规定，老百姓有冤情不能申时，可以依法以"击登闻鼓"的方式，直接向皇帝申诉。鼓在申诉中的运用则起源于西周的路鼓，在魏晋南北朝时正式形成击登闻鼓制度，此后，"击鼓鸣冤"便成为历代申诉制度的重要形式，一直沿用至清朝。以击登闻鼓为代表的申诉制度是我国古代法制文明的重要组成部分，承载了中华法系的诸多特色，彰显了明德慎罚的"慎刑"思想，在减少冤案、弥补法律制度的不足方面有不可替代的作用，同时也是统治者了解民情民意的重要途径。吉翂击鼓成功救父的案例，反映出当时申诉制度的成形、诉求的及时准确传递及统治者重视民意诉求等方面的内容，对当今申诉程序也有重要的借鉴意义。

1. 健全申诉制度，保障申诉权行使

古代的申诉制度并非严格意义上的司法诉讼程序，实际是以行政干预司法的方式启动再审，对申诉是否受理、如何审理以及结果起决定性作用的是统治者的意愿，而非法律的规定，与当今诸多司法理念及制度相悖。但时至今日，古代的申诉制度仍有着深远的影响，申诉鸣冤的传统法治文化已深深根植于民众的心中，受这一朴素正义观影响，以特殊程序或形式对可能存在偏颇的个体或个案进行向上反映，求得关注和监督，推动冤假错案予以更正已成为司法制度中不可或缺的部分。我国现行司法制度亦对这种正义观的需求有所回应，并将案件申诉变为正式、规范的诉讼程序纳入审判监督体系，如刑事诉讼法第252条规定："当事人及其法定代理人、近亲属，对已经发生法律效力的判决、裁定，可以向人民法院或者人民检察院提出申诉……"早先申诉制度在申诉期限、申诉的审查处理等方面不甚完备，在实施过

程中也出现了诸多弊端，比如无申诉管辖的限制，有的申诉人认为申诉的机关级别越高越好，因而越级越部门申诉，造成反复申诉的混乱局面，申诉制度作用发挥不够充分，也降低了民众"有错必纠"的司法预期。为解决这一问题，人民法院在推动司法制度完善的过程中，格外注意充分尊重民众传统的正义观念，着力健全申诉立案审查机制，规范刑事申诉案件立案审查标准和程序，畅通当事人申诉启动审判监督程序机制，等等。"申诉难"等情况大大减少，既保障了民众申诉权的行使，更通过申诉程序纠正了一大批错案、冤案，有效提升了司法权威性和公信力。

2. 落实申诉受理责任，畅通诉求渠道

吉翂击登闻鼓的方式将诉求直达梁武帝，中间未被官员截停，且受到梁武帝重视，案件及时得以纠正，但与之相反，东汉顺帝时，宁阳县有位主簿千辛万苦来到京城告御状，连续递了上百次奏章，始终无人问津，致使这桩案子一搁就是六七年。[①] 两个案例对比反映出，接受申诉的部门是否真正把处置工作落到实处，也是申诉制度能否发挥作用的重要因素，具体来说，一方面是对申诉意见的处理程序是否完备、规范、合理，另一方面是司法工作者能否及时准确适用申诉程序处理民情、纠纷。宁阳县主簿之所以上奏百次均无人问津，问题就出在受理申诉部门的疏忽上面。严格遵照程序规定，及时、准确传达申诉至相关办案部门，是申诉得到妥善处理的前提，这就要求司法工作者必须严格落实申诉受理责任，确保申诉线索能够被审查，减少申诉查无音信、重复申诉的情况。人民法院要全面推行群众申诉"件件有回复"等工作机制，充分利用网络信息技术，向申诉人提供申诉状态实时查询的便利，督促承办人员及时回应办理结果，缓解申诉人焦虑情绪，将申诉线索受理工作落到实处。

---

① 《后汉书·卷五十八·虞诩传》。

3. 坚持以人民为中心的司法理念，重视群众诉求

习近平总书记指出，要下大气力把信访突出问题处理好，把群众合理合法的利益诉求解决好，特别强调要"维护社会公平正义，着力解决发展不平衡不充分问题和人民群众急难愁盼问题"。前述吉翂击鼓救父的成功，其关键是梁武帝对民情民意的尊重，严肃审慎对待吉翂反映的情况。但也有的像北宋向太后强占民田建造寺庙案[①]中，审查申诉的官员忽视老百姓的诉求，没有妥善处理老百姓合理诉求的事例。当前申诉总量高位运行、重复申诉占比高、越级申诉问题突出、民事行政申诉案件数量大幅上升等问题已经成为亟待解决的问题，人民法院应当从坚持以人民为中心的政治高度认识和做好申诉案件审查工作，办理申诉案件不能只守住形式上"不违法"的底线，也不能就案办案、机械司法，只满足程序了结、不注重办案效果，要勇于直面申诉群众，重视群众合理合法的诉求，努力解决矛盾难点。要坚持严格公正司法，坚守防止冤错案件底线，依法纠正冤错案件，让人权司法保障更加有力，让人民群众切实感受到公平正义。

（张博闻　上海市第二中级人民法院）

---

① 见南宋吕本中撰：《紫微诗话》。

三、窦礼近出不还

原文

顷之，护军营士窦礼近出不还。营以为亡，表言逐捕，没其妻盈及男女为官奴婢。盈连至州府，称冤自讼，莫有省者。乃辞诣廷尉。柔问曰："汝何以知夫不亡？"盈垂泣对曰："夫少单特，养一老姁为母，事甚恭谨，又哀儿女，抚视不离，非是轻狡不顾室家者也。"柔重问曰："汝夫不与人有怨仇乎？"对曰："夫良善。与人无仇。"又曰："汝夫不与人交钱财乎？"对曰："尝出钱与同营士焦子文，求不得。"时子文适坐小事系狱，柔乃见子文。问所坐。言次，曰："汝颇曾举人钱不？"子文曰："自以单贫，初不敢举人钱物也。"柔察子文色动。遂曰："汝昔举窦礼钱，何言不邪？"子文怪知事露，应对不次。柔曰："汝已杀礼，便宜早服。"子文于是叩头，具首杀礼本末，埋葬处所。柔便遣吏卒，承子文辞往掘礼，即得其尸。

——《三国志·魏书·高柔传》①

注释

【高柔】（174—263），三国时陈留圉［yǔ］县（今河南杞县西南圉镇）人，字文惠。东汉建安十八年，为尚书郎，转丞相理曹掾。

【亡】逃亡。

【省】知觉，觉悟。

---

① 原始文献详参《三国志》，中华书局1982年版，第689—690页。

【单特】孤独；孤寡。

【坐】犯罪。

【系狱】囚禁于牢狱。

【举】借贷。

【单贫】孤贫。

【便宜】谓斟酌事宜，考虑。

译文

不久，护军营士窦礼出营后没有回来。军营里以为他逃走，上表说要追捕他，收捕他的妻子盈和儿女为官家奴婢。盈接连到州府，呼冤为自己申诉，却没有人来察看过问。于是她又申诉到廷尉处。高柔问道："你凭什么知道你丈夫不会逃跑？"盈流泪回答说："我丈夫年少时孤苦，奉养一个老太太当作母亲，侍奉恭谨孝顺，又怜爱儿女，抚慰看顾从不远离，他不是轻薄狡诈不顾家室的人。"高柔又问道："你丈夫与别人有怨仇吗？"回答说："我丈夫很善良，与别人没有怨仇。"又问道："你丈夫没与别人有过钱财往来吗？"回答说："曾经借钱给同营军士焦子文，让他还，他一直没还。"这时焦子文正好犯一件小事被关押在监狱中，高柔去见焦子文，问他所犯的罪行。焦子文回答完后，高柔又问道："你是不是曾经向人借钱了？"焦子文说："我自知贫困，从不敢向人借钱物。"高柔看到焦子文脸色都变了，就说："你过去就借过窦礼的钱，怎么能说没有？"焦子文对这件事情败露很惊讶，应对语无伦次。高柔说："你已经杀了窦礼，趁现在的机会赶紧承认服罪。"焦子文于是叩头请罪，坦白了杀害窦礼的经过，以及埋藏尸体的地方。高柔便派遣吏卒衙役，按照焦子文所说的地点掘地寻找，立刻找到了窦礼的尸体。

解析：高柔防冤错

窦礼是三国时期曹魏护军营中的一名士兵，曾经借钱给同营士兵焦子文，前去讨债时被对方杀害并藏尸。军营发现窦礼失踪后认为他逃亡了，于是将窦礼的妻子儿女贬为官奴婢。窦礼的妻子盈多次到州府申冤未果，于是上诉到廷尉高柔处。高柔在听取了盈的申诉后审讯了先前因其他事情被捕的焦子文，最终查明了真相，为窦礼平反。随后明帝下诏恢复盈及子女为平民，并向全国发布公文以窦礼一案为鉴戒。中华法系作为中华传统法律文化结晶，凝聚了中华民族的精神和智慧，中华法系精神既需要薪火相传，更需要推陈出新。窦礼案的平反是我国古代对于冤错案件防范的缩影，结合当代司法实践，人民法院应深化以审判为中心，提升责任担当，坚持公正司法，牢牢守住防范冤错案件的底线。

1. 畅通纠错渠道，尊重当事人申诉权利

窦礼案能够查明真相、得以平反，重要原因在于盈坚持申冤，高柔认真听取了盈的申冤理由。纵观中华法系的古往今来，历朝历代几乎都有申冤制度的存在，主要包括上书申冤、击鼓诉冤、拦驾喊冤等。在梁武帝时期，为了能听到老百姓的冤情，其特设谤木函，百姓有什么冤屈或建议，可向谤木函里投书。冤错案件的防范与平反是公平与正义的体现，这一中华法系优良制度精神也延续至今。习近平总书记高度重视公正司法，强调："公正司法是维护社会公平正义的最后一道防线。"[1] 正如英国哲学家培根所言，一次不公正的裁判其恶果甚至超过十次犯罪。申诉制度作为审判监督的形式之一，是健全冤错案件有效防范和及时纠正机制的重要组成部分，我国古代冤错案件纠错机制

---

[1] 中共中央文献研究室编：《习近平关于全面依法治国论述摘编》，中央文献出版社2015年版，第67页。

重视纠错渠道的畅通性，例如宋代刑事审判的录问程序、翻异别勘复审程序等，因此保障申诉渠道的畅通，积极拓宽申诉渠道是严格公正司法，让人民群众在每一个司法案件中感受到公平正义的重要支撑。同时从高柔认真听取盈的申诉意见可以借鉴，人民法官在审查申诉案件以及当事人信访材料时，应切实尊重、认真对待当事人的申诉权利，态度诚恳、耐心细致，充分了解当事人诉求并做到法律释明工作。① 注重让当事人感受到司法的温度，感受程序的公平公正。

2. 深化以审判为中心，发现案件真实的保障

高柔通过对盈仔细的询问，坚持证据裁判，从细微处抽丝剥茧查明真相，最终查明真凶。查明事实是案件审理的基石，古代由于受限于科技，很多案件发生后相关证据难以收集。以汉代司法官员为例，为还原案件事实真相，官员往往采取在公堂之上，面对双方对簿公堂，一方面依照常识寻找证据，另一方面运用心理探测发现证据。② 由古至今，案件事实查明仍是当今庭审的重要组成部分。习近平总书记强调："推进以审判为中心的诉讼制度改革，目的是促使办案人员树立办案必须经得起法律检验的理念，确保侦查、审查起诉的案件事实证据经得起法律检验，保证庭审在查明事实、认定证据、保护诉权、公正裁判中发挥决定性作用。这项改革有利于促使办案人员增强责任意识，通过法庭审判的程序公正实现案件裁判的实体公正，有效防范冤假错案产生。"③ "以事实为依据，以法律为准绳"的司法原则体现在整个司法过程中，事实调查是判决的主要组成部分，是法庭审理的中心环节，也是司法公正的先决条件。以刑事庭审为例，笔者认为，庭审应强化法庭调查，推进庭审实质化，以案件审理为中心，以证据裁判为原则，突出庭审的中心地位，从而保障还原案件事实真实性。

---

① 参见胡云腾：《谈谈刑事申诉案件的办理》，《中国审判》2016年第10期。
② 参见律璞：《汉代司法官员审理案件的经验维度》，《人民法院报》，2022年1月21日。
③ 习近平：《关于〈中共中央关于全面推进依法治国若干重大问题的决定〉的说明》，http://www.npc.gov.cn/zgrdw/npc/zt/qt/sbjszqh/2014-10/29/content_1883447.htm，最后访问时间：2023年3月19日。

3. 提升责任担当，坚持错案必纠的决心

冤错案件的发生严重影响社会公平正义。2014年1月7日，习近平总书记在中央政法工作会议上指出："要懂得'100-1=0'的道理，一个错案的负面影响，足以摧毁九十九个公正裁判积累起来的良好形象。执法司法中万分之一的失误，对当事人就是百分之百的伤害。"[1] 随着"依法纠正冤错案件"写入党的第三个历史决议，近年来人民法院依法纠正五周案、张玉环案等重大冤错案件，彰显了人权司法的保障，体现出司法机关勇于担当、有错必纠的决心，强化了人民群众对于司法公正的信心。

立足于人民法院，当前，审判监督工作中还存在一些短板问题，影响了群众对公平正义的获得感。最高法指出，要敢于纠错、及时纠错、全面纠错，坚持依法纠错和维护裁判权威有机统一，坚守法治底线。

在窦礼案中，高柔愿意倾听盈的申冤防止了惨案的发生，也给现今的刑事司法工作提供借鉴。系统层面，人民法院应健全及时审查、有效查错机制，规范刑事申诉案件立案审查标准和程序，畅通刑事冤错案件发现渠道。畅通执行程序发现错案后启动审判监督程序机制，建立公开、高效、平等的申诉审查程序。畅通外部监督渠道，自觉接受舆论监督，及时回应社会关切，形成审判监督与舆论监督的良性互动。[2] 而作为一名司法人员，应坚持天理国法人情一体化裁判理念。坚持以法为据、以理服人、以情感人，牢固树立新时代中国特色社会主义司法理念，增强责任意识，激发担当精神，真正实现案件办理政治效果、法律效果、社会效果的有机统一。

（陆越　上海市第二中级人民法院）

---

[1] 中共中央文献研究室编：《习近平关于全面依法治国论述摘编》，中央文献出版社2015年版，第96页。

[2] 参见周强：《全国法院审判监督工作会议的讲话》，https://m.gmw.cn/baijia/2020-10/23/1301710004.html，最后访问时间：2023年3月19日。

四、烧猪证人尸

原文

张举，吴人也，为句章令。有妻杀夫，因放火烧舍，乃诈称火烧夫死。夫家疑之，诣官诉妻。妻拒而不承。举乃取猪二口，一杀之，一活之，乃积薪烧之。察杀者口中无灰，活者口中有灰。因验夫口中，果无灰。以此鞫之，妻乃伏罪。

——《疑狱集》①

注释

【句章】古县名。秦置，治今浙江省余姚市东南。属会稽郡。东汉为会稽东部都尉治。

【积薪】积聚木柴。

【鞫 [jū]】审理案件，通"鞠"。《汉书·刑法志》："今遣廷史与郡鞫狱，任轻禄薄。"颜师古注引李奇曰："鞫，穷也。狱事穷竟也。"

译文

张举是三国时吴国人，任句章县县令。句章县有一个妻子杀了丈夫，就放火烧了住房，谎称丈夫被火烧死了。夫家的人感到这件事很

---

① 原始文献详参［五代］和凝编撰、［北宋］和㠓附续、［明］张景续编：《疑狱集》，载杨一凡、徐立志主编，俞鹿年等整理：《历代判例判牍》（第1册），中国社会科学出版社2005年版，第236页。

可疑，就到官府去控告。妻子拒不承认是她杀死丈夫。县令张举就抓来两头猪，一头杀了，一头让它活着，然后堆起木柴把两头猪放在上面烧。烧完后察看死的那头猪口中没有灰，活的那头猪口中有灰。于是检验她丈夫口中，果然没有灰。以此作为证据审讯，妻子这才认了罪。

解析：秉持依法审慎、证据裁判的理念

张举烧猪证人尸案是收录在《疑狱集》中的一个典型案例。该案中，县令张举通过烧猪证人尸的方式，运用逻辑推理和日常生活经验，查明了案情，使罪犯认罪伏法，圆满了结案件。

维护公平正义，是古今中外司法永恒的价值追求。张举烧猪证人尸案的处理，一方面体现了为维护公平正义，司法应当秉持依法审慎的理念。本案系夫家的人起疑心，来官府告诉，而女子前后态度一致，否认杀害丈夫。那么实情究竟如何，是亟待查实的问题。倘若女子确为杀人凶手，则应将其绳之以法；若确如女子所言，则亦应查清真相，消除非议。事关人命，作为裁判者的张举并未轻信任何一方，而是采取依法审慎的态度，先查清事实。不仅古代如此，查清案件事实同样也是当前司法机关审理案件的首要任务。我国三大诉讼法都明确规定审理案件必须以事实为根据、以法律为准绳。比如，《中华人民共和国民事诉讼法》第7条规定："人民法院审理民事案件，必须以事实为根据，以法律为准绳。"《中华人民共和国刑事诉讼法》第6条规定："人民法院、人民检察院和公安机关进行刑事诉讼，必须依靠群众，必须以事实为根据，以法律为准绳。"《中华人民共和国行政诉讼法》第5条规定："人民法院审理行政案件，以事实为根据，以法律为准绳。"这些规定都要求在处理案件时，司法裁判者要坚持依法居中裁判，查明案件事实，依法公正高效审理案件。

同时，该案体现了证据裁判的理念。司法裁判以事实为依据，但此处的事实是法律事实，而非客观事实。客观事实是在某个特定时空条件下实实在在发生的事实，在本案中表现为女子杀死丈夫、火烧住房等已发生的事实情节。而法律事实一般是指现有证据可以予以印证的事实。一般而言，囿于人类认知的局限性以及许多客观因素的难以再现性，并非所有的客观事实都有证据能够印证，法律事实与客观事实之间是存在差异的。面对这种差异，在个案处理过程中，司法裁判者所要做的就是要通过"客观事实"影响过的周遭事物所留下的线索，最大限度地还原纠纷的"客观事实"，为纠纷的正确裁判打下基础，使判决更符合当事人之间的是非曲直，更有公信力和权威性。而在还原纠纷的"客观事实"过程中，司法裁判者的逻辑推理和日常生活经验往往起到重要作用。比如，《最高人民法院关于民事诉讼证据的若干规定》（2019年修正）第85条就规定："审判人员应当依照法定程序，全面、客观地审核证据，依据法律的规定，遵循法官职业道德，运用逻辑推理和日常生活经验，对证据有无证明力和证明力大小独立进行判断，并公开判断的理由和结果。"在本案中，县令张举为了查明丈夫死亡的"客观事实"，通过烧猪方式，检验死猪和活猪经过火烧后的不同情形，即死猪口中无灰、活猪口中有灰，以此类推判断女子声称丈夫死于火烧的口供的虚假性。这实际上是日常生活经验和逻辑推理在案情事实还原中发挥作用的生动体现。正是通过这种方法，女子最终承认了杀死丈夫的客观事实。在一定意义上，张举烧猪证人尸案对当今司法活动具有重要的指导意义，即作为司法裁判者，在认真查清案件事实过程中，要注重发挥逻辑推理和日常生活经验对于还原客观事实、形成法律事实的重要作用，确保司法裁判的公正性，让司法真正成为维护社会公平正义的最后一道防线。

（徐锦宜　上海市第二中级人民法院）

五、纵凶断命案

原文

（陆）云，字士龙，六岁能属文，性清正，有才理。少与兄机齐名，虽文章不及机，而持论过之，号曰"二陆"。幼时吴尚书广陵闵鸿见而奇之，曰："此儿若非龙驹，当是凤雏。"后举云贤良，时年十六。吴平，入洛。……刺史周浚召为从事，谓人曰："陆士龙当今之颜子也。"

俄以公府掾为太子舍人，出补浚仪令。县居都会之要，名为难理。云到官肃然，下不能欺，市无二价。人有见杀者，主名不立，云录其妻，而无所问。十许日遣出，密令人随后，谓曰："其去不出十里，当有男子候之与语，便缚来。"既而果然。问之具服，云："与此妻通，共杀其夫，闻妻得出，欲与语，惮近县，故远相要候。"于是一县称其神明。

——《晋书·陆云传》[①]

注释

【陆云】（262—303），字士龙，吴郡吴县（今上海松江）人，三国东吴后期至西晋初年文学家，东吴名相陆逊之孙。

【闵鸿】广陵（今江苏扬州）人。魏晋时期吴国大臣，著名文学家。

---

① 原始文献详参《晋书》，中华书局1974年版，第1481—1482页。

【颜子】孔子弟子颜回，七十二贤之首。《孟子·离娄下》："颜子当乱世，居于陋巷，一箪食，一瓢饮；人不堪其忧，颜子不改其乐，孔子贤之。"

译文

陆云，字士龙，六岁就能写文章，性格清正，很有才思文理。少时与哥哥陆机齐名，虽然文章不如陆机，但持论超过陆机，人称"双陆"。年幼时，吴国尚书广陵人闵鸿见后认为他是奇才，说："这个小孩若不是龙驹，也当是凤雏。"后来被推举为贤良时才十六岁。吴国被平定后，来到洛阳。……刺史周浚召陆云为从事，并对人说："陆士龙就是当今的颜回。"

不久他以公府掾的身份当太子舍人，出京补任浚仪县令。该县居于都会要冲，号称治理困难。陆云到任后严肃恭敬，下属欺瞒不了他，市场上没有两种价格。一次有个人被杀，主犯的罪名不成立，陆云拘留死者的妻子，却不审问。十多天后放出去，暗地里让人跟随其后，并对跟随的人说："她离开不出十里，如有男子等着跟她说话，便把他们捆绑来见我。"而后果真如此。一审问这人就服罪了，说："我与死者妻子私通，一起杀了她丈夫，听说妻子出狱，想要和她说话，担心离县城太近，所以在远处等候。"于是一县称颂他洞察神明。

解析：刑事司法谋略的综合运用

陆云纵凶断命案之例出自《晋书·陆云传》，讲述了西晋时陆云运用智谋欲擒故纵巧断命案的故事。在我国古代社会，刑侦技术不像现代社会这般发达，遇有命案，有时可能因勘验不详、检验不周、侦控不力，迁延日久，最后形成疑案。与此同时，古代社会司法裁判者们往往发挥主观能动性，综合运用刑事司法谋略，探寻侦破线索，补强证物检验，实现疑案侦破。具体而言，刑事司法谋略的运用系在物证定验、情理推理、心理推原等三个向度上往返流转、来回穿梭，其背后既有中华法系德主刑辅、以礼入法的时代背景，也有裁判者悉其聪明、俾无枉滥的法治精神。这些刑事司法谋略的运用对于保障现代司法活动的公正性和实效性都具有重要的指导价值。

1. 首在物理：命案侦办务求诸证定验

对命案所涉实物证据的查验，是刑事司法谋略运用的基础与起点。《晋书·陆云传》虽未详言陆云所断之案的案发经过，但可以想见：一方面，对命案现场的勘验为刑事司法谋略的运用提供了必要的前提与契机，"人有见杀"而"主名不立"，侧面反映出本案现场勘验所得证据或许尚不足以精准识别行凶者，因此才有刑事司法谋略发挥作用的空间；另一方面，对命案现场的勘验为刑事司法谋略的展开提供了初步的方向与线索，"云录其妻"而未录他人，侧面反映出本案现场勘验所存疑点已有所指向。

其实，对于命案侦办，我国古代刑事司法便格外重视现场勘验、尸体检验、物证辨验，而物证查实也是定罪量刑的前提。《晋书·刑法志》所载张斐《注律表》云："论罪者务本其心，审其情，精其事，近取诸身，远取诸物，然后乃可以正刑。"① 其中，"近取诸身，远取诸物"亦即审理者既要观察嫌疑人的神情状态，也要收集一切与案件相关的证据。② 后世在归纳疑案审理的司法方法时，主张"据证"与"察情"兼用，辅之以"用谲"。③ 在三者中，"据证"是基础。宋代《洗冤集录》序文中即写道："狱事莫重于大辟，大辟莫重于初情，初情莫重于检验。"《洗冤集录·检验总论》并论及检验尸身、比对伤痕与收

---

① 《晋书·刑法志》。
② 参见周东平主编：《〈晋书·刑法志〉译注》，人民出版社2017年版，第302—303页。
③ 参见周泽夏："黄霸断案中的'察情'及其现代启示"，《法律适用》2019年第24期。

索凶器等项。迄于清代，相关检验思想亦有所存，检验制度亦有发展。① 于此，中华法系关于命案检验、重视物证的办案思路，与现代刑事诉讼法对定案证据应经查证属实的要求具有共通性。

2. 要在情理：命案侦办重视身份关系

对命案所涉社会关系的梳理，是刑事司法谋略运用的依托与支点。本案中，陆云在"主名不立"的情况下"录其妻"，进而锁定、抓获疑犯，即是从被害人较为亲近的社会关系入手展开排查，锁定嫌犯。

关注家族观念及其身份关系，也是我国古代社会的鲜明特征。一方面，我国古代社会将被害人与加害人之间的亲缘关系作为定罪量刑实体判罚的重要依据，将刑法上的出罪入罪、科刑免罚等事由，与家族身份关系联结。② 西晋《泰始律》明确提出"准五服以制罪"，将亲缘身份关系与定罪量刑建立直接联系。③ 另一方面，我国古代社会对于亲缘身份关系的重视也体现在刑事司法推理中广泛运用情理判断。于此，刑事司法谋略有时通过直击亲缘身份关系，结合亲疏有别下心理状态的差异来搜寻破案线索。例如，在《疑狱集》记载的李崇还儿案中，为判断婴儿所属，李崇令狱吏向争讼双方假称"儿已暴卒，可出举丧"，并观察双方听闻噩耗后的精神状态，以此判定婴儿的生父。此外，《洗冤集录·检验总论》曾论及："凡检验遇有大段疑难，须更广为访察。"而亲缘身份关系作为古代社会的主要社会关系，亦属于命案案情访查、人员排查的重要范围。于此，中华法系对于亲属关系的关注，对于现代刑事诉讼法证据制度、刑事侦查也有所启示。

3. 谋在心理：命案侦办推原犯罪心理

对命案所涉犯罪心理的推原，是刑事司法谋略运用的着眼点与落脚点。本案中，陆云"录其妻，而无所问。十许日遣出，密令人随

---

① 茆巍：《论清代命案检验之终结及借鉴》，《交大法学》2020年第2期。
② 参见陈顾远：《中国法制史概要》，商务印书馆2019年版，第56页。
③ 《晋书·刑法志》。

后",并断定"其去不出十里,当有男子候之与语",陆云所用刑事司法谋略,其核心在于预判并利用嫌犯的心理状态,借由欲擒故纵实施侦控,促使嫌犯自我暴露,其作用点在于犯罪心理学。

我国古代社会对于犯罪心理的把握从两个方向展开。一方面,犯罪心理构成区分此罪与彼罪、此种犯罪形态与彼种犯罪形态的犯罪构成要件。《晋书·刑法志》所载张裴《注律表》以犯罪心理区分犯罪形态,论曰"其知而犯谓之故,意以为然谓之失,……不意误犯谓之过失",后世论述思路亦与此类似。另一方面,对犯罪心理的探查亦构成司法审理的重要方法与手段。《周礼》便有"以五声听狱讼"的记载,有学者将其与司法心理学联系。[1] "五听"与"察情",其本质均在于希图通过当事人的精神状态、言语表情推测其心理状态,并预设心理状态不稳定者"不直","是故奸人心愧而面赤,内怖而色夺"。[2] 于此,中华法系重视对犯罪心理的推原,相关思路与现代犯罪心理学亦有相似之处。

4. 任在司理:命案侦办需要发挥主观能动性

对命案所涉司理之官的形象还原,是刑事司法谋略叙事的质料与构造。在受科学技术限制而存有疑案时,我国古代社会也强调疑案侦办者的主观能动性,如《晋书·陆云传》记载陆云在巧断命案后"一县称其神明"。由此,我国古代历史叙事在还原法官形象时,常于其智谋处多所着墨,在根据现有物证难以定案之时,有时将疑案侦破委诸个体智谋,并依赖再生证据及口供定案,虽具有一定的历史与科技局限性,但强调侦办者发挥主观能动性的一面值得肯定和借鉴。

综上所述,在陆云纵凶断命案中,命案侦办者重视发挥主观能动性,综合运用刑事司法谋略,强调物证定验分明、重视亲缘身份关系、推原犯罪心理状态,在物理、情理与心理三向度上展开求索,最后圆

---

[1] 张晋藩:《古代司法文明与当代意义》,《法制与社会发展》2014年第2期。
[2] 《晋书·刑法志》。

满破解疑案。我国古代社会的司法智慧以及对于司法工作人员"悉其聪明，致其忠爱，俾无枉滥，以召和平"的期许，在刑侦技术已有长足进步的当代司法实践中，仍有其价值和作用发挥的广阔空间。

（叶戈　上海市第二中级人民法院）

第六章　隋唐时期经典案例评述

隋唐时期的法治具有以下的特点：

一、"德主刑辅"与宽仁治理。隋唐时期，我国结束了魏晋时期的分裂局面回归统一。隋代虽然国祚甚短，但《开皇律》的制定、科举形式的创立等都为唐代的盛世打下基础。李唐王朝继续沿袭礼法结合的法制传统，在此立法基础上进一步深化发展了封建法律。唐初在立法思想上主张"德主刑辅"，以宽仁治理国家，以纲常礼教对社会进行约束。这一来是对前朝经验教训的总结，二来是自汉代以来礼法相结合过程的最终实现。在重视礼教之余，法律的制定完善也不可偏废，因而提出了以宽简、统一、简约为特点的法制原则，执法上也要求慎重。

魏晋南北朝时期大量立法工作所积累的立法技术和人才，是造就唐律极高立法水平的基础。唐代明确律、令、格、式四种法律形式，构成了完整的法律体系，后期还有汇编性质的典以及刑律统类，对五代宋朝的刑事立法产生了直接影响。

二、礼法结合。唐代礼法的结合是法律儒家化的最终完成。各项立法中，《唐律疏议》以"一准乎礼"的精神、刑罚体系的宽简、立法技术的高超成为中华法系集大成者的代表。后续朝代均以其作为法律制定的蓝本，对东亚诸国也产生了深远影响。首先，在等级秩序上，唐代除了区分贵族、平民，还对贱民奴婢等权利义务有着特别规定。此外，唐代由于经济发达，国际往来频繁，对于"化外人"也有相关制度设计，法制的视野得到进一步的拓宽。其次，对于贵族官僚，"八议""请""减""赎""当"等保护制度维护了社会上层人士的特权；

而对权力巅峰的皇权以及社会基础的封建家长制度，隋代在"重罪十条"的基础上创制了"十恶"制度，唐代沿袭隋朝，并进一步完善"十恶"制度，以重点打击严重侵害纲常礼教的犯罪。汉代"亲亲得相首匿"的原则至唐代发展为"同居相为隐"，亲亲原则得到一定程度上的放大，进一步凸显礼教的权威。婚姻法律中，唐代沿袭"七出三不去"的制度，在离婚问题上将"义绝"和"和离"并举，在维护封建秩序的基础上保障了双方一定程度上自由离婚的权利。

　　三、兼容并蓄。隋唐时期法制的发达，根植于其经济社会的发展、物质精神生活的充实以及国际往来交流。在魏晋时期诸多思潮交织的土壤上，诞生了隋唐法律开放性的特点。除了法律形式本身蕴含着的对于新事物的开放与吸纳，日本、越南诸国移植唐律的成功实践，也可以见得唐律自身具有的包容性特点。此外，封建法律正统思想在唐代也迎来了内涵上的丰富，李唐统治者对于道家的追捧，不仅发展了先秦道家、魏晋的玄学理论，且将其与儒家思想相结合，形成了其法制发展的新的内在动力。作为中国古代法律发展最巅峰、成就最卓然的时期，其法典的编撰、礼法的普及、司法的谨慎、变革的适时都可以作为现今社会发展的历史参考。

一、录囚视死如归

原文

太宗以英武定天下，然其天姿仁恕。初即位，有劝以威刑肃天下者，魏征以为不可，因为上言王政本于仁恩，所以爱民厚俗之意，太宗欣然纳之，遂以宽仁治天下，而于刑法尤慎。四年，天下断死罪二十九人。六年，亲录囚徒，闵死罪者三百九十人，纵之还家，期以明年秋即刑；及期，囚皆诣朝堂，无后者，太宗嘉其诚信，悉原之。然尝谓群臣曰："吾闻语曰：'一岁再赦，好人喑哑。'吾有天下未尝数赦者，不欲诱民于幸免也。"自房玄龄等更定律、令、格、式，讫太宗世，用之无所变改。

——《新唐书·刑法志》[1]

注释

【太宗】即李世民（599—649），唐代皇帝，公元626—649年在位。李渊次子。

【英武】英俊勇武。

【天姿】犹言天性、秉性。

【威刑】严厉的刑法。

【魏征】（580—643），字玄成，巨鹿曲城（今属河北巨鹿）人。贞观时任谏议大夫、侍中诸职，敢于直言规劝，前后陈谏二百余事。

---

[1] 原始文献详参《新唐书》，中华书局1975年版，第1412—1413页。

【厚俗】看重礼俗。

【宽仁】宽厚仁慈。《尚书·仲虺之诰》:"克宽克仁,彰信兆民。"(虺 [huī])

【刑法】关于犯罪和刑罚的法律规范的总称。《国语·鲁语上》:"尧能单均刑法以仪民。"

【闵】古同"悯",怜恤,哀伤。

【喑哑】形容不作声,有苦难言。"一岁再赦,好人喑哑"为古语,汉王符《潜夫论·述赦》:"中庸之人,可引而下。故其谚曰:'一岁载赦,奴儿噫嗟。'"汉崔寔 [shí]《政论》:"近前年一期之中,大小四赦。谚曰:'一岁再赦,奴儿喑哑。'况不轨之民,孰不肆意?"

译文

尽管唐太宗凭借着英明神武的才能平定天下,然而他的天性却是仁厚宽恕的。他在刚即位时,有人劝他用威严的刑法整肃天下的人,但魏征认为不行,于是上奏说:"王政原本来自仁慈恩惠,是爱百姓厚风俗的意思。"太宗欣然接受,于是他凭借宽仁治天下,在用刑审判时更加谨慎。贞观四年,天下断死罪者才二十九人。贞观六年,李世民亲自讯察囚犯,把犯了死罪的三百九十人放回家中省亲,说好来年秋天处决他们。贞观七年秋,三百九十人全部返回牢狱等待处决,没有来晚。李世民相当欣慰,亲自发赦令特赦了这三百多名诚信的囚徒。后来唐太宗对群臣说:"我听说过有这样一句话:一年两次赦免,就会让百姓有苦难言。我有天下后不曾多次赦免,是不想引诱百姓有赦免的侥幸。"从房玄龄等人重新制定律、令、格、式,到太宗时代结束,施行都没有改变。

解析：司法活动应当秉持恤刑理念和司法亲历原则

  录囚制度始于汉朝，是我国古代社会统治者定期或不定期地直接面审囚犯，借以平反冤狱或督查久拖未决案件的制度。发展至唐代，将录囚发展为虑囚；"明清两代盛行的朝审、秋审等会官审录制度与古代录囚的性质与任务大体相同，是录囚制度发展演变的结果。"[①] 唐太宗曾多次亲录囚徒，实行宽赦，尤其针对重刑犯而为的"纵囚归狱"为司法创举，历来备受关注。其中，录囚制度在发展过程中所体现出的恤刑理念与司法亲历原则对当前司法实践乃至国家治理仍具有重要的参考价值。
  首先，录囚制度所体现的恤刑理念与刑法谦抑原则相洽。"录囚的实质是用儒家'恤'的思想，出于对囚犯的怜悯之心，重新给其一次机会，进行重审，希望用这种方法从另一侧面感化囚犯，其目的是达到统治者所期望的'狱中无囚'的境界。"[②] 从录囚到纵囚，唐太宗借由宽仁、诚信的治世理念对死刑犯施以教化与感召，从最终结果看，道德感化的作用确实直抵人心、效果显著。恤刑理念虽然发轫于儒家的德治思想，但与现代刑法观中谦抑原则是相洽的。在所有的法律制裁措施中，刑罚制裁无疑是最严厉的；对于刑罚的采用尽管是正当的，却是不得已而为之，没有可以代替刑罚的其他适当方法时才适用刑罚。恤刑理念在强调道德教化的重要性的同时，体现了对刑罚适用的克制、审慎态度，其所具有的保障人权等意义值得我们重视。
  其次，录囚制度的施行效果与司法亲历原则相通。为破解"神判"的非理性问题，早在西周时期，司法裁判者就把"五听"作为公正断案、保障审判质量的必备规程，即通过对当事人或证人辞、色、气、

---

 ① 陈平：《中国封建录囚制度述评》，《重庆工商大学学报（社会科学版）》1996年第2期。
 ② 毛晓燕：《中国古代录囚制度评析》，《河南社会科学》2002年第2期。

耳、目的综合观察，司法裁判者可以在既有的静态证据之外，获得对当事人或证人更为直接、鲜活、全面的认知，从而辅助司法者加强内心确信，形成心证。无论是"五听"还是录囚，都充分说明司法亲历原则的必要性。如若司法裁判者无法亲历案件，将增加对证据和案情真实性的判断难度，不符合认知主体的本能心理规律。从这一角度而言，当前深化司法改革中，全面准确落实司法责任制，由审理者裁判，由裁判者负责，不仅是践行现代法治理念的必由之路，更是传承古代司法经验的重要体现。同时，值得进一步思考的是，录囚制度并不仅仅局限于去除司法裁判者的偏听偏信，实现个案正义，还在于帮助古代统治者摆脱对下层司法官员的路径依赖。通过录囚制度中的司法亲历，统治者们可以更为直接、准确地评断基层司法现状，具有加强监督、整饬吏治、肃清官风的深层价值。古代统治者对重大案件的介入，使得监督层级增加，能够促使下层官员更为审慎、公正地处理案件，一定程度上也有助于防范冤假错案的发生。

最后，道德教化作用的有效发挥需要依托强有力的法律实施作支撑。唐代社会崇尚礼法结合。"纵囚归狱"虽然是我国法制史上的一次创举，但在实施过程中，唐太宗自己也不无担忧，既担心可能出现的脱狱风险，也担心"诱民于幸免也"，之后大臣们"利用严密的治安监控网络确保'君无戏言'的效力"。[①] 这也表明，道德感化的效果持续需要有法律法规的制度刚性作为依托。强调法治的作用，源自道德标准的抽象、多元以及道德惩戒的空白、羸弱，必须将法律法规作为支撑，才能更为广泛、有力地启迪普罗大众的自觉和理性。如果缺少法律有力且统一的实施，则可能会使德治异化为人治。因此在推动国家治理现代化过程中，要充分认识到法治和德治在国家治理体系中相互补充、相互促进的关系，推动实现法治和德治两手抓、两手硬。

（沈烨　上海市静安区人民法院）

---

① 沈玮玮、徐翼：《唐太宗纵囚归狱案再评》，《法律适用》2020 年第 12 期。

二、太宗叹人死不能复生

原文

太宗尝览《明堂针灸图》,见人之五藏皆近背,针灸失所,则其害致死,叹曰:"夫棰者,五刑之轻;死者,人之所重。安得犯至轻之刑而或致死?"遂诏罪人无得鞭背。

五年,河内人李好德坐妖言下狱,大理丞张蕴古以为好德病狂瞽,法不当坐。治书侍御史权万纪劾蕴古相州人,好德兄厚德方为相州刺史,故蕴古奏不以实。太宗怒,遽斩蕴古,既而大悔,因诏"死刑虽令即决,皆三覆奏"。久之,谓群臣曰:"死者不可复生。昔王世充杀郑颋而犹能悔,近有府史取赇不多,朕杀之,是思之不审也。决囚虽三覆奏,而顷刻之间,何暇思虑?自今宜二日五覆奏。决日,尚食勿进酒肉,教坊太常辍教习,诸州死罪三覆奏,其日亦蔬食,务合礼撤乐、减膳之意。"

——《新唐书·刑法志》①

注释

【明堂针灸图】唐贞观年间官方主持修订的针灸学方面的集大成者书籍。公元630年,《明堂针灸图》完成送呈御览。

【五藏】亦作"五臟",即五脏,指心、肝、脾、肺、肾。中医谓"五脏"有藏精气而不泻的功能,故名。见《素问·五脏别论》。

---

① 原始文献详参《新唐书》,中华书局1975年版,第1409页。

【失所】失宜；失当。

【棰[chuí]】鞭笞。

【五刑】即笞、杖、徒、流、死，见《旧唐书·刑法志》。

【张蕴古】（？—631），唐相州洹水（今河南安阳一带）人。性聪敏，晓时务，博学强记，善文章。太宗即位，上《大宝箴》，言民畏其威，未怀其德，词意剀切，擢大理丞。

【狂瞀[mào]】精神错乱；昏乱。

【治书侍御史】官名。汉置，掌评全国审判定案中的疑事。隋朝以御史大夫为御史台长官，治书侍御史为次官，员二人，实际主持台务，从五品。

【郑颋[tǐng]】（？—621），隋唐间郑州荥阳人。隋末入佐李密军。唐高祖武德元年二月，与房彦藻等人奉李密之命东出黎阳，分道招慰州县。在偃师城为部下所劫，寻归王世充。二年，任世充御史大夫，常称疾不预事。四年，复乞弃官削发为僧，世充怒而杀之。临刑赋诗，言笑自若，观者壮之。

【取赇[qiú]】索取贿赂。

【尚食】指帝王膳食。

【教坊太常】掌礼乐郊庙社稷事宜的官。

译文

唐太宗李世民有次读《明堂针灸图》，看到人的五脏六腑都是在后背附近，针灸时如果找的穴位不当，就会害人丧命。于是太宗皇帝叹息着说："笞刑，是五刑里最轻的；而人死了，是对人最严重的伤害。怎么能因为犯了最轻的罪而反而要送命了？"于是唐太宗下诏书不要鞭打后背。

贞观五年，河内人李好德犯妖言罪被关进监狱。大理丞张蕴古认为李好德有颠狂病，心绪紊乱，根据法律不应处罚。治书侍御史权万纪弹劾张蕴古是相州人，而李好德哥哥李厚德刚做相州刺史，所以张蕴古不以实情奏报。太宗大怒，立刻处斩张蕴古。不久又非常后悔，于是下令"死刑即使命令马上执行,也都要三次复核后重新上奏"。很久以后,唐太宗对群臣说:"死者不可复生。以前王世充杀郑颋还能反悔,现在有府史受贿不多,但我杀了他,就是思考不缜密了。死刑犯囚即使三次复核,但是顷刻之间,哪有空思考?从现在开始还是改为在二天复核五次为好。在判决的日子,吃饭不要有酒肉,教坊里停止音乐舞蹈,各州死罪三次复核时,当天也要吃素食,务必合乎撤销音乐娱乐减少饭菜的意义。"

解析：司法活动的慎杀慎刑

慎杀理念历来是我国传统慎刑观的核心内容。《尚书·大禹谟》将其概述为："与其杀不辜,宁失不经。"基于人命至重的传统观念,死刑作为刑之极者,其运用更是出于万不得已。发展至唐代,唐太宗通过废除鞭背之刑、创设"五复奏"、判决期间撤乐减膳等方式,都昭示和贯彻了慎杀慎刑理念,体现了统治者以宽仁治理国家的思路,彰显了中华文明讲仁爱、重民本的精神特质。

而在贯彻落实慎杀慎刑理念方面,唐代对死刑适用的控制,对当前立法和司法实践都具有重要启示意义。首先,通过程序设置来控制死刑适用。重实体、轻程序的决狱陋习是封建社会存在的弊端之一。当时并没有现代意义上的刑事诉讼法,但针对死刑适用所设置的"三复奏""五复奏"等无疑已初具现代刑事诉讼制度的雏形。这种对适用死刑反复奏请的程序,既能保证古代统治者有充裕的时间来考量作出死刑裁判结果的正当性和合理性,防止因个人情绪起伏导致错判;又能更大程度地凝聚共识,通过多次往返商议,防止因个体擅断出现认识偏差。这种对死刑适用的程序控制,也深刻地影响了我们现代刑事立法活动。比如《中华人民共和国刑事诉讼法》（2018年修正）确立了"死刑复核程序",明确"死刑由最高人民法院核准"。其中,《刑事诉讼法》第247条明确：

"中级人民法院判处死刑的第一审案件，被告人不上诉的，应当由高级人民法院复核后，报请最高人民法院核准。高级人民法院不同意判处死刑的，可以提审或者发回重新审判。高级人民法院判处死刑的第一审案件被告人不上诉的，和判处死刑的第二审案件，都应当报请最高人民法院核准。"针对中级人民法院判决死刑的案件，要经由高级人民法院复核、最高人民法院核准等程序控制，与我国古代社会针对死刑适用的"三复奏""五复奏"在精神实质上是一脉相承的，都充分体现了慎刑慎杀理念，彰显了对个体生命的尊重。其次，通过严格控制死刑适用，一定程度上避免冤假错案所导致的严重后果。唐太宗因一时愤懑而错杀张蕴古，虽然事后大悔，但是已无法对个案错判的后果加以弥补，毕竟"死者不可复生"。因此严格控制死刑的适用情形，一定程度上有助于缩减错杀等冤假错案所导致的危害后果。最后，唐代有关判决期间撤乐减膳的做法也体现了仁爱等理念，而这些理念在当前司法实践中也有相应的体现。比如，2019 年《最高人民法院关于死刑复核及执行程序中保障当事人合法权益的若干规定》就规定："第一审人民法院在执行死刑前，应当告知罪犯可以申请会见其近亲属。罪犯申请会见并提供具体联系方式的，人民法院应当通知其近亲属。对经查找确实无法与罪犯近亲属取得联系的，或者其近亲属拒绝会见的，应当告知罪犯。罪犯提出通过录音录像等方式留下遗言的，人民法院可以准许。""罪犯近亲属申请会见的，人民法院应当准许，并在执行死刑前及时安排，但罪犯拒绝会见的除外。"这些都充分体现了对于判决适用死刑的罪犯的人文关怀。综合上述情形，唐代有关慎杀慎刑特别是适用死刑的做法对于当前法治实践具有重要的参考价值，启示我们不仅要秉持审慎和谦抑的立法态度，尤其涉及死刑的规定慎之又慎，而且在司法实践中同样要认真贯彻落实慎杀慎刑理念，慎重使用刑罚，慎重使用死刑，尊重生命，保障人权，以确保司法裁判的公正性和社会可接受度。

（沈烨　上海市静安区人民法院）

三、唐临治狱

原文

唐临，京兆长安人……临少与兄皎俱有令名……出为万泉丞。县有轻囚十数人，会春暮时雨，临白令请出之，令不许。临曰："明公若有所疑，临请自当其罪。"令因请假，临召囚悉令归家耕种，与之约，令归系所。囚等皆感恩贷，至时毕集诣狱，临因是知名。

再迁侍御史，奉使岭外……累转黄门侍郎……俭薄寡欲，不治第宅，服用简素，宽于待物。尝欲吊丧，令家僮自归家取白衫，家僮误将余衣，惧未敢进。临察知之，使召谓曰："今日气逆，不宜哀泣，向取白衫，且止之也。"又尝令人煮药失制，潜知其故，谓曰："阴暗不宜服药，宜即弃之。"竟不扬言其过，其宽恕如此。

高宗即位，检校吏部侍郎。其年，迁大理卿。高宗尝问临在狱系囚之数，临对诏称旨，帝喜曰："朕昔在东宫，卿已事朕，朕承大位，卿又居近职，以畴昔相委，故授卿此任。然为国之要，在于刑法，法急则人残，法宽则失罪，务令折中，称朕意焉。"高宗又尝亲录死囚，前卿所断者号叫称冤，临所入者独无言。帝怪问状，囚曰："罪实自犯，唐卿所断，既非冤滥，所以绝意耳。"帝叹息良久曰："为狱者不当如此耶！"

永徽元年，为御史大夫。明年，华州刺史萧龄之以前任广州都督赃事发，制付群官集议。乃议奏，帝怒，令于朝堂处置。临奏曰："臣闻国家大典，在于赏刑，古先圣王，惟刑是恤。……天下太平，应用尧、舜之典。比来有司多行重法，叙勋必须刻削，论罪务从重科，非是憎恶前人，止欲自为身计。今议萧龄之事，有轻有重，重者流死，轻者请除名。以龄之受委大藩，赃罪狼籍，原情取事，死有余辜。然既遣详议，终须近法。窃惟议事群官，未尽识议刑本意。……今既许议，而加重刑，是与尧、舜相反，不可为万代法。"高宗从其奏，龄之竟得流放岭外。

——《旧唐书·唐临传》①

注释

【唐临】（600—659），唐京兆长安（今陕西西安）人，字本德。永徽元年（650），任御史大夫。永徽三年，为刑部尚书，参与修撰《唐律疏议》。著有《冥报记》二卷。

【令名】美好的声誉。《左传·襄公二十四年》："侨闻君子长国家者，非无贿之患，而无令名之难。"

【万泉丞】唐武德三年（620）置，属泰州。治所在今山西万荣县西南万泉村南。《元和志》谈及万泉县："县东谷中有井泉百余区，因名万泉。"丞，官名。战国置，为县令副佐，协助县令治理一县政事，明代始称"县丞"，之前单称"丞"。唐朝按县等级置一至二员，阶由从七品上至正九品下不等。

【轻囚】判刑轻的囚犯。《隋书·刑法志》："切见南北郊坛，材官、车府、太官下省、左装等处上启，并请四五岁已下轻囚，助充使役。"

【会】恰巧，正好。

【春暮】春末，农历三月。《初学记》卷三引南朝梁元帝《纂要》："三月季春，亦曰暮春。"

【贷】饶恕，宽恕。

【黄门侍郎】唐朝官名，为正三品，与侍中掌出纳帝命，相礼仪，大祭礼则从，舆则奉中。

【俭薄寡欲】俭朴，节制欲望。

---

① 原始文献详参《旧唐书》，中华书局1975年版，第2811—2813页。

【吊丧】至丧家祭奠死者。

【白衫】唐宋时便服。亦作丧服用。《宋史·舆服志五》:"凉衫,其制如紫衫,亦曰白衫。乾道初,礼部侍郎王曮奏:'窃见近日士大夫皆服凉衫,甚非美观,而以交际、居官、临民,纯素可憎,有似凶服。'……于是禁服白衫。"

【将】拿,持。

【余衣】别的衣服。

【气逆】中医术语。谓气上冲而不顺。

【向】刚才。

【失制】失控,失误。

【急】紧密。

【失罪】谓轻罪重判或不当判刑而判刑。

【畴昔】往事或以往的情怀。唐杜甫《病后过王倚饮赠歌》:"且过王生慰畴昔,素知贱子甘贫贱。"仇兆鳌注:"慰畴昔,慰己宿愿也。"

【永徽】唐高宗年号(650—655)。唐高宗时制定了《永徽律》。永徽初,高宗令长孙无忌、李勣、于志宁等修定律、令、格、式,永徽二年(651)颁行之,律仍为十二卷。《永徽格》对旧制不便处,多有删改,并分格为留司与散颁两部。三年,又令长孙无忌等与通晓法律者共十九人撰《律疏》三十卷,作为对律文的解释。四年,颁行之,即今所见《唐律疏议》。

【华州】治所在华山郡原郑县城(今陕西华县西)。

【惟刑是恤】恤,谨慎。意谓刑罚要慎重。语出《尚书·舜典》:"钦哉,钦哉,惟刑之恤哉!"

【比来】近来;近时。

【叙勋】叙,同"序",评议等级次第。勋,功劳。

【刻削】苛刻,严酷。

【重科】重罪。

【议刑】谓议罪以定刑。

译文

唐临,长安人。唐临年少时和兄弟唐皎都有美名。唐武德年初,外任万泉县丞。县里有十多个轻罪的犯人,正赶上春末降雨的时节,唐临禀告县令,请求放这些囚犯回家耕种,县令不准。于是唐临说:"您如有所疑虑,我请求独自承担罪责。"县令于是请假,唐临暂时代理,唐临召集这些囚犯都命令他们回家耕种,并和他们约定,命令他们按时返回监狱。囚犯们都很感激唐临的恩惠和宽大,到了约定的时间全都回狱,唐临因此而知名。

唐临又担任侍御史,奉使到岭外,几次转任为黄门侍郎,唐临勤俭寡欲,既不大兴土木建宅第,服装和器用也都简单朴素,待人接物非常宽厚。曾经要去吊丧,叫家僮回家取白衫,家僮由于误拿了其他衣服,所以害怕而不敢送上。唐临察觉,派人叫来家僮说:"今天天气反常,不适合哀哭,先前让你取的白衫,现在暂时不用拿了。"又曾经让人煮药而那人没按煮药程序煎出了错,他暗中知道原委,对煮药人说:"天气阴暗不宜服药,应该马上倒掉。"最终没有对外宣扬他的过失,其性情宽恕达到了如此的地步。

高宗即位,唐临被任命检校吏部侍郎。这一年,他又升迁大理卿。高宗曾问在狱的囚犯数目,唐临答复时符合旨意,高宗很高兴,对他说:"朕过去在东宫做太子的时候,卿就侍奉我,现在朕继承帝位,卿又在我身边任官职,因为过去我就很信任你,所以才授给你这一重任。然而治国的关键,在于刑法,刑法过于严酷则百姓受到残害,刑法过于宽松就容易控制不住犯罪,务必要宽严适中,符合朕的心意。"高宗曾经亲自复查被判了死刑的囚犯,前任大理卿裁断的犯人有叫冤的,唯独唐临负责断的案无人叫冤。高宗感到奇怪,就问囚犯是什么缘故,囚犯说:"自己确实犯了罪,唐临的裁断,没有冤枉失实,所以断绝了喊冤的念头。"高宗叹息良久说:"治理狱案的人不应该如此吗!"

永徽元年，唐临为御史大夫。第二年，华州刺史萧龄之被揭发先前任广州都督时的贪赃之事，高宗命令交付群官共同议罪。等到议定结果上奏后，高宗很生气，命令当即在朝堂上处死萧龄之。唐临上奏道："臣知道国家大典，在赏罚上，古代的圣王，以怜悯之心对待刑罚。天下太平，应当用尧、舜的法典。近来有关部门多推行严酷之法，按功行赏升职很是刻薄，定罪又务求重判。他们不是憎恨前人，只是想为自身打算。今番检视萧龄之所犯之事，其罪有较轻的，也有比较重的，判属重罪的应将其流放甚至处死，有些轻微的犯行请不予追究。因为萧龄之受任大州，贪赃之罪声名狼藉，根据所犯罪行，死有余辜。然而既然要群臣详议其罪，终要依法处理。臣以为参与议事的各位官员，未必都明晓议刑制度的本意。现在既然已同意依法行事，却仍旧施加重刑，这是与尧、舜的主张相违背的，不可以作为万代的法则。"高宗听从他的意见，最终判萧龄之流放岭外。

解析：融情于法，刚柔并济

唐临是唐代初期有名的司法官员，因断狱精当、待人宽仁得到唐高宗赏识，从基层县丞累迁至御史大夫等职。唐临不仅是一名优秀的司法者，而且将宽恕、慎刑的司法理念注入立法之中，曾参与《唐律疏议》的编撰工作，为唐代立法事业贡献良多。审视唐临的治狱轶事，我们可以结合其个人品性、工作理念及司法方法，以"融情于法，刚柔并济"的司法理念，实现"国法、天理、人情"的有机统一。

1. 司法者应秉持客观公允、奉法为尊的工作原则

唐高宗曾亲自给唐临写下"形如死灰，心若铁石"的考评之语，即审理案件时，如死灰一般不掺杂个人爱憎好恶；对待律令，如铁石

一样不顾及上下左右情面。① 至今看来，前述论断依旧具有普遍价值。用"形如死灰"来描绘我国古代司法官员，与西方社会手持天平与利剑、蒙着双眼的正义女神，有着异曲同工的意象设定，两者均蕴含着民众对司法者的期冀，司法者只有最大程度地摒弃主观臆断，方能无限接近客观真实，这是审理案件的基本要求与方法。如果说"形如死灰"是司法方法的话，那么"心若铁石"则是促成个案实质正义的司法观念，唐临处断案件均能以律文为准绳，既不宽纵，又不苛刻，更不阿从圣心。做到万案皆决于法，才能获得社会的广泛认同。需要说明的是，"心若铁石"指的是适用法律应当坚守一视同仁的态度，而非排斥司法过程中的人文关怀与道德教化。

2. 司法者应具备推己及人、宽以待人的个人品性

无论是纵囚归家耕种的义举，还是对家中奴仆犯错后的宽仁，都足见唐临始终秉持着"平视"他人、与人为善的处事态度，不因对方的身份而轻视其或蔑视对方。司法者只有塑成一视同仁的态度、宽仁平和的性情，才能够在工作中放下居高临下的身段、褪去不胜其烦的情绪，真正从案情出发，作出客观、公正的裁断；唯有对当事人境况感同身受，方有获致当事人深信不疑的可能。遵循平等待人的原则是当事人对司法者产生信任的基本保障，也是司法者培塑中立素养的首要前提。"中立，是一名法官的基本素养。法官居中裁判，辞听两造，只有保持中立的立场，以不偏不倚的态度对待双方当事人，才能够保持其形象的客观公正。"② 很难想象，一名生活中颐指气使、骄纵跋扈的人能够以中正平和的态度待人，其自然无法成为一名优秀的司法人员。在彰显法律实效性的时候，司法者的修养和素质往往具有举足轻重的作用，良好的法律实施有赖于优秀的司法者，否则，法律要么异化为徇私的工具，要么成为束之高阁的道具。唐律之所以能够成为古

---

① 吴鹏：《"形如死灰心若铁石"的大理卿唐临》，《人民法院报》2018年2月23日。
② 牟治伟：《论法官的中立品性》，《人民法院报》2009年1月4日。

代社会治理的典范之作，很大程度上取决于以唐临为代表的一批司法官员的德行和作为，我们理应将之作为法制史研究的重要素材之一。

3. 司法者应树立宽严相济、德法并施的刑法观

即便在"诸法合体，刑民不分"的旧时司法模式下，统治者也已经充分认识到刑法实施的重要性，将之视为治国理政的关键，如何平衡好适用刑法的尺度，关键在于宽严相济、罪罚相当。唐临以其对刑罚执行的动态调整及对刑案审讯措施的审慎适用，使前述理念得以付诸实践。如唐临所实施的纵囚行为与唐太宗所实施的纵囚行为就有着明显区别，前者指向的为轻刑犯，而后者则针对的是重刑犯，两相比较，后者所潜藏的脱狱风险及所需付出的管控成本都要远远大于前者。虽然两次司法实践的结果都是罪犯按时归狱，昭示了诚信的普遍价值，但就社会治理的成本及刑罚适用的理念而论，前者无疑更具备正当性，是一次可资借鉴，能够推而广之的创举，而后者则只能成为中国司法史上的孤例。解决轻刑犯的实际生活困难，能够更为直接、更大程度地将正确道德观灌输予违法者，从而达到依法责罚其身、以德感化其心的双重改造效果。德治作为一种治本之策，毫无疑问是必要且重要的社会调控方法，其作用在于促成良法的渐进构建和有效运行、消解重刑主义引致的执法失当和司法偏见、提升社会全员的道德水准；又如即便对于怙恶不悛的死刑犯，唐临在审理案件时都能做到不滥用刑，严格按照律文和事实定罪，有效避免了施以重刑下的冤假错案。天下无讼或许是理想主义者孜孜以求的未来图景，而断案无冤则是司法者应当恪守始终的工作原则。死囚都能放弃封建帝王录囚时最后的辩白机会，唐临审理案件的精准度、公平性可见一斑。以此而论，唐临可为当世司法者的表率。

唐临治狱实证了德与法的统一及互补，实现良法善治就需要辩证地对待德治与法治的关系。良法应当彰显道德的底色，否则善治就会成为没有基础的空中楼阁；道德同样无法脱离良法的守护，有法可依、有法必依是德治能够有效兑现的必要保障。2018年1月，司法部正式

印发《关于加快推进司法行政改革的意见》，明确监狱工作要贯彻"惩罚与改造相结合，以改造人为宗旨"的方针，树立治本安全观。如同唐临放因犯归家耕种，将离监探亲作为监狱对罪犯的一种狱政奖励，是践行治本安全观的有益实践。离监探亲有利于促进罪犯积极改造，顺利回归社会，更好地预防犯罪和维护社会和谐稳定。2018年春节期间，经报告中央政法委同意，根据司法部的统一部署，全国27个省份311所监狱集中开展罪犯离监探亲活动，共批准999名罪犯离监探亲。节日短暂离监，重归社会，再融亲情，体现的是新时代监狱执法工作法与情的融合，折射的是监狱践行治本安全观的开放姿态，更体现出司法部党组的勇气、魄力、担当和司法行政人"强身健体"后的高度自信，实乃践行治本安全观的"破冰之举"。

（沈烨　上海市静安区人民法院）

四、狄仁杰宽刑结案

原文

使岐州，亡卒数百剽行人，道不通。官捕系盗党穷讯，而余曹纷纷不能制。仁杰曰："是其计穷，且为患。"乃明开首原格，出系者，禀而纵之，使相晓，皆自缚归。帝叹其达权宜。

——《新唐书·狄仁杰传》[①]

注释

【狄仁杰】(630—700)，字怀英，并州太原（今山西太原）人。唐代宰相、政治家。

【岐州】治所在雍城镇（今陕西凤翔县东五里）。唐武德元年（618）复置岐州。天宝元年（742）改为扶风郡。

【剽】《说文解字》："勡，劫人也。按，古书多以剽为之。"

【穷讯】想尽办法审讯。

【余曹】其余的人们。曹，辈、们。

【计穷】再无办法可想。

【明开】明白开列；说清楚。

【首原】谓自首者免罪。《资治通鉴·唐则天后长安四年》："准法首原。"胡三省注："法，自首者原其罪。"

【禀】报告。

---

① 原始文献详参《新唐书》，中华书局1975年版，第4208页。

译文

狄仁杰去岐州任官时,有几百名逃亡兵卒抢劫行路人,道路为之不通。官吏捉住强盗同伙严加审讯,然而其余的强盗多得无法控制。狄仁杰说:"他们是被逼得无路可走,将要成为社会的祸害。"就明确告示自首可以宽罪,并提出已经拘押的逃兵,禀报后可以释放了他们,让他们互相转告,结果逃兵们都自行绑着前来归案。皇帝赞叹狄仁杰通晓变通的道理。

解析:狄仁杰的"变通之道"对当代司法的启发

官吏对强盗严加审讯,严以用刑,强盗多到无法控制;狄仁杰一则自首宽刑的安民告示,反而让强盗们自行归案。这使人联想到《孙子兵法》"欲擒故纵"一计,故意先放开敌人,使敌人放松戒备,充分暴露后,再把敌人捉住。只不过"欲擒故纵"是出于作战目的,为擒获敌人,狄仁杰采取迂回变通的策略是出于司法目的,为维护社会稳定。二者客观上有相似之处,但主观目的不同。除此之外,狄仁杰的"变通之道"对当今司法也产生深远影响,主要体现在以下几个方面。

1. 杜绝司法机械主义,因案制宜,探求实体公正

上述案件中,狄仁杰未按照程序要求强审严判数百名逃亡兵卒,而是想出"自首宽刑告示"一法,让强盗们自行归案。既实现社会稳定,还百姓以安宁,又赋予那些走投无路的逃亡兵卒弃暗投明的机会,可谓毫发无憾。这一做法是值得称赞的,是值得学习借鉴的。借此,我们需要对法治建设过程中存在的某些司法机械主义进行反思。在当

代司法视域下，司法机械主义指司法人员缺乏灵活性，不能根据案件具体情况在法律允许的范围内有所变通。具体表现为过于刻板地理解法律、司法解释、相关规范性文件等，使得案件的裁决与普遍的社会正义脱节或者裁决不利于国家利益或社会利益。

例如，在民法领域，对于"居住权是否成立""夫妻忠诚协议"等不同法益之间存在矛盾冲突的问题，法官往往根据法律规定进行"技术性"或"机械性"的逻辑推演得出结论，并不会考虑规定背后的立法原意与法律精神，进而导致"实质不正义"的后果。为解决这一问题，民法引入利益衡量原则，要求裁判者以法律根本精神为指引，遵循公平、诚信、公序良俗、禁止权利滥用等原则，作出正确的价值判断。[1] 在刑法领域，司法机械主义非常普遍。从天津发生的"赵春华案"、厦门发生的"刘大蔚案"到鞍山发生的"枪形钥匙扣案"，法官按照公安部制定的"枪支"标准裁判案件，不知变通，不考虑行为在刑法上的社会危害性，最终造成司法严重偏离实体公正。在2021年召开的第十五次全国检察工作会议上，时任最高人民检察院党组书记、检察长张军强调："检察办案决不能只守住形式'不违法'底线，必须将天理、国法、人情融为一体，情同此心，努力让人民群众在每一个司法案件中真正、切实感受到公平正义！"

我们批判司法机械主义，不是批判司法人员对于法律尊崇的态度和严格遵循法律的行为。而是说，司法机关在办理案件过程中，既要遵循法律和司法解释的明确规定，也要针对个案进行具体分析。如果认识到依照法律、司法解释和相关规定机械照搬处理案件是不公正的，就应当本着实质正义的要求，将案件拉回到应有的正义轨道上去。[2]

2. 克制惩罚功能，积极教化，维持社会秩序

法律是治国之重器，良法是善治之前提，只讲德治，则奸徒不惩，

---

[1] 陈坚：《树立正确司法裁判思维 努力实现"三个效果"的有机统一》，《人民法院报》2023年1月12日。
[2] 张建伟：《司法机械主义现象及其原因分析》，《法治社会》2023年第1期。

只讲法治,则无以劝善,这里的变通,其实就是德与法的结合。在中华民族漫长的历史进程中,德法合治的优秀传统源远流长,历久弥新。在上述案件中,狄仁杰并非一味地追求对数百名逃亡兵卒予以惩罚,而是站在维护社会秩序的最终目的上,通过宽刑政策,实现对犯罪者的教化,进而还百姓以安宁。这个故事告诉我们一个道理:大到国家治理,小到案件审理,德法结合方能发挥最大功效。具体到现代司法实践中,习近平总书记指出:"法律规范人们的行为,可以强制性地惩罚违法行为,但不能代替解决人们思想道德的问题。我们历来就有德刑相辅、儒法并用的思想。法是他律,德是自律,需要二者并用。"[①] 因此,融德入法,将社会主义核心价值观融入整个司法过程,更有利于实现法律效果和社会效果的统一。

3. 重视法治宣传工作,落实举措,弘扬良好社会风气

狄仁杰的一则宽刑告示固然重要,如何让这则告示发挥作用,方式方法也很重要。狄仁杰选择释放拘押犯人,让其现身说法,口口相传,引得其他强盗纷纷投案自首,还社会一片安宁,路径准确,事半功倍。同样,司法不仅要实现,还要以看得见的方式实现。一方面,加强法治宣传工作,落实《中央宣传部、司法部关于开展法治宣传教育的第八个五年规划(2021—2025年)》。另一方面,每一起案件都是一个引领社会风尚的指向标,要充分发挥体现核心价值观的典型案例的示范意义,实现一个案例教育一片的社会效果。最高人民法院定期发布的社会主义核心价值观典型案例就是这样一扇窗:保护革命英烈的名誉权纠纷案让我们追忆起中华民族共同的历史回忆,为网络空间注入尊崇英雄、热爱英雄、景仰英雄的法治力量;私自上树摘果坠亡赔偿案纠正了某些人"谁闹谁有理""谁伤谁有理"的错误观念,倡导公众遵守规则、文明出行、保护环境;自愿赡养老人继承遗产案实现了情理法的有机融合,弘扬了孝老爱亲的中华民族传统美德;乐于助

---

① 习近平:《加快建设社会主义法治国家》,《求是》2015年第1期。

人且无过错不应承担侵权责任案则拂去了"搀扶摔倒老人反被讹"等负面新闻的阴影,让"扶不扶""救不救"不再成为困扰社会的两难问题,对弘扬守望相助、和谐相处的社会主义核心价值观起到积极的宣传和引导作用。各级人民法院也纷纷发布社会主义核心价值观典型案例,为行善者撑腰,让失德者失利,引导向上向善的社会风气。

(徐凤　上海市静安区人民法院)

五、韩思彦解兄弟讼

原文

巡察剑南,益州高赀兄弟相讼,累年不决,思彦敕厨宰饮以乳。二人寤,啮肩相泣曰:"吾乃夷獠,不识孝义,公将以兄弟共乳而生邪!"乃请辍讼。

——《新唐书·韩思彦传》[1]

注释

【巡察】巡行察访;巡视。

【剑南】唐道名。以在剑阁之南得名。贞观初设剑南道,开元初设剑南节度使,治益州(今四川省成都市)。

【高赀[zī]】指富户。《汉书·货殖传》:"长安丹王君房,豉樊少翁,王孙大卿,为天下高赀。"

【啮肩】指啮肩盟。咬肩膀出血为誓,表示诚信。《史记·孙子吴起列传》:"乡党笑之,吴起杀其谤己者三十余人,而东出卫郭门。与其母诀,啮臂而盟曰:'起不为卿相,不复入卫。'"

【夷獠】古代对西南少数民族的称谓。

---

[1] 原始文献详参《新唐书》,中华书局1975年版,第4163页。

译文

韩思彦巡视剑南道期间，益州有户富家两个兄弟之间打官司，多年没有判决。韩思彦命令厨师拿乳汁来给他们喝，兄弟二人醒悟，咬破肩膀相互发誓哭道："我们是西南的边民，不懂得孝行节义，大人是告诉我们兄弟共饮母乳而生的道理呀！"于是都要求停止诉讼。

解析：处理家庭纠纷应注重阐释亲情伦理

韩思彦化解兄弟纠纷案出自唐朝刘肃的《大唐新语》一书，同记于《新唐书·韩思彦传》。彼唐高宗时，韩思彦遇兄弟争产纠纷，用乳汁唤醒手足之情，使兄弟和好如初，传为美谈。"和"是中华民族传统文化的至高追求。家是国之单元，国是家之集成，只有家庭和谐才能实现社会稳定和国家进步。

正因此，传统司法文化中对待家庭纠纷时，和谐思想亦被奉为圭臬。古代官员处理家事案件的方法上、机制上、效果上都显现出"以和为贵"的取向，并衍生出"情理兼容""调处为先""以案育民"的家事解纷特点。而恰因这些方式与中华文化内涵极度契合、司法效果与社会效果俱佳，历经多朝始终发挥作用，除本文提及之案，如北朝房景伯母子巧办子不孝案[1]、唐代韦景骏感化母子案[2]、清代袁枚审理未嫁先孕案[3]等，均因法官巧妙化解家事纠纷而广受称赞。

---

[1] 出自《魏书·列女·房爱亲妻崔氏》。
[2] 出自《新唐书·循吏传·韦景骏》。
[3] 出自《虞初续志·卷三》。

1. 家事纠纷解决的规则合———情理兼容

我国古代民事司法是情、理、法三个维度的考量,[①] 家事案件的处理则是最能体现三者合一的过程。其中"情""理"在家事纠纷中得以广泛运用,既是因传统文化对于"仁爱""人和"的追求,又因限于当时立法技术,制定法不能满足民间细故的断案需要时,官员通常要灵活运用"情理"来弥补立法不足。两者相辅相成,造就了兼容性审判理念。

古代官员还善于用"情理"释"法",本文案件便是典型。韩思彦以一杯乳汁提醒兄弟乃同根相生,不当忘记孝悌之义,以景唤情、以情入理,直指人心,兄弟多年心结一朝化解,矛盾随之消散。除在调停中说情释理之外,官员也常在判词以引经据典、比拟赋词等方式阐述情理事理法理,南宋胡石壁曾写判词:"所谓爱者如何?出入相友,有无相资,缓急相倚,患难相救,疾病相扶持,锥刀小利,务相推逊,唇吻细故,务为涵容,此之为爱。"[②] 流传甚远。

当下法律制度远比古代健全,但在司法适用中并未至臻,实践中部分司法裁判与民众理解有屏障,文书的说理表达与民众话语体系有距离,这种情况在家事审判领域更为明显,一定程度上影响了民众对司法的认同感。解决这一问题,传统法治文化中以情理法的共同作用化解家事纠纷的思路是很好的借鉴。家事法官欲让当事人服判息诉、让案件得到广泛认可,应在依法办案的前提下以更贴近民众的方式弥合法与情之间的理解断层。在审判调解中,不仅要从法律上释明,更要把社会主义核心价值观融入司法过程,以专业化、人性化、多样化的方式化解争议,可像韩思彦一样在调解中动之以情、晓之以理,在倡导价值的同时,增强民众对裁判的内心认同。

---

① 柴荣、李竹:《传统中国民事诉讼的价值取向与实现路径:"息讼"与"教化"》,《政法论丛》2018 年第 2 期。

② 《名公书判清明集·卷十·人伦门》。

2. 家事纠纷解决的重要程序——调处为先

中国传统法治文化倡导息讼止争,这种追求在家事案件中更为明显。常言"清官难断家务事",正是因为家事纠纷依法裁判不难,难在案结事了,恢复家庭和谐。而与听案断诉相比,调处息讼消解了两造对峙的紧张关系,方式灵活,氛围轻松,可说之"法"不限于法律,纲常伦理人情均得所用,更有利于原有人伦秩序、社会关系的恢复,故古代官员倾向于以调处的方式处理民间家事矛盾。在调解途径上,除了由州县官主持的堂内调解,由乡土社会发展而来的家族、宗族、乡里等亲缘、地缘团体更是在历史长河中自发形成多元纠纷处理格局。[1] 调解息讼的实行,让"和为贵"的价值取向进一步融入司法过程。

调解的特性使其在当今家事纠纷的解决中仍占有重要地位,并且随着社会进步而更加完善。原有的因亲缘、地缘而自发形成的团体转变为体系性的人民调解组织、心理辅导人员、社工服务机构,诉调衔接机制则有效提高了调处效率和权威性,让家事纠纷多元化解更为人性、专业、高效。当然,家事纠纷"以调为先"不意味着"以调代判",更不代表压抑个体选择的权利。"以人为本"是和谐精神的重要体现,在中国特色社会主义法治体系的建设中,不断增强民众的幸福感、获得感、安全感,才是调解工作的最终追求。

3. 家事纠纷裁判的社会效果——以案育民

古代地方官员早早意识到,在社会关系中实现"和"之美,仅凭公平裁判难以实现,更要用教化的方式推广礼法和德行,提高民众道德修养,使人们和睦相处、不生争端,才能从源头上实现"天下无讼"。

家事纠纷中"寓教于判"则是最好的教育感化方式,官员既为是非曲直的裁判者,又为德行礼法的教谕者,既可在个案调处、判词中

---

[1] 张晋藩:《"中华文化与现代法治"对谈录——弘扬中华法文化,丰富中国特色的社会主义法制》,《中国政法大学学报》2010 年第 5 期。

说情论理使争讼两造知廉耻、明事理，又可通过一案之讼对更多家庭起到教化作用。唐代韩思彦"以状闻"，把富有教育意义的案件传播开来是常用方式，清代汪辉祖认为百姓旁听案件审理也是良策。①

　　古代官员之教化职能比照现今语境，便是司法的引导功能、示范作用。家事案件中既有"法度"的纷争，又有"情理"之纠葛。一个好的案件，不仅可以让当事人在个案中感受公平正义、有所感悟，更是引导社会价值、弘扬良好家风的倡议书、教科书。"未讼者可戒，已讼者可息"② 不仅古代有，当下依然适用。湖南省桃源县人民法院在办理一起老人状告子女的赡养纠纷案件时，法官考虑到老人年岁已高、行动不便，且所在农村老人众多，便前往实地公开审理，当地近百名村民参与旁听。法官在审理中详细释法说理，在调解中与村干部共同开导当事人，最终双方矛盾得以彻底化解，村民们感慨颇多，审理一案实现了教育一片的社会效果。③

　　家庭是国之法度与亲之伦理同时作用的场域。在家事纠纷的处理上，既要考虑法律规则，还要关注法理之外的情与理，把社会主义核心价值观和家国情怀融入家事审判理念之中，以小家之和，推进大家之和，才能真正在全社会形成崇德向善、遵法守法的良好风气。

（张新、拜金琳　上海市第二中级人民法院）

---

　　① 汪辉祖：《学治臆说》，转引自崔永东：《中国传统司法文化的教化功能》，《中国法律史学会2012年学术年会论文集》，2012年11月。

　　② ［清］贺长龄辑：《皇朝经世文编·卷二十二·吏政八》。

　　③ 《老人诉请子女每月赡养费300元，法官"破防"后发出灵魂拷问》，转载自最高人民法院公众号，2021年12月23日。

六、董行成策贼

原文

怀州河内县董行成能策贼。有一人从河阳长店盗行人驴一头并皮袋,天欲晓,至怀州。行成至街中见,嗤之曰:"个贼住,即下驴来。"即承伏。人问何以知之。行成曰:"此驴行急而汗,非长行也;见人则引驴远过,怯也。以此知之。"捉送县,有顷驴主踪至,皆如其言。

——《朝野佥载·卷五》[1]

注释

【怀州】辖境相当今河南焦作、沁阳等市县地。
【策贼】谓根据迹象推测,查获盗贼。
【河阳】在今河南省孟县西。
【承伏】认罪。
【长行】远行。

译文

怀州河内县董行成能一眼就分辨出对方是否为贼匪。有一人在河阳长店偷了路人一头驴和皮袋,在天快要亮时赶到怀州境内,正巧在街中碰到董行成。董行成大声喝道:"你这贼子给我站住,立即从驴上

---

[1] 原始文献详参《朝野佥载》,中华书局1979年版,第109页。

下来！"那人一听立即下驴认罪。事后有人问董行成如何看出那人是贼，董行成说："这头驴因长途急行而流汗，不是因为走了很长的路，而是这人见了路人会拉驴绕远路，这一定是因他心虚，我由此得知。"董行成将盗贼抓捕送到县衙，不一会儿，驴的主人寻着踪迹找来了，实际情况和董行成说的一模一样。

解析：自由心证应坚持主客观相统一

在我国古代司法案件中，不乏司法者凭借个人经验或能力快速准确裁判的情形，此类断案之法被称为敏速审断。董行成依靠经验和推理迅速发现真相，快速识别盗驴贼，就是此类断案之法的典型应用。自由心证制度最早源自法国的"内心确信"，其核心内容是对于证据的取舍、评价以及事实的认定，法律不预先设定机械的规则来指示或约束法官，而是交由法官针对具体案情，根据经验法则、逻辑规则和理性良心来判断。[①] 自由心证不等于主观擅断，而是应坚持主客观统一，依据良知和理性行使自由裁量权，从而形成内心确信。

我国的诉讼法体系在证据判断方面采纳了现代自由心证原则，要求法官必须依照法定程序，在全面、客观地审核证据的基础上，依据法律的规定，遵循法官职业道德，运用逻辑推理和日常生活经验，对证据有无证明力和证明力大小独立进行判断，并公开判断的理由和结果。在人民法院"案多人少"矛盾持续尖锐的背景下，传承敏速审断的智慧，融入自由心证制度，对于提高案件审理效率并保证案件质量意义重大。

1. 严格遵守自由心证的原则——依法和全面客观

董行成所处时代的立法技术和法律体系的完备程度远远不及当今，敏速审断主要凭借生活经验和逻辑分析，难免会存在误判的情形。为

---

① 殷宪龙、李继刚编著：《证据法学》，法律出版社2014年版，第19页。

了确保法律事实尽量接近客观真实，依法原则是当今法官运用自由心证的首要原则。它强调法官对证据和事实的自由评价不是任意的、没有约束的，必须严格遵守法律法规关于证据调查的各种规定，如证明责任规范、证明标准规范、自认规范和法律推定规范等。既要遵守法定证据认定规则，又要履行程序上的审查流程，如关于证据调查、收集、审查、认定的程序性规定。

另外，法官必须坚持全面客观原则。从语义上看，全面客观原则包含全面和客观两个原则，这两个原则紧密相连、难以切割。客观性是认定证据的核心，为了尽量接近客观，离不开对证据的全面分析，切不可将各个证据割裂，否则难以作出准确的认定。在认定证据或事实过程中，应当从案件全局出发，准确识别各证据与案件事实的关联程度以及各证据之间的联系，进行综合分析判断。例如，一个案件中的大量证据，有些可以相互印证，有些可能相互矛盾。对于相互印证的证据，法官可以通过适当的逻辑推理予以认定，而对于相互矛盾的证据，法官则可以不予认定，或者要求当事人进一步举证证明。[1]

2. 准确运用自由心证的方法——逻辑推理与经验法则

逻辑推理从一般性的前提出发，通过演绎推导，得出具体陈述或个别结论。逻辑推理是一种从一般到特殊的推理，它是人类进行思考和论证必须遵守的规则，作为理性活动的审判行为必然遵守逻辑规则。法官在自由心证过程中必须采用逻辑推理以保证心证之结论符合人类思维的一般规则，不能与常理相悖。经验法则是指一般性的生活或社会经验，其本质体现为高度盖然性的常态联系。在证据制度中，当事人一方的主张若符合经验法则，原则上可豁免其举证义务，除非有相反证据足以反驳。法官应当在自由心证的过程中灵活适用经验法则，恰当运用日常生活和交易中的规律性知识，认定的事实不可与常情相

---

[1] 吴泽勇：《民事诉讼中自由心证的裁判方法及司法适用》，《法律适用》2020年第19期。

悖。运用逻辑推理和遵循经验法则是自由心证客观原则的延伸，两者在裁判过程中相互结合、密不可分。董行成之所以能够快速识别盗驴案真相，就是因为观察出"驴行急而汗"且牵驴者"见人则引驴远过"的情形，经过逻辑推理并结合日常经验，认为驴"非长行也"、牵者"怯也"，故而断定牵驴人为盗驴贼。善于运用逻辑推理和经验法则分析证据，进而作出准确的事实认定，是法官必备的专业素养。

3. 充分开示自由心证的过程——重视说理

长期以来，法律专家对裁判文书的诟病主要就是说理不充分，法官不愿说理，甚至不敢说理。所有对于自由心证的外部约束，主要是通过审查裁判文书中的事实说理而实现。所以，充分说理是对裁判文书的基本要求，也是外部主体判断裁判是否正确和公正的重要依据。自由心证的结论若要被第三方接受和认可，法官必须公开判断的理由和过程。董行成在抓住盗驴贼后，答行人问的一番言论，就是公开其判断的理由和过程，让行人信服其判断。好的事实说理不仅要做到精准归纳争议焦点，依法合理分配举证责任，还必须以庭审调查为基础，综合全案展开论述。论述的过程必须运用逻辑推理，得出的结论也要符合常理或常识。好的说理过程一定不应有明显的逻辑漏洞，自由心证的结论更不能与一般人的经验认知相背离。

最后需要强调的是，自由心证不是恣意裁判，我们应当抛弃对自由心证的误解，认识到自由心证制度相对于法定证据制度是历史的进步。法官在严格遵循自由心证规范操作程序的前提下，依法灵活运用自由心证制度，充分发挥法官的主观能动性并强调主客观统一，有助于快速查清案件事实，提高纠纷解决的效率，满足破解当下司法审判日益繁重难题的现实需要。

（徐涛　上海市静安区人民法院）

七、张琇报仇杀人案

原文

张琇者，蒲州解人也。父审素，为巂州都督，在边累载。俄有纠其军中赃罪，敕监察御史杨汪驰传就军按之。汪在路，为审素党与所劫，对汪杀告事者，胁汪令奏雪审素之罪。俄而州人翻杀审素之党，汪始得还。至益州，奏称审素谋反，因深按审素，构成其罪，斩之，籍没其家。琇与兄瑝，以年幼坐徙岭外。寻各逃归，累年隐匿。汪后累转殿中侍御史，改名万顷。

开元二十三年，瑝、琇候万顷于都城，挺刃杀之。瑝虽年长，其发谋及手刃，皆琇为之。既杀万顷，系表于斧刃，自言报仇之状。便逃奔，将就江外，杀与万顷同谋构父罪者。行至汜水，为捕者所获。时都城士女，皆矜琇等幼稚孝烈，能复父仇，多言其合矜恕者。中书令张九龄又欲活之。裴耀卿、李林甫固言："国法不可纵报仇。"上以为然，因谓九龄等曰："复仇虽礼法所许，杀人亦格律具存。孝子之情，义不顾命，国家设法，焉得容此。杀之成复仇之志，赦之亏律格之条。然道路谊议，故须告示。"乃下敕曰："张瑝等兄弟同杀，推问款承。律有正条，俱各至死。近闻士庶，颇有喧词，矜其为父复仇，或言本罪冤滥。但国家设法，事在经久，盖以济人，期于止杀。各申为子之志，谁非徇孝之夫，展转相继，相杀何限。咎繇作士，法在必行；曾参杀人，亦不可恕。不能加以刑戮，肆诸市朝，宣付河南府告示决杀。"

瑝、琇既死，士庶咸伤愍之，为作哀诔，榜于衢路。市人敛钱，于死所造义井，并葬瑝、琇于北邙。又恐万顷家人发之，并作疑冢数所。其为时人所伤如此。

——《旧唐书·孝友传·张琇传》①

注释

【蒲州】今山西永济市西南蒲州镇一带。

【解人】押送犯人的差役。

【巂州都督】巂[xī]州，治所在越巂县（今四川西昌）。都督，唐为地方军政长官。根据州的等级设大、中、下都督府，各设都督，后以节度使、观察使为地方军政长官，都督便名存实亡。

【驰传】驾驭驿站车马疾行。《汉书·高帝纪下》："横惧，乘传诣雒[luò]阳。"颜师古注引三国魏如淳曰："律：四马高足为置传，四马中足为驰传，四马下足为乘传。"

【就军按之】在军中就抓捕。

【党与】同党之人。

【深按】重判他的案件。按狱，断狱。

【殿中侍御史】唐殿中侍御史属殿院，掌管殿廷仪卫和京城的纠察。

【表】标识。

【汜[sì]水】源出今河南巩义市东南，北流经荥阳市汜水镇西，北入黄河。

【士女】泛指人民、百姓。

【矜恕】怜悯宽恕。《后汉书·郭躬传》："躬家世掌法，务在宽平，及典理官，决狱断刑，多依矜恕。"

【中书令】唐高祖时复名中书令，与门下省、尚书省长官并为宰相，在政事堂共议国政。地位尊崇，师长百僚，主持决策出令之大政，承受、宣布皇帝旨意，付中书舍人草成诏敕，审复认可后呈皇帝批准，

---

① 原始文献详参《旧唐书》，中华书局1975年版，第4933—4934页。

付门下省审议、尚书省执行。高宗以后在三省长官中最为重要，成为首席宰相。

【张九龄】（678—740），字子寿，号博物。韶州曲江（今属广东）人。盛唐名相，诗人。

【裴耀卿】（681—743），绛州稷山（今属山西）人。开元年间任长安令及济、宣、冀三州刺史，均有善政。

【李林甫】（683—753），小字哥奴，唐宗室、宰相。

【义不顾命】为了道义而不顾惜生命。

【推问】推究审问。

【喧词】喧嚷不平的言辞。

【止杀】用严峻的法律禁止人犯法。

【咎繇［gāo yáo］】即"皋陶"。咎，通"皋"。

【曾参杀人】曾参（前505—前435），字子舆。春秋时鲁国南武城（今山东平邑，一说山东嘉祥）人。曾茂之子。孔子学生。在孔门中以孝著称。作《孝经》。曾参杀人，一般指谣言反复传播，就会使人相信。此处为实指，意为"即使是曾参这样最为孝顺的人杀人，也不能宽恕"。原典故出自西汉刘向《战国策·秦策二》。

【肆诸市朝】指人处死刑后暴尸示众。诸，之于。

【哀诔［lěi］】哀悼死者的文章。

【义井】供公众汲用之井，在此建造，以达到广为宣传的目的。

【北邙［máng］】古山名。又称北芒山，即邙山东段。在今河南省洛阳市北。东汉及北魏之王侯公卿多葬于此。唐王建《北邙行》："北邙山头少闲土，尽是洛阳人旧墓。"

译文

张琇是蒲州押送犯人的差役。父亲张审素，任巂州都督，多年在边疆。后来因为有人举报军中贪赃，唐玄宗开元十九年（公元731

年），朝廷派监察御史杨汪赴巂州军中审理该案。杨汪在路上时，被张审素一党的人劫持，当着杨汪的面将告发者杀死，并威胁杨汪，让其上奏，免除张审素的罪行。后来有巂州人杀死张审素党羽，杨汪才得以逃回。到了益州，他上奏张审素谋反，并重判他的案件，构成其谋反之罪，使张审素最终因为谋反罪被诛杀，全家家产被登记没收充公。张审素的两个儿子张瑝、张琇因年幼免死，流放岭南。不久之后他们逃回家乡，隐名埋姓藏了多年。杨汪事后升为殿中侍御史，并改名杨万顷。

开元二十三年（735）三月，年仅十几岁的张瑝、张琇兄弟在东都洛阳等到杨汪，用刀杀死了他。张瑝虽然年长，但从开始谋划到手刃仇人都是张琇所为。在杀了仇人后，兄弟俩在凶器上留有一封书信，说了他们父亲被冤的情况。于是想要出逃到江外，杀死与杨万顷同谋构陷父亲的人。两人走到汜水时，被官府捕获。当时都城的士人百姓都认为两人是少年孝子烈士，他们为父报仇，应该加以宽宥。宰相张九龄也打算让两兄弟活命。但是宰相裴耀卿、李林甫坚持反对说："国法不可以纵容私自报仇。"玄宗也赞同这个论断，他对张九龄说："为父报仇即使为礼法所赞许，但杀人却为法律所禁止。孝子的感情，为了义而不顾生命，然而国家设了法律，不能对此听之任之。如果现在依律杀了他们，可成全他们舍身复仇的志气，赦免他们则破坏了刑法律条。虽然道理是这样，但现在朝野议论纷纷，所以需要有所宣告。"于是玄宗下旨说："张氏兄弟杀人的情况属实，按照法律条文，两人都应判处死罪。最近听说士人百姓对此多有议论，认为为父报仇情有可原。但是国家制定法律，本来是为制止谋杀。如果每个人都各自伸张子报父仇的志向，那没有谁是不孝之人，辗转相继仇杀，哪里还有极限！古时候皋陶审判案件，法令必须得到施行，即使曾参这样的大孝子因为复仇而杀人，也是不可饶恕的。如果不能施用刑罚处置罪犯，罪恶将横行天下。所以应将两兄弟交付河南府执行死刑。"

对于两兄弟之死，无论官吏百姓都很感伤怜悯，为他们写诔文，张贴在路边。百姓们集资在处决之处修建义井，并将二人葬在北邙山，又害怕杨万顷家人掘墓，挖了很多疑冢。当时人们伤心到这种地步。

解析："礼法冲突"的双"效果"

百善孝为先，孝道在中华民族传统道德中始终占据"高地"，包括唐朝在内的很多王朝都十分重视孝道。因此，张琇兄弟二人为报父仇而杀人，在民众眼中是"孝烈之行"，不仅引发民间的广泛同情，也让唐朝的统治者们陷入了两难境地。最终，唐玄宗以法不容情为由，决定严格执行律法，为了追求法律效果，依律判处兄弟二人死罪。但是，朝野内外对此判罚仍是议论纷纷，很显然这一判罚并没有让所有人都信服，其社会效果并不理想。

人们的礼法观念随时代的发展进步而不断变迁，以当今的眼光来看，唐玄宗秉持法不容情的理念所作出的判罚无可厚非。例如，2018年所发生的"张扣扣案"，张扣扣为母复仇连杀3人，虽引发了社会对"血亲复仇、民间正义"等礼法观念的广泛争议，但人们对法院判处张扣扣死刑之结果普遍表示认同。不过，在"以礼入法"的唐代，张瑝、张琇案这一判罚具有一定的超前性，也难怪"时人所伤如此"。为平息舆论，唐玄宗不得不颁布敕令进行解释，详细阐明其判罚的依据和缘由。这一经典案例所折射出的法律效果与社会效果内在关联的问题，仍值得我们深思。

1. 法律效果与社会效果产生差异的根本原因

简而言之，法律效果要求司法裁判要于法有据，维护法律的权威；社会效果就是司法裁判须得到人民群众的普遍认同，即社会绝大多数人认为裁判是公平公正的。唐玄宗正是认识到了复仇行为的违法性及危害性，故严格执行法律，依法判处张氏兄弟死罪，此案的法律效果并无太大问题。但是，民众对此并不十分认同，故而才会同情兄弟二人的遭遇，替其打抱不平。很显然，此案的判罚在当时的社会效果并不理想，其法律效果和社会效果存在差异。究其原因，主要是法律作为抽象的具有普遍性意义的规范，难以完全涵盖并精准匹配具体的多样化的社会活动。另外，法律思维基于法律逻辑与法律规范对案件进行评判，其与从社会生活经验与主流价值观念出发的大众思维，在对个案的认知上存在思维模式上的极大差异。再加上法律的稳定性、滞后性及立法技术上的疏漏等诸多原因，就可能产生法律效果与社会效果不一的情况。

2. 法律效果与社会效果应当统一于司法实践

历朝历代关于复仇的态度总是在不断变化，在立法上大致经历了一个从允许到限制再到禁止的发展过程，期间又经历了长久的反复与争论。到了唐朝，关于这一问题最终也未有定论。反观此案的社会效果，唐玄宗的判罚未必是当时的最佳选择，未能实现法律效果与社会效果的统一。司法裁判既要坚持法律效果，守住依法裁决的形式法治底线，又要关注社会效果，回应社会对实质正义的渴求。因此，司法裁判的法律效果与社会效果应该是统一的。法律效果是社会效果的基础，依法裁判是前提，任何超越法律的裁决都会使得所谓的社会效果成为无根之木、无源之水。社会效果是法律效果的目标，司法裁判必须符合普通民众的心理预期，取得人民群众的普遍认同，契合社会主流的价值观。司法裁判的形式正当性取决于其法律效果，但其实质正当性则由社会效果决定，二者应当统一于司法实践。[①]

3. 实现法律效果与社会效果相统一的方式方法

司法裁判片面追求法律效果则难免会落入机械适用法律的窠臼，片面追求社会效果则容易陷入司法恣意的泥潭，两者都与法治原则相悖。如何有效避免出现法律效果与社会效果错位的现象，需要法官结合具体的案件具体分析，在法律与现实之间找到平衡点，将规则与价

[①] 时显群：《论司法判决中法律效果和社会效果的统一》，《法治论坛》2017年第3期。

值相统一，逻辑与经验相融合。一方面，要坚持法律原则所倡导的基本理念。法律原则代表着法律的精神和价值取向，是法律的核心要素，其内涵和外延均较法律规则更加广阔，具有极强的弹性。法律原则不仅能适应不断变化发展的实际情况，还能够克服法律规则的滞后性，弥补立法技术上的疏漏。当仅适用法律规则无法得出符合社会主流价值观的结论时，有必要诉诸法律原则，以法律原则所倡导的理念为指引，更好地平衡法律效果与社会效果，让裁判结果符合社会主流价值体系，这样的裁判才具有可接受性。另一方面，要善于运用法律解释方法。只有对抽象的法律规范进行解释，将具体的生活事实与抽象的法律规范精准匹配，才能准确适用法律，作出符合法律的且社会效果好的司法裁判。唐玄宗为平息舆论而颁布的敕令，表面上属于"判后答疑"，但其实质就是运用法律解释的方法，阐明立法的目的，解释其判罚的依据和价值，以期取得社会大众的理解与遵从。从当时的情况来看，舆论最终逐渐平息，取得了不错的效果，为后世处理类似案件提供了遵循。

努力避免法律效果与社会效果的错位，实现法律效果和社会效果的统一，让司法结果为人民群众所认可与信任，始终是司法的目标。在司法过程中，法官不能教条化理解法律，更不能机械化适用法律，应当从立法的目的出发，寻找法律内在的价值导向，使作出的裁判既契合法律真意，又符合社会对公平正义的期待。

（徐涛　上海市静安区人民法院）

八、徐元庆复仇

原文

时有同州下邽人徐元庆，父为县尉赵师韫所杀。后师韫为御史，元庆变姓名于驿家佣力，候师韫，手刃杀之。议者以元庆孝烈，欲舍其罪。子昂建议以为："国法专杀者死，元庆宜正国法，然后旌其闾墓，以褒其孝义可也。"当时议者咸以子昂为是。

——《旧唐书·陈子昂传》[①]

先王立礼，所以进人也；明罚，所以齐政也。夫枕干仇敌，人子之义；诛罪禁乱，王政之纲。然则无义不可以训人，乱纲不可以明法。故圣人修礼理内，饬法防外，使夫守法者不以礼废刑，居礼者不以法伤义；然后能使暴乱不作，廉耻以兴，天下所以直道而行也。窃见同州下邽人徐元庆，先时，父为县吏赵师蕴所杀；元庆鬻身庸保，为父报仇，手刃师蕴，束身归罪。虽古烈者，亦何以多。诚足以激清名教，旁感忍辱义士之靡者也。然按之国章，杀人者死，则国家画一之法也。法之不二，元庆宜伏辜。又按《礼》经，父仇不同天，亦国家劝人之教也。教之不苟，元庆不宜诛。

然臣闻昔刑之所生，本以遏乱；仁之所利，盖以崇德。今元庆报父之仇，意非乱也；行子之道，义能仁也。仁而无利，与乱同诛，是曰能刑，未可以训。元庆之可显宥于此矣。然而邪由正生，理必乱作。昔礼防至密，其弊不胜；先王所以明刑，本实由此。今倘义元庆之节，废国之刑，将为后图，政必多难；则元庆之罪，不可废也。何者？人必有子，子必有亲，亲亲相仇，其乱谁救？圣人作始，必图其终，非

[①] 原始文献详参《旧唐书》，中华书局1975年版，第5024页。

一朝一夕之故，所以全其政也。故曰："信人之义，其政必行。"且夫以私义而害公法，仁者不为；以公法而徇私节，王道不设。元庆之所以仁高振古，义伏当时，以其能忘生而及于德也。今若释元庆之罪，以利其生，是夺其德而亏其义，非所谓杀身成仁、全死无生之节也。如臣等所见，谓宜正国之法，置之以刑，然后旌其闾墓，嘉其徽烈，可使天下直道而行。编之于令，永为国典。谨议。

——《全唐文·复仇议状》①

臣伏见天后时，有同州下邽人徐元庆者，父爽为县尉赵师韫所杀，卒能手刃父仇，束身归罪。常时谏臣陈子昂建议诛之而旌其闾，且请编之于令，永为国典。臣窃独过之。

臣闻礼之大本，以防乱也，若曰无为贼虐，凡为子者杀无赦。刑之大本，亦以防乱也，若曰无为贼虐，凡为理者杀无赦。其本则合，其用则异，旌与诛莫得而并焉。诛其可旌，兹谓滥，黩刑甚矣。旌其可诛，兹谓僭，坏礼甚矣。果以是示于天下，传于后代，趋义者不知所以向，违害者不知所以立，以是为典，可乎？盖圣人之制，穷理以定赏罚，本情以正褒贬，统于一而已矣。

向使刺谳其诚伪，考正其曲直，原始而求其端，则刑礼之用，判然离矣。何者？若元庆之父，不陷于公罪，师韫之诛独，以其私怨，奋其吏气，虐于非辜，州牧不知罪，刑官不知问，上下蒙冒，吁号不闻，而元庆能以戴天为大耻，枕戈为得礼，处心积虑，以冲仇人之胸，介然自克，即死无憾，是守礼而行义也。执事者宜有惭色，将谢之不暇，而又何诛焉？其或元庆之父，不免于罪，师韫之诛，不愆于法，是非死于吏也，是死于法也，法其可仇乎？仇天子之法，而戕奉吏之法，是悖骜而凌上也。执而诛之，所以正邦典，而又何旌焉？

且其议曰："人必有子，子必有亲，亲亲相仇，其乱谁救？"是惑于礼也甚矣。礼之所谓仇者，盖以冤抑沉痛，而号无告也，非谓抵罪触法，陷于大戮。而曰"彼杀之，我乃杀之"，不议曲直，暴寡胁弱而

---

① 原始文献详参《旧唐书》，中华书局1983年版，第2159—2160页。

已，其非经背圣，不亦甚哉！《周礼》："调人掌司万人之仇。凡杀人而义者，令勿仇，仇之则死。""有反杀者，邦国交仇之。"又安得亲亲相仇也？《春秋公羊传》曰："父不受诛，子复仇可也。父受诛，子复仇，此推刃之道。复仇不除害。"今若取此以断两下相杀，则合于礼矣。且夫不忘仇，孝也；不爱死，义也。元庆能不越于礼，服孝死义，是必达理而闻道者也。夫达理闻道之人，岂其以王法为敌仇者哉？议者反以为戮，黩刑坏礼，其不可以为典，明矣。

请下臣议，附于令，有断斯狱者，不宜以前议从事。谨议。

——《驳〈复仇议〉》[①]

注释

【同州】唐代州名，辖境相当于今陕西省大荔、合阳、韩城、澄城、白水等县一带。

【下邽 [guī]】县名，今陕西省渭南县东北。

【陈子昂】(661—702)，字伯玉，梓州射洪（今四川省射洪县）人。武后时曾任右拾遗，为谏净之官。唐代著名文学家、诗人，初唐诗文革新代表性人物之一。

【闾 [lǘ]】里巷的大门，代指乡里。

【天后】指武则天，又名武曌 [zhào]，并州文水（今山西文水）人，唐高宗李治的皇后。高宗去世后，武后废睿宗李旦自立，改国号为周，在位十六年。中宗李哲复位后，武后被尊为"则天大圣皇帝"，后人因此称其为武则天。

【黩刑】滥用刑法。黩，轻率。

【僭】超出礼法。

【刺谳】调查定罪。刺，打听。

【原】推究。

[①] 原始文献详参《柳宗元集校注》，中华书局2013年版，第291—293页。

【端】原因。

【州牧】古代指一州之长。《尚书·周官》："唐虞稽古，建官惟百，内有百揆四岳，外有州牧侯伯。"《蔡沉集传》："州牧，各总其州者。"

【蒙冒】蒙蔽，包庇。

【枕戈】枕着武器睡觉，形容时刻准备复仇，专指为父母报仇情殷志切。《唐律疏义·盗贼·祖父母夫为人杀》："祖父母、父母及夫为人所杀，在法不可同天。其有忘大痛之心，舍枕戈之义，或有窥求财利，便即私和者，流二千里。"

【介然】坚定的样子。《资治通鉴·晋元帝太兴二年》："奈何以华、夷之异，介然疏之哉！"胡三省注："介然，坚正不移之貌。"

【自克】自我克制。

【愆】过错。

【悖骜】亦作"悖傲"。狂悖傲慢，桀骜不驯。悖，违背。骜，轻视，傲慢。

【调人】周置，掌调解仇怨，司万民之难。《周礼·地官》："调人，下士二人，史二人，徒二十人"，"掌司万民之难而谐和之。凡过而杀伤人者，以民成之。鸟兽，亦如之"。

【推刃】《公羊传·定公四年》："父不受诛，子复仇，可也。父受诛，子复仇，推刃之道也。"何休注："一往一来曰推刃。"谓父罪当诛而子复仇，仇家之子亦必报复，则形成一往一来的循环报复。后用"推刃"泛称用刀剑刺杀或复仇。

【死义】为义而死。谓恪守大义。《吕氏春秋·离俗》："令此处人主之旁，亦必死义矣。"

译文

当年同州下邽有个叫徐元庆的人，他的父亲被县尉赵师韫杀了。后来赵师韫升任御史，他就改名易姓在驿站做佣人，等候赵师韫前来，亲手杀掉他。议罪的人认为徐元庆孝义刚烈，想免除罪罚。陈子昂建议认为："法律规定杀人者死，徐元庆应按法律惩处。但之后可以旌表他的墓地，以此褒奖他的孝义。"当时讨论的人都认为陈子昂的建议合理。

先王制定礼义，是用来约束人们，催其上进的；严明刑罚，是用来整顿政治的。头枕武器，伺机报仇，是为人子女的孝义；惩杀罪人，防止作乱，是帝王统治天下的政纲。既然如此，那么没有孝义就不能教育人民，政纲混乱就不能严明法制。所以圣人制定礼制，梳理人们的思想，整饬法令，约束人们的行动，使这些掌管法制的人不因为礼义而废弃刑律，遵守礼制的人不因法规而妨害礼义。这样以后才会不发生暴乱，就能蔚然兴起廉洁知耻之风，天下就能按正道顺利发展。我看到同州下邽县有个叫徐元庆的人，之前因为父亲被县尉赵师韫所杀，所以他卖身为佣人，为父报仇，亲手砍死仇人，自绑身体到官府自首。即使古代孝烈之人也不过如此，实在是位可以弘扬名教，让人感受忍辱负重之行的忠义之士。但是依据国家法律，杀人的人应当处死，这是国家统一的规则。国家法律不可改变，所以徐元庆应该伏罪。又据《礼》，杀父之仇不共戴天，也是国家勉励人尽孝的教化内容，所以教化不能马虎，徐元庆不应被处死。

但我听说从前之所以产生了刑罚，本来是用来制止暴乱的，因为讲求仁德可获取益处，所以人们就都崇尚德行。现在徐元庆报杀父之仇，本意不是作乱，只是尽子女的孝道，教子属于仁德。讲仁德却得不到益处，与作乱一样都被处死，这虽叫执法不二，却不能用来教育人。凭这一点，就可公开宽恕元庆的罪行。但是，假如让邪恶有了合法的根源，作乱也就成了理所当然。从前借助礼教来周密防范作恶，它的弊端数不胜数，先王之所以严明刑罚，根本原因就在这里。现在如果认定徐元庆的孝道是正义而废止国家的刑罚，把这作为将来处理类似行为的原则，那国家必定会多灾多难。因此对于徐元庆的过错，就不能免除责罚。人人都有儿女，每个儿女都有父母，如果都由于敬爱父母而互相报仇，那么靠谁来挽救这种混乱的局面呢？圣贤君主一旦做一件事，就必定要考虑到它的后果，而这不是一朝一夕所能完成，因而必须全面完备法律。所以说："使人信义理，王政必畅行。"况且因孝义而妨害公法，不是仁德的人所为，用公法迁就私情的行为，王道就不能施行，徐元庆之所以教义高尚超过古人，正义的行为使当时的人佩服，是因为他舍生忘死达到了道德标准。今天如果赦免了元庆的罪行而让他安然活着，就是磨灭了他的德行，损伤了他的义节，就不是所说的杀身成仁、舍身全节的节操了。依我辈所见，应当严格执行国家法律，按照刑律处死元庆，然后在他的墓前立碑表彰，赞颂他的美好节操，这样，可以使天下按正道顺利发展。把这个案件载入国家法律，永远作为国家法典。恭谨呈上建议。

据我了解，则天皇后时，同州下邽县有个叫徐元庆的人，父亲徐爽被县尉赵师韫杀了，最后他得以亲手杀掉父亲的仇人，自绑身体到官府自首。当时的谏官陈子昂建议处以死罪，同时在他家乡表彰他的行为，并请朝廷将这种处理方式"编入法令，永远作为国家的典则制度"。我个人认为，这样做是不对的。

我听说，礼的根本作用是为了防止人们作乱。倘若说不能让杀人者逍遥法外，那么凡是做儿子的为报父母之仇而杀了人，就必须处死，不能予以赦免。刑法的根本作用也是为了防止人们作乱。倘若说不能让杀人者逍遥法外，那么凡是当官的错杀了人，也必须处死，不能予以赦免。它们的根本作用是一致的，只是采取的方式不同。表彰和处死是不能同施一人的。处死可以表彰的人，这就是乱杀，是滥用刑法。表彰应当处死的人，这就是过失，对礼制的破坏就太严重了。如果以这种处理方式作为刑法的准则，并传给后代，那么，追求正义的人就不知前进的方向，想避开祸害的人就不知道该怎样立身行事，以此作为法则行吗？大凡圣人制定礼法，是透彻地研究了事物的道理来规定赏罚，根据事实来确定奖惩，不过是把礼、刑二者结合在一起罢了。

当时如能审察案情的真伪，查清是非，推究案子的起因，那么刑法和礼制的运用，就很明显地区分开了。为什么呢？如果徐元庆的父亲没有犯法律规定的罪行，赵师韫杀他，只是出于他个人的私怨，施展他当官的威风，残暴地处罚无罪的人，州官又不去治赵师韫的罪，执法的官员也不去过问这件事，上下互相蒙骗包庇，充耳不闻喊冤叫屈的呼声。徐元庆将不报仇视为奇耻大辱，把时刻不忘报杀父之仇看作是合乎礼制，想方设法用武器刺进仇人的胸膛，坚定地以礼约束自己，即使死了也不遗憾，这正是遵守和奉行礼义的行为啊。执法的官员本应感到惭愧，去向他谢罪都来不及，还有什么理由要把他处死呢？如果徐元庆的父亲确是犯了死罪，赵师韫杀他，那就并不违法，他的死也就不是被官吏错杀，而是因为犯法被杀。难道可以仇视法律吗？仇视皇帝的法律，又杀害执法的官吏，这是悖逆犯上的行为。应该把这种人抓起来处死，以此来严正国法，为什么反而要表彰他呢？

而且陈子昂的奏议还说："人都有儿女，儿女都有父母，因为爱自己的亲人而互相仇杀，靠谁来挽救这种混乱局面呢？"这对礼的认识太模糊了。礼制所说的仇，是指蒙受冤屈、悲伤呼号而又无法申告的情况，并不是指触犯了法律，以身抵罪而被处死的情况。而所谓"他杀了我的父母，我就要杀掉他"，不过是不问是非曲直，欺凌孤寡，威胁弱者罢了。这种违背圣贤经传教导的做法，不是太过分了吗？《周礼》上说："调人，负责调解众人怨仇。凡是合乎礼义的杀人，就不准被杀者的亲属报仇，如要报仇，则处死刑。有反过来再杀死对方的，全国的人就都要把他当作仇人。"如果这样，又怎么会发生因为爱自己的亲人而互相仇杀的情况呢？《春秋公羊传》说："父亲无辜被杀，儿子是可以报仇的。父亲犯法被杀，儿子报仇，这就是互相仇杀的做法，这样的报复行为是不能根除彼此仇杀不止的祸害的。"现在如果用这个标准来判断赵师韫杀死徐父和徐元庆杀死赵师韫，就合乎礼制了。而且，不忘父仇，这是孝的表现；不怕死，这是义的表现。徐元庆能不越出礼的范围，恪尽孝道，为义而死，这一定是个明晓事理、懂得圣贤之道的人啊。明晓事理、懂得圣贤之道的人，难道会把王法当作仇敌吗？

但上奏议的人反而认为应当处以死刑,这种滥用刑法,败坏礼制的建议,不能作为典则制度,是很清楚明白的。

请把我的意见让众臣讨论,并附在法令之后颁发下去。今后凡是审理这类案件的人,不应再根据以前的意见处理。谨发表上面的意见。

解析:司法为民的情与法平衡

徐元庆复仇案被记载在《新唐书·孝友》之中,负责谏言的左拾遗陈子昂认为,应对徐元庆"正其刑"以"成其德",而后"旌其闾墓,嘉其徽烈"。如此既能维护律法,又可彰显徐元庆的德行。但是,这种观点却遭到了礼部员外郎柳宗元的批驳,柳宗元还为此专门写作《驳复仇议》一文。柳宗元认为,法与礼的目的都是防乱,只是适用有别,"旌与诛,不得并也",本身属于犯罪的行为,不应该予以表彰。[①]

当今世界,也不乏此类私力复仇的案件。2018年2月15日,陕西省汉中市的张扣扣,"为母报仇",在大年三十中午连杀三人,2019年7月17日,陕西省汉中市中级人民法院遵照最高人民法院院长签发的死刑执行命令,对张扣扣执行了死刑。现代社会,私人复仇被绝对禁止,此案在如今的法律框架内并无太大争议,但由此引申出的"礼法之争""复仇正义"却是一个永恒的话题。现实中的不少违法行为甚至犯罪行为,确实有其独特的情由,在缺失普遍有效的公权力的地方,私力复仇的自力救济必将不断上演。

回溯古今争论,司法活动中坚守人民立场,努力让人民群众在每一个司法案件中感受到公平正义,是司法活动的本质要求。办案人员应当悟透以人民为中心的发展思想,把体现人民利益、反映人民意愿、维护人民权益、增进人民福祉落实到司法实践全过程。深入践悟习近平法治思想中人民至上的根本立场,对人民群众深恶痛绝的犯罪零容

---

① 韩伟:《从徐元庆复仇案定罪争议看法律治理》,《检察日报》2016年4月26日。

忍，对人民群众在刑事诉讼中的急难愁盼问题用心解决，让人民群众对公平正义更加可感可触。

徐元庆复仇案、张扣扣复仇案等在缺失有效公权力救济的背景下通过极端手段寻求私力救济的案件，提醒我们在当代中国加强法治实践的必要性和迫切性。中华传统文化教育我们"仁义礼智信""百善孝为先"，社会主义核心价值观教育我们"自由、平等、公正、法治"，两种理念一脉相承，需要将其融入法治建设的实践。任何在价值观上与其相符的行为，都应该作为司法实践中考量的因素。充分发挥法治在国家治理中固根本、稳定期、利长远的保障作用，也依法适当地彰显情理、道德在国家治理、社会治理以及司法裁判等方面的教化作用。

坚实的法理基础，是惩罚犯罪、保障人权的基石，是良法善治为人民遵从的重要保障。徐元庆复仇案之所以引发巨大争议，归根结底是因为唐朝的法律是以礼入刑，而"复仇"在一定程度上又被"古礼"提倡，但是并不符合当时的社会发展需要，导致统治阶级在适用法律的时候出现两难境地。由此可见，新时代的司法活动，应当精准落实宽严相济，结合司法实践深入研究刑罚的理论、成本和治理效果。坚持罪责刑相适应，充分考虑犯罪行为的社会危害性、被告人的主观恶性和人身危险性，具体分析，区别对待。

法与情具有一致性，指引着广泛的社会实践。柳宗元关于法与礼的目的一致，只是适用有别的论断，以当今的眼光来看仍不过时，值得我们借鉴。法理与情理分属不同领域，亦具有不同的作用，二者的关系不再是"出礼入刑"，而是存在内在的一致性。首先，法理与情理相互影响。法理通过上升到国家层面的成文法，强化对公众的约束力，让其蕴含的情理更加深入人心；情理通过人们的口口相传、言传身教，形成浓厚的社会氛围，保持法理的发展方向。其次，法理与情理相互转化。很多法理直接来源于情理，情理作为道德范畴的行为规范，可以直接转化为法理的内容，如民法的帝王条款诚实守信原则，于情于理皆理所当然。最后，法理与情理相互保障。凡是有违法理的行为，也极可能违背某些情理,而某些违反情理的行为虽不直接违背某些法理,但必然不为法理所提倡。

法理与情理的平衡是人类在很长一段时间内要面对的难题,它会随着时代的发展而不断更新。只有不断深入认识二者的内在规律和联系,才能做出正确的选择。如何更好地实现二者的平衡,需要通过个案的适法妥善解决。执法或司法机关在处理个案时,虽然是解决一个具体的问题,但却不能不考虑其广泛的社会影响。执法或司法机关必须审慎地思考,在执法或司法时弘扬什么样的道德观念,倡导什么样的价值理念,打击或抑制什么样的歪风邪气,以达到法律效果、社会效果的统一。在个案处理过程中,需要充分考察案件的具体案情,结合具体案情深入分析适用的法理基础;再全面梳理个案的情理脉络,查漏补缺,填补漏洞;继而在法理与情理之间来回印证,让情理与法理相互交融,相得益彰。

(徐涛 上海市静安区人民法院)

九、曲元衡杖杀柏公成母

原文

穆宗即位……征潾为兵部员外郎,迁刑部郎中。有前率府仓曹曲元衡者,杖杀百姓柏公成母。法官以公成母死在辜外,元衡父任军使,使以父荫征铜。柏公成私受元衡资货,母死不闻公府,法寺以经恩免罪。潾议曰:"典刑者,公柄也。在官者得施于部属之内,若非在官,又非部属,虽有私罪,必告于官。官为之理,以明不得擅行鞭捶于齐人也。且元衡身非在官,公成母非部属,而擅凭威力,横此残虐,岂合拘于常典?柏公成取货于仇,利母之死,悖逆天性,犯则必诛。"奏下,元衡杖六十配流,公成以法论至死,公议称之。

——《旧唐书·裴潾传》[1]

注释

【裴潾[lín]】(?—838),唐时官员,历宪宗、穆宗、敬宗、文宗四朝,官至兵部侍郎、集贤院学士等。

【率府仓曹】前率府为唐官署名。唐朝太子有十率府,掌东宫兵仗、仪卫及门禁、徼巡、斥候等事。

【征铜】指纳铜赎罪,唐代处置犯官之基本方式。《周礼·职金》疏曰:"古出金赎罪,皆据铜为金。"

【死在辜外】在保辜之外死亡。古代刑律规定,凡打人致伤,官府

---

[1] 原始文献详参《旧唐书》,中华书局1975年版,第4448—4449页。

视情节立下期限，责令被告为伤者治疗。如伤者在期限内因伤致死，以死罪论；不死，以伤人论。叫作保辜。《唐律疏议·斗讼》"保辜"条规定："限内死者，各依杀人论；其在限外及虽在限内，以他故死者，各依本殴伤法。"《急就篇》卷四："疻痏［zhǐ wěi］保辜謕［tí］呼号。"颜师古注："保辜者，各随其状轻重，令殴者以日数保之，限内致死，则坐重辜也。"

【军使】唐时为戍边军官。军队戍守之地，大者称军，天宝以前各军均置军使一人，隶属于都督或节度使。

译文

唐穆宗登基称帝后……任命裴潾为兵部员外郎，又改任刑部郎中。当时长安城中有个叫曲元衡的人，是以前率府的仓曹，用棍棒打死了平民百姓柏公成的母亲。事后，官府立案审理认为，公成的母亲死在了伤害致死罪的保辜期限之外，又因为曲元衡之父曾任朝廷军使，曲元衡可依法受其父官阶的荫护，所以判他可以以钱赎罪。柏公成私下接受了曲元衡的财物，瞒报了其母亲的死讯，未向官府报告。后来柏公成因为恩赦免罪。裴潾认为："刑法是朝廷实行统治的公器。作为官吏，可以在其管辖职责范围之内，对部属施用法律；如果一方既不是官府之人，另一方又不是其管辖范围之内的部属，即使犯了私罪，也必须告官，由官府处理。之所以如此，就是要使百姓明白，除了官府，任何人不得对他人擅用刑罚。本案中曲元衡既不是官吏，柏公成的母亲又不是其管辖之民，但曲元衡却擅行暴力威逼，如此蛮横残虐的行为，怎么可能是符合法律的情况？柏公成收受杀母仇人的财货，居然借母亲之死而获利，违背天理，犯此恶行者必须处死。"皇帝下旨，曲元衡处以杖六十并处以到流放地服苦役之刑，柏公成按照法律处以死刑。大家对此案的判决都很赞同。

解析：保辜制度与平衡司法裁判中的情理与法理

自汉朝推行"罢黜百家，独尊儒术"，儒家思想便逐渐成为中国封建社会的正统思想，并开始不断塑造主流意识形态和价值观。至唐代，作为礼法结合的集大成者《唐律疏议》，其各项规定皆渗透着儒家思想的精神。孝道是儒家思想的重要内容，古代王朝也历来严惩违孝行为。隋唐时期，"不孝"已成为"十恶"重罪之一，无论身份贵贱、地位高低，若犯不孝之罪，不赦不宥。"曲元衡杖杀柏公成之母案"中，柏公成的母亲被曲元衡杖击后死亡，而他非但没有禀告官府，替他母亲伸冤报仇，反而借机大肆收受杀母仇人曲元衡的财物。最终，加害人曲元衡未被处死，而丧母的柏公成却被判处死刑。这一判决结果符合唐代的法律和孝道价值观，因此得到朝臣的一致赞同。这起案件的判决结果和蕴含的精神，对现代司法裁判仍具有重大参考价值和借鉴意义。

1. 保辜制度彰显唐代司法制度宽缓慎刑思想

保辜制度是中国古代刑法对伤人案件所创立的一种特殊法律制度，其基本内容是加害人殴打被害人后，若被害人是在法律规定的期限内死亡，则认为是该加害人的殴打行为所致，对其以杀人罪来惩处；若被害人过了保辜期限方才死亡，亦或是被害人的死亡另有缘故，则对加害人以伤人罪论处。曲元衡最终免于死刑，其根本原因在于柏公成的母亲是在过了保辜期限之后方才死亡。根据唐代保辜制度的规定，曲元衡打伤被害人的行为与后者的死亡并无直接的因果关系。

《唐律疏议·斗讼》对保辜制度的适用范围、期限、处罚规定等方面均作出了详细的规定。唐代设立保辜制度，旨在引导和鼓励加害人对被害人及时进行治疗，使其获得改过自新和从轻处罚的机会。这一制度的创立，对于缓解当事人之间的仇恨、促进社会的稳定产生了极其重要的作用。保辜制度的存在，是儒家所提倡的慎刑恤罚、道德教化及无讼等法律思想在唐代司法实践中的具体体现①，彰显了唐代司法制度宽缓慎刑的思想。

2. 司法裁判需兼顾法理和情理

司法实践中最容易出现的问题，就是司法者机械地适用法律，作出的裁判不符合社会的价值观念，得不到群众认可。若要实现法理和情理的有机统一，司法者不能仅按照法律规范的文义解释理解和适用法律，还应遵循法律规范背后的立法精神、法律原则和目的价值，从个案的实际出发，进行理性的价值决断。本案中唐穆宗改判的根本原因在于：一是曲元衡杖责他人，若仅被判处罚金即可冲抵刑罚，将产生不良的社会导向；二是身为人子的柏公成为了钱财包庇施害人，若不依法严惩，既违反唐律，亦有违唐朝推崇的孝道。

法理和情理并不是对立存在的，而是具有统一性的。一方面，立法者通过运用价值色彩的词汇赋予法律规范情理的底蕴；另一方面，法律规范需借助司法者的价值判断才能得以诠释，而价值判断都是在特定时代背景下作出的②，需要符合当时社会的主流价值观。例如本案中丧母的柏公成，仅因其行为不符合当时"孝"的价值观，即被判处死刑。这个判决结果若放在当今社会是难以想象的，但在那个注重孝道的时代，其判决结果得到了多数人的认同。在司法裁判过程中，法官应当根据犯罪性质和具体情况，做到该宽则宽、当严则严、宽严相济、罚当其罪。一方面，用好用足"从严"的一面，对严重危害国家安全和公共安全、严重影响人民群众安全感、严重挑战法律和伦理底线的案件，该重判要重到位，该判处死刑的要坚决判处死刑，有力震慑犯罪；另一方面，切实体现"从宽"的一面，对具备法定、酌定从

---

① 李中和：《从曲元衡杖杀柏公成之母案看唐代保辜制度》，《贵州大学学报（社会科学版）》2011年第3期。

② 李群星：《努力在司法裁决中实现法律与道德的融合》，《人民法院报》2017年3月22日。

宽情节的案件，该从宽的依法从宽，发挥政策感召力，打击和孤立极少数，教育、感化和挽救大多数。总之，法官在司法裁判中应兼顾法理和情理，既不能割裂二者的联系，又不可相互替代。

3. 社会主义核心价值观应融入司法裁判

司法裁判的作用在于平衡价值冲突和利益冲突。法官在处理冲突时，仅运用法律论证技术是远远不够的，往往需要进行价值选择。但价值选择不是随意或任意的，也不能由法官凭借自己的喜好随意进行。作出的裁判若要令人信服、经得起检验，其价值选择必须符合公民心目中的价值共识。社会主义核心价值观承载了中华民族几千年的文化传统与价值观念，代表着当前社会主义中国最根本的价值内核，是社会公众普遍认可的行为准则和行为标准，是人民群众价值观的"最大公约数"，应当成为法官在司法裁判时的价值标尺。法官在进行价值抉择时，应当自觉接受社会主义核心价值观的指引，这样作出的裁判，才能真正发挥价值引领的作用。

习近平总书记指出："以法治承载道德理念，理念才有可靠制度支撑。法律法规要树立鲜明道德导向，弘扬美德义行，立法、执法、司法都要体现社会主义道德要求，都要把社会主义核心价值观贯穿其中，使社会主义法治成为良法善治。"[①] 人民法院也应将社会主义核心价值观贯穿到司法裁判的各个环节，深入阐释法律法规所体现的国家价值目标、社会价值取向和公民价值准则，充分发挥了人民法院在培育和践行社会主义核心价值观方面的引领、规范和保障作用，以司法公正引领社会公正。

（巢宇宸　上海市静安区人民法院）

[①] 2016年12月9日习近平在中共中央政治局第三十七次集体学习时的讲话。

十、姚文秀打杀妻状

原文

据刑部及大理寺所断，准律：非因斗争，无事而杀者，名为故杀。今姚文秀有事而杀，则非故杀者。据大理司直崔元式所执，准律：相争为斗，相击为殴，交斗致死，始名斗杀。今阿王被打狼籍，以致于死，姚文秀检验身上，一无损伤，则不得名为相击。阿王当夜已死，又何以名为相争？既非斗争，又蓄怨怒，即是故杀者。

右按《律疏》云："不因争斗，无事而杀，名为故杀。"此言"事"者，谓争斗之事，非该他事。今大理、刑部所执，以姚文秀怒妻有过，即不是无事。既是有事，因而殴死，则非故杀者。此则唯用"无事"两字，不引"争斗"上文。如此是使天下之人皆得因事杀人，杀人了，即曰"我有事而杀，非故杀也"。如此可乎？且天下之人岂有无事而杀人者？足明"事"谓争斗之事，非他事也。又凡言斗殴死者，谓素非憎嫌，偶相争斗，一殴一击，不意而死，如此则非故杀，以其本原无杀心。今姚文秀怒妻颇深，挟恨既久，殴打狼籍，当夜便死。察其情状，不是偶然。此非故杀，孰为故杀？若以先因争骂，不是故杀，即如有谋杀人者，先引相骂，便是交争。一争之后，以物殴杀了，则曰"我因有事而杀，非故杀也"。又如此可乎？设使因事，理犹不可。况阿王已死，无以辨明。姚文秀自云相争，有何凭据？又大理寺所引刘士信及骆全儒等殴杀人事，承前寺断不为故杀，恐与姚文秀事其间情状不同。假如略同，何妨误断？便将作例，未足为凭。伏以狱贵察情，法须可久，若崔元式所议不用，大理寺所执得行，实恐被殴死者自此长冤，故杀者从今得计。谨同参酌，件录如前。

——《论姚文秀打杀妻状》①

---

① 原始文献详参《白居易文集校注》，中华书局2011年版，第1313—1314页。

注释

【故杀】唐律中的"故杀"是指事先虽无预谋,但情急杀人时已有杀人的意念。《唐律疏议·斗讼》"斗殴杀人"条:"以刃及故杀人者,斩。"《疏议》曰:"以刃及故杀者,谓斗而用刃,即有害心;及非因斗争,无事而杀,是名'故杀':各合斩罪。"

【交斗】互相争斗。

【斗杀】格斗致死。

【无事】无端;没有缘故。北周庾信《杨柳歌》:"定是怀王作计悮,无事翻覆用张仪。"

译文

根据刑部和大理寺的审判:按照法律,非因斗殴争执,无故杀人的,定为故意杀人的罪名。现在姚文秀因为有缘由而杀人,所以不是故意杀人罪。根据大理寺崔元式法官按照法律的审判:相互争斗为斗,相互击打叫作殴,相互打斗而致死,才叫斗杀。姚文秀之妻阿王被打得遍体鳞伤,导致死亡,检查姚文秀身上却没有一处损伤,显然不能称为相互击打,阿王当天晚上已经死亡,又怎么能称为相互争斗?因为不是相互争斗,又有蓄意忿怒,所以姚文秀就是故意杀人。

前者按照《律疏》所说:非因斗殴争执,而无故杀人,应定为故意杀人的罪名。这里的"事",指的是引发争斗的缘由,不牵扯到别的什么。现在在刑部和大理寺的审判中,因为姚文秀对妻子过错发怒,就认为不是没有缘由而争斗,又因为有缘由,所以此案是互殴失手致死而不是故意杀人,这就是只照抄了"无事"两字,而不引用上文中对争斗的解释。这样的话,就让天下的人,都可以因为有了缘由而杀人,杀人了之后就说我是有缘由而杀人,并不是故意杀人,这样能行吗？何况天下又怎么有无缘由杀人的人？这足以证明"事"说的是争斗的缘由，不是指其他什么缘故。再论什么是失手斗殴致死，其指的是两人素无前怨，偶然互相争斗，一打一击之间出乎意料过失杀人，原本并无杀心。而姚文秀对妻子积怨很深，带着恨意很久了。案发时姚文秀殴打狼藉，出手之重令妻子当夜便死，足以表明并非出于偶然。如果这都不算故意杀人，那怎样才是故意杀人呢？如果因为先有缘由引发争吵，就不是故意杀人，那如有计划谋杀人的人，先引起互相争吵，就形成了"交争"，在争吵以后，用东西殴打杀人，就说："我是有缘由而杀人，所以不算故意杀人"，还可以这样吗？就算杀人因为争论而起，这道理也不成立，何况阿王已死，没办法自我辩白，姚文秀自己说是因为相争，又有什么凭据呢？大理寺引用刘士信及骆全儒等殴杀人的案件，这些案件按照以前大理寺的审判并不是故意杀人，首先这些案件情况恐怕与姚文秀的案件不同，其次即使有类似的，也不妨碍确认此案为误判。如果就这样作为此类案件的审判标准，并没有足够的凭据。我认为考察清楚案件情况是很重要的，法律须能够长久执行，如果不采用崔元式的建议而执行大理寺的审判，我恐怕被殴死者自此真的要有长久的冤屈，而让故意杀人者计谋得逞了。请谨慎参考我的意见，案件附录于前。

解析：案例指导在社会治理中的功用

　　白居易在《论姚文秀打杀妻状》中所讲述的"姚文秀案"蕴含了许多我国古代传统的司法理念，如法律解释、适用先例等，特别是白居易在引述姚案时就如何对待既往案例、如何适用既往案例的观点和意见，为当下的司法实践提供了较强的历史启迪，值得我们认真参考与充分借鉴。

1. 重视案例①是中华法治文明的重要组成部分

一直以来，遵循先例被视为是英美法系的法律特色和专利产品，但目前越来越多的研究显示，许多大陆法系国家和地区同样重视案例抑或判例对司法实践的重要作用。实际上，作为具有浓郁成文法传统的中华法系国家，我们从未放弃过既往案例对司法实践的重要功能。无论秦代的"廷行事"、汉代的"决事比"，都强调司法者要在没有法律规定的情况下，依据以往的旧事、成例来处理疑难案件。在表征着中华法系走向成熟的唐代，即便拥有《唐律疏议》这般成熟的法律规范，同样存在"法例"，"举重以明轻""举轻以明重"。在"姚文秀案"中，大理寺"引刘士信及骆全儒等殴杀人事，承前寺断不为故杀"，就说明大理寺在处理姚案时已参考过"刘士信及骆全儒等"既往案例的有关情况。唐代以后，案例在我国司法实践中愈发占据更为重要的位置。不仅宋元时代出现了"断例"，明代还制作了专门的案例汇编《明大诰》，要求司法者断案必须参照援引大诰中的判例作为判案依据。到了清代，例的内容范围更是随着社会生活变化而不断丰富和拓展，新增了严惩贪官污吏等各种各样的大案。这些都表明，在传统中国法治文化中，虽然有成文法的传统，但并不排斥或否定案例的存在，并呈现出以成文法为主、判例法为辅的"混合法"的特色。

2. 案例指导制度具有较强的社会治理功能

案例指导制度是中国特色社会主义司法制度的重要组成部分。我国传统法制文化中对既往案例的重视应当引起当下司法实践的关注与思考。实际上，参考既往案例是适用成文法裁决案件的必然需求。法律是一种有限理性，成文法无论制定得多么完备，也难以涵盖社会生活的方方面面，亦不能对每个矛盾纠纷都给出一一相应的法律解决方

---

① 鉴于目前最高人民法院在正式称谓上使用"案例指导制度""指导性案例"，同时为了区别于英美法系的"遵循先例""判例"，因此本解析在针对我们当下的案例时使用"案例"一词。

案,特别是法律法规存在空白、漏洞,存在不明确、模糊,存在互相矛盾、抵牾,甚至存在与当下社会生活脱节、不合理等情况下,都有既往案例被适用、被参考的空间。同时,参考既往案例对促进国家法制统一、推动社会治理的稳定也发挥着重要作用。适用既往案例处理当下矛盾纠纷,可以有助于在同类案件中司法者保持审判思维的协调性和裁判思路的一致性,确保同类案件裁判尺度的大致相当,有助于维护国家法制的统一、尊严、权威。发布典型案例,通过对现实生活中某种社会行为引发的法律后果的生动展示,能够帮助人们更加准确地预见到法律对他们的要求,对整体的社会行为具有很好的教育、引导作用,能发挥出"一个案例胜过一打文件"的示范作用。当前无论最高人民法院还是地方法院,都在通过发布大力弘扬社会主义核心价值观、依法平等保护产权和民营企业家合法权益、防范化解金融风险、依法纠正冤错案件等指导性案例或者典型案例,积极发挥案例的引导、示范和教育功能,促进司法为民、公正司法,也充分表明案例的价值越来越受到实践的重视和关注。

3. 严格遵循参考案例裁决案件的程序规范

在评述"姚文秀案"时,白居易不仅认为刘士信及骆全儒等殴杀人事"恐与姚文秀事其间情状不同",同时进一步指出"假如略同,何妨误断?便将作例,未足为凭"。这实际上在一千多年前就指出了在适用既往案例裁决待审案件时应当充分考量既往案例与待审案件之间的异同性,充分彰显了我们传统法制文化中的司法智慧。参考既往案例处理待审案件属于类比推理,不同于适用成文法审理案件的三段论式的演绎推理,属于一种弱式推理,存在不周延性,其前提和基础就在于既往案例与待审案件在基本案情和法律适用方面具有类似性,否则不能参照既往案例来处理待审案件。类比推理结果上的弱势或者不周延,需要通过类比推理的程序规范或者程序正义加以补正或者补强。这也就意味着在适用既往案例处理待审案件时,要严格遵循相应的程序规范。首先,司法者应当将当事人及其诉讼代理人提出援引的或者自己主动查询到的指导性案例或典型案例与待审案件进行认真比较，仔细考量二者在基本案情和法律适用等方面的异同性。其次，司法者应当就既往案例的适用问题，认真听取各方当事人的意见。在审判过程中认真倾听诉辩双方就既往案例与待审案件之间的关联性，包括既往案例与待审案件之间是否类似、类似性程度是否足以让待审案件应用既往案例的裁判规则等展开充分辩论，做到兼听则明。最后，司法者应当在裁判文书中就适用既往案例裁决案件进行充分说理，就待审案件与既往案例的相似性是否达到"参照适用"的程度、适用或者不适用既往案例的理由等进行充分阐述，这样不仅能增强裁判文书的事实认定、法律分析以及推理过程的说理性，也能提高裁决结果的科学性和妥当性，进而提升司法公信力和权威性。

（陈树森　上海市静安区人民法院）

十一、戴胄据法力争

原文

戴胄字玄胤，相州安阳人也。性贞正，有干局，明习律令，尤晓文簿……贞观元年，迁大理少卿。时吏部尚书长孙无忌尝被召，不解佩刀入东上阁。尚书右仆射封德彝议以监门校尉不觉，罪当死；无忌误带入，罚铜二十斤。上从之。胄驳曰："校尉不觉与无忌带入，同为误耳。臣子之于尊极，不得称误，准律云：'供御汤药、饮食、舟船，误不如法者，皆死。'陛下若录其功，非宪司所决；若当据法，罚铜未为得衷。"太宗曰："法者，非朕一人之法，乃天下之法也，何得以无忌国之亲戚，便欲阿之？"更令定议。德彝执议如初，太宗将从其议，胄又曰："校尉缘无忌以致罪，于法当轻。若论其误，则为情一也，而生死顿殊，敢以固请。"上嘉之，竟免校尉之死。

于时朝廷盛开选举，或有诈伪资荫者，帝令其自首，不首者罪至于死。俄有诈伪者事泄，胄据法断流以奏之。帝曰："朕下敕不首者死，今断从流，是示天下以不信，卿欲卖狱乎？"胄曰："陛下当即杀之，非臣所及。既付所司，臣不敢亏法。"帝曰："卿自守法，而令我失信邪？"胄曰："法者，国家所以布大信于天下，言者，当时喜怒之所发耳。陛下发一朝之忿而许杀之，既知不可而置之于法，此乃忍小忿而存大信也。若顺忿违信，臣窃为陛下惜之。"帝曰："法有所失，公能正之，朕何忧也。"

——《旧唐书·戴胄传》[①]

[①] 原始文献详参《旧唐书》，中华书局1975年版，第3914—3915页。

注释

【戴胄［zhòu］】（573—633），字玄胤［yìn］，相州安阳（今河南安阳）人，唐朝初期宰相。

【干局】才干气度。

【文簿】公文簿册的总括提要。

【大理少卿】大理寺，官署名。北齐始置，九寺之一，为国家最高审判机构，掌决正刑狱，唐朝置卿一员、少卿二员，掌折狱、详刑；凡罪抵流、死，皆上报刑部，覆于中书、门下。有正二员、丞六员、主簿二员、狱丞二（四）员、司直六员、评事八（十二）员、录事二员及府、史、狱史、司直史、评事史、亭长、掌固、问事等属。

【长孙无忌】（594—659），唐河南洛阳人，字辅机。唐初宰相、外戚，曾奉命与房玄龄等修定《贞观律》。

【尚书右仆射】唐宋尚书左右仆射为宰相之职。

【监门校尉】官名。唐置，为左右监门卫官员，掌守宫禁殿门。

【宪司】魏晋以来御史的别称，唐亦作为宰相代称。唐封演《封氏闻见记·风宪》："唐兴，宰辅多自宪司登钧轴，故谓御史为宰相。"

【得衷】同"得中"。适当，适宜。

【阿】偏袒。

【固】坚守，坚持。

【断流】判处流放刑。

【不首】不伏罪。《汉书·文三王传》："王阳病抵谰，置辞骄嫚，不首主令，与背畔亡异。"颜师古注："不首谓不伏其罪也。"

【亏法】破坏法令。《商君书·赏刑》："有善于前，有过于后，不为亏法。"

译文

戴胄字玄胤，相州安阳人士。性格正直，有才干气度，熟悉律法，特别畅晓公文……唐贞观元年，晋升为大理寺次官。有次吏部尚书长孙无忌被传召时没有解除佩刀就进入东上阁禁地。尚书右仆射封德彝认为守门校尉没有察觉，其罪应当处死；长孙无忌误将佩刀带进去，责罚二十斤铜。皇上同意了。戴胄反驳说："校尉失察和长孙无忌误带刀进入，都是失误啊。臣子对君王的行为，没有失误这一借口。法律上说：'供奉君王汤药、饮食、舟船的，比照法令有失误的人，都处死刑。'陛下如果考虑到长孙无忌过去的功劳，不加治罪，那就不是司法部门该管的事了；如果按照法律处理，罚铜并不恰当。"太宗说"法律，不是我一个人的法律，是天下人的法律啊，怎么能够因为无忌是皇亲国戚，就要屈法顺情从轻处理他呢？"，责令重新定议。封德彝仍然坚持原来的看法，太宗将要同意这个判决。戴胄又说："校尉是因为无忌的失误才获罪的，按照法律规定，他的罪过应当比无忌要轻。若论失误，他们都是一样情形，可是判罚却是一生一死，轻重悬殊。所以我冒昧地坚持自己的请求。"太宗赞许他，终于免除了校尉的死刑。

当时，朝廷隆重地开科选举，有的士人假报出身家世，唐太宗下令这种人自首；如不自首，一经查实就处死。不久，有个作伪得官者行为败露了，戴胄按照法律只判处流放，以此上奏。唐太宗责问戴胄说："我下了命令，作伪者不自首一经查实就处死，可你现在却只判流放，你这是向天下人表示我讲话不讲信用，你这是打算卖弄手中的司法权力呀？"戴胄说："陛下如果当场杀掉他，那就不是我的职权所管得了的。可是，既然已经移交给我处理，我就不敢破坏法律。"太宗说："你这是只管自己守法，而让我失信于天下吗？"戴胄说："法律是布告天下、取信于民的国家大法，言语不过是凭着一时喜怒说出来的。

所以陛下怎么能凭借一时气愤所说的话而杀人呢？现在将案犯处之以法，这才是忍下小怒而保留公信。如果相反为之，臣实在为陛下惋惜啊！"太宗欣慰地说道："朝廷执行法律有失，你总是能够加以纠正，就这样我还有什么可担忧的呢！"

解析：遵循天下之法理念　捍卫司法公信力

作为一名古代司法者，戴胄以通晓律令、刚正不阿而留名史册，其多次犯颜直谏、据法力争，匡正唐太宗断案的过失。青史如镜，戴胄在审理案件中所展现出的品性、智慧，尤其是对法律的执着守护及对司法公信的孜孜追求，足为当世司法者借鉴。

1. 司法公信源于依法裁判

以文义而论，"公信"一词可拆释为二："公"既可作"公权力"之解，也可作"公众"之解；同理，"信"可做"信用"之解，也可作"信任"之解。据此，对于"公信"的认识，可以包括两个维度：一是公权力之于公众的信用；二是公众对于公权力的信任。申言之，所谓司法公信就是指司法者以裁判的统一性及准确度展现法律之信用，进而获得社会公众信任的程度。依法裁判是彰显法律权威、催生民众信任的重要途径。"法者，国家所以布大信于天下，言者，当时喜怒之所发耳。"戴胄对于法律的定义超越了时代及阶层，与现代法治理念相洽，既揭示了法律的本质，又有力批判了封建统治者以言代法的错谬。作为一名司法者，戴胄认为其职责即在于确保法律能够得到统一、平等地适用，若因统治者的言行、好恶而顺恣违信，或者由于违法者的身份、功绩而选择性执法，将极大地破坏法律之于民众的信用。法律只有守信于民，民众才能自觉地接受和遵守法律。"'悬木立信'的典故表明商鞅深切地懂得这一点。而戴胄'法守大信'的忠告，则从另一个方面告诫执法者舍小节而守大信的执法艺术远比机械地遵守信用更有利于维护法律的权威。"① 就司法的作用而言，裁判是法律信用与民众信任的链接之处，依法裁判的目的在于维护法律信用，而法律信用的充分彰显则有助于民众信任的渐进积累。因此，遑论古今、无分中外，司法者的使命均在于依法裁判。

2. 依法裁判内生于信仰法律

司法经验可在实践中不断获取，品性则需接受实践的持久淬炼。司法者不仅需要专业知识的厚重积淀、触类旁通的智慧历练，更需要自然朴素的正义感。没有克己奉公、为民请命的正义观，即便深具审判经验、深谙司法规律，也无法真正做到依法裁判。从前述戴胄断案的经验看，司法公正很大程度上依赖司法者的良知。信仰法律是确保司法者奉法为民、不畏权贵的重要依凭。较之于外在的监督制约，职业道德和个人操守是更为重要和有效的保证机制。司法者的自主意志之所以能够成为司法公正的推进力量而不致蜕变为武断或恣意，主要取决于审理案件过程中内生于司法者观念深处的一种自律及自觉。戴胄之所以被推崇，正是因为他对法律发乎于心的信仰，对适法对象一视同仁的态度及对弱势者感同身受的体恤。尽管由于封建社会意识形态的局限，我国古代的立法思想与我们今天所强调的"法律面前人人平等"的法治观有着本质的区别，但从中仍可看出先贤对于公正、公平等朴素正义观的求索以及对今天的某种借鉴意义。信仰法律才能做到有法必依、执法必严。唯权是从、徇私枉法的根源在于司法者法律信仰的缺失。因此，当今社会，司法者应当坚定弘扬社会主义法治精神，传承中华优秀传统法律文化，引导全体人民做社会主义法治的忠实崇尚者、自觉遵守者、坚定捍卫者。

---

① 胡平仁：《中国古代执法艺术》，《湖南行政学院学报》2013年第4期。

3. 依法裁判外赖于司法方法

法律虽然确立了泾渭分明的尺度，但只有辅以恰当的方法，才能将纸上的法条转化为经世致用的"活法"。司法方法是综合调配经验、逻辑、语言、文字、情感等以展现法律正当性的实践之学。在说服唐太宗的过程中，戴胄既充分展示了尊法为上的态度，更将一名杰出司法者的思辨能力与语言技巧展现得淋漓尽致：为确保法律适用的统一性，即须最大程度地阐述适法不统一的危殆，进而引起统治者的充分警觉。"人无信不立，业无信不兴，家无信不和，国无信必衰"，个案不公的危害性并不拘囿于个案层面，其破坏的是法之信用，侵蚀的是国之根本。戴胄以更为宏观的视域审视、对待个案，在个案审理过程中，又将司法公正的原因、意义具象化。只有站位于这样的高度来解析法律，并以恰当的司法方法追求个案公正，司法者适用法律的逻辑、语言才会更有力量，才能获得更为广泛的支持与认同。正义必须要实现，而且要以看得见的方式实现。之于现代司法者而言，展现自身司法方法的重要载体之一则是裁判文书，一份优秀的裁判文书应当兼具理性与温情、兼容法理与情理，既要逻辑周延，又要用语规范，更要触手生温，方能经得起历史与人民的检验。

司法的公信、权威正是经由司法者胼手胝足、勠力同心，在公正、公平审理个案的过程中日积月累积淀而成。法律条文虽然会随着时代变化而更迭，但司法者自觉维护法之信用的使命感与责任感历久弥坚，正确运用宣教技巧、说理方法的司法智慧古今相通，我们应予以充分重视、合理传承。

（沈烨　上海市静安区人民法院）

十二、唐太宗曲赦党仁弘

原文

高祖之入关也，隋武勇郎将冯翊党仁弘将兵二千余人归高祖于蒲坂，从平京城，寻除陕州总管，大军东讨，仁弘转饷不绝，历南宁、戎、广州都督。仁弘有才略，所至著声迹，上甚器之。然性贪，罢广州，为人所讼，赃百余万，罪当死。上谓侍臣曰："吾昨见大理五奏诛仁弘，哀其白首就戮，方晡食，遂命撤案；然为之求生理，终不可得。今欲曲法就公等乞之。"十二月，壬午朔，上复召五品已上集太极殿前，谓曰："法者，人君所受于天，不可以私而失信。今朕私党仁弘而欲赦之，是乱其法，上负于天。欲席藁于南郊，日一进蔬食，以谢罪于天三日。"房玄龄等皆曰："生杀之柄，人主所得专也，何至自贬责如此！"上不许，群臣顿首固请于庭，自旦至日昃，上乃降手诏，自称："朕有三罪：知人不明，一也；以私乱法，二也；善善未赏，恶恶未诛，三也。以公等固谏，且依来请。"于是黜仁弘为庶人，徙钦州。

——《资治通鉴·唐纪十二》①

注释

【蒲坂】古邑名。在今山西省永济市西南蒲州镇。相传虞舜定都于此。

---

① 原始文献详参《资治通鉴》，中华书局1956年版，第6182页。

【转饷】亦作"转饟"。运送军粮。《汉书·高帝纪上》:"丁壮苦军旅,老弱罢转饷。"颜师古注:"转,运;饷,馈也。"

【晡[bū]食】晚餐。

【曲法】枉法。

【私党】私人党徒。

【席藁[gǎo]】指用禾秆编成的席子。坐卧藁上是古人请罪的一种方式,因以指请罪。

【南郊】古代天子在京都南面的郊外筑圜丘以祭天的地方。

【顿首】磕头的一种,以头叩地即举而不停留。

【固请】固,坚持;请,请求。

【日昃[zè]】太阳偏西,约下午二时。

【手诏】帝王亲手写的诏书。

译文

高祖入关中时,隋武勇郎将、冯翊人党仁弘率二千士兵在蒲坂投靠高祖,并跟随高祖攻克长安,之后党仁弘被委任为陕州总管;高祖大军东进讨伐时,党仁弘不停地向前方提供粮饷。他历任南宁、戎州、广州都督。党仁弘有才略,所任之处,皆有名声,太宗非常器重他。但他生性贪婪,在广州都督任上被罢官,后被人举报贪赃百余万,应当判处死罪。太宗对群臣说:"我昨日已见大理寺五复奏要杀党仁弘,我为他年老被杀而悲伤,当时我正在吃饭,就吃不下去了命人撤去食案。我曾想找些赦免他死罪的理由,但没有找到。所以今天我特地向你们大臣请求枉法免除他一死。"十二月初一,太宗又召五品以上的官员集合在太极殿前,太宗对群臣说:"法,是君主从上天授予的,不能因为一己之私而失信。现在我偏心党仁弘而打算赦免他的死罪,是扰乱法律,上负于天。因此朕将席宿于南郊三天,每天只吃一顿蔬食,以谢罪于天。"房玄龄等都劝太宗说:"生杀的权柄是君主所专有的。

陛下不应如此贬责自己。"太宗不听，坚持要这样做。群臣一直坚持在殿前磕头请求，从早晨直到午后，太宗才依从了群臣的请求，降手诏说："朕有三罪，第一是知人不明；第二是以私乱法；第三是虽然喜欢好人却没有奖赏，虽然痛恨恶人却不加诛杀。因为你们坚持劝谏，所以就按照你们请求的意思而为吧。"于是赦免了党仁弘死罪，贬黜他为平民，流放他到钦州。

解析：中华传统的"天下之法"观

依循现代法治观念审视党仁弘案，唐太宗因个人情感而宽赦死刑犯，无论采取何种方式加以解释、弥补，都难言正当。该事件虽然难脱人治色彩，但唐太宗对于法治统一的必要性和重要性的认知却仍然值得探究、借鉴。唐朝的勃兴与统治者奉守法律有着极为紧密的内在关联。"在中国古代，法权一直在皇权的阴影下生存，唐朝作为中国古代社会的盛世，能够树立'天下之法'的观念，极力维护法律的权威性，正反映了李唐统治者比其他各朝代的统治者高明之处。"[①] 党仁弘案恰可在一定程度上反映唐朝初年奠定的"天下之法"的治世理念。"天下之法"是作为"一家之法"的对立概念而出现，目的在于防止皇权凌驾于法律之上，防止皇帝因个人好恶肆意破坏国家法律制度，倡导国家法律由皇帝及群臣共同制定；作为最高统治者，皇帝当为守法之表率，尤其不能破坏法律的统一适用。正是出于对法律的尊崇，唐太宗无法强行宽宥党仁弘，只能以"罪己"的方式曲线实现个人意愿。唐朝统治者所倡导的"天下之法"理念虽有着一定的历史局限性，但启蒙意义、开端价值却弥足珍贵。拆而释之，"天下之法"的具体意涵、价值包括三方面。

---

① 郑显文：《审判中心主义视域下的唐代司法》，《华东政法大学学报》2018年第4期。

1. 立法模式及内容已初具民主之内蕴

《唐律疏议》作为封建立法的集大成者为世人所熟知，为之奠定基础的则是唐太宗时期编撰而成的《贞观律》。唐朝实行三省制度，设有门下省、中书省、尚书省，而《贞观律》则由三省主官共同主持修撰（包括长孙无忌、房玄龄、杜如晦、魏征等），正是这些治世能臣、善谏诤臣共同参与其间，才保证了立法过程能够广开言路、集思广益。长孙无忌、房玄龄对于法律的谙熟，魏征对于德性的执着守护，共同促成了《贞观律》内容的科学性、实效性，而《贞观律》本身则证明了立法民主的实现路径及重要意义。"就是这样一部法律，平衡了法与情、法与人道、法与德性，集中了唐朝人的智慧。唐朝文化的开放正是基于这一部好法律，各种文化只要遵守法律就和谐共处。这样的治理终于使唐朝成为当时的中央帝国，赢得了万邦来朝、万民齐颂和万里繁荣。"[①] 立法模式的民主，使得法律能够获得民众更为广泛的认同、支持。在立法内容上，同样需要体现对专制皇权的限制。作为《贞观律》的延续与传承，《唐律疏议》中明确规定皇帝临时颁布的敕令，若没有经过立法程序上升为国家法律，司法官员不得在审理案件过程中援引，如果援引皇帝临时颁布的诏令，致使定罪量刑不当，将追究司法人员的罪责。立法程序与内容均能体现民主，是保证法律能够有效实施、统一适用的先决条件。

2. 司法程序设计亦可体现民主性

处断张蕴古案时，唐太宗因怒杀人，事后悔恼不迭，在反思自身过失的同时，指责周边近臣未能及时劝谏自己。为避免情绪失控后的误判，唐太宗遂将对死刑犯的议决程序由"三覆奏"改为"五覆奏"，党仁弘即是由大理寺五次奏请才处以极刑。"五覆奏"制度一方面佐证着当时慎杀、宽仁的刑罚观，另一方面则体现了司法程序的民主性，

[①] 李大华：《盛唐气象谁奠基——从〈贞观律〉的制定谈起》，《北京日报》2015年10月12日。

司法民主的实现既体现在参与的广泛性，又反映于程序的多重性。杀伐决断皆决于个体，极易导致结果的偏差，尤其是死刑的适用，理应凭借司法过程的民主保证司法结果的准确性。唐代司法的民主性传承至今，仍然有着顽强的生命力。民惟邦本，本固邦宁。深入贯彻落实习近平法治思想，党中央确立了"少捕慎诉慎押"的刑事司法政策，坚持人民至上，依法惩治犯罪的同时，保障公民人身、财产乃至生命健康权益，维护社会秩序安定和国家长治久安，推动刑事司法取得历史性进步，提高人民群众的获得感、幸福感、安全感。

3. 审判中心主义由此发端

作为盛世仁君，唐太宗深知司法公正、公平的重要意义，为此，以"天下之法"为理论基点，形成了诸如"试判"考试、三审立案审核制、录囚等一系列包括培训、考核、监督、责任追究在内的司法制度，目的在于形成以审判为中心的司法体制，确保司法官员既能胜任职位要求，又能在履职过程中不受外在因素的制约与干扰。正是遵循了审判为中心的理念，即便唐太宗想变更审判结果，既不能强令司法官员更改审理结论，也无法改变既定审判程序以贯彻个人意愿，只能谢罪于天，以归罪于己、露宿节食的方式换得群臣对赦刑结果的认同。"唐代的审判中心主义司法模式不仅有效保障了诉讼审判的公正，直接促进了唐代政治经济的繁荣，也为后世留下了宝贵的法律经验，值得当今认真总结和借鉴。"[①] 司法审判需通过设计周全且得到严格执行的司法程序去保证结果的正当与统一，去实现对客观真相以及对公平正义的追求，而以审判为中心则是构建司法程序所应遵循的首要原则。如今的司法领域，深入落实以审判为中心的诉讼制度改革，就是要坚持以庭审为中心，构建诉讼以审判为中心、审判以庭审为中心、庭审以证据为中心的刑事诉讼新格局。

贞观盛世只是时间长河中的沧海一粟，但奉行"天下之法"的真

[①] 郑显文：《审判中心主义视域下的唐代司法》，《华东政法大学学报》2018 年第 4 期。

知灼见却穿越历史沧桑，至今仍然闪耀着智慧的光芒。之于我国而言，坚持以人民为中心的法治理念，法律应当最大限度地反映最广大人民群众的意志和利益，司法为民则是每位法官所应恪守始终的工作理念。

（沈烨　上海市静安区人民法院）

十三、法与天下画一

原文

恒州浮屠为其徒诬告祝诅不道，武后怒，命按诛之。怀古得其柱，为后申析。不听。因曰："陛下法与天下画一，岂使臣杀无辜以希盛旨哉？即其人有不臣状，臣何情宽之？"后意解，得不诛。

——《新唐书·循吏传·裴怀古传》①

注释

【裴怀古】唐寿州寿春人。唐高宗时为监察御史，多有功绩。

【恒州】辖境相当今河北省石家庄、正定等市县地。

【浮屠】佛教语，指和尚。

【祝诅】祝告鬼神，使加祸于别人，自秦汉以来都为大罪。《史记·孝文本纪》："民或祝诅上以相约结而后相谩，吏以为大逆；其有他言，而吏又以为诽谤。"

【不道】刑律名。《唐律疏议·名例·十恶》："五曰不道。"（注：谓杀一家非死罪三人，及支解人，造畜蛊毒厌魅。）

【申析】申说辨析。

【画一】一致；一律，尤其指法令齐整。《史记·曹相国世家》："萧何为法，顜若画一。"司马贞《索隐》："小颜云：画一，言其法整齐也。"

---

① 原始文献详参《新唐书》，中华书局1975年版，第5625页。

译文

恒州和尚被他的徒弟诬告,说他进行祝祷犯有不道的罪行,武后听后大怒,命令立即处决。御史裴怀古审问得知这个和尚是冤枉的,就向武则天仔细地叙述了案情的真相。武后根本不听。裴怀古就说:"国家的法律对天下人应一视同仁,为什么一定要让我迎合陛下的圣旨而杀戮无辜的好人呢?如果这个和尚真有罪行,我能饶过他吗?"武后心里明白了裴怀古的意思,没有处死这个和尚。

解析:坚持适法统一 实现同案同判

裴怀古是唐朝的监察御史,他曾处理过一起"和尚对武后大不敬"案件,武后交给裴怀古办理这个案件时,怒气冲天,命令立即处决。裴怀古却没有如此草草了事,反而在查明案件事实的基础上,释放了被诬告的和尚,并留下了一句流传千古的至理名言"法与天下画一"。"法与天下画一",顾名思义,就是说国家的法律对天下人应当一视同仁,不因个人喜好、身份地位的不同而有所区别。早在公元前的战国时代,韩非子就曾说过"法不阿贵,绳不挠曲。法之所加,智者弗能辞,勇者弗敢争,刑过不避大臣,赏善不遗匹夫"①,意思就是说,执法应当一视同仁,不分贫富贵贱、不论官职大小,所有人都受到法律所施的平等奖赏和惩罚。无论是"法与天下画一""法不阿贵",还是人们耳熟能详的"王子犯法,与庶民同罪",它们所表达的都是同一种思想——"法律面前人人平等",既不能因触犯权贵得到不公的审判,也不能因地位高贵而享有特权。落到实处,具体到司法层面,就是要

---

① 见《韩非子·有度》。

坚持适法统一理念，做到同案同判。适法统一是因，同案同判是果，同案同判是"法与天下画一"的外在表现，也是应当达到的效果。

1. 同案同判是法律面前人人平等的内在要求

"法律面前人人平等"是我国宪法的基本原则，也是社会主义法治的核心内涵之一。宪法的规定从立法层面保证了每个个体享有平等的权利，但是法律如何做到人人平等，则需要借助于司法。司法是社会公正的最后一道防线，司法的平等是人民群众可以直接看见、直观感受到的平等。让人民群众能够普遍感受到司法的平等性，最简单、直接的做法就是坚持适法统一理念，做到同案同判。类似案件类似处理，司法裁量更加统一，有利于当事人以及社会公众的普遍理解。同案同判蕴含着平等观，与我国"不患寡而患不均"的古谚有着异曲同工之处，体现了中国传统文化对法律的公平道德追求。亚里士多德则认为："所谓的公正，它的真实意义，主要在于平等。"[1] 从某种意义上讲，同案同判就是平等、公平正义的化身。同案同判是司法实践中让人们最能感同身受的平等观的具象化，是一种朴素的公平理念，符合中华文明的和谐平衡观念，也是法律面前人人平等这一基本原则的内在要求，其最终目的是树立并传递司法公正的价值。

2. 同案同判是实现司法公正的有效路径

同案同判承载着丰富的道德价值，最重要的就是对于公平正义的追求。一直以来，同案同判被视为司法公正的良好代言人。人们可以通过相同案件的相同判决，去感受到法律的公平、公正，反之，则会降低信任、损害司法权威。某法院曾经在一起执行案件中遭遇全村老百姓的阻拦，就是因为同样的彩礼纠纷案件，判决返还的比例相差甚远，相同的案件没有得到同样的处理结果，引起老百姓的不满，给执行阶段造成负累，又导致信访不断，不能案结事了，判决的社会效果

---

[1] 〔古希腊〕亚里士多德：《政治学》，吴寿彭译，商务印书馆1956年版，第110页。

不甚理想。适法不统一，同案不同判，没有统一的司法裁判尺度，司法的公平与正义在实现上就会打折扣，也会降低司法公信力；适法统一，同案同判，符合人们对于法律行为与结果之间的司法预期，使人们更有理由相信，法官在裁判时没有偏袒与歧视，没有滥用司法权，自然而然，司法公信力就会提升，同时，也会提升人们对于法律的忠诚和信仰，自觉尊崇法律，服从法律。

3. 同案同判需处理好技术与情理的关系

司法是法官经过不断论证以及反复的价值衡量，将抽象的法律规则运用于具体个案的过程，法律规则不可能事无巨细，个案之间也千差万别，不断论证、反复价值衡量的过程实质上就是自由裁量的过程。同案同判，要求法官在案件中秉持相同的原则，严谨准确地将涉案证据查证属实，摒弃个人的主观偏好，保证裁判结果与法律规则的内在一致性，使案件即便由不同法官承办也会以相同的标准实现公平正义。同案同判，其目的是通过减少法官自由裁量权的行使，通过类案检索和案例指导制度，实现同类案件拥有刑责相适应的裁判结果，以维护裁判结果的客观性和可预期性，使裁判结果更具公信力和警示性。由此，会出现同案同判目标与法官自由裁量权之间的博弈与平衡。这两者本质上并不冲突，都是为了更好地实现个案的公正。但是有的法官在追求同案同判结果时，为了使得案件与既有案例相匹配，容易将案情简单化处理，或者将法律关系抽象化处理，这是对同案同判的异化，并不可取。同案同判是适法统一的自然结果，而不是扭曲案件之后强求的结果。适法统一有一定的技术性，而案件处理则是情理法相融合的过程。故而，同案同判不是更简单了，而是对法官提出了更高的要求，需兼具技术与情理，在法律解释、司法推理的过程中，以社会的主流价值观为导向，司法技术与情理相结合，使案件处理发挥最大的功效，取得最好的社会效果。

（徐凤　上海市静安区人民法院）

十四、李令质守法

原文

有富商抵罪，万年令李令质按之。（韦）濯驰救，令质不从，毁于帝。帝召令质至，左右为恐，令质从容曰："濯于贼非亲，但以货为请，濯虽势重，不如守陛下法，死无恨。"帝释不责。

——《新唐书·外戚传》①

注释

【抵罪】因犯罪而受到相应的处罚。
【韦濯［zhuó］】定安公主驸马，于唐隆政变（710）中被诛杀。

译文

有个富商犯了罪，万年县县令李令质审问他。驸马都尉韦濯骑马飞奔前去解救，因李令质没有依从，韦濯就在皇帝面前毁谤他。皇帝宣召李令质前往，左右很是害怕，李令质不慌不忙地说："韦濯和犯人非亲非故，只因为贪图财物才替他请求免罪。韦濯虽然权势正盛，但是不如严守陛下的法令，这样我死也无憾。"皇帝便放下此事，不加责罚。

---

① 原始文献详参《新唐书》，中华书局1975年版，第5844页。

解析：守法死无恨　坚守司法良知

驸马爷为富商案件打招呼，县令李令质不为所动，皇帝传唤，李令质依旧面不改色，秉公执法，言之虽死无恨。这是老百姓喜欢的官员模样，并赋予他们一个称呼："清官"；正式的史书典籍中，对这些官员称为"循吏""廉吏"。传统中国社会，民众期盼清官、拥戴清官，有一种清官情结。在这种清官情结与清官风气的熏陶下，历朝历代也出现了数不清的清官，不仅有李令质，包拯、海瑞更是耳熟能详、如雷贯耳，他们秉公执法，断案公正，被百姓尊称为包青天、海青天，足见清官在老百姓心中的地位。一提到清官，总与明察善断、为民做主、刚正不阿、执法如山等联系在一起，有执法断案的色彩，他们都具备"三清"能力：清廉、清明、清正，这是古代的清官精神，清官精神是中国传统司法文化的核心。清官，与执法断案的色彩联系在一起，就是清正廉明的好法官；清官精神传承到现在，就是我们常说的司法良知。习近平总书记指出："一个错案的负面影响足以摧毁九十九个公正裁判积累起来的良好形象。执法司法中万分之一的失误，对当事人就是百分之百的伤害。"公正司法在推进国家治理体系和治理能力现代化的进程中具有重大意义。

1. 司法良知是公正司法的底线

法如山，执必守，虽死亦无恨，秉公执法的价值高于生命，这是李令质对法律信仰的一种坚守，更是一种司法良知。无论是包拯、海瑞、于谦这些流传千古的清官，还是把"做一个有良知的法官"作为自己26年法院工作座右铭的"燃灯者""时代楷模""全国模范法官"邹碧华，都是将清官精神、司法良知践行到极致的典范。在社会主义法治社会中，坚守法律不必以死相抵，但是司法良知却是必须拥有的底线。曾任最高人民法院副院长的江必新将司法良知概括为"八心"：一视同仁、平等对待之心，求真务实、勿冤良善之心，坚守正义、善解法意之心，惩恶扬善、保国安民之心，案结事了、息讼促和之心，真诚恻怛、哀矜裁判之心，勤奋敬业、救人水火之心，清廉如水、一尘不染之心。司法良知，是司法人员追求在司法活动中的行为能够正确、公平、良善和正义的一种主观认识、自我约束和理性责任（使命感）。[①] 它发源于清官精神，清官精神的清廉、清明、清正在司法良知中皆有体现，司法良知是清官精神在新时代的传承，是中国特色社会主义法治精神孕育下的新发展，是法官的安身立命之本，为人处世之基，公正司法之魂。

2. 清廉是司法良知的基石

《广雅》曰："廉，清也。"就是说，对待财富，无论是物质财富还是其他利益，要保持廉洁自律的心态，不能有贪心。"公生明，廉生威"，只有清廉的法官才能成为民众信赖的裁判者和法律尊严的守护者。一个贪腐之人，必然在道德上被人唾弃，因为贪腐本身就与徇私枉法、谋取私利挂钩，代表着不公平、不公正。司法，是维护公平正义的最后一道防线，一次不公正的裁判，其恶果甚至超过十次犯罪，因为犯罪虽然无视法律好比污染了水流，而不公正的审判则毁坏法律好比污染了水源。《法官法》要求法官必须"清正廉明"，《法官职业道德基本准则》亦要求法官"确保司法廉洁"，正是因为廉洁是作为一名法官的道德底线，是伦理维度的最低要求。廉洁的清官精神，随着时代的发展，不仅没有过时，反而愈发重要。保持廉洁，法官就要做到慎微、慎交、慎独，耐得住清贫，守得住寂寞。

3. 清明是司法良知的关键

清明是对待工作的品格，既要有为民办事的公心，也要有解决问题的能力。以清官精神为代表的中国传统廉政文化，要求官员在处理

---

① 魏琼：《清官精神和司法良知》，《人民法院报》2016年2月26日。

事务上要做到清明、明察秋毫、明辨是非、排忧解难。如果一个官员仅有廉洁之心，不贪不腐，却怠于处理政务，抑或才疏学浅，能力不足以处理百姓事务，也不能称之为一个清官。清明，于现在司法人员而言，就是既要有为公为民的司法情怀，又要有定分止争的司法能力。民为邦本，本固邦宁，人民群众是司法的生命之根、力量之源，在立审执工作的每一个环节中，司法人员应该做到温情司法，落实各项便民措施，急群众之所急，想群众之所想，让群众切实感受到司法的关怀和温暖。高素质的法官则是确保准确司法的关键所在，要有缜密的法律思维能力、良好的语言表达能力，还要有娴熟的审判技巧，每一位司法人员还应当保有持续学习的习惯，不断提升自我，妥善应对各种新情况、新问题、新挑战。

4. 清正是司法良知的核心

清正是指对待压力的品格。面对外在的压力，讲原则，刚正不阿，公正执法。公正是法官的第一良知，恪守中立、不偏不倚、不枉不纵是公正的基本内涵。李令质审理富商案时，驸马打招呼，连皇帝都过问案子，李令质仍然能够坚守初心，不偏不倚，秉公办案，值得每一位司法人员学习。

自古以来，中国社会一直是人情社会，在当下的司法环境下，仍然避免不了会出现各种过问案件的情形，司法人员如何守住初心，秉公执法，使办的每一起案件都经得起法律的检验、历史的检验，是一个必须面对的问题。制度层面上，"三个规定"① 的施行为司法人员提供了护身符，面对领导干预插手过问案件如实填报，排除干扰，依法办案；内在层面上，则需要司法人员做到无欲则刚，拥有"富贵不能淫，贫贱不能移，威武不能屈"的大丈夫人格，锤炼出清正的文化

---

① "三个规定"是 2015 年中办、国办、中央政法委和"两高三部"先后出台的《领导干部干预司法活动、插手具体案件处理的记录、通报和责任追究规定》《司法机关内部人员过问案件的记录和责任追究规定》《关于进一步规范司法人员与当事人、律师、特殊关系人、中介组织接触交往行为的若干规定》三份文件的简称。

品格。面对各种挑战、考验，政法系统应当持续改进工作作风，努力锻造出一支信念坚定、司法为民、敢于担当、清正廉洁的高素质司法工作队伍，当好人民群众公平正义的"保护神"。

（徐凤　上海市静安区人民法院）

十五、徐大理论狱

原文

徐大理有功,每见武后将杀人,必据法廷争。尝与后反复,辞色逾厉,后大怒,令拽出斩之,犹回顾曰:"臣身虽死,法终不可改,"至市临刑得免,除为庶人。……

皇甫文备,武后时酷吏也,与徐大理论狱,诬徐党逆人,奏成其罪。武后特出之。无何,文备为人所告,有功讯之在宽,或曰:"彼曩时将陷公于死,今公反欲出之,何也?"徐曰:"汝所言者,私忿也;我所守者,公法也。安可以私害公?"

——《隋唐嘉话》[①]

注释

【徐有功】(640—702),唐河南偃师人,名弘敏,字有功。唐代大臣,以执法严正,刚正不阿著称。

【廷争】在朝廷上向皇帝极力谏诤。

【反复】重复再三;翻来覆去。《周易·乾》:"终日乾乾,反复道也。"朱熹《本义》:"反复,重复践行之意。"

【皇甫文备】(632—704),唐洛州维氏人,字孝忠。武则天载初元年迁秋官郎中。曾残害唐宗室臣僚。玄宗开元初定为酷吏,但情状较轻。

[①] 原始文献详参《隋唐嘉话》,中华书局1979年版,第35—36页。

【党逆】袒护邪逆，结党为逆。

【无何】不久，很短时间之后。

译文

徐有功任大理寺司刑丞时，每次见到武后将要杀人，一定依据法律在朝堂上极力争辩。有一次，他与武后争论不停，而且言辞声色越来越严厉，武后气极了，命令武士把他拉出去斩首，但他还回头跟她辩论道："我即使死了，法律始终不可改变。"他被押到刑场后临行刑时才得到赦免，同时革除官身成为平民。

皇甫文备是武后在位时的一个酷吏，他曾与徐有功一起审理案件，后来他诬告徐有功袒护包庇谋逆重犯，并虚构成罪，但武后开脱了徐有功。不久，皇甫文备被人告发，徐有功审理了这件案子，依法从宽判处。有人对徐有功说："他以前陷害你，想置你于死地，如今你反而想要开脱他，这是为什么呢？"徐有功回答说："你所说的是私怨，我所守的是公法啊，怎么可以因私怨而破坏公法呢？"

解析：不以私怨害公法，坚守司法公正原则

徐有功是唐朝名臣，也是历史上著名的一位以死守法、秉公执法的法官、清官，《新唐书》对他有"虽千载未见其比"之赞誉。秉公执法，重要的是一个公字，不徇私情，不谋私利。往大了说，秉公执法是对国家利益的维护，往小了说，是对个人道德的严格要求。誓死捍卫法律的尊严，不以私愤害公法，于徐有功而言，一点都不意外，但是，不是每一个人都是徐有功，面对曾经诬陷自己的人，手中的天平是否还能持平？这个问题令人深思，宏观上来看，就是现代法治中的司法公正问题。

司法权是判断权，不能兼听则无法明断，偏袒一方必有失公允。只有裁判者秉持公正立场，才可能产生准确、公正的判断，公正是裁判的生命，是实现司法基本价值公平与正义的最基本的前提。司法公正，一靠制度，二靠人。

1. 制度先行，让中立理念"动"起来

西方有一句古老的法谚：不仅要实现正义，还要以看得见的方式实现正义。司法公正，是程序正义的经典表达，就是一种看得见的正义。让这种看得见的正义有棱有角且能具象感知的，最典型的莫过于回避制度。回避制度是指审判人员或者其他有关人员与案件有利害关系的，或者有其他法定情形的，退出案件审理的诉讼制度。回避制度听起来像是一个"舶来品"，然而，溯源中国古代法制史会发现，回避制度就是由中华文化自然演变而来的。唐朝的《唐六典·刑部》中明确规定："凡鞠狱官与被鞠之人有亲属、仇嫌者，皆听更之。"[1]《宋刑统·断狱律》中规定："诸鞠狱官与狱鞠人有五服内亲及大功以上婚姻之家，并受业师，经为本部都督、刺史、县令及有仇嫌者，皆须听换；推径为府佐国官于府主亦同。"宋朝相较于唐朝，关于回避制度的表述更为翔实；元朝的法律则第一次出现了"回避"一词；清末修律之季形成的《大清民事诉讼律草案》关于回避制度的条文更是多达12个。回避制度，由来已久，为公正司法而生。虽然关于回避的概念，中国古代早已有之，但是受制于中国封建社会的中央集权制度，在践行回避制度上尚有一定的不足。徐有功固然有高风亮节、秉公执法的美名，但是审理与其有过私人恩怨的皇甫文备的案件，也不免会让人产生会不会审理不公的想法，更与《唐六典·刑部》中所谓"凡鞠狱官与被鞠之人有亲属、仇嫌者，皆听更之"不符。虽然徐有功审皇甫文备案的结局是好的，并留下"不以私愤害公法"的美名，但践行回避制度，从根源上杜绝"私愤害公法"的可能性，才更能维护法律的尊严。相

---

[1] 李交发：《中国诉讼法史》，中国检察出版社2002年版，第164页。

较而言，现代司法制度就更为完善和进步，倘若徐有功与皇甫文备是现代人，徐有功断无可能亲自审理皇甫文备的案件。诉讼法进一步明确了回避的适用范围、适用条件、适用程序，并且可以通过自行回避、申请回避、指令回避等多种方式保证回避的落实到位，从而确保案件审理的中立性。

2. 以人为本，让裁判者"静"下来

司法公正，强调的是司法职能的"居中裁判"角色，没有了公正，也就没有了司法存在的必要。裁判的权威就来源于裁判者理性的思维、超然的态度和公正的地位。"天下之事，不难于立法，而难于法之必行"，审理案件，人永远是最重要的因素。贯彻落实回避制度，可以保证裁判者与案件无利害关系，然而，即便是毫无利害关系的案件，要裁判者做到对每一个案件都毫无偏见，也不是一件容易的事。"汝所言者，私愤也；我所守者，公法也。安可以私害公？"徐有功的思维方式就很值得我们借鉴：公事公办的中立性思维。何为中立性思维？不存在对于法律或者政策的偏见性评价、不对案件事实形成事先倾向、不对其中一方当事人产生固有偏见、固有看法，这是每一个裁判者都需要构建的中立性思维。思想决定行动，如果裁判者在思维模式上能够达到一定的高度，则会潜移默化规范其审判行为，某种程度上，思维方式比法律知识更为重要。构建中立性的思维方式是"秉公执法"对于裁判者的必然要求，是一种"静"的思维，于安静处寻求"中"之道。中立性思维要求裁判者道德与价值中立，在各种道德观中保持公正，不成为某一种道德观的卫道士，对于不同的价值观也应均衡考量，不带有任何偏见，当然不是说裁判者不能有自己的道德观和价值观，只是在居中裁判时，不以自己的道德观、价值观为评判标准，而应当以超然的态度居中判断；中立性思维还要求裁判者地位与行为公正，无论是在物理距离上还是心理距离上，与当事人保持相等的距离，不偏不倚，不让当事人陷入错误认知，防止司法公正的形象大打折扣。

3. 动静结合，守好司法中立之"道"

司法制度实为静态事物，但是为保持公正设计制度的过程是动态的过程；公正思维实为动态思维，但是拥有中立思维可以让裁判者的大脑保持冷静。无论是回避制度还是公正思维，都是动中有静，静中有动，相互补位，相得益彰，共同守护着司法公正。司法公正，不仅是一种姿态，更是实现公平正义的保障。作为居中裁判的人，裁判者只有信仰法律、坚守法治、端稳天平、握牢法槌、铁面无私、秉公司法，才能保持中立，守护公平正义。

（徐凤　上海市静安区人民法院）

十六、判重南山

原文

李元纮，其先滑州人，世居京兆之万年。……元纮少谨厚。初为泾州司兵，累迁雍州司户。时太平公主与僧寺争碾硙，公主方承恩用事，百司皆希其旨意，元纮遂断还僧寺。窦怀贞为雍州长史，大惧太平势，促令元纮改断，元纮大署判后曰："南山或可改移，此判终无摇动！"竟执正不挠，怀贞不能夺之。

——《旧唐书·李元纮传》[①]

注释

【李元纮［hóng］】（？—733），唐京兆万年人，字大纲。唐朝宰相，为人谨慎笃厚。

【万年】县名，今陕西省西安市西北，唐武德元年（618）复改万年县，属京兆府。天宝七年（748）改咸宁县，乾元元年（758）复故名。

【谨厚】谨慎笃厚。《墨子·节用中》："彼其爱民谨忠，利民谨厚。"

【太平公主】（？—713），唐高宗女。武则天所生。初嫁薛绍，后嫁武攸暨。参与李隆基宫廷政变，杀韦后及安乐公主，拥立睿宗。唐睿宗时把持朝政。唐玄宗即位后，其阴谋废立，谋泄被杀。

---

① 原始文献详参《旧唐书》，中华书局1975年版，第3073页。

【碾硙［niǎn wèi］】利用水力启动的石磨。唐代，贵族及寺院于其庄园或寺领地设置碾硙，用以脱谷、制粉，成为重要之财源。

【希】迎合。

译文

李元纮的祖先是滑州人，世代居住在京兆的万年县。……李元纮年轻时谨慎笃厚。起初担任泾州司兵，任职雍州司户参军的时候，审理太平公主与寺院僧侣争夺大石磨案。当时正是太平公主得到皇上信任而有权势的时候，百官都迎合她的旨意，李元纮则将大石磨判还给僧寺。当时窦怀贞任雍州长史，非常惧怕太平公主的势力，敦促李元纮改判。李元纮在判决书后面题字说："终南山或许能动，这个判决始终不能改！"直到最后，李元纮也不屈不挠一直坚持正确的判决，窦怀贞也无法动摇他的意志。

解析：坚持公正裁判需要信仰与监督

典故"判重南山"出自《旧唐书·李元纮传》，时任雍州司户的小吏李元纮，不畏太平公主的权势，秉公处理太平公主和一寺庙关于一石碾的所有权归属一案，依法将该石碾判归寺庙所有。即使李元纮的长官雍州长史窦怀贞出面令其改判，李元纮也不为所动，毅然在判决书后写下了流传千古的两句话："南山或可改移，此判终无摇动！"李元纮坚守正义的行为实为当代法官之模范，践行"判重南山"的理念亦应成为当代法官之追求。当代法官要成为一名公正的裁判者，必须以事实为依据，以法律为准绳，在审判过程中保持中立以免受到各种内外部因素的不当影响，同时依法接受审判权行使过程中的合法监督和约束。

1. 屏蔽外部的非法干预

司法不能受到权力的干扰，也不能受到金钱、人情、关系的干扰，任何外部的非法干预都会严重破坏司法的公正。我国有关部门出台"三个规定"就是为了防止领导干部、司法机关内部人员、当事人、律师、特殊关系人以及中介组织等以不正当方式干涉案件处理，确保司法公正。公平正义作为政法工作的生命线，是社会主义司法制度的核心和灵魂。法官作为司法权的行使主体，必须坚持公平正义的审判理念，牢固树立依法公正办案的意识。法官作为裁判者，必须深刻认识自身肩负责任的重大，每一份裁判都会对当事人、社会产生重大影响。当法官遇到任何非法的干预，不仅要不为所动，坚守底线，还应全程留痕，如实记录并上报。李元纮在等级森严的封建社会，面对强权压制不但没有任何犹豫、妥协和退让，反而以一种"威武不能屈"的坚毅果断，捍卫了法律的尊严和当事人的权益，给当代法官树立了良好典范。

2. 摒弃无关的个人情绪

公正的裁判者必须遵循客观原则，在处理具体案件时基于事实和法律裁判，不能掺杂无关的个人主观情感。法官不仅要从实体上以事实为依据、以法律为准绳，也要从程序上保障当事人的合法权益，维护当事人正当的程序利益。但是，法官并非办案机器，无法做到绝对的客观，在审理过程中难免会有主观因素的介入。在个案的审判过程中，法官个人的经历、知识结构、好恶及性格等个性化因素不可避免地会留下些许印记。如何控制好主观因素对审判的影响，也是每个法官的必修课。首先，法官必须要有一颗强大的内心，面对各种情况，始终保持冷静，理性分析问题。其次，法官要合理控制个人情绪，不随意流露，通过恰当的言行履行审判职责，竭力避免错判误判。最后，法官要保持良好的职业心态，牢记法官职业操守，遇事严谨慎重，学习李元纮谨慎笃厚的良好品行。

3. 接受合法的监督与制约

司法公正离不开合法的监督与约束。窦怀贞作为李元纮的长官，拥有一定的监督之权，但其罔顾事实，强令李元纮改判，则属于滥用权力，于法而言李元纮也应不为所动，但要像李元纮一样真正做到刚正不阿也是殊为不易。当今法官对案件的裁判也不应受外部因素干预，但这并不意味着对于法官就无任何监督和制约机制。我国法官必须接受的监督与制约主要有以下三个方面：第一，严格遵守审判纪律。针对法官的行为，我国有着一整套比较完备的审判纪律，是法官日常行为的准则，不可越雷池半步。例如，法官必须严格保守审判秘密，不得对外泄露在办案件的情况，否则须接受相应的惩罚。第二，依法服从审判管理。不管是法官所在的庭室部门，还是法院的审判监督部门，都对法官享有一定的管理监督权限，其目的在于规范办案程序，提升审判质效。第三，接受合法的外部监督。司法的外部监督，主要包括人大监督、检察监督及社会监督。首先，司法机关由人大产生，对人大负责，理所当然要接受人大的监督。人大监督司法的形式多样，如受理对司法案件的申诉，组织人大代表旁听法院庭审等。其次，人民检察院作为国家专门的法律监督机关，有权对人民法院的生效裁判提出抗诉或对生效裁判、审判人员的违法行为提出检察建议。最后，司法审判面临的社会监督的形式较多，常见的有舆论监督和信访监督。社会上的热点案件会引起舆论的热烈讨论，当事人会通过信访渠道提出对于裁判过程或结果的异议，人民法院必须就此依法做好司法公开或释法答疑工作。

公正裁判除了需要法官提高自我修养，也离不开相应的制度保障。我国的司法体制改革将保障法官依法公正行使审判权作为改革的重点，并且已经初步建立"让审理者裁判，由裁判者负责"的司法责任制度，有力保障了法官依法履职，对于提升法官办案质量，促进司法公正具有重要意义。

（徐涛　上海市静安区人民法院）

十七、萧钧两谏救死囚

原文

钧，瑀从子，有才誉。永徽中，累迁谏议大夫、弘文馆学士。左武侯属卢文操跳堞盗库财，高宗以其职主干，当自盗罪死。钧曰："囚罪诚死，然恐天下闻，谓陛下重货轻法，任喜怒杀人。"帝曰："真谏议也。"诏原死。太常工为宫人通讯遗，诏杀之，且附律。钧言："禁当有渐，虽附律，工不应死。"帝曰："如姬窃符，朕以为戒，今不滥工死，然喜得忠言。"即宥工，徙远裔。

——《新唐书·萧瑀传》[①]

注释

【萧瑀[yǔ]】（575—648），字时文，南兰陵（今江苏省常州市武进区）人。唐朝初期宰相，梁明帝萧岿第七子，隋炀帝萧皇后胞弟。

【弘文馆学士】官名。唐高祖武德九年（626），改修文馆为弘文馆。

【左武侯属】左武侯的属吏。左武侯，禁卫军指挥机构。隋代十二卫之一，与右武侯同掌车驾扈从。昼夜巡察烽候道路，执其营禁。分领诸骠骑府、车骑府府兵。

【堞[dié]】城上如齿状的矮墙。

【主干】专负某种职责的官吏，此处指监守自盗。

[①] 原始文献详参《新唐书》，中华书局1975年版，第3952页。

【原】赦免。

【太常工】太常寺的一名工匠，为乐工或医工。太常寺，隋、唐为管理郊庙礼乐祭祀的事务机关，政令仰承尚书省礼部，领郊社、太庙、太祝、衣冠、太乐、清商、鼓吹、太医、太卜、廪牺等署。

【宫人】女官名，皇帝的妃子之一，位次美人，高于采女。《后汉书·皇后纪》："又置美人、宫人、采女三等，并无爵秩，岁时赏赐充给而已。"

【通讯】通报音讯。

【遗】送交；交付。

【有渐】逐渐。《三国志·吴书·吴主五子传》："福来有由，祸来有渐。"

【如姬窃符】指战国信陵君窃符救赵事。魏安釐［xī］王二十年（前257），秦国围困赵国都城邯郸，赵国求救于魏国，魏国不敢出兵救赵。信陵君魏无忌听取侯嬴之计，借魏王姬妾如姬之手窃得兵符，夺取魏国兵权，故能率兵击败秦军。

【远裔】边远地区。

译文

萧钧是宰相萧瑀的侄子，以才华著称。唐高宗永徽年间，历任谏议大夫、弘文馆学士等官职。有左武候属吏卢文操翻越矮墙偷盗国库财物一案，高宗认为卢文操是主管，应以监守自盗罪处死。萧钧说："根据犯人的罪行实应处死，但恐怕天下人听说后，会说陛下以财物为重以法律为轻，凭喜怒而杀人。"皇帝说："这是真正的谏诤之论。"下诏赦免卢文操的死罪。太常工替宫人传递消息捎带东西，皇帝下诏杀了他，并且将此案增附进律例。萧钧议道："禁令的施行应有一个循序渐进的过程，即使陛下将此案增附进律例，太常工也不应处死。"皇帝说："我本意是将如姬窃符夺取兵权的故事作为鉴戒，现在由于幸运地得到忠言劝告，所以没有任意判处太常工死罪。"于是宽赦了太常工的死罪，流放他到边远地方。

解析：依法断罪中的"慎刑"思想

唐高宗时，发生了两起案件，一起是卢文操盗窃国库财物案，一起是太常工为宫人传递信物案，唐高宗认为这两个人都应当判处死刑，但是作为谏议大夫的萧钧认为罪不至死，于是向唐高宗谏言，最终案犯均免于死刑。萧钧两谏救死囚，反映出一个很强烈的信号，也是唐朝时崇尚的一种司法理念："慎刑"，这对于我国目前的死刑制度仍有很强的启迪意义。

1. 准确把握"慎刑"与"死刑"之间的共生关系

相较于"慎刑"思想，人们或许对古代的"酷刑"更为熟悉，但事实上，"慎刑"思想是中国古代法制史的主流思想。"慎刑"思想萌芽于虞舜时期，首次明确提出可以追溯到西周，周公汲取纣王暴政而亡的历史教训，提出了"以德配天，明德慎罚"，之后慎刑思想在春秋战国时期的儒家思想中得到了进一步的发展，秦汉时期虽有反复，总体趋势亦偏向于"慎刑"，到了唐朝，太宗皇帝尤其重视"慎刑"思想，其中死刑复核制度就是最具代表性的"慎刑"表达，宋代时甚至出现了《劝慎刑文》。"慎刑"思想植根于中国传统文化的土壤，是古代中国最为朴素的司法和治国理念，是几千年中华法治思想的结晶。但是，"慎刑"不等于废除死刑。死刑作为剥夺生命权的一种方式，是最严酷的刑罚，自古至今在我国已延续数千年，有着普遍的民意支撑、深厚的道德基础和悠久的文化底蕴，新中国成立后，我国的死刑政策总体上秉承了"保留死刑，坚持少杀、慎杀"的理念。保留死刑是符合我国国情的一种选择，与中国传统的"慎刑"司法理念并不相悖，我们寻求的是在"慎刑"理念的指导下，死刑制度在法律、伦理、民情之间的平衡。时隔千年，对于死刑案件的处理，现代刑事司法更为审慎，"慎刑"思想渗透在死刑立法、司法、程序的方方面面，继续推动着中国法治建设的现代化进程。

2. 立足国情，在立法层面上坚持"慎刑"原则，守好"死刑入门关"

现代死刑司法制度在融合"慎刑"思想时，吸取了中国古代司法制度的精华。一是死刑罪名的数量因时制宜，呈减少趋势。1979年颁布的《刑法》中关于死刑的罪名有28个，当时正值改革开放初期，受西方思想和生活方式的冲击，国内短期内出现很多恶劣的刑事案件，针对这一严峻形势，我国于1983年至1987年开展了三次"严打运动"，死刑罪名增至68个，2011年《刑法修正案（八）》取消了13个经济性非暴力犯罪的死刑，死刑罪名减至55个，2014年《刑法修正案（九）》又取消了9个死刑罪名，死刑罪名降至46个，经济型犯罪的死刑罪名几乎全部取消，现行死刑罪名多集中在违反国家安全、公共安全，军人违反职责等方面，死刑的覆盖面越来越小。二是在刑事诉讼法中明确了死刑复核程序。一般的刑事案件，经过两审即可终审生效，死刑案件却突破"两审终审"的诉讼制度，增加了死刑复核程序，为判决死刑的被告人设置了最后一道绿色屏障。此外刑事法律制度还对死刑适用对象进行限制，适用自首制度、立功制度、疑罪从无制度等，全方位融会贯通"慎刑"思想。

3. 规范程序，在司法层面落实"慎刑"原则，把好"死刑执行关"

如果仅有法律条文而没有得到好的执行，法律条文就相当于一纸空文，作为死刑最后一道防线的死刑复核程序重在落实。司法层面对"慎刑"思想的落实，最具重大意义的当属死刑复核权回归最高人民法院。2007年1月1日，根据《最高人民法院关于统一行使死刑案件核准权有关问题的决定》，曾经下放26年的死刑复核权统一收归最高人民法院行使，进一步统一了死刑的适用标准，精准惩治刑事犯罪，确保死刑案件的审判质量，维护社会稳定，促进社会和谐。收回核准权后，取得了立竿见影的控制效果，当年判处死缓的人数多年来首次超过判处死刑立即执行的人数。据估计，2007年收回死刑核准权后，我国的死刑执行数减少了1/2甚至2/3。[①] 党的十八大以后相继平反了一批冤假错案，其中包括呼格吉勒图这样的错杀案件，但是值得欣慰的是，迄今发现的死刑执行错案都不是由最高人民法院核准的，也能反映出最高人民法院收回死刑复核权这一决策的正确性。

中国传统文化以"和谐"为最高追求，"慎刑"思想是中国传统和谐文化在法律文化中的生动表现，承载着人性化的刑罚价值取向。"慎刑"思想对于经济发展、社会进步都有正向促进作用。纵观中国古代的太平盛世，统治者们无不持"慎刑"态度，以保证人心安定、秩序井然。在现代法治建设中，无论作为立法者还是司法者，都应当秉持"慎刑"的司法理念和司法态度，以事实为依据，以法律为准绳，公正审理，不徇私情，罪与刑相适应，实现公平与正义的法律价值。

（徐凤　上海市静安区人民法院）

[①] 林维：《中国死刑七十年：性质、政策及追问》，《中国法律评论》2019年第5期。

十八、魏謩遵法治

原文

中尉仇士良捕妖民贺兰进兴及党与治军中，反状且，帝自临问，诏命斩囚以徇。御史中丞高元裕建言："狱当与众共之。刑部、大理，法官也，决大狱不与知，律令谓何？请归有司。"未报。謩上言："事系军，即推军中。如齐民，宜付府县。今狱不在有司，法有轻重，何从而知？"帝停决，诏神策军以官兵留仗内，余付御史台。台惮士良，不敢异，卒皆诛死。擢谏议大夫，兼起居舍人、弘文馆直学士，謩固让不见可，乃拜。

——《新唐书·魏謩传》①

注释

【魏謩[mó]】或谓魏谟（793—858），字申之，巨鹿（今属河北）人，魏征五世孙。

【中尉】唐"护军中尉"的简称。唐德宗贞元十二年（796）置，员二人，分掌左、右神策军，统帅禁军。以宦官充任，权势极盛。

【仇士良】（781—843），唐循州兴宁人，字匡美。顺宗时以宦官侍东宫。甘露事变后，趁势大肆捕杀朝臣，操纵朝政，贪酷二十余年，计杀二王、一妃、四宰相。

【且】多的样子。

---

① 原始文献详参《新唐书》，中华书局1975年版，第3883页。

【徇［xùn］】对众宣示。

【御史中丞】官名。隋朝因避文帝讳，改置御史大夫为御史台长官。唐初因之，高宗时因避讳，改御史台次官治书侍御史为御史中丞，员二人，佐御史大夫监察弹劾百官，为清要之选。

【高元裕】(774—850)，唐代渤海人，字景圭。本名允中。唐文宗大和初为侍御史。以敢于切谏著称。

【大理】指大理寺。

译文

唐文宗时，中尉仇士良在整顿军队的时候，查获了妖民贺兰进兴和他的党羽，谋反证据齐备，文宗亲自审问后便下诏书宣布斩杀以示执法严明。御使中丞高元裕提出异议："审理案件应当一起议定。刑部、大理寺作为司法机关，审理这样的大案不让它们参与，那律令还算什么呢？请把这一案件交付刑部和大理寺审理。"文宗没有答复。魏謩向文宗进言："假如这一案件与军队有牵连，则应在军中推问处理，假如是老百姓犯法，则应交给府县衙门处理。现在这一案件并不是有关的司法部门处理的，定罪量刑轻重与否，从何而知呢？"文宗听从了他们的意见，收回了诏书，诏神策军把案犯中的军兵留在军中，其余交御史台审理。由于御史台惧怕仇士良的权势，不敢违拗他的意见，最终还是把所有的人犯一律处死了。文宗提拔魏謩为谏议大夫，兼起居舍人、弘文馆直学士，魏謩坚持推辞没有获准，最后上任了。

解析："狱归有司"，实现公正裁判的路径

高元裕和魏謩二人先后向唐文宗建言，认为"狱"应归"有司"，否则"律令谓何""法有轻重，何从而知"。这说明我国古代的官员已

充分认识到，想要实现公正的裁判，应当交由司法机关来处理，中央集权的皇帝不应过度干预司法活动。这一理念对于我们进一步完善审判权运行机制，实现公正裁判仍具有借鉴意义。关于审判权运行机制的完善，结合我国当前的司法改革实践，可主要从破除审判权运行的不当干扰因素，贯彻"让审理者裁判，由裁判者负责"的政策，理顺审判权与审判管理权的关系三方面着手。

1. 排除不当干扰审判权运行的因素

我国古代虽然有刑部、大理寺这样专门的司法机关，但由于皇权的至高地位，大多数案件都会受到皇帝直接或间接的干预，司法权的空间被大大压缩。魏暮向皇帝进言，请皇帝将案件交给相应的司法部门处理，就是在努力减少皇权对司法的干预。现代司法活动理应不受干扰，但人民法院在行使审判权过程中，不可避免地受到各种因素的干扰。这些干扰因素主要分为属地因素、行政因素、无序的外部监督三类。首先，属地因素引发的个别司法地方化现象偶有发生。例如，地方因素导致当事人的诉讼待遇面临"主客场"之分，引发负面社会评价。现行的人财物省级统管改革的尝试，提供了一种解决路径。但是，统管改革无法一步到位，其中涉及的诸多问题的解决方案仍在摸索过程中。属地因素长期存在，目前针对"去地方化"的司法改革措施虽仍待向纵深推进，但改革方向明确且正确，长远来看定能完成预期目标。其次，行政因素既包括行政机关对审判权运行的影响，也包括上级法院对下级法院的监督异化。司法机关的属地化必然导致其与属地的行政机关存在千丝万缕的联系，当个案的裁判结果与行政机关存在利益冲突之时，可能会影响司法机关的立场。对应的解决之道就是成立跨区法院，以尽量减少这种不当影响。另外，根据我国的司法制度设计，上、下级法院之间的关系是监督与被监督的关系，不是领导关系。案件请示制度的泛化运用则可能使这种监督关系异化为"领导"关系。可通过进一步规范案件请示的范围、形式和程序，避免就个案的具体处理进行请示，否则可能会削弱下级法院合议庭的功能。

最后，人民法院的工作除了接受人大监督、检察监督，还需面临各种形式的社会监督。人大监督和检察监督有明确的法律依据，现实中也依法开展，对审判权运行的干扰较小。但是，社会监督形式多样，若处于无序状态，则会干扰审判权运行。例如，缺乏监管的网络舆论，极易形成汹涌的舆情，对审判权的运行造成无形的压力。

2. 贯彻"让审理者裁判，由裁判者负责"的理念

文宗听从了高元裕和魏謩的意见，把部分案犯交御史台审理，但御史台的官员惧怕仇士良的权势，未能公正断案。虽说古代不乏对司法者枉法裁判行为追责的律法，却未能真正落到实处，裁判不公的现象时有发生。为了落实司法者的责任，我国开始推行司法责任制改革。各地法院先后取消了案件审批制，实行独任法官、合议庭办案责任制。除经过审判委员会讨论与决定的案件之外，其余案件均由负责审理案件之独任法官、合议庭决定，院庭长不再签发未参与审理案件的裁判文书。[①] 赋予独任法官、合议庭裁判案件的主导权和决定权，体现了"让审理者裁判"的精神；强调法官对裁判结果予以负责，与权责相一致的原则相契合，同时体现了"由裁判者负责"的精神。这样既明晰了法官的权利与责任，同时也将权利与责任统一于法官一身。司法改革同时提出法官责任终身制，让法官在自己的职责和权限范围内对办案质量终身负责，督促法官依法公正裁判。需要注意的是，在问责的时候不能单纯地以裁判结果有误与否作为追究责任的唯一依据，而是要坚持主客观相统一的原则，以法官的主观过错和客观行为为基础进行责任评价。

3. 理顺审判权与审判管理权的关系

审判管理是人民法院通过组织、领导、指导、评价、监督、制约等方法，对审判工作进行合理安排，对司法过程进行严格规范，对审

[①] 崔杨：《审判独立与制约研究》，武汉大学法学博士学位论文，2019年。

判质效进行科学考评，对司法资源进行有效整合，确保司法公正、廉洁、高效地运行。结合我国司法实践，审判管理权的内容大致包含审判资源配置、审判流程监管、审判质效管理、审判过程监督四个方面。只有做到审判资源配置合理、审判流程监管有序、审判质效管理科学、审判过程监督及时，才能实现高效的审判管理。合理配置审判资源是审判权规范运行的基础，审判流程监管及审判质效管理是实现公正裁判的有力抓手，审判过程监督是实现司法规范和司法廉洁的必然要求。加强对审判权运行的管理，是保障审判权公正高效运行的关键，也是预防司法腐败的现实要求。审判权与审判管理权相辅相成，二者目标一致，均以公平正义为价值追求，共同促进司法公正。审判管理权服务于审判权运行的同时，又在一定程度上制约审判权。这种制约是在对具体个案审判权充分放权的前提下，从制度层面规范审判流程，从宏观层面严抓审判质效，发挥对审判权的保障、监督、控制作用。

（徐涛　上海市静安区人民法院）

十九、王法岂容枉杀平人者

原文

光启大顺之际，褒中有盗发冢墓者，经时搜索不获。长吏督之甚严。忽一日擒获，置于所司。淹延经岁，不得其情。拷掠楚毒，无所不至。款古既具，连及数人，皆以为得之不谬矣。及临刑，傍有一人攘袂大呼曰：王法岂容枉杀平人者乎！发冢者我也。我日在稠人之中，不为获擒，而斯人何罪，欲杀之？速请释放。旋出丘中所获之赃，验之，略无差异。具狱者亦出其赃，验之无差。及藩帅躬自诱而问之，曰：虽自知非罪，而受棰楚不禁，遂令骨肉伪造此赃，希其一死。藩帅大骇，具以闻于朝廷。坐其狱吏，枉陷者获免，自言者补衙职而赏之。

——《太平广记·卷第一百六十八·气义》①

注释

【光启大顺】光启为唐僖宗年号（885—888）。大顺为唐昭宗李晔[yè]年号（890—891）。

【褒中】西汉置，治所在今陕西汉中市西北褒城镇东。唐贞观三年（629）改为褒城县。

【淹延】长久。唐黄滔《祭陈侍御峤》："莫不汉帷驻策，薛石留牋[jiān]，从容渥泽，宠异淹延。"

---

① 原始文献详参《太平广记》，中华书局1961年版，第1226页。

【楚毒】指酷刑。《后汉书·蔡邕传》："臣一入牢狱，当为楚毒所迫，趣以饮章，辞情何缘复闻？"

【攘袂［rǎng mèi］】捋上衣袖。形容奋起貌。《汉书·邹阳传》："臣窃料之，能历西山，径长乐，抵未央，攘袂而正议者，独大王耳。"

【稠［chóu］人】众人。《旧唐书·懿宗纪》："帝姿貌雄杰，有异稠人。"

译文

唐光启至大顺年间，褒中地区有官府很久未能捕获的盗墓贼，上级官员屡次催促督办。忽然有一天官府抓到了一个嫌疑人，在官府里关押一年也没审问出什么消息。于是加以严刑拷打，最终嫌疑人认罪，赃物口供具备并牵连到数人，大家都认为审问没有差错。等到快行刑时，旁边有一个人捋起衣袖大声呼喊："王法怎么能允许错杀好人呢？盗墓的人是我。我天天在众人之中，没有被抓住，而这个人有什么罪，却要被杀头？快放了他！"随后拿出从墓中所得的赃物，经过检验，一点不差。藩帅亲自审问先前抓住的嫌疑人，这个人说："我虽然自知无罪，但是经受不住没完没了的酷刑，所以叫家里人伪造了赃物，希望早点死。"藩帅听了非常恐惧，将情况详细上报朝廷，把审理此案的狱吏抓起来治罪，释放了被诬陷的人，而自首的人补任衙门的职务作为奖赏。

解析：实现"天下无冤"，杜绝刑讯逼供

在"王法岂容枉杀平人者"这个案例中，如果不是盗墓贼主动站出来，也许唐代就多了一缕冤魂。刑讯逼供，被迫认罪，何其无奈，何其不平。然而，这并不是个案。古今中外，冤假错案屡有发生，这

并非某个时代、某个国家的特定产物，而是各国法治发展过程中一直存在的疑难问题。① 新中国成立以来，随着法律制度的完善、办案人员能力的增强、技术手段的升级，发生冤假错案的概率越来越小，但是并未完全杜绝。佘祥林案、赵作海案、呼格吉勒图案、聂树斌案，无不见证着错案对司法公正的戕害。冤假错案是司法不公的最显著体现，司法不公的恶果甚至超过错案本身。审判作为刑事案件的最后一个环节，是守住公平正义的最后一道防线，如何将冤假错案堵在司法审判的阀门之外，把每一个案件都办成经得起事实和法律检验的"铁案"，实现"天下无冤"，是每一个司法工作者共同努力的方向和孜孜以求的目标。

1. 刑讯逼供"零容忍"

刑讯逼供是造成冤假错案的重要原因，几乎每一件冤假错案的背后，都少不了刑讯逼供的身影。在我国，有记载的刑讯逼供起源于西周，到唐朝时发展到顶峰。唐朝的盗墓贼案中，刑讯逼供手段之多令人瞠目结舌，拷掠楚毒，无所不至，极易导致屈打成招。虽然现在刑讯逼供的手段没有那么激烈，但是刑讯逼供并未完全杜绝。侦查人员为了追求所谓的真相，或者迫于办案压力，有时会忽略程序上的正义，通过一些不正当的手段，得到令他们满意的口供。但是，通过刑讯逼供方式获得的证据恰恰阻碍了对案件真相的调查，无辜者会像唐朝那个被抓获的盗墓嫌疑人一样，因为无法忍受逼供的精神折磨和肉体上的痛苦，为求得解脱而被迫认罪。这是对人权的践踏，更是对司法公正、司法信仰的摧毁。1979年版的《刑事诉讼法》就明确规定了严禁刑讯逼供，此后，相关部门也一直在出台关于禁止刑讯逼供的文件，由于传统观念的影响和侦查能力的不足以及破案压力的影响，刑讯逼供现象并未彻底消失，但是我们对于刑讯逼供零容忍的态度是坚决的，并采取了一系列手段以杜绝刑讯逼供。

---

① 陈敏:《证据裁判视角下刑事错案的生成与防治》，《法学家》2017年第6期。

2. 非法证据要排除

要从源头上防止刑讯逼供，最关键的是要排除非法证据，这是现代法治较之古代法治的进步之处。2010年，"两高三部"① 出台了关于非法证据排除的专门性程序规定，2012年修改刑事诉讼法时以法律的形式予以确立，2017年6月27日，"两高三部"联合发布了《关于办理刑事案件严格排除非法证据若干问题的规定》，明确指出采用刑讯逼供等非法手段取得的犯罪嫌疑人、被告人供述和采用暴力、威胁等非法手段取得的证人证言、被害人陈述，属于非法言词证据，应当予以排除，不能作为定案的根据。之后，最高人民法院又通过了《人民法院办理刑事案件排除非法证据规程（试行）》，针对非法证据排除的启动、证明、认定、排除进一步明确规则和流程。非法证据排除体现的是一种程序公正，程序公正是一种"看得见的正义"，对于人格尊严的保障、诉讼的公开、透明、民主以及裁判的终局性和可接受性等方面，具有重要意义；从案件审理的时间轴上看，程序公正又先于实体公正而存在，继而保障实体公正的实现。非法证据排除规则是传统刑事司法理念由重实体轻程序到程序公正优先的转变，是注重人权保障的体现，也是刑事司法制度迈向文明的一大步，对于防止冤假错案尤为关键，必须坚决贯彻。

3. 冤假错案必追究

在盗墓贼案中，由于真凶出现，迫使节度使重新审理案件，原来的涉案官员受到了惩处，可见，对于冤假错案，自古以来就有追责的传统。在古代，司法问责制度主要包括同职公坐、援法断罪、违法宣判、出入人罪、淹禁不决五种情况，分别论罪。② 受限于封建制度的局限性，古代的司法问责制度自有其不合理之处，但是问责本身对于防止冤假错案确有裨益。以刑事案件的审判质量进行倒推，进行责任倒

---

① 指最高人民法院、最高人民检察院、公安部、国家安全部、司法部。
② 倪方六：《古代如何问责冤假错案》，《理论与当代》2013年第8期。

查，以责任倒逼案件的公平正义实现，是问责制度存在的根本意义。

新中国成立后，我国逐步确立了错案责任追究制度。1997年，党的十五大报告正式提出"建立冤假、错案责任追究制度"，2013年开始的司法体制改革确立了"审理者裁判、裁判者负责"以及"办案质量终身负责制和错案责任倒查问责制"，成为防止和治理冤假错案的关键环节。错案责任制一方面能够通过惩罚相关人员弥补冤假错案造成的司法公信力缺失等后果，另一方面可以对冤假错案起到事前预防和监督作用，更重要的是，通过错案责任制，审判者将可望自觉坚定职业信仰，遵守职业道德，发自内心地不去触碰违背程序正义和实体正义的红线。

4. 追责机制需完善

必须承认的是，基于"家丑不可外扬"的传统观念，在对冤假错案进行追责时还存在种种障碍，多数冤假错案止步于国家赔偿。要落实错案责任制度，一方面需要有完善的责任规范体系以及科学的错案认定标准，另一方面，追责内部化、行政化的程序机制也应转向以第三方惩戒机构为主体的追责程序。只有从实体、程序两个层面完善追责体制，方能达到追责机制的三重功能效果。值得注意的是，追责亦需慎重，只有司法人员主观上存在故意或过失，客观上存在不当行为，且造成严重后果的情况下，方可启动追责程序，同时还要兼顾其职业保障，设置责任豁免条款，真正做到不枉不纵，以实现"天下无冤"的愿景。

（徐凤　上海市静安区人民法院）

第七章 两宋辽金时期经典案例评述

宋代中央政府的司法机构由大理寺、刑部（审刑院）和御史台三个机关组成，地方的司法工作由州县的行政长官兼任。宋代在司法审判中充分体现了分权制衡的原则，所实行的鞫谳分司、录问与翻异别勘、皇帝决狱、宰相参与司法等制度，都起到了慎刑的作用，很多复杂的案件也能得到妥善处理。

宋代是特别重视法意的历史时期，宋代统治者要求协调情与法间的不一致，避免情重法轻，情轻法重，力求做到情法允当。这对于缓和司法过程中法律与人情的冲突，达到法律与人情的平衡起了重要作用。宋代主要法律形式有编敕、编例、条法事类，其不仅法律形式多样，法典种类众多，而且法律调整的范围也极为广泛，由此形成了"摇手举足，辄有法禁"的严密法网。例是宋代重要的司法产物。在宋代，断例事实上是一种法源，经立法程序，将前案既创之例法律化，便可为以后的刑事案件提供断案标准。之所以可以前后比附，是因为断例所传承的是一种法律原则。

刑事法方面，宋代主要有折杖法、刺配和凌迟等刑罚制度，制定和完善了"盗贼重法"，又创"重法地之法"和"重法人之法"，广泛推行"保甲法"；民事法方面，对于不动产买卖契约有详细规定，规定了典卖契约制度。财产继承方面，形成了遗嘱继承、户绝财产继承、死亡客商财产继承等比较复杂的继承制度；在行政立法方面，宋朝地方行政权力高度集中于中央。科举取士是宋朝选官的主要途径，京朝官考课由审官院掌考，州县官由考课院掌考。中央监察机构为御史台，地方由监司负责对官员的监察职责。

辽代辽太祖耶律阿保机曾经以郎君的身份从事司法工作，因此其在辽建国以后十分重视法制建设，也取得了显著成效。辽代的律、令是辽的国法，来源于北院的契丹法，律、令一体，但在具体的执行上又是律、令分开，并及时修订，废弃过时的令。辽代采取的是精英司法之策，对号令极为尊重，"金符玉玺以布号令"，并且把法令看成治国之第一要务，也是君主是否贤能的标志。辽的统治者不仅在形式上而且在实际操作中非常重视司法，辽代后期还常常把"令才"作为相人时的赞语。辽代在处理契丹、汉人和边远地区的法律时采取因俗而治的政策，做到区分对待。前期辽律大致参照唐律和北魏律等法律制定，但比较简约，建国以后，主要用来处置汉人，而对契丹和边远地区诸部，又制定了新的法律，叫做条制，并对乱世期间制定的重典进行了修订，逐步从轻。在辽道宗时因为法令"轻重不伦"，曾对法令进行整理修订，对法的价值意义有了比较理性的认识，认为法的地位在为政之先，突出体现了辽代依法治国的法治思想。

金代诉讼制度，主要适用唐、辽、宋旧制，由于女真传统习惯法的影响，具有自己的特色。其分为起诉、审理、判决及执行。起诉制度主要包括官吏纠举和告诉。官吏纠举，指监察官及其他官吏对犯罪案件的弹劾、检举。金代设立中央和地方监察机关，具有纠举和弹劾官吏违法犯罪案件的职能。金代法律融和了唐、辽、宋旧制和女真族传统的习惯法，表现出多元特性。从金太宗时期开始适用辽、宋法律。金熙宗时期法律大多采用唐、宋之制。皇统五年，颁布了金代的第一部成文法典《皇统新制》，其内容有一千多条；金世宗时设立专门机构，修成《大定重修制条》。金章宗时编纂并颁布施行了具有律、令、格、式体系的法典——《泰和律义》，是中国少数民族王朝立法的典范。其以唐律为蓝本，又借鉴金朝法典，及宋《刑统》的疏文，出自众多专家之手，经过多年反覆钩籍校订，在内容上是集大成者。金代因不断汲取先进的汉族和其他各民族的精华，故是少数民族建立的政权中法制较为完备的朝代，在中国古代法制发展史上具有重要的地位。

一、淳化失猪

原文

淳化四年……京畿民牟晖击登闻鼓,诉家奴失豭豚一,诏令赐千钱偿其直。(太宗)因语宰相曰:"似此细事悉诉于朕,亦为听决,大可笑也。然推此心以临天下,可以无冤民矣。"

——《续资治通鉴长编·卷三十四》[①]

注释

【淳化】宋太宗年号(990—994)。宋太宗即赵炅[jiǒng],初名匡义,改名光义,宋太祖弟。开宝九年(976)即位。

【京畿[jī]】国都及其行政官署所辖地区。

【豭[jiā]豚】公猪。

【听决】听事决案;听候断决。宋范仲淹《与知郡职方书》:"某虽属谪宦,幸得善地,听决之外,琴籍在焉。"

【可笑】好笑。北齐颜之推《颜氏家训·勉学》:"若有知吾钟之不调,一何可笑。"

译文

宋淳化四年,京城附近一个名叫牟晖的人击登闻鼓,诉说自己家

---

① 原始文献详参《续资治通鉴长编》,中华书局2004年版,第757页。

的奴仆丢失了一只公猪，宋太宗下诏，赐他一千钱赔偿对其造成的损失。宋太宗对宰相解释说："像这样细小的事情都向我诉讼，我也听取判决，看上去是很好笑的。但是用类似这样的心思对待天下案件，就可以没有冤民了。"

解析：登闻鼓直诉对信访制度的启示

淳化失猪案是一个关于宋代直诉制度的案例。直诉制度是中华法系司法传统的重要组成部分，当下的信访制度，同直诉制度有许多相似之处，值得我们认真研究，挖掘其中的价值，服务于社会主义法治建设。

直诉制度是我国古代常规司法程序之外的一种司法途径，是不逐级诉讼而直接向特别受理机构或者最高统治者即皇帝进行申诉的诉讼制度，是为百姓解决复杂案件和伸张正义的一种法律途径。其从西周萌芽，在魏晋南北朝时期成为法定的制度，到唐宋时期得到了快速发展。其中，登闻鼓制度和邀车驾制度最为常见。案例中的牟晖就是通过敲击登闻鼓启动了直诉程序。

我国当前实行的信访制度则是群众对行政或者司法机关的处理不满意时，到信访机构表达自己想法或者投诉的制度。它是一种群众监督，也是一种救济途径。信访制度运行中，如何借鉴直诉制度，使信访在法治的轨道内运行，是必须思考的问题。信访制度或可从以下几个方面对直诉制度予以借鉴。

1. 以"人文精神"对待信访群众

根据宋代的法律规定，丢失小猪的普通民事诉讼案件原本并不在直诉案件的审理范围之内。但是宋太宗关心百姓，亲自审理得以解决。同时，宋太宗没有依律判定家奴的民事责任并对家奴"强制执行"，而是出于对家奴的怜悯，通过"赐千钱偿其值"的方式实现了对家奴的"司法救助"。这种"人文精神"，应贯彻到所有行政和司法工作中，执法为民、司法为民。信访工作更应如此。

设置信访制度的初衷亦是以人为本。但在实践中，却出现了诸如侵犯信访人员权利、信访矛盾尖锐等违背了人文精神的问题。登闻鼓直诉制度告诉我们，接待信访人员应该秉持以人为本的理念，为信访人员提供法律咨询，引导群众正确依法维权，为经济困难的群众给予物质以及法律上的帮助。

2. 整合信访资源

宋朝设有专门机构处理直诉案件是其一大特色。唐朝时期虽然设有规院与鼓院，但是并没有设置专门机关处理案件。宋代则不同，设置了几种直诉专门机构，各司其职，处理利害关系人申诉的案件。通过设置专门的机构，直诉制度更加规范，明确了百姓伸冤的途径。皇帝作为最高统治者，亲自审理或者指派司法机关处理。以此为鉴可以完善信访机构的设置，设置专门的机构和协调机制，加强信访机构的联系和协作，减少"多头信访""无用信访"，增加信访制度的运行效率。

如果当前的信访机构组织缺失，没有统一的领导部门，单一、分散，必然会导致百姓选择不明，机构处理案件的重点也不清晰，在问题解决方面各有说辞、缺乏协调，职责交叉、相互推诿、管理混乱、效率低下的情况时有发生。

3. 规范信访程序

宋代直诉有受理前置程序的限制。启动直诉，必须达到相应条件。在地方即州县启动直诉和京畿启动直诉也是不一样的。直诉案件受理的前置程序，相对来说，减少了直诉案件的数量——百姓只有在受到冤屈时，才会通过直诉途径洗刷冤屈。这既保证了百姓的冤情有处可告，又合理地分配了司法资源，符合"上下相维，轻重相制"的司法理念。本案例中的牟晖因家奴丢失了一只小猪就成功启动了直达皇帝的直诉，应为偶然，甚或存在后世杜撰的部分，反映了世人对通过直诉制度解决人民疾苦的渴望。即使属实，从宋太宗"似此细事悉诉于朕，亦为听决，大可笑也"的评述中，也可看出其对于合法分配司法资源的理念，并不赞同不符合前置限制的直诉。

较之宋朝，当下的中国法治化程度早已不可同日而语。但在社会转型过程中，各种利益矛盾大量出现，诱发信访的原因更加多元化。信访呈现出规模化、组织化、激烈化、尖锐化的特点。而在法治化程度较高的情况下，信访规模应得到有效控制。

总之，传统直诉制度在今天依然有着巨大的借鉴意义。一方面，在倡导多元化纠纷解决机制的同时，要深入推进诉讼制度改革，使纠纷者在非必要和非紧急情况下，不选择信访渠道。另一方面，可制定统一的信访法典，将案件的受理、审理等程序规定在高位阶法律中，提高权威性。减少"重复访""越级访"等造成的资源浪费，使信访者依照法定程序反映问题。

（胡晓爽　上海市黄浦区人民法院）

二、司理用刑致死

原文

（太平兴国）九年，凤翔司理杨鄎、许州司理张睿，并坐掠治平人及亡命卒致死，大理处鄎等公罪，刑部覆以私罪。诏曰："法寺以鄎等本非用情，宜从公过议法；刑部以其擅行掠治，合以私罪定刑。虽所执不同，亦未为乖当。国家方重惜人命，钦恤刑章，岂忍无辜之人死于酷吏之手，宜如刑部之议。自今诸道敢有擅掠囚致死者，悉以私罪论。"

——《文献通考·刑考九》①

自今勘鞫官须尽理推勘本犯，不得以刑势及元奏抑令招服，致有枉曲，如囚事冒罔及被诉虚招情罪，别勘诣实，其元勘官当行朝典。

——《宋会要辑稿·刑法三》②

注释

【司理杨鄎】北宋太宗太平兴国四年（979）改诸州司寇参军为司理参军，简称司理，掌本州狱讼勘鞫［jū］之事。

【掠治】拷打讯问。《史记·酷吏列传》："汤掘窟得盗鼠及余肉，劾鼠掠治。"

【亡命卒】逃兵。

【公罪】因公务上的过失所获之罪，按照宋代律法，公罪判罚相对

---

① 原始文献详参《文献通考》，中华书局2011年版，第5094页。
② 原始文献详参《宋会要辑稿》，上海古籍出版社2015年版，第8423页。

私罪为轻。

【私罪】个人所犯之罪。

【用情】循私情。

【乖当】乖,差异,不同。当,合适,适当。

【钦恤】谓理狱量刑要慎重不滥,心存矜恤。语出《尚书·尧典》:"钦哉钦哉,惟刑之恤哉!"

【刑章】刑法。

【勘鞫官】审讯的官员。

【尽理】合情合理。

【推勘】审问。《宋史·刑法志二》:"鞫狱官推勘不得实,故有不当者,一案坐之。"

【本犯】该犯人。《唐律疏议·断狱上·囚引人为徒侣》:"诸囚在禁,妄引人为徒侣者,以诬告罪论,即本犯虽死,仍准流徒加杖法。"

【罥罣 [juàn guà]】缠绕,牵连。

【虚招情罪】指屈打成招。

译文

宋太平兴国九年(984),凤翔司理杨郧、许州司理张睿等用刑过当,致平民和逃兵死亡,大理寺判他们犯的是公罪,而刑部复核认定为私罪,两边发生了争执。为了打击非法刑讯的现象,宋太宗下诏指示:"大理寺认为杨郧等人是为朝廷办事,按理应该按照公罪处理;刑部认为其擅自用刑,属于私罪行为。尽管所判不同,但也合乎情理。当今朝廷重惜百姓,珍视人命,体恤人民,不忍心看到酷吏打死无辜者,因此,应按照刑部的决定定罪。从今后,再有发生滥用刑讯致人死亡的,全部按照私罪论处。"

现在审判官必须尽量按照事理推断犯罪,不能因为刑律施行之客观情势和原本的推断导致冤案,如果发生胡乱牵连、滥捕滥诉以及被追诉者因虚假招供而获罪，另外审查获得实情的，原来的审判官将按照法律获罪。

解析：司法官责任追究制度与人权保障理念

宋代虽然已呈现出了重证据的司法文明趋势，但口供在当时仍然是断案论罪的重要证据，故而刑讯逼供屡禁不止。宋代"刑讯逼供致死"案中所体现的矜恤思想和严肃司法官责任追究的理念为当代司法制度建设提供了历史启示，具有重要的现实意义。

1. 司法官责任追究制度具有当代价值

司法官责任追究制度是宋朝法制的一大特色，对规范官员行权、防止权力滥用和司法腐败起到了良好的预防、规范和惩戒作用，也是历朝各代整饬吏治的重要手段，在一定程度上推动了当时封建社会司法文明的发展。宋朝的司法官责任追究制度涵盖了受理、审讯、审判、执行等诉讼的各个环节。例如，为防止官员"偏听独任之失"[1]建立了"鞫谳分司"[2]制度；为防止长吏专断建立了"聚录""签押"制度，即对大辟等死决案先由长吏、通判、幕职官集体"聚录"，后"以次经由通判、职官签押""方得呈知州取押、用印行下"[3]；为限制刑讯严格规定了刑讯的适用对象与条件、刑具规格及适用程序等[4]，违者"以违制私坐"[5]，长吏如违当重刑朝典[6]，因掠囚致死者"悉以私罪论"[7]，本案便是适用此种情形。同时，宋朝在追究拷囚致死者法律责任时以

---

[1]《历代名臣奏议·卷二一七·慎刑》。
[2] 鞫谳分司就是将审与判二者分离，由不同官员分别执掌的制度。
[3]《朱文公文集·卷一〇〇·州县官牒》。
[4]《宋刑统·卷二十九·断狱律》。
[5]《续资治通鉴长编·卷九一·天禧二年三月乙卯》。
[6] 参见《宋会要辑稿·刑法六》。
[7]《文献通考·卷一七〇·刑考九·详谳》。

"故、失、公、私"作为标准,若故意挟私情、枉打杀人者以故杀论,若过失拷死无罪人者减故杀一等,拷死有罪人者减故杀三等①。这些制度,为完善当前的审讯制度具有借鉴意义。

2. 司法责任制是司法体制改革的核心

从古人对官员的问责制度到现代司法,我国在刑事立法中已经对公职人员明确违反法律行使职权,致使国家与人民利益遭受重大损失的渎职行为设立专章予以追究刑事责任,对滥用职权罪、玩忽职守罪、徇私枉法罪等37项罪名作出了具体规定,并在定罪量刑上对故意与过失犯罪予以区分。其中,另规定对徇私舞弊或者滥用职权情节恶劣的职务犯罪分子,一般不适用缓刑或者免予刑事处罚②,并对司法工作人员单独设立了徇私枉法罪,民事、行政枉法裁判罪,执行判决、裁定失职罪等9项罪名,加大了对渎职犯罪的惩治力度。

然而,即便渎职入罪在先,仍然无法有效遏制享有司法权力的公职人员触犯法律的底线,司法领域在近年来更是频繁曝出冤假错案,致使司法公信力大为受损。除去专业能力因素,究其主要原因还是对司法权力的监督制约不到位,对司法人员滥用权力的责任追究不到位。司法责任制是司法体制改革的核心和"牛鼻子",建立健全司法惩戒制度是落实司法责任制的重要内容和必然要求,也是促进司法公正的重要手段,可以倒逼司法人员依法履职,从制度上杜绝徇私枉法、滥用职权、玩忽职守,防止办关系案、人情案、金钱案等违法现象。2021年,最高人民法院率先制定出台了《法官惩戒工作程序规定(试行)》,最高人民检察院于次年相继印发《检察官惩戒工作程序规定(试行)》,对法官、检察官在司法履职中违反审判、检察职责,追究其司法责任予以惩戒的程序性事项作出了规定,为保护法官、检察官

---

① 参见王静:《宋代司法官责任追究制度及其历史意义》,《人民法院报》2021年9月3日。
② 参见最高人民法院、最高人民检察院:《关于办理职务犯罪案件严格适用缓刑、免予刑事处罚若干问题的意见》(法发〔2012〕17号)第2条。

依法履行职责、追究违法审判责任提供了制度依据，真正给司法人员套上"紧箍"。当然，全面推进和落实司法惩戒制度任重而道远，两部《程序规定》从顶层设计角度为开展司法惩戒工作提供了指引，但具体实施细则尚有待各地逐步完善。

3. 人权保障理念的司法体现

宋代重视对司法官的责任追究，除了有防范司法专断、巩固中央皇权的需要之外，其背后亦回应了"哀矜庶狱"的时代需求。宋承五代之乱，在立法时秉承"临下以简，必务哀矜"的思想，正如文中太宗所言"国家方重惜人命，钦恤刑章，岂忍无辜之人死于酷吏之手"。至南宋，孝宗皇帝更是要求司法官吏"自今其抵乃心，敬于刑，惟当为贵，毋习前非"①。故有宋一代，重视狱讼、体恤庶民的矜恤思想贯穿立法与实践始终，也是前述各项制度建立与完善的思想基础。宋代矜恤思想在现代法制的司法表达便是人权保障理念。

人权保障理念在我国现代刑事诉讼制度中的重要体现之一便是疑罪从无原则，体现在法律规则上即是非法证据排除。从近现代刑事诉讼制度的发展趋势来看，刑事诉讼保障人权的价值目标越来越受到广泛关注和重视，各国立法基于维护人权的需要，都在一定程度上确立了非法证据排除规则。我国现行《刑事诉讼法》第 54 条亦专门规定对采用刑讯逼供等非法方法收集的犯罪嫌疑人、被告人供述和采用暴力等非法方法收集的证人证言、被害人陈述，应当予以排除；对非法收集的物证、书证不能补正或者作出合理解释的，应当予以排除。可见，在对非法证据的证据能力的认定方面，我国采取的是兼顾惩罚犯罪与保障人权的原则，对非法言词证据"绝对排除"，对非法实物证据"相对排除"。为保证证据收集的合法性，刑事诉讼法及相关司法解释对于证据的收集、固定、保全、审查判断、查证核实等，都作了严格的程

---

① 参见李昊：《矜恤思想对宋代司法制度的影响》，《人民法院报》2021 年 10 月 15 日。

序和制度规定。最高法、最高检、公安部、国家安全部、司法部五部门于 2017 年专门出台了《关于办理刑事案件严格排除非法证据若干问题的规定》，明确采用刑讯逼供等非法手段取得的言词证据不得作为定案依据，并对审查、排除非法证据的程序、证明责任、讯问人员出庭等问题予以规范，对依法惩治犯罪、切实保障人权、维护程序公正、预防冤假错案，起到了积极的推进作用。

（周嫣　上海市黄浦区人民法院）

三、文天祥察微析疑原情定罪

原文

平反杨小三死事判

文天祥

判词

律：诸谋杀人，已杀者斩；从而加工者绞。又律：故杀人者，斩。又律：诸同谋共殴伤人者，各以下手重者为重罪，元谋减一等，从者又减一等，至死者随所因为重罪。今杨小三之死也，施念一捽其胸、塞其口，颜小三斧其肋，罗小六击其吭，其惨甚矣。再三差官审究，则三人者于杨小三元无深忿，特其积怨之深，欲伺其间而共捶打之，则谓之同谋共殴至死，宜不在谋杀之例。颜小三者，施斧于胁肋之间，为致命，是下手重者也，然其不用斧之锋，而止以斧脑行打，是殆非甚有杀心者。罗小六虽不加之以缢，杨小三亦必以肋断致死，然始也谋殴之，终也遂缢之，是其心处以必死，非独下手重而已。是故以下手论之，颜小三之先伤要害，当得重罪；以诛心论之，罗小六独坐故杀，不止加功。准法，皆当处死，以该咸淳八年明禋霈恩，特引贷命，颜小三、罗小六各决脊杖二十，刺配广南远恶州军，施念一于同谋而元谋，于下手为从，合减一等，决脊杖七十，刺配千里州军。

牒州照断讫申。

委佥幕审问杨小三死事批牌判

使职一日断一辟事，今日看杨小三身死一款，看颇不入，不能无疑。一则当来无大紧要，骤有谋杀，似不近人情；二则杀人无证，只据三人自说取，安知不是捏合？三则捉发之初，乃因杨小三揣摩而诉三名，何为三名？恰皆是凶身，似不入官信。今文字已圆，只争一行字，则死者、配者一成而不可变矣。今仰金厅一看此款，尽夜入狱，唤三名一问。若问得果无翻异，明日便断。如囚口有不然，只得又就此上平反。文字是密封来，忽然而往，人所不觉，则囚口得矣。

——《名公书判清明集·附录四》①

注释

【文天祥】（1236—1283）字宋瑞，又字履善，吉州吉水（今属江西）人。宋理宗宝祐四年（1256）进士第一。咸淳九年（1273）隆冬38岁时任湖南提刑，改知赣州。宋恭帝德祐初元军东下，破家财为军费，率义兵万人入卫临安。次年任右丞相兼枢密使，出使元军议和，被拘至镇江，后脱逃回朝。率兵在福建、广东坚持抗元，收复州县多处。祥兴元年被俘于五坡岭，次年拒元将张弘范诱降，书《过零丁洋》诗以明心志。后被囚于元大都三年，屡拒威逼利诱，视死如归。临刑作《正气歌》。

【元谋】主谋。

【捽［zuó］】揪、抓。

【胁】腋下肋骨所在的部分。

【吭】喉咙。

【斧脑】斧之背。

【咸淳】宋度宗赵禥［qí］的年号（1265—1274）。

【明禋［yīn］霈恩】明禋，指明洁诚敬地献享。霈恩指对罪犯的恩赦。

---

① 原始文献详参中国社会科学院历史研究所隋唐五代宋辽金元史研究室点校：《名公书判清明集》，中华书局1987年版，第635页。

【贷命】谓免于死罪。

【牒州照断讫申】宋代判词格式性文本，是指将文书印发州府，要求州府按照该判决案结事了。

【金幕】金同"签"。签署给属下。

【捏合】伪造，虚构。

译文

根据法律规定：在各种谋杀中，既遂的要斩首，从犯要处以绞刑。又有规定：故意杀人的，斩首。又有规定，各种共同伤人的情况，下手重的人要判重罪，策划的减一等。从犯再减一等，致死的，根据死亡的原因决定谁是重罪。本案中杨小三的死，是因为施念一抓住了他的胸、堵住了他的嘴，颜小三用斧子打他的腋下胁骨部位，罗小六击打他的喉咙造成的，状况是很惨的！再三派人调查，证实这三个被告人和杨小三之间原来都没有什么深仇大恨，不过是平时积怨比较深，想要乘机一起打他一顿而已。所以他们构成同谋，共同伤害致死成立，但不属于共同谋杀的情况。颜小三用斧子打他的腋下胁骨部位，为致命伤，是下手重的人；然而他不用斧锋，却只用斧脑打，说明他没有杀人的主观故意。至于罗小六，他即使不掐杨小三的脖子，杨小三也会因为肋骨断裂而死，然而他从一开始就参与策划共同打人，最终又割了杨小三的脖子，证明他有杀死杨小三的主观故意，不仅仅是下手重而已。因此从"下手"这一点上看，颜小三伤害了要害部位，应当重判。从主观故意上看，只有罗小六是出于故意杀人，不仅仅是打人的从犯。按照法律，他们两个都应当处死。因为咸淳八年皇帝为明洁诚敬地献享，已经下旨对罪犯进行恩赦、宽免死罪，所以颜小三、罗小六各判决脊杖刑二十，刺字发配到广南偏远的州府充军，施念一从同谋这一点上讲是策划的人，从下手这一点上讲是从犯，应减一等，判决脊杖刑七十，刺字发配到一千里外的州府充军。

命令州府照此判决办理。

委金幕审问杨小三死事批牌判

我一天审结一个案件。今天看到杨小三这个案件,看着颇不合情理,不能不有所疑惑。第一,没有什么紧要大事,突然之间却发生了谋杀,好像不太近人情。第二,杀人没有其他证据,只有这三个人自己的口供,怎么知道是不是捏造?第三,最初捉拿他们只是估计这三人有可能作案,为何这三人恰巧都是真凶?似乎没那么可信的。现在文字上已经没什么破绽,所要计较的只是这一行字而已,然而被害人和凶手将来都难以改变了。现在仰仗你接到这份文书后连夜到狱中提审这三个人。如果囚犯确实没有翻供,明天就结案;如果有翻供,只好就此平反。这份文书发到你那里是密封的,而且是突然发出的,其他人都不会察觉。这样囚犯的口供应该可靠。

解析:宋代刑律司法精神与仁政之道

《平反杨小三死事判》,载于《名公书判清明集》,由南宋丞相文天祥所作。文天祥从原判词中发现裁判疑点,据此发送《委金幕审问杨小三死事批牌判》命人调查,并在行为人翻供后作下上述判词,对行为人的主观故意、行为轻重作出客观而全面的考量与论述,在此基础之上适用刑律规定作出具体裁量。自行文至行事,所蕴含之我国宋代刑律立法技术与司法精神,既将仁政思想一以贯之,又与我国现代的刑法原则一脉相通,由此知往鉴今,对现代刑法原则之体悟意义深远。

1. 原情定罪:明责以量刑

判词忠于原情定罪的原则,与现代刑法罪刑相适应原则遥相呼应。原情定罪为宋代司法精神的重要特点,首见于东晋袁宏的《后汉纪》。

至唐，正式成为法定定罪原则。《唐律疏议》序说之"然则律虽定于唐，而所以通极乎人情法理之变者，其可画唐而遽止哉"。①

基于宋代刑律对故意杀人与伤害致死的量刑规则不同，文天祥于《委金幕审问杨小三死事批牌判》提出"一则当来无大紧要，骤有谋杀，似不近人情"的疑点。在考察行为人与被害人之间无紧要矛盾的事实基础上，衡量出原审判词中所认定的共同谋杀超乎情理，以此发现蹊跷。"只争一行字"，就是否存在杀人故意的情节予以进一步调查和证实，以求量刑与犯罪事实、犯罪情节相适应，在犯罪行为得到惩戒的基础上亦充分保障行为人的合法权益。

我国现代刑法对罪刑相适应原则予以明确，即刑罚的轻重应当与犯罪分子所犯罪行和承担的刑事责任相适应。对犯罪的主观恶意程度、行为手段、犯罪过程、犯罪结果等因素的综合考量，会对量刑结果具有重要的影响，即使是相同的犯罪结果，刑罚裁量亦会因上述犯罪构成要件的具体认定而有所不同。原情定罪的原则即要求对具体的犯罪要件作出具体的查明，尽可能还原犯罪事实，实现刑罚裁量与犯罪行为、犯罪性质的对应。赏罚分明又法度审明，国家权力才会得到尊重而不被侵犯。② 惩戒犯罪行为关乎司法威严，而忠于事实情节量刑、保障行为人的合法权益合乎以人为本的治国之道。

2. 无证为疑：据证以寻本

文天祥对原判词中仅凭行为人自述即定罪的情形，提出"杀人无证，只据三人自说取，安知不是捏合"的疑问，与现代刑法口供补强规则一脉相承。文天祥注意到原判词中"杀人无证"的事实调查结果，更加重视口供的真实性及形成的合法性。在原判词已然不具破绽的情况下，将再次提审设置为"是密封来，忽然而往，人所不觉"，排除人为干扰、力求真实客观，体现出对作为孤证的口供的严谨求证。极力

---

① 参见柳正权：《中国古代定罪原则的法文化分析》，《武汉大学学报》第65卷第6期。
② 参见唐从祥：《浅论罪刑相适应原则及意义》，《法制与社会》2021年第24期。

排除行为人蒙冤受屈及司法人员滥用职权的可能,为含冤者提供道出真相的机会与条件,翻供即平反,疑罪从无。此为审理智慧,承载仁政之道。

口供补强规则在我国现代刑法中有所确立,即只有被告人供述没有其他证据的不能认定被告人有罪和处以刑罚,体现出对公民权利的保障和对公权力的制约,同时也是对司法威严的维护,此为立法智慧。口供需要补强,主要基于两方面的考虑:一是防止误判,二是防止偏重自白。① 口供作为一种言词证据,易受意志影响及外界影响而发生变化。要求对口供进行补强,既是对事实查明的要求,尽可能还原事实真相,亦是对供述人的保护,防止刑讯逼供,促使询问人员更加注重口供的真实性和询问手段的合法性;还是对司法威严的保障,防止因翻供而陷于定罪无据的状态,以求达到"犯罪事实清楚,证据确实充分"的证明标准。如果说防止产生误判是出于刑事诉讼实体公正的考虑,那么防止偏重自白则更偏重于程序的公正。② 充分保障行为人的合法权益,才可以更好地追求实体公正与程序公正的整体实现。

3. 罪疑惟轻:谨析以慎罚

判词对各行为人的犯罪行为、犯罪动机、主观故意等进行综合考量和层层推理,与现代刑法主客观相统一原则如出一辙。纵观判词论述过程,"施斧于胁肋之间"为"下手重者",然"其不用斧之锋""是殆非甚有杀心者"。结合各行为人的犯罪动机、行为轻重,准确叙述事实,充分推理论证,继而遵照刑律规定,划分主、从犯量刑等级,终得公正裁判。《礼记正义》载有:"附从轻者,附谓施刑。施刑之时,此人所犯之罪在轻重之间,可轻可重,则当求可轻之刑而附之,则罪疑惟轻是也。"穷尽事实调查,综合考量主、客观两个维度的犯罪构成,对同样的犯罪结果,划分不同的责任与量刑,是为"仁政精神",

---

① 宋英辉:《日本刑事诉讼法简介》,中国政法大学出版社2000年版,第30页。
② 参见徐美君:《口供补强规则的基础与构成》,《中国法学》2003年第6期。

亦为充分衡量主观故意与客观行为的统一。

　　主客观相统一原则不仅是理念性的定罪的基本原则，更是定罪在刑事司法适用中实际衡量尺度和载体实现的刑事证明标准的基本原则。[①] 犯罪构成要件、犯罪性质、犯罪形态等，均须遵循该原则以认定，区分犯罪性质、明确刑罚裁量，贯穿定罪量刑始终。在量刑上，必须在充分考虑与尊重主客观要件的前提下，把所有"非要件"的主客观因素都纳入这一原则之下通盘考量，以准确确定行为人应当科处的刑罚的质与量。[②] 涵容不同层面的主观动机和客观行为以立法。文天祥察微析疑原情定罪的判词对刑律的适用侧面印证出宋代已经具备细致的立法技术，以审慎态度裁量刑罚的态度亦显现出主客观相统一原则在刑律发展中的重要地位，尤其是在主观因素与客观因素相分离的情况下，主客观相统一原则使刑事责任的实际追究更趋合理。

（戴逸婷　上海市黄浦区人民法院）

　　[①] 参见聂立泽、苑民丽：《主客观相统一原则与刑事证明标准的层次性研究》，《法学评论》2011 年第 2 期。

　　[②] 参见聂立泽：《主客观相统一原则的生成与内涵》，《现代法学》2003 年第 25 卷第 1 期。

四、范西堂守令亲民

原文

因奸射射

判者范西堂

祖宗立法，参之情理，无不曲尽。倪拂乎情，违乎理，不可以为法于后世矣。临桂黄渐，窃衣缝掖，以小学为生，侨寓永福，依于陶氏之家，携妻就食，贫不获已，此已可念。寺僧妙成与主人陶岑互相衣物，遂及其妻，因谓有奸。尉司解上，县以黄渐、陶岑与寺妙成各杖六十，其妻阿朱免断，押下军寨射射。此何法也？黄渐有词，县司解案，并追一行供对，与所诉同。如此断事，安能绝讼。在法：诸犯奸，徒二年，僧道加等。又法：诸犯奸，许从夫捕。又法：诸妻犯奸，愿与不愿听离，从夫意。今黄渐即不曾以奸告，只因陶岑与寺僧交讼，牵联阿朱，有奸与否，何由得实。捕必从夫，法有深意。黄渐即非愿离，县司押下射射。淫滥之妇，俾军人射以为妻，此固有之。当职昔在州县，屡尝施行。第三人以上方为杂户，或原来无夫，或夫不愿合，无可归宿之人，官司难于区处，方可为此。未闻非夫入词，而断以奸罪，非夫愿离，而强之他从，殊与法意不合。若事之暧昧，奸不因夫告而坐罪，不由夫愿而从离，开告讦之门，成罗织之狱，则今之妇人，其不免于射者过半矣。况阿朱有子，甫免襁褓，使之分离，遽绝天亲，夫岂忍为！数岁之子，贫而无恃，虽曰从公，焉保其生。以政事杀民，此其一耳。寺僧犯奸，加于常人可也，今止从杖罪。妇人和奸，从徒二年可也，今乃免断。妇断，寺僧减降，不妨从厚，胡为黄渐与之同罪？胡为阿朱付之军人？重其所当轻，而轻其所当重，为政如此，非谬而何？守令亲民，动当执法，舍法而参用己意，民何所凭？家人一卦，古今不可易之理也。凡人有家，当日置于座侧。然必于天下之家道，尽合乎《易》之"家人"，比屋可封矣，岂复有男女之讼更至官府。《礼运》之说，亦前圣之格言，夫人食味，别声，被色，而生斯世，岂容不知？然断天下之讼，尽于舍法而用礼，是以周公、孔子之道，日与天下磨砻浸灌，为羲皇之世矣。两造具备，岂复有人。敕令格式之文不必传，详定一司之官不必建，条法事类之书不必编，申明指挥之目不必续，文人儒士固愿为之，何待武弁始知有此。圣王垂训，所以经世，祖宗立法，所以治讼，二者须并行而不悖也。县司此断，悉由簿尉，非长官而受白状，非所司而取草欸，俱为违法。行下取问承吏张荫、刘松，必有取受，本合送勘，今且免行，各从杖一百。阿朱付元夫交领，仍责立罪状，不许再过永福，如违，先从杖一百。妙成照本县已行，押下灵川交管。

——《名公书判清明集·卷十二·惩恶门》[①]

注释

【范西堂】范应铃（1174—1243），南宋隆兴丰城（今属江西）人，字旂叟，号西堂。开禧元年进士。《宋史·范应铃传》称："应铃开明磊落，守正不阿，别白是非，见义必为，不以得失利害动其心。""所至无留讼，无滞狱。""夙兴，冠裳听讼，发摘如神，故事无不依期结正，虽负者亦无不心服。""家居时，人有不平，不走官府，而走应铃之门；为不善者，辄相戒曰：'无使范公闻之。'"

【射射】是南宋时期一项特殊的法律制度，将犯了奸罪的妇女送到军营中与士兵婚配。一般情况下，士兵们比赛射箭，谁射得准，谁就为婚配对象。

---

① 原始文献详参中国社会科学院历史研究所隋唐五代宋辽金元史研究室点校：《名公书判清明集》，中华书局1987年版，第387页。

【曲尽】曲尽其妙,曲折深入地将其奥妙处都表达出来,形容表达的技巧很高明。《文选·陆机〈文赋〉》:"他日殆可谓曲尽其妙。"吕向注:"委曲尽其妙道矣。"

【傥[tǎng]】表示假设,倘若。

【临桂】唐贞观八年(634)改始安县置,为桂州治。治所即今广西桂林市。以临近桂江为名。南宋绍兴三年(1133)为静江府治。

【窃衣缝掖】窃衣,为窃衣取温,比喻以不正当手段获益。北齐颜之推《颜氏家训·省事》:"以此得官,谓为才力,何异盗食致饱,窃衣取温哉!"缝掖,大袖单衣,古儒者所服,亦指儒者。《后汉书·王符传》:"徒见二千石,不如一缝掖。"李贤注:"《礼记·儒行》:'孔子曰:"丘少居鲁,衣逢掖之衣。"'郑玄注曰:'逢犹大也。大掖之衣,大袂单衣也。'"

【小学】犹小道,谓琐屑之学。

【永福】永福县,唐武德四年(621)分始安县永福乡置,因以为名。治今广西永福县。

【就食】谋生。

【不获已】不得已。

【此已可念】已经是可怜。

【互相衣物】发生财务纠纷。

【区处】处理;筹划安排。

【告讦】责人过失或揭人阴私;告发。《汉书·刑法志》:"化行天下,告讦之俗易。"颜师古注:"讦,面相斥罪也。"

【天亲】指父母、兄弟、子女等血亲。《隋书·杨庆传》:"吕布之于董卓,良异天亲。"

【从公】秉公办理。

【从徒】按徒刑处理。

【胡为】为什么。

【参用】间杂而用;兼用。

【家人一卦】指《易经》中的家人卦，引申为家庭和睦。

【比屋可封】意思是在尧舜时代，贤人很多，差不多每家都有可受封爵的德行。比喻社会安定，民俗淳朴。也形容教育感化的成就。

【夫人食味，别声，被色】人是因能分辨味道、声音和颜色而存在的。此句出自《礼记·礼运》："人者，天地之心也，五行之端也，食味、别声、被色而生者也。"含义为由于人有这种种来自本原的力量，所以能够探究天地万物的奥秘，寻找其真理。

【磨砻浸灌】切磋浸染。形容勤学苦练，始终不懈。

【羲皇】伏羲氏。

【申明指挥】宋代法律术语。申明，指中央主管官署就某项法令所作的解释。解释刑统的，称"申明刑统"；解释敕的，称"申明敕"。"申明"也具有法律效力。指挥，指尚书省和中央其他官署对某事所作的指示或决定，对以后同类事件具有约束力，往往与敕、令并行。

【何待】用不着。

译文

因奸射射

审判人范西堂

过往在立法时参考情理，每条规定都是周密详细的。如果不合乎情，违背了理，后世就不能以它作为法律了。临桂县有名叫黄渐的人，混入读书人队伍以琐碎的工作为生，侨居在永福县，带着妻子阿朱在陶岑家中寄居，穷得不行，已经很可怜。有个寺里的僧人妙成与陶岑发生财务纠纷，于是牵连到黄渐的妻子阿朱，阿朱被告与妙成通奸。县尉将妙成、陶岑等人押到县府内，县官判决黄渐、陶岑、妙成各杖六十，阿朱押下军寨为军人之妻。这算什么法律啊！黄渐不服这项判决，上诉到州府。州府并且追加一行人用来对质，他们都和黄渐的起诉内容相同。这样审判案件，还怎么能达到消减案件的效果呢？法律规定："犯通奸罪的，服劳役刑两年；如果犯人为僧人道士，处罚加倍。"依照法律规定："犯通奸罪的，允许由丈夫抓捕。"又有法律规定："妻子犯通奸罪的，离不离婚要根据丈夫的意愿。"而现在黄渐未曾以犯奸罪名控告妻子阿朱，只是由于陶岑和妙成二人打官司牵涉到阿朱，是否有通奸的行为，哪里能得到确认？之所以抓捕通奸必须要丈夫发起，法律有它的深意。黄渐不愿与其妻阿朱离异，而县司判决将阿朱押下军寨为军之妻。对于淫荡之妇，将其判处由军人射以为妻，这种判例是一直有的。我在州县任职时，也曾多次施行过。法律上说，和三人以上通奸才贬为杂户，或者原本没有丈夫，或者她的丈夫不愿意和好，没有可以生活去处的人，或者打官司难于处理的，才能这样做。从来没有听说过不是由丈夫起诉而以通奸罪来审判的，丈夫不愿意离婚，而强迫他们遵从离婚判决，这并不符合法律与情理。而如果事情不明，不是因为丈夫起诉而判通奸，不是因为丈夫的意愿而离婚，这就是打开了告发的大门，成为了罗织罪名的判决，那么当今妇女，免不了有一半可以判到军寨去了。更何况阿朱已经生育一个孩子，孩子刚离开襁褓，让他们母子分离，突然断绝母子血缘关系，怎么忍心这样做！只有几岁大的孩子，贫穷无所依靠，即使是号称秉公处理，又怎么能保证他的生活？以政事杀害百姓，这就是一个例子。如果寺僧妙成确实有通奸行为，据法律规定应当加重处罚，而今却只判处杖刑的轻罪。妇女犯通奸罪，可以判处二年徒刑，现在免罪。如果妇女免罪，寺僧减轻处罚，是从宽判处的话，为什么黄渐没有犯罪行为，竟也同样被决杖六十？为什么将阿朱判给军人？该重罚的轻判，该轻罚的重判，这样的为政行为，不是太荒唐了吗？守法爱民的官员，常常执行法律，舍弃法律而夹杂自己的意思，老百姓又凭靠什么呢？家庭和睦是古今不可改变的道理。凡是人有家室的，每日皆是要团聚的。所以天下的家道，都合乎《易经》上的家庭和睦之道，怎么还会有男女的事情要诉讼到官府的？《礼运》篇的说法，同样是以前圣人的格言：人是因能分辨味道、声音和颜色而存在的，生活于人世间，这样的道理又岂能不知？然而审判天下的案件，若都舍弃法律而用礼制，这样周公、孔子的大道，每天与天下人切磋学习、耳濡目染，那就成了上古的治世了，还有什么人会成为原被告呢！这样就不必传敕令格式的文件，不必详细确定一司的官职，不必编条法事类的书籍，不必补充法律解释的条目，文人儒士都愿意这样做，也用不着依靠武官了。所以圣王宣扬的教导，是治理国事的办法，祖先所订立的法律，是治理案件的办法，二者要并行而不相违背。又据查，本案在县府并未经过知县审理。而仅由县簿、县尉判决，审理此案者并非长官本人，作出判决的亦非具有职权之人，显系违法，一定是承办此案的官吏张荫、刘松，受人贿赂，所以应该严加查办；就每个人决杖一百，不再追究。阿朱交给原来丈夫黄渐领回但其罪行仍须记录在案，禁止其以后再在永福出现，如有违反，决杖一百后再加议处。寺僧妙成仍旧依照县里的判决处理判罚，押到灵川县关押。

解析：法理情之间的关系平衡的实践探索

《因奸射射》是南宋判词辑录《名公书判清明集》中收录的一个案例。通过该案的二审裁判，范西堂所写的判词让我们充分领略其对于法治、礼治、人情及三者关系的省察与把握，让我们充分体会了何为"守令亲民，动当执法"，何为"重其所当轻，而轻其所当重"。[①] 更为甚者，从该判词中所引申出对司法裁判方法论的实践意义，对于我们今天的司法裁判也具有重要的价值。

1. 司法裁判的首要依据是"法"

范西堂在《因奸射射》的判词中指出，按法："诸犯奸，徒二年，

[①] 李广宇：《别白是非有范公——〈判词经典〉之十六》，《人民法院报》2020年11月13日。

僧道加等"，且"诸犯奸，许从夫捕"。又据法："诸妻犯奸，愿与不愿听离，从夫意。"本案中的一审判决违反了明确的法律规定，即"诸犯奸，许从夫捕；诸妻犯奸，愿与不愿听离，从夫意"。意即各种奸情，应由丈夫抓捕。妻子犯奸情，是否离婚，也要根据丈夫的意愿决定。一审案件中阿朱的丈夫黄渐没有起诉，怎么就径行判决阿朱的奸情了呢？更为甚者，适用"射射"的前提条件是"第三人以上方为杂户，或原来无夫，或夫不愿合，无可归宿之人，官司难于区处，方可为此"。意即女子和三人以上通奸，且没有丈夫或丈夫已不愿再与之生活，她也没有归宿之处才用"射射"之法。一审案件中阿朱只和两个人通奸，且其夫黄渐也还愿意和她一起生活，怎么就适用"射射"的法律了呢？显然，一审未适用如此明确的法律，审案子的人也决不会明目张胆地不适用生效的法律，一定有自己的"正当"理由。一审的理由看起来非常正当：维护礼教、打击伤风败俗，阿朱这样的人就应该严惩。① 诚如范西堂指出："守令亲民，动当执法，舍法而参用己意"是错误的根源。所谓"己意"，是"礼运之说"，但礼与法的功用毕竟不同，"圣王垂训，所以经世，祖宗立法，所以治讼，二者须并行而不悖也"。断天下之讼，成于礼法并用；"断天下之讼，尽于舍法而用礼"。②

范西堂在另一起"主佃争墓地"案的判词中感慨道，"世降俗薄，名分倒置，礼义凌迟"。纯粹依靠圣王垂训、周孔之礼来治理国家显然过于理想，必须仰仗国家法律，如马本斋在判词中强调："世降俗薄，私欲横流，何所不至，所藉以相维而不乱者，以有纪纲法度耳。"③

由此可见，"有法必依"法治社会建设的关键因素，更是司法裁判的首要考量因素。司法裁判绝不能"舍法而参用己意"。此处的"己意"在当下便可以引申为法律之外的因素。同时，依"法"裁判亦不

---

① 周恺：《因奸射射》，《民主与法制》2016年第11期。
② 李广宇：《别白是非有范公——〈判词经典〉之十六》，《人民法院报》2020年11月13日。
③ 潘萍：《释法说理：〈名公书判清明集〉中的裁判法理》，《法学》2022年第9期。

能将法条割裂，而应遵循所依之"法"的规范目的。该案中县判看似合法，其实只是合乎了法律中的一条，即"诸犯奸，徒二年，僧道加等"，而明显违反了"诸犯奸，许从夫捕；诸妻犯奸，愿与不愿听离，从夫意"。任何一部法律规范理应是一个体系，司法者适用法律顾此失彼，则必"与法意不合"，其后果必会"成罗织之狱"。

2. 司法裁判不能机械司法

范西堂通过"因奸射射"一案的判决，申明了一条原则："祖宗立法，参之情理，无不曲尽。倪拂乎情，违乎理，不可以为法于后世矣。"意即，法律是祖宗们在体悟天地规则、参照情理的基础上制定的，如果法律违背天理人情势必为恶法。同理，在司法裁判过程中，弃法中之天理人情于不顾而机械司法，势必亦为从"恶"。范西堂在判词中参之情理之处亦有体现，"况阿朱有子，甫免襁褓，使之分离，遽绝天亲，夫岂忍为！数岁之子，贫而无恃，虽曰从公，焉保其生。以政事杀民，此其一耳"。

可见，法治不仅仅是一种遵循，一种行为准则，也是一种追求，更应该是一种生活方式。所以法治社会中的"法律不仅包含有人的理性和意志，而且还包含了她的情感，她的直觉和献身，以及她的信仰"①。而唯有当外在的法律诉之于人性伦理，符合人的心理或情感，并从内心敬重法律、信仰法律时，法律才真正找到属于自己的根，并发挥作用。同理，司法裁判的过程，便是法治的实现过程，裁判者在法律的适用中融天理人情于其中，亦是杜绝机械司法的表现，更是对"祖宗立法，参之情理，无不曲尽。倪拂乎情，违乎理，不可以为法于后世矣"的体现。

3. 司法裁判要着力解释法律

从《因奸射射》一案的判词中，除了司法裁判的首要依据是"法"

---

① 〔美〕哈罗德·J. 伯尔曼：《法律与宗教》，梁治平译，生活·读书·新知三联书店 1991 年版，第 28 页。

以及不能机械司法，我们可以引申出，在尊重实定法的前提下，司法裁判更要着力解释法律，将不完美的法律解释成完美的法律。法律是抽象的规范，成文法是文字的表述，但并非仅凭文字就能发现法律的全部真实含义①。因为语言文字会使其产生模糊性，"当语言能力不足以认识到一项表达是否适用于已知的事实的时候即是如此"②。是故，法律的适用离不开法律解释。"法律之解释不啻予法以生命，无解释则法律等于死文，毫不发生作用"③，而只有通过解释，法律"才能阐发其真实的意蕴，才能应对社会之无穷变幻，才能在司法过程中与个案结合起来进而实现其目的"④。

也正是在此种意义上，法律的解释是人们为了保证法律的正确适用而理解、选择、决定法律条文含义的过程⑤。解释者对法律的解释是建立在各自的"图式"基础上的，各自对法律的"前见"造成法律解释的复杂性。因而不同的"图式"便最终形成不同的解释立场。很多情况下，立场可能会决定解释者如何针对个案进行具体的法律解释，但事实上，法律解释中的立场问题或者说其立场选择问题，并非是绝对的、一成不变的。持客观解释论立场的解释者可能也会采用主观解释的方法在具体的个案中寻求解释结论的合理性，反之亦然。同理，形式解释和实质解释则更像是一种学术标签，并不能得出实质解释就一定要比形式解释更加突出、其解释结论就更加合理，反之亦然。之所以会在法律解释上呈现出上述情形，概因解释主体、解释对象以及解释目的的差异使然。

当前，就个案而言，在司法实务中的解释结论和学理解释结论之间，解释立场的选择往往并不相同，甚至大相径庭。或许只能遵循

---

① 张明楷：《罪刑法定与刑法解释》，北京大学出版社2009年版，第2页。
② 〔英〕蒂莫西·A. O. 恩迪科特：《法律中的模糊性》，程朝阳译，北京大学出版社2010年版，第13页。
③ 张小虎：《对刑法解释的反思》，《北京师范大学学报（社会科学版）》2003年第3期。
④ 舒洪水、贾宇：《刑法解释论纲》，《法律科学（西北政法大学学报）》2009年第5期。
⑤ 参见陈忠林：《刑法的解释及其界限》，载赵秉志、张军主编：《中国刑法学年会文集：刑法解释问题研究》，中国人民公安大学出版社2003年版，第42页。

"法律概念本身只有当它处于与它有关的条文概念整体之中才显出其真正的含义,或它所出现的项目会明确该条文概念的真正含义"[①]。不过,可以肯定的是,选择何种立场进行法律解释,最终可能往往取决于案件中问题的处理,而现实司法实践中案件的复杂性便不是任何一种立场就能够把握和解决的。或许,最终合理妥当地解决案件中的问题可能才是最终的司法裁判立场,而所谓的司法裁判方法论或许也正是在此意义上才具有实践价值。

(徐世亮、赵拥军 上海市徐汇区人民法院)

[①] 〔法〕亨利·莱维·布律尔:《法律社会学》,许钧译,上海人民出版社1987年版,第70页。

五、张咏宽饥民

原文

张咏守余杭，时方歉凶，饥民多犯盐禁。咏无问多少，皆笞而遣之，由是犯者益众。逻捕者群入白咏，以为乱国法。咏怡然纳之。遂留夜饮，因自行酒，谓之曰："钱塘十万户，饥者八九，苟不以私盐自活，忽焉螽螘屯炽，以死易生，则诸君将奈何？吾止仵秋成，则绳之以法。"坐者皆服其言，至有泣下者，烛屡跋乃罢。是岁至秋，杭无盗贼，民命以济。

又有民家子与姊之赘婿争家财者，婿诉曰："妻父遗命，十之七归婿，三与子。手泽甚明耳。"咏竦然，命酒酹之，谓其子曰："尔父可谓有智者矣。死之日，尔甫三岁，故托育于婿也。若尔有七分之约，则尔死于婿之手矣。今当七分归尔，三分归婿也。"其子与婿皆号泣，再拜而去，人称神明焉。

——《儒林公议·卷上》①

注释

【张咏】（946—1015），北宋濮州鄄城（今属山东）人，字复之，自号乖崖。北宋名臣，犹以治蜀著称。

【行酒】依次斟酒。

【螽［zhōng］螘［yǐ］屯炽】螽，蝗虫。螘，同"蚁"。屯炽，

---

① 原始文献详参《儒林公议》，中华书局2017年版，第40页。

旺盛聚集貌。

【绳之以法】根据法律制裁。《后汉书·冯衍传》："以文帝之明，而魏尚之忠，绳之以法则为罪，施之以德则为功。"

【烛屡跋】蜡烛几次要点完。跋，通"茇"，原指草烛的根部。《礼记·曲礼上》："烛不见跋，尊客之前不叱狗，让食不唾。"

【赘婿［xù］】即赘婿。指就婚、定居于女家的男子。以女之父母为父母，所生子女从母姓，承嗣母方宗祧。秦汉时赘婿地位等于奴婢，后世有所改变。《史记·秦始皇本纪》："发诸尝逋亡人、赘婿、贾人略取陆梁地，为桂林、象郡、南海，以适遣戍。"裴骃《集解》引臣瓒曰："赘，谓居穷有子，使就其妇家为赘婿。"

【手泽】犹手汗。后多用以称先人或前辈的遗墨、遗物等。《礼记·玉藻》："父没而不能读父之书，手泽存焉尔。"孔颖达疏："谓其书有父平生所持手之润泽存在焉，故不忍读也。"

【竦然】恭敬貌。

【酹［lèi］】把酒洒在地上表示祭奠或起誓。

【再拜】古代一种隆重的礼节，先后拜两次，表示郑重奉上的意思。

译文

张咏到余杭上任，当时余杭正逢灾年歉收，很多饥民都触犯了朝廷禁止私人贩盐的规定。张咏不问他们贩盐的多少，都处以笞罚后释放。因此触犯盐禁的人越来越多。巡逻搜捕的小官吏到郡府来告诉张咏，说这样做是扰乱国家的法律。张咏很高兴地听取了他们的意见，就把他们留下来一起用晚餐，而且亲自给他们斟酒，对他们说："钱塘江两岸十万户人家，十之八九都是饥民，如果不靠私人贩盐养活自己，有一天他们忽然聚集起来造反，拼死求生，那你们怎么办？我只要等到秋天庄稼成熟，到那时我就用法律约束他们。"听了这些话大家都口服心服，甚至有因此而流下眼泪的，此番夜聚甚久，蜡烛几次都要点完了才止息。这年一直到秋天，余杭都没有出现过强盗，百姓也因此得以活命。

又有百姓家儿子与姐姐的赘婿争夺家产，赘婿诉告说："岳父留有遗言，家产的七分给他，三分留给儿子，这些在遗书上写得很明白。"张咏恭恭敬敬地命人倒酒，对这家的儿子说："你父亲可以说是个智者。他死的时候，你才三岁，所以把你托付给自己女婿。倘若当时你有七分家产，那么你早就死在女婿之手了！现在应该七分家产归你，三分家产归这个赘婿。"这个儿子和赘婿听后都大哭起来，连拜而去。人们都称张咏为"神明"。

解析：宽严相济中的情理兼顾

余杭地方官张咏未按国法治罪因歉收而私自贩盐的饥民，而是一律从宽处理。面对感到不解的其他官员，张咏动之以情，晓之以理，并承诺待饥民秋收后再按国法约束。百姓因此得以维系生计，渡过难关，社会秩序未陷入混乱。这则案例说明，宋代官员在具体司法过程中重天理、人情，贯彻宽严相济、情理兼顾的法律思想，根据案件具体情况有宽有严，平衡法与情理，追求司法效果与社会效果的统一。

1. 司法的尺度——"宽严相济"

纵观源远流长的中国古代法制史，刑罚适用应当宽和严相结合的记载很早就出现了。《尚书·吕刑》有云："轻重诸罚有权，刑罚世轻世重。"《周礼·秋官司寇·大司寇》有载："一曰刑新国用轻典，二曰刑平国用中典，三曰刑乱国用重典。"这两句都意指刑罚的轻重具有灵活性，可以根据社会情况的变化作适当调整，以达到刑罚制裁效果和社会治理效果的统一。《唐律疏议》中就有关年老疾病者宽大处理规定,八十以上及笃疾者的死罪须"上请",《宋刑统》在《唐律疏议》的基础上,又增设内容:"八十以上及笃疾人有犯十恶死罪、造伪、劫盗、妖讹等罪至死者,请矜其老疾,移瓢僻远小郡,仍给递驴发遣。"而在贼盗刑罚方面,因宋代较为激烈的社会阶级矛盾,《宋刑统》除照录《唐律疏议》中的诸多条款,还增录了敕文,加重对贼盗的制裁。

新中国成立以来,我国刑事政策经历了从"镇压与宽大相结合",到"惩办与宽大相结合",再到"严打"的过程。随着依法治国、构建社会主义和谐社会治国方略的确立,我国在刑事工作的新形势下,提出了宽严相济的刑事政策,其内涵是宽和严的区别对待、相互结合,其基本内容是"该严则严,当宽则宽;严中有宽,宽中有严;宽严有度,宽严审时"。[①] 宽严相济刑事政策对我国刑事立法、司法及刑罚执行方面具有重要指导作用,直接反映在此后历次刑法修正过程中。比如,2015 年的《刑法修正案(九)》进一步限制死刑的适用,增加贪污受贿犯罪的从宽情节,同时加强对恐怖主义犯罪、贪污受贿犯罪、行贿犯罪的制裁力度。宽严相济刑事政策实施十余年来,我国犯罪治理效果明显,社会秩序良好,人民群众的安全感大幅提升。

2. 司法的温度——"情理兼顾"

无论古今,在中国人的法律观念中,天理、国法、人情三者不可分离,只是在各自具体表现和相互关系上存在不同。天理,也被称作天道、道理,是中国古人对自然法则和社会规律的抽象概括。在儒法结合之下,中国古代社会治理是天理、国法、人情整合而治。天理是评价国法好坏的标准,国法渊源于天理、以天理为最高依据;人情必须受到国法的控制和矫治,国法对人情的矫治和控制必须顺人情而为;天理来源于人情、天理的内容就是人情(民情民心)。[②] 古代官员在具体判案时,并没有把法作为必须适用的规范,而可以依情理判案,从

[①] 马克昌:《宽严相济刑事政策研究》,清华大学出版社 2012 年版,第 75 页。
[②] 邓勇:《试论中华法系的核心文化精神及其历史运行——兼析古人法律生活中的"情理"模式》,吉林大学法学博士学位论文,2009 年。

而纠正或弥补国法的不足,这在很大程度上是受儒家思想的影响,表达了古代官员维护儒家价值观的政治追求。中国古代情理法观念在漫长的封建历史中流淌,在维护古代社会和谐稳定方面起到了重要作用。

3. 司法的宽度——"良法善治"

近现代以来,法治成为时代的主流,中国古代的情理法观念因其历史局限性,已无法适应中国发展的新要求。如今,我国确立了全面依法治国的基本方略,总目标是建设中国特色社会主义法治体系,这是全体中国人民意志的体现,是中国特色社会主义事业发展的需要。在现代中国,法治精神已深入人心,但这并不意味现代与传统的完全脱离,情理是法律的基础,法律是情理的升华,情与理作为中华文化中的重要精神,在新时代被赋予新的内涵,促进现代中国法治。在立法层面,应当考虑情理,制定"良法",包括遵循现代社会规律,尊重人民群众普遍的善良道德风俗和生活逻辑,体现公平正义的价值观。在司法层面,应当平衡情理,实现"善治",这既不是机械地适用法律规则,也不是简单地推演情理逻辑,而是综合全局,追求两者的平衡。如此,人民群众才会在具体司法过程中既感受到法律的公平正义,又感受到法治的人文关怀。

(刘杰　上海市黄浦区人民法院)

六、查账杀巨贪

原文

董枢,真定元氏人。……太祖乾德初,迁主客员外郎。……三年,出兼桂阳监使。……枢罢桂阳监,以右赞善大夫孔璘代之。……岁满,以太子洗马赵瑜代之。……瑜至,即称疾,遂以著作郎张侃代之。侃至月余,奏瑜在任累月,得羡银数十斤,虽送官而不具数闻,计枢与璘隐没可知矣。诏下御史案之,狱具。

有司计盗赃法,俱当死。太祖曰:"赵瑜非自盗,但不能发擿耳。"枢、璘并坐死,瑜决杖流海岛。擢侃为屯田员外郎。

——《宋史·董枢传》①

注释

【元氏】西汉置,为常山郡治。治所在今河北元氏县故城。北宋属真定府。

【乾德】宋太祖年号(963—968)。

【主客员外郎】官名。为主客郎中之副,与主客郎中共掌接待外国朝见使臣等。

【监使】宋朝地方行政区划监的长官。职掌与知州、府事略同,选京朝官及阁门祗候以上武臣充任。或称知监事,简称知监。

【右赞善大夫】太子右赞善大夫,宋初为五品寄禄官。

---

① 原始文献详参《宋史》,中华书局1985年版,第9278—9279页。

【太子洗马】宋朝五品寄禄官。

【著作郎】北宋前期为寄禄官。

【羡银】剩余的银两。

【有司】官吏。古代设官分职，各有专司，故称。《尚书·大禹谟》："好生之德，洽于民心，兹用不犯于有司。"

【发摘[tī]】揭发；举发。《后汉书·韩棱传》："棱发摘奸盗，郡中震慄，政号严平。"

【擢[zhuó]】提拔。

【屯田员外郎】北宋初为六品寄禄官。

译文

董枢是真定府元氏县人。宋太祖乾德初年（963），迁任主客员外郎。乾德三年，出兼桂阳监使。等到董枢罢去桂阳监使，朝廷以右赞善大夫孔璘出任。孔璘任届岁满，朝廷又任命了太子洗马赵瑜。赵瑜到任不久，便称身体有病，朝廷马上派著作郎张侃来代任。张侃上任一月有余，就发现问题，向朝廷上奏章报告说，赵瑜在任内数月得到账目中多出来的银子数十斤，虽都送还官府，但没有上报具体数目和情况，估计董枢和孔璘在数年任内肯定吞没了大量银两。朝廷下诏，要御史台负责审理此案。等到审理结案，御史台根据盗赃法，三人都要被处死刑。太祖看了案卷后说："赵瑜不能算自盗，但没有揭发他人贪赃。"最后，董枢、孔璘都被处死，赵瑜杖刑之后流放海岛。而张侃被提升为屯田员外郎。

解析：惩治贪腐中的"罪刑相适应"

"张侃查账杀巨贪"是一个宋太祖严惩官员贪腐，并力求"罪刑相适应"的案例，在此案例中也反映了宋太祖"罪刑相适应"的刑事司法理念。

1. 借鉴"重典治吏"反腐败制度

奉行"重典治吏"是宋太祖时期反腐败立法的显著特点。《宋刑统》是宋太祖时期惩治腐败犯罪最主要的法律规定。宋太祖一朝制定了较为完备的惩治官吏腐败犯罪的法律条文，将腐败犯罪的各种表现形式都纳入了法律法规的范畴，使得官吏腐败犯罪有法可依。五代时，官吏贪腐之风盛行，法制遭到严重破坏，百姓苦不堪言。宋太祖作为宋朝的创建者，亲历了前朝的覆亡。为了防止重蹈前朝覆辙，其不仅制定了严密的预防官吏腐败的制度，还实行重惩贪赃官吏的方针，极力打击官吏腐败犯罪。案例中，董枢和孔璘都因为贪腐行为而被处以死刑。作为二人的继任者，赵瑜因未举报前任的账目问题，差点也被处死，可见打击力度之大。同时，宋太祖亦因"赵瑜非自盗"而减轻了赵瑜的刑罚，由死刑减为杖配海岛。

尽管时代已经发生了巨变，但当下仍可借鉴《宋刑统》关于腐败犯罪的法律条文，将腐败犯罪类型及表现形式进一步完善，完备反腐败法律体系。在大力加强反腐败制度建设，完善反腐败立法的同时，做到执法必严，使对国家公职人员的一切腐败犯罪行为的惩处都能找到明确的法律依据并得到严格执行。

2. 实现"罪刑相适应"

在宋太祖一朝，对于贪官污吏，往往只要官吏贪赃，基本上是不论情节轻重，一概处死。在如此不计贪赃数额、"重典治史"的背景下，宋太祖对本案例中的赵瑜，仍然给出了"赵瑜非自盗"的定性，罚当其罪。这是"罪刑相适应"原则在中华法系历史长河中的典型适用。罪刑相适应原则的具体要求是，刑罚既要与犯罪性质相适应，又要与犯罪事实、危害结果、犯罪情节相适应。法令是为了惩罚犯罪，威慑犯罪行为。春秋战国时期法家主张"以法立国，以法强国"，同时也提出"赏罚分明",法家的思想对于国家统一,对国家法令制度的建立起到了重要作用。对于中华法系的研究也需要以唯物主义辩证法的观点进行分析,每一个时代有每一个时代的法律制度与法制思想,那么对于其历史的存在要"一分为二"地进行分析,也可以探索使用"多维度"立体思维即结合历史空间、历史偶然与必然因素、历史发展的规律、人类文明发展阶段等因素进行解析与挖掘。重罪重判,轻罪轻判,罚当其罪。显然,从犯罪事实、危害结果、犯罪情节上看,赵瑜应承担的罪责,远轻于董枢、孔璘的。对贪腐犯罪,不计赃量刑,是由当时特殊的时代背景决定的,而不能认为是当时的刑法不贯彻罚当其罪。考察宋朝时致人死亡犯罪的定性和量刑,就可见一斑。故杀,指故意剥夺他人生命的行为。知而犯者,谓之故。故杀人者,皆斩。斗杀,指行为人本无心杀人,只是在斗殴中不慎致他人死亡的行为。斗杀,处绞刑。误杀,即行为人虽有意杀人,但所杀之人本应是甲,却杀死了乙。误杀,流三千里。戏杀,即无杀人之意,只因于互相戏耍中致他人死亡。戏杀,徒二年。过失杀,指行为人无杀人之意,但因"耳目所不及,思虑所未至",而致他人死亡。过失杀一般都依照故杀应得真刑而赎。

罪刑相适应原则也是我国现行刑法中规定的重要原则之一。在刑事司法中全面贯彻罪刑相适应思想,对于公平与正义的实现,无疑是至关重要的。

3. "恶之度量"科学化

近来,收买被拐妇女罪的刑罚力度是否需要加大是社会舆论颇多争论的话题。这涉及罪刑相适应中的一个关键问题,即恶之度量。案例中对赵瑜的犯罪行为性质没有直接予以判定,而是和董枢、孔璘"盗"的行为进行了比较,得出了较轻的罪不应同样量刑的结论。收买被拐妇女罪的刑罚是否需要提高的正反两方,都无法通过与相似罪行或关联罪行的比较给出令人信服的度量结论。这说明从公平正义层面,恶之度量并不是一个显而易见或者简单的问题。从预防功能的角度,收买被拐妇女罪的刑罚是否需要提高,不是一个纯法学的问题,而是一个法社会学问题,或者说是一个经验层面的问题。引入法社会学,更科学地实现罪行之恶的度量,更好地在立法层面贯彻罪刑相适用原则,是现代立法应具有的进步方法。

(胡晓爽　上海市黄浦区人民法院)

七、弃官救死囚

原文

周敦颐，字茂叔，道州营道人。元名敦实，避英宗旧讳改焉。以舅龙图阁学士郑向任，为分宁主簿。有狱久不决，敦颐至，一讯立辨。邑人惊曰："老吏不如也。"部使者荐之，调南安军司理参军。有囚法不当死，转运使王逵欲深治之。逵，酷悍吏也，众莫敢争，敦颐独与之辨，不听，乃委手版归，将弃官去，曰："如此尚可仕乎！杀人以媚人，吾不为也。"逵悟，囚得免。

——《宋史·道学传·周敦颐传》[①]

注释

【周敦颐】（1017—1073），宋道州营道人，字茂叔，号濂溪。宋代著名理学家。

【分宁主簿】分宁县，唐贞元十六年（800）置。因分自武宁县得名，治今江西修水县。县主簿，为县属吏，负责勾稽县署簿籍，纠正县内非违。宋太祖开宝三年（970），令诸千户以上县置，四百户以上至千户县以县令知主簿事，四百户以下县以主簿兼知县事。

【邑人】同乡的人。

【部使者】宋朝监司俗称。宋朝诸路转运使司、提点刑狱司、提举常平司有监察各州官吏之责，故亦有此称。

---

① 原始文献详参《宋史》，中华书局1985年版，第12710页。

【南安军】北宋淳化元年（990）置，治所在大庾县（今江西大余县）。辖境相当今江西章水、上犹水流域。

【司理参军】北宋太宗太平兴国四年（979）改诸州司寇参军置，掌本州讼狱勘鞫之事。

【转运使】宋朝有都转运使、转运使，掌经度一路或数路财赋，并有督察、刺举地方官吏的权力；后兼理边防、治安、钱粮，成为州府以上的一级行政长官。

【深】苛刻；严厉。

【委手版归】委手，甩手。扔下笏[hù]板就回家去了。版，朝笏，即手板。古代官吏上朝用，代指做官。《后汉书·范滂传》："投版弃官而去。"

译文

周敦颐字茂叔，道州营道人。原名敦实，为避宋英宗讳而改名。因为舅舅是担任龙图阁学士郑向任，所以周敦颐任江西分宁县主簿。长期不能断决的疑案，只要周敦颐一到，经他审理，就立即辨明结案。县里的百姓都惊叹说："老吏都不如他啊！"上级部门的使者推荐他，调任南安军司理参军。当时有一个依据法律规定不应判死刑的囚犯，转运使王逵却要严办，王逵是个残酷凶狠的官吏，当时没有人敢同他争辩，只有周敦颐敢与他争辩。王逵不听，周敦颐就丢下笏板回家，表示辞职不干了，说道："像这样不依法办案，我还能当官吗？靠杀人来巴结讨好上司，我不干！"王逵到这时才明白过来，于是这个囚犯得免一死。

解析：罪行法定与罪责刑相适应原则

为官者，为民也。周敦颐聪慧明辨，严守法律，维护社会的公平正义。周敦颐坚持"法不当死",在罪行与刑罚不相适应时,周敦颐奋力争辩,最终挽救了一条生命,维护了司法正义。这则案例说明宋代司法已经形成依法定罪、依法量刑的制度,这对罪刑法定、罪责刑相适应的现代刑法原则的确立有着重要的历史启迪作用。

1. 从"法不当死"到"罪刑法定"

周敦颐坚持"法不当死",首先着眼于"法"字,也即该囚之罪有法可依,应依法定罪。从春秋时期的子产"铸刑书",直到清王朝颁布的《大清律例》,中国古代成文法都是以刑法为主,诸法合体。中国古代法制强调法的主要功能是治民,法主要是治老百姓而不是治官的工具,成文法的制定超越了"刑不可知,威不可测,则民畏上也"的前成文法阶段,在一定程度上限制了罪刑的擅断,相对于"临事议制,不预设法"的前成文法时代来说,是一种历史进步。宋朝经济生产能力快速上升,参照前朝律法为主体内容的《宋刑统》已不能有效全面地涵盖当时的社会生活,于是敕、例应运而生,这些构成了宋朝的法律体系。南宋哲学家陈亮评论宋朝法度时指出:"汉,任人者也;唐,人、法并行也;本朝,任法者也。"[①] 在中国封建社会,统治者颁布的成文法对罪和刑直接作出规定,是官员在司法活动中定罪用刑的直接依据。但同时,"罪刑法定"实为统治者权力扩张的体现,以限制各级官员的擅断权,实质是为了扩大和加强统治者的绝对权力,统治者拥有不受法律限制的罪刑擅断权力。近现代意义上,罪刑法定是通过刑法的成文化、确定化,为公民提供了行为模式指引,从而使公民对自己的行为可以预见相应后果,为公民提供了安全的保障。刑法典的存在是罪刑法定的前提,是实行罪刑法定主义的必要不充分条件,但不能据此等同只要存在完备的刑法典就是实行罪刑法定主义。因为罪刑法定主义是以限制刑罚权,防止司法擅断,保障个人自由为价值内涵

---

① 《陈亮集·卷十一》。

的,舍此价值内涵就根本谈不上罪刑法定主义。① 罪刑法定主义必须体现限制国家权力,保障公民自由的基本精神。

清末时期,罪刑法定思想从日本传入我国,光绪三十四年(1908)颁布的《宪法大纲》规定:"臣民非按照法律规定,不加以逮捕、监察、处罚";1935年的《中华民国刑法》亦规定"行为之处罚,以行为时之法律有明文规定者为限"。然而终究是橘生淮北,实施情况并不理想。归结原因是罪刑法定主义是以个人本位为价值观,而中国古代历来都是社会本位价值观,二者相悖。而体现社会本位价值观的法律形式——刑事类推,却有着根深蒂固的思想基础。

新中国成立后,1997年修订的《中华人民共和国刑法》第3条明确:"法律明文规定为犯罪行为的,依照法律定罪处刑;法律没有明文规定为犯罪行为的,不得定罪处刑。"至此,罪刑法定原则成为我国刑法基本原则。刑法学家高铭暄教授指出:罪刑法定原则是一项进步的原则。它既不妨碍统治阶级根据自己的利益制定法律规定"罪"与"刑",同时对于公民的权利来说是一种切实有效的保障。因为法律要求公民的是遵守法律的规定,明文授权做的他就有权做,明令要求做的他就有义务做,明令禁止做的他就有义务不做。特别是禁止事项,包括一切构成犯罪的行为,如果不是法律明文规定,公民将无所适从,因为他不知道这样做是法律所不容许的。②

2. 从"法不当死"到"罪责刑相适应"

周敦颐坚持"法不当死",强调"不当死",即该囚虽有罪,但应罪刑相当,不能枉法施刑。早在战国时期,墨子就提出"罚必当暴",此后荀子又提出"刑当罪则威,不当罪则侮",都意指刑罚和罪行的对等关系,罪犯所受到的惩罚应当与其犯罪行为相适应,这是中国古代思想家关于罪刑相当的最早阐述。在中国封建社会,统治者为了有效

---

① 陈兴良:《罪刑法定的当代命运》,《法学研究》1996年第2期。
② 高铭暄:《略论我国刑法对罪刑法定原则的确立》,《中国法学》1995年第5期。

惩治犯罪，维护社会稳定，在制定刑法时虽注意罪刑相适应，但这并未被封建统治者完全接受，成为刑事立法和司法的基本原则。可以说，人类最早对犯罪的惩罚所关注的重点与其说是行为，不如说是犯罪所针对的对象和实施犯罪的行为人。[①] 在中国封建社会，统治者用法律的形式公开保护贵族官僚的等级特权，不同身份的人犯了同样的罪行，适用不同的刑罚，采取的是犯罪—社会身份—刑罚的三重建构，根本目的是维护封建统治者的利益。不论是集中国封建法律之大成的《唐律疏议》，还是此后的《宋刑统》，都通过"八议"和"官当"制度，减免特权阶层刑罚，让特权阶层避免徒流之刑。

随着人类文明进步，以犯罪人或者受害人社会身份的不同来处以不同刑罚，显然与人类朴素的正义观相冲突，罪刑均衡开始较为具体地体现在近现代西方各国法律中，成为重要的刑法原则。1793年的法国《人权宣言》第15条即规定："刑罚应与犯法行为相适应，并应有益于社会"。罪刑均衡关注"行为"本身，通过设置犯罪构成来确定犯罪主体的条件，区分故意和过失，结合犯罪停止形态、罪数、共犯等制度来综合进行定罪量刑。罪刑均衡原则是"身份"刑法到"行为"刑法的重大转变，是刑法理论走向成熟的标志。但是，罪刑均衡原则仅仅是针对一般性、抽象性的法律行为加以概括，难以充分实现法律的人文关怀，更难以体现社会公众对犯罪人不同的社会评价。

现代刑法学的发展，在罪刑均衡原则的基础上，更加关注实施犯罪行为的特定人，以人为本，根据行为人人格的主体特征和犯罪行为的社会危害性后果，确定刑事非难的轻重。新中国成立后，1997年修订的《中华人民共和国刑法》第5条明确规定："刑罚的轻重，应当与犯罪分子所犯罪行和承担的刑事责任相适应。"至此，罪责刑相适应成为我国刑法的基本原则。罪责刑相适应采取犯罪—刑事责任—刑罚的三重建构，包含了刑罚的轻重与犯罪行为的社会危害性和犯罪人的人

[①] 郑延谱：《从罪刑均衡到罪责刑相适应——兼论刑法中"人"的消隐与凸显》，《法律科学（西北政法大学学报）》2014年第6期。

身危险性相适应两方面内容，新增的"刑事责任"包括了对犯罪人主体人格的考量。罪责刑相适应首先要求的是犯罪与刑事责任相适应，其次，从刑事责任与刑罚的关系来看，是刑事责任与刑罚相适应，换言之，刑事责任决定刑罚。① 对行为人人格方面的因素加以评价，主要是从行为人年龄、精神状况、生理功能等评价行为人的刑事责任能力，以及从生活经历、犯罪记录、犯罪手段、犯罪动机、犯罪目的、自首等方面评价其人身危险性。罪责刑相适应更加个体性地、精确地预测行为人的人身危险性，凸显犯罪人人身危险性及其他人格因素的考虑，具有科学性，也更适应社会的发展。

（刘杰　上海市黄浦区人民法院）

---

① 赵秉志、于志刚：《论罪责刑相适应原则》，《郑州大学学报（哲学社会科学版）》1999 年第 5 期。

八、石普发配

原文

大中祥符九年十一月八日，河西军节度使、知许州石普坐私习天文，妄言日蚀，除名配贺州，诏听其挈族从行。先是，帝闻普在禁所思幼子，辄泣下，谓宰臣曰："流人有例携家否？"王旦等曰："律令无禁止之文。"乃有是诏。

——《宋会要·刑法四》①

注释

【大中祥符】宋真宗年号（1008—1016）。

【石普】（961—1035），宋太原人。北宋名将。

【私习天文】秘密学习天文，自秦以来历来为重罪。《宋史·太宗纪一》："诏禁天文、卜相等书，私习者斩。"

【除名】除去名籍，取消原有身份。

【挈】带领。

【先是】在此以前。多用于追述往事之词。

【禁所】监禁囚犯的处所；监狱。

【宰臣】帝王的重臣；宰相。《宋书·徐羡之传》："咸谓有宰臣之望。"

【流人】被流放的人。《庄子·杂篇·徐无鬼》："子不闻夫越之流

---

① 原始文献详参《宋会要辑稿》，上海古籍出版社2015年版，第8449页。

人乎？"

【王旦】（957—1017），字子明，大名府莘（今山东莘县）人。北宋初年名臣。

译文

宋大中祥符九年十一月八日，河西军节度使、知许州石普秘密研究天文观象，大胆谈论日食，被免官发配贺州，真宗皇帝下诏书让他带领家人同行。之前，真宗听说石普在狱中思念幼子，很同情，对宰相说："流配之人有携带家属的惯例吗？"王旦等说："法律上没有说不允许。"于是就有了以上这道诏书。

解析：法无禁止即可为

1. "法无禁止即可为"原则的适用

现代法理学按照法律规范给人们设定的行为模式将法律规范的效力划分为授权性、命令性、禁止性三种。史料显示，宋代也以相类似的观念对法律规范作出了划分。具体而言，一部分判例显示了"可为"，具有授权性的效力。相反，律令中也有大量具有禁止性或命令性效力的规范，揭示了"不可为"。在实务当中，宋人习惯于从正反两方面同时考虑两类规则。案例中，地方官石普犯罪后要予以发配，皇帝怜悯其思念幼子，想要允许他携带家眷一起发配。不同于我们一般想象中皇帝可以随心所欲地作出决断，他需要在规则体系内寻找依据：其一，有无先例作为参照；其二，是否违反律令的禁止性规定。虽然没有可以引为依据的先例，但也没有违反禁止性规定，故允许石普携家眷发配了。

宋朝判例得到大量适用与统治集团普遍有"守法""依法"治理思想有关。而这个案例也反映出古代中华法系对于"法无禁止即可为"原则的淳朴认识。"法无禁止即可为"是指，行为人只要不违反法的强制性规定就可以自愿为或不为且不被追究法律责任，也不承担相应的不利法律后果。"法无禁止即可为"体现的是"法制先行"的理念。与之相对应的是"法无授权不可为"，指国家公权力的行使必须经过法律授权。

2014年2月11日，李克强总理在国务院第二次廉政工作会议上的讲话中提到，要让市场主体"法无禁止即可为"，让政府部门"法无授权不可为"。要进一步削减行政审批事项，对目前仍保留的审批事项要公布清单，清单以外一律不得设立审批事项。在2014年3月13日，十二届全国人大二次会议闭幕后答记者提问时，李克强总理再次提及了这一法谚。这一定程度上表明，在当下的社会主义法治中国，刑法领域的"法无禁止即可为"已经得到了较好的贯彻。而在行政法领域，尚有进步的空间。一句民间流传甚广的谚语从时任国务院总理口中说出，这既是对民意的尊重，也彰显了对建设法治政府、法治中国的坚定决心。

2."慎刑思想""人文精神"的启示

与西欧中世纪时的残酷司法相比，中国传统法律重视人的生命，主张恤狱慎刑、明德慎罚，重视血缘亲情，矜恤弱势群体，体现了比较丰富的"人文精神"内涵。西周统治阶级从夏、商两朝兴亡的历史经验中汲取教训，认为"天命无常"，摆脱夏、商统治者过分依赖"天命"的神权法思想，提出了"以德配天"的政治思想，并将"德"这一抽象的伦理准则落实到现实统治之中，形成了"明德慎罚"的法律思想。即刑罚是一种必要的治国良策，但刑罚一定要谨慎，要把"明德"体现在"慎罚"之中。这要求统治者要保持良好的道德情操，用道德教化来教育、引导民众的行为。在制定法律、实施刑罚时应当宽缓、谨慎，而不是通过严刑重典惩治犯罪以使民众臣服。宋朝更是历朝历代中体现"人文精神"的典范。在刑罚执行中，也展现出"人文精神"。

案例中反映出来配隶犯人可以携家属同往流配之所。除此之外，罪人配隶他州，而妻、子不愿跟随前往的，可以允许。而妻、子同行的，按日给他们发放伙食。允许判决在十一月至次年正月期间的一般杂犯配军，行刑后留在所断或所经过州服劳役，第二年二月再出发。对于因连坐而编管的60岁以上或15岁以下的人，如果家中直系亲属无人照料，可以免编管。流刑犯还给予一定的假期，"流囚居作，每旬一日；元日、寒食、冬至，三日"①。

而在监狱管理中，注意保障罪犯基本生活卫生条件。适时、定时地给予洗浴，冬天供应热水、夏天供应冷水。由于财政等原因，罪犯的衣食原则上自筹，或由其家人供送。如果由于种种原因无法自筹和供送的，区别不同情况，由官府供给。设置有病囚院，病囚的医药费由国家负担。杖刑以下的病囚，可以保外就医。残疾的病囚，可受到减免刑罚的优待。由此可见，宋代对罪犯的生活与医疗卫生的保障规定相当全面，不仅规定了罪犯日常的基本生活条件，还注意到罪犯日常饮食和起居的卫生状况，甚至规定罪犯要穿得暖、吃得热、住得卫生。这在封建时代，报应刑罚盛行的年代，是极为不易的，显现出相当浓厚的人道主义色彩。

而在当下的社会主义法治中国，经济水平不断提高，人权意识越发浓厚，对监狱也要倡导人文关怀、文明治监。监狱管理工作方针是坚持惩罚与改造相结合，以改造人为宗旨。其过程就是对罪犯人文素质教育、培养和人文精神重建、重构的过程。因此，本着"慎刑思想""人文精神"，不断完善监狱人文管理体系，有十分重要的现实意义。

（胡晓爽　上海市黄浦区人民法院）

---

① 《庆元条法事类·假字格》。

九、新婚犯逾年杖

原文

曹侍中彬为人仁爱多恕，平数国，未尝妄斩人。尝知徐州，有吏犯罪，既立案，逾年然后杖之。人皆不晓其旨。彬曰："吾闻此人新娶妇，若杖之，彼其舅姑必以妇为不利而恶之，朝夕笞骂，使不能自存。吾故缓其事，而法亦不赦也。"其用志如此。

——《涑水记闻·卷二》①

注释

【曹彬】（931—999），宋真定灵寿人，字国华。北宋开国名将。

【立案】成立案件。

【逾年】一年以后；第二年。

【舅姑】称夫之父母。俗称公婆。《国语·鲁语下》："古之嫁者，不及舅姑，谓之不幸。"

译文

侍中曹彬为人仁爱而多宽恕，平定数国中，没有随便杀过人。他曾在徐州当知州，有个小官吏犯了罪，案子已经审毕判决，却过了一年才对他执行杖刑。人们对曹彬的这一做法都迷惑不解，曹彬说："我

---

① 原始文献详参《涑水记闻》，中华书局1989年版，第31页。

听说这人刚娶媳妇,如对他马上行刑,新娘的公公婆婆就必然要认为这个媳妇不吉利而厌恶她,甚至朝夕打骂,使她生活不下去。所以我缓其刑,过一年再执行,这样在法律上也并没有宽免他。"曹氏考虑问题细致周到竟达到了这样的程度。

解析:新婚犯缓刑

《新婚犯逾年杖》一案在《涑水纪闻》卷二、《宋史·曹彬列传》等文献中均有记载,说的是北宋开国功臣曹彬在任徐州地方官时,手下有一官吏犯罪,因其新婚,曹彬为免新妇背上"扫帚星"之骂名,一年后再对该犯罪官吏施以杖刑的故事。曹彬的"缓其刑"虽与当今的缓刑制度有着本质区别,但其"柔性执法"背后所蕴含的"慎刑""宽刑"思想仍为现代刑法所承袭,其对自由裁量权的把握亦值得我们学习与借鉴。

1. 古代"慎刑""宽刑"思想的深远影响

我国古代虽刑民不分、以刑为主,"重刑主义"的治国理念在古代法制史的发展历程中长期占据主导地位,法外用刑、酷刑、滥刑现象不在少数。但不可否认的是,古代刑法依然向着"慎刑""宽刑"的趋势发展,例如汉代废除肉刑,北齐废除宫刑,到了唐代更是提出"德礼为政教之本,刑罚为政教之用"的治世理念,推崇"刑为盛世所不能废,亦为盛世所不尚"的慎刑观。这种"慎刑""宽刑"思想最早可追溯至三代时期,《尚书·舜典》有云:"惟刑之恤哉",《尚书·大禹谟》记载有"罪疑惟轻,功疑惟重,与其杀不辜,宁失不经",西周更是提出了"明德慎罚"的法律思想。而"慎刑""宽刑"思想除了体现在刑罚种类的轻缓变迁,在量刑、行刑上亦有所体现。《新婚犯逾年杖》一案便是"慎刑""宽刑"思想在执行刑罚时的体现。本案发生于北宋年间，当时宋朝在历经唐末五代动荡，酷法肆虐之后，统治者为稳固政权、安定人心，故在立国初期提倡"仁政"，并颁行"折杖法"以代替笞、杖、徒、流四刑，使"笞、杖得减决数""徒罪得免役年""流罪得免远徒徙"；后为宽贷杂犯死罪，推行"刺配法"以示轻刑之意；又为轻典治吏，在封建五刑之外立"编管刑"①，形成了宋朝的"自立一王之法"。②这种"慎刑""宽刑"思想正是刑法谦抑性原则在现代法治得以确立和发展的乡土基础。

2. 谦抑刑法理论的现代体现

刑法的谦抑性是由刑法在法律体系中的地位以及刑法的严厉性决定的，指刑法应依据一定的规则控制处罚范围与处罚程度，即凡适用其他法律足以抑止某种违法行为、足以保护合法权益时，就不应将其定为犯罪；凡适用较轻的制裁方法足以抑制某种犯罪行为、足以保护合法权益时，就不应适用较重的制裁方法。③现代刑法所遵循的罪刑相适应原则、宽严相济原则等即是谦抑性原则的集中体现，缓刑、减刑、假释等制度更是对这些原则的贯彻和具体化。这些制度设计在我国同样有着深厚的传统法律文化基础。如本案中曹彬"缓其刑"虽与现代缓刑制度有所不同，但其中蕴含的以人为本的人道主义精神实乃相通。而缓刑制度作为谦抑刑法的具体表现形式之一，在我国古代也有迹可循。例如，"保辜"④"存留养亲"⑤"寄杖""封案"等制度，尤其是宋朝时盛行的"寄杖"与"封案"制度，与现代缓刑制度有高度的相似之处。所谓"寄杖"即是"寄存"杖刑，暂缓执行刑罚；"封案"

---

① 即羁管、编管、编置、安罪、居住之法，指组织、安置受谪、流放的罪犯，将其编入受谪地或流放地户籍，由该地方官吏进行约束监管的一种刑罚。

② 《乐全集·卷二四·请减刺配刑》。

③ 参见张明楷：《论刑法的谦抑性》，《法商研究（中南政法学院学报）》，1995年第4期。

④ 通说采《清律辑注》之意，即"保，养也，辜，罪也。保辜，谓殴伤人未致死，当官立限以保之。保人之伤，正所以保己之罪也"。

⑤ 存留养亲制度亦称留养、留养承祀制度，指犯徒、流、死之罪犯，家中若有直系尊亲属老或笃疾应侍，而无其他成年子孙，可上请缓其刑罚留养亲老。留养之后原刑罚是否继续执行按历朝律例各有不一。

便是"封存"案卷，暂缓执行判书内容。与"封案"相对应的还有"拆断"制度，即若犯人不思悔改或再犯可"拆封"案卷，取出判书，继续执行。这些制度的设立初衷除"存留养亲"更多体现的是古代传统亲孝观的立法观照外，主要是希冀犯人能够悔过改正，达到惩戒教育的目的。尽管与现代刑法谦抑性限制国家权力、保障公民权利的本质属性有所不同，但其中蕴含的惩办与宽宥、惩罚与教育相结合的理念与谦抑刑法理论是一脉相承的。

3. 司法官自由裁量权在审判活动中的体现与把握

我国古代司法"重实体、轻程序"，人治属性鲜明，宋代虽立法制严，但用法宽宥，加之立法体例多变，编敕、编例规模庞大，断案依据时常朝令夕改，故地方司法官员在审理案件时自由裁量权较大。曹彬在本案中对犯罪官吏适用"缓其刑"便是其自由裁量的结果。而曹彬做出这一决定既有其性格仁厚的因素，也有对犯罪官吏的家庭背景、当地风俗人情的审时度势，其中的精神和理念对现今司法者在量刑时如何把握自由裁量的尺度仍有深刻的借鉴意义。自由裁量权的行使是一个较为复杂的过程，是司法者对法律适用综合理解与判断的过程。法律在赋予司法者自由裁量权的同时也对其进行了严格限制，防止司法者滥用职权，导致适法不一。影响自由裁量权行使的因素也是多方面的，既有主观因素，例如司法者的经验和阅历、知识储备量、道德观、价值观等，又有客观因素，例如当事人的个人情况、当地风俗人情、犯罪情节等等。

一方面，从主观因素来看，身为司法者应当为人正直、良善，并具备一定的专业知识背景。本案中，曹彬"为人仁爱多恕，平数国，未尝妄斩人"，《宋史》中对曹彬更有"仁恕清慎，能保功名，守法度，唯彬为宋良将第一"的美赞。可见，曹彬虽位兼将相，为人却仁敬和厚，体恤下属、百姓，故其作出"缓其刑"的决定可谓是性格使然。同样地，我们在选任司法人员时对其职业道德和素养必然要有较高的要求，除了需具备专业的学历知识背景，还需有端正的品格，为人正直、心怀良善。

另一方面，从客观因素来看，首先，要充分注意当事人的个人情况和家庭背景。本案中，曹彬对犯罪官吏的个人家庭情况了如指掌，知晓其新婚燕尔，即刻行刑可能恶化婆媳关系，导致家庭破裂。惩罚的目的是教育与预防，但若量刑失之偏颇会使受罚对象心生怨怼而达不到惩戒效果。故法官在审理案件尤其是量刑时要充分掌握当事人的个人情况和家庭背景，了解其犯罪动机和背后缘由，是否有前科劣迹等情况，从而判断其社会危害性的大小，达到罚当其罪。

其次，要结合当地实际情况兼顾风俗习惯。我国古代社会"男尊女卑"的封建观念和"天神感应"的迷信思想根深蒂固，曹彬正是考虑到若即刻执行杖刑恐新妇遭到婆家欺辱才最终"缓其刑"。时至今日，我国仍有不少地方沿袭着传统的风俗习惯。习惯作为我国法的非正式渊源对当代的审判活动亦起着非常重要的指导作用。法官适用法律本身就是一个主观能动的过程，而非被动机械地照搬条文，唯有尊重当地的风俗习惯，兼顾民风民情，作出的裁判才能达到法律效果与社会效果的良好统一。

最后，量刑时要充分考量犯罪性质、犯罪情节与人身危险性。宋太祖于建隆四年便颁行"折杖法"，对轻罪均可施以杖刑，以代替笞、杖、徒、流四刑，但对反逆、强盗等重罪不予适用。本案中的犯罪官吏被施以杖刑可见其所犯之罪并非十恶不赦之重罪，社会危害性不大，曹彬"缓其刑"已是对其犯罪性质、犯罪情节与人身危险性予以考量，是以通过感化达到教育和预防的根本目的。现代刑法所遵循的罪刑相适应原则正是要求刑罚的轻重应与犯罪的轻重相适应，即是指既要与犯罪性质相适应，又要与犯罪情节相适应，还要与犯罪人的人身危险性相适应。

（周嫣　上海市黄浦区人民法院）

十、钱若水重审死囚

原文

钱若水为同州推官,知州性褊急,数以胸臆决事,不当。若水固争不能得,辄曰:"当奉陪赎铜耳。"已而,果为朝廷及上司所驳,州官皆以赎论。知州愧谢,已而复然。前后如此数矣。

有富民家小女奴逃亡,不知所之。奴父母讼于州,命录事参军鞫之。录事尝贷钱于富民,不获,乃劾富民父子数人共杀女奴,弃尸水中,遂失其尸。或为元谋,或从而加功,罪皆应死。富民不胜榜楚,自诬服。具上,州官审覆,无反异,皆以为得实。若水独疑之,留其狱,数日不决。录事诣若水厅事,诟之曰:"若受富民钱,欲出其死罪邪?"若水笑谢曰:"今数人当死,岂可不少留熟观其狱词邪?"留之且旬日,知州屡趣之,不得,上下皆怪之。若水一旦诣州,屏人言曰:"若水所以留其狱者,密使人访求女奴,今得之矣。"知州惊曰:"安在?"若水因密使人送女奴于知州所。知州乃垂帘引女奴父母问曰:"汝今见汝女,识之乎?"对曰:"安有不识也。"因从帘中推出示之。父母泣曰:"是也。"乃引富民父子,悉破械纵之。其人号泣不肯去,曰:"微使君之赐,则某灭族矣!"知州曰:"推官之赐也。非我也。"其人趣诣若水厅事。若水闭门拒之,曰:"知州自求得之,我何与焉?"其人不得入,绕垣而哭。倾家赀以饭僧,为若水祈福。

知州以若水雪冤死者数人,欲为之奏论其功。若水固辞,曰:"若水但求狱事正,人不冤死耳,论功非其本心也。且朝廷若以此为若水功,当置录事于何地邪?"知州叹服曰:"如此尤不可及矣。"录事诣若水叩头愧谢。若水曰:"狱情难知,偶有过误,何谢也?"于是远近翕然称之。未几，太宗闻之，骤加进擢，自幕职半岁中为知制诰，二年中为枢密副使。

——《涑水记闻·卷二》①

注释

【钱若水】（960—1003），字澹成，一字长卿，河南新安（今属河南省洛阳市）人。北宋大臣。

【褊［biǎn］急】气量狭隘，性情急躁。《诗经·魏风·葛屦序》："魏地陿隘，其民机巧趋利，其君俭啬褊急。"孔颖达疏："褊急，言性躁。"

【胸臆】犹己断；亦指臆测。

【赎铜】谓交纳铜钱抵销过失。犹罚款。

【愧谢】对他人给予的照顾感到惭愧，并示感谢。

【录事参军】掌管各曹文书，及纠察等事。宋朝仅置于上州，掌州院庶务，纠诸曹违失。

【鞫】审问犯人。

【元谋】主谋。

【加功】古代法律谓以实际行动帮助杀人的犯罪行为。《唐律疏议·贼盗律》："诸谋杀人者，徒三年；已伤者，绞；已杀者，斩。从而加工者，绞。"疏议："谓同谋共杀，杀时加功，虽不下手杀人，当时共相拥迫，由其遮遏，逃窜无所，既相因籍，始得杀之，如此经营，皆是'加功'之类。"

【榜楚】拷打。

【自诬服】谓无辜而服罪。《史记·李斯列传》："赵高治斯，榜掠千余，不胜痛，自诬服。"

【反异】谓已招认，而又翻供。《明律·刑律·断狱》："主守教囚

---

① 原始文献详参《涑水记闻》，中华书局1989年版，第15页。

488　法治文明溯源：中华法系经典案例解析

反异。"

【厅事】官署视事问案的厅堂。古作"听事"。

【微】没有。

【固辞】古礼以再次辞让为"固辞"，后以坚决推辞和谦让为"固辞"。《礼记·曲礼上》："凡与客人者，每门让于客。客至于寝门，则主人请入为席，然后出迎客，客固辞。"孔颖达疏："固，如故也。礼有三辞：初曰礼辞，再曰固辞，三曰终辞。"

【翕 [xī] 然】一致称颂。

【进擢 [zhuó]】提拔。

【知制诰】官衔名。唐初中书舍人掌草拟诏敕，称知制诰，宋沿其制。

【枢密副使】官名。宋、金、元置，为枢密院的副长官。

译文

钱若水任同州推官的时候，这个州的知州性情急躁，常常以个人主观想法来判断案件，当有差错时，钱若水一再与他争辩，但结果他的意见不被知州采纳，就对知州说："只好陪你受罚赔出俸钱，以铜赎罪。"不久，判案结果果然被朝廷和上司驳斥，合州之官均处以赎铜。知州为此感到惭愧，并对大家道歉，但不久他又是这样。前后像这样的情况已有好多次。

有一富家小女仆逃跑，不知去向。小女仆的父母告到州府，知州命令录事参军审理这案件。录事参军曾经向这富人借过钱，但富人没有借给他，他就断处富家父子几人一起杀害小女仆，把她尸体扔弃河里，以致找不到尸体。他们有的被指为主犯，有的被指为帮凶，都应处死。富家父子受不了拷打，都屈打成招。结案上报，州府有关官员复审，没有异议，大家都认为是事实。唯独钱若水对此案表示怀疑，把这案件搁置了好几天，不立即判决。录事参军亲自到钱若水推事厅堂辱骂他，说："你收受这富家的钱财，想要从死罪中开脱他们吗？"钱若水笑着解释说："现在他们几个人已判定死罪，难道不可稍缓几天，让我仔细阅看这一案卷的供词吗？搁置了将近十天，知州屡次催促他，但他仍旧搁置着不交出来，上下官员都为此感到奇怪。一天，钱若水来到州府，支开左右的人后对知州说："若水之所以搁置这个案件，是在暗中派人去查访这个小女仆的下落，现在已经找到了。"知州惊奇地说："现在她在哪里？"钱若水便秘密地派人把这小女仆送到知州处。知州就把门帘放下，叫人把小女仆的父母带来，问他们说："现在你们见到自己的女儿，还能认得她吗？"他们答道："怎么不认识？"于是知州叫人从门帘内推出小女仆给他们辨认。她父母见了，哭泣着道："是我们的女儿啊！"知州又叫人把富家父子带来，并叫人打开他们身上的枷锁，释放了他们。富家父子大声痛哭，不肯离去，说道："如果没有使君大人的恩赐，我们一家人被灭族啦！"知州说："这都是推官对你们的恩赐，并不是我。"他们父子就到钱若水办事官厅，但若水闭门拒不接见他们，叫人对他们说："这是知州大人自己找到这小女仆的，与我没有什么关系。"他们进不了大门，就绕着墙激动大哭。他们回家后把全部钱财拿出来施舍给和尚，叫和尚为钱若水祈福。

　　知州因为钱若水替这些人平反昭雪冤情，打算替他奏明皇上论功行赏。钱若水坚决推辞，说道："我钱若水办案只求公正，好人不被冤死罢了，论功赏赐不是我的本心。倘若朝廷为这给我赏赐，那将把录事参军置于什么境地啊！"知州听了十分叹服，说："像你这样，更使人钦佩，谁也比不上你啊！"录事参军非常惭愧，亲自登门，向钱若水磕头道歉。钱若水说："案情复杂，一时难以查清楚，偶然有过错总是难免的，有什么值得道歉的呢？"从此远近的人知道这件事后，都称赞钱若水。不久，宋太宗听到这件事，立即越级提升了钱若水，从推事幕职半年后升为知制诰，两年之内又被提升为枢密副使。

解析:"慎杀"的死刑适用程序

"钱若水重审死囚"案出自《折狱龟鉴·卷二·释冤下》,讲述的是宋朝重臣钱若水刚入朝为官出任同州推官时,重审死囚,雪富民冤的故事。一方面,文中钱若水拒绝当事人拜谢可谓为官清正,狱案审覆疑而不决可谓断案谨慎,固辞奏功乃不居功自傲,只求"狱事正"在如今即是不忘初心,坚守信仰。故而《宋史·钱若水传》称其"有器识,能断大事""轻财好施""无不称治"①,《折狱龟鉴》作者郑克亦按文:"若水雪富民冤,犹非难能,唯其固辞奏功,乃见器识绝人,宜乎知州叹服也。"钱若水这种谦逊清廉的品格、认真负责的态度以及"功成而弗居"的高尚情操令人感佩,实在值得现今司法工作者学习。

另一方面,可以看出宋朝在死刑适用程序上还是非常慎重的。难怪美国汉学家马伯良曾在其书中评价:"在宋代,如果一个人根据法律被判处死刑,他将会得到十分'小心谨慎'的对待——如果不说是"温和慈善"的对待的话。"② 国外学者有如此之高评价,说明宋朝的死刑适用程序在当时已然处于世界领先水平。文中钱若水便是作为推官在勘结本案时发现疑点,而不轻信口供,通过亲自调查为死囚平反昭雪冤情。这种"慎杀"理念和亲自调查、注重证据的办案原则对现代司法仍然意义重大,具有不容忽视的现实价值。

1. "慎杀"理念对死刑制度的立法影响

我国古代在"慎刑"思想的影响下,执行死刑并没有我们想象中那么容易。据《沈家本未刻书集纂补编》和《清实录》之记载,清乾

---

① 原文:"若水美风神,有器识,能断大事,事继母以孝闻。雅善谈论,尤轻财好施。所至推诚待物,委任僚佐,总其纲领,无不称治。汲引后进,推贤重士,襟度豁如也。精术数,知年寿不永,故恳避权位。其死也,士君子尤惜之。有集二十卷。"

② 〔美〕马伯良:《宋代的法律与秩序》,杨昂、胡雯姬译,中国政法大学出版社2010年版,第419页。

隆年间每年核准死刑 2400 至 3000 件,而实际执行的约为七八百件。① 古人认为,人乃"天地之性最贵者也"②,一死不可复生,死刑乃刑之极也,"杀一无罪,非仁也"③,故拟处死刑的案件应当慎重对待。在"重刑主义"的大环境下,我国古代以"慎刑"思想为基础的"慎杀"理念一直影响着死刑适用程序的发展。如西周的"三刺"制度,唐朝的"三复奏""五复奏",宋朝的"疑狱奏谳""翻异别勘"制度,清代的"秋审"制度等。以中古时期为例,即便初审拟判处死刑尚需经复核等程序,核准无误后方可拟判死刑,而死刑的最终决定权掌握在统治者手中。对统治者最后同意判处死刑的案件,临刑前仍要经过多次报请复奏再行勾决。可见,古代刑官是以非常慎重的司法态度审理死刑案件的。罪疑从赦(赎),老幼废疾可减免,孕妇可缓决,"情有可原,即开生路",这与现代刑法中的疑罪从无原则和未成年人、老年人犯罪可免于、从轻或减轻处罚,怀孕妇女不判处死刑等规定有着不谋而合之处。刑之所立并非求民之死,而是以刑罚来辅助教化,这与现代刑法的立法精神是一致的。死刑是剥夺犯罪分子生命的最严厉的刑罚。时至今日,"保留死刑,严格控制死刑"仍是我国的基本死刑政策。在不废除死刑的前提下,严谨审慎适用死刑,逐步减少适用。对可杀可不杀的,一律不杀;对定罪证据不足的案件,则坚持疑罪从无原则,确保在程序上防止冤假错案的发生。

2. 重视死刑复审与复核复奏程序的纠错、救济功能

我国古代法外用刑现象不在少数,本案参军即是公报私仇,对案犯刑讯逼供。为防止滥刑导致冤假错案,给予死囚充分的救济机会,我国古代逐步形成了具有中国特色的死刑复审与复核复奏制度,以唐宋时期最具代表性。需注意的是,此处的死刑"复审"与现代刑法意义上的死刑复核并非同一概念。现代刑法上的死刑复核程序是指享有

---

① 胡兴东:《中国古代死刑制度史》,法律出版社 2008 年版,第 67 页。
② 见《说文解字·卷八·人部》。
③ 见《孟子·尽心章句上》。

核准权的人民法院对已经判处死刑的案件进行复查核准的程序，是独立于普通程序（即一审、二审）之外，又不同于审判监督程序的特别审查核准程序，是所有判处死刑案件在执行前的必经程序。而我国古代的复审、复核、复奏是三个独立的程序。"复审"程序类似于现在的二审程序，在宋朝被称为复审别推，又称"翻异别勘"，即处死刑"有号呼不服及亲属称冤者，即以白长吏移司推鞫"①，由原审同级机关异司复审；之后仍不服的，由上级司法机关"差官别推"②。本案发生在州一级③，先由录事参军负责推鞫，后由其他州官负责检法议罪④，再由推官即钱若水负责勘结，最后由知州确认签发判决，至此完成本案初审。故文中其他州官和钱若水对案件的"审覆"只是在初审阶段对案情的审查，并非指当时的复审程序。复审不是所有死刑案件的必经程序，只有在案犯或其亲属对判决不服或疑案难决时才会启动。这与现代二审制度有着高度的相似之处。"复核"程序才是现代意义上的死刑复核程序，一般是在死刑尚未定判之前进行，最终由皇帝审批决定是否判定死刑。而"复奏"程序严格来说并非审判程序，而属于死刑执行程序，与"复核"程序前后相继，往往是在死刑定判之后、行刑之前进行。与"复审"程序不同，"复核"与"复奏"程序均是死刑案件的必经程序。尤其是死刑复核制度，在古代与现代均具有十分重要的意义，甚至对古时部分东南亚国家产生了一定影响，是中华法系的重要组成部分。现代死刑复核制度亦继承和保留了古代死刑复核制度的一些精神和做法，将死刑案件的核准权统一收归最高人民法院。这是构建社会主义和谐社会，落实依法治国基本方略，尊重和保障人权的必然要求，从机制上对防止冤案和平反冤狱起到了一定的保障

---

① 《文献通考·卷一六六·刑制》。

② 哲宗三年改为"大辟或品官犯罪已结案未录问，而罪人翻异或其家属称冤者，听依司别推"，即以"录问"为界，已录问则移司，未录问则差官。

③ 宋朝地方司法机关分为县、州、路三级，县级只能判处杖刑以下的案件，对可能判处徒刑以上的案件只能预审，再上报州级机关审理。

④ 推鞫，即审问案犯，调查犯罪事实；检法议罪，即查明法律适用依据，议定罪名和量刑。这便是宋朝的"鞫谳分司"制度。

作用。

3. 定案论罪应侧重证据与鞫狱躬亲

古人断案以主观臆测、自由心证者居多,如本案知州"数以胸臆决事",是故历来司法官均将口供作为重要的定罪依据,为获得口供常有刑讯逼供,本案案犯即是"不胜榜楚"被屈打成招。而至宋朝,虽无法完全杜绝滥用酷刑的现象,但随着法医学的逐渐昌明,现场勘验、鉴定技术在当时世界达到了领先水平,故司法官在断案时对物证的搜集、检验、鉴定也重视起来,证据制度相继完善,规定若无物证,不可定案,刑案还需寻到凶器与尸首,不再简单地仅凭口供作为定罪依据。在证据效力上,亦逐步形成物证优于人证,直证胜于旁证的观念。同时,宋朝为防止长吏不亲自断案,由胥吏代行导致冤案滥行,在审问案犯时强调鞫狱躬亲,若"州县官不亲听囚而使吏鞫者,徒二年"[1],并将"录问"作为审案时的一项法定程序,在参军推鞫后、检法议罪前,对徒罪以上案犯,再别差官提审录问,以防冤狱。重视证据与鞫狱躬亲作为宋朝的两项审判原则,在如今仍有非常重要的现实意义,证据裁判原则与直接言词原则恰是这两大原则在现代刑事诉讼中的体现。死刑案件攸关人命,确保办理死刑案件的质量尤为重要。当代刑事诉讼程序一方面要求坚持证据裁判原则,重证据,重调查研究,不轻信口供,注重实物证据的审查和运用。认定被告人有罪,应当适用证据确实、充分的证明标准。只有被告人陈述,没有其他证据的,不能认定被告人有罪。另一方面坚持直接言词原则,要求法官的亲历性、审理的连续性与言词性,通过保障程序正当性,强调法官与诉讼参与人的亲历性,最大限度地查明案件真相,维护当事人合法权益。

(周嫣　上海市黄浦区人民法院)

---

[1] 《文献通考·卷一六七·刑制》。

十一、鹌鹑狱

原文

先是，安石纠察在京刑狱。有少年得斗鹑，其同侪借观之，因就乞之，鹑主不许。借者恃与之狎暱，遂携去，鹑主追及之，踢其胁下，立死。开封府按其人罪当偿死，安石驳之曰："按律，公取、窃取皆为盗，此不与而彼乃强携以去，乃盗也。此追而殴之，乃捕盗也。虽死，当勿论。府司失入平人为死罪。"府官不伏，事下审刑、大理详定，以府断为是。有诏安石放罪。旧制，放罪者皆诣殿门谢。安石自言"我无罪"，不谢，御史台及阁门累移牒趣之，终不肯谢。台司因劾奏之，执政以其名重，释不问，但徙安石他官。

——《续资治通鉴长编·卷一九七》[①]

注释

【王安石】（1021—1086），字介甫，抚州临川（今属江西）人，北宋著名政治家、文学家。

【纠察】举发督察。

【同侪［chái］】同伴，伙伴。

【狎暱［xiá nì］】亲近；亲昵。

【公取、窃取】公取，谓公然劫夺他人财物。《唐律疏议·贼盗四·公取窃取皆为盗》："诸盗公取窃取，皆为盗。"疏曰："公取，谓行

---

① 原始文献详参《续资治通鉴长编》，中华书局2004年版，第4783页。

盗之人，公然而取。"窃取，偷窃。

【捕盗】抓捕小偷。

【勿论】不追究。

【失入】谓轻罪重判或不当判刑而判刑。《唐律疏议·断狱·官司出入人罪》："（断罪）失于入者各减三等，假有从笞失入百杖，于所剩罪上减三等。"《资治通鉴·后周太祖广顺二年》："大理卿萧俨恶延巳为人，数上疏攻之，会俨坐失入人死罪，钟谟、李德明辈必欲杀之。"胡三省注："误入人死罪，谓之失入。"

【平人】无罪之人，良民。

【不伏】不服。

【审刑】审刑院。官署名。北宋太宗淳化二年（991）置，设知院官一至二人，详议官六人，皆以朝官充任。神宗元丰三年（1080）并归刑部。

【放罪】赦罪开释。

【阁［gé］门】宋代负责官员朝参、宴饮、礼仪等事宜的机关。宋吴自牧《梦粱录·阁职》："阁门，在和宁门外，掌朝参、朝贺、上殿、到班、上官等仪范。"

【移牒】宋人称以正式公文通知平行机关或人。宋高承《事物纪原·公式姓讳·移》："孔稚圭因有《北山移文》，今有移牒之名，疑始此也。"

【趣】通"促"，督促。

【台司】指御史台主管某事的机构或官员。

【执政】宋代指参知政事、枢密使、枢密副使、签书枢密院事、知枢密院事、同知枢密院事、尚书左丞、尚书右丞、中书侍郎、门下侍郎等，地位仅次于宰相。

译文

早先，王安石检查都城的刑狱案件。有位少年得到一只斗鹑，其同伴借来观玩,就趁机向鹌主讨要,鹌主不同意,借者依仗自己与鹌主关系亲近,就带着斗鹌走了,鹌主追赶上来,用脚踢其胁下,同伴当场死亡。开封府审判的结果要鹌主抵命处死,王安石反对说:"按法律条文,公然夺取与偷偷窃取都是盗的行为,鹌主不同意而其同伴强行带走,就是盗的行为;鹌主追赶而殴打他,应看作捕盗。虽其同伴被殴死,当不算犯罪。开封府误判平民为死罪。"开封府官员不服,案子再由审刑院、大理寺详细讨论,最后认为开封府的判决是对的。朝廷有诏,王安石论案有错,但免其罪。按照惯例,被免罪的官员都应去殿门外谢罪。王安石自认为没有罪,所以也不去殿门谢罪,御史台及阁门官多次送来文牒,催王安石去谢罪,王安石就是不肯去。御史台官员因此劾奏王安石,执政大臣因为王安石当时已名气不小,便宽释不问了,只是让王安石任作别的官职。

解析:"慎刑"与"防弊"的司法监督制约机制

"王安石误判斗鹌杀人"这一案例因主角是王安石而颇为知名,《续资治通鉴长编》与《宋史》王安石本传均有记载,后世更给了此案一个专有名称——"鹌鹑狱"。本案的争论焦点是少年的行为是否构成正当防卫。王安石认为少年的行为是"捕盗"因而构成正当防卫,罪不至死,而开封府、审刑院、大理寺对此都持否定态度。这一案例在相关部门之间产生了巨大争议,为我们窥视宋代司法机关之间的关系提供了一个窗口。

宋代司法机构有中央司法机构和地方司法机构之分。在上述案例的简短记载中,宋代主要的中央司法机关几乎都出场了。开封府,不仅有权审理首都地区的案件,而且可以直接受理皇帝指定管辖的案件而不用受刑部、御史台的复核或监察。[①] 大理寺,负责审理地方司法机

[①] 《宋史·卷一百六十六·职官六》载:"中都之狱讼皆受而听焉,小事则专决,大事则禀奏。若承旨以断者,刑部、御史台无辄纠察。"

关上奏的案件，是"上诉审法院"。[①]审刑院，是宋代特有的司法机关，宋太宗时设立，"上诉"案件虽然由大理寺负责审理，可是审理结果必须通过审刑院复核。[②]

之所以设置如此复杂的司法机构，源于宋人的"慎刑"思想，即减少或者不产生冤假错案。而要实现"慎刑"的目的，则必须构建一套权力制约机制，即"事为之防，曲为之制"——这是有宋一代政治制度设立的基本原则：必须分散司法事权，实现司法权内部的制衡，防止任何一个司法机关因权力过大而恣意妄为。

本案例中，开封府对王安石的意见不服，提出"上诉"，经大理寺、审刑院审理后"维持原判"。值得注意的一个问题是，王安石有什么权力驳回开封府的判决呢？这就引出宋代又一独特的司法监督机关：纠察在京刑狱司。据《宋史·职官志》记载，宋真宗时"置纠察刑狱司，纠察官二人，以两制以上充。凡在京刑禁，徒以上即时以报；若理有未尽或置淹恤，追覆其案，详正而驳奏之。凡大辟，皆录问。"简而言之，对所有在京司法机关，不论地方机关如开封府，还是中央机关如大理寺，纠察在京刑狱司均有监督之权。它不仅有权被动核查司法机关按时汇报的徒刑以上案件，还有权主动监督；不仅有权平反冤假错案，还有权纠举司法官吏的不法行为；不仅有权监督案件，还有权审理案件。[③]所谓的纠察官"以两制以上充"。唐、宋两代，翰林学士加知制诰称"内制"，中书舍人加知制诰称"外制"，合称"两制"。而此时的王安石，官职正是"直集贤院，知制诰，纠察在京刑狱"。

御史台，既是监察机关，也是重要的司法机关。据《续资治通鉴长编》卷三百三十五记载："事之最难者莫如疑狱。夫以州郡不能决而

---

① 《宋史·卷一百六十五·职官五》载："凡狱讼之事，随官司决劾，本寺不复听讯，但掌断天下奏狱。"
② 《宋史·卷一百六十三·职官三》载："凡狱具上，先经大理，断谳既定，报审刑，然后知院与详议官定成文草，奏记上中书。"
③ 参见孟宪玉：《北宋的独特司法监督机构：纠察在京刑狱司》，《河北学刊》2007年第3期。

付之大理，大理不能决而付之刑部，刑部不能决而后付之御史台。"因此，御史台作为司法机关负责对疑难案件的审判；同时御史台作为监察机关，有权对官吏违法渎职案件进行调查。王安石错判"鹌鹑狱"的责任被皇帝赦免，却拒不谢罪的行为，正是御史台作为监察机关"肃正纲纪"的对象。所以御史台对王安石启动弹劾，导致王安石的离职。

权力与监督相辅相成，权力越大越需要监督制约。监督能够防止权力滥用，而制约则是实现公正的有效途径。司法活动关系人民群众的生命财产安全，承担着维护社会公平正义的重要职责，是社会公平正义的最后一道防线。因此司法权必须在监督制约下运行。通过"鹌鹑狱"这一典型案例不难看出，早在宋代我国已经形成了较为完善的司法权监督制约机制，其中既有对案件审判的监督制约，也包括对司法官员权力运用的监督制约，并且已经达到了非常高的水平。

（王腾宇　上海市黄浦区人民法院）

十二、包拯断惠民河阻塞

原文

（包）拯立朝刚毅，贵戚宦官为之敛手，闻者皆惮之。人以包拯笑比黄河清，童稚妇女，亦知其名，呼曰"包待制"。京师为之语曰："关节不到，有阎罗包老。"旧制，凡讼诉不得径造庭下。拯开正门，使得至前陈曲直，吏不敢欺。中官势族筑园榭，侵惠民河，以故河塞不通，适京师大水，拯乃悉毁去。或持地券自言有伪增步数者，皆审验劾奏之。

……

拯性峭直，恶吏苛刻，务敦厚，虽甚嫉恶，而未尝不推以忠恕也。与人不苟合，不伪辞色悦人。平居无私书，故人、亲党皆绝之。虽贵，衣服、器用、饮食如布衣时。尝曰："后世子孙仕宦，有犯赃者，不得放归本家，死不得葬大茔中。不从吾志，非吾子若孙也。"

——《宋史·包拯传》[1]

注释

【包拯】（999—1062），宋庐州（今安徽合肥）人，仁宗天圣年间进士。曾任监察御史、天章阁待制、龙图阁直学士，官至枢密副使。他为官清正，刚直不阿，执法严峻，不徇私情，被史书和后代小说渲染为中国历史上最著名的清官，号称"包青天"。

【敛手】缩手。表示不敢妄为。《史记·春申君列传》："秦楚合而

---

[1] 原始文献详参《宋史》，中华书局1985年版，第10317—10318页。

为一以临韩，韩必敛手。"

【包拯笑比黄河清】古人谓黄河水本浑浊，古人以黄河水清为祥瑞的征兆，比喻难得、罕见的事。包拯的笑却像黄河水清一般，意指包拯不会笑。

【待制】官名。唐置。宋因其制，于殿、阁均设待制之官，如"保和殿待制""龙图阁待制"之类，典守文物，位在学士、直学士之下。"包待制"犹称呼"包龙图"。

【关节】指暗中行贿勾通官吏的事。唐苏鹗《杜阳杂编·卷上》："瑶英善为巧媚，载惑之，怠于尘务，而瑶英之父曰宗本，兄曰从义，与赵娟递相出入，以构贿赂，号为关节。"

【径造】直接往访，谓不请人介绍而径自拜访。

【中官】宦官。《汉书·高后纪》："诸中官、宦者令丞，皆赐爵关内侯，食邑。"颜师古注："诸中官，凡阉人给事于中者皆是也。"

【惠民河】古水名。北宋"漕运四河"之一，京南及淮西货运皆由此河达京师。《宋史·河渠志》："闵水自尉氏历祥符、开封，会于蔡，是为惠民河。"

【峭［qiào］直】严峻刚正。

【苟合】附和；迎合。《晏子春秋·问下十八》："不苟合以隐忠，可谓不失忠。"

【平居】平日；平素。《战国策·齐策五》："此夫差平居而谋王，强大而喜先天下之祸也。"

【私书】个人的书信。《墨子·号令》："挟私书行请谒及为行书者……皆断无赦。"

【大茔［yíng］】大的祖坟。

译文

包拯在朝廷为人刚强坚毅，贵戚宦官因此而大为收敛，知道的人都很害怕他。人们认为要包拯笑难度堪比黄河水清。连小孩和妇女，也知道他的名声，叫他"包待制"。京城里的人因此说："阎罗王和包老头，不会暗中受贿疏通关系。"按老规矩，凡是诉讼都不能直接到官递交状子。包拯打开官署正门，使告状的人能够到面前陈述是非，办事小吏因此不敢欺瞒。有一年，开封发大水，那里一条惠民河河道阻塞，水排泄不出去。包拯一调查，河道阻塞的原因是有些宦官、权贵侵占了河道，在河道上修筑花园、亭台。包拯立刻下命令全部拆掉。有人拿着地券自己造假增加面积的，包拯都审验后弹劾上奏。

……

包拯性情严峻刚直，憎恶办事小吏苛杂刻薄，务求忠诚厚道，虽然性格非常嫉恶如仇，但一直施行忠恕之道。他跟人交往不随意附和，不以巧言令色取悦人，平常没有私人信件，连朋友、亲戚也断绝往来。他即使地位高贵，但穿的衣服、用的器物、吃喝食物跟当百姓时一样。他曾经说："后代子孙当官从政，若贪赃枉法，不得放回老家，死了不得葬入家族墓地。不听从我的意志的，就不是我的子孙。"

解析：包拯司法审判中的"民本思想"

民本思想萌生于商周时期，一般认为，《尚书·五子之歌》中的"民为邦本，本固邦宁"是民本思想的最初形成。经过历朝历代政治家、思想家的不断丰富完善，民本思想逐渐成为中国传统法律文化最重要的哲学基础之一。"在中华法文化中，最重要的是人（民）本思想……这种人（民）本主义，是中华法文化的核心价值。"[①] 民本思想渗透于中华法律制度的方方面面，也成为历代司法官员重要的宗旨和信念之一，本案例即是包拯力行民本思想的生动体现。

"开正门"方便百姓诉讼。北宋的司法审判（不区分民事诉讼或者

[①] 尹丽：《张晋藩：中华法文化复兴正当时》，《公民导刊》2016年第8期。

刑事诉讼）分为以下几个阶段：当事人双方投递诉状或司法机构捕获犯罪嫌疑人—推问勘鞫—检断判决。按照北宋法律，原告起诉时，须将状纸递交至县衙，当事人的诉讼条件及诉状书写的内容都必须符合法律规定。但到县衙里告状的人是不能直接到县令面前递交诉状的，而要由其下属门牌司来转达。因此，在县衙有接收诉状的专门机构——"门牌司"，也叫"开拆司"。门牌司是百姓启动自诉时的受理机关。门牌司首先检查诉状，对于不符合法律规定的，门牌司可以对原告加以劝阻甚至有权力拒收。门牌司将符合法律规定的诉状交给县令后，便须传唤双方当事人出庭。门牌司权力非常大，直接关系到民众能否启动诉讼程序。在缺乏有效监督和制约的情况下，牌司吏员经常利用这种审核诉状的机会勒索钱财，导致贫苦百姓告状无门。包拯上任后，对这一司法制度进行了改革，敞开衙门，使得告状之人能直接进入大堂面陈案件事实，辨明是非曲直。这一举措革除了"有理无钱莫进来"的弊端，极大方便了百姓诉讼。

不畏权贵，坚决维护百姓利益。宋仁宗嘉祐元年（1056）的"惠民河"案是一起典型的排除妨碍的案例。因惠民河"中官势族筑园榭"，以致"河塞不通"，一旦发生洪水则必然会造成沿岸百姓生命财产损失。在这种情况下，包拯毅然决然"悉毁去"。能够在惠民河岸"筑园榭"的皆为"中官势族"，包拯此举势必会得罪诸多权贵，在实行过程中也势必会遇到巨大的困难和阻力。但是包拯不畏权贵，为民请命，充分体现了"爱民如子"的民本思想。

清正廉洁，刚正不阿。"打铁还需自身硬"。包拯之所以能够做到不畏权贵，刚正不阿，归根结底来源于其自身的清正廉洁。"平居无私书，故人、亲党皆绝之"，可见包拯对其自身的要求达到了极高甚至"苛刻"的程度。"徒法不足以自行"，法律的精神要通过司法人员的具体执法来实现。而要实现公正司法的目标，不仅需要完善的制度约束，更需要司法人员具有很高的个人素质和正直的品格。"人以包拯笑比黄河清"，这方面包拯无疑为所有司法人员树立了一个典范。

从"民为邦本"到"司法为民",民本思想贯穿中华民族几千年来司法执法的始终。坚持司法为民、公正司法,从根本上说就是为了更好地解决人民群众最关心、最现实、最直接的利益问题,"使人民群众在每一个司法案件中感受到公平正义"。"包拯断惠民河阻塞"的故事虽发生在千年前,但仍值得今天的每一位司法人员细细品味。

(胡晓爽　上海市黄浦区人民法院)

十三、阿云狱

原文

熙宁元年七月，诏："谋杀已伤，按问欲举，自首，从谋杀减二等论。"初，登州奏有妇阿云，母服中聘于韦。

——《宋史·刑法志》[1]

云许嫁未行，嫌婿陋，伺其寝田舍，怀刀斫之，十余创，不能杀，断其一指。吏求盗弗得，疑云所为，执而诘之，欲加讯掠，乃吐实。（许）遵按云纳采之日，母服未除，应以凡人论，谳于朝。

——《宋史·许遵传》[2]

审刑院、大理寺论死，用违律为婚奏裁，敕贷其死。知登州许遵奏："……当用按问欲举条减二等。"刑部定如审刑、大理。时遵方召判大理，御史台劾遵，而遵不伏，请下两制议。乃令翰林学士司马光、王安石同议。二人议不同，遂各为奏。光议是刑部，安石议是遵，诏从安石所议。而御史中丞滕甫犹请再选官定议，御史钱顗请罢遵大理。诏送翰林学士吕公著、韩维，知制诰钱公辅重定。公著等议如安石，制曰："可。"于是法官齐恢、王师元、蔡冠卿等皆论奏公著等所议为不当。又诏安石与法官集议，反复论难。

明年二月庚子，诏："今后谋杀人自首，并奏听敕裁。"是月，除安石参知政事，于是奏以为：……不须复立新制。与唐介等数争议帝前，卒从安石议。复诏："自今并以去年七月诏书从事。"判刑部刘述等又请中书、枢密院合议。中丞吕诲，御史刘琦、钱顗皆请如述奏，下

---

[1] 原始文献详参《宋史》，中华书局1985年版，第5006页。
[2] 原始文献详参《宋史》，中华书局1985年版，第10627页。

之二府。帝以为律文甚明，不须合议。而曾公亮等皆以博尽同异、厌塞言者为无伤，乃以众议付枢密院。文彦博以为："杀伤者，欲杀而伤也，即已杀者不可首。"吕公弼以为："杀伤于律不可首。请自今已杀伤依律，其从而加功自首，即奏裁。"陈升之、韩绛议与安石略同。会富弼入相，帝令弼议。

——《宋史·刑法志》①

弼谓安石以"……盍从众议？"安石不可。弼乃辞以病。八月，遂诏："谋杀人自首及按问欲举，并依今年二月甲寅敕施行。"诏开封府推官王尧臣劾刘述、丁讽、王师元以闻，述等皆贬。

——《文献通考·刑考九》②

注释

【熙宁】宋神宗年号（1068—1077）。

【按问】查究审问。

【登州】宋属京东东路。治蓬莱县（今山东省烟台市蓬莱区）。

【母服】服丧制度之一。古制，父在母死，服丧一年。自唐垂拱年间始，改为三年。

【斫［zhuó］】大锄；引申为用刀、斧等砍。

【讯掠】拷打审问。

【纳采】古婚礼六礼之一。男方向女方送求婚礼物。《仪礼·士昏礼》："昏礼：下达纳采，用雁。"贾公彦疏："纳采，言纳者，以其始相采择，恐女家不许，故言纳。"

【审刑院、大理寺论死】《唐律疏议·贼盗律》："谋诸杀人者，徒三年；已伤者，绞；已杀者，斩。"

【违律为婚】唐律将违律为婚称之为"依律不许为婚，其有故为之

---

① 原始文献详参《宋史》，中华书局1985年版，第5006—5007页。
② 原始文献详参《文献通考》，中华书局2011年版，第5100页。

者",是指法律规定双方不得结婚而违反法律规定结合的情形。违律为婚的情形诸如同姓为婚;杂户、官户与良人之间的通婚。唐律规定违律为婚的婚姻关系不成立,双方需解除婚姻关系。《唐律疏议·户婚律》:"诸违律为婚,虽有媒聘,而恐吓娶者,加本罪一等;强娶者,又加一等。"

【许遵】字仲涂,泗州(今江苏盱眙)人。北宋时官吏,曾任大理寺详断官等,生平见于《宋史·许遵传》。

【法官】官名。战国时秦国掌法之官。《商君书·定分》:"天子置三法官,殿中置一法官,御史置一法官及吏,丞相置一法官。""遇民不修法,则问法官。法官即以法之罪告之。民即以法官之言告之吏。吏知其如此,故吏不敢以非法遇民,民又不敢犯法。""诸侯郡县皆各为置一法官及吏。"后用以称法司之官。

【按问欲举】按问欲举,是指疑犯被抓审问时,尚未取得完整罪证时,一经审问便认罪招供的情况。按宋仁宗时编《嘉祐编敕》:"应犯罪之人,因疑被执,赃证未明,或徒党就擒,未被指说,但诘问便承,皆从律按问欲举首减之科。"

【两制议】北宋时,负责起草诏书的人一般有两种,一种是翰林学士,被称为"内制";另一种是加"知制诰"头衔的官员,被称为"外制"。当皇帝处理朝政遇到难以解决的时候,就交给翰林学士和"知制诰"的官员进行讨论。

【司马光】(1019—1086),北宋陕州夏县(今属山西)涑水乡人,字君实,号迂叟,世称涑水先生。北宋著名政治家、史学家、文学家。

【富弼】(1004—1083),北宋洛阳(今属河南)人,字彦国。庆历三年(1043)与范仲淹等推行"庆历新政"。北宋时期政治家、文学家。

译文

宋神宗熙宁元年(1068)七月,下了一道诏令:"凡谋杀他人并已经造成伤害的，在官吏传讯、将被纠举时，能主动供认犯罪事实的，可以按自首论，比照谋杀罪减二等处罚，"当初，登州司法机关上奏，称当地有一个名叫阿云的女子，在母亲死后服丧期未满时，就由尊长作主，同一个姓韦的男子订了婚。

但阿云只是和其订婚，尚未嫁过去，又因嫌韦姓未婚夫长相丑陋，便趁他晚上独自一人睡在田间小屋里的时候，带了刀去杀他，但因为力气太小，砍了十余刀，也没能将他杀死，只砍断了一个指头。官府抓不到凶手，便怀疑是阿云干的，将她抓起来进行审讯，在将要动用刑讯的时候，阿云全盘招供了。登州知州许遵认为阿云订婚的时候，服丧期未满，所以她与韦某的未婚夫妻关系不能成立，应该以普通人处理，并将此案上报朝廷。

案件上报后，审刑院、大理寺判处阿云死刑，但又因为他们属于违律为婚，所以奏请皇帝裁决，奉敕免除阿云的死罪。登州知州许遵认为能主动供认犯罪事实的，按自首论的规定，减二等处罚。刑部复核，维持审刑院、大理寺的原判，正在这时，内调许遵担任判大理寺的任命发布了，御史台便以许遵议阿云一案有误为理由，对他进行弹劾。许遵不服，要求将此案交翰林学士、知制诰等官员重新审议。

于是便命翰林学士司马光、王安石共同讨论，但两人意见不一致，便各自向宋神宗提出自己的看法。司马光同意刑部的意见，王安石则赞同许遵的意见。宋神宗下令按王安石的意见处理。但御史中丞滕甫仍然坚持请求再选派官员讨论此案，御史钱𫖮则请求罢免许遵判大理寺的职务。于是宋神宗又将此案交翰林学士吕公著、韩维，知制诰钱公辅等重新议定。吕公著等人的意见与王安石相同，宋神宗也认为："可以"。于是法官齐恢、王师元、蔡冠卿等人又纷纷上疏，认为吕公著等议定的处理办法并不妥当。宋神宗只得再命王安石与法官们一起商讨，反复辩论、驳难。

到了次年二月初三，宋神宗下诏："今后凡是谋杀人自首的律奏请皇帝裁决。"就在这个月，王安石被任命为参知政事，他便上奏，认为："对这一问题没有必要再另作规定。"并与唐介等人在宋神宗跟前反复争论。最后宋神宗还是采纳了王安石的意见，又下了道诏令："今后一律按去年七月的诏令处理。"但判刑部刘述等人又请求将此案交中书与枢密院一同讨论。御史中丞吕诲、御史刘琦、钱顗等人也都请求按刘述所奏办理，交中书与枢密院讨论。宋神宗认为律文的规定已经很明确了，没有必要再交两府讨论。而曾公亮等人都认为广泛征求不同的意见，说服那些意见不同的人，并没有什么妨碍，宋神宗只得将各种意见交枢密院审议。文彦博认为："所谓杀伤，是指欲杀而伤，也就是说，对已造成杀伤结果的行为是不能够适用自首的。"吕公弼也认为："按照法律，已经造成杀伤结果的行为是不能够适用自首的。请求今后对已经造成杀伤结果的行为按照律文的有关规定处理；从犯对实际的杀伤行为进行帮助，而后又自首的，则奏请皇帝裁决。"陈升之、韩绛的意见则与王安石大体相同。正好这时富弼被任命为宰相，宋神宗便命他提出自己的看法。

富弼对王安石说："你还是听从大家的意见吧。"但王安石坚决不同意。富弼便以生病为由，提出辞职。到了这年八月，又再次发布诏令："凡是谋杀他人后自首以及在官吏传讯、将被纠举时主动供认犯罪事实，一律按照今年二月十七日发布的敕令处理。"并命令开封府的推官王尧臣对刘述、丁讽、王师元等人进行弹劾，结果刘述等人都遭到贬斥。

解析：司法裁判中法律解释的运用

阿云狱一案的记载见于《宋史》《文献通考》《续资治通鉴》等诸多文献，详略不一。该案并不复杂，却在当时引起了长达一年多的争论，甚至影响了宋代法律制度变革。这一案件几经讨论，既经大理寺、审刑院、刑部，又经翰林、中书、枢密，涉及名臣如王安石、司马光、吕公著、富弼等,法官如刘述、齐恢、王师元等,皇帝亦为此三次下旨。一场简单的村妇杀夫未遂案,其涉及面之广、参与人之多、争论之深,史所罕见。该案例折射出宋代司法制度的诸多特点,其中辩论各方对法律解释所采用的方法,充分展现了宋代士大夫阶层的法律专业素养和面对疑难案件时的智慧。

本案的争论源于对法律规定的理解。同一律法从不同的角度解释可以得出完全迥异的结论,最终结果适用到具体案件中也是大相径庭。围绕律法的解释进路一直贯穿于阿云一案的刑名之争中,充分体现了各方对相关律法的体察和辨析的立场。宋代《宋刑统·贼盗律》"谋杀"条规定:"谋诸杀人者,徒三年;已伤者,绞;已杀者,斩。"《宋刑统·名例律》"罪已发未发自首"条规定:"因犯杀伤而自首者,得免所因之罪,仍从故杀伤法。"

对于上述规定,司马光认为,"今许遵欲将谋之与杀,分为两事,案谋杀、故杀皆是杀人,若将谋之与杀分为两事,则故之与杀亦是两事也……若平常谋虑不为杀人,当有何罪可得首免?以此知谋字止因杀字生文,不得别为所因之罪也"[①]。这里,司马光认为"谋"不能成为"杀"之"因",因为"谋"根本不可能脱离"杀"的行为而独立成为一种"罪",即所谓"谋字止因杀字生文"。既然"谋"不能单独成罪,也不存在所谓的自首"免所因之罪",故对阿云案可直接适用"谋诸杀人者,徒三年;已伤者,绞"的规定。

而王安石则指出:律文有"谋诸杀人者,徒三年;已伤者,绞;已杀者,斩。"之规定,根据这项规定,犯谋杀罪者判徒刑三年,已经造成伤害的判处绞刑,已经造成死亡的判处斩首,怎么会"别无所因之罪"?此外,《宋刑统》规定:"'谋杀人者',谓二人以上;若事已彰露,欲杀不虚,虽独一人,亦同二人谋法,徒三年。"根据王安石的理解,依据《宋刑统》的规定,如果"事已彰露,欲杀不虚",即使还没有"杀",仍可以"谋杀"罪处"徒三年"。因此"谋"与"杀"乃

[①] 《温国文正司马公文集·卷三十八·议谋杀已伤案问欲举而自首状》。

"二事","谋"可以单独成罪。法律不许"首免"的是"杀伤"而非"谋杀"。阿云"谋杀"韦阿大,"谋"就是阿云犯"杀伤"的"因",因此,阿云谋杀韦阿大可以适用"因犯杀伤而自首者,得免所因之罪,仍从故杀伤法。"

司马光指出:"所谓因犯杀伤者,言因犯他罪,本无杀伤之意,事不得已,致有杀伤。除为盗之外,如劫囚、略卖人之类皆是也……今此人因犯他罪致杀伤人,他罪虽得首原,杀伤不在首例。若从谋杀则太重,若从斗杀则太轻,故酌中令从故杀伤法也"[①]。司马光认为,"为盗"杀伤人、"劫囚"杀伤人、"略卖人"杀伤人等罪犯都有一个共同特征,即杀伤人都是"本无杀伤之意,事不得已",那么在判刑时,"若从谋杀则太重,若从斗杀则太轻,故酌中令从故杀伤法也"。根据案情,阿云杀人是"谋杀"绝非"故杀"。王安石等人认为阿云犯"谋杀",却又按故杀量刑,自相矛盾。

王安石则回应:"《宋刑统》杀伤,罪名不一,有因谋,有因斗,有因劫囚、窃囚……此杀伤而有所因者也。惟有故杀伤则无所因,故刑统因犯杀伤而自首,得免所因之罪,仍从故杀伤法。其意以为,于法得首,所因之罪既已原免,而法不许首杀伤,刑名未有所从,唯有故杀伤为无所因而杀伤,故令从故杀伤法。"[②] 根据王安石的理解,像"为盗"杀伤人、"略卖人"杀伤人、"劫囚"杀伤人等罪犯之所以在"自首"后要"从故杀伤法"判刑,是因为在自首并免所因之罪后,要处罚"不许首"的"杀伤"罪,但对于这种"杀伤","刑名未有所从"(即法律未明确规定),所以阿云"谋杀"后"自首",仍属犯"谋杀"罪,但可以用"故杀伤法"判刑。王安石进一步指出:"《律疏》假设条例,其于出罪,则当举重以包轻,因盗伤人者斩,尚得免所因之罪,谋杀伤人者绞,绞轻于斩,则其得免所因之罪可知

---

① 《温国文正司马公文集·卷三十八·议谋杀已伤案问欲举而自首状》。
② 《文献通考·刑考九》。

也。"① 其意思是，根据举重以明轻的规则，强盗伤人依律应当判处斩首之刑，谋杀伤人者依律判处绞刑，绞刑轻于斩首，作为重罪的强盗伤人都可以因自首免其"所因之罪"，作为轻罪的谋杀伤人就更可以因自首"免所因之罪"。

在王安石的论述中，综合运用了文义解释、比较解释（举重以明轻）、体系解释等多种方法。强调要全面理解法律规定，法律有规定的就必须依照法律规定，不要动辄"敕许奏裁"："有司议罪，惟当守法，情理轻重，则敕许奏裁。若有司辄得舍法以论罪，则法乱于下，人无所措手足矣。"② 而司马光则认为，法律适用不能仅"望文生义"，同时还要进行价值判断，以"礼"作为决定的依据："分争辨讼，非礼不决，礼之所去，刑之所取也。阿云之事，陛下试以礼观之，岂难决之狱哉！彼谋杀为一事为二事，谋为所因不为所因，此苛察缴绕之论，乃文法俗吏之所争，岂明君贤相所当留意邪！今议论岁余，而后成法，终为弃百代之常典，悖三纲之大义，使良善无告，奸凶得志，岂非徇其枝叶而忘其根本之所致邪！"③ 不难看出，王安石与司马光皆因循律义、持之有据，却得出不同的结论，其原因在于解释的价值取向存在差异。王安石等人更注重维护法律的形式公正，主张通过全面、系统地解释法律从而正确适用法律，不要动辄"以礼破法"。而司马光等人则依据三纲五常、德礼政教，提倡"礼之所去，刑之所取"的礼法观念，体现的是对法律价值的考量。

法律的具体适用就是对法律进行解释的过程，至今形成形式解释与实质解释两大流派。形式解释从文本本身着手，着重于法律的稳定性、客观性、确定性以及可预测性，具体解释方法上表现为文义解释、体系解释等；实质解释则侧重于法律的社会属性及其背后的立法目的，充分考虑立法原意以及道德、政策等因素，强调法律适用的灵活性和

---

① 《文献通考·刑考九》。
② 《文献通考·刑考九》。
③ 《文献通考·刑考九》。

个案的公平正义，具体解释方法上表现为原意解释、目的解释、历史解释等。从古至今的争论证明了这样一个事实：法律的形式解释与实质解释二者难以截然分离也并非择一就能一劳永逸，一种解释方法在此案中合理在彼案中就可能显得荒谬。事实上，法律在被适用到具体案件中时，若要追求法律效果和社会效果的有机统一就必须兼顾形式解释与实质解释。

（纪冬雨　上海市黄浦区人民法院）

十四、檀偕使耕夫杀盗

原文

有叶全三者，盗其窖钱，偕令耕夫阮授、阮捷杀全三等五人，弃尸水中，当斩，尸不经验，奏裁。诏授、捷杖脊流三千里，偕贷死，决杖配琼州。孙近为中书舍人，言："偕杀一家五人，虽不经验，而证佐明白，别无可疑，贷宥之恩，止及一偕，而被杀者五人，其何辜焉？"乃命重别拟断。始，近之提点浙东刑狱也，绍兴民俞富因捕盗而并斩盗妻，近奏富与盗别无私仇，情实可悯，诏贷死。故法寺援之。近言："富执本县判状，捕捉劫盗，杀拒捕之人，并及其妻女；而偕私用威力，拘执打缚，被杀者五人，所犯不同。"刑部亦言："右治狱近断孙昱杀一家七人，亦系尸不经验，法寺为追证分明，不用疑虑奏裁。何不依例？"法寺坚执不移。诏御史台看详定夺，既而侍御史辛炳等言："偕系故杀，众证分明，又已经委官审问。以近降申明条法，不应奏裁，"……乃诏偕论如律。

——《建炎以来系年要录·卷七十二》①

注释

【窖钱】把钱藏在地里。

【杖脊】以杖挞脊背。杖刑中最重的一种。《宋史·刑法志二》："真宗时，蔡州民二百一十八人有罪，皆当死。知州张荣、推官江嗣宗

---

① 原始文献详参《建炎以来系年要录》，中华书局1988年版，第1200页。

议取为首者杖脊,余悉论杖罪。"

【贷死】免于死罪。

【孙近】宋常州无锡人,字叔诣。高宗时累迁吏部侍郎、直学士院。以翰林学士承旨参知政事,兼知枢密院。

【提点】官名。宋始置,寓提举、检点之意。掌司法、刑狱及河渠等事。

译文

有个叫叶全三的人,偷了檀偕藏在地窖里的钱,檀偕便叫家里的佃户阮授、阮捷杀死了叶全三等五人,并将尸体抛在水里。按照法律应当处斩,但由于没有找到尸体,无法进行尸体检验,取得证据,因此便作为疑案,奏请皇帝裁决。皇帝下诏判处阮授、阮捷杖脊,流放三千里外;檀偕免死,决杖发配琼州。中书舍人孙近说:"檀偕杀死一家五口,虽然没有检验尸体,但证据确凿,并没有其他疑点。现在皇上宽大处理的恩惠,仅仅给予檀偕一个人,而被他杀死的五个人,难道就白白死了吗?"于是便命司法机关重新审理。当初,孙近担任提点浙东刑狱职务的时候,绍兴的百姓俞富在追捕强盗的时候,把强盗的妻子一起杀掉了,孙近认为俞富与强盗并无私仇,他的行为有值得同情的地方,奏请皇帝从宽处理,于是皇帝下诏免除了俞富的死罪。由此大理寺援引了这一案例,也请求免除檀偕的死罪。孙近说:"当初俞富是拿着县里发给的文书去捕捉强盗的,因为强盗拒捕,才将强盗及他的妻女一同杀死的;而檀偕是擅自使用暴力,拘禁、拷打、捆绑他人,使五人被杀,因此他们的犯罪情节是不同的。"刑部也说:"右治狱最近判决的孙昱杀死一家七口一案也是没有验尸,但大理寺因为证据确凿,没有作为疑案奏请皇帝裁决。为什么不按照这一案例的办法处理呢?"但由于大理寺坚持要维持原判,所以皇帝便下诏御史台审理决定。不久,侍御史辛炳等人说:"檀偕属于故意杀人，各种证据都很明确，而且又专门委派官员进行了审讯。按照最近颁布的申明和条例，不应当奏请皇帝裁决。"于是又下诏，依法判处檀偕死刑。

解析：案例参考制度的运用

  为了弥补成文法的局限，判例制度很早就在中国古代司法中得到运用。在中国古代社会，类案参考与判例制度一直是法律体系的重要组成部分。自西周"议事以制，不为刑辟"，秦朝的"廷行事"，汉代的"决事比"，唐代的"例"，宋代的"断例"，明代"以例辅律、律例并行"，清代"律例合编、以例破律"，我国古代的类案参考和判例制度与成文法相互影响、相互补充，在填补法律空白、统一法律过程适用发挥了重要的作用，成为中华法系中的一大特色。"法之立也有限而人之犯也无方，以有限之法尽无方之慝，是诚有所不能该矣，于是而律外有例，例外有奏准之令，皆求以尽无方之慝而胜天下之残。"[①]
  达到"情罪允协"是中国古代司法的重要目标之一，对判例进行参考也是为了实现这一目标，避免判决畸轻畸重。在唐代的基础上，判例制度在宋代的司法实践中得到了新的发展。《宋史·刑法志》记载："法令虽具，然吏一切以例从事，法当然而无例，则事皆泥而不行。"而如何寻找类似案件进行参照，在长期的司法实践中也形成了许多规则和原则，"取象比类"就是其中之一。所谓"取象"就是选取案件事实；"比"就是将待处理案件的事实与其他案件进行比对；所谓"类"就是进行归类，确定可以参照的案件。其过程是：当无法找到与案情十分贴合的律文时，将待决案件作为参照物，在既往判例中搜寻类似判例与之进行对比，通过对案件情节的相似性评价更加清晰和准

[①]《读通鉴论·卷四·宣帝》。

确地进行轻重相权,从而寻求断案思路以辅助裁判。

檀偕使耕夫杀盗一案生动反映了宋代断案决狱过程中类案思维的运用。首先进行"取象":檀偕案与俞富案均是杀盗贼并累及他人的案件,从表面案件事实上看具有相似性,最初的判决也认为两者可以参照。但中书舍人孙近通过"比"发现,檀偕系擅自使用暴力杀害他人,而俞富系凭公文抓捕强盗过程中杀害他人,二者犯罪情节不同,因而两案在处理结果上亦应有差别,故在判案时不能作为"一类"而参照适用。在否决了俞富案的可参照性之后,案件就要重新"取象"。此时刑部提出,檀偕使耕夫杀盗一案与孙昱杀死一家七口一案均同属犯罪证据确凿但无法进行验尸的情形,故在处置方法上可援引适用。最终案件的处理也采用了上述观点。

公众对于司法公正最直观的感受之一是相似案件是否得到了相似处理。面对制定法天然的类型化、原则性特点,案例指导制度以重要补充的形式在解释现有法律、弥补法律漏洞、实现同案同判方面发挥着关键作用,实现了对纷繁复杂的社会生活的有效调整,为司法注入活力。当代的类案与古代判例虽非同一概念且所处时代和政治背景亦不同,但均运用了"比"的思维方式以破解"法制有限,情变无穷"的难题,其本质都是在面对疑难复杂案件且缺乏法律明文规定时,以先前案例中的类似案件为标尺进行参考,从而辅助裁判,以达到司法适用统一的目的。

中国古代寻求类似案例进行比对的思维与当代类案参考思维有着异曲同工之处。根据《〈最高人民法院关于案例指导工作的规定〉实施细则》第九条的规定,判定指导性案件与待审案件之间是否具有类似性应牢牢把握"基本案情"和"法律适用"两个标准,即抓住影响案件裁判结果和有关案件争议焦点的关键性事实,在法律适用上不能单纯追求待审案件和指导性案例法条适用的一致性,而应多角度综合判断,探求实质的一致性。对于检索到的类案是否应当参照、在何种程度上参照取决于法官的自由裁量,法官应充分发挥主观能动性,运用类比推理思维进行法律价值评价,将类案作为裁判时加减量刑的标尺和强化说理的工具,借助而非拘泥于类案,从而切合实际地作出判决,实现形式正义与实质正义的有机统一。

(纪冬雨 上海市黄浦区人民法院)

十五、执同分赎屋地

原文

　　理诉交易，自有条限。毛汝良典卖屋宇田地与陈自牧、陈潜，皆不止十年，毛永成执众存白约，乃欲各赎于十年之后。本县援引条限，坐永成以虚妄之罪，在永成亦可以退听。今复经府，理赎不已，若果生事健讼之徒，所合科断。详阅案卷，考究其事，则于法意人情，尚有当参酌者。大率小人瞒昧同分，私受自交易，多是历年不使知之，所以陈诉者或在条限之外，此姑不论也。永成白约，固不可凭，使果是汝良分到自己之产，则必自有官印干照可凭，今不赍出，何以证永成白约之伪乎？此又不论也。但据永成诉，汝良所卖与陈自牧屋一间，系与其所居一间连桁共柱，若被自牧毁拆，则所居之屋不能自立，无以庇风雨，此人情也。又据永成诉，汝良将大堰桑地一段、黄土坑山一片，又童公沟水田一亩、梅家园桑地一段，典卖与陈潜，内大堰桑地有祖坟一所。他地他田，不许其赎可也，有祖坟之地，其不肖者卖之，稍有人心者赎而归之，此意亦美，其可使之不赎乎？此人情也。使汝良当来已曾尽问，永成已曾批退，则屋虽共柱、地虽有坟，在永成今日亦难言矣。今汝良供吐，既称当来交易，永成委不曾着押批退，则共柱之屋与其使外人毁拆，有坟之地与其使他人作践，岂若仍归之有分兄弟乎！今官司从公区处，欲牒唤上毛汝良、陈自牧、陈潜，将屋二间及大堰有祖坟桑地一亩，照原价仍兑还毛永成为业，其余黄土坑山、童公沟田、梅家园桑地，并听陈潜等照契管业，庶几法意人情，两不相碍。陈自牧、陈潜既为士人，亦须谙晓道理，若能舍此些小屋地，非特义举，亦免争诉追呼之扰，所失少而所得多矣。

——《名公书判清明集·户婚门》①

注 释

【吴恕斋】 南宋人，名革，字时夫，号恕斋，庐山人。历任抚州崇仁尉、钱塘县令、临安通判和临安知府、江南西路提刑等。其以判词著称。刘克庄《恕斋平心录》云："其门生故吏，汇其历官拟笔判案曰《平心录》，为十四卷，补遗一卷。凡民负抑、胥舞文、世吏俯首受欺，曲董狐之笔，高下伯州犁之手者，公一览如镜见像，汤沃雪，是是非非，两造厌服。夫人情予之则恩，夺之则怨，赏之则喜，罚之则怒。至于夺人邑而伯氏不怨，废人终身而为李平、廖立所思，惟诸葛能之。公何以使人至此哉？平其心而已矣。"

【白约】 宋代出典田宅，原业主收赎时，要经官办理"过割"，缴纳"田契税"，加盖官府的红印成为"赤契"，白约或白契为未经官府印押的文书，不受法律承认。

【坐永成以虚妄之罪】 宋代对民事纠纷的诉讼时效进行了限制，以防止民事诉讼无限期拖延。北宋建国之初的建隆三年（962）规定，典当、倚当庄宅物业的诉讼时效为三十年，超过三十年后，没有文契或虽有文契但难辨真伪者不再受理。《宋刑统》将上类案件的诉讼时效由三十年缩减到二十年。南宋时，民事纠纷的诉讼时效规定更为细致，时效也更短。由于分家产而导致的产权纠纷为三年；由于遗嘱继承导致的产权纠纷为十年；典卖田宅后发生利息负债问题或亲邻先买纠纷为三年；私自典卖众人田宅，过十年不再追究责任，只偿还其值，如果十年后典卖人已死或已超过二十年，则不再受理；长辈盗卖卑幼产业的案件不受诉讼时效的限制，随时可以申诉。

---

① 原始文献详参中国社会科学院历史研究所隋唐五代宋辽金元史研究室点校：《名公书判清明集》，中华书局1987年版，第165页。

【科断】论处；判决。

【干照】宋代"田宅诉讼"中各类契约文书的通称，也因其具有示信、客观真实的证据作用而成为宋代司法判词的常用语。

【内大堰桑地有祖坟一所】两宋对有祖坟的桑地实行"墓田令"。北宋哲宗元祐六年（1091）闰八月十二日，刑部言："墓田及田内材木土石，不许典卖及非理毁伐，违者杖一百，不以荫论，仍改正。"

【批退】宋代田宅买卖契书，必须经过亲邻签押，称为"亲邻批退"，表明亲邻放弃依法享有典优先购买权。

【管业】管理产业；管理事务。

译文

按理来说，诉讼交易本来就有条件限制。毛汝良典卖田宅给陈自牧、陈潜，都已经是十多年前的交易。毛永成拿出一些未经官府印押的分产文书"白约"，打算在十年后减价赎回。本县援引条件限制，判毛永成虚妄之罪，毛永成也可以退下执行。现在再经过府里审核，没有停下理赎，如果真的是个生是非爱打官司的人，就符合判决。我详细阅览案卷，考究这件事情，则于法意人情，还有可以参酌的。很可能是小人昧良心暗地里一起分财的私自交易，多年来都不让人知道，所以起诉的人可能在条限之外，这就姑且不说了。毛永成的白约，当然不能作为凭据，如果真的是毛汝良分到自己的产业，那么一定会有官印干照可以证明，现在拿不出，拿什么证明毛永成白约的真伪呢？这且不论。但是根据毛永成的诉讼，毛汝良所卖给陈自牧的房屋，因该房屋与毛永成的房屋桁相连，共用柱子。如果被陈自牧拆毁，那么他所居住的房屋也立不住了，没办法遮挡风雨，所以毛永成赎回此物自然符合常情常理。又根据毛永成的诉讼，毛汝良将一段大堰桑地、一片黄土坑山、童公沟水田一亩、梅家园桑地一段，典卖与陈潜，其中大堰桑地内有祖坟一座。如果是其他地和田不许他赎是可以的，有祖坟之地，被不肖子弟卖了，稍有人心的人赎回来，这是好事，怎么能不让他赎回呢？这是人情。如果当时毛汝良都已经询问过，毛永成曾经已经同意批退签押，那么即使房屋共柱、地上有祖坟，对毛永成来说，也无话可说。现在毛汝良供认说，既称用来交易，毛永成确实不曾批退，那么共柱之屋，给外人拆毁，有祖坟的土地给他人便宜卖了，怎么仍然算兄弟之间都有份的财产呢！现在官司从公平角度处置，拟行文书木牒传唤上毛汝良、陈自牧、陈潜，将屋二间和大堰一亩有祖坟的桑地，按照原价仍然让毛永成赎回，其余黄土坑山、童公沟田、梅家园桑地，都让陈潜等按照契约管理，这样法意人情，两者不相妨碍。陈自牧、陈潜都是读书人，也要明白道理，如果能舍弃这些小屋和地，不仅堪称义举，同时也是免得争诉追呼的烦扰，这样失去的少而所得的多了。

解析：司法裁判中的法意与人情

"执同分赎屋地"案记载于《名公书判清明集·卷六》、《宋会要辑稿·食货》等古籍中。法官吴恕斋乃宋代名判，写过不少脍炙人口的判词。

南宋实行私有制的土地政策，田宅典卖频繁，导致纠纷频发。本案就是一起因田宅典卖引起的回赎纠纷。毛汝良将分家所得的房屋田地典卖给陈自牧、陈潜，十余年后，其兄弟毛永成提出赎回房地。按照当时的亲邻法，毛永成作为兄弟有权提出回赎，但其请求已经超过了诉讼时效，因此县官不仅没有支持其诉讼请求，还依法判其虚妄之罪。毛永成不服，提出上诉。吴恕斋受理此案后，在坚持依法审判的同时，还兼顾到伦理常情，对原判作了适当调整，使得最终的判决既不违反法意，又彻底化解了纠纷，从而成为一则经典判决。

在宋代司法活动中有一对相辅相成的概念，即法意与人情。司法官员在处理诉讼过程中，首要的判断出发点是"法意"，也就是法律规定或其原则，在法意之外还要考虑"人情"。所谓的"人情"也就是人伦常理、社会常情。"法意、人情，实同一体，徇人情而违法意，不可也，守法意而拂人情，亦不可也。权衡于二者之间，使上不违于法意，下不拂于人情，则通行而无弊矣。"① 在"执同分赎回屋地"一案中，一审法官照章办事，简单适用法律规定，认为永成已经超期失权，故予以驳回，判决结果符合了法意但有违人情，导致"今复经府，理赎不已"。吴恕斋仔细阅读案卷、理清事情来龙去脉后，充分权衡法意与人情，经过充分说理，改变了原本的判决结果，做到了胜负皆服。

在中国古代的传统中，房屋、田产具有十分重要的意义。因此宋代亲邻法要求"凡典卖物业，先问房亲，不买，次问四邻……四邻俱不售，乃外招钱主"②。要求典卖田宅先问房亲，再问四邻，而且要"一一遍问"，如果亲邻放弃优先购买权，还需着押批退。这些规定固然维护了血缘宗族秩序，但十分影响交易效率，此后诉讼时效延长至三年："诸典卖田宅满三年，而诉以应问邻而不问者，不得受理。"③ 本案中，毛永成作为兄弟有权提出回赎，但其请求已经超过了诉讼时效，因此县官没有支持其诉讼请求，仅从法律规定的角度无疑是正确的。但经过"详阅案卷，考究其事"，吴恕斋发现永成并非无理取闹的缠讼之人，本案中确有值得考量之处：一是两间房屋是不可分物。被典卖的房屋与永成居住的房屋共用一堵墙壁和一根房梁，如果陈自牧、陈潜将自己房屋拆毁，将导致毛永成房屋无所依靠而倒塌；二是桑地具有特定的人身意义。桑地上有永成的祖坟，祖坟之地被他人占有，影响敬宗祭祖不谈，难保不遭人作践；三是兄弟分家的手续存在瑕疵。宋代法律规定共有物不得擅自典卖。连廊共柱的两套房屋经过分家析产后才能单独处理，汝良虽然有析产凭证，但上面没有政府盖章；四

---

① 《名公书判清明集·卷九》。
② 《宋会要辑稿·食货三七》。
③ 《名公书判清明集·卷九》。

是毛汝良在典卖屋地之前,应当事先询问毛永成是否行使优先购买权。但根据毛汝良自认,当初典卖屋地时并未得到毛永成的书面同意,因此程序上是存在瑕疵的。虽然吴恕斋列举了很多应当让永成赎回田宅的理由,但严格来讲永成的回赎权已经过期,陈自牧、陈潜拒绝回赎是有依据的。既然按规定不足以推翻交易,那么稍作变通,将共柱之屋、有坟之地这两处让毛永良以原价赎回,其余大部分已经转让的产业照旧,这样既尊重了人情,又维护了交易的稳定,从整体效果而言,显然是更优的方案。

吴恕斋的"人情"观,不仅体现在对是非曲直的考量上,更体现对当事人"人情"的洞察上。全篇判决最精彩之处,在于吴恕斋对当事人进行劝导的一段话:"陈自牧、陈潜既为士人,亦须谙晓道理,若能舍此些小屋地,非特义举,亦免争诉追呼之扰,所失少而所得多矣。"意思是,你们是知书达理之人,舍弃的是小财,取得的是大义,不仅如此,以后还能免受纠缠打扰,利大于弊啊!陈自牧、陈潜身为"士人",有独特的情怀和大局观,被诉至公堂之上,求的是"理"并非"财"。宋代,以范仲淹为代表的士大夫,"先天下之忧而忧,后天下之乐而乐",重大局大义,轻个人得失。永成之请求,符合儒家文化的伦理道德,其实也是士大夫所追求之大义。因此吴恕斋在判决书中表态,将二人放弃部分田宅的行为认定为"义举",劝解其二人用金钱换时间,以求清净,并从陈自牧、陈潜的角度分析,认为作出一定退让,未尝不是一件好事:一来损失不大,二来获得美名,三来断绝纷争,何乐而不为?吴恕斋从交易上的瑕疵,到利益的计算,再到大义的取舍,如剥洋葱般,一层一层将其中的道理分析透彻,最终水到渠成,化作一份至善至美的判决,抚平了双方心中的不平,实现了法意、人情两不相碍,即使现在看来,仍不免令人拍案叫绝。

(李露 上海市黄浦区人民法院)

十六、典买田业合照当来交易或见钱或钱会中半收赎

原文

李边赎田之讼，凡九载。县家所定与漕司所断，皆以李边为不直。当职今将案牍逐一披阅，见得李边果是无状之甚，供吐之间，说条道贯，不但欲昏赖典主，直欲把持官司。执减落会价为词，一则曰有违圣旨，二则曰有违圣旨，使官司明知其非，瑟缩而不敢加之罪，典主明遭其诬，窒碍而不敢与之争。自非老奸巨猾，习于珥笔，安得设谋造计，以至于此！殊不知法意、人情，实同一体，徇人情而违法意，不可也，守法意而拂人情，亦不可也。权衡于二者之间，使上不违于法意，下不拂于人情，则通行而无弊矣。称提楮币，朝廷之法，固曰断断乎其不可违。州县之赋租，商贾之贸易，已既并同见钱流转行使，独有民户典买田宅，解库收执物色，所在官司则与之参酌人情，使其初交易元是见钱者，以见钱赎，元是官会者，以官会赎，元是钱、会中半者，以中半赎。自畿甸以至于远方，莫不守之，以为成说。

如近日提举司所判颜时升赎李升田之类是也。今李边乃欲以见钱五十贯、官会六十五贯，而赎唐仲照见钱一百二十贯典到之业，何不近人情之甚邪！强之不从，而遂讼以减落会价，经县经台，咸不得逞，复不知止，又来经州。蕞尔编氓，县令折之既不从，监司折之又不伏，则其狡狯亦可知矣！且观唐仲照不肯退业之因，只是持见钱典见钱赎之说，初未尝欲以时价折估官会，安得横以减落百陌之罪诬之？向使当来果是钱、会中半，其时旧会系作七百七十行使，今既减作二百文省，则李边亦当以五偿一，除五十贯见钱之外，尚合还旧会四百五十

余贯。纵曰取赎之时,在朝廷新会未出之前,旧会未减之日,则亦不应以六十五贯官会,而准七十贯钱,此虽三尺童子,亦知其必不可行矣。李边自反有愧,无以藉口,乃以赎后进典一契,谓其瞒昧卑幼,谓兄弟不知。官凭文书,岂可以虚辞胜,作伪而愈拙,欲盖而愈彰,但怀求胜之心,罔念终凶之戒。若不痛治,何以戢奸,本府昨准漕司行下监李边备钱陪还唐仲照,如不伏,收勘从条行。今据金厅所拟,李边合勘杖一百,但其状首自称前学生,意其或是士类,遂欲免断。就观李边前后状词,皆是齐东野人之语,无一毫诗书意味,安得附于儒生之列?况采之舆论,皆谓其健讼有素,积罪已盈,傥于此时又获幸免,则凡丑类恶物,好行凶德之人,稍识丁字者,皆得以士自名,而恣为悖理伤道之事,官司终不得而谁何矣!此长恶之道也,岂为政之方哉!照条勘杖一百,引监元钱还唐仲照,日下退契,秋成交业。

——《名公书判清明集·户婚门》[①]

注释

【胡石壁】南宋人,为"名公",曾任浙西提刑、湖南提举常平、枢密都承旨等职。

【县家】官家。唐张籍《山头鹿》诗云:"县家唯忧少军食,谁能令尔无死伤?"

【漕司】亦称"漕运司"。管理催征税赋、出纳钱粮、办理上供以及漕运等事的官署及其官员,即北宋的转运司,南宋称漕司。

【不直】不正;不公。

【当职】旧时职官的自称。

【披阅】展卷阅读;翻看。

【无状】谓所行丑恶无善状。

---

① 原始文献详参中国社会科学院历史研究所隋唐五代宋辽金元史研究室点校:《名公书判清明集》,中华书局1987年版,第311—312页。

【说条道贯】即"说道的条贯"。条贯,条理。

【昏赖】无理耍赖;无赖。

【典主】典卖的人。典,旧时指把房屋、田地等在限期内典押给他人使用,期满后再赎回,逾期不能赎回,即被视为出卖。

【减落会价】指官会兑换价格差。所谓"会价",即南宋朝廷对其所印"官会"作出的价格认定。如按民间实际交易,当时的"官会"在民间已贬值为面值的五分之一,但官方仍以所印面值为准。

【有违圣旨】当时的"官会"在民间已贬值为不到面值的五分之一,如以"官会"与"见钱"的实际币值作依据,就触犯了朝廷禁令。

【窒碍】阻碍。

【珥〔ěr〕笔】宋人指诉讼,尤指凭借对法律的熟悉而死缠烂打的诉讼。北宋黄庭坚《江西道院赋》:"江西之俗,士大夫多秀而文,其细民险而健,以终讼为能,由是玉石俱焚,名曰珥笔之民。""珥笔"原指古代史官、谏官上朝,常插笔冠侧,以便记录。《文选·曹植〈求通亲亲表〉》:"安宅京室,执鞭珥笔。"李善注:"珥笔,戴笔也。"

【徇】顺从,曲从。

【法意】法令的意旨。《宋会要·职官》卷七九:"夫例者,出格法之所不该,故即其近似者而仿行之。如断罪无正条,则有比附定刑之文;法所不载,则有比类施行指挥。虽名曰例,实不离于法也。"

【楮〔chǔ〕币】指宋时发行的"会子"等纸币。因其多用楮皮纸制成,故名。后亦泛指一般的纸币。

【断乎】绝对。"断断乎"表示更为强调。

【解库】当铺。宋吴曾《能改斋漫录·事始二》:"江北人谓以物质钱为解库,江南人谓为质库,然自南朝已如此。"

【见钱】现钱。《汉书·王嘉传》:"是时外戚赏千万者少耳,故少府水衡见钱多也。"颜师古注:"见在之钱也。"

【官会】官会子,宋代发行的一种纸币。

【会中半】恰巧对半。

【畿甸】京城地区。

【编氓】编入户籍的平民。

【减落百陌之罪】百陌，明本作"会价"。

【瞒昧】隐瞒欺骗。

【终凶之戒】语出《周易·讼》："讼：有孚窒惕，中吉；终凶。"《朱子家训》："居家戒争讼，讼则终凶。"指打官司总会大不吉利。

【戢〔jí〕奸】禁止奸邪。

【收勘】受理勘查。

【齐东野人之语】《孟子·万章上》："此非君子之言，齐东野人之语也。"后用"齐东野语"比喻道听途说、不足为凭的话。

【健讼】语出《周易·讼》："上刚下险，险而健，讼。"孔颖达疏："犹人意怀险恶，性又刚健，所以讼也。"后人将"健讼"连读，代以称好打官司，含深贬义。

【有素】由来已久。

【傥】倘若，如果。

【日下】当天，即刻。

译文

李边赎田的案子总共有九年了。根据官方和漕司的判断，都认为李边是不公正的。我如今将案件卷宗逐一翻阅，看到李边果然是行为丑恶之极，说话作证之间的条理头头是道，不但想对典主耍无赖，更想把持官司。用执减落会价为理由，一会说有违圣旨，一会又说有违圣旨，让官府明知李边是不对的，但胆小退缩不敢判他罪，典主明明遭到他的诬赖，受到阻碍而不敢与他争论。如果他不是老奸巨猾，经常打无赖官司，怎么能计谋设局到这个程度！殊不知法律的旨意、人情，真的是一体的，不能曲从人情而违背法律的旨意，也不能光拘泥法律的旨意而不顾人情。要权衡二者，向上不违于法律的旨意，往下不违背于人情，那就施行得没有弊病了。称提楮币，是朝廷的法律，当然是绝对绝对不可违反的。州县的赋税租金，商家之间的贸易，都是现钱和官会兑换使用，独有老百姓的典买田宅，当铺收下保管的物品，官方都是与之参酌人情。这些当初交易是用现钱的，也用现钱赎，原本是官会的，以官会赎，原本是钱、官会各一半的，以一半赎。从京城到各地，没有不遵守的，这已经成为通常的办法。

如最近提举司所判的颜时升赎李升田这类案子也是这样。现在李边打算以现钱五十贯、官会六十五贯，去赎唐仲照现钱一百二十贯典到的东西，如此不近人情到极点了！李边坚持如此而唐仲照不愿意，李边就以减落会价的罪名诬告他，从县、道台，李边都不能得逞，还不知道停手，又来州里告。这个小民，县令施压他不从，监司施压他又不从，可以见得他的狡猾！而且看唐仲照不肯退让的原因，只是秉承着现钱典现钱赎的说法，当初没有打算以时价折算估价官会，怎么现在横生以减落百陌之罪来诬告？即使当时确实是正好一半现钱一半官会，其时旧的官会贬值七百七十来用，现在已经减作不到二百文，那么李边也应该以五偿一，除五十贯现钱之外，还需要合计还旧会四百五十余贯。即使说取赎的时候，是在朝廷新会未出之前，旧会未减的日子，则同样不应该以六十五贯官会，而兑换七十贯钱，这即使是三尺高的儿童，也知道是肯定行不通的。李边自己内心有愧，没有了借口，就以赎后进典这一契约，说其隐瞒欺骗卑微幼小，说兄弟不知。官凭借文书，怎么可以以虚假的话来取胜？因为作假而更加笨拙，欲盖而愈彰，只是怀着求胜之心，不去顾及诉讼最终是大不吉利的事。若不痛治这种作为，拿什么来禁止奸邪？本府昨天批准漕司行下监督李边准备钱赔还唐仲照，如不照办，按照法律受理处理。现在根据金厅所拟的判决，李边确认杖罚一百，但他在状子开头自称前学生，意思他或是士子类，于是打算免罪。但是看李边前后状词，都是粗鄙之语，无一丝书卷气，怎么能附于儒生的行列？何况舆论都说他好打官司由来已久，累积的罪过已经满了，倘若于这时又获幸免，则这些丑类恶物，好行凶德之人，稍识一两字的人，都能以士自称，而随意干悖理伤道的事情，官府最后都不知道是谁的！这是助长为恶的方法，怎么能是为政的办法呢！判决按照判罚杖一百，引监按照原有的钱还给唐仲照，立刻退回契约，到秋天粮食收割后交割田业。

解析：司法裁判中惩恶扬善的价值取向

宋代的司法裁判追求"法意"与"人情"的统一，而司法实践中往往又会出现"法意"与"人情"冲突的情形。唐代唐太宗曾言："比来有司断狱，多据律文，虽情在可矜而不敢违法，守文定罪，惑恐有冤。"[1] 对这种情形应当如何处理？胡石壁审理的"李边赎田案"为我们提供了很好的借鉴思路。

胡石壁是宋代法官中的佼佼者，历任知平江府兼浙西提点刑狱、湖南兼提举常平、广东经略安抚使等要职，被收录进《名公书判清明集》中的书判多达七十二篇[2]，后人评价他"为人正直刚果，博学强记，吐辞成文，书判下笔千言，援据经史，切当事情，仓卒之际，对偶皆精，读者惊叹"[3]。

"李边赎田案"记载于《名公书判清明集》。宋代一个叫李边的人将其田地出典给唐仲照后想要赎回，出典人唐仲照当时付的是铜钱，李边回赎时欲用会子纸币。南宋时期官府因财政困难发行纸币过多，造成纸币价值下跌，纸币和铜钱之间存在差价，所以唐仲照不同意以纸币回赎田地，而李边坚持使用纸币。官司打了九年，县官和漕司都觉得为难：判李边胜诉，显然对唐仲照不公；判李边败诉，又有违朝廷禁止拒收纸币之令。案件到了胡石壁手中，他在不违背"法意"的

---

[1]《贞观政要·卷八·刑法第三十一》。
[2] 赵晶:《中国传统司法文化定性的宋代维度——反思日本的〈名公书判清明集〉研究》，《学术月刊》2018 年第 9 期。
[3]《宋史·列传·卷一百七十五》。

前提下，引用"人情"之理进行判决，允许李边赎回田地，但要求李边必须以铜钱支付，若拿不出铜钱，便将其收押处分。按照该判决，李边回赎田地的主张得到了支持，符合法律规定；铜钱和纸币都是合法货币，判定使用铜钱回赎，亦符合法律规定，所谓"上不违法意"正是如此。"下不拂人情"的"人情"，乃是基于民间交易的客观现实。当时，州县之赋租、商贾之贸易，都有以现钱交易的习惯，胡石壁以此类推，认为民户典买田宅也应当参照这一习惯，出典时使用铜钱，则回赎也应该使用铜钱；出典时使用纸币，回赎也应该用纸币；出典时铜钱、纸币各半的，回赎也应该各半。等价交易，这是连三尺童子都懂的道理，而李边却行悖理伤道之事，强行以不足量的纸币回赎，并倒打一耙，污蔑唐仲照"减落百陌之罪"。最后，胡石壁处罚李边一百杖，并判其以铜钱回赎，彻底解决了长达九年的纠纷。

本案之所以打了九年而未决，关键是当时的货币管理政策与交易公平原则之间存在冲突，加之李边"供吐之间，说条道贯，不但欲昏赖典主"，而且"直欲把持官司"，但纵使众人皆觉李边不直，却"瑟缩而不敢加之罪"，导致案件久拖不决。胡石壁征诸"人情"，并不表示其因情废法，他从社会普遍认可的情理出发，充分地释法明理，将公平原则落脚于具体的法律规则中，做到既不违法令又尊重现实，一篇书判鲜明地表明了法官支持什么、反对什么，对于类似案件起到了很好的示范作用。

法律是社会治理的规范，"法律的社会功能不仅关乎规则本身，还关乎其背后的道德诉求和对人心所向的回应，也关乎对伦理人情的塑造与对规则合理与否的检视"[①]。司法裁判所追求的"法意"不仅应当是形式上的"合法性"，更应当追求实质的公平正义，体现法律所蕴含的价值取向，达到形式正义与实质正义的有机统一。不论时代如何变迁，"惩恶扬善"始终是中华法系最基本的价值追求，也是中国老百姓

---

① 参见崔永东、宋宝永：《伦理道德观念影响司法裁判的理论探究与实证分析——以刑事司法为侧重》，《法学杂志》2021年第3期。

最朴素的公平正义观。司法裁判要实现定分止争，维护社会公平正义，也必须做到旗帜鲜明地惩恶扬善。正如胡石壁所言："官凭文书，岂可以虚辞胜，作伪而愈拙，欲盖而愈彰，但怀求胜之心，罔念终凶之戒。若不痛治，何以儆奸，……此长恶之道也，岂为政之方哉！"千年之前法官之语今天听来仍然振聋发聩。

（李露　上海市黄浦区人民法院）

十七、赁人屋而自起造

原文

　　李茂森赁人店舍，不待文约之立，不取主人之命，而遽行撤旧造新，固不无专擅之罪。但自去年十月初兴工，至今年三月末讫事，历时如此其久，蒋邦先岂不知之？若以为不可，则当不俟终日而讼之于官矣，何为及今而始有词？况当其告成之后，又尝有笔贴，令其以起造费用之数见谕。以此观之，则是必已有前定之言矣，不然，则李茂森非甚愚无知之人，岂肯贸然捐金縻粟，为他人作事哉！词讼之兴，要不为此，必是见李茂森具数太多，其间必不能一一皆实，所以兴讼以邀之，其意不过欲勒其裁减钱数耳，非果欲除毁其屋也。小人奸状，有何难见，两家既是亲戚，岂宜为小失大，押下本厢，唤邻里从公劝和，务要两平，不得偏党。

　　　　　　　　　　——《名公书判清明集·户婚门》①

注释

　　【专擅】擅自行事。

　　【笔贴】即笔帖，手写的便条。《宋史·食货志下一》："蔡京又动以笔帖于榷货务支赏给，有一纸至万缗者。"

　　【捐金縻粟】金、粟指钱和粮谷。《商君书·去强》："国好生金于竟（境）内，则金粟两死，仓府两虚，国弱。"

---

① 原始文献详参中国社会科学院历史研究所隋唐五代宋辽金元史研究室点校：《名公书判清明集》，中华书局1987年版，第334页。

【偏党】指偏私。《荀子·王制》："偏党而无经，听之辟也。"

译文

李茂森租赁别人的店铺，没等租赁契约签订，没有取得出租人的同意，就擅自拆旧盖新，当然不能说他没有擅作主张的过错。但是从去年十月开始动工，到今年三月末完工，经过这么长的时间，蒋邦先怎么能一点都不知道呢？如果认为不能这样做，应该在没有完工的时候就向官府讼告的，为什么到了现在才兴词讼？况且当蒋邦先的讼告为官府所接受后，又有笔帖，让李茂森列出具体的起造费用作为说明。按照这些情况来看，必定是事前有口头约定的，否则，李茂森又不是什么愚昧无知的人，怎么肯贸然出钱费事，给别人办事呢？之所以打官司，主要不是为了擅自拆旧盖新这件事，一定是蒋邦先看到李茂森出具的起造费用太多，认为其中一定不是每项费用都是实际支出的，因此以打官司为借口，实际上不过是想让李茂森裁减起造费用的钱数而已，并不是真想把新盖的房屋拆除了。这是小人的奸状，没什么难辨别的，这两家既然还是亲戚关系，为小事而坏了大义是不合适的，因此应该押下去，找他们的邻里按照公平、公允的原则去劝和他们，一定要对双方都平允才好，不得偏袒其中的一方。

解析：依常情常理甄别虚假诉讼

"赁人屋而自起造"一案是宋朝时房东状告租客未征得其同意擅自改建房屋而产生的一起租赁纠纷。由于房东起诉时隐瞒部分案件事实，隐藏真实诉讼意图，本质上是一起较为典型的虚假诉讼。司法官在断案时，通过对不符合常情常理之处的仔细推敲，成功查明了案件真相，并由官府出面责令亲邻劝和。可以从中品味中华优秀传统法律文化中的断案智慧以及"以和为贵"的价值追求。

1. 虚假诉讼的特点

在房屋租赁关系中,承租人对房屋有妥善保管义务,除必要的局部修缮外,结构性改造需要征得出租人同意。"赁人屋而自起造"一案中,蒋邦先和李茂森二人是亲戚关系,李茂森租借了蒋邦先的房屋,并进行了拆旧盖新的大工程。蒋邦先状告李茂森"不待文约之立,不取主人之命"擅自改建,可见李茂森一方拿不出书面证据以证明改造前取得过蒋邦先的同意。倘若仅查至此,大可判李茂森"专擅之罪"。但司法官敏锐地觉察到事出有因,并未被案件表象和蒋邦先一方的供述所蒙蔽。按照常理,近半年时间如此大张旗鼓的改建,蒋邦先不可能一直不知情,如果他不同意改建,为何不及时制止,而且还书面要求李茂森罗列具体的起造费用。李茂森出资改建部分是无法拆除带走的,退租时只能由蒋邦先买下,如果蒋邦先不买,投入的资金就打水漂了,所以李茂森斥巨资大兴土木,绝非为他人作嫁衣,动工前必然会事先与蒋邦先对拆建事宜进行约定。推敲以上不合常理之处,便可认定此事乃"小人奸状"。案件真相是二人原有口头约定,只不过蒋邦先收到李茂森所报费用后反悔,遂利用诉讼以"除毁其屋",而要挟李茂森"勒其裁减钱数耳"。出于对亲戚的信任,李茂森没有事前签订书面协议,才使蒋邦先觉得有机可乘而胆敢大兴词讼。

由上可见,此案是一起较为典型的虚假诉讼。虚假诉讼主要有两种表现形式:一种是原、被告双方串通合谋,捏造事实、伪造证据,以诉讼为手段谋求不当利益或损害第三方权益;另一种是原告利用证据优势,捏造事实、虚假陈述,通过诉讼达到侵害被告合法权益的效果。本案属于第二种情形,原告在向官府提起诉讼之前,对证据和事实进行了裁切、隐匿,诉讼过程中所展示的表面证据较为完备,非法目的具有很强的隐蔽性。2021年11月,为进一步加强虚假诉讼整治工作,维护司法公正,保护当事人合法权益,最高人民法院发布了《关于深入开展虚假诉讼整治工作的意见》(法〔2021〕281号),并公布了人民法院整治虚假诉讼典型案例。其中一起民间借贷债务纠纷案与本案有相似之处。在最高院公布的这起典型案例中,出借人刻意隐瞒案涉借款系高息放贷产生的非法债务、且借款人实际已清偿借款本金及合法利息的事实,向法院提起诉讼,对其行为应以"以捏造的事实提起民事诉讼"论处,认定为虚假诉讼。最高人民法院前述《意见》中归纳了虚假诉讼的种种特征表现:原告起诉依据的事实、理由不符合常理;当事人之间存在亲属关系、关联关系等利害关系;当事人之间在诉讼中没有实质性对抗辩论;当事人的自认不符合常理,等等。并且要求各级法院聚焦民间借贷、执行异议之诉、离婚析产、房屋买卖合同、以物抵债等重点领域,加大甄别和整治力度。这些都具有很强的针对性和指导性。

2. 虚假诉讼的甄别

"赁人屋而自起造"一案中,司法官并未被虚假诉讼的表象所迷惑,而是透过现象看本质,细析案情始末,综合诸般情状,找到案件真实动因,即是起造费用之争,而非除毁其屋之争。对案件真相的探寻,一是来自法官自身的审判经验,二是来自法官对审判权的敬畏。该案体现了古代司法官的断案智慧和秉公执法的操守。对于虚假诉讼的精准甄别,最高人民法院《关于深入开展虚假诉讼整治工作的意见》就总结梳理了在调解、立案、审理、执行等各个诉讼环节中应该注意的审查和防范要点,具有较强的现实指导意义。有时识别虚假诉讼还需要借助科技手段。比如,在上海法院审理的一起被继承人债务清偿纠纷中,姐姐声称猝死的弟弟生前借钱不还,故起诉要求弟媳和年幼的孩子作为继承人以遗产为限代为归还。姐弟曾经关系密切,经济往来频繁,弟媳和幼童如何能得知其中一二?法官仔细翻阅卷宗,发现借条反面有一块涂抹覆盖的字迹令人生疑,于是请专家通过技术手段分层还原,鉴定后得知被覆盖的字迹为"债务已经结清",真相遂水落石出。现代科学技术的运用,打通了信息壁垒,有助于虚假诉讼的识别。

3. 断案注重劝和的"无讼"观

中华传统文化强调"义利之辨",崇尚"以和为贵"。"无讼"的司法理念和"于民详于劝,于吏详于规"的思想观念就是一个重要体现。宋代商品经济较为繁荣,利益争夺往往引发民间纷争。宋朝士大夫认为,"公其是非,正其曲直"是判官的首要任务,更重要的在于是否能够运用纲常伦理对当事人进行息讼教育,从而达至厚人伦、美教化的目的。[①] 因此,司法官对民间案件的处理一般采取调判结合的方式,或者官府亲自调停,或者责令亲邻参与劝和。"赁人屋而自起造"一案中,司法官从道德人伦的角度出发,认为"两家既是亲戚,岂宜为小失大",于是"唤邻里从公劝和",体现了息讼宁人、睦亲和族的精神。其实,这些理念对于现代司法工作也很有借鉴意义。随着经济的转型发展和社会的急剧变革,人民群众的权利意识日益增强,矛盾纠纷也大量增加,进入司法程序的诉讼案件激增。在"案多人少"的大背景下,被誉为"东方之花"的人民调解制度与以"枫桥经验"为代表的基层治理模式,具有重大实践价值。同时,人民法院积极探索并倡导矛盾纠纷多元化解机制,始终强调诉讼与调解、仲裁、行政裁决、行政复议等非诉讼方式之间的相互配合与协调,努力将大量矛盾纠纷消灭于萌芽,化解在诉讼前。这与传统的"无讼"理念有许多相通之处,是传承发扬中华优秀传统法律文化的生动体现。

(李露　上海市黄浦区人民法院)

[①] 吴林:《从〈名公书判清明集〉看宋代"名公"的断案意蕴》,《人民法院报》2023年2月10日。

十八、受人隐寄财产自辄出卖

原文

江山县詹德兴以土名坑南、牛车头、长町丘等田，卖与毛监丞宅。有本县临江乡吕千五者入状，陈称上件田系其家物，詹德兴盗卖。今据毛监丞宅执出缴捧干照，有淳熙十六年及绍熙五年契两纸，各系詹德兴买来，又有嘉熙四年产簿一扇，具载上件田段，亦作詹德兴置立，不可谓非詹德兴之业矣。又据吕千五执出嘉定十二年分关一纸，系詹德兴立契，将上件田段典与吕德显家，观此则又不可谓非吕千五之家物也。推原其故，皆是乡下奸民逃避赋役，作一伪而费百辞，故为此之纷纷也。吕千五所供，已明言乃父因乡司差役，将产作江山县重亲詹德兴立户，即此见其本情矣。在法：诸诈匿减免等第或科配者，以违制论……如吕千五所为，正谓之隐寄、假借，既立产簿，作外县户，却又兜收詹德兴典契在手。赋役及己，则有产簿之可推；户名借人，又有典契之可据。其欺公罔私，罪莫大焉。今智术既穷，乃被詹德兴执契簿为凭而出卖，官司既知其诈，而索以还之，是赏奸也，此吕千五之必不可复业也。詹德兴元系吕千五之的亲，故受其寄，及亲谊一伤，则视他人之物为己有，不能经官陈首，而遽自卖之。在法：即知情受寄，诈匿财产者，杖一百。詹德兴受吕千五户之寄产，自应科罪，官司既知其伪，而遂以与之，是诲盗也，此詹德兴之必不可以得业也。西安税赋陷失，科配不行，邑号难为者，皆因乡民变寄田产所致。当职或因索干照而见，或阅版籍而知，未能一一裁之以法，亦未见有寄主与受寄人如是之纷争也。上件田酌以人情，参以法意，吕、詹二家俱不当有。毛监丞宅承买，本不知情，今既管佃，合从本县给据，与之理正。两家虚伪契簿，并与毁抹附案。詹德兴卖过钱，追充本县及丞厅起造，牒县丞拘监。詹德兴已死，吕千五经赦，各免科罪，詹元三留监，余人放。

——《名公书判清明集·户婚门》①

注释

【翁浩堂】翁甫，南宋建宁崇安（今福建武夷山）人，字景山，号浩堂。理宗宝庆二年（1226）进士。累官江西转运使、太府少卿。

【江山县】南宋咸淳三年（1267），改名礼贤县，1276年，复名江山。

【上件】上述。

【经官陈首】经过官方，涉讼时自己供认所犯罪行。

【诲盗】诱人盗窃。

【科配】谓官府摊派正项赋税外的临时加税。

【西安】西安县，南宋时属两浙东路，今衢州市辖柯城区等，与江山市接壤。

译文

被告江山县詹德兴拿土名坑南、牛车头、长町丘等田产，卖给毛监丞宅。我县临江乡的吕千五作为原告，陈述说这些被卖的田是他家的东西，被詹德兴盗卖。现在根据毛监丞宅拿出的缴捧干照，有淳熙十六年（1189）及绍熙五年（1194）两张契纸，都是从詹德兴处买来的，又有一本嘉熙四年（1240）的产簿，详细登记了上面这些田产，也记载是詹德兴置立的，不能说不是詹德兴的产业。又根据吕千五拿

---

① 原始文献详参中国社会科学院历史研究所隋唐五代宋辽金元史研究室点校：《名公书判清明集》，中华书局1987年版，第136—137页。

出的嘉定十二年（1219）一张分关，是詹德兴的立契，将上面这些田产交给了吕德显家，看到这个又不可谓田产不是吕千五的家物了。推断其原因，都是乡下奸民逃避赋役，作了假后又要花费口舌，所以为此纷纷扰扰。根据吕千五的供述，已经明确说了因为父亲是乡司差役，所以将产业为江山县有婚姻的重亲詹德兴立户，这就看到了这件事原本的目的。就法律来说，这些诈骗隐匿减免等第或科配的人，以违制论处……如吕千五的行为，就是所谓的隐寄、假借，已经立了产簿，作为外县户，却又手上拿着詹德兴的典契。有产簿可以推算得知自己的赋役，又有典契可依据借别人的户名，其欺骗公众无视个人，罪没有比这个更大的了。现在没有了计谋和办法，于是詹德兴拿出契簿作为凭证，出卖给官府，官府已经知道他是欺诈，如果索要归还，那就是奖赏奸滑，所以一定不能恢复吕千五的产业。詹德兴原来是吕千五的亲戚，所以接受他的寄户，亲谊一旦受到损害，就视他人的财物为自己所有，不在官府诉讼中供述自己的罪行，而私自仓促地卖掉。在法律上看，是知情受寄，诈骗隐匿财产的人，要判杖一百。詹德兴受吕千五户的寄产，就是应该判罪，官府已经知道他作假，还接着给他，是诱人盗窃。这是詹德兴肯定不可以得到的产业。西安县的税赋降低流失，无法施行增税摊派，此城号称难以治理，都是因为乡民变卖寄户田产所导致的。当职的官员有的因为索取官府文书干照而知悉此事，有的是查阅户田版籍而得知情况，即使未能一一依据法律裁处此类事务，也没见有寄主与受寄人纷争到这样的程度的。上述田产考虑到人情，参考以法意，吕、詹两家都有不当行为。承买人毛监丞宅，原本不知情，现在已经管理着佃户，并由官府颁发了凭证，确认为正当土地交易，他的利益应当受到法律保护。两家伪造契簿，都予以销毁删除附案。詹德兴出卖三块田产所得之钱财，罚没给官府，用于修造县署，由县丞履行相关文书收续并监管经费使用。詹德兴已经死亡、吕千五已经过了大赦，所以都免于判罪，詹德兴的家人詹元三继续留监，其余人都释放。

解析:"隐寄财产案"的裁判智慧

宋代承认田宅私有、买卖自由,而且有较为完备的不动产权属转移流程:买卖双方在中间人见证下协商价格、签订契约,然后向官府办理交税凭证,并各自携带契书和"砧基簿"(相当于房产证)至县,与县官所保留的"砧基簿"当场比对,将买方田宅数目划去,如数转到卖方房产证上。[①] 虽然宋代有较为严格规范的不动产权交易程序,但因当时按照田宅数目划分户等、缴纳赋役,故民间借他人名义置产,减少自己在册田宅,以降低户等、逃避赋役的现象不在少数。由于各方均持有合法凭据,若无争议则很难被官府发现。"受人隐寄财产自辄出卖"一案就是一起为逃避赋役而借寄田宅,结果弄假成真的案例。司法官在审理时"酌以人情,参以法意",准确认定案件事实,裁决情理法俱得其平,体现了较高的断案水平,至今仍有现实意义。

1."财产隐寄案"之古今对比

本案中,原告吕千五与被告詹德兴是远房亲戚关系,吕千五利用自己父亲担任乡司差役之便,将田宅产簿登记到詹德兴名下,再通过詹德兴立假典契出典给自己,以达到既免于赋税劳役,又实际占有使用田宅的目的。此种行为被称为"财产隐寄"或"假借户名"。没想到詹德兴凭借所持的产权证明,将田宅出售给了毫不知情的善意第三人毛监丞宅。吕千五发现后提起诉讼,称自家田宅被詹德兴盗卖。司法官通过证据审查,还原了事情原貌,最终裁决田宅归毛监丞宅所有,詹德兴违法所得予以没收,因吕、詹二人或赦或死,遂免于科罪。古今对比,此案与当下常见的"借名买房"纠纷相类似,两者都是他人

[①] 陈景良:《何种之私:宋代法律及司法对私有财产权的保护》,载《华东政法大学学报》2017年第3期。

代持不动产引发的纠纷。无论是穿透性的事实认定，还是对善意第三人的保护，古今法官的裁判思路基本一致。可见，中华法系法律文明至宋代已经达到相当高的水平。

对财产隐寄事实的准确认定，是此类案件裁判的关键。古今法官均从以下几个方面进行比对：一是主体上，隐寄方与受寄方一般关系密切，基于信任故隐寄者甘冒风险；二是目的上，为了规避法律政策（逃避赋税或规避限购政策等），追求利益最大化；三是手段上，签订口头或书面代持协议，双方最初对于代持性质存在合意，有别于赠与、合伙或其他法律关系；四是形式上，将不动产权属登记到受寄人名下，大多数情况下隐寄人仍实际占有使用不动产；五是结果上，产生纷争均是受寄人因关系恶化或受利益驱使打破原有约定，推翻代持协议所致。宋代司法官严格审查证据，根据三方关系、原告自认、田宅占有使用情况以及当时虚假立户盛行的社会背景，推原其故，还原了案件真相。今日法官在审理"借名买房"案件时，则需要重点查明购房款实际支付情况、住房按揭贷款清偿情况等。如今支付手段电子化，大额资金流向均有迹可循，这些技术条件都有助于查明表面证据下的真相。

2. 兼顾法意人情的实质正义观

法律不外乎人情。公平正义是人类共通的道德情感。明朝思想家王阳明提出著名的"心即理""致良知"观点。从某种意义上说，人情、国法、天理是辩证统一的。在司法裁判过程中，除了法律规则外，还应当综合考量社会共识、道德伦理、人情常理等因素，唯有如此方能实现政治效果、社会效果、法律效果的统一。本案司法官在断案时表现出了明确的是非观和正义感。他认为，原告吕千五为逃避赋税将"户名借人"，属于"欺公罔私，罪莫大焉"，如果"索以还之，是赏奸也"。他同时认为，被告詹德兴将财产盗卖给他人，属于"知情受寄，诈匿财产"，如果"遂以与之，是诲盗也"。至于买受人毛监丞宅，虽然古时没有"善意第三人"的概念，但司法官显然已将知情与否纳入裁判考量因素，毛监丞宅买受时"本不知情"，可谓善意，另外从"合从本县给据"可见其已完成产权登记步骤，故应保护善意第三人的合法期待利益，维护社会交易秩序。整个判决层次分明，处之有理有据，堪称典范。中国传统社会奉行礼法之治，宋代司法亦有"情理法"之美誉，"情法两尽"是宋代司法所欲实现的最高效果。[①] 相似的社会问题，不约而同的裁判思路，法官们所践行的公正司法理念，跨越几百年，遥相呼应，历久弥新。

（李露　上海市黄浦区人民法院）

[①] 吴林：《从〈名公书判清明集〉看宋代"名公"的断案意蕴》，《人民法院报》2023年2月10日。

十九、包拯判割牛舌

原文

方调知扬州天长县，有盗割人牛舌者，主来诉。公曰："第归，杀而鬻之。"寻复有人来告私杀牛者，公曰："何为盗割牛舌？"盗即款伏。

——《宋枢密副使赠礼部尚书孝肃包公墓志铭》[①]

拯曰："已割其舌矣，非私杀也。"盗色变，遂引伏。

——《隆平集校证·卷十一》[②]

注释

【天长县】今安徽天长市，唐开元十七年（729），为纪念玄宗李隆基生日，将每年的八月五日定为千秋节，并于天宝元年（742）"割江都、六合、高邮三县地置千秋县"。天宝七年（749），改千秋节为天长节，千秋县随之易名天长县，北宋至道二年（996）军复天长县，属淮南道扬州。包拯于景祐四年（1037）担任天长知县。

【第归】归第，回家。

【鬻［yù］】卖，出售。

【款伏】服罪；招认。

---

① 原始文献详参《包拯集校注》，黄山书社1999年版，第274页。
② 原始文献详参《隆平集校证》，中华书局2012年版，第332页。

译文

包拯调任天长知县时,一个农民家的牛被人割去了舌头,主人来到县衙向包拯报案。包拯让他先回去,把牛杀了卖掉。过了不久,一个人来到府衙告状,说有人私杀耕牛。包拯就问他为什么盗割人家的耕牛,那个人立即俯首认罪。

包拯说:舌头已经被割,不算私杀耕牛。罪犯变了脸色,于是认罪。

解析:把握犯罪心理,巧妙侦破案件

这是一个大家耳熟能详的古代案例,也是包拯为后人传颂的故事之一。宋仁宗景祐四年(1037)至庆历元年(1041),包拯任天长县知县。一日,因牛舌被盗割,牛主到官府报案。在一般人看来,本案连犯罪嫌疑人的影子都没有,侦破难度很大。而包拯却通过对案情的分析并结合日常生活经验,准确识破了罪犯的主观意图,即盗割牛舌者必定与牛主有嫌怨,割掉牛舌不会造成牛即刻丧失劳动能力,目的是给牛主添堵。沿着这一思路,包拯判断:如果当罪犯得知牛主擅自宰杀耕牛,必然会第一时间告官(当时明令禁止宰杀耕牛),不仅可以将牛主送进监牢,自己还能得一笔赏钱,这种损人利己的事,何乐而不为呢。于是包拯将计就计,告诉报案的人"第归,杀而鬻之"。后来果然不出其所料,"有人来告私杀牛",真凶现身自投罗网。

包拯侦破此案所运用的思考方法和办案智慧,对今日侦查、审判工作亦有所启发。司法人员在办案过程中,需要灵活运用日常生活经验,精准把握犯罪嫌疑人、案件当事人的心理状态,唯有如此方能"知己知彼,百战不殆"。所谓日常生活经验,从广义上讲是指在日常生活实践中所积累的知识、经验等，具体而言就要注意观察和领悟事物的客观规律和相互间的必然联系。特别是从事政法工作的年轻人，要勤于观察、善于思考、用心总结，把自己的生活体验上升为社会经验，并注重在工作实际中活学活用、细细体悟。"纸上得来终觉浅，绝知此事要躬行"，我们要勇于实践，开拓创新，继承好、发扬好中华优秀传统法律文化中的智慧，在实际工作中不断提升办案能力和司法水平。

（胡晓爽　上海市黄浦区人民法院）

二十、智断分家

原文

真宗时戚里有争分财不均者，更相诉讼，又因入宫自理于上前，更十余断不能服。宰相张齐贤曰："是非台府所能决也，臣请自治之。"上许之。齐贤坐相府，召讼者曰："汝非以彼所分财多乎？"皆曰："然。"即命各供状结实，乃召两吏趣归其家，令甲入乙舍，乙入甲舍，货财皆按堵如故，分书则交易之，讼者乃止。明日，奏状，上大悦曰："朕固知非君莫能定也。"

——《自警编·政事类》[①]

注释

【张齐贤】（943—1014），字师亮，曹州冤句（今山东曹县）人。宋太祖至洛阳，以布衣献策。太平兴国二年进士，北宋名臣，喜提拔寒士，遇事尽言无隐。

【戚里】借指外戚。《史记·万石张叔列传》："于是高祖召其姊为美人，以奋为中涓，受书谒，徙其家长安中戚里。"司马贞索隐引颜师古曰："于上有姻戚者皆居之，故名其里为戚里。"《文选·左思〈魏都赋〉》："亦有戚里，置宫之东。"吕延济注："戚里，外戚所居之里。"

【自治】自行管理或处理。

【供状】呈交书面供词。

---

① 原始文献详参《自警编》，《全宋笔记》第八二册，大象出版社2019年版，第311页。

【结实】具结证实。

【趣】催促。

【安堵如故】堵,墙壁,居所。故,原来的。像原来一样相安无事。《史记·高祖本纪》:"诸吏人皆案堵如故。"

译文

宋真宗年间,外戚中有一家因争论分家时财产分得不公平而互相告状打起官司来。因为他们都有人在朝做官,有机会能够在皇上面前申诉各自的理由,前后经过十几次的判决,双方都仍不服。宰相张齐贤说:"看来,这件案子不是御史台等官府所能判决得了的,请准许我亲自来审判。"皇帝答应了。于是张齐贤端坐相府,把双方当事人都召来问道:"你们不是都认为对方分到的财产多了吧?"双方都回答:"是的。"张齐贤就让他们把自己的财产情况及意见写成书面材料并在上面签字画押;接着派两名官吏催促其赶快搬家,令甲搬入乙屋,而乙搬入甲屋,家里财产什物一律原封不动,只交换一下各自的财产文书,双方都无话可说,不再争讼。第二天,张齐贤把情况向真宗作了汇报,皇帝非常高兴地说:"我本来就认为不是爱卿去审断,此案就不能了结的啊。"

解析:家事案件的裁断智慧

"智断分家"一案讲述的是宋初名相张齐贤第一次出任宰相时,智断真宗两外戚兄弟分家析产一事。分家析产在古代被称作"别籍异财"。宋朝法律规定,若父母在世时子孙不能别籍异财,待父母下葬服丧完毕除服后方可。本案中,真宗两外戚兄弟认为分家不均,故而引发诉讼。但张齐贤并未就案论案,在争议的家产上下功夫,而是料准两兄弟不肯吃亏，一口咬定对方所分财多的心态，令二人互换所得，使双方哑口无言，达到了"四两拨千斤"的效果。张齐贤处理此案所展现的智慧，对当今家事案件审判具有宝贵借鉴意义。

1. 体察缘由，找准案件矛盾焦点

固定诉讼请求、明确争议焦点，是案件审理的两个重要环节。诉讼请求是当事人诉讼权利的核心所在，是审案的第一步。而争议焦点则是审查的关键和重点，直接决定案件审理方向。张齐贤在审理此案时看似草率，实则是找准了矛盾的症结所在，弄清楚了当事人提起诉讼背后的真正原因。两兄弟的诉讼请求是均分家财，张齐贤并未将审理重点放在"分"，即财产核对与价值评估上，而是将争议焦点落在了"不均"，即双方都认为对方所得家产多于己方上。这样做不仅使案件的审理过程简单化，也有利于服判息诉。

2. 换位思考，精准把握各方心态

本案在交由张齐贤审理之前已经过多次裁决，但双方均是不服。可见，无论司法官如何决断，两兄弟均觉得自己吃了亏，认为裁判结果有失公允。既如此，本案裁决的重点在于两兄弟能否信服。张齐贤正是察觉到了这一点，所以并没有按照常规思路逐一析产、核对财物，而是紧紧抓住两兄弟互不相让、不肯吃亏的心态，"以子之矛，攻子之盾"，让双方都没有反驳的理由。因此，在家事案件的调解和审判过程中，法官要懂得察言观色，深入了解当事人在诉讼中的心理状态，摸清各方争执的内容及矛盾产生的事实经过，根据当事人的真实诉求制定解决方案。这就需要法官换位思考，找出各方利益诉求的交汇点，将各方思想统一到共同利益上来。

3. 灵活变通，避免机械司法

本案中，张齐贤不在析产的细节上纠缠，避免双方各讲各理，导致关系进一步恶化。这种并不按部就班、打破思维定式的处理方式，

尤其值得当下的年轻法官借鉴。年轻法官理论基础较为扎实，但社会阅历不足，审理案件时往往重理论、轻实践，重书面证据、轻沟通走访。有些家事案件的当事人原本感情基础不错，一气之下引发纠纷，诉至法院或许只是一时冲动，事后可能心生悔意。在这种情况下，如果法官能耐下心来，深入了解当事人真实的诉求和意图，于庭前多做些沟通调解工作，就很可能促使双方握手言和，实现案结事了。

4. 断案果决，避免浪费司法资源

文中，两兄弟经多次裁决仍不服。倘若仍交由台府重新审理，无非就是重复先前流程，忙到最后可能与之前效果并无二致。故张齐贤为了彻底止讼息诉，果断裁决，一旦定案即具结文书、签字画押，组织双方交换财产、互易文书，迅速平息争端，了结此案。古今同理，法官在审理案件过程中要把握好公正与效率的关系。在面对非理性维权的当事人时，要正确引导其开展诉讼，及时下判，避免久拖不决，消耗司法资源。

5. 以和为贵，注重平衡各方利益

常言道，"清官难断家务事"。家事案件的特殊性就体现在当事人之间有着"剪不断"的亲情关系。法官要处理的不仅是法律关系，更是亲情关系。倘若处理不当，案子虽然结了，亲情也可能断了。本案中，张齐贤在断案时没有从法律角度着手，而是从当事人的心态和诉求上着手，他不直接对案件事实进行调查，以当事人陈述为准，就是为防止两兄弟在争论过程中矛盾进一步激化，造成亲情无可挽回的局面。这种看似"和稀泥"的办法，实则是平衡双方利益的最佳方案。因此，法官在审理家事案件时，应当充分发扬中华传统文化"以和为贵"的精神，注重调解为先、调判结合，在维系亲情上下功夫，以达到"法意人情，两不相碍"的效果。

（周嫣　上海市黄浦区人民法院）

二十一、张奕断盗贼纵火

原文

（张奕权洪州观察推官）洪之属邑，有盗纵火焚人庐舍者，亡三年矣。一旦获贼，即讯，款服。问其火具，曰："始以瓦盎藏火至其家，又以苦竹然而焚之。"问二物之所存，则曰："瘗于某所。"验之信然。既具狱，君独疑有冤，因谓狱吏曰："盗亡三年，而所瘗之盎竹视之犹新，此殆非实耳。"于是吏再穷治，果得枉状而免之。三司狱号最繁者，日以数百萃庭下。其间系财赂之出入，株连蔓引，枉直不可遽辨。君皆推穷本原，审核情伪，事小戾则白所部；辨析反覆，或累日不已。上官始皆谓君滞懦不任事，既而察其情，至而从其初议。非夫纯明于中而不挠于外者，渠能持守如是耶？

——《苏魏公文集·朝奉郎太常博士张君墓志铭》[①]

注释

【洪】洪州，《元和志》卷二十八："洪州'因洪崖井为名'。"太平兴国六年（981）后，以南昌、新建二县（今江西南昌市）为治所。

【观察推官】宋初观察州置，掌助理郡政，选士人充任。神宗元丰年间（1078—1085）改制，定为从八品。徽宗崇宁二年（1103）重定选人新寄禄阶官。

【盗】小偷。《荀子·君道》："禁盗贼，除奸邪。"杨倞注："盗贼

[①] 原始文献详参《苏魏公文集》，中华书局1988年版，第892页。

通名，分而言之，则私窃谓之盗，劫杀谓之贼。"今俗称强取曰盗，私偷曰贼。

【瓦盎】瓦盆。

【瘗［yì］】埋。

【柱状】诬告的状文。

【萃】聚集。

【财赂】钱财货物。

【株连蔓引】比喻人事上辗转牵连。

【枉直】比喻是非、好坏。

【情伪】虚实。

【小戾［lì］】略有违背。

【纯明】纯朴贤明。

【渠能】岂能。

译文

张奕任洪州观察推官时，属县发生小偷纵火案，凶犯逃亡。三年后官府抓获一人，一经刑讯而招供，问他纵火工具是什么，说："开始以瓦盆藏火到他家，又以彗竹燃烧后烧毁。"问两件物品在何处，回答说藏在某个地方。检查之后果然如此。物证已具备，只有张奕疑惑有冤屈，所以对狱吏说："小偷逃了三年，而他所藏的盆、竹，看上去还是新的，这实在并非真相。"再三追问之下，最终此人果然是被冤枉的，于是就释放了。三司的监狱号称最为烦乱，每天有数百人聚集在庭下。其中关系财物、货物枝连蔓引，一下子不好分辨错误和真实的情况。张奕都能推究到本原，审案情况有小错误就告知官府，几天不停地反复辨析。上级开始怪罪他不会干事，不久发现了真相而赞同张奕开始的建议。这样的人如果不是因为内心纯明不受到外者的阻扰，怎么能坚守到这个程度？

解析：刑事审判中注重验明物证真伪

我国古代司法官在侦办刑事案件时，注重查明事实、收集证据，体现了一定的证据观念，这是中华法律文明的突出成就。"张奕断盗贼纵火"案中，宋代司法官不轻信口供，重视物证，且注重验明物证真伪，体现了严谨细致的作风与中华传统法律文化中"慎刑恤罚"的理念，至今仍有重要启发意义。

1. 古代刑事判案中口供与物证的运用

古代侦办刑事案件，没有被告人口供一般不能定罪。法律规定允许刑讯，即是为了取得被告人口供。根据睡虎地秦简《封诊式》"讯狱"篇的记载，秦代刑事审判的核心是获取口供，法律要求直到被告人作出有罪供述才能停止讯问。《唐律疏议》"断狱"篇，对口供与物证的规定也较为丰富，如已开始规定物证已经清楚明白，即使没有被告人口供，也可以根据物证定罪判刑。《宋刑统》基本承继了唐代规定。宋代《折狱龟鉴》归纳了较为系统的物证理论，提出了物证优于人证的思想。[①] 本案中，被告人因为被刑讯或其他原因，承认犯下了三年前的纵火悬案。但张奕并没有仅凭口供定案，还要他供述犯罪工具。而有了被告人的有罪供述，以及犯罪工具等物证，原本可以定案了，张奕却"推穷本原，审核情伪"，又在以物证查验口供的过程中发现疑窦，仔细辨别物证真伪，最终推翻了被告人口供。在"口供为王"的时代，此案所体现的据物证断案原则尤为难能可贵。这也体现了司法官"慎刑恤罚"的理念与"纯明于中而不挠于外"的品格。

[①] 参见陈光中、朱卿：《中国古代诉讼证明问题探讨》，《现代法学》2016 年第 5 期。

2. 现代刑事审判中的证据运用

我国最新修订的《刑事诉讼法》第55条重申了"重证据、重调查研究、不轻信口供"的原则。该条款还规定,"没有被告人供述,证据确实、充分的,可以认定被告人有罪和处以刑罚",可以清晰地体现唐宋以来中华法系法律原则的血脉延续。而"只有被告人供述,没有其他证据的,不能认定被告人有罪和处以刑罚"的规定,则彰显了我国现代刑事审判制度较传统而言更进一步加强人权司法保障。党的十八大以来,人民法院依法纠正了呼格吉勒图案、聂树斌案、陈满案等一批重大冤错案件,其中许多都是在刑事证据的审查和运用上出现问题而导致错判错杀。习近平总书记深刻地指出:"一个错案的负面影响足以摧毁九十九个公正裁判积累起来的良好形象。执法司法中万分之一的失误,对当事人就是百分之百的伤害。"然而,想要在司法实践中彻底清除口供重于物证的负面影响并不容易。这也正是党的十八届四中全会作出推进以审判为中心的诉讼制度改革这一重大部署的意义。重证据、据物证断案的原则,不在于摒弃口供,而在于摒弃为片面追求口供而可能出现的刑讯逼供和非法取证,为此必须严格实行非法证据排除规则,确保证据收集的合法性。另外,人民法院还应当主动拥抱新科技,充分利用人工智能、大数据、云计算等新技术,善于把制度优势和技术优势结合起来,帮助司法人员依法、全面、规范收集和审查证据,统一司法尺度,保障司法公正,努力创造更高水平的社会主义司法文明。

(王腾宇 上海市黄浦区人民法院)

二十二、欧阳左手

原文

都官欧阳晔知端州，有桂阳监民争舟殴死，狱久不决。晔出囚，饮食之，皆还于狱，独留一人。留者色动。晔曰："杀人者，汝也。"囚不知所以然，晔曰："吾视食者皆以右手，汝独以左。今死者伤右肋，此汝杀之明也。"囚乃伏。

——《棠阴比事·欧阳左手》[①]

注释

【都官】尚书省郎曹之一。北宋前期唯置判都官事一员，以无职事朝官充任，无职掌，郎中、员外郎皆为寄禄官。元丰改制后，掌全国徒流、配隶、吏役之政。

【欧阳晔】（959—1037），宋吉州庐陵人，字日华。欧阳修叔父。北宋官员，史书称其任内"皆有能政，尤善决狱"。

【端州】因境内端溪得名。宋代辖境涉及今广东省肇庆、高要、高明、四会、广宁等地。重和元年（1118）升为肇庆府。此地因产端砚闻名。

【桂阳监】北宋天禧三年（1019）治所置平阳县，辖境涉及今湖南桂阳、蓝山、嘉禾、临武等地。

---

① 原始文献详参《棠阴比事》，浙江古籍出版社2018年版，第17页。

译文

都官欧阳晔治理端州时,有桂阳监的老百姓为争船互殴而死,案子搁置很久没有判决。欧阳晔亲自到监狱,把囚犯带出来,让他们吃饭。吃完后再送回监狱,只留下一个人没让回去。这个人显得惶恐不安。欧阳晔说:"杀人的是你!"这个人假装不知道,欧阳晔说:"我观察饮食的人都使用右手,只有你是用左手,被杀的人伤在右边肋骨,不是你是谁?"这个人于是认罪伏法。

解析:古代察狱之术与治狱精神

"欧阳左手"一案出自宋代桂万荣所著《棠阴比事》,本案在欧阳修《尚书都官员外郎欧阳公墓志铭》及郑克《折狱龟鉴》中亦有记载。《棠阴比事》是继五代后晋和凝、和㠓父子所编《疑狱集》和郑克所编《折狱龟鉴》后,又一中国古代明断疑案范例选编。这些文献从各方面总结了历代决疑断狱和法医检验的经验,凝结了中华优秀传统法律文化精神,反映了古代司法者的技艺和智慧。"欧阳左手"一案所采用的察狱之术与体现的治狱精神,对现代审判实践亦有重要的参考价值。

1. 察狱之术:查情与据证

古代察狱之术种类繁多,本案司法官主要运用了"五听"和勘验鉴定法。所谓"五听",是指在审讯时通过辞听、色听、气听、耳听、目听进行察言观色,揣摩对方心理活动,来判断疑犯供述真伪或推断其是否实施了犯罪。由此所引申出的"谲术",也是古代常用的侦破手段,指在对案情有一定理性判断的基础上,利用疑犯趋利避害、畏罪、侥幸、麻痹等心理特征,巧设陷阱使其自曝其短,以疑犯身体情态的自然流露为线索侦破案件。而勘验鉴定法，是指司法官对与犯罪相关的场所、物品、痕迹、尸体、人体等进行勘察和检验，以发现犯罪证据或破案线索。我国古代勘验鉴定技术在宋代进入鼎盛时期，宋慈编写的《洗冤集录》堪称集大成者。"欧阳左手"一案便是综合运用上述察狱之术的成功范例。司法官欧阳晔先是通过勘验鉴定查明死者伤在右肋，作出凶手可能系左撇子的推断；进而巧设饭局使疑犯放松警惕，暴露原有习惯；最终"留者色动"，真凶认罪伏法。

虽然古代司法审判中允许"刑讯"，但也可能屈打成招，造成冤假错案。"欧阳左手"一案中，欧阳晔具有较强的证据意识，通过事先翻阅尸检报告了解案情，从伤及右肋而死这一线索推断出凶手可能系左撇子，进而巧设饭局抓住真凶。同为《棠阴比事》所载的"惟济右臂"一案则有异曲同工之妙，二者常被相提并论，传为美谈。绛州知州钱惟济查明疑犯是个左撇子这一线索，符合"刀口上轻下重"这一验伤结果，进而确定疑犯系自己用左手砍伤自己右臂以诬陷他人。上述两案均体现了古代司法者对证据的重视，反映了在证据的查明与使用上的智慧。现代刑事司法的过程是一个运用证据重建案件事实的过程，亦是一个理性的证据裁判过程。[①] 严格全面地审查证据，确保事实认定的准确性，是现代刑事司法的内在要求。古代司法官断狱所用的讯问技巧以及对逻辑学、心理学的运用，对今日刑事侦查、审判工作仍有重要的借鉴意义。司法实践中务必树立"证据为王"的理念，持续深入推进以审判为中心的诉讼制度改革，加强对证据合法性、关联性、真实性的审查，恪守"犯罪事实清楚，证据确实、充分"的法定证明标准，加强人权司法保障，确保严格公正司法。

2. 治狱精神：司法者的品德与才能

优秀的司法者在预防和惩治犯罪方面发挥着重要作用，正如《棠

[①] 杨波：《以事实认定的准确性为核心——我国刑事证据制度功能之反思与重塑》，《当代法学》2019年第6期。

阴比事》序言中所言:"凡典狱之官,实生民司命,天心向背、国祚修短系焉,比他职掌,尤当谨重。"欧阳晔面对"狱久不决"的疑难复杂案件,勇于迎难而上,抓住关键细节,敢于另辟蹊径,进而侦破陈年积案。纵览古代文献中所记载的断狱奇案,古代优秀司法者身上无不闪烁着为人称颂的治狱精神:心怀百姓的高度责任心,攻坚克难的勇气决心,善于思考钻研的精神,观察敏锐细致入微的作风,等等。这些品质深深植根于中华优秀传统法律文化之中,值得我们永远传承与发扬。

在新时代建设社会主义法治国家的新征程上,人民群众对公平正义的期盼对司法者的能力品格提出了更高要求:首先,要有扎实的法律功底。一名优秀的司法者必须精通法律,通晓法理,对浩如烟海的法律条文能信手拈来、运用得当。唯有如此,办理案件才能得心应手、举重若轻,尽显公平正义。① 其次,要有丰富的社会经验。法律的创制,本质上是对社会生活抽象化的过程。办案的过程同时也包含了对人性的洞察、对生命的体验以及社会生活常识的运用。"世事洞明皆学问,人情练达即文章",司法者需要处处留心、用心积累。最后,要有司法为民的情怀。面对疑难复杂案件,要勇于攻坚克难,开拓创新,努力把每一个案件办成铁案,为受害者伸张正义,守护一方平安。

(纪冬雨　上海市黄浦区人民法院)

---

① 左连璧:《历史的镜像》,辽宁人民出版社2021年版,第108页。

二十三、鞠真卿处理斗殴

原文

鞠真卿守润州,民有斗殴者,本罪之外,别令先殴者出钱以与后应者。小人靳财,兼不愤输钱于敌人,终日纷争,相视无敢先下手者。

——《梦溪笔谈·官政》[1]

注释

【润州】治所在延陵县(今江苏镇江)。《元和志·卷二十五》"润州":"城东有润浦口,因以为名。"

【本罪】原来的刑罚。

【小人】平民百姓。

【靳[jìn]财】吝啬钱财。

【折伏】制服,使屈服。

译文

鞠真卿任润州知州时,百姓中有互相斗殴的,处理时除惩处斗殴的本来之刑罚外,还命令先动手的人出钱给后动手的人。平民百姓吝惜钱财,再加上不甘心把钱送给自己的敌人,因此尽管后来有人整天

---

[1] 原始文献详参《梦溪笔谈》,《全宋笔记》第一三册,大象出版社2019年版,第91页。

争吵，但只是相互怒视没有敢先动手的。

解析：犯罪成本理论与司法裁判的指引作用

"鞫真卿处理斗殴"案在宋代郑克所撰《折狱龟鉴》、宋代沈括所著《梦溪笔谈》以及明代冯梦龙所著《智囊全集》等诸多典籍中均有记载。该案蕴含了我国传统法律文化中的优秀理念，其中犯罪成本理念在预防犯罪中的作用、司法裁判的价值引导功能等，对当下仍有很强的借鉴意义。

1. 犯罪成本理论及其在犯罪预防中的作用

所谓"犯罪成本"[①]，是指犯罪人实施犯罪行为后因受到刑事惩罚而付出的代价或失去的利益。[②] 不法分子在实施犯罪后会面临自由、财产乃至生命等被不同程度剥夺的不利后果，故绝大多数罪犯在实施犯罪前通常会有所顾虑、权衡利害；如果犯罪成本在其可接受的范围内，就很可能选择铤而走险。纵观古今中外，犯罪的惩治与预防绕不开犯罪成本理论。我国古代"明法重刑，以刑去刑""治乱世用重典"的思想，以及西方"功利主义理论""心理强制说"等学说，均旨在以严刑酷法形成威慑，从而达到阻遏犯罪的目的。"鞫真卿处理斗殴"案便是对这一理论的成功运用，司法官利用民众"靳财""不愤输钱于敌人"的心理特点，"令先殴者出钱"即有针对性地增加斗殴成本，使纷争者面对"高昂"的代价知难而退，起到了很好的效果。

刑罚的终极目标不是惩治犯罪，而是预防犯罪。当下的司法实践，应当积极运用犯罪成本理论实现预防犯罪的目标。一方面，编织严密法网，扎紧制度笼子，对于社会出现的具有严重社会危害性的行为及

[①] 此处专指犯罪惩罚成本。
[②] 史晋川：《法经济学》，北京大学出版社2007年版，第376页。

时纳入刑事规制范围。如《刑法修正案（十一）》为维护人民群众"头顶上的安全"将高空抛物行为入刑，为保障人类生物安全增设非法从事人类基因编辑、克隆胚胎犯罪等。另一方面，对于社会转型期高发的犯罪类型从严打击，加大惩处力度，如对电信诈骗、开设网络赌场等犯罪应重拳执法，保持打击高压态势。当然，在运用犯罪成本理论的同时，也要严格遵守罪刑相适应的基本原则。

2. 让司法裁判成为引领社会风气的风向标

法的生命力在于实施。司法裁判不仅对案件当事人施加直接影响，而且因其确定性、统一性、公开性的特点，同样能对社会公众产生指引和教育作用。相较于纸面上抽象的法条，具体的司法裁判更容易对社会公众产生影响。社会公众通过司法裁判，对法律条文会有更为深刻直观的认识，对实施何种行为将产生何种后果也有了更为具体的预判。司法者应当善于发挥裁判的示范功能，来阐释和宣扬法律真谛，规范和引导民众行为。本案中，面对"好斗"的彪悍民风，鞠真卿预见到单凭法条说教效果有限，故而作出"先殴者出钱以与后应者"的个案裁判，让其他民众通过他人案件的裁判结果，直观地看到触犯法律将要承担的不利后果，从而减少了斗殴案的发生，迅速扭转了社会风气。公平正义是新时代人民的期盼、幸福的尺度。司法是维护社会公平正义的最后一道防线。作为一名法官，肩负着公正司法、司法为民的职责和使命。我们应当秉公执法，定分止争，通过高质量的司法裁判来树立司法权威，彰显公平正义，弘扬社会主义核心价值观，努力让人民群众在每一个司法案件中感受到公平正义。

（纪冬雨　上海市黄浦区人民法院）

二十四、蝇子识凶

原文

有检验被杀尸在路旁,始疑盗者杀之。及点检沿身,衣物俱在,遍身镰刀斫伤十余处。检官曰:"盗,只欲人死取财。今物在伤多,非冤仇而何?"遂屏左右,呼其妻问曰:"汝夫自来与甚人有冤仇最深?"应曰:"夫自来与人无冤仇。只近日有某甲来做债,不得,曾有克期之言,然非冤仇深者。"检官默识其居,遂多差人,分头告示侧近居民:"各家所有镰刀尽底将来,只今呈验,如有隐藏,必是杀人贼,当行根勘!"俄而,居民赍到镰刀七八十张。令布列地上。时方盛暑,内镰刀一张,蝇子飞集,检官指此镰刀问为谁者,忽有一人承当,乃是做债克期之人。就擒,讯问,犹不伏。检官指刀令自看:"众人镰刀无蝇子。今汝杀人,血腥气犹在,蝇子集聚。岂可隐耶?"左右环视者失声叹服,而杀人者叩首服罪。

——《洗冤集录·卷二》[1]

注释

【点检】查核;清点。

【沿身】周身;浑身。

【克期】限期;定期;如期。

【默识】暗中记住。语出《论语·述而》:"默而识之。"

---

[1] 原始文献详参《洗冤集录译注》,上海古籍出版社2020年版,第33页。

【尽底】全部；彻底。

【根勘】彻底查究。

【赍〔jī〕】携带。

译文

有个检官检验一具被杀死在路旁的人的尸体，起初怀疑是被强盗所杀。等检验全身及清点随身物品，发现死者衣物都在，全身有十多处镰刀砍伤状的伤痕。检官说："强盗杀人是为掠取财物，现在财物都在，伤痕却多，不是仇杀是什么？"于是叫左右的人离开，传唤死者的妻子问道："你丈夫平日跟谁的冤仇最深？"回答说："我丈夫向来没有仇人。只是近日有某甲前来借债，没有借给他，他就限定日期，曾说过非借不可的话，但说不上冤仇深。"于是检官默默记下了某甲的住处，差遣多人分头告示附近居民："各家所有的镰刀全部拿出来，立即呈交，当场验看，如有隐藏的，必是杀人犯，将予追究查办！"不一会儿，居民送交镰刀七八十把。命令按次排列在地上。当时正值盛夏天气，中间有一把镰刀，苍蝇都飞集到它的上面。检官指着这把镰刀问是谁的，有一人出来承认，原来这人就是那个借债未成限期而去的某甲。于是当场将他逮捕，经审问，他还不认罪。检官就指着镰刀叫他自己看，对他说："别人的镰刀上都没有苍蝇。现在因为你杀人留下的血腥，所以苍蝇飞集。这难道能隐瞒得了吗？"左右围观的人都不禁发声叹服，那个杀人者也只得叩头承认了自己的罪行。

解析：审判中的经验法则运用

法官除了应当能够娴熟精妙地运用法律，还应当具备抽丝剥茧、洞悉真相的本领。查明事实是公正审理的基础，是法律适用逻辑的起点。而事件既已发生，无法重现，那么如何去伪存真，把碎片化的证据拼成完整的拼图，无限地接近真相，考验着法官的智慧和能力。

在《洗冤录集》记载的"蝇子识凶"一案中，验尸官运用"苍蝇喜腥"的经验法则，快速准确地识别出凶手，委实让人拍案叫绝。根据生活经验，血迹可以擦拭掉，但血腥味却不容易清除。夏季蚊虫苍蝇甚多，比人的嗅觉更为敏锐，苍蝇飞集，说明镰刀上存在浓烈的血腥味。镰刀乃是日常割稻之物，并非屠宰家禽所用，沾染大量新鲜血液显然十分异常。在缺乏科学鉴定技术的宋代，检官随手利用小虫迅速锁定嫌疑人。凶手心虚之下，叩首服罪，检官在众目睽睽之下取得人赃俱获的成果。此刻应是在场每一位围观者都心服口服，切切实实感受到了公平正义。

1. 经验法则在当代司法实践中具有重要的程序价值

经验法则并非只有在科学技术不发达的古代才具有重要价值，现代法律制度同样予以吸收。《最高人民法院关于民事诉讼证据的若干规定》第9条规定了当事人无须举证的三类事实，包括众所周知的事实、自然规律及定理、根据法律规定或者已知事实与日常生活经验法则能推定出的另一事实。这三类事实属于民事诉讼程序中的"免证事实"，能够减轻当事人的举证负担，加快推进诉讼进程，也为法官说理论证、发挥能动性留下了空间。

上海市黄浦区人民法院在审理一起离婚案件时，原、被告双方曾对女儿的抚养权争执不下，均声称自己平日对女儿关心备至，尽到了更多的抚养义务，更适合抚养女儿。法官当即要求双方分别说出女儿身高体重、成绩爱好、老师姓名等基本情况，原告如数家珍，滔滔不绝，被告则张口结舌，面红耳赤，遂无奈承认平时关心不够，认可女儿由原告抚养为宜。亲手照料孩子的父母，会将孩子成长的每一个细节了然于心，这是基于日常生活经验的认知。法官没有将案件陷入冗长的举证过程，只消几句发问，便查明了案件事实。广为人知的故事"所罗门智慧断案"亦是运用了相同的技巧。两女争一子，所罗门遂假称欲将孩童劈成两半分给二人，一女同意，另一个却坚决不同意，宁可让给对方，所罗门遂分辨出谁是真正的母亲。没有母亲舍得伤害子女分毫，这一经验法则脱胎于人性。如不用此法，所罗门大可自源头查起，寻找与孩子出生有关的证人、证物，再予以甄别、认定，这种机械司法虽然保守周全、"殊途同归"，但大费周章，有违司法对效率的追求。

2. 经验法则的效果受限于经验本身的范围和使用者的能力

经验法则对司法者提出了更高的要求。因为经验产生于一定范围的社会生活，取决于地、时、人等综合因素。所谓"桔逾淮为枳"，"甲之蜜糖，乙之砒霜"，有些经验存在于特定范围和人群之中，有些经验停留在某一时间段之内，不将其放置在一定的背景中去使用，很可能导致"葫芦僧乱判葫芦案"的结果。比如亲属之间的借贷往往不出具书面凭证，交付借款无借条，归还本息无收条，假使司法者凭借陌生人借款之经验，仅以书面凭证作为成立借贷关系的必要条件去审视当事人之间的关系，很可能形成片面认识，从而偏离真相。再如《民法典》施行之前，打印遗嘱的形式要件尚无规定，法官面临类推适用何种遗嘱类型规则的难题，作为自书遗嘱还是作为代书遗嘱，不同的选择对应不同的形式要件，并将改变判决方向。因此打印行为由谁作出成为关键。在查明事实的过程中，如果法官的经验是"80岁高龄老人通常不具备使用计算机的能力"而断然将遗嘱认定为代书遗嘱，则犯了将一般经验当作高度盖然性经验的错误。因此，经验法则既应考虑经验本身的范围性，也应置于不同诉讼系统的标准中去适用，是排除一切合理怀疑还是采用盖然性标准，再结合其他事实、证据，仔细思量、反复推敲，方可用之合法合理。

3. 经验法则更应通过裁判文书说服大众

要想取得良好的社会效果，以上思维过程还需要通过高质量的文书展现给公众，倘若不重视裁判文书说理，对心证过程言之不详，将会导致读者一头雾水，反而质疑其正当性。不少引起争论的判决，往往是在事实认定方面，未能将法官形成内心确信的关键因素完全展现，或者未能将严丝合缝的逻辑推理阐述明白，使人误以为法官基于个人偏见做出了错误判断。因此，法官既应在审理过程中理清思路，说服自己，更应通过裁判文书展现思路，说服大众。经验来自于实践，只有怀揣对法律的敬畏之心、对公正的向往之心，在一件件案件中千锤百炼，才能不断提高审判的能力，响应人民群众日益增长的司法需求。

（李露　上海市黄浦区人民法院）

二十五、移剌斡里朵断邻人欺钱

原文

大定初,(移剌斡里朵)为博州防御使,再迁利涉军节度使。先是,有农民避贼入保郡城,以钱三十千寄之邻家,贼平索之,邻人讳不与,诉于县,县官以无契验却之,乃诉于州。斡里朵阳怒械系之,捕其邻人,关以三木,诘之曰:"汝邻乙坐劫杀人,指汝同盗。"邻人大惧,始自陈有欺钱之隙,乃责归所隐钱而释之,郡人骇服。

——《金史·卷九十·移剌斡里朵传》①

注释

【大定】(1161—1189),金世宗完颜雍的年号。
【移剌斡里朵】金契丹人,一名八斤。通契丹字。金代将领。
【利涉军】金置,治今吉林省农安县。
【三木】指上重刑具。《后汉书·马援传》:"可有子抱三木,而跳梁妄作,自同分羹之事乎?"李贤注:"三木者,桎、梏及械也。"

译文

金代大定初年,移剌斡里朵当了博州防御使,又任职利涉军节度使。当时有农民到郡城里躲避强盗,在邻居家寄放了三十千钱。等到

---

① 原始文献详参《金史》,中华书局1975年版,第2002—2003页。

强盗离开后，农民讨要存放的钱，邻居不提这事也不还钱。于是农民到县里诉讼，县官鉴于农民没有契约等凭证就推却了这个案件。农民于是诉讼到州里。移剌斡里朵一怒之下用刑具把邻居拘禁起来，并用三木重刑具关起来，指问他说："你邻居乙某犯了抢劫杀人的罪行，指认你为同伙。"邻居害怕极了，才开始供述自己骗钱的事情。移剌斡里朵于是责令邻居归还农民藏起来的钱并释放了他，全郡之人都惊讶诚服。

解析：多级审判制的司法实践

金代的律法融合了唐、辽、宋旧制和女真族传统的习惯法，因不断汲取先进的汉族和其他各民族精华，因而是少数民族建立政权中法制较为完备的朝代，在中国古代法制发展史上地位显著。在审级管辖制度上，金代沿用了辽宋官制和法律，后期吸收唐律，较为体系化、完备。辩证看待古代审级管辖制度司法实践，汲取中华法律文化精髓，剖析其成效与局限性，对完善国家司法体系、推动中国特色社会主义法治建设意义重大。

1. 古代审级管辖制度的缩影

司法管辖制度是赋予司法机关对诉讼进行聆讯和审判权力，规定案件归哪一级别、哪一地区的审判机关处置的一项诉讼制度，在中国古代主要包括审级管辖、地域管辖和专门管辖。就审级管辖而言，商周时期起便有较为成形的司法制度，且随后的很多朝代规定详细完备、内容丰富，相关责任约束机制也呈现出多样化特点。按照审级确定管辖，总的宗旨是重大、疑难案件要由上级机关进行审判，而一般轻微案件则交由下级机关处置。唐宋之后，地方审级管辖制度已发展得较为系统、完备，此后历朝历代均以此为蓝本沿用、完善。在地方司法体系中县是最基层的行政单位，同时也是最基层的司法机关，凡诉讼皆由县一级直接受理。自下而上，不允许越级上诉。在级别管辖上，通常以县为第一审级，民间词诉必须"先经本县"；以州（府、军、监）为第二审级，"在法：县结绝不当，而后经州"；以路为第三审级，若当事人不服州判决，可以向路一级的监司系统提起上诉，监司也是地方最高审级。若当事人仍不服，可依法定程序向中央御史台、尚书省、登闻鼓院逐级上诉。案件发生后先由本地官府管辖，若本地官府不理会或无从判断，可逐级向上级机关上报。此外，自唐朝起律法对官员违反审级管辖的责任制度也进行了较为详尽的规定。

2. 当代法治背景下的审级制度

现代法治语境下的审级制度，是指法律规定的审判机关在组织体系上的层级划分以及诉讼案件须经几级法院审理才告终结的制度。[①] 我国目前的审级制度，是由1954年《人民法院组织法》确立的，1979年《人民法院组织法》基本予以吸收。此后，历经多次修法与改革，尽管在诉讼法中增加了再审之诉、小额诉讼等制度内容，但四级两审制的基础框架从未动摇。《宪法》确立了从最高人民法院到基层人民法院的四个层级，建立了以"四级两审终审制"为主、有限的一审终审制为辅、审判监督程序为补充的审级制度。各级审判机关对第一审案件管辖范围的划分主要根据案件性质、情节轻重和影响范围大小来确定。以民事案件管辖为例，其将案件的性质、繁简程度、影响范围三者结合起来作为划分级别管辖的标准，规定一审民事案件原则上由基层人民法院管辖，中级人民法院管辖重大涉外案件、在本辖区有重大影响的案件和最高院确定由其管辖的案件，高级人民法院管辖在本辖区有重大影响的案件，最高人民法院管辖在全国有重大影响的案件及认为应当由本院审理的案件，具体受理标准由各地区根据实际情况制定实施细则。原则上当事人对人民法院作出的一审判决不服的可以向上级

[①] 章武生：《我国民事审级制度之重塑》，《中国法学》2002年第6期。

人民法院提出上诉。此外，现行法律还对管辖权的上调性转移作出了规定，根据2010年最高人民法院制定的《关于规范上下级人民法院审判业务关系的若干意见》，中基层人民法院对于重大、疑难、复杂案件，新类型案件，具有普遍法律适用意义的案件以及有管辖权的人民法院不宜行使审判权的案件，必要时可书面报请上级人民法院审理，一定程度上可以弥补下级法院办案能力不足的缺陷或必要时可避免地方干预性司法。

3. 四级法院审级职能定位改革

2021年最高人民法院先后发布《关于调整中级人民法院管辖第一审民事案件标准的通知》《关于完善四级法官审级职能定位改革试点的实施办法》启动四级法院审级职能定位试点改革。此次改革立足于中国司法实践的具体情境，以有利于当事人权利救济为核心，以有利于发挥诉讼机制的社会效用、实现司法效益最大化为参考要素，旨在对各级法院职能准确定位的基础上改革审级制度，以此实现四级法院职能在理论应然、法律规范、司法实践三个维度上的高度统一。[①] 对于四级法院的职能划分法律界已形成较为统一的认知，即基层法院"明辨是非，定分止争"，中级法院"重在解决事实、法律争议，实现二审终审"，高级人民法院"统一裁判尺度，依法纠错"，最高人民法院"制定规则，确保法律正确统一适用"，等等，换言之，形成低层级法院解决纠纷、高层级法院确保适法统一的四级金字塔结构。

为保障"纠纷解决"与"规则治理"双重功能在我国现实法院结构和审级结构的框架下进行良性匹配，可从以下两方面予以改进：一是改良以特殊类型案件为依据的提级管辖规则，转变上级法院拥有决定权、下级法院处于被动地位的不合理状态，授予下级法院分流案件、反映困难的保障性权利，平衡各法院审级职能分工，使其更具操作性

---

① 梁平：《我国四级法院审级职能定位改革的规范与技术进路》，《政法论丛》2021年第6期。

和合理性，避免中国司法逐渐走向基层司法。二是改良审判监督规则，打破在推动审判重心下移过程中中基层法院审理的绝大多数案件无法通过审判监督程序流向最高人民法院的尴尬局面，对存在法律适用争议或经过审委会讨论决定的中基层法院办理的案件可层报至最高院，由其择案进行审判监督，在"审理一件，指导一片"的同时保障顶层司法机关对社会纠纷和真实司法生活的关注和审判工作经验的提升。

（纪冬雨　上海市黄浦区人民法院）

第八章　元代经典案例评述

元代的主要立法指导思想为"祖述变通，附会汉法，因俗而治，蒙汉异制"。主要法律有《大札撒》《至元新格》《大元通例》和《元典章》。民刑分立及多元文化交融下的法律发展是元朝时期的。

在刑事立法上，元代最显著的变化就是强奸幼女罪的确立，在量刑原则上总的趋势是处罚减轻，形成元崇尚轻刑的风习。刑罚制度带有明显的蒙古族的旧俗；民事立法上，有许多关于"阑遗物"的规定，契约关系主要规定了买卖契约、典当契约、租佃契约。对于损害赔偿的规定大都集中在人身伤害上。继承方面，蒙古人和色目人各依其本俗法；行政立法上，以中书省取代唐代的三省，令设枢密院和宣政院。地方行政机构大体仿宋金旧制。元代结束以诗赋取士的历史，首创以程朱理学为内容的经义取士制度。

元代法律是在统治者主导下，两种甚至多种文化相互让步中产生的。当中原的儒学精英们企图将儒家法律思想加诸受《大扎撒》影响至深的蒙古大汗时，由此而产生的分离便凸显出来。元代统治者不得不推动汉族法律文化向蒙古族法律传统做出让步，当改革是由于物质的或观念的需要，且固有法律文化对新的形势不能提出行之有效的对策，或未能提供充分的手段时，这种让步就可以取得完全或部分的成功。蒙古族是在全面继承我国北方民族游牧文化的基础上，又受中亚文化的影响之后才进入中原的，因而其本身的传统文化内容较独特，对中原文化产生了一种抵触。但蒙古族最后还是从中原文化中汲取了许多文化营养，发展壮大了自己，并促进了中原文化的发展。元代统治中国的近百年间，蒙古族对中原文化的吸收是有限度的，这种有限性的吸收是蒙汉两种法律文化相互让步的原因之一。

元代法律带有较大的民族性和阶级性。蒙古贵族的统治地位是靠民族特权来保障的，如果要彻底改行汉法，就意味着取消这一类的特权，这当然是蒙古贵族包括忽必烈本人所反对的。因此在实行和改革汉法时，是有条件和有限度的。许多蒙古族的旧风俗、旧制度因涉及蒙古贵族的特权利益而被保留下来，还有一些民族镇压和民族歧视的法令等等。因而形成了以蒙汉地主阶级联合意志为体现的、以民族压迫掩盖阶级压迫为实质的法律形式，这也是元代法律不同于前朝各代法律的根本所在，即当时特殊的民族因素导致元代法律体现出了民族性的一面。

一、胡长孺智断

原文

胡长孺字汲仲,婺州永康人。……至大元年,转台州路宁海县主簿,阶将仕佐郎……戊申……民荷溺器粪田,偶触军卒衣,卒抶伤民,且碎器而去,竟不知主名。民来诉,长孺阳怒其诬,械于市,俾左右潜侦之,向抶者过焉,戟手称快,执诣所来,杖而偿其器。

群妪聚浮屠庵,诵佛书为禳祈,一妪失其衣,适长孺出乡,妪讼之。长孺以牟麦置群妪合掌中,命绕佛诵书如初,长孺闭目叩齿,作集神状,且曰:"吾使神监之矣,盗衣者行数周,麦当芽。"一妪屡开掌视,长孺指缚之,还所窃衣。

长孺白事帅府归,吏言有奸事屡问弗伏者,长孺曰:"此易易尔。"夜伏吏案下,黎明,出奸者讯之,辞愈坚,长孺佯谓令长曰:"颇闻国家有诏,盍迎之。"叱隶卒缚奸者东西楹,空悬而出,庭无一人。奸者相谓曰:"事至此,死亦无承,行将自解矣。"语毕,案下吏谨而出,奸者惊,咸叩头服罪。

永嘉民有弟质珠步摇于兄者,赎焉,兄妻爱之,绐以亡于盗,屡讼不获直。往告长孺,长孺曰:"尔非吾民也。"叱之去。未几,治盗,长孺嗾盗诬兄受步摇为赃,逮兄赴官,力辨数弗置,长孺曰:"尔家信有是,何谓诬耶!"兄仓皇曰:"有固有之,乃弟所质者。"趣持至验之,呼其弟示曰:"得非尔家物乎?"弟曰:"然。"遂归焉。其行事多类此,不能尽载。

——《元史·卷一九〇·胡长孺传》①

---

① 原始文献详参《元史》,中华书局1976年版,第874—875页。

注释

【抶［chì］】用鞭、杖或竹板之类的东西打。

【向】刚才。

【戟手】伸出食指和中指指人，以其似戟，故云。常用以形容愤怒或勇武之状。语出《左传·哀公二十五年》："褚师出。公戟其手，曰：'必断而足。'"

【浮屠庵】尼姑庵。

【禳祈】祈祷以求福除灾。

【牟麦】牟，通"麰"。大麦，稞麦。

【白事】禀告公务；陈说事情。宋洪迈《夷坚乙志·葛师夔》："葛师夔为洪州武宁簿，入府白事。"

【盍［hé］】何不。

【嗾［sǒu］】唆使。

【行将】就要。

【步摇】妇女首饰名。汉代刘熙《释名·释首饰》："步摇，上有垂珠，步则摇动也。"

【趣】同"促"，催促。

译文

胡长孺，字汲仲，是婺州永康（今浙江省永康市）人。元武宗至大元年（1308），官任转台州路宁海县主簿，官阶将仕佐郎。有位农民挑着粪便桶去浇田，路上不小心碰脏了一个士兵的衣服，该士兵就拔拳打伤了农民，并且砸碎了粪桶就走了，最终农民也不知他叫什么名字。农民来县衙上诉，胡长孺装出愤怒的样子责怪他诬陷好人，给他带上刑具绑在街市上，同时又派出左右亲信去暗中侦察。那个打农民的士兵经过那儿，拍手称快，在旁侦察的人马上把士兵抓起来送到其所隶属的军营。最后士兵被处以杖刑，并令他赔偿了农民的便桶。

有一次，一群老妇人聚集在佛寺中，诵读佛经以祈福除灾。其中一位老妇人丢失了随身所带的衣物，正遇胡长孺到乡间巡视来到庙中，老妇人便向他哭诉，胡长孺把麦子放在这一群老妇人手掌中，每人合起手掌，命令他们围着佛像跟刚才那样念经。胡长孺闭眼咬牙，装出聚精会神的样子，口中还说道："我要求神仙监视那个小偷。偷衣物的人只要念几遍佛经，手中的麦子就会发芽。"有个老妇人几次分开手掌偷看，唯恐掌中麦子发芽。胡长孺命人把她绑起来，责令她归还所偷的衣物。

胡长孺到元帅府汇报事情归来，衙吏告诉他有一件奸案审问了多次仍没有人服罪，胡长孺回答："这容易办。"夜间，胡长孺让一名衙吏躲藏在公堂的桌子底下，第二天黎明，胡长孺命令将奸犯推出来审问，奸犯还是抵赖，言辞更加坚决。胡长孺假装对县令说："听说朝廷有诏书下达，何不前去迎接。"说着就责令差人把奸犯捆绑在公堂的东、西两根柱子上，差人把犯人腾空挂着也出去了，公堂上没有其他人。奸犯就互相说："事情已到了这个地步，即使死了也不要承认，说不定不久就会释放的。"话音刚落，桌子底下的衙吏高兴地钻了出来，奸犯大吃一惊，只得磕头认罪。

永嘉县有位弟弟将步摇珠宝抵押给了哥哥，等到拿钱去赎回时，因为嫂嫂喜欢这串步摇珠宝，哥哥就骗弟弟说珠宝被小偷偷走了，弟弟几次上诉官府也没有用。弟弟便跑到宁海县，向胡长孺告状，胡长孺说："你不是我县的县民，怎么能来这里告状。"便把他赶了回去。没有多久，胡长孺审理一盗窃案，便唆使小偷去诬陷那个哥哥收受了步摇珠宝这赃物，乘机将哥哥抓到官府。哥哥极力辩解，说家中没有此物。胡长孺生气地说："你家确实有这件东西，怎么能说别人诬陷你呢！"哥哥惊慌地答道："我确实有，不过是我弟弟拿来作抵押的物品。"胡长孺要他回去拿来，检验过之后，又把他弟弟传来，将珠宝递给弟弟说："这不是你家的物品吗？"弟弟回答："是的。"于是就把步摇珠宝归还了弟弟。胡长孺审案多如此类，不能一一记载了。

解析：为民断案的良吏品质

胡长孺身处宋末元初，其为官期间有着较为杰出的政治贡献，明朝方孝孺称其为"良吏"。他能充分利用当事人的心理特点，通过设计不同的情境引导当事人对案件事实做出自认行为，将"五听"发挥到极致，客观上减少了刑讯的使用和冤假错案的发生；对疑难复杂案件并不推诿，将老百姓的利益置于首位，反映了其司法为民的作风。他的审判方式与断案技巧，对于现代司法仍具有借鉴意义。

1. 诚实信用原则——诉讼活动稳定运行的基石

诚实信用作为立身之本，与其有关的典故大量存在于历史长河中，诸如一诺千金、立木为信等。在胡长孺智断的上述案例中，当事人起初对于案情未能陈述真相、隐瞒事实的行为显然违背了诚实守信，但随着胡长孺对事实的挖掘，最终予以确认。法律上的诚实信用原则起源于罗马法，拿破仑六法中的《法国民法典》也将诚实信用写入法律，后来各国制定民法典也逐渐明文规定诚实信用条款，我国《民法典》也不例外。

除了实体法，程序法中也有诚实信用原则，它要求人民法院、当事人以及其他诉讼参与人在诉讼活动中应当诚实、守信、善意和公正。第一，它要求当事人和其他诉讼参与人在审判过程中以事实为依据，诚实善意地陈述和提供证据。这是正当行使诉讼权利的要求。诉讼中各方如实陈述是审理案件的基础，是法院查明事实的必要依据。第二，它与我国公序良俗与道德准则相符。"人无信不立""诚信者，天下之结也"，先贤们用简单而厚重的字眼告诉我们诚信的重要，让优良传统延续至今，让诚信者经久传颂。第三，它要求人民法院在审理和裁判案件时应当公正、合理，这是现代司法理念的重要组成。通过裁判宣传法治理念，以案释法，形成法律效果和社会效果的良性循环。胡长孺运用智谋巧断难案，为一方百姓带来公平正义，百姓也信任官府，以至其他辖区的群众都希望由其断案，足以见其声望。缺少诚实信用，法治将成为无源之水无本之木。因此，诚实信用原则是进行诉讼活动时必须围绕的原则，更是社会主义法治建设的必备要件。

2. 直接言词原则——审判者形成内心确信的方法论

在古代，受制于当时的社会条件与科学技术，很多证据难以获取，或证据本身的证明力存在局限，为了获取当事人的自认，故而在法庭审讯方面形成了诸多经验，其中"五听制度"在诉讼中占据了重要地位。"五听制度"最早见于《周礼·秋官·小司寇》，在此后的封建社会仍然沿用并得到进一步发展，汉朝的《尚书·吕刑》、唐朝的《唐律·断狱》和《疏议》、宋朝的《宋刑统》等都有相关规定。

虽然"五听制度"在实际运用时存在一定局限性，但它能让审判者对案件产生最初步的审理思路，从而确定调查询问方向，是当时社会条件下的必然产物。胡长孺深谙当事人犯案后的心理，巧妙地设计场景让案犯或"戟手称快"，或"屡开掌视"；在步摇珠宝案中，则是通过发问让哥哥自己承认事实。前者是对法庭心理学的运用，后者则是考验庭审发问技巧。古代先贤们的智慧，放在现代庭审仍有很强的借鉴意义。

回归到现代司法制度，与"五听制度"相对应的是直接言词原则。直接言词原则要求法官亲自聆听当事人言词辩论和证人言词作证，直接观察当事人和证人的肢体语言，直接查看证据实际状况，从而易于准确掌握案件事实，并就此确认审理方向。而对于双方证据均不充足甚至互有矛盾的疑难案件，如何通过法庭询问来挖掘事实，考验的是审判者的职业素养。邹碧华院长主编的《法庭上的心理学》以及撰写的《要件审判九步法》，对法庭心理学以及庭审要件进行了深入剖析，让直接言词原则得以具象、深化，与胡长孺的断案经验形成跨越时空的共鸣，值得每一位审判者学习。

3. 司法为民原则——让人民群众在每一个司法案件中感受到公平正义

司法为民原则要求在司法机关的一切活动中都要尽最大努力体现广大人民群众的根本利益，切实维护广大人民群众的法律权利。习近平总书记在中央全面依法治国工作会议上强调："坚持以人民为中心。全面依法治国最广泛、最深厚的基础是人民，必须坚持为了人民、依靠人民。要把体现人民利益、反映人民愿望、维护人民权益、增进人民福祉落实到全面依法治国各领域全过程。"司法活动看似只是审理一个个独立的案件，但每一个案件后都饱含着当事人对司法公平正义的渴望，如何对人民群众的诉求进行回应，就体现在审判者对案件的判断与处理中。

在上述步摇珠宝案中，虽然兄弟二人并不在胡长孺的辖区范围，但他记住了弟弟希望取回珠宝的诉求，并在日后的案件办理中将步摇珠宝物归原主。而近代的"马锡五审判方式"将司法为民提升到了新的高度，并逐步成为司法工作中的优良传统，为人民群众带去了便利的诉讼服务。在审判过程中应当主动发挥司法能动性，始终坚持以还原公平正义的事实真相为目标，立足于解决审判实践中的问题，以案释法，有助于当事人证据意识的形成。中华文明上下五千年，有着深厚的文化和悠久的历史。先贤们的品德与智慧，在历史长河中璀璨夺目、历久弥新，每每剖析都会有新的体会。他们的故事激励了一代代华夏儿女，是我们的文化瑰宝，值得我们传承和发扬。

（章国栋、何超　上海市闵行区人民法院）

二、苏天爵辨疑

原文

苏天爵字伯修，真定人也。……天爵由国子学生公试，名在第一，释褐，授从仕郎、大都路蓟州判官。丁内外艰，服除，调功德使司照磨。泰定元年，改翰林国史院典籍官，升应奉翰林文字。至顺元年，预修《武宗实录》。二年，升修撰，擢江南行台监察御史。

明年，虑囚于湖北。湖北地僻远，民獠所杂居，天爵冒瘴毒，遍历其地。因有言冤状者，天爵曰："宪司岁两至，不言何也？"皆曰："前此虑囚者，应故事耳。今闻御史至，当受刑，故不得不言。"天爵为之太息。每事必究心，虽盛暑，犹夜篝灯，治文书无倦。

沅陵民文甲无子，育其甥雷乙，后乃生两子，而出乙，乙俟两子行卖茶，即舟中取斧，并斫杀之，沈斧水中，而血渍其衣，迹故在。事觉，乙具服，部使者乃以三年之疑狱释之。天爵曰："此事二年半耳，且不杀人，何以衣污血？又何以知斧在水中？又其居去杀人处甚近，何谓疑狱？"遂复置于理。

常德民卢甲、莫乙、汪丙同出佣，而甲误堕水死，甲弟之为僧者，欲私甲妻不得，诉甲妻与乙通，而杀其夫。乙不能明，诬服击之死，断其首弃草间，尸与仗弃谭氏家沟中。吏往索，果得髑髅，然尸与仗皆无有，而谭诬证曾见一尸，水漂去。天爵曰："尸与仗纵存，今已八年，未有不腐者。"召谭诘之，则甲未死时，目已瞽，其言曾见一尸水漂去，妄也。天爵语吏曰："此乃疑案，况不止三年。"俱释之。其明于详谳，大抵此类。

——《元史·卷一八三·苏天爵传》[1]

---

[1] 原始文献详参《元史》，中华书局1976年版，第4224—4225页。

注释

【苏天爵】（1294—1352），元代真定人，字伯修。元代文学家、史学家、理学家，元代后期著名儒臣。

【真定】元为真定路治，治所在今河北石家庄市东北。

【释褐】脱去平民衣服。指始任官职。

【丁内外艰】指父亲和母亲接连去世，即遭遇亲属之丧，回乡守制。

【虑囚】讯察记录囚犯的罪状。虑，通"录"。《汉书·隽不疑传》："每行县录囚徒还。"唐颜师古注："省录之，知其情状有冤滞与不也。今云'虑囚'，本录声之去者耳。"

【湖北】元代指荆湖北路，治江陵府（今湖北荆州市）。

【宪司】元代称呼上司，为元代习用语。《元典章新集·兵部·急递》："凡有牒呈宪司公文，依上置立隔眼，发放施行。"陈垣释例："宪司，当时常语。"

【故事】旧事，先例，旧日的典章制度。

【太息】叹气。

【沅［yuán］陵】元为辰州路治。《水经·沅水注》：沅陵县"因冈傍阿，势尽川陆，临沅对酉，二川之交会也"，县以此名。

【沈】通"沉"。

【具服】完全服罪。《汉书·赵广汉传》："长安少年数人会穷里空舍谋共劫人，坐语未讫，广汉使吏捕治，具服。"

【出佣】外出打工。

【诘】询问。

【瞽】盲。

【详谳】审判。

译文

苏天爵，字伯修，真定人氏。苏天爵参加国子学生公试，为第一名，任官后授从仕郎、大都路蓟州判官。之后他接连遭遇亲属之丧，服孝结束后，调任功德使司照磨。泰定元年（1324），改任翰林国史院典籍官，升为应奉翰林文字。至顺元年（1330），参与撰修《武宗实录》。第二年，升职为修撰，拔擢为江南行台监察御史。

第二年，苏天爵到荆湖北路巡视狱治。荆湖北路地处僻远，少数民族杂居，他冒着瘴毒，走遍了这个地区。有喊冤上诉的人来，苏天爵说："宪司每年来两次，怎么不去说呢？"人们都说："这之前来巡察官司的，不过是应付罢了。现在听说御史您来了，应该会受理诉讼，所以不得不说了。"苏天爵为之长叹。每个案件必定下心思办理，即便是盛暑时节，还每夜点着篝火，审读文书并无倦意。

起初沅陵人文甲没有生育子女，领养了他的外甥雷乙充作养子，后来文甲夫妇接连生育了两个儿子，因此便断了与外甥雷乙的收养关系。雷乙为此怀恨在心，蓄意报复。有一天，雷乙等到文甲的两个儿子外出卖茶，便从船中拿出早已准备好的利斧，将文甲的两个儿子砍死了，凶器扔进水中。然而却没有除掉喷溅到雷乙衣服上的血渍。事发后，雷乙被捕，对杀人事实也有供认，但是，主理本案的官吏却认为本案杀人证据存在疑点，因而举棋不定，一拖几年之后，便以三年疑狱无法定案要终止本案的审理，并释放人犯。苏天爵针对本案指出：本案发生至今为两年半，还没有到三年，如果没有杀人的话，衣服上的血渍是哪里来的？又怎么知道斧子沉入了水中？另外雷乙的居所离杀人现场又相距很近，怎么能说是疑案？于是，本案在经过深入查究后定案。

常德人氏卢甲，与乡邻莫乙、汪丙结伴离家外出帮工。卢甲因遭遇意外而失足落水淹死了。卢甲有一个弟弟，早年曾经出家当了和尚，此人心术不正，曾经想与卢甲的妻子私通未遂。他便诬告指控卢甲的妻子与邻居莫乙私通并设计谋杀亲夫。莫乙被捕后有口难辩，被迫供认了打死卢甲的罪行。他承认将卢甲打死后，割下头颅，丢弃在乱草丛中，而无头的尸身以及行凶所用的棍棒，都扔进了一户姓谭人家屋旁的水沟里。办案官吏即去搜寻取证。在乱草丛中，他们果真搜寻到一个骷髅头，但是，没有搜寻到莫乙所招供的尸身与棍棒。那个姓谭的人却声称，曾经亲眼见过一具尸体，顺水漂走了。苏天爵阅卷后说，即便尸体与行凶所使用的棍棒当时曾经丢进了水沟之中，事情已经过去了八年，哪有不腐烂掉的道理。因此，重新把姓谭的人召来再度讯问，发现谭氏早在卢甲命案发生之前已双目失明，所以他称曾经看见过一具尸体顺水漂走的证言，是无中生有的。苏天爵据此向办案官吏指出："这才是个疑案，况且已不止三年了。"最后释放人犯、撤销此案。他之擅长断案，基本都如此这般。

解析：疑狱三年以上释放当事人的"罪疑从赦"

"苏天爵辨疑案"表明，在元朝时期存在如有疑狱三年以上不能查明者，审理者应将当事人释放的做法。这昭示了我国古代在仁政慎刑思维影响下"疑罪从赦"的处理原则和制度实践，显示出"无罪推定"思想在我国传统法制中已有萌芽。当然在另一方面，疑狱三年方可释放也表明，这种萌芽仍明显有"疑罪从挂"的消极一面，这无疑与现代法治精神并不符合，此不可不察。

1. 慎刑思想的古今表达："罪疑从赦"与"疑罪从无"

"疑罪从无"是基于无罪推定原则在证据领域衍生出的一项基本准则。按照现代法治原则的基本要求，对任何人定罪都必须有充足的证据证明该人实施了刑法所禁止的犯罪行为，从而从事实和法律两方面确定该人负有刑事责任。在我国古代，虽然不可能如现代立法将无罪推定的内涵清楚明确地写进法典之中，但这一原则的基本观念在相关典籍与司法实践中有所体现，最为典型的就是"罪疑从赦"。

《礼记·王制》曾记录了一段话："疑狱，泛与众共之，众疑赦之。"这段话的意思是，在审判案件时，如果遇到了疑难复杂案件，应当与其他人共同讨论。如果参与讨论的人都觉得案件存在疑惑，不相信行为人犯了罪，就应当赦免嫌疑人。这被认为是罪疑从赦思想的直接反映。首先，"罪疑从赦"的前提是罪疑。那么，罪疑究竟指的是什么情况呢？在我国古代，罪疑主要是指有关犯罪的基本事实存在疑问而难以认定。苏天爵所辨之案亦不例外属于事实问题。换言之，事实不清、证据不足，不能证明犯罪人确实有罪的案件就可以称为疑案，属于"罪疑"的范畴。进一步说，从一个案件的证据情况看，如果能够证明嫌疑人有罪的证据数量并不多于证明嫌疑人无罪的证据；或者没有证人能够证明案件就是嫌疑人所为；又或者嫌疑人根本没有犯罪但却有证人证明嫌疑人是犯罪之人，就属于疑罪的范畴。当然，这类罪疑的共同特征也可以概括为证明犯罪事实的关键性证据缺失，如人命案件无被害人尸身，或者财产案件无赃物（本案属于即前一种情形）。因此，疑罪是指事实不清、证据不足，不能排除嫌疑人实施犯罪之外尚存在其他合理怀疑或者合理可能性的情形。

2. 案件事实的认定应当遵循证据裁判原则

如前所述，古代疑案主要是指基本事实存疑的情况。本案中苏天爵裁判的依据在于杀人命案却无尸无杖。对于事实的认定模式，我国古代曾经历了神明裁判、口供裁判与证据裁判三个阶段。毋庸讳言，我国古代的案件审理不可能如现代司法一样科学精密，其中一个表现就在于对口供过分倚重。但是，苏天爵在本案中所展示的证据裁判观念却在很大程度上超越了其所处的时代背景，值得继承。

所谓证据裁判，是指对案件事实的认定必须以查证属实的证据作为基础的一项司法裁判原则。从当今司法实践看，冤假错案大多源于事实不清。因此，证据裁判是刑事诉讼必须遵循的基础性方法。苏天爵的做法有两个特点：

首先，重视客观证据。口供主义虽然较之于神明主义将查明事实的主动权从神明还给了人类，但如果过于依赖口供，则容易诱发刑囚逼供、刑讯逼供，导致冤案的产生。因此，在刑事案件特别是命案等案情重大、复杂的案件中，应当不轻信人言、重视客观证据、重视逻辑推理的办案思维。我国刑事诉讼法规定，"只有被告人供述，没有其他证据的，不能认定被告人有罪和处以刑罚"。在重大刑事案件中，言词证据不宜单独作为定案的根据，须经过调查核实、有其他书证、物证等客观证据印证时方能使用。

其次，克服先供后证的弊病。近年来，随着"以审判为中心"诉讼制度改革的推进，侦查、审查起诉的案件事实和证据必须经得起法律和庭审的检验已成为共识。人们也意识到严格依法收集、固定、保存、审查、运用证据的重要性。此前，在我国侦查主导的诉讼模式中，侦查人员有时基于"有罪推定"的立场开展侦查活动，从犯罪嫌疑人的供述中获取突破便成了侦查活动的中心活动之一。但是，先供后证容易使办案人员产生先入为主的思维定式，有时甚至会误导办案人员，同时对那些有助于证明犯罪嫌疑人无罪或罪轻的证据有意无意地予以忽视。因此，先供后证模式在运用时，除了关注不同证据之间的印证关系外，还应当特别留意是否能从供述中提取到此前并不掌握的隐蔽性证据。

3. 疑难案件的审理应当强化亲历性

司法亲历性，是指司法人员应当亲身经历案件审理的全过程，直接接触和审查各种证据，特别是直接听取诉讼双方的主张、理由、依据和质辩，直接听取其他诉讼参与人的言词陈述，并对案件作出裁判，以实现司法公正。[①] 刑事裁判关系到人们的自由乃至生命，重要证据与

---

① 参见朱孝清：《司法的亲历性》，《中外法学》2015年第4期。

关键事实的由表及里、去粗求精、去伪存真，离不开审判人员的直接感知与精心审查。本案中，当苏天爵重新把谭氏召来再度讯问，发现其早在卢甲命案发生之前已双目失明时，谭氏证言的可靠性也就无须多问了。

由此看来，法官要与证据建立直接联系，就必须与证据进行直接接触，亲自对证据进行调查和采纳，[①]而对案件的证明也应当使裁判者真正达到内心确信，如此才能做到事实清楚、证据确实充分，最大限度防范冤错案件的发生，从而让人民群众在司法案件中感受到公平正义。从本质上说，这也是"没有调查就没有发言权"这一认识律在司法裁判中的具体体现。

（赵宇翔　上海市闵行区人民法院）

[①] 参见陈瑞华：《刑事审判原理论》，法律出版社2020年版，第210页。

三、义绝与和离

原文

至大四年二月，江西行省准尚书省咨：江浙省咨：杭州申：钱万二状招：至大二年六月初七日，将妻狄四娘沿身刁刺青绣，不从。用拳将本妇行打抑勒，于背上、两腿，刁刺龙鬼。接受莫一史舍钞两，雇觅妻狄四娘在街露体，呈绣迎社。又将妻母狄阿孙抵触。大伤风化，已绝夫妇之道，侣难同居。若将本妇离异归宗，缘系为例事理，咨请照详。准此。送刑部议得：庶民生理，勤实为本。其钱万二，不以人伦为重，贪冒钱物，将妻狄四娘抑逼，遍身刁刺青绣，赤体沿街迎社，不惟将本妇终身废弃，实伤风化。合杖断八十七下。合准行省所拟离异，缘犯在至大三年十月十八日，钦奉诏赦已前事理，罪经革拨，将本妇离异归宗，遍行合属禁治，相应具呈照详。都省准拟，咨请依上施行。

——《元典章·刑部》[1]

尚书省御史台呈陕西道按察司中案

至元八年四月，尚书省御史台呈：陕西道按察司申，体知得京兆府一等夫妇不相安谐者卖休买休，若不禁断，败坏风俗。户部呈送法司照得旧例，弃妻须有七出之状：一无子，二淫泆，三不事舅姑，四口舌，五盗窃，六妒嫉，七恶疾。虽有弃状而有三不出之理：一经持舅姑之丧，二娶而贱后贵，三有所受无所归，即不得弃。其犯奸者，不用此律。又条犯义绝者，离之。违者断罪。若夫妻不睦而和离者，

---

[1] 原始文献详参陈高华等点校：《元典章》，中华书局、天津古籍出版社2011年版，第1414—1415页。

不坐。若依台拟，甚为允当。都省准拟。

——《通制条格·卷四·户令·嫁娶》①

注释

【至大】元武宗年号（1308—1311）。

【刁刺青绣】即"刁绣刺青"，"刁绣"即雕绣，以扣针绣出轮廓，将轮廓内挖空，犹如雕镂，故名。

【行打】殴打。

【抑勒】强逼；压制。

【覔[mì]】同"觅"。

【贪嵞[tú]】同"图"，贪图。

【迎社】举行迎社仪式。

【侣[sì]】同"似"。

【安谐】家庭和谐。

【革拨】元代用语，取消；废除。

【都省准拟】唐代垂拱年间改尚书省曰都省，后以都省指尚书省长官。准拟，公文用语。谓批准下级的拟议。

【相应】公文用语。应该。

【至元】元世祖年号（1264—1294）。

【体知】体察了解。

【卖休买休】用钱财交易从而中断婚姻关系。买休，化钱使人休妻；卖休，受钱后休妻。《明律·犯奸·纵容妻妾犯奸》："若用财买休卖休和娶人妻者，本夫本妇及买休人各杖一百，妇人离异归宗。"

【照得】查察而得。旧时下行公文和布告中常用词。

【义绝】元代，夫妻"义绝"也会由国家判决离异。元代继承了唐代对于义绝的定义，即夫妻双方辱骂殴打及杀害对方的近亲属或双方

---

① 原始文献详参黄时鉴点校：《通制条格》，浙江古籍出版社1986年版，第51—52页。

近亲属之间互相伤害。元代将夫妻对对方亲人进行人身攻击与诽谤纳入"义绝"之列，而且加强了对妇女的保护。

【和离】在元代以双方感情不合作为前提，互相同意结束婚姻的方式。元代法律明确规定"诸夫妇不相睦，卖休买休者禁之，违者罪之，和离者不坐"。以法律形式保璋男女双方在感情不合下自由离婚，并对"卖休买休"方式的"和离"进行禁止。

【淫泆［yì］】泆，同"逸"，淫荡；淫乱。

【口舌】争吵；争执。

【舅姑】称夫之父母。俗称公婆。《国语·鲁语下》："古之嫁者，不及舅姑，谓之不幸。"

译文

至大四年二月，江西行省向尚书省咨询：江浙省咨询：杭州路申请：钱万二在案件中招供：至大二年六月初七日，他要把妻子狄四娘全身雕刺青绣，狄四娘不从。钱万二拳打狄四娘并将其抑勒住，在背上、两腿，雕刺龙鬼图案。钱万二把妻子狄四娘出租给莫一史，在街上迎社仪式中裸露身体，露出刺绣，钱万二又与岳母狄阿孙发生矛盾。他大伤风化，已断绝了夫妇之道，两人难以共同生活。所以拟将该妇女判决离异让她回归本家。鉴于这些原因进行了判决，希望能获得意见指导。案件送刑部后谈论得出：老百姓生活，勤劳朴实是根本。这个钱万二，不以人伦为重，贪图钱物，将妻狄四娘抑逼，遍身刁刺青绣，赤身裸体沿街迎社这事，不仅仅导致该妇女终身残疾，并且实在有伤风化。判决杖断八十七下。判决准许行省所拟定的离异判决，因为犯人在至大三年十月十八日，钦奉诏赦免，罪经过撤销后，将本妇女判离异归宗，通行各地合属制止管理，应该如此具呈照详。批准拟议，咨请按照以上施行。

尚书省御史台呈陕西道按察司中案

至元八年四月，尚书省御史台呈：陕西道按察司申请，了解到京兆府有一些不老实的夫妇用钱财买卖婚姻关系，如果不禁止，就会败坏风俗。户部呈送法司按照过去的判例，弃妻必须有七出的情况：一没有生儿子，二是淫泆，三是不服侍公婆，四是争吵，五是盗窃，六是妒嫉，七是恶疾。即使有弃的情况也有三不出的限制：一是为公婆的丧事守孝三年，二是结婚后先贫后富贵，三是无娘家可回，难以生存的，就不能遗弃。对于犯奸罪的，不适用这条法律。如果有犯义绝的情况，适用判决离婚，违法的人断罪。如果夫妻不睦而和离者，不因此判罪。如依照御史台所拟定的判决，非常妥当。批准拟议。

解析："义绝"保护妇女权益，"和离"尊重离婚自由

在传统中国社会，婚姻是"合二姓之好，上以事宗庙，而下以继后世"①的社会行为，而婚姻的目的只在于宗族的延续和祖先的祭祀②，夫妻双方的个人感情在这种观念下并不被重视。相对应的，中国古代婚姻法律制度也是以此观念为基础进行构建，案例中提到的义绝、和离与七出、违律婚断等共同构成我国古代法上的婚姻解除制度。由于我国古代法律制度的特点是"诸法合体，以刑为主"，因此其制度安排还是以刑法惩罚的方式介入婚姻之中，与现代社会主要以平等主体间的民事法律调整婚姻关系有着巨大的区别。当然我们也可以看到，虽然元代和现代法律对于婚姻的基本观念以及制度的调整手段完全不同，但是元代官府在义绝、和离制度中，国家对于婚姻关系中妇女权益的保护以及对于一定离婚自主权利的尊重，目前仍然有一定的价值和借鉴意义。

1. 义绝制度对于妇女权益的保护

义绝是一种强制离婚制度，夫妻原以义和，恩义断绝，断难相处，

---

① 《礼记·昏义》。
② 瞿同祖：《中国法律与中国社会》，商务印书馆2010年版，第103页。

所以构成义绝的行为也符合强制离婚的客观条件。① 无论当事人意愿如何，只要婚姻中出现了法定的伤害夫妻之义的行为，婚姻就应该断绝。对于应该离婚而不离者，国家就予以处罚。②

在元代之前，义绝制度正如东汉班固撰《白虎通·嫁娶》中"悖逆人伦，杀妻父母，废绝纲常，乱之大者，义绝，乃得去也"所述，更着眼于那些破坏两个家族伦理纲常的行为，即便是夫妻之间，也局限于妻对夫的侵害。③ 元律则本着"夫妻元非血属，本以义相从，义合则固，义绝则异。此人伦之常礼也"，将义绝的范围较此前扩大，将侵害妇女权益的行为等也纳入义绝制度中处理，由官府干预强制断离，④ 表明元代在维护婚姻纲常伦理的基础之上，还是一定程度地提高了妇女权益的保护。

在"将妻沿身雕青"中，钱万二强行在妻子狄四娘身上刺青绣，又在背上、腿上刺青龙，并让妻子在大街上裸体展示刺青图案，从中得钱，因此被判"杖断八十七下……将本妇离异归宗，遍行合属禁治相应"，理由就是"大伤风化，已绝夫妇之道，似难同居……万二不以人伦为重，实伤风化"。案件并不复杂，判决说理也简明清晰，但其中蕴含的保护妇女权益的司法观念，仍然延续至今。

2. 和离制度中对于离婚自由的尊重

一般而言，中国古代婚姻的解除系以家族为前提，但夫妻意志也并非绝无尊重的余地，双方同意的和离便是法律所认可的离婚方式。对于和离的性质，学界多有争议，陈顾远先生就认为"不问其原因如

---

① 瞿同祖：《中国法律与中国社会》，商务印书馆2010年版，第151页。
② 参见崔兰琴：《中国古代的义绝制度》，《法学研究》2008年第5期。
③ "义绝，谓殴妻之祖父母、父母及杀妻外祖父母、伯叔父母、兄弟、姑、姊妹，若夫妻祖父母、外祖父母、伯叔父母、兄弟、姑、姊妹自相杀及妻殴詈夫之祖父母、父母、杀伤夫外祖父母、伯叔父母、兄弟、姑、姊妹及与夫之缌麻以上亲奸，若妻母奸及欲害夫者，虽会赦，皆为义绝。"见《唐律疏议·户婚》"妻无七出"条疏议。
④ 参见徐适端：《元代婚姻法规中的妇女问题初探》，《内蒙古社会科学（汉文版）》1999年第4期。

何，只须男女合意分立，即可离矣"①。也有观点认为，在宗法制度以及纲常礼法限制下，和离制度主要是作为义绝处罚的例外而存在的，②从属于七出、义绝等法定离婚形式。无论是何种观点，我们都无法否认和离制度对于一定条件下离婚自由的认可。

作为和离制度的一个反面情形，"买休卖休"指的是购买者付钱给妇女的丈夫，使其写立休书，而后将女子买卖的行为。③ 在元代外贸发达、重视聘财的社会大背景下，买休卖休行为并不罕见。但买休卖休严重影响夫妻家庭和社会稳定，"败坏风俗"、破坏婚姻自由，因此元代官府对买休卖休行为也是明文禁止。

此种情形下"若夫妻不睦而和离者，不坐"，即夫妻双方一致同意的婚姻解除，就不必因此而遭受刑罚。这种在关系宗族和国家利益的七出、义绝制度之外，重视夫妻双方感情，以夫妻意愿决定婚姻解除的制度，在古代中国也是符合婚姻自身性质发展的，有一定的进步意义，也为我国现代合意离婚制度提供了一定的法律文化传统。

3. 现行法律对中华法系传统的扬弃

中国共产党自成立之后，便一直重点关注妇女权益以及婚姻家庭问题。而新中国对于婚姻家庭关系的法律调整就一直贯彻婚姻自由、男女平等和保护妇女的原则。比如新中国成立之后公布的第一个大法——1950年的《婚姻法》第1条就规定：废除包办强迫、男尊女卑、漠视子女利益的封建主义的婚姻制度。实行男女婚姻自由、一夫一妻、男女权利平等、保护妇女和子女合法利益的新民主主义婚姻制度。此后，1980年、2001年的《婚姻法》第2条第1、2款以及现行《中华人民共和国民法典》第1041条均有婚姻自由、保护妇女合法权益的相

---

① 陈顾远：《中国婚姻史》，商务印书馆2014年版，第186页。
② "诸妻无七出及义绝之状而出之者，徒一年半；虽犯七出，有三不去，而出之者，杖一百。追还合。若犯恶疾及奸者，不用此律。诸犯义绝者离之，违者，徒一年。若夫妻不相安谐而和离者，不坐。"疏议曰："'若夫妻不相安谐'，谓彼此情不相得，两愿离者，不坐。"见《唐律疏议·户婚》"义绝离之"条。
③ 杨雪：《宋元婚书问题研究》，河北经贸大学硕士学位论文，2015年。

关规定。纵观我国婚姻关系立法史，其从古至今始终不变的，都是对婚姻自由以及保护妇女基本原则的遵守。

与义绝、和离制度"古今辉映""精神相通"的具体法律条文，也体现在现行《民法典》中。《民法典》第 1076 条第 1 款就规定：夫妻双方自愿离婚的，应当签订书面离婚协议，并亲自到婚姻登记机关申请离婚登记。第 1079 条第 3 款第（2）项则规定：一方实施家庭暴力或者虐待、遗弃家庭成员，另一方提起离婚诉讼，法院在调解不成的情况下，应当准予离婚。上述两个法律条文，减少了国家的刑罚干预，更着重强调婚姻主体的意思自治，虽然制度出发点有所不同，但仍可以让我们在思考中国古代离婚制度的某些不足之余，看到它的超越时空的借鉴价值，[1] 尤其是保护妇女权益和尊重离婚自由的观念，依旧跨越千年而不失色。

当然，国家对于婚姻家庭制度的调整并不仅仅限于民事法律，《妇女权益保障法》《反家庭暴力法》等一系列法律、行政法规，也是我国妇女权益保障法律体系的重要组成部分。值得一提的是，《最高人民法院关于办理人身安全保护令案件适用法律若干问题的规定》于 2022 年 8 月 1 日正式实施，该司法解释从法院角度为家庭暴力受害方提供了明确的救济途径，也体现了司法工作者对于婚姻家庭关系中弱者的关怀。

"追求男女平等的事业是伟大的。纵观历史，没有妇女解放和进步，就没有人类解放和进步。"正如习近平主席在 2015 年 9 月 27 日联合国"全球妇女峰会"上发表题为《促进妇女全面发展，共建共享美好世界》的重要讲话时指出的那样，保护妇女的合法权益、尊重婚姻关系中的男女平等是在中华法系的传统中萌芽、在新中国一以贯之的重要法律原则，我国妇女权益保障体系、妇女解放事业、社会主义婚姻制度、家庭关系等也必将在对传统扬弃的基础上，得到进一步的发展与进步。

（张辰　上海市闵行区人民法院）

---

[1] 郭成伟、崔兰琴：《兼顾与衡平：中国古代离婚制度的体系特质》，《中国政法大学学报》2010 年第 4 期。

四、人民饿死，官吏断罪

原文

延祐五年三月十七日，江浙行省准中书省咨：御史台呈：成州人民阙食，本州不及申报赈救，以致死亡、流移。取讫当该官吏，违慢招伏。看详：同知康惟忠等，职居牧民，抚字乖方，适值人民缺食，不即赈救，致有流移、死亡，甚失牧民之道。以此参详，若便区处，别无所守通例。具呈照详，得此，送据刑部呈：照得大德七年四月十三日，御史台承奉中书省札付，本台呈：监察御史呈：大宁路惠州，人民阙食，本路官怠慢，五个月余不行踏验。取讫见在官吏招伏，本台看详：大宁路等处人民阙食饿死，宜早赈济外，拘总管哈鲁等不即申报灾伤，罪犯。本部议得：总管哈鲁量拟三十七下，过七十依例赎罪，府判马谋二十七下，各解见任，降先职一等，提控案牍姚子渊三十七下，罢役不叙。都省议得：提控案牍姚子渊所犯，量决三十七下，罢见役，期年后降先职一等。余准部拟。今见奉本部议得：成州同知康惟忠等所招，本管人民遭值饿馑阙食，不即申报赈济，以致流移饿死人口，罪犯。比依量拟同知康惟忠三十七下，州判黄文德三十七下，各解见任，降先职一等。

——《元典章·刑部十六·杂犯罪》[①]

[①] 原始文献详参陈高华等点校：《元典章》，中华书局、天津古籍出版社2011年版，第1837页。

注释

【延祐】（1314—1320），元仁宗年号。

【成州】元属东宁路，今辽宁阜新蒙古族自治县西北。

【违慢】违抗怠慢。

【招伏】招认。

【抚字乖方】抚恤百姓违背法度、失当。

【大德】（1297—1307），元成宗年号。

【大宁路惠州】大宁路于至元七年（1270）改北京路置，属辽阳行省。治所在大定县（今内蒙古宁城县西大明镇）。惠州治所在惠和县（即今辽宁建平县建平镇北）。

【踏验】实地勘察。

【提控案牍】官名。元朝始置，为各衙署首领官。置于府、上中州者为专职，置于路总管府及肃政廉访司者为兼职。掌文书案牍之事。多由书吏及都目升任，未入流。

【阙食】缺少粮食。

译文

元代延祐五年（1318）三月十七日，江浙行省向中书省咨询：御史台呈报："在成州发生百姓缺粮情况，但该州县官吏没有及时上报，妥善安排赈灾施救，导致百姓多有死亡、流离失所。一并捕获有关官吏后，招认存在违抗怠慢之责。详报如下：担任该州通知的康惟忠等人，其本职工作是管理民事、治理百姓，但在实际工作中安抚百姓失当，正值百姓缺粮之时却未立即实施赈救，以致百姓死亡、流离失所，属于严重失职。对此经参酌详审，若要处理，并无能够遵循的通例。故呈文请示。"收到呈文后，送刑部处理：经查，在大德七年（1303

四月十三日，御史台根据中书省的公文，御史台呈文：监察御史呈报：在大宁路惠州发生百姓缺粮问题，该路官员拖沓怠慢处置，灾荒发生后五个多月都没有实地勘察。捕获的全部现任官员均有招认，本台经审阅研究：大宁路等处人民缺粮饿死，本应该及时加以赈灾救济，但总管哈鲁等不及时申报灾情伤亡，故而拘捕，以犯罪论处。刑部议定：总管哈鲁杖责三十七下，但考虑其年龄已过七十岁可以依照规定赎刑，府判马谋杖责二十七下，所有人免除现任职务，降低职级一等。姚子渊所犯之罪，裁量判决杖责三十七下，罢免现任职务，一年后原职降低一等。现本部议定：根据成州同知康惟忠等所招认事实，其所管辖的地域的人民遭遇饥荒缺粮，相关官吏没有立即报告并组织赈灾，以致百姓饿死、流离失所，构成犯罪。根据过往判例，拟对同知康惟忠处杖责三十七下，对州判黄文德杖责三十七下，免除现任职务，降低职级一等。

解析：渎职罪裁判与民本思想

"人民饿死，官吏断罪"一案的背后是民本思想的实践反映，这是我国优秀传统文化中源远流长的珍贵历史遗产的重要组成部分，主要表现为重民、贵民、安民、恤民、爱民等，这一思想在不同历史时期都是治国理政的基本指导思想，如今亦成为社会主义核心价值观的重要内容。"历史充分证明，江山就是人民，人民就是江山，人心向背关系党的生死存亡。"[1] 以人民为中心的发展思想是习近平新时代中国特色社会主义思想的重要内容，也是习近平法治思想中"十一个坚持"之一。如何坚持好、应用好这一指导思想，对做好当前司法工作具有重大的现实意义与长远的历史意义。

---

[1] 习近平：《在党史学习教育动员大会上的讲话》，《求是》2021年第7期。

1. 元代处理渎职行为的借鉴意义

"民惟邦本，本固邦宁"①，对于作为地方"父母官"的管理者而言，只有真正践行好民本思想，才契合"故善为国者，驭民如父母之爱子，如兄之爱弟也。见之饥寒则为之忧；见之劳苦则为之悲"②的内在要求。当然，在封建制度下，"民本思想"多沦为一种驭民之术，但即便如此，历朝历代对于与"民本思想"严重抵触的失职渎职行为也是严惩不贷、以儆效尤，在客观上起到督促官吏认真履职、积极造福一方的正面效果。因此，当地方官吏无视百姓之苦，在灾荒来临之时不察民情、不解民需，造成严重后果时，理应受到相应的责罚。元代虽没有针对此种情形制定定罪量刑的成文法，但司法裁判中并不缺乏可供借鉴的判例，这起案件的处理正是通过判例的积极适用，对漠视民众疾苦的渎职官吏施以惩罚，填补了成文法缺漏，做到了"罚当其罪"，最终达到稳定社会秩序，回应百姓利益需求，保障普通民众基本生存权利的目标。

习近平总书记曾指出："权力不论大小，只要不受制约和监督，都可能被滥用。没有监督的权力必然导致腐败，这是一条铁律。建设中国特色社会主义法治体系，要以规范和约束公权力为重点……做到有权必有责、有责要担当、失责必追究。"③以史为鉴，我们应该择其善者而从之，牢记历史经验、牢记历史教训、牢记历史警示。该案对于我国当下的全面依法治国工程同样富有借鉴意义，启示我们必须牢牢抓住各级党政干部这个群体，其中又以各级党政领导干部这一"关键少数"为要，谨防失职渎职行为的发生，一经发现存在渎职行为则必须依法惩治，确保站稳以人民为中心的根本立场，确保群众路线贯彻到治国理政的全部活动中。

---

① 参见《古文尚书·五子之歌》。
② 参见《六韬·文韬·国务》。
③ 中共中央宣传部编：《习近平新时代中国特色社会主义思想三十讲》，学习出版社2018年版，第188页。

2. 渎职行为受相应追责的历史传统

在《尚书·胤征》篇中，记载了"羲和湎淫，废时乱日，胤往征之，作《胤征》"。大致意思是羲与和因终日沉迷酒色，荒废四时，怠于执政，已构成严重的渎职犯罪，夏启便命令胤往征之。这是我国历史上较早对渎职犯罪加以记录的实例，在当时自上而下的追责不同于一般意义上的刑罚，而是直接采取更为严重的直接采取军事手段加以征伐，这成为有据可查较早打击渎职犯罪的案例。此后，在不同历史时期，对于官吏渎职都作了相应的规定，总体呈现趋严趋细，针对不同渎职情形规定的不同处罚，这既是对过往历史经验的总结，也是对过去应对之策的持续优化与完善。以"人民饿死，官吏断罪"为例，该案发生在元朝，当时虽在成文法中无明确规定百姓饿死、流离失所，主管官吏该受何罚，但考虑到相关官吏因为怠于行政所产生的严重后果，属于典型的"玩忽职守"，经层层报送请示后，还是参照过往类似司法判例给予了相应处罚。该案充分体现了即便在朝代更迭、法制更张的特殊时期，官吏渎职同样为上层统治者所不容、为下层百姓所痛恨，该当其罚，不仅宣示了当政者对于忽视百姓基本温饱问题的高度重视，也彰显了对掌握行政权力的地方官吏从严管治的决心。

这一制度规范与司法实践，在中华人民共和国成立后，同样被合理吸收借鉴，官员渎职作为一类罪名被写入新中国的刑法典，成为受成文法典规范的一类罪名。以 1997 年新刑法典为例，渎职罪在《刑法》第 9 章以专章的形式出现，一般将渎职罪界定为国家工作人员利用职务上的便利或者徇私舞弊、滥用职权、玩忽职守，妨害国家机关公务的合法、公正、有效执行，损害国民对国家机关公务的客观、公正、有效执行的信赖，致使国家与人民利益遭受重大损失的行为。其中"玩忽职守"作为渎职犯罪的中的一种，是指国家机关工作人员玩忽职守，致使公共财产、国家和人民利益遭受重大损失的行为。玩忽职守的主体要件要求须为国家机关工作人员；行为构成要件突出的是严重不负责任、不履行职责或者不准确履行职责；其结果要件中既包含财产损失，也包含人员死亡或遭受伤害的行为，组成了判断是否构成玩忽职守罪的核心三要件。当然，对于玩忽职守行为，也要区别罪与非罪，既不能失之于宽，也不能无限扩大，要认真甄别一般的失职行为与构成犯罪的玩忽职守行为。对一般失职行为虽不能追究刑事责任，但仍要根据相关规定追究非刑事责任，以切实引导国家工作人员全面履行职责、慎用权力，更好践行为人民服务的宗旨。

3. 在无成文法的情况下可以适用判例

"人民饿死，官吏断罪"一案，是在元初渎职犯罪立法缺失的情况下，通过参照过往类似判例作出司法裁判的典型代表。该案的处理结果与援引的前案不仅在定性上严格依循，在处罚裁量方面同样做到不畸轻畸重，防止出现"同案不同判"情况。具体来看，对于同样面对灾民缺粮情况，在前的哈鲁等官吏因漠视百姓生死造成饥民饿死严重后果，当时被处以杖责与降级处分；在后的康惟忠等人同样因为不作为致使百姓饿死、流离失所，故当时的司法机关根据在前判例对康惟忠等人作出了相应处罚，处罚措施既有杖责，也有免职降级，前后基本类似，体现了延续性与一致性，对之后的类案处理同样起到了示范作用，并对类似渎职行为起到了警示作用。

关于"例"（判例），在中国历史上长期以来是作为"律"的补充而存在，主要是弥补成文法的缺漏。"从公元前二世纪直到辛亥革命止这一漫长时期，制定法，即汉语中所称的'律'是法的占支配地位的形式，而'例'（判例）在七、八世纪时出现，其影响最后达到与"律"并行，到明、清两代时，"例"已成为一批更实体的法律。"[①] 中国传统法中的判例，是指经过特殊程序认定，具有普遍拘束力的司法判决。判例在中国传统法中扮演了重要功能：一是判例对法律调整领域的扩展，有助于在特定情形下进行灵活调整。二是判例对规则效力的强化，规则的最终作用只有通过判例才能彰显。三是判例对法典立

---

① 沈宗灵：《当代中国的判例——一个比较法研究》，《中国法学》1992年第1期。

法技术的补充，克服法典在立法技术上的缺陷。四是判例对法律适用效果的保障，追求同类案件判决之间的内在协调与同案同判。[①] 直至今日，我国社会主义法治体系初步形成，愈加重视判例的作用，以最高人民法院构建的指导案例制度为例，案例虽不是法的正式渊源，但对司法实践发挥了越来越重要的指导作用，成为人民法院公正裁判的重要制度保障，这可视为对我国传统判例制度的再探索与再优化。当然，判例在不同历史时期的拘束力有所差异，相较于今日的指导性案例的"参照"软要求，历史上的判例制度更倾向于"援引"的硬要求。

回归当下，类似"人民饿死，官吏断罪"的各种渎职或玩忽职守的行为仍有发生，现行成文法虽对此均有对应规定，对渎职行为采取了零容忍与强惩戒态度，但历史也告诉我们成文法具有天然的滞后性，判例仍有其存在的必要。因此，对于判例制度，值得我们继续在历史中寻找经验，在未来加以应用，以促成我国法治事业的再精进、国家治理的再优化。

（李震　上海市闵行区人民法院）

[①] 参见汪世荣：《判例在中国传统法中的功能》，《法学研究》2006年第1期。

五、失林婚书案文卷

原文

1. 诉状

失林婚书案中阿兀向官府呈递的诉状

告状人阿兀/右阿兀年三十岁无病系本府礼拜寺即奥丁哈的所管○/至正廿二年十一月廿九日午时以来阿兀前去街上因干事忙○/史外郎于○向阿兀○里不见□人○/回说恰才有○/你每的文字○/得于内短少○/见当时阿兀○/文字一纸有○/于仓前徐○本妇○不见若不状告有此事因今将□到○/具状上告/亦集乃路总管府伏乞/详状施行所告如虚甘罪不词伏取/□□▲/至正廿二年十一月告状○

2. 取状

对史外郎贴木儿的取状：

取状人史外郎名贴木儿/右贴木儿○/寿寺僧人户计○/伏依实供说至正廿二年十一月廿○/以来贴木儿在家坐间有今○/前来本家于伊怀内取出文字○/贴木儿看这个甚么文字○/前去东街等柴去来捡的这○/二纸贴木儿接在手内看觑○

买到驱妇倒剌一纸阿兀○/人失林合同婚书一纸贴木儿向本人○/说这文字二纸你那里拾来的呵只过○/子上挑着有人等来时要他○/他是人家中用的文字休毁坏○/

蒙取问所供前词是的实并/无虚诳所供执结是实伏取/台旨/至正廿二年十二月取状人○/初二日▲

对徐典明善的取状：

取状人徐典名/右明善年廿岁无病系本路○/今不以身役见在在城

寄居住〇/为阿兀状告妾妻失林将本〇/书等偷递与闫从亮一同烧〇/善曾行将文字二纸看读事〇/问过取状今来明善〇/二年十一月廿九日未时以来明善前〇/前干事以至到礼拜寺门首逢〇/不识后书名今告人阿兀手赍汉儿〇/一纸向明善言说这文字〇

无虚诳各结已后对问不实〇/甘当诳官重罪不词执结是实伏取/台旨/至正廿二年十二月取状人〇/初二日▲

3. 承管状和责领状

祇侯李哈剌章的承管状：

取承管人李哈剌章/今当/总府官承管委得限日〇/妾妻失林并小闫干照人史〇/□□根勾前〇不致违〇

台旨/〇/□□日▲

原告阿兀的承管状：

取承管元告人阿兀/今当/总府承管委得每须要赴府/不致远离一时唤脱如违当罪□/管是实伏取/台旨/至正廿二年十二月取承管元告人阿□/初二日▲

牢房的责领状：

取责〇/今当/总府责领到锁收男子〇/从亮妇人一名失林委将〇/去在牢如法监收毋致疏〇/违当罪不词责领是实伏〇/台旨/至正廿二年十二月取责领〇/初九日▲"

4. 识认状

失林的识认状：

取识认状妇人失林/今当/总府官识认得见到官夫阿〇/买驱男木八剌并答孩〇

顿放契书偷递烧毁〇/听对问过取状今来从亮〇/细招词另行招责外今短〇

亮〇/将文字二纸分付□□收执〇/外有文字一纸我交别人看来〇/你的婚书我取了明日〇/来我每有商量的话说罢〇/家至廿七日上灯时从亮〇/间有失林只身前往〇/于房檐内取出元藏〇/一纸向失林言说这〇/

娶你为妾妻婚○/者等候一二日我○/兀将你做妾妻却行○/得断出来时我做筵○/每两个永远做夫妻说罢○/将婚书对失林前于灶○/火烧毁○

囙从亮的识认状：

取识认状人囙从亮/今当/总府官识认得见到官阿○/男木八剌并兄答孩元买驱○/书贰纸委系失林元偷递与○字中间并无诈冒识认是实□□/台旨/至正廿二年十二月取识认状人囙

初□日▲

5. 刑房呈文

刑房对失林婚书案的判决结果。

刑房/呈见行阿兀状告妾妻失林○/书来偷递与囙从亮烧毁○/此责得囙从亮状招云云○/责得妇人失林○/总府官议得既囙从亮○/失林已招明白仰将囙从亮○/责付牢子亦拟如法监○/据干照人贴木儿徐明善○/家者承此合行具呈者/锁收男子一名囙从亮/散收妇人一名

小木匣内锁收汉儿文字/偷递与从亮赍夯令史□□/看过将买人文契二纸回付□/林收接外将本妇失林□□/妻婚书一纸从亮与失

合○/与囙从亮○/阿兀红小木○/字三纸偷递○/令人看读○/人文契二纸却○/外有失林合同妾妻婚○/纸失林与囙从亮一同○/夜从亮家灶窟内○/毁了当以致夫阿兀告○/官罪犯止以不容量○/四十七下单○/兀收管着○/一名囙从亮状招○/前件议得○

（符号"/"代表文书内容的换行，"□"代表此处缺失一字，"○"代表此处缺失三个字以上或不知缺失的具体字数，"▲"代表官印。）

——《黑城出土文书（汉文文书卷）》[①]

注释

【诉状】原告正式起诉时，须向有关官府递交诉状。其内容包括四

[①] 原始文献详参李逸友：《黑城出土文书（汉文文书卷）》，科学出版社1991年版，第167—171页。

部分。第一，原告的基本情况：姓名、年龄、健康状况、住址和户籍。第二，陈述诉讼的事由。语言和内容。第三，请求官府立案调查审理，并保证自己所说均为实话，绝无虚言。元代法律明确规定"指陈实事，不得称疑。诬告者抵罪反坐"。第四，起诉的时间以及原告本人的签字画押。元代法律规定"告人明记月日""诸告人罪者，须明注年月"。

【取状】接受诉状之后，官府会将原告、被告和证人等带到法庭对其进行审问和调查取证，并详记其交代的内容，即写出取状。其内容包括四部分。第一，取状人的基本情况：姓名、年龄、健康状况、住址和户籍。第二，取状人详述事情的经过。第三，取状人保证性的语言，即被取问人向官府保证所说的均为事实，如有虚假，甘愿承担法律责任。例如，"所供前词是的实并无虚诳"，"对问不实甘当诳官重罪不词"等。第四，取状的时间以及取状人的签字画押。取状与诉状的书写格式较为相似，但不同的是诉状是由原告自己书写或者由原告找人代写而取状则是官府在审讯过程中由吏员书写，由当事人画押供认的，是审案记录的一部分。

【承管状和责领状】在审理案件过程当中，有人专门负责看管被告和证人等。看管人（承管人）也要写出"保证书"即承管状，保证在承管期间相关人员可以随叫随到，如果发生意外，他们将要承担一定的法律责任。另外官府还会委托监狱等相关机构看管嫌疑人和犯人，牢房人员也要写出"责领状"。责领状的格式与承管状的格式基本相同，其内容都由四部分组成。第一，承管人（责领人）姓名。第二，承管的事情。第三，保证性的话语。第四，时间及承管人（责领人）的签字画押。

【识认状】在全部审讯完毕后将记录整理成被告人的识认状。识认状是对整个事情的认识和总结，应是结论性的东西。识认状的内容包括识认人姓名、事情经过的描述、保证性的话语、时间及识认人签字画押四部分。识认状与取状一样也是由官府吏员书写，但是由当事人签字画押供认。

【刑房呈文】判决结果文书。刑房的呈文先说明事由，之后是案情审查的情况，最后是判决结果。

【执照】官府所发凭据、证件。

【取责】招认，供认。

【执结】指"对官署提出表示负责的文件"。

【开坐】开列，写出。

【施行】惩处，调查，特指依法处决。

【根勾】传唤，传讯。

【招状】招认的供词。

【取问】审讯。

【干照】凭证，证据。

【取覆】向尊长禀报情况或听取指示。

【备细】详细。

【散收】将罪犯单独囚禁，不使混杂。《元典章·刑部一·刑名》："蒙古人犯罪散收。"

【每】用在人称代词后，"们"。

【者】祈使语气词，嘱咐、建议的语气。

【呵】表示假设、疑问、推测等语气。

【讫】元代刑狱公文用词，相当于"了"。

【伊】相当于"他"。

译文

（大意）汉族女子失林本为回回人脱黑儿过房给脱黑帖木的义女，因脱黑帖木返回家乡，所以以中统钞二十锭嫁与亦集乃路商人阿兀为妾。阿兀娶失林为妾，失林也已在婚书上画字，这个婚书即具法律效力，受到法律保护。婚后失林常遭受打骂，故而萌发离异的念头。在阿兀外出经商时，失林与邻居闫从亮相识，失林向闫从亮诉说自己生活的不幸，于是闫从亮提议先将阿兀和失林的婚书销毁，然后到官府状告阿兀压良为贱，经官府判决阿兀和失林离婚后，他再名正言顺地大摆筵席，娶失林为妻。但因失林家存放了三份文契，两人都不识字，不知哪份是婚书，于是闫从亮拿三份文契到街上找到史外郎请他辨认，并诓称是买柴时拾到的。碰巧阿兀回来后遇到史外郎，史外郎告知阿兀有人捡到他的婚书，由此阿兀产生怀疑并告到官府，经官府审讯，失林和闫从亮均承认已烧毁婚书一事，于是官府断决责笞失林四十七下，由阿兀带回严加看管。

解析：民刑分离原则与程序法思想

元朝作为中国古代历史上第一个由少数民族建立的大一统王朝，其疆域广袤，经济繁荣，各民族交往频繁，民众间的权益之争更加多样化、复杂化。成吉思汗将"日出至没，尽收诸国，各依本俗"作为治国策略和法律原则，在法律适用方面实行属人法，即蒙古人、色目人、汉人、南人等根据各自民族归属适用各自的法律习惯。民法渊源的多元性、民事审判权的分散性和审判机构管辖的复杂性，促使元朝政府主动对民事诉讼进行积极干预，形成了"原告""越诉""代诉""约会""告事""诸不许接诉""停务""告拦"等诉讼制度。《经世大典》与《元典章》中"诉讼篇"的出现意味着中国古代"重实体、轻程序"的法律传统就此发生了变化。元代不仅在立法方面，在司法实践中也产生了不少程序法思想，促使案件审理更加规范和有效。

1. 保证性词令蕴含的诚实信用原则。

《失林婚书案文卷》所保存的 24 件文状中，包含有原告阿兀的诉状，被告失林、闫从亮，以及相关证人的取状，这些文书中均记载有承诺陈述属实，愿意承担虚假陈述后果的保证性用语，如诉状中的

"所告如虚甘罪不词"、取状中的"所供前词是的实并无虚诳"等。对于诬告、虚假陈述等行为，元代法律明确规定"指陈实事，不得称疑。诬告者抵罪反坐"。要求当事人应当诚信行使权利，如实陈述事实；不得虚构事实、恶意诉讼；证人依法作证，不得作伪证。元朝统治者显然已经意识到恶意诉讼不仅侵犯他人合法权益，而且会扰乱诉讼秩序，浪费司法资源，损害司法公信力，对社会造成恶劣的影响。在各类诉讼文状中将保证陈述属实、甘愿承担法律后果的内容列为文状的固定格式，正是对各类诉讼参与人诚信诉讼的要求，体现了民事诉讼诚实信用原则和诉讼程序正义的精神内核。

2. 民事诉讼证据收集制度下的约束心证思想

证据是诉讼程序的核心，元代司法程序中极为重视证据的收集和利用，案件审判和最终的判决必须依据查实的证据。原告提起民事诉讼时，除了诉状还需提交可信证据，否则官府可以不予受理。确凿的证据是公正审判的核心，元朝下达地方的司法文件中提出"今后应有鞫问公事，须凭证佐，赃验明白，究情研穷磨问"[1]，这里的"赃验"指的是物证，要求物证必须经过核验。古代司法审判中常用的"五听"之法，验证当事人口供是否真实。《失林婚书案文卷》中官府对被告和证人的审问十分认真详细，文卷中现存记录审问过程的取状共有9份，反复记述失林和訚从亮的作案过程。起初两人的作案细节陈述不清，官府多次询问，直至两人都交代清楚，口供可以相互印证才判决结案。元朝在选拔官吏的过程中，也体现了对证据制度的重视，《儒吏考试程式》中涉及司法检验内容占据大概1/3的篇幅，大量考试内容涉及物证的收集程序、方式、标准等。盗窃案除了要捉到盗贼，还需找到赃物，讲求"人赃俱获"，杀人案除了找出杀人凶手，还需查到杀人器物并加以辨认。元代司法实践中对证据收集的关注，无疑能够起到约束法官心证作用，以促进真实的发现，有利于加强裁判的正当性和可接

---

[1] 《元典章·卷四十·刑部二·刑狱》。

受性，以实现实体正义。

3. 圆署制度与审判权制约监督

元代政务一般采用聚会形式讨论裁定，各与会官员联名署押，时称"圆署"，是一种基于元朝"凡临事官互相觉察"的统治原则而形成的制度。在司法程序中，案件处理结果也必须由相关官员合议决定，而非某个官员单独决定。《失林婚书案文卷》刑房呈文中就记载有"总府官议得"的字句，说明该案系经过合议后作出判决。圆署制度使官员得以同堂议政，平等论争，[①] 达到集思广益的效果，从而提升裁判结果的公正性。同时，圆署制度体现了对审判权运行的制约和监督，通过对案件的集体推问，牵制官吏个体的权力，有效避免了审判权的滥用，减少了冤假错案的产生。

失林婚书案发生于元朝末年红巾军起义期间，官府审理案件仍然按照法定程序有条不紊地进行，案件处理完毕仅耗时十天。可见，元代司法制度通过规范司法程序，保证司法运作的效率、确保审理结果的公正性，对于减轻民众诉讼成本、缓和社会矛盾等都有较为积极的作用。

（梁诗园　上海市静安区人民法院）

[①] 参见张金铣：《元代地方圆署体制考略》，《江海学刊》1999 年第 4 期。

第九章　明代经典案例评述

明代的法律制度上承唐宋、下启清朝，是中国封建社会后期典型代表。明政权初建时期，朱元璋为了迅速建立新秩序，巩固统一的专制主义中央集权，高度重视立法建制，制定完成了《大明律》《大明令》《大诰》等，构筑了明代法律的基本框架。明初的立法过程中，重视总结唐宋以来立法与司法经验，大量继承了传统法律，继续保持礼法结合的法律精神，同时不拘泥于前人的成就。在法律内容和形式上，针对社会发展的需要也多有突破。明代中后期，社会发生了很大的变化，明初的立法显然与社会生活日益脱节，从明孝宗弘治年间开始，为了适应这种变化，明统治者通过编订《问刑条例》，来弥补不变的《大明律》与可变的社会生活之间的矛盾。仿照《唐会典》制定的《大明会典》，集明代典章制度于一书，成为清代立法的榜样。明代中央司法机关的名称、职掌均与唐宋有所不同。明代的中央司法机关由刑部、大理寺和都察院组成，合称为"三法司"。

明代的法律的形式和内容简约。其法律形式以律、例为主，虽有令、诰、典等，但诰只适用于中期以前，典则出现于中期以后，较之唐宋简化。明代将法律作为强化君主专制的工具，如废除延续已久的宰相制度，建立六部直接对皇帝负责的行政管理体制；扩大十恶罪的株连范围，严厉惩治危害君主专制制度的犯罪；通过以文字论罪，加强思想文化领域内的专制统治。

明代的诉讼和审判进一步程序化、制度化。其司法制度是封建司法制度的发达形态。在诉讼方面，明代已经建立起一套更加规范化的诉讼程序。在审判方面，审级层次清晰，管辖分明，民事调处与死刑复核都进一步制度化。在唐宋法律基础上，明代会审形式进一步发展，形成了体系完备，具有不同组织形式和不同功能的对重案、疑案及死刑复核案件进行审理的会审制度，对清代产生直接的影响。

明代地方建制为省、府（州）、县三级。省一级设有提刑按察使，专管司法审判事务，有权处决徒以下案件，徒以上重案则须报送刑部。明代还于各州县及乡之里社设立申明亭，申明亭对民间争议的解决方法以调解为主。明代会审主要包括"三司会审""会官审录""九卿圆审""热审""朝审""大审"等，各类会审均须由刑部"拟律以奏"，然后依旨执行。

明代注意发挥法律对于经济调整的作用，针对封建社会后期经济联系日益加强，经济关系日益复杂的特点，明律中增加了"钞法""盐法""茶法""市里""田宅""钱债"等内容，加强法律对于经济的调整和保护。

一、片言折狱

原文

湖州赵三与周生善，约同往南都贸易。赵妻孙不欲夫行，已闹数日矣。及期黎明，赵先登舟，因太早，假寐舟中。舟子张潮利其金，潜移舟僻所，沉赵，而复诈为熟睡。周生至，谓赵未来，候之良久，呼潮往促。潮叩赵门，呼："三娘子。"问："三官何久不来？"孙氏惊曰："彼出门久矣，岂尚未登舟耶？"潮复周。周甚惊异，与孙氏分路遍寻，三日无踪。周惧累，因具牒呈县。县尹疑孙氏有他故，害其夫。久之，有杨评事者，阅其牒，曰："叩门便叫三娘子，定知房内无丈夫！"以此坐潮罪，潮乃服。

——《智囊·察智部》[1]

注释

【舟子】驾船的人，亦称"船夫"。

【利】谋占。

【评事】职官名。汉置廷尉平，与廷尉正、廷尉监同掌决断疑狱。魏晋改称评，隋改为评事，属大理寺。清末废。《隋书·志第二十三·百官下》："大理寺丞改为勾检官，增正员为六人，分判狱事。置司直十六人，降为从六品，后加至二十人。又置评事四十八人，掌颇同司直，正九品。"宋高承《事物纪原·三省纲辖·评事》："汉宣帝地节三

---

[1] 原始文献详参《智囊全集》，凤凰出版社2009年版，第170页。

年,初置廷尉左右评。魏晋无左右,直曰评。隋炀帝始曰评事。"

译文

湖州有个叫赵三的人,和周生关系非常好,约定一同前往南京做生意。赵三的妻子孙氏不愿意让丈夫去,吵闹了好几天。临行当天清晨,赵三先上船,因为时间尚早,就在船中打起了瞌睡。船夫张潮贪图赵三的钱财,偷偷地划船到偏僻的地方把他沉入水中淹死,再假装熟睡。周生来到后,以为赵三还没来,等了很久,叫张潮前去催促。张潮敲门时喊三娘子,问:"三官人为何久久未到?"孙氏诧异地说:"他去了很久了,难道还没上船吗?"张潮回报周生,周生甚为惊异,就与孙氏分别寻找,三天过后也没见到踪迹。周生害怕被连累,于是写好文书呈报县衙。县官怀疑孙氏有其他原因,害死丈夫。时间过了很久,有位杨评事阅览诉状,说:"敲门就叫三娘子,定知道丈夫不在家。"因此判断张潮杀人,张潮这才认罪。

解析:"片言折狱"逻辑推理的司法智慧

古代司法官根据在司法活动中所掌握的一方或双方或证人的一言半语而裁判案件的断案方法被称为"片言折狱"。"片言折狱"一词最早出自《论语·颜渊》:"子曰:'片言折狱者,其由也与。'"意思是孔子说只有子路能做到根据当事人或证人的言辞,就能够分辨真假曲直,从而断明案件。[①]"古代司法官们将其作为一种司法最高境界而孜孜以求。本案中,杨评事通过认真核实和推敲案件的每一处细节,根据张潮供词中的一句话,以"叩门便叫'三娘子',定知房内无丈夫"

---

① 张诒三:《〈论语〉"片言可以折狱"考辨》,《孔子研究》2008 年第 5 期。

一语破的。杨评事片言折狱、青史流芳的同时,其善于凭借生活经验和人情事理进行逻辑推理的司法智慧也为今天提供了历史镜鉴。

1. 以逻辑推断真相

古代司法官判案常把当事人的口供看作最重要的依据,为此常以刑讯逼供,从而造成了一起起冤狱错案。在这起谋财害命的故意杀人案中,真凶张潮作案手段隐秘又故作误导,而赵信妻子孙氏和周义对赵信的行程安排等又都颇为熟悉,侦破起来确有一定难度。知县查案不知如何下手,于是就通过一番酷刑使赵信妻子承认谋杀亲夫。但中国封建社会男女授受不亲,正常情况下,张潮叩门之时应该先问男主人姓名,喊"三官人"才是,但他"敲门就叫三娘子"。杨评事就根据这句显然与常理和生活经验不合的供词,推断出此时张潮已知道房内没有了孙氏的丈夫。其运用逻辑推理的方法判断是非,找出疑点,并以此为突破口弄清案情,片言之间就断得清楚明白,深刻体现了在事实认定中运用逻辑思维的重要性。

对法官来讲,司法判断的过程其实就是法律推理的过程,需要不断地穿梭于法律规范和案件事实之间,把法律规范中的抽象概念对应于具体案件中的要件事实,进而推导出结论。因此,逻辑思维的运用仍然是法律推理的关键所在。"运用证据证明案件事实的过程是一个复杂的逻辑推理过程,要证明案件事实,不仅要证据材料确实、充分,还依赖于正确的逻辑思维判断过程。"[①] 因此,只有符合逻辑的思维方式才能有效地防止主观臆断,促使法官作出准确的事实判断。实践中,对证据的审查、认定最终需审判人员进行,法官对案件事实的认定也"不仅仅是机械的证据规则运用或者是进行简单的直觉推理,而是会借助较为复杂的逻辑推理来认识和使用证据材料"[②],按照良知、理性、经验规则等因素对证据证明力有无以及大小进行判断。最高人民法院

[①] 雍琦:《法律适用中的逻辑》,中国政法大学出版社2002年版,第260—275页。
[②] 杨建军:《逻辑思维在法律中的作用及其限度》,《华东政法大学学报》2008年第5期。

《关于民事诉讼证据的若干规定》第85条对民事证据的审查判断作了规定:"审判人员应当依照法定程序,全面、客观地审核证据,依据法律的规定,遵循法官职业道德,运用逻辑推理和日常生活经验,对证据有无证明力和证明力大小独立进行判断,并公开判断的理由和结果。"上述规定不仅对证据认定的基本原则作出了规范,还要求公开裁判的理由、结果,即要求法官将其心证形成的过程、结果通过法律文书的形式对外公开,以约束法官自由心证。这实际上也是要求法官认定事实的方式必须符合形式逻辑,以防止法官的主观恣意,实现司法的理性判断。

2. 以情理考察案情

从事司法工作,需要清晰缜密的法律思维和严谨细致的行事风格。法律思维的培养当然离不开法律知识的积累和思维能力的训练,但如果只会埋头啃书本,却不通晓人情世故,对日常生活和社会环境漠不关心,则容易出现偏离,进而酿成冤假错案。毕竟法官在一定意义上是一种依据人情世道与社会心理裁决争议的职业。中国古代诉讼着重强调对案件客观真实性的探求,追求案件的实质正义和争议的实质性化解,法官断案在需要具备法律知识的同时,更要有依据情理查案的经验智慧。本案中的杨评事就是通过张潮在陈述中的矛盾,依据情理分析判断证据(供词)的真实性,认定其所言虚假的。

使用情理审案,就要求法官通"情"达"理"。而要通晓世间情理,古代官员通常是通过以下两个途径习得:一是博览群书。俗话说"秀才不出门,便知天下事",读书能知情理,古代官员往往反复研读经史子集、吏治之书以及当朝律例,读史明智,总结经验,通晓法理。二是亲历世事。即自身去体察所管辖地区和老百姓的情理,从而在审判中准情酌理。在古人看来,法理所追求的公平正义必须合乎情理,符合社会的主流价值观念。司法之人唯有深谙情理之道,方能探寻法理之源,维系刑鼎之威,让人口服心服。

3. 以古知今日智慧

对当代法官而言，以逻辑推断和以情理察案都不可偏废。一是应当在研习法理的同时，一并习得情理。既要有底气，严格依法办案，准确适用法律，坚持逻辑思维和形式理性；也要接地气，深入社会基层、深入人民群众，不断积累经验和实践理性。二是要充分立足时代、国情、文化，综合考量法、理、情等因素。将情理融入案件事实的判断中进行分析，明确案件当中的不合理环节，从而找出其中的潜在原因，最终发现真相，让人民群众在现代法律世界充分感受中国传统法律文化的法律智慧和法律精神。三是强化运用社会主义核心价值观释法说理。将社会主义核心价值观作为理解立法目的和法律原则的重要指引，切实发挥司法裁判在国家和社会治理中的规范、评价、教育、引领功能，不断提升司法裁判的法律认同、社会认同和情理认同，依法、审慎、稳妥地办理好每一起案件，实现案件办理的政治效果、法律效果和社会效果的有机统一。

（席建林、王伟　上海市闵行区人民法院）

二、王阳明桌围听供

原文

贼首王和尚攀出同伙有多应亨、多邦宰者,骁悍倍于他盗,招服已久。忽一日,应亨母从兵道告办一纸,准批下州,中引王和尚为证。公(王阳明)思之,此必王和尚受财,许以辨脱耳。乃于后堂设案桌,桌内藏一门子,唤三盗俱至案前覆审。预戒皂隶报以寅宾馆有客,公即舍之而出。少顷,还入,则门子从桌下出云:"听得王和尚对二贼云:'且忍两夹棍,俟为汝脱也。'"三盗惶遽,叩头请死。

——《智囊·察智部》①

注释

【王阳明】王守仁(1472—1528),字伯安,号阳明,又号乐山居士,余姚(今属浙江)人。明代杰出的思想家、文学家、军事家和教育家。明代心学的集大成者。

【攀】牵涉,牵扯。

【皂隶】古为贱役,后专以称旧衙门里的差役。

【寅】恭敬。《尔雅》:"寅,敬也。"

---

① 原始文献详参《智囊全集》,凤凰出版社2009年版,第182页。

译文

王守仁（阳明先生）任职庐陵县（今江西吉安）知县的时候，有个强盗首领王和尚招供出同伙多应亨、多邦宰，他们比其他强盗更为勇健强悍，被抓捕归案认罪已经很久了。忽然有一天，多应亨的母亲从兵备道拿到一份公文，准许批复到州里审理此案，里面引荐王和尚作证。王阳明收到文件后思索，这一定是王和尚接受贿赂，答应给多应亨作证使他脱罪。王阳明于是在后堂设置了一张审案用的桌子，桌子的围布内藏了一个守门差役，便一起押三个强盗到桌子前再次审问。王阳明预先告诉皂隶，在审问这三个强盗时让他来报告说迎宾馆有客人来，这时王阳明立即起身出门留下三个强盗。过了一会儿回来，王阳明回到厅堂，守门差役从桌子底下钻出来说："听见王和尚对另外两个强盗说'暂且忍受两下夹棍，等我替你们解脱罪行'。"三个强盗听后惊慌失措，磕头请求宽恕死罪。

解析：王阳明个案司法智慧与技术侦查制度

我国古代刑事案件审理采用行政司法合一、实体程序一体、"侦、诉、审"集一身的制度模式，与当今《刑事诉讼法》规定天壤悬隔，但古代个案审理中的司法智慧仍对现有刑事诉讼制度具有借鉴意义。"知行合一"的创始者王阳明任职江西庐陵知县时，曾巧用智谋——"桌围听供"侦破盗案。虽王阳明让共犯同处一室、共同讯问，又桌围下藏人听取被告人口供，完全迥异于我国当今刑事诉讼的程序适用，但深植民心的法治思想源远流长，对当今刑事诉讼中与"桌围听供"类似但加持了科技元素的监听等技术侦查制度带来有益思考。

1. 程序正义：监听等技术侦查措施应严格限定适用

我国古代刑讯具有法定性，被告人鲜有人权，更遑论程序保障。王阳明通过桌围下藏人听取被告人口供，类似当今使共犯同处一室监听，用监听获得共犯口供进而定罪，这在我国现有刑事诉讼体系下是禁止的，但亦从反例印证着我国刑事诉讼制度在保障被告人权益的程序正义方面发挥着日趋重要的作用。

监听等技术侦查措施能否使用以及获取证据能否作为定案依据，在我国经历了从制度空白到指定行政规章再到纳入立法的演变过程。2012年我国《刑事诉讼法》修订，首次将技术侦查正式入法。公安机关、人民检察院根据侦查犯罪的需要，在经过严格审批手续后，可对危害国家安全犯罪、恐怖活动犯罪、黑社会性质的组织犯罪、重大毒品犯罪或其他严重危害社会的犯罪案件，以及重大的贪污、贿赂犯罪案件、利用职权实施的严重侵犯公民人身权利的重大犯罪案件，采取监听、监视、秘密拍照、秘密录像等技术侦查措施收集证据。首先，监听等技术侦查适用案件特定化。仅适用于法律规定的特殊类型案件，该案件范围所涉犯罪具有重大性、严重危害性等特征；其次，监听等技术侦查适用程序严格化。技术侦查的使用须经过严格的批准手续，法官在审查技术侦查所获电子数据是否合法时，也须着重审查收集及提取电子数据是否经过法律规定的必备批准手续；最后，技术侦查还必须严格按照批准的措施种类、适用对象和期限进行执行，侦查人员还负有法定的保密义务。

法律明文赋予技术侦查合法性，符合我国刑事诉讼的立法精神，亦遵循国际刑事诉讼的发展规律。同时，严格限定监听等技术侦查的适用范围和程序，充分体现了我国《刑事诉讼法》尊重和保障人权原则，是其"小宪法"功能的直接体现。

2. 实体正义：监听等技术侦查所获"毒树之果"并非一律排除

王阳明"桌围听供"巧用智谋侦破大盗案流传至今，体现了传统法治精神中实体正义理念深植民心，特别是刑事案件中，使真凶伏法是民众认知里最朴素的公平正义。历经中华传统法治文化熏陶后，类似美国"辛普森案"很难与我国主流价值导向兼容，实现实体正义仍是我国民众眼中的司法正义。

根据现有法律规定，除法定特殊案件外，其他案件因使用监听等技术侦查而侵害犯罪嫌疑人、被告人的隐私权、个人信息等人格权益，通过上述方式获得的证据为非法证据，应予以排除，在法院审判时不予采信。然而，以该非法证据为线索获取的其他证据，即依托"毒树"衍生出的"毒果"，是否一律排除？英美法系的美国对"毒树之果"原则上予以排除，但对非法搜查、扣押、逮捕获得的口供为依据获得的实物证据这类"毒果"态度稍显谨慎，要根据具体案情及"毒树"毒性大小进行个案判断。大陆法系的德国，将"毒树之果"理论称为"波及效"，认为由非法证据衍生出的"毒树之果"只要有证明力，就可作为定罪量刑的依据。然而，德国对非法监听获得的非法证据及其衍生证据，已有判决认定不得用于指控被告人反对和平、危害外部安全等涉及国家安全的重大犯罪以外的罪名。[①] 我国非法证据排除规则并未将"毒树之果"纳入其中，但根据现有立法理念，监听等技术侦查仅严格适用于特定重大犯罪案件，对打破案件类型红线所获衍生证据能否赋予合法性，还要结合个案综合分析。正如王阳明"桌围听供"，实体正义客观上更接近公平正义，民众亦朴素追求实体正义，但现有刑事司法理念不允许打击犯罪与保障被告人人权的天平过于失衡。因此，监听等技术侦查滥用时所获"毒树之果"并非一律排除，而是个案权衡。

3. 动态平衡：我国刑事审判应秉持实体正义与程序正义动态并重理念

建设德才兼备的高素质法治工作队伍是习近平法治思想的核心要

---

① 参见沈志先主编：《刑事证据规则研究》，法律出版社2011年版，第169、173—174页。

义之一。司法者不同于普通民众，对完善中国特色社会主义法治体系负有更重要的责任和使命。刑事审判中，尽管实体正义不可或缺，程序正义亦是法治进步的体现。我国《刑事诉讼法》及其最新司法解释，既赋予技术侦查合法化依据，又对技术侦查设定严格枷锁，充分体现刑事诉讼在打击犯罪与保障人权之间的平衡艺术。滥用技术侦查手段获得的证据属于非法证据应予以排除，而"毒树之果"应否排除同样涉及控制犯罪与保护人权、实体真实与程序正当等价值利益之间的冲突和平衡，为防止天平失衡，需司法者结合案件具体情况具体分析。传统司法理念根深蒂固，"重实体、轻程序"的做法在个案中还时有发生，但实体正义与程序正义如鸟之两翼、车之两轮，应并行推进，中国特色社会主义法治体系下，不仅要有公平正义的实体结果，还要有实现公平正义的程序过程。在刑事审判实践中，法官应对实体正义和程序正义做好动态平衡，充分整合两者价值，在每件刑事个案中找到最佳契合点。

（张鑫　上海市闵行区人民法院）

三、海瑞情理推断命案

原文

邵守愚人命参语

淳安县邵守愚与弟邵守正共承祖遗塘一口，轮年养鱼。嘉靖三十六年，轮该守愚，屡次被盗。八月二十三夜一更时分，邵守正约同程周去塘盗鱼，守愚带同义男邵天保执枪去塘捕盗。程周窥人影步声，即背鱼网去脱讫。邵守正被守愚一枪戳倒，当叫一声，再加狠力连戳五枪身死。次早伊母宋氏告县。

蒙洪知县审得，若是误杀，不宜连戳六枪，似有旧恨。遂安朱知县审问守愚，连戳六枪似非误杀。寿昌彭知县问拟守愚依"同居卑幼引人盗物，若有杀伤者，依杀缌麻弟"律绞。解府转详巡按御史王处驳回。分巡道看得招情亦欠合律，行府转委本县检究。

参审得宋氏词内，告有指鱼、看鱼。夫纵盗鱼，律不致死之说。检得耳窍亦有塘泥在内，则与程周同盗之情似实。又称六人谋杀一人，口舌之多，岂能久不败露？五人出财买一人独认，财物实迹，焉得久不外闻？况邵守正亲兄弟邵守中、守和、男邵太礼与守愚等系同宗兄弟，住址相邻，耳目切近。询访三年，杳无可据，则计供买认之情似虚。杀贼不死，贼必反伤，其连戳六枪者，盖亦未知其死与，未死多戳，使之必死，亦势所必至也。守正被戳岂无痛声，然止一痛声，未有别样说话。黑夜敌贼，危迫荒忙，兄弟相盗，思虑不及，恐不能就一痛声而辨其为兄弟、他人也。登时杀死，未就拘执，似不当以"同居卑幼引他人盗己家财物有杀伤者依杀伤缌麻弟"律绞论罪。

——《海瑞集》[①]

[①] 原始文献详参陈义钟编校：《海瑞集》，中华书局1962年版，第174页。

注 释

【海瑞】(1514—1587),明广东琼山(今海南海口)人,字汝贤,自号刚峰。嘉靖二十八年举人。明代著名清官,一生历正德、嘉靖、隆庆、万历四朝,有"海青天"之誉。

【参语】判词的一种,为上级指派下就案件发表意见。

【参审】参与审理。

【缌麻弟】缌麻为五服中之最轻者,孝服用细麻布制成,服期三月。缌麻弟为外姓中表兄弟。

【解府】公解府掾,公解即公署、官府。府掾:官吏。泛指官吏。

【转详】将案情呈报上级官府。

【严州府】明洪武八年(1375)改建德府置,治建德县,辖境相当今浙江建德、桐庐、淳安等市县地。

【巡按御史】简称巡按。明清都察院专差御史之一。明洪武十年(1377)始派监察御史出巡地方。出为巡按,名曰"代天子巡狩",在地方考察民情,监督吏治,大事奏裁,小事立断,事权甚重,地方官员不敢与抗。系差遣职务,事毕还京。

【王处】指王本固,时任浙江巡按御史。字子民,北直隶顺德府邢台人。明代中期官员。其"老成持重,不轻言笑",为官期间清正廉洁,勤政爱民,嫉恶如仇,但也因强杀王直(汪直),导致倭寇之患更为严重。

【分巡道】明代于按察司之下设立按察分司,其长官负责监督、巡察其所属州、府、县的政治和司法等方面的情况,谓之"分巡道",皆戴按察副使或佥事等衔。

【买认】出钱买嘱他人认罪。

译文

淳安县邵守愚和邵守正共同继承了祖上的一处鱼塘，两家约定轮年养鱼。嘉靖三十六年（1557），轮到邵守愚养鱼的时候，鱼塘屡次被窃。八月二十三日深夜一更时，邵守正约程周去塘偷鱼，邵守愚提着长枪带着义子邵天保巡逻鱼塘抓偷鱼的人。程周发现有人影和脚步声，于是就背着渔网跑了，邵守正被邵守愚一枪戳倒，当即痛得叫了一声，邵守愚又再加狠力连戳五枪，于是邵守正死了。第二天早上邵守正的母亲宋氏状告到县里。

承蒙洪知县审问所得，如果是误杀，不可能连戳六枪，所以似乎有旧恨。遂安县的朱知县审问邵守愚，认为连戳六枪看上去不像是误杀。寿昌县彭知县审问邵守愚后计划按照"同住下人晚辈带领人偷东西，如果有杀伤行为的，按照杀伤自家族弟的相关律条来定罪"的法律（由于邵守愚和邵守正是五服中最轻的族兄弟，就按邵守愚杀了自己缌麻兄弟论）判处绞刑。官员将案情呈报严州府，却在分管的浙江巡按御史王本固那里被驳回了。案子转到浙江省按察使司分巡道处，看嫌疑犯招认的情况同样不符合法规，通过严州府转委派本县令来检查追究。

我参与审理的过程中，发现邵守正的母亲宋氏的状词中，说邵守正到池塘不过是看鱼，即使是参与盗窃，按法律也不该被杀死。但检查邵守正尸体发现他的耳朵及七窍内皆有塘泥，那么肯定是与程周一同在鱼塘中盗窃。宋氏还认为邵守愚家六人合谋杀死邵守正一人，如果是这样，人多嘴杂，怎么能久不败露？若是五人出钱要一人拿钱顶罪单独招认，但是财物是实实在在的证据，怎么可能长时间不让外人知道？邵守正的亲兄弟邵守中、邵守和、义子邵太礼与守愚等是同宗兄弟，住址相邻，耳目切近。然而，现在寻访了三年都没有查到同谋，也没有找到任何合谋杀人的证据，可见所提供的证词是有意伪造的。杀盗贼不死，盗贼必定反过来伤人，他之所以戳六枪，是因为同样不知道小偷的生死，怕没有死就多戳，以确保一定要杀死小偷，这同样是当时形势所迫。邵守正被戳倒后怎么可能没有发出痛苦的声音，但是仅发出一声痛呼声，没有说过其他表明身份的话。黑夜中有敌对的盗贼，就会在危险逼近下发生慌乱，来不及考虑兄弟之间偷窃可能，恐怕不能就凭盗贼一下痛苦的声音而辨别出他是兄弟或者他人。当时就杀死了人，没来得及捕拿对方搞清楚，故不应当以"同住下人晚辈带领人偷东西，如果有杀人伤害行为的，按照谋杀族弟"论罪。应适用"夜无故入人家"，登时杀死，可以不论。

解析：海瑞依情理查案的经验智慧

海瑞是中国历史上有名的清官，他从嘉靖后期经隆庆时期到万历前期，曾先后担任淳安知县、应天巡抚和都御史等职务。海瑞一生中平反了许多冤假错案，在淳安县任知县时期，他书写的《邵守愚人命参语》就涉及其中一个典型案件。从这篇判词中，我们可以深入领会到什么是法律中的情理。该案中，邵守正引他人盗邵守愚之鱼而被杀，其定罪经三位知县审议，皆竭力排除其误杀的可能，言仇杀以从重定罪，但是海瑞并没有"随声附和，不求之吾心而信之人言"，而是提出邵守愚连扎六枪，并非出于仇恨，而是出于自卫。用今天的法律专业术语来说，邵守愚属于正当防卫。

长期以来，我国刑法规定的正当防卫制度没有被真正激活，立法者的良苦用心没有被真正落到实处。从于欢案到昆山宝马男被反杀案，我国的司法实践正在逐渐克服正当防卫适用的保守化倾向，但这并不意味正当防卫制度在我国得到了完美的贯彻，本案对于当代司法实践中正当防卫的认定仍具有重要的参考价值。

1. 正当防卫：既是人谋求生存的本能，也是维护社会利益的必要手段

正当防卫制度的形成和发展，经历了一个漫长而曲折的历史进程。中国古代虽然没有正当防卫的概念，但正当防卫的观念和内容，却可谓源远流长。中国古代关于正当防卫观念的最早记载，见于《尚书》。《尚书·舜典》中的"眚灾肆赦"一语，包含着正当防卫的观念。"眚"指过失，"灾"指祸患。"眚灾肆赦"可以解释为："遇不正之侵害，与避危在之危难，皆可谓之不幸。因不幸而至触犯罪刑，亦当赦之。"① 唐律关于"诸夜无故入人家者，笞四十。主人登时杀者，勿论"的规定，是中国古代关于正当防卫规定的典范。正当防卫的起因是不法侵害，"诸夜无故入家"，构成对家人的人身和家庭财产的严重威胁，这是正当防卫的前提条件。"登时杀者勿论"意味着正当防卫必须适时。所谓登时，根据《唐律疏议》的解释，就是指"立刻、当时"。如果不是立刻、当时，而是"已就拘执"，则不允许再对其格杀伤害。否则，也应受刑罚处罚。② 在西方，正当防卫经历了由个人权利本位向社会本位转变的过程，正当防卫不仅是单纯维护个人利益的自卫权，而是维护社会利益的法律行为。不法侵害含有反社会性，此种反社会性之行为，人人皆得加以防御，借以保全社会之共同福利。③

2. 事实判断：依情理查案的经验智慧

古代司法官搜集证据的方法和手段有限，判断案件事实要具备依据情理查案的经验智慧。本案能否认定为仇杀，首先要查清事情发生的起因。海瑞从两方面判定了邵守正偷鱼的事实。第一，案发前邵守正曾到鱼塘指鱼、看鱼，可能存在偷鱼的动机；案发后发现其耳窝中有塘泥，据此可以判断邵守正确实下过池塘。第二，与程周同盗之情

---

① 陈兴良：《正当防卫论》（第3版），中国人民大学出版社2017年版，第5—6页。
② 参见李恩慈：《论正当防卫制度的历史起源》，《首都师范大学学报（社会科学版）》1999年第3期。
③ 陈兴良：《正当防卫论》（第3版），中国人民大学出版社2017年版，第14页。

似实。在证据有限的情况下，海瑞采用了印证证明模式去认定邵守正偷鱼的事实，应当说是有合理性的。海瑞的分析结合了逻辑、社会常识和一般生活经验，合情合理，令人信服。案件事实认定包含着证据与事实认定者内在的经验和知识之间的一种互动。法官不仅要有丰富的法律理论知识，而且需要有丰富的社会知识和经验，方能准确认定案件事实，作出正确裁判，达到定分止争的效果。

3. 正当防卫限度认定中的情理法：法不能强人所难

在当代司法实践中，正当防卫长期面临着适用理念的误区，多数引起社会广泛关注的正当防卫案件，都是因为防卫人造成被防卫人重伤乃至死亡的结果。处理这类案件，司法机关以往容易倾向于将重大损害等同于防卫过当，即一旦出现重伤、死亡的损害后果，就将防卫人认定为防卫超过必要限度。法律层面上防卫人的防卫行为，本应成为法律鼓励的对象，却在此时退居次要地位。[①] 如果对防卫人要求过严，防卫行为动辄成为防卫过当，防卫人要对此承担刑事责任，那以后还有谁敢于行使正当防卫权？在本案中，邵守正身中六枪本身就说明邵守愚有杀人的故意，因为抓贼只需一枪，六枪足以证明其有杀心，但邵守愚的行为是否出于仇恨，是否超过必要的限度，则需要进一步分析。

首先，海瑞指出"杀贼不死，贼必反伤"。对于防卫人而言，判断不法侵害是否结束，在许多情况下是一件相当困难的事情，不能要求防卫人像圣人一样作出客观冷静、精确理智的反应。在当时黑灯瞎火的环境下，邵守愚认为如果不杀死正在盗窃的贼人，贼人会伺机反击，这并没有违背一般人的正常认知。其不知道贼人有没有被制服，所以要多刺几次，这是当时形势所迫，完全合理正当。其次，"黑夜敌贼，危迫慌忙，兄弟相盗，思虑不及"。不法侵害都具有紧迫性，防卫人实施防卫行为时自身可能处于紧张慌乱之中，往往不可能充分、准确认

---

① 参见贺卫：《正当防卫制度的沉睡与激活》，《国家检察官学院学报》2019年第4期。

识不法侵害的方式、强度和可能造成的损害结果的大小，也无法充分地、准确地选择防卫行为的手段、强度以及可能造成的损害大小。要求防卫人的防卫行为与不法侵害行为基本相适应，实际上在很大程度上剥夺了人们的正当防卫权，这无异于是法向不法让步，是对不法侵害行为的鼓励。另外，邵守正被刺倒后仅发出一声痛呼声，没有说过其他表明身份的话。邵守愚根本没有料到族弟就是盗贼。危迫慌忙中要求邵守愚单凭一声痛呼，立即分辨出邵守正也是不现实的。再次，"登时杀死，未就拘执"。邵守正被连戳五枪发生在抓捕过程中，说明邵守愚的行为对象是贼人，而不是邵守正。因此，本案不应认定为仇杀，应适用"夜无故入人家"，登时杀死，可以不论。

法律不能命令人们实施不可能实施的行为，也不能禁止人们实施不可避免的行为。[①] 海瑞当年判案时并无复杂、严密的法学理论支撑，但其给出的裁判理由却发人深省，值得每个刑事司法工作者去品读与思考。

（卢进　上海市闵行区人民法院）

[①] 参见〔日〕团藤重光：《法学的基础》，有斐阁1996年版，第53页。

四、李兴辨冤

原文

李兴在陕,曾辩一狱,人亦称之。有杨二官人者,系大辟,久不决引,称系冤不已。查得本犯先年方十余岁,与一女子通奸,因杀死巡检夫妇。连其父及其嫂录之。嫂诉:"舅姑及夫俱亡,止遗妾与夫妹同居。夫妹年方一十六岁,一日与妾闲步后园,忽见墙外一少年骑马过,此人貌美,妾不合称之曰:'姑若得此为配,一生足矣。'夫妹与妾曰:'斯何人也?'妾曰:'此即东门杨二官人。'既还室,越月余,有故翁旧识一巡检任满携妻孥回,遇日暮来投宿。妾以翁故留之,以夫妹并宿妾室,却以姑室居巡检,而以其子居于外。不意是夕为人杀死巡检夫妇。今蒙审,敢吐实以告。"

李审女,其语亦如嫂言。李又审杨二官人:"汝何彼时已伏,今又称冤?"杨二官人诉曰:"某一时年幼,素亦未尝桎梏,又不胜箠楚,含冤承认,实不知情。"复问女曰:"汝与彼相处月余,何无暗识?"女曰:"貌固不能识,但曾扪其左膊上一肉瘤。"李乃验杨,无有,叱众且退,乃嘱有司集女家左右前后四邻四十户共取结状,供杨有无通奸杀人情词,连人解院。

有司即集众邻取供呈解,李览俱证杨二因奸杀死人命。李怒众曰:"汝等扶同,不询源委。彼既行奸黑夜,岂由告报诸邻?汝等何据而知?"即叱左右去众之衣,面缚,令鞭其背。密视之,见一屠者左膊有块。李遽呼之前曰:"汝知死乎?杀人者汝也!"屠知情真事实,泣曰:"已知。"李曰:"汝何杀死巡检,又何得而奸其女?"屠曰:"是日其姑嫂在园相戏时,我因盗彼园中笋,耳闻其声,即潜伏于草莽中。俟其既回，至夕，因假杨二官人之名入以求奸。相处月余，一夕复至其处，见二人同宿于床。某不胜忿怒，谓其又私他人，归取屠刀杀之。初不知其为巡检夫妇也。"李曰："何不当时自首？"屠曰："固畏缩苟延耳。"乃坐法，而出杨二。

——《治世余闻·下篇·卷一》①

注释

【李兴】明河南嵩县人，字伯起。明成化十一年进士，曾任监察御史。

【大辟】谓死刑。

【决引】引，伸长、探出。指伸长脖子等待被杀。

【巡检】明清时，凡镇市、关隘要害处俱设巡检司，归县令管辖。

【不合】不应当；不该。

【孥[nú]】子女，亦指妻子和儿女。

【结状】旧时向官府出具的表示证明、担保或了结的文书。

【呈解】解批。

译文

李兴在陕西曾经处理过一件积案，人们都称颂他办案有方。有一个叫杨二官人的人，被判死刑，但久久不能执行，因为他一直叫喊冤枉。查得案卷载：本犯杨二官人在案发时年龄才十余岁，和一个女子通奸，因此杀死了巡检夫妇，并连他的父亲和女子的嫂嫂也被抓了起来。那嫂嫂诉说道："公婆和丈夫都死了，只留下我和夫妹同住。夫妹当年十六岁，一天，夫妹和我在后园散步，忽然看见墙外骑马经过一

---

① 原始文献详参《治世余闻》，中华书局1985年版，第42—43页。

个少年，此人长得很漂亮，我不该称赞他说：'姑娘如能同他结为夫妻，那么一生都能称心满意了！'夫妹问我说：'他是什么人？'我答道：'这就是东门的杨二官人。'回家以后，过了一个多月，有一个与已过世公公旧相识的巡检，做官任期满后携带妻儿回乡，遇上天将黑前来投宿。我因为公公的旧情招留了他们，让夫妹和我住在我的房间里，而把夫妹的房间让给巡检夫妇居住，让他们的儿子住在外屋里。没料想那晚巡检夫妇双双被人杀死在屋里。今承蒙大人审理此案，才敢把实情告诉大人。"

李兴审问那女子，供词也和她嫂嫂说的一样。李兴又审问杨二官人："你为什么那时已服罪，后来又喊冤枉？"杨二官人诉说道："我那时年幼，平常也未曾吃过官司，又不能忍受严刑拷打，所以就含冤承认了。我确实一点不知实情。"李兴又问女子："你和他相处一个多月，怎么不了解他身上的暗记？"女子答道："容貌固然因黑夜不能认识，但曾经摸得他左臂上有一个肉瘤。"李兴于是检查杨二官人臂上有无肉瘤，检查结果没有，就让众人暂且退出去，又嘱咐官吏召集女子家左右前后四面邻居四十户人家一起领取具结的状纸，提供杨二官人有无通奸杀人的情况，说是要连人一起解送都察院官吏马上召集一众邻里领取具结状纸提供情况，准备呈请解送。李兴看这些状纸都是证明杨二官人因奸情杀死人命的。李兴生气地对众人说："你们附和原判，不查问事情的真相，他既然在黑夜行奸，难道会报告诸邻，你们根据什么知道是他因奸杀人？"就喝令左右差役脱去众人衣服，当场把他们绑起来，令差役鞭打他们的背。李兴暗中观察他们的手臂，看见一个屠夫左臂上有肉瘤，就把他叫到跟前，说："你知道你犯了死罪了吗？杀人凶手是你！"屠夫知道这是事实，哭着说："我已知罪。"李兴问："你为什么要杀死巡检夫妇，又怎么能够长期和女子通奸？"屠夫回答："那天她们姑嫂俩在后园中互相开玩笑时，我因为正在偷她们后园中的笋，听见她们谈话声，就潜伏在草丛中听。等她们回去后，到了晚上，我于是冒充杨二官人进去求奸。和她相处了一个多月后，一天晚上，我又去她的卧室，昏暗中发现有两个人同睡在一张床上，我忍不住发怒，认为她又和别人私通，回去取来屠刀杀了他们。当初我并不知道他们是巡检夫妇。"李兴问："当时为什么不来投案自首？"屠夫回答："因为贪生怕死就拖延了。"李兴于是依法判了他的死罪，而释放了杨二官人。

解析：中华传统的"辩诬"与"鞫情"之术

中国古代法制史基本是一部刑法制度发展史，古代刑事案件侦查断狱过程中的"辩诬"与"鞫情"之术值得我们学习。虽然李兴辨冤案中杨二官人死刑不能执行导致积案的原因在于犯罪嫌疑人一直喊冤，以及承办人在办理案件过程中将犯罪嫌疑人的父亲与女子的嫂嫂都抓了起来，与现代司法裁判中追求的程序正义有所不符，但瑕不掩瑜，本案终以事实为依据、以证据为核心，排除合理怀疑，达到了办理一案、教育一片的目的。在本案中的对于关键证据的巧妙取证和运用、反对舆论定罪追求事实真相、惩治与教育相结合等办案方法，对现代社会的执法、司法与法治教育都有重要借鉴意义。

1. 巧妙取证，重视证据在案件事实查明过程中的作用

一般而言，古代的案件审理过程中，刑事重口供、民事重书证。但受限于刑侦技术的落后，口供在古代刑事司法中被过分强调，例如"赃证"是获取和核销口供的辅助手段，孤证可以定罪。相应的，取证过程中可以采取"合法暴行"，反逻辑的自由心证与非对抗的刑事司法为口供主义提供了坚实的文化支撑。但李兴在还原刑事案件事实的过程中，并不只依据口供和众人的证言，对于不合情理的案件，善于分析情理、事理，进而拓宽查明案情的渠道。陈洪谟在《治世余闻》中记载了该起案件，盛赞李兴断案过程中"不以人废之"。古代刑讯过程

以严刑拷打为惯常，犯罪嫌疑人服罪又翻供亦是常态，李兴能够意识到这一点，重视犯罪嫌疑人的翻供，进而通过询问案件相关人员事实细节进一步查明案件不合理之处，可谓哀怜无辜，细查慎处，防止冤假错案的发生，合乎《周易》所说"议狱缓死"之义，体现了古人的司法智慧。

审查案情的方法，有正，有诈。只要方法精熟，案情一定能够查明。在辨认过程中，李兴用"谲术取证"，依常理推断，通过犯罪嫌疑人左臂上有"肉瘤"的特征，锁定相关人员，但并不言明其取证的本意，而是以教育众人"附和原判"为由令众人脱去衣服，接受鞭打，进而观察左臂有肉瘤之人，达到辨认真凶的目的。这也正符合郑克所言："君子所贵者，不在于核查奸伪，而在于平反冤狱。"

2. 胆大心细，反对舆论定罪努力还原事实真相

对于执法者而言，智慧不足，容易有所迷惑，进而对于难以查证的事实无法辨明；勇气不足，就会有所畏怯，进而对于易查的诬陷不敢去进一步查辨。故要求执法者智勇双全，在审讯犯罪嫌疑人过程中，利用其惧证心理，使用证据辨别真凶，使犯罪嫌疑人理屈词穷，实情暴露，势必自动屈服，这样就用不着严刑拷打了。李兴在查明屠夫为真凶时，屠夫当即就招认了犯罪事实，并交代"因贪生怕死而不敢投案自首"。

虽然涉案人员的四邻四十户人家一起领取具结的状纸，证明杨二官人因奸情杀死人命；李兴并不被舆论所干扰，反而利用了舆论查验，掩饰其进一步调取证据的意图，最终查明了真凶，还原了事实真相。正所谓设身处地去评议事物就是实，舍弃现象去探求真情就是真，二者相合，就是追求真实。

3. 以案说法，惩治与教育相结合达到弘扬法治精神的目的

李兴在办理杨二官人案件过程中，摒弃机械办案、就案办案，而

是以该典型案例的办理为契机，达到教育百姓、提高民众道德风尚与法治意识的目的。例如，李兴告诫众人："你们附和原判，不查问事情的真相……"，真正做到了"谁执法、谁普法"。这与我们现代社会中"要加强法制宣传教育，传播法律知识，弘扬法治精神，增强全社会的法律意识，形成法律面前人人平等、人人自觉守法、用法的社会氛围"之理念一脉相承。

在现代社会治理过程中，一方面，仍然要求司法以实质正义为价值导向。在办案过程中，牢记做到"求真""听讼""适中断狱"。在"常"与"变"，"情"与"法"的平衡中，实现个案的实质正义，透过现象看本质还原法律事实，通过"听讼严明、折狱审慎"做到"使民无冤"。另一方面，要充分意识到，好的案例是体现公平正义、倡导社会诚信的生动载体。充分发挥司法裁判的教育、评价、指引和示范的功能，让普通民众通过直观生动的具体案例，明晰对与错、黑与白的界限，切实增强法律意识、规则意识和诚信意识，推动全社会形成办事依法、遇事找法、解决问题用法、化解矛盾靠法的良好法治环境。

（陈冲　上海市闵行区人民法院）

五、里甲老人

原文

判例1

宣德元年祁门县谢崎祥等重复卖山具结

十西都谢崎祥、永祥、胜员等，曾于永乐二十年及二十二年间月日不等二契，将承租本都七保、土名吴坑口，系经理唐字壹仟玖佰伍拾捌号山地叁亩叁分，东至降，西北溪，南至土曷头，立契出卖与本都谢则成名下，收价已毕。后有兄谢荣祥，复将前项山地内取一半，卖与本都谢希升名下。今有谢则成男谢振安得知，具词投告本都老人谢君奋处。蒙拘出二家文契参看，果系重复。蒙老人着令谢荣祥等，出备原价，与后买人谢希升名下，取赎前项山地。……今恐无凭立此文书为用。

宣德二年九月初六日谢荣祥谢崎祥谢祯祥谢永祥谢胜员（押）

见人谢丛政谢思政谢能迁谢能静李宗益（押）

理判老人谢尹奋（押）

——《徽州千年契约文书·宋元明编》[1]

判例2

万历十年祁门县衙给谢敦、谢大义杜患帖文

直隶徽州府祁门县为乞天给帖杜患事。据西都谢大义状呈前事，词称买受本都谢寿春、谢世彦等土名徐八下坞等处基地火佃，赤契存证。陡恶谢世济串拴讼师谢荣生，捏诬一事三词，耸台排害公副谢大义等压骗等情，蒙准行拘问理，随委老人叶兴衍、王应第验契明白，

---

[1] 王钰欣、周绍泉主编：《徽州千年契约文书·宋元明编》（第1卷），花山出版社1993年版，第111页。

核蒙研审，供恶罪诬，举家感激，万民称颂。爷台指日乔迁，尤恐奸豪翻害，恳天抄招给帖，以杜后患等情。据此拟合就行，为此，除外帖给本告前去，将基地火佃照判管业。如有奸豪占夺，听赍陈告，除重究外，仍照前判管业杜争。

须至帖者。

右帖给本告谢敦、大义。准此。

万历十年十一月十一日典吏叶宗济。

乞天给帖杜患事。

帖（押）。

——《徽州千年契约文书·宋元明编》①

注释

【宣德】明宣宗朱瞻基的年号（1426—1435）。

【十西都】明代地方行政管辖实行"都图、里甲制"，县下分成数十或上百个"都"或者"图"，"都"相当于现代的"乡"。

【具结】对官署表示负责保证的文件。

【经理】处理。

【蒙】敬词，承蒙。

【见人】中人，见证人。

【火佃】又称"佃火""火客""佃仆"。"火客佃户"的略称。宋元明时期具有较强人身隶属关系的佃农。

【陡恶】奸恶。

【排害】诬陷。

【公副】清丈公副，地方上承担清丈任务的图甲人役之一。

【赍［jī］】给。

---

① 原始文献详参王钰欣、周绍泉主编：《徽州千年契约文书·宋元明编》（第3卷），花山出版社1993年版，第82—83页。

【陈告】陈告，直诉，告状。

译文

判例1

宣德元年（1427）祁门县谢崎祥等重复卖山的具结书

祁门县十西都的谢崎祥、永祥、胜员等人，曾于永乐二十年及二十二年间某日某月订立二份合同，将承租本都的七保、土名吴坑口，系处理的唐字壹仟玖佰伍拾捌号山地叁亩叁分，东边到降，西北边到溪，南边到土曷头，订立合同卖归本都谢则成的名下，收付都已完毕。后来有兄谢荣祥，又将前面的山地内的一半土地，卖给了本都谢希升。现在由谢则成的儿子谢振安得知了，写了详细情况到本都老人谢君奋处控告，承蒙老人让两家拿出了合同并一起审阅，果然是重复的。承蒙老人命令谢荣祥等拿出当时的原价钱，给后面买的人谢希升，赎买前面合同中的山地。……目前怕没有凭据于是订立了这个文书。

宣德二年九月初六日谢荣祥谢崎祥谢祯祥谢永祥谢胜员（押）

见证人谢丛政谢思政谢能迁谢能静李宗益（押）

理判老人谢尹奋（押）

判例2

万历十年（1582）祁门县衙给谢敦、谢大义的杜患帖文

（南）直隶徽州府祁门县为恳请上级明示发帖文，以消除隐患风险之事，呈请如下。根据西都谢大义的诉状所呈现的前面的情况，称买受本都的谢寿春、谢世彦等土名徐八下坞等处田地和火客佃户，有政府赤契保存证明。恶徒谢世济串通讼师谢荣生，捏造同一件事三套言词，诬陷清丈公副谢大义等隐瞒欺骗情况，承蒙批准拘押审问缘由，于是委托老人叶兴衍、王应第清楚地检验契约，仔细审问，使得两人供述欺瞒的罪行。举家感激，万民称颂。因为大人即将晋升，我们尤

其担心被恶霸们翻了案，所以恳求上头把帖子抄写下来，以绝后患。根据这些拟定就行，为此，除了给本告公告外，基地田地火客佃户都将按照判决管理产业。如果有奸豪占夺，准许直接诉讼，除了重新追究外，仍然按照前判管理杜绝争端。

须至帖者。

右帖给本告谢敦、大义。准此。

万历十年十一月十一日典吏叶宗济。

乞天给帖杜患事。

帖（押）。

解析：里甲老人与基层多元解纷

明太祖朱元璋根据基层社会治理的现实需要，颁行《教民榜文》，确立了里老人理讼机制，充分展现了"明刑弼教"的礼治与教化思想，也体现出礼法合一、定分止争的儒家思想。在设计纠纷解决体系过程中，充分利用民间基层已经存在的解纷资源，一方面通过加强道德教化从源头上减少民间纠纷；另一方面为官府处理民间词讼设置一个前置程序，减少诉至官府的纠纷案件。因此兼具教化与解纷功能的里老解纷机制由此产生。当前，人民法院正在大力开展以"源头预防为先、非诉机制挺前、法院裁判终局"为核心诉源治理新实践，通过建设一站式多元解纷机制和一站式诉讼服务中心，为推进新时代基层社会治理体系和治理能力现代化，充分发挥人民司法"预防和解决纠纷"的职能作用。明初里老人制度作为传统社会基层治理的重要实践，为人民法院完善一站式多元解纷机制提供宝贵的历史经验。

1. 高度重视资源整合，形成多元解纷合力

明太祖倡导力行的基层社会治理模式是以"里老人"为中心，辅

之以里甲，老人、里甲首长共同管理乡里。里老人调处乡里纠纷，本身都是德高望重之人。"五十以上"且"平日在乡有德有行有见识，众所敬服者"。他们的德行是乡民所认同的，是一种较为公正的形象代表，其来解决民间纠纷，人们较为信服。诉源治理，离不开社会主体多元参与，特别是在现代社会中纠纷类型日趋复杂多样，相比传统社会纠纷集中体现在乡土邻里之间，我们需要抓住更多像里老人这样有针对性和实效性的重要资源，加快推进"法院+"多元纠纷解决体系建设。通过广泛凝聚人大代表、政协委员、人民调解组织、行政调解组织、行业专家、律师学者、退休法律工作者、基层干部、网格员等解纷力量，打造行业性专业性调解资源库，形成优势互补、专群结合、融合发力的多元共治格局。

2. 高度重视制度衔接，提高多元解纷实效

《教民榜文》全文共四十一条，对里老人的选任、理讼的受理、理讼的程序和里老人的法律责任等方面均作出明确规定，还特别创置里老人理讼的法定场所——申明亭。一方面，对里老人的责任与权力进行了规范，强化了对老人的行为控制；二是进一步发挥里长的调停、词讼、劝导民俗等职能。任何一项制度要发挥实效，都必须完善相应的配套机制，注重与相关制度的衔接。做好诉与非诉纠纷解决方式之间的衔接；健全完善行政调解与人民调解、司法调解的联动；建立警务警情与人民调解的对接分流机制；在行政机关、人民调解组织、行业性专业性调解组织等协调下达成的和解协议，可以依法申请司法确认。此外，还需要在资金、培训等方面为多元纠纷化解机制提供保障，并积极利用电子技术、互联网等新技术和新平台，方便快捷地满足人民群众的纠纷化解需求。

3. 高度重视诉源治理，放大多元解纷效应

除了解决纠纷，里老人理讼制度尤为重视以礼教民，推行民间教化，达到劝民向善、使民和睦、和息无讼的目的。一方面，明初依据

儒家乡里教化思想创置申明亭和旌善亭，以实现其社会教化的目的。申明亭设置的目的是申明法令、彰善抑恶，《教民榜文》亦规定"凡老人里甲剖决民讼，许于各里申明亭议决"，明确里老人理讼的法定场所。另一方面，在里老人的主持下，双方当事人摆事实，讲道理，心平气和地去解决纠纷，是在一种较为宽松的环境中去解决纠纷，没有像官府介入后的那种对簿公堂的气氛，双方当事人不会产生过节，往往是双方一笑泯恩仇，不伤和气。这种制度不仅是一种基层司法制度，更是一种礼法结合，道德教化与刑罚相结合的一种乡里自治制度。我们在推进一站式多元解纷机制建设的过程中，在促进纠纷化解外，更要注重通过开展诉源治理将多元解纷力量向源头和前端延伸。人民法院主动做好与党委政府加强城乡社区治理、建设公共法律服务体系、创建"无讼社区"等工作对接，主动参与培育城乡诉源治理自治力量。

（毛兴满　上海市第二中级人民法院）

六、南明弘光元年徽州土地买卖契约

原文

二十九都八图立卖契人黄应魁，今因缺本生理，自情愿央中将原买黄惟钦路地壹道，土名伍城中街小儿岗，系新丈欲字号，计实地叁步伍分，计税壹厘柒毫伍系。其地东至西至南至北至。今将前项四至内地，立契出卖与同都图胡名下为业，当日凭中三面议取时值价纹银整。其银当成契日，随手一并收足。自从出卖之后，一听买人自行管业，如有内外人拦占及重复交易不明等事，尽是卖人抵当，不涉买人之事。其税册年，本户自行起推，并无难异。恐后无凭，立断卖契存照。

弘光元年月日立卖契人黄应魁（花押）

中见人黄袍（花押）

黄五先（花押）

前项契内价银，随手一并收足。同日再批领。

——《新发现的徽州契约文书初探》[①]

注释

【二十九都八图】明代地方行政管辖实行"都图、里甲制"，相当于现代的"乡""村"。

【抵当】抵押。

---

① 引自卞利：《新发现的徽州契约文书初探》，《中国农史》2000年第3期。

【断卖契】民间俗称"死契",指买卖双方约定不能赎回的契约。

【存照】把契约、文书等保存起来以备查考核对。亦指保存起来以备考查核对的契约、文书等。

【弘光】南明福王朱由崧年号(1645)。

译文

二十九都八图的卖契人黄应魁,现在因为缺少本钱做生意,自己情愿将原本买的黄惟钦路地壹道,土名伍城中街小儿岗是新丈量的欲字号,计实地叁步伍分,计税壹厘柒毫伍系。其地东至西至南至北至。现在将前项四至内地,立契出卖与同都的图胡名下作为他的产业,当日当着中间人三方面议取现在的价格纹银整。在成契日那天一起交付银两。自从出卖之后,任凭买方自行管理,如有家族内外的人拦着及重复交易等不清楚的事情,全部都是卖方的事情,不属于买方的事情。税册年份从本户自行起算,没有差异。恐怕以后没有凭证,就保存买卖合同。

弘光元年月日立卖契人黄应魁(花押)

中见人黄袍(花押)

黄五先(花押)

前项合同内的价银,随手一并收取足额。同日再批领。

解析:遵守契约精神的历史参照

中华法律文化博大精深,绵亘五千年,独树一帜。在它世罕其匹的文化宝藏中,不但有法典化的公法文化,亦不乏商品交易的私法规范。[①] 徽

---

① 张俊浩主编:《民法学原理》,中国政法大学出版社2000年版,第44页。

州契约文书是明清时期徽州地区百姓日常生活交易和商人往来贸易的书面凭证，是一种原始记录。虽然当时商品经济的社会背景与现今存在巨大差异，更无相关的民商事法律予以规范，但发生于明末清初的这起土地买卖契约，在很大程度上体现了基于中华传统文化的平等、诚信等优秀品质的民商事精神理念，代表了中国古代交易活动中所能体现的较高价值内涵。

1. 土地买卖契约的平等之维

古人以"均"字来表达"平等"的思想，《诗经·小雅》中有"大夫不均，我从事独贤"，《诗经·行苇》中有"舍既然均，序宾以贤"，《尚书·周书·周官》中亦有"冢宰掌邦治，统百官，均四海"均反映中华传统文化在平等方面的先觉意识。及至契约，特别是土地买卖契约这样具有高度格式性契约的缔结，便离不开平等协商的基础。没有平等的协商，就难以形成真正意义上的契约。与此同时，无论是西方法学传统，抑或中国古代契约，在缔结契约的过程中，始终秉持"事须两合"的基本理念，换言之，订立契约的前提和基础即契约双方达成共同合意。在中国古代，从西周到晚清都严令禁止强买强卖。这一点，一直延续到了现代社会，自愿公平始终是基本的交易原则，在民事法律精神中就会将自愿公平作为基本原则来强调。私法自治旨在保障经济活动的运作，不受"政府"的统制或支配，而是经由个人意思决定所体现的自由竞争。个人主义及自由竞争乃成为规律经济活动的高度有效手段，将劳动力与资本引至能产生最大效益的场所。① 虽然不能在同一语境下替换使用，但我们仍可从土地契约案中感受到"私法自治"的某个侧面。该份土地买卖契约，无论从缔结契约的原因，转让土地的基本情况，还是交易的对价及履行方式，均作了较为详细明确的约定，是契约双方基于各自利益考量所订立的具有约束力的规范文书，背后体现的正是契约精神的平等维度。

---

① 王泽鉴:《民法总则》，中国政法大学出版社2001年版，第246—247页。

2. 土地买卖契约的诚信之维

与平等的契约精神同样重要的是守约重信的契约精神。守约重信同时也是儒家思想的重要内容之一，作为儒者所遵循的基本价值理念，为人们建立起了基本的行为准则。"守约重信"发展到现在，我们今天更为熟悉的概念就是诚实信用，即"诚信"，因此"诚信"一词其实是一个颇具历史渊源的概念。《论语·为政》有"人而无信，不知其可也"，《论语·颜渊》中有"自古皆有死，民无信不立"，《孟子·离娄上》中亦有"诚者，天之道也；思诚者，人之道也"，阐述的都是诚信精神是一个人立足于世界的生存之本。现代民法，因法学发展及法律思考方法的进步，肯定诚实信用原则是具有伦理价值的法律原则，为君临法域的帝王法则，对民法的成长与发展，具有重大深远的意义。[①] 本案中所涉及的土地买卖契约，历经南明弘光政权与清朝政权两个不同的朝代，但契约的法律效力并未因改朝换代而受到影响。相反，契约的效力仍在新的朝代中得到认可，双方在缔结契约时的合意在社会环境变化的情况下得到了尊重和保护，其实质是对诚实信用的法律回应，也避免了动荡历史背景下意思自治的受损。南明弘光元年的徽州土地买卖契约给我们最大的启示就是：虽然改朝换代了，但土地交易未受干扰，除了在契约中注明新王朝的年号外，交易的内容和方式基本保持不变，历经朝代更迭而效力得以维系。

3. 土地买卖契约的本土之维

徽州土地买卖契约背后体现的契约精神，诞生于中国本土，本源上具有中国传统文化和意识，并由内至外地符合中华民族的思维方式和心理结构，尤其是符合中国的乡土人情。[②] 中国古代契约制度中人文主义精神受到了以礼仪文明为核心的社会整体文明的熏陶。同时，契约习惯中首肯平等、诚信之精神，也在一定程度上承认了商品生产者

---

① 王泽鉴：《民法总则》，中国政法大学出版社2001年版，第555页。
② 参见候林：《明清徽州商事契约精神研究》，西南政法大学硕士学位论文，2015年。

和经营者的自主权,这对后来中国商品经济的形式和发展具有重要的意义。在当时缺乏民商事法律规定的社会环境中,这种植根于中华传统文化的精神理念,为当时的民商事活动提供了正确的价值观,也为今天我们从最根本的人性层面引导民商事主体遵守契约精神提供了很好的历史参照。

(夏万宏 上海市闵行区人民法院)

第十章　清代经典案例评述

　　清代法律制度直接渊源于明朝，其内容和体系与明代基本相同。清代前期采取的诸如"满汉一体"政策、文化融合措施以及后期专门修改的"逃人法"等，在应对民族统治难题方面也起到了积极的作用。

　　清代最重要的法律形式就是例，可分为条例、则例、事例。刑部是清代最重要的司法机构，是清代的主审机关，为六部之一，执掌全国"法律刑名"事务。下设十七清吏司分掌京师和各省审判事务，地方司法分州县、府、省按察司、总督（及巡抚）四级。清代在明代会审制度的基础上进一步完善了会审制度，形成了秋审、朝审、热审等比较规范的会审体制。

　　清代前期的制度化实践具有鲜明的创新性，根据各民族地区制定的不同的政策法规和制度，均不同程度地产生了积极的效果。尽管不能忽视其由阶级和民族局限性所导致的民族法规和制度的不完善性，但在客观上通过民族政策制度化的实践，保证了少数民族地区的长期稳定和发展，并为后世统治者提供了借鉴和统治的法律范本。清代法制继承了封建法律发展的源流，其法制体系是相当完备的：由刑法、民法、行政法、诉讼法、经济法等各个部门法组成了清代完备的法律体制。

一、抢劫新娘案

原文

审得钱某以万金土豪,鸳鸯性悍,蜂虿毒心,鲸鲵大胆,播恶一方,蹂躏四境。胆敢垂涎何氏娟娘,乘其于归预服,爪牙操锋,呐喊持强,夺取罄掳妆奁,虽辨穹庐,未有弃礼义如斯者。夫娟娘已字李氏,凭父母之命、媒妁之言而纳采、问名,如礼亲迎,次一醮而终身无改矣。乃遭此强暴,一棒打散两鸳鸯,弃周公之礼,学禽兽之行,俾一女而嫁二夫,是可恕孰不可恕。与其憝恶不殄而致纲常大恶,孰若以一儆百,处以严刑重罚,着杖钱某三千,枷示七天,再禁十年,以禁凶暴,娟娘仍归李氏,以完花烛,此判。

——《陆稼书判牍》[①]

注释

【陆陇其】(1630—1692),清代浙江平湖人,初名龙其,字稼书。康熙年间进士。历任嘉定知县、灵寿知县、补四川道试监察御史,以清廉循吏著称。其学术"尊朱辟王",崇尚理学,反对阳明学,有"醇儒第一"之称。世称"当湖先生"。

【土豪】指乡村中有钱有势的恶霸。

【于归】出嫁。《诗经·周南·桃夭》:"之子于归,宜其室家。"朱熹集传:"妇人谓嫁曰归。"

---

① 襟霞阁主编:《陆稼书判牍》,上海中央书店1934年版,第27页。

【罄掳】抢劫尽。

【穹庐】代指北方少数民族。

【醮 [jiào]】古代婚娶时用酒祭神的礼，指结婚。

【憨 [duì] 恶不悛】同"怙恶不悛"，指坚持作恶，死不悔改。

译文

审理得知钱某作为很有钱的恶霸，像鸳鸯一样性格强悍，像蜂虿一样心肠歹毒，像鲸鲵一样胆大妄为，作恶一方，蹂躏四境。胆敢垂涎何氏娟娘，乘她出嫁预服，操着锋利的爪牙，呐喊恃强，夺取抢尽妆奁，即使是未开化，也没有像这样抛弃礼义的人。娟娘已字李氏，凭借父母之命、媒妁之言而纳采、问名，如礼亲迎，结一次婚就终生不改变。竟然遭到这样的暴力，一棒打散一对鸳鸯，抛弃周公之礼，学习禽兽之行，让一女嫁了两个丈夫，如果这都可以忍，还有什么不能忍的？与其坚持作恶，死不悔改导致纲常大为恶化，不如以一儆百，处以严刑重罚，判杖钱某三千，枷示七天，再监禁十年，以禁止凶暴；娟娘仍归李氏，以成洞房花烛。此判。

解析：在艺术性判词中融入"情理法"

中国传统司法裁判中所考量的因素并不仅仅是法律事实及法律条文，诸如道德品质、社会身份、形象表现等也被纳入司法考量的视野，从而使得裁判的结果具有了更多的可能性。对于进入司法视野的女性，司法官员往往针对其道德品格、形象、行为而表现出明显的裁判倾向。[①]"抢劫新娘"案即是其中典型事例。该案中，貌美多才的何氏娟

---

① 李相森：《传统司法裁判中的女性因素考量——以清代司法判牍档案为中心》，《妇女研究论丛》2014年第3期。

娘经"媒妁之言"和"纳采、问名"等诸多法定婚礼程序,许配给心仪的同县李氏。孰不料土豪恶霸钱某垂涎何氏娟娘之美貌,竟然毁弃儒家礼仪,指使爪牙家丁抢夺娟娘嫁妆并强娶、"强暴"娟娘。陆陇其对该案的处理,可谓情理法兼容,寓情于法,寓理于法,体现了中国传统法文化中的优秀品质。

1. 维护女性的合法权益

古代女子十分注重贞操名节。"贞"的核心就是坚决、顽强、始终如一地坚守道德准则,或坚守这些准则而做的约定,或者用刘向的话来说,是"以专一为贞"。[①] 进入司法视野,未婚女的婚嫁大多与贞操名节有关,这也都成为司法官员关注的重点。陆稼书为清初尊崇程朱理学、力辟阳明心学的重要代表,享有"醇儒第一,传道重镇"的盛誉。其在"毁人名节判"中指出,"女子以贞操为人生第一事。贞操保持,则乡里钦敬,族党敬仰,否则即不齿于人类"。名节一毁,将无以自立,毁人名节者,无异于害命。在婚姻关系方面,《大明律·户律·婚姻门》规定的婚姻成立条件,即"男女定婚之初,若有残疾、老幼、庶出、过房乞养者,务要两家明白通知,各从所愿,写立婚书,依礼聘嫁",必须按照"父母之命""媒妁之言",订立婚书,并依据礼之规定,进行聘婚与出嫁。[②] 清代沿袭中国旧有传统,把亲属间的和谐亲睦作为国家秩序的基础。"抢劫新娘"案中,李氏与娟娘已经进行了法定婚姻程序,理应受到法律保护。然钱某无视礼法,强抢民女,侵犯了娟娘在古代社会最为重要的贞操名节,因而受到严惩,"杖钱某三千,枷示七天,再禁十年",还娟娘以公平。

2. "情理法"兼容的法律文书

始于唐代的骈体判决,是天理、人情、法律和谐统一的一种表现

[①] 卢苇菁:《矢志不渝:明清时期的贞女现象》,秦立彦译,江苏人民出版社2012年版,第23页。

[②] 朱勇主编:《中国法制史》,法律出版社1999年版,第382页。

形式。判决断案应该既合乎于法律，又合乎于情理。"理"是天地万物之本体，是事物发展的规律，是调节社会关系的固有逻辑。"情"是人情，是人类所共通的情感。法律必然要遵循天地规律，而人情则是解释和制定法律的基准。中华传统的司法裁判与行政并不分开，在古代判词中，援引法律、融以情理的特点被表现得淋漓尽致。古代饱读儒家经典的读书人，通过科举考试后，就自然地将儒家治国安邦的思想运用于司法裁判中。在审理案件时，依照法律、斟酌人情，所作之判词法、理、情融合贯通。① 本案即是典型的事例，抢劫新娘案之裁判可谓融"情理法"于一炉之绝妙平衡的艺术性判决。娟娘父亲到官府控告，主审官陆稼书查清案情事实后，作出了"情理法"兼容的艺术性妙判。

3. 兼具法律与艺术特征的骈体判决

这篇骈体判词，文采飞扬，法律与艺术融为一体，酣畅淋漓地痛斥了剽悍歹毒、凶恶残暴、"播恶一方，蹂躏四境"的土豪恶霸钱某。对其强抢民女、财物以及破坏礼制的不法行为，依法予以严惩，以儆效尤！判词不仅反映了主审官陆稼书嫉恶如仇、维护儒家婚姻伦理的法观念，而且判词本身也高度契合了清代的民情民意。判词中"情理法"高度艺术性地融合，使老百姓在个案中感受到公平与正义，充分反映了普通老百姓对拆散鸳鸯，破坏婚姻，致使"一女而嫁二夫"所导致玷污妇女贞洁情操行为的厌恶之情。骈体判决，引经据典，行文优美，韵脚流畅，用诗一般的语言说情论理断案。写这样的判决往往需要花费更多的时间和精力，表明裁判者对案件倾注了一定的情感，真正做到在以理服人之外以情感人，春风化雨润物无声，让当事人既能体会到法律的威严，也能感受到法官的真诚。

（夏万宏　上海市闵行区人民法院）

---

① 参见汪世荣：《中国古代判词研究》，《法律科学》1995 年第 3 期。

二、于成龙审断冯婉姑抗婚案

原文

罗城西门外有冯汝棠者,有女曰婉姑,姿容美丽,尤擅吟咏,爱西席钱万青才,遂私之。即央媒执柯,订婚嫁也。有吕豹变者,本纨绔子,目不识一丁字。涎女色,以多金赂婉姑之婢,使进谗离间,又托媒向女父多方游说。女父汝棠,本一市侩,惑其富,竟悔前约而以女许之,亲迎之日强置舆中而去。待红毹毹上双双交拜之际,女突从袖中出利剪,刺其喉,血花四射,经多人救护得不死。女复排众奔逸。至县告。而钱万青亦以悔婚再嫁控冯汝棠到县。成龙时宰罗城,廉得其情即飞签拘冯汝棠及吕豹变到堂,一鞫之下,立下判书曰:

关雎咏好述之什,《周礼》重嫁娶之仪。男欢女悦,原属恒情。夫唱妇随,斯称良偶。钱万青誉擅雕龙,才雄倚马;冯婉姑吟工柳絮,夙号针神。初则情传素简,频来问字之书;继则梦隐巫山,竟作偷香之客。以西席之嘉宾,作东床之快婿,方谓青天不老,琴瑟欢谐。谁知孽海无边,风波忽起。彼吕豹变者,本刁顽无耻,好色登徒;恃财势之通神,乃因缘而作合。婢女无知,中其狡计;冯父昏聩,竟听谗言。遂以彩凤而随鸦,乃使张冠而李戴。

婉姑守贞不二,至死靡他。挥颈血以溅凶徒,志岂可夺。排众难而诉令长,智有难能。仍宜复尔前盟,偿尔素愿。月明三五,堪谐凤世之欢;花烛一双,永缔百年之好。

冯汝棠者,贪富嫌贫,弃良即丑,利欲熏其良知,女儿竟为奇货。须知令甲无私,本宜惩究。姑念缇萦泣请,暂免杖笞。

吕豹变刁滑纨绔,市井淫徒,破人骨肉,败人伉俪,其情可诛,其罪难赦,应予杖责,儆彼冥顽。此判。

——《于成龙判牍·婚姻不遂之妙判》①

注释

【于成龙】(1617—1684)字北溟,号于山,山西永宁州(今山西省吕梁市方山县)人。清初名臣、循吏。清顺治十八年(1661),于成龙被任命为罗城县知县,在任上明确保甲制度,百姓安居乐业,全力耕作土地。其"判决明允,狱无淹滞",被人呼为"于青天"。1684年,于成龙在两江总督任所病逝时,"民罢市聚哭,家绘像祀之"。康熙亲自为他撰写祭文,赠谥号"清端"。康熙说:"朕博采舆评,咸称于成龙实天下廉吏第一。"

【西席】旧时家塾教师或幕友的代称。

【执柯】指作媒。《诗·豳风·伐柯》:"伐柯如何?匪斧不克;取妻如何?匪媒不得。"

【红氍毹[qú shū]】指红色的毛织地毯。

【好逑之什】好逑,好配偶。《诗·周南·关雎》:"窈窕淑女,君子好逑。"陆德明释义"逑音求,毛云'匹也'。本亦作仇,音同。""什"意为"篇章"。

【雕龙】雕镂龙纹。比喻善于修饰文辞或刻意雕琢文字。语出《史记·孟子荀卿列传》:"驺衍之术迂大而闳辩,奭[shì]也文具难施;淳于髡[kūn]久与处,时有得善言。故齐人颂曰:'谈天衍,雕龙奭,炙毂过髡。'"裴骃《集解》引刘向《别录》:"驺奭修衍之文,饰若雕镂龙文,故曰'雕龙'。"

【倚马】靠在马身上。南朝宋刘义庆《世说新语·文学》:"桓宣武北征,袁虎时从,被责免官。会须露布文,唤袁倚马前令作。手不辍笔,俄得七纸,殊可观。"后人多据此典以"倚马"形容才思敏捷。

---

① 原始文献详参襟霞阁主编:《于成龙判牍》,上海中央书店1936年版,第1—2页。

【吟工柳絮】南朝宋刘义庆《世说新语·言语》："谢太傅寒雪日内集，与儿女讲论文义。俄而雪骤，公欣然曰：'白雪纷纷何所似？'兄子胡儿曰：'撒盐空中差可拟。'兄女曰：'未若柳絮因风起。'公大笑乐。即公大兄无奕女，左将军王凝之妻也。"刘孝标注引《妇人集》："谢夫人名道蕴，有文才。所著诗、赋、诔[lěi]、颂传于世。"后遂以"柳絮"为典，多指才女或佳句。

【凤号针神】三国魏女子薛夜来及秦朗之母善制衣，因以"针神"美称之。

【巫山】战国宋玉《高唐赋》序："昔者先王尝游高唐，怠而昼寝。梦见一妇人，曰：'妾巫山之女也，为高唐之客。闻君游高唐，愿荐枕席。'王因幸之。去而辞曰：'妾在巫山之阳，高丘之阻，旦为朝云，暮为行雨，朝朝暮暮，阳台之下。'旦朝视之，如言，故为之立庙，号曰朝云。"后遂用为男女幽会的典实。

【偷香】晋代贾充女午悦韩寿，其婢为致意，韩乃踰墙与之私通。午偷武帝赐充异香赠韩。此香着体，数月不散，终被充发觉，遂以午嫁韩。见《晋书·贾充传》。后以"偷香"谓女子爱悦男子。

【西席嘉宾】古人席次尚右，右为宾师之位，居西而面东。

【东床之快婿】指女婿。《晋书·王羲之传》：太尉郗鉴使门生求女婿于导，导令就东厢遍观子弟。门生归，谓鉴曰："王氏诸少并佳，然闻信至，咸自矜持，惟一人在东床坦腹食，独若无闻。"鉴曰："正此正佳婿耶！"访之，乃羲之也，遂以女妻之。

【好色登徒】登徒，复姓。战国楚宋玉《登徒子好色赋》："其妻蓬头挛[luán]耳，齞[yàn]唇历齿，旁行踽偻[jǔ lǚ]，又疥[jiè]且痔。登徒子悦之，使有五子。"后世因称好色而不择美丑者为"登徒子"。

【三五】"三五"即十五。阴历十五为月圆之日，意谓夫妇好合、有情人团聚。

【令甲】"令甲"指法律，汉代法律有"令甲""令乙"之编纂体例，后人遂以"令甲"指代法律。

译文

罗城西门外冯汝棠的女儿冯婉姑,姿容秀丽,擅女红,工诗词,与私塾教师钱万青两情相悦,私订终身,又托媒人说合,并得到冯婉姑父亲冯汝棠的允诺。市井无赖吕豹变,目不识丁,贪恋冯婉姑美色,贿赂婉姑的婢女,挑拨、离间婉姑与钱万青的关系,又托媒人向冯汝棠游说。冯汝棠贪图吕家钱财,毁弃前约,将女儿许配给吕豹变。迎亲的那天,冯婉姑拒绝上轿,被强行拖去。拜天地时,冯婉姑乘人不备,从衣袖中抽出事先暗藏的剪刀,刺伤了吕豹变。事出意外,乱作一团,冯婉姑乘乱逃出吕家,跑到县衙鸣冤,泣求于大人为她做主。钱万青也因冯汝棠毁弃婚约至县衙控告,恳求秉公而断。吕豹变经过请医生救治后,亦到县衙投诉,请求于知县严惩凶手。

当时于成龙管理罗城县,于成龙受理案件后,立即飞签拘拿冯汝棠,传唤证人,问明情由,并当堂作判决。其判词如下:

《关雎》咏唱好配偶的篇章,《周礼》注重嫁娶的礼仪。男欢女悦,原本属于人之常情。夫唱妇随,这称得上是良偶。钱万青文采出众,才思敏捷;冯婉姑特别擅长吟诗作对,向来又以善于女红闻名乡里。起初他们通过书信传递感情,二人郎才女貌,并私下交往,通过媒人并取得冯汝棠的认可订立了婚约。有一个叫吕豹变的纨绔子弟,目不识丁,贪淫好色,以重金贿赂婉姑的婢女,让婢女离间钱万青与冯婉姑的感情。吕豹变又多方委托媒人向冯汝棠游说,并许诺给予大量彩礼。冯父昏聩,竟然听信谗言。于是让彩凤配给乌鸦,使之张冠李戴。

婉姑守贞不二,至死方休,挥颈血溅伤凶徒,她的心志又岂是能改变的?克服众多困难向官府申诉,拥有的智慧难能可贵。所以应该恢复他们先前的婚盟,了却她的凤愿。月明十五日,称得上是谐凤世之欢;花烛一双,永缔百年之好。

冯汝棠这个人,贪富嫌贫,弃良即丑,利欲熏染了他的良知,竟然把女儿当作奇货。要知道法律无私，本来应该惩究。姑且念其女儿哭着请求，暂且免于杖笞。

吕豹变刁滑纨绔，市井淫徒，破坏别人亲属骨肉之情，破坏他人婚姻良配，他的这种行径确实可恶该杀，他的罪难予赦免，应予杖责，警示这样冥顽不化的人。以此为判。

解析：司法判决的"天理良心"

清代冯婉姑抗婚一案案情复杂，民刑交织，且情、理、法相互冲突，而于成龙巧妙地把相互关联的三个案子一并处理，不仅把事情分析得清清楚楚，逻辑严密，在处理青年男女因两情相悦而起的私情问题上，又能够不拘泥于封建礼法，做到据理察情而断，判结良缘；对待冯父，从法律角度考虑本应严惩，但结合人情因素免除了刑罚，体现了司法的温情一面；对待纨绔子弟吕豹变，破坏他人父女情谊、男女爱情，予以杖责，以儆效尤。应该说，于成龙在裁判过程中所体现出的诸多理念，对现代的司法裁判者仍值得借鉴。

1. 重天理以显正义

该案发生时，清王朝的第一部综合性法典《大清律集解附例》（以下简称《大清律》）已经颁布，但于成龙在裁判本案时并未完全援引该法典，而是大量援引了《诗经》《周礼》之义作为其判案的依据，体现出于成龙更加注重"经义决狱"的裁判理念。所谓"经义决狱"亦称"春秋决狱"，是我国封建社会始于汉武帝时期的一种独特的司法制度，即对于某些具体案件，法官可以不引征具体法律条文，而仅依据儒家经典著作的义理来断案。具体到本案，首先，关于冯婉姑和钱万青之间的"无夫奸"问题，于成龙作出了无罪认定。《大清律》载有明文，"和奸无夫者，杖八十"，即与没有丈夫的妇女行奸，双方都要杖责八十。从本案的事实情况看，钱万青作为冯婉姑的家庭教师，却与女弟子日久生情，私定终身，并暗中同居，即判词所说的"梦隐巫山，偷香有据"，依法已经构成了"无夫奸"，但于成龙并没有处罚，而是根据诗经之义，推导出男女若是两情相悦，婚前同居其实不算什么过错，并进一步阐明婚姻的真正基础在于"男欢女悦、夫唱妇随、琴瑟欢谐"，这一思想是超越法律，甚至是超越时代的。其次，于成龙认为，钱万青和冯婉姑两家的婚约成立，冯父单方面悔婚的行为应予以撤销，但免除了冯父的刑事责任。《大清律》规定，"许嫁女已报婚书而辄悔者，笞五十，虽无婚书，但受聘财者亦是。若再许他人，杖七十"。本案中，钱、冯二人的婚姻已经达到了"纳征"或"请期"阶段，所以依法不能悔婚。对冯父的悔婚行为，"本宜追究"，但因其女儿请求特"免于杖笞"，体现了传统司法理念中情理优先的考量。再次，否认了冯、吕两家婚约的有效性。冯父将女儿另行许配吕家，虽然也是"父母之命"的体现，但由于法律禁止许嫁反悔，所以于成龙依法否定了冯家悔婚的合法性，并再次重申了判断婚姻成立与否应注重考查婚姻双方的感情和意愿。另外，《大清律》规定，"后定娶者，知情与（女家）同罪"，既然认定了冯、吕两家的婚约无效，那么吕家就是知情而定娶已经许嫁他人的女子，遂判处吕豹变"应予杖责"。

2. 重抚恤以促和谐

重刑轻民，以刑代民一直是我国古代司法的重要特点之一，而于成龙在本案时却跳出了这一窠臼，处处体现出重抚慎刑、追求社会和谐的裁判理念。他曾说，草木禽兽都有生命，不能随意杀伐，何况是万物之灵的人呢？老百姓不幸而涉入词讼，又不幸而在词讼中受刑杖，即使是十分可恶，不能宽恕，也应该在其中寻求一丁点能宽恕的理由。按照古代的礼教，婚姻一旦聘定，就基本算是成立，男女双方就有了夫妻名分。本案中，吕、冯二人的婚姻事实上已经成立，而冯婉姑以妻杀夫，已经构成《大清律》规定的"恶逆"，当处以斩刑。而于成龙不仅没有这样认定，反而认为子女没有绝对服从父母主婚的义务，判决冯婉姑抗拒"父母之命"、寻求官府支持婚姻自由的行为合法，否认了本案的刑事性质，把此案仅仅当成一般户婚案件来处理。应该说，把一个"以剪刺喉""血溅四壁"的凶杀案当成民事案件来处理，据理察情而断，最终成人之美，不仅体现出了重抚慎刑的法律理念，更体现出自古以来，司法者追求社会和谐的良好愿景。

3. 重扬善以育民众

本案中，于成龙一方面谴责冯绍棠嫌贫爱富、悔弃婚约，本应惩罚，但却引用了汉代缇萦救父的典故，判令暂免刑罚，体现了社会公序良俗，褒奖了冯婉姑的孝心。古代的优秀司法官在判案时往往注重道德教化，强调个案裁判具有息讼、教化的社会功能，激发人们内心存在的正义感和自律心，所以下判往往不停留在惩罚上，也不限于叙述案情、说明理由，不止步于仅仅依法作出判决，而是充分发挥法律"不敢为非"的底线之上，把目标定得更高，致力于惩恶扬善，教化百姓，化解社会矛盾和修复社会关系，承担起寓教于判的道德教化功能。在现代社会中，公正是法治的生命线，司法公正对社会公正具有重要的引领作用。司法者更要注重弘扬社会主义核心价值观，在承担好执法办案、定分止争、惩恶扬善、维护正义使命的同时，努力通过正确、精准适用法律，使广大人民群众感受到公平正义，并主动将法律规范内化为自身的行为准则。

（秦玉军　上海市闵行区人民法院）

三、调处息讼六尺巷

原文

张文端公居宅旁有隙地，与吴氏邻，吴越用之。家人驰书于都，公批诗于后寄归，云："一纸书来只为墙，让他三尺又何妨？长城万里今犹在，不见当年秦始皇。"吴闻之感服，亦让三尺。其地至今名六尺巷。

——《旧闻随笔·卷四》[1]

注释

【张文端公】即张英，清代海宁人，字仲张。康熙十二年进士，候选中书，官至广东提学道。其进士及第时，出自桐城张英之门，师生同一姓名，后桐城张英之子复出张英之门，一时传为佳话。

译文

清代康熙年间，张英的住宅旁边有一片空地，与姓吴的人家相邻，吴家越界占用。于是张家人千里传书到京城求救。张英收书后批诗一首寄回老家，这首诗说："一纸书来只为墙，让他三尺又何妨？长城万里今犹在，不见当年秦始皇。"吴家人见诗后深受感动，也让出三尺。两家互让三尺，就形成了现在那个叫六尺巷的巷子。

---

[1] 原始文献详参《旧闻随笔》，黄山书社2011年版，第174—175页。

解析：六尺巷的"和谐"传承

对宅基地边界引起的邻里纠纷，清代（康熙年间）文华殿大学士兼礼部尚书张英在自家权益遭受一定程度减损的情况下，不但不以势压人，反而主动退让三尺墙基，妥善调处邻里纠纷，消弭诉讼于未然，成就了"六尺巷"这一故事，也反映了我国社会受儒家"中和"思想影响而产生的无讼息诉理念。新中国成立后，毛泽东主席会见苏联驻华大使尤金时，曾经讲到这个故事，用来表达两国之间的事宜应该谦让、平等。"善意""人和"的和谐理念蕴含了中国人的生存智慧与社会理想，小到构建和谐邻里关系，大到国与国之间求同存异，维护和谐秩序成为推动人类共同繁荣和永续发展的中国基因。

1. "秩序和谐"的法律文化传统深刻影响着现代司法解决邻里纠纷的价值判断

由古至今，用诉讼方式解决家庭、邻里纠纷都在不被倡导之列。《名公书判清明集》中记载，一位审判官在自己的小札中谈道，诉讼会导致家破人亡，骨肉为仇，邻里为敌，人们基于一时的怨怼，留下无穷的后患。

"人和"目标是邻里纠纷调处的最终追求，是六尺巷故事被现代司法者认同的价值所在，也是"以人民为中心"的习近平法治思想的重要体现。2019年初，中央政法工作会议中提出"坚持把非诉讼纠纷解决机制挺在前面"的国家治理策略。运用非诉讼纠纷解决机制解决邻里纠纷，充分释放多元解纷力量，是对"非诉挺前"治理策略的一次有力尝试。

可见，不论时代如何变迁，"和合礼让"仍然是当今司法在邻里纠纷调处时一以贯之的基本思路。诉讼应作为维护自身权益以及公平正义的最后一种手段而非必然路径。在解决此种纠纷时，司法程序应尽量保持其谦抑性,让非诉调解有更多展示的舞台。

当然,中国传统社会的差序格局决定了"长老调解"等传统调解方式的道德性和权威性,而随着社会经济发展,中国社会尤其是城市社会渐渐转化成团体格局社会。① 专业性和系统性的调解在非诉纠纷解决机制中树立了新的权威。

2. 历史遗留问题的处理当以适度容忍保证"秩序和谐"为先

张、吴两家用地之争是一场涉及祖产、事实难以考证的邻里是非之争。与现代许多涉不动产邻里纠纷一样,追根溯源、查明事实付出的成本往往大于收益。而维护原有公共秩序、尊重既有习惯,要求相邻人承担一定的容忍义务几乎是共识。一方面,相邻权人在行使自身权利并实现自我利益时,应遵循诚实信用,尽可能减少对他人造成的不便或损害;另一方面,相对方应在可容忍限度内认可这种不便或损害以免因争成讼。

以秩序为优先调和相邻不动产利用关系的规定在古代成文法中亦有所见。如两宋时期法令禁止于共享水源"兴筑"以致妨碍民田灌溉;禁止因新置牙田,使"下游田地无以灌溉",或"使邻近者反被水患";禁止于城市街道通行处设建筑物妨碍通行;因土地买卖形成的袋地,袋地使用人享有通行权。② 这些法令显然为规制当时的邻里纠纷而制定,是古人借助国家法律对相邻不动产纠纷所作出的利益取舍——要求个体利益在特定条件下为公共利益、相邻方利益作出让步。

在现代社会中,人的个体自由与社会秩序常常处于动态的和谐统一之中。邻里之间,几十年甚至上百年生活状态的连续性成就了稳定的相邻秩序,也为相邻权人的行动划定了约定俗成的轨迹。对稳定秩序的打破,需要有充分必要的合理性或相对方的认可,否则相邻权人

---

① 费孝通:《乡土中国》,江苏凤凰文艺出版社2017年版,第24—63页。
② 参见张晋藩主编:《中国民法通史》,福建人民出版社2003年版,第470—472页。

有可能要在特定的侵权行为下以宽容理解代替权利主张，才充分地保障社会个体自身各项权利的行使。

3. 充分发挥互补型调处策略在相邻纠纷中的调和作用

在挖掘矛盾双方共同利益和需求的基础上，着力促进一方主动先行让步，是互补型调处策略运用于相邻纠纷调处的可行工作模式。张、吴两家的争议平息也体现了互补性调解策略的优势。张英既是张家"自己人"，也是一名"调者"。在双方宅基地有限的情况下，张英写信给纠纷双方中更为亲近者、地位更高者，说服其主动作出让步，避免以势压人激化矛盾。回信的内容没有计较纷争始末、评价是非，而是从大局着手，秉持礼让原则对张家进行说理，让张家人认识到让步并不是退却和妥协，而是涵养和胸怀。与其争强好胜，不如宽容让步、化干戈为玉帛。张家收到回信后照办，以自家实际行动感动了邻家，鼓励对方同样作出让步，使纠纷得以成功化解。

在互补型调解策略中，裁判者要改变纠纷介入者、纠纷影响者的定位，只做调处纠纷的推进者和引导者。重在协调疏导，调控当事人的情绪和心理，唤醒当事人的"和合"意识，缓和当事人之间的对立情绪，使他们以理智、平和的态度面对纠纷。邻里纠纷中，造成矛盾的原因很多，当事人对同一件事情的看法因立场不同、分析能力不同而各执己见。有时，某些错误认知以及当事人之间的认知分歧是产生矛盾纠纷的主要原因，矛盾双方需要在调处者的引导梳理下逐渐纠正认知的偏差。实践中，亦有不少当事人对错误认识固执己见，因此，纠纷调解不一定要在明辨是非的前提下进行，而是应引导双方求同存异，从"为权力而斗争"逐渐转向"为权利而沟通"，从而达到双赢。

在调解不成需要作出裁判时，"互补"也可以成为说理的组成部分。以宣统三年钱塘初级审判厅审理的一起"互争公用之井"[1]案件的

---

[1] 汪庆祺编、李启成点校：《各省审判厅判牍》，北京大学出版社2007版，第88—89页。

判词为例，王锡荣宅地内有古井一口历年为近邻公用，王氏欲移此井，唐寿卿等遂擅加井栏注明公用，王氏起诉。判词责成井栏特书"王氏惠民井"，"一以表明所有权之界限，一以保护地役权之存在，伸数千人口之饮水仰给于该井者，依然攘来熙往，咸乐王氏惠民之至意"。判词在追求理法合一的同时，对所有权应受保护、汲水地役权、相邻容忍义务及其界限等民法概念和技术都有所提及，更为重要的是，"王氏惠民井"的提出使权利受损的一方获得道德上的认可。与之相似的是，"六尺巷"虽未见于判词，但亦能传颂于今，可见，对在熟人社会中极重声名的中国人而言，精神上的慰藉有时甚至胜过物质上的给予。而在当代的许多法律文书中，法官也不妨多采用这种方式对因衡平而利益受损的无过错方给予认可，这对于促进社会和谐有着积极意义。

（张倩、王嘉兴　上海市闵行区人民法院）

四、兄弟争产

原文

故民陈智有二子,长阿明,次阿定。少同学,壮同耕,两人相友爱也。娶后分产异居。父没,剩有余田七亩,兄弟互争,亲族不能解,至相争讼。阿明曰:"父与我也。"呈阄书阅之,内有"老人百年后,此田付与长孙"之语。阿定亦曰:"父与我也。"有临终批嘱为凭。余曰:"皆是也,曲在汝父,当取其棺斫之。"阿明阿定皆无言。余曰:"田土,细故也。兄弟争讼,大恶也。我不能断。汝两人各伸一足,合而夹之,能忍耐不言痛者,则田归之矣。但不知汝等左足痛乎?右足痛乎?左右惟汝自择,我不相强,汝两人各伸一不痛之足来。"阿明、阿定答曰:"皆痛也。"余曰:"噫,奇哉!汝两足无一不痛乎?汝之身犹汝父也,汝身之视左足,犹汝父之视明也;汝身之视右足,犹汝父之视定也。汝两足尚不忍舍其一,汝父两子,肯舍其一乎?此事须他日再审。"命隶役以铁索一条两系之,封其钥口,不许私开,使阿明、阿定同席而坐,联袂而食,并头而卧,行则同起,居则同止,便溺粪秽同蹲、同立,倾刻不能相离。更使人侦其举动词色,日来报。初怪不相语言,背面侧坐;至一二日,则渐渐相向;又三四日,则相对太息,俄而相与言矣。未几,又相与共饭而食矣。余知其有悔心也。

问二人有子否。则阿明、阿定皆有二子,或十四五,或十七八,年齿亦不相上下。命拘其四子偕来,呼阿明、阿定谓之曰:"汝父不合生汝兄弟二人,是以今日至此。向使汝止孑然一身,田宅皆为己有,何等快乐。今汝等又不幸皆有二子,他日相争相夺,欲割欲杀,无有已时,深为汝等忧之。今代汝思患预防,汝二人各留一子足矣。明居长,留长子,去少者可也;定居次,留次子,去长者可也。命差役将阿明少子、阿定长子押交养济院,卖与丐首为亲男,取具收管存案,彼丐家无田可争,他日得免于祸患。"阿明、阿定皆叩头号哭曰:"今不敢矣!"余曰:"不敢何也?"阿明曰:"我知罪矣,愿让田与弟,至死不复争。"阿定曰:"我不受也,愿让田与兄,终身无怨悔。"余曰:"汝二人皆非实心,我不敢信。"二人叩首曰:"实矣,如有悔心,神明殛之。"余曰:"汝二人即有此心,二人之妻亦未必肯,且归与妇计之,三日来定议。"

越翼日,阿明妻郭氏、阿定妻林氏,邀其族长陈德俊、陈朝义当堂求息。娣姒相扶携,伏地涕泣,请自今以后,永相和好,皆不爱田。阿明、阿定皆泣曰:"我兄弟蠢愚,不知义理,致费仁心。今如梦初醒,惭愧欲绝,悔之晚矣。我兄弟皆不愿得此田,请舍入佛寺斋僧,可乎?"余曰:"噫!此不孝之甚者也。言及舍寺斋僧,便当大板扑死矣。汝父汗血辛勤,创兹产业,汝兄弟鹬蚌相持,使秃子收渔人之利,汝父九泉之下能瞑目乎?为兄则让弟,为弟则让兄,交让不得则还汝父。今以此田为汝父祭产,汝弟兄轮年收租备祭,子孙世世永无争端,此举而数善备者也。"于是族长陈德俊、陈朝义皆叩首称善教;阿明、阿定、郭氏、林氏悉欢欣感激,当堂七八拜致谢而去。兄弟、妯娌相亲相爱,百倍曩时。民间遂有言礼让者矣。

——《鹿洲公案·兄弟讼田》[①]

注释

【阄书】一种分家的契约,常见徽州,徽州人在其晚年往往将家产均分成数份载入文契,令诸子以拈阄的方式确定各自所能继承的那一份产业。

[①] 原始文献详参[清]蓝鼎元:《鹿洲公案》,刘鹏云、陈方明注译,群众出版社1985年版,第123—124页。

【细故】细小而不值得计较的事。

【不合】不应当；不该。

【兹】这个。

【曩[nǎng]时】往时；以前。

译文

已经去世的百姓陈智有两个儿子，长子阿明，次子阿定。兄弟俩少年时在一起读书，成人后一起耕地，友爱亲善；结婚后分了家，不在一起居住。父亲死后，留下七亩地，兄弟之间互相争夺，亲戚都调解不了，最后发展到互相争产而打官司。阿明说："这些田是父亲给我的。"递上他父亲的手书给我看，内有老人死后、田给长孙的话。阿定也说："这些田是父亲给我的。"有临终遗嘱为凭。我说："你们说得都对，责任在你父亲，应当把他的棺材劈开。"阿明阿定都无话可讲。我说："田产只不过是区区小事，而你们兄弟争夺诉讼，真可恶。我无法断定此案。你们两人各伸出一只脚来，合在一起上夹板，能忍耐而不叫痛的，田产就归他。但不知你们是左脚能忍受还是右脚能忍受疼痛？左脚、右脚由你们自己选择，我不勉强，你们两人各伸一只不感到痛的脚来。阿明、阿定回答说："都痛的。"我说："嘿，奇怪了！你们两只脚没有一只能忍受疼痛，你们的身体就像你们父亲一样，你们看自己的左脚就像你们父亲看待阿明一样，看自己的右脚就像你们父亲看待阿定一样。你们两只脚尚且不忍心舍弃其中一只，你们父亲难道肯舍弃两个儿子中的一个吗？这件事还须过几天再审。"他命衙役将两人绑在一起，用铁链将两人的身体牢牢地锁住，并且将锁孔封死，禁止任何人擅自打开。让阿明、阿定坐在一起，一同吃饭，并头睡觉，要走就一同起来，要站就一起停下，大、小便一同蹲下站起，一刻都不能分离。我还派人观察他们的举止行动、言谈脸色，每天汇报一次。起初两人互相怨恨而不理睬，背对背侧坐；过了一两天，就渐渐地面对面了；又过了三四天，就相对叹息，不多一会互相说起话来。没过多久，就一起吃饭。我知道他们有了悔改之意。

我问他们二人有没有孩子。阿明、阿定各有两个儿子，有的十四五岁，有的十七八岁，年龄不相上下。我命令把四个孩子都逮捕来，对阿明、阿定说："你们父亲不该生你兄弟二人，所以今天到了这个地步，如果只生你们其中的一个，田宅都归一人所有，这多么快乐。而现在你们又不幸都有两个儿子，以后相互争夺，要砍要杀，没完没了，我深为你们忧虑。今天我代你们考虑到祸患而采取预防措施，你们两人各留一个儿子就足够了。阿明是长兄，留下长子，送走小的儿子就可以了；阿定是次子，留下小儿子，舍去长子就可以了。我会命令差役将阿明的小儿子、阿定的长子押送到养济院收养，卖给乞丐头子当儿子，收据存在档案中，那乞丐家无田可争，今后不会产生兄弟相争的事情。"阿明、阿定听后都磕头嚎哭道："现在不敢了！"我说："不敢什么？"阿明说："我知罪了，愿意把田产让给弟弟，到死都不再争夺。"阿定说："我不接受，愿意把田产让给哥哥，终生不懊悔。"我说："你们两人都不是真心实意，我不敢相信。"他俩磕头说："是真心实意，如有反悔，神灵杀死我们好了。"我说："你们两人即使有这份心意，但你们的妻子也不一定同意，你们先回去与妻子商量一下，三天后再作定论。"

到了第三天，阿明的妻子郭氏、阿定的妻子林氏，邀请他们的族长陈德俊、陈朝义到公堂请求平息这件讼事。妯娌互相扶携，跪在地上哭泣请求："自今以后，永远和好，都不再吝惜计较那些田产了。"阿明、阿定也哭着说："我们兄弟俩愚蠢，不知道理和情义，使您费了仁爱之心。今天如梦初醒，羞愧极了，悔悟得太晚了。我兄俩都不愿意要这份田产，请施舍给佛寺的和尚们行吗？"我说："唉，这真是大不孝的人啊。说得出施舍给和尚的话，真该用板子打死啊。你们的父亲流血流汗，辛勤劳动，积下了这份产业，你们兄弟俩鹬蚌相争，却使秃和尚得渔翁之利，你们的父亲在九泉之下能瞑目吗？做兄长的就应该让给弟弟，做弟弟的就应该让给哥哥，推让不得就还给你们父亲。现在我决定把这田产作为给你们父亲的典祭资财，兄弟俩轮流收租祭祀，子子孙孙永无争端，这叫一举而多得。"于是族长陈德俊、陈朝义都磕头称好，阿明、阿定、郭氏、林氏都高兴感激，当场再三拜谢而去。从此兄弟妯娌之间更相亲相爱，比以前好得多了。民间于是就有了讲礼让的人了。

解析："调处息诉"的新时代内涵

"调处息讼"是中国传统的纠纷解决方式，深受儒家"无讼"思想影响，在古代中国的法律体系长河中，有着悠久的历史和深远的影响。蓝鼎元的兄弟争产案中，蓝鼎元通过声称应对两人父亲"取棺斫之"，对兄弟"取足夹之"，引兄弟深思，唤醒兄弟间人情伦常的道德意识；通过"与妇议之""轮年收租"，解兄弟纷争，达到化解纠纷的和谐状态；通过案件判处，令族长称颂"善教"，留世民间礼让佳话，显示了"调处息诉"的社会效果。现代调解制度的司法理念和古代的"调处息诉"中蕴含的道德思想、和谐无讼、教化意义，既有一脉相承，又有守正创新，是具有新时代内涵的调解制度。

1. 合法守德，是调解的前提

古代调处，多以道德观念约束民众。常言道：动之以情，晓之以理。情，谓之血缘亲情；理，谓之伦理道德。兄弟争产案中，因兄弟之间，一人持有阄书契约，一人持有临终批嘱，蓝鼎元故意将过错归咎于已经亡故的父亲身上，并称要对父亲劈棺以示惩戒。蓝鼎元又通过让兄弟两人同吃同住、同寝同眠，从深层次上，让兄弟俩重新感受到兄弟情谊。蓝鼎元通过激发兄弟俩的道德感和仁爱之心，令兄弟俩握手言和。现代司法的调解，以合法为基本前提，相较于古代调处不分是非曲直，有着明显的进步意义。古代调处缺乏对纠纷双方民事权益和侵害性的评判，没有明晰的评判，只能针对个案，在案言案，可以是解决案件的手段，但非推广守法、普法的有效途径。民事诉讼法规定，人民法院调解案件，应在事实清楚的基础上，分清是非，进行调解。调解内容不得违反法律规定。精准的法律评判，是现代调解制度的精髓。对案情的精准评判，有利于纠纷双方对案情判处有合理预判，有利于促成纠纷双方在分清是非曲直的基础上，让渡部分自身利益，这既能体现中华民族大度、谦让、善良的传统美德，也有利于纠纷双方在调处过程中塑成正向的法律意识和权利观念。

2. 和谐无讼，是调解的目标

家事纠纷的妥处，要求清官善断家务事。古代调处人多居于高位或多为年长之人，其价值观念在纠纷解决中起主导地位，以威望言断案，以劝谕平纠纷，这与现代法官在当事人眼中的尊崇地位一脉相通。当事人在法官的主导下，进行证据的交换、质证意见的发表，在法官的主持下进行协商与沟通。法官居中调解、居中裁判，相较于纠纷双方，没有更高的地位，也不具有主动性，从意识形态上，更符合现代民法尊重私权、意思自治的原则。

古代调处形式多变，方法不拘，调处人往往会采用特殊的策略来进行调处，以使纠纷双方达到"和息"。清代名幕汪辉祖曾以毕生经验得出"断案不如息案"的结论。古代调处在这一点上，与中国当下的社会主义法治理念亦是相契合的。但现代调解制度，与之更具优势的是，人民法院在大量类案化纠纷的调处过程中积累了大量的经验和可行的方案，所做调解工作更具普适性和针对性，大大提高了调解的效率和群众的接受度。和谐文化价值的重新发现，表明调解是解决纠纷、司法救济的有效途径，司法应当是和谐的，司法也可以是和谐的。

3. 崇法尚德，是调解的教化意义

争产案中，兄弟俩请出族长到公堂平息案件。蓝鼎元的处理方法令族长"皆叩首称善教",不仅教化了兄弟两家,也在民间引起推崇礼让之风。中华文化历经千年,有着深厚的道德底蕴和丰富的道德内涵,而中华民族讲仁爱、尚和合的崇德尚德思想也是由来已久,这都是今天我们涵养法治精神的重要源泉。任何法律都内含道德判断、体现道德取向,没有道德底蕴的支撑,法治建设就缺乏源源不断的内在驱动力。

民和睦,颂声兴。现代社会,经济高速发展,社会现代化转型,使基层治理的矛盾凸显。调解制度之于诉讼制度,是更为有效化解社会矛盾的手段。其更能在人情伦常上体现和谐敦睦,在礼法德行上秉承现代法治理念。在依法有效化解社会矛盾、规范群众诉求表达、保障民生利益的同时,应大力推崇守道德之正,扬道德之光。崇法尚德的调解理念,与社会主义核心价值观中的"和谐""公正""法治"不谋而合,也与《法治社会建设实施纲要(2020—2025年)》上提出的"以道德滋养法治精神"论相契合,是时代赋予"调解息诉"新内涵,也是调解制度在中国特色社会主义法治理念下的新发展。

(刘文燕　上海市闵行区人民法院)

五、袁枚审未嫁先孕

原文

钱塘袁公简斋,为先大父同谱,由翰苑改授上元县令,风骨铮然,不阿权势,引经折狱,有儒吏风。时民间娶妇甫五月,诞一子,乡党姗笑之,某不能堪,以先孕后嫁讼其妇翁。越日,集讯于庭,两造具备,观者环若堵墙。公盛服而出,向某举手贺。某色愧,俯伏座下。公曰:"汝乡愚,可谓得福而不知者矣!"继问其妇翁:"汝曾识字否?"对曰:"未也。"公笑曰:"今日之讼,正坐两家不读书耳。自古白鹿投胎,鬼方穿胁,神仙荒诞,固不必言。而梁嬴之孕逾期,孝穆之胎早降,有速有迟,载于史册。总之,逾期者,感气之厚,生而主寿;早降者,感气之清,生而主贵。主寿者,若尧年舜祚,尔等谅亦习闻。主贵者,不必远征,即如仆亦五月而产。虽甚不才,犹得入掌词垣,出司民牧。谓予不信,令汝妇入问太夫人可也。"某唯唯,即命妇抱儿入署。少选,儿系铃悬锁,花红绣葆而出,妇伏拜地下曰:"蒙太夫人优赏,许螟蛉作孙儿矣。"公正色谓某曰:"若儿即我儿,幸善视之。他日功名,勿使出我下可耳。"继又顾众笑曰:"尔众中有明理之士,幸谅予心,勿以前言为河汉也。"众齐声附和。于是两家之羞尽释。后儿读书食饩于庠,奉公长生禄位,朝夕供养不衰。

——《武林坊巷志·卷四十九·卫所上》[1]

---

[1] 原始文献详参《武林坊巷志》,浙江古籍出版社2018年版,第5423—5424页。

注释

【大父】祖父。

【同谱】同家族。

【上元县】治今江苏南京市辖境，属润州。清初复为江宁府治，兼为江苏省治。

【引经折狱】也称"春秋决狱"，为汉武帝时董仲舒所倡导。主张以儒家学说作为审判的指导思想。具体断案时依据儒家《春秋公羊传》等经典的经义分析案情、比附法律。

【乡党】同乡；乡亲。

【姗［shàn］笑】讥笑，嘲笑。《汉书·诸侯王表》："（秦）姗笑三代，荡灭古法。"颜师古注："姗，古讪字也。讪，谤也。"

【妇翁】妻父。

【两造】指诉讼的双方，原告和被告。《尚书·吕刑》："两造具备，师听五辞。"孔传："两，谓囚、证；造，至也。"

【白鹿投胎】南朝殷芸《殷芸小说》："老子始下生，乘白鹿入母胎中。"

【鬼方穿胁［xié］】鬼方的民族传说中，有人从母亲胁下钻出的说法。《太平御览》引《世本》："陆终氏聚于鬼方氏之妹，谓之女嬇，生六子，孕而不育。三年，启其左胁，三人出焉；启其右胁，三人出焉。"

【梁嬴】梁伯之女。《左传·僖公十七年》："夏，晋大子圉为质于秦，秦归河东而妻之。惠公之在梁也，梁伯妻之。梁嬴孕，过期，卜招父与其子卜之。其子曰：'将生一男一女。'招曰：'然。男为人臣，女为人妾。'故名男曰圉，女曰妾。及子圉西质，妾为宦女焉。"

【孝穆之胎早降】南朝时人徐陵，字孝穆。母亲臧氏，曾经梦见五色彩云化为凤鸟，停在自己的左肩上，后来便生下徐陵。

【尧年舜祚［zuò］】同"尧年舜日"。传说尧舜时天下太平，因以"尧年舜日"比喻盛世。南朝梁沈约《四时白纻歌·春白纻》："佩服瑶草驻容色，舜日尧年欢无极。"

【词垣】谓词臣的官署，如翰林院之类。

【唯唯】恭敬的应答声。《汉书·司马相如传上》："齐王曰：'虽然，略以子之所闻见言之。'仆对曰：'唯唯。'"颜师古注："唯唯，恭应之辞也。"

【绣葆】覆裹婴儿的绣被。

【河汉】以"河汉"比喻言论夸诞迂阔、不切实际。转指不相信或忽视（某人的话）。语出《庄子·逍遥游》："肩吾问于连叔曰：'吾闻言于接舆，大而无当，往而不返，吾惊怖其言，犹河汉而无极也。'"成玄英疏："犹如上天河汉，迢递清高，寻其源流，略无穷极也。"

译文

钱塘人简斋公袁枚，是祖父同族人，由翰林院改授上元县令，风骨铮然，不迎合权势，援引儒家经典审理案件，有儒吏的风采。上元县百姓中某人娶妻成婚，才过五个月就生了个儿子，乡里人都取笑他。这个人受不了冷嘲热讽，就把他丈人告上官府，称他女儿是先孕后嫁。第二天，袁枚在公堂上审问此案。原被告都在场，观看的群众围得像一堵墙。袁枚穿着官服出堂，向这个人表示恭贺。此人羞愧，趴倒在堂下。袁枚说道："你真是偏僻、未开化地区的愚笨之人，真可说是身在福中不知福啊！"他接着转而问那女方的父亲："你可曾识字吗？"那人答道："不识字。"袁枚笑道："今天你们诉讼打官司，正是因为你们两家不读书。远古时老子骑着白鹿投胎人间，陆终之妻、鬼方氏之妹生子是开左胁生三子、开右胁生三子。不过，这些都是神仙荒诞之事，本来不值一提。"接着，袁枚又以晋惠公的夫人梁嬴怀孕过了十个月才生子；南朝徐孝穆的母亲梦见凤集左肩后很快生下了他等故事，来说明人怀孕生子时间短长不一。之后，他又陈述妊娠时间长的人，感受了淳厚之气，生下的孩子一定长命高寿；妊娠时间短的，感受了清淡之气，生下的孩子一定大富大贵。长命高寿的，如尧高寿一百十八岁，舜长命一百岁，想来你们已经耳熟能详。最后，袁枚竟然以自己为例："譬如说我，也是五个月的早产儿，虽说没有什么才能，但还能做翰林院属官，出任治理百姓的地方官。你如果不信我，可以叫你夫人到后堂问一下我的母亲。"某人恭恭敬敬地答应，叫他妻子抱着孩子到后堂去。不多时，他的儿子就从房间里走了出来，脖子上戴着一个铃铛，挂着一把锁，身上盖着一条大红色的锦缎。他妻子伏在袁枚面前说："承蒙太夫人赏赐，答应收我儿子做孙子了。"袁枚表情庄重严肃地说："从现在开始，你的儿子就是我的儿子，你要好好养育他，使他日后成就功名，不要比我差才行啊。"接着他又回过头笑着对大家说："你们众人中有明白事理的人，希望你们体谅我的用心，不要以为我前面说的是虚浮客套之辞才是。"大家齐声答应。于是两家引以为羞的可疑之事烟消云散。后来某人的儿子用功读书，科举考试成绩优秀，成为庠生，摆着袁枚的长生禄位，日日夜夜供养不止。

解析：袁枚调解纠纷的今日借鉴

袁枚审理的未嫁先孕案载于清代李调元《淡墨录》，同记于《虞初续志·卷三》。此案若按寻常断法，会对孩子是否为村夫亲生进行查问，但袁枚引经据典，甚至把自己母亲也动员进来，通过调解维护了这桩濒临破裂的婚姻。

我国传统调解文化历史悠久，底蕴深厚。尧舜禹时期至春秋战国末期为萌芽阶段，秦朝至唐朝为发展阶段，宋朝延续至明清为成熟阶段。通过对清代官方文献[①]中涉及调解内容的考察，发现清代在民事案

---

① 包括《黄岩诉讼档案》《徐公谳词》《折狱龟鉴补》《樊山政书》等，参见〔美〕黄宗智：《清代的法律社会与文化：民法的表达与实践》，上海书店出版社2007年版，第193页；苏亦工主编：《中国法制史考证》（甲编·第七卷，历代法制考·清代法制考），中国社会科学出版社2003年版，第375页。

件审理中普遍采用调解的方式。清末制定的《大清民事诉讼律草案》中也出现了以调解结案的规定。本案是一件调处息讼的典型案例，运用到的调解方法与调解理念值得我们学习与借鉴。

1. 巧用特点法

调解是通过说服化解矛盾纠纷的方式，要求法官具有良好的沟通能力。若能抓住当事人的特点进行说服工作，则事半而功倍。

袁枚在公堂上审问此案时，先"盛服而出"，向村夫"举手贺"，并先入为主，下结论说"汝乡愚，可谓得福而不知者矣"，指出"今日之讼，正坐两家不读书耳"。他敏锐地抓住了当事人不识字的特点，指出对此不解甚至争讼乃是其不读书所致，然后引经据典地寻找一些历史记述"自古白鹿投胎，鬼方穿胁"，又以"梁嬴之孕逾期，孝穆之胎早降"来说明人怀孕生子时间长短不一。这些例子虽然没有超脱传说的范畴，[1]但从当事人的接受情况来看，袁枚诉诸历史的解释是有说服力的，传说本身在民众中有一定影响。于是，一件关乎婚姻嫁娶的争讼通过巧妙地解读"医学"知识而得到处理。[2]

2. 模糊处理法

所谓模糊处理，是指在调解纠纷时，对部分事实不进行深入调查，对纠纷当事人之间的部分问题不进行细致的分析和探究，而是粗线条地作出处理[3]。明断是非固然重要，但这并非纠纷解决的主要目的，也不是考虑重点。

袁枚对五月生子引经据典的说理，依据现在的医学知识来讲成立的可能性极小，依当时医学的整体状况，甚至不能从一般的孕婴状况来给当事人一个说明，更为重要的是袁枚也并不准备采用真正医学说明的进路，而是对此争议采用了模糊处理的方法。他选择用历史掌故

---

[1] 范文澜：《中国通史（一）》，人民出版社2004年版，第37页。
[2] 刘家楠：《清代调解制度研究》，山东大学硕士学位论文，2012年。
[3] 刘家楠：《清代调解制度研究》，山东大学硕士学位论文，2012年。

来解释现象，而由于历史掌故已深植于当时民众思维中，此种解释容易被民众接受，最终使沟通变得容易，使纠纷化解变得简单。

3. 褒扬激励法

褒扬激励法是指出当事人的优点或者纠纷争议事项的优点，用激励的语言调动当事人的积极性，促成当事人的合作，实现纠纷了结的一种方法。①

袁枚对村夫陈述，妊娠时间长的人，感受了醇厚之气，生下的孩子一定长命高寿；妊娠时间短的，感受了清淡之气，生下的孩子一定大富大贵。长命高寿的，如尧高寿一百八十岁，舜长命一百岁。他以怀孕生子时间过长或过短生下的孩子都是有福之人的观点来劝说村夫接受这个孩子，孩子一定大富大贵，并以尧舜等民众耳熟能详的例子来加以证明，增强说服力。

4. 多方协助法

在调解过程中，除了依靠法官自身的力量进行调解外，还可以根据需要，邀请当事人的亲友、当地有威望的人士、专业人士等给予支持和帮助，从而完成调解工作。

为进一步证明产子"有速有迟"，袁枚以自己为例，称自己就是五个月早产的，还让村妇进后堂母亲处询问此事的真伪。他借助母亲的帮助，让母亲认这个早产儿为孙子。袁枚借助外力，进一步打消村夫的疑虑，解开村夫的心结，使其家庭重归安宁、幸福。

5. 情感触动法

"感人心者，莫先乎情。"以情感打动当事人，促成法官与当事人的良好沟通。可以利用纠纷双方当事人的感情因素，也可以利用法官与当事人之间的情感因素，还可以利用案外人与当事人之间的情感因素，目的是赢得当事人的信任，并且不辜负当事人的信任。

---

① 唐素林编：《民间纠纷调解要点及技巧》，知识产权出版社2015年版，第78页。

一方面，袁枚对村夫说："从现在开始，你的儿子就是我的儿子，你要好好养育他，使他日后成就功名，不要比我差才行啊。"他以真情感动村夫，促使村夫放下芥蒂，和睦生活。另一方面，他又回过头笑着对乡亲们说："你们众人中有明白事理的人，希望你们体谅我的用心，不要以为我前面说的是虚浮客套之辞才是。"以真情感动民众，希望民众不再多言挑事。至此，一场婚姻危机妥善化解。

美国法理学者富勒曾言："法治的目的之一在于以和平而非暴力的方式来解决争端。"在所有第三方纠纷解决机制中，调解无疑是合意最多、强制最少的和平方式。我国传统调解基本理念中的息事宁人、追求平衡、和谐为本、教化优先和顺应人情等，对现代调解工作亦具有借鉴意义。

（朱秋晨　上海市闵行区人民法院）

六、松江府为禁奸胥市狯私勒茶商陋规告示碑

原文

江南松江府为积弊坚牢、请宪大震霹雳、敕府勒石永禁、以苏民困事：

十月初九日，奉江苏布政司慕批发呈人姜建宸、张常伯、王孟周、吴瑞生连名呈称：

切照松江府附墩华、娄两县，商贾鳞集，开张铺面。只因地不产茶，往浙贩买茶叶。比各商赴浙之时，均至北新关纳取茶引；敢至产茶之处，照引置买。凡过关隘盘验截角，至松零拆货卖，少趁蝇头，极属微细。岂遭衙蠹市狯，狼狈为奸，倡名曰"缴销残引"，每引索诈缴引陋规：如承行钱、差使钱、备文钱、受引钱、依议钱，种种恶名。前五年每引私派壹钱贰分，近五年每引征至贰钱肆分。今遭市狯目名小甲，指官缴引规例，每引派征肆钱柒分。所以有已故朱明文熟悉私派私征，首控苏、松、常道；继有周俊目击商贾受害，挖准宪天行府。盖二人所评者，剔弊究赃之举，殊不知朱明文因事殁死，评告未终；周俊之讼，旋奉批销。奸谋炽横，终无底止。泣思建等在浙纳引，不过肆分有奇，而松俗奸刁，借名缴引，则有十倍之费。况恶等每年私派私征，不下三百余金。问之国课，则无厘毫完纳。上无考成，下累商命。徒饱于奸胥市狯之腹。于顺治十六年五月间，商民受累不堪，备具藐宪灭法、积弊殃民、敕禁缴引等事，控准前宪佟老爷，随蒙批开"仰松江府严禁缴"等因。其如胥狯成奸，牢不可破，视宪批如儿戏，寝搁捺沉。今蒙宪天福任，明察秋毫，何奸不破，何蠹不除，江南万亿欢呼。但建等株守贸易，何敢与蠹等开讼，恳乞宪天大老爷轸

念无益于国课，有害于商民，恳赐立拔汤火，永禁"缴销残引"名色，以杜奸胥勒派之弊，立石禁戢，以垂不朽等情。

奉本使司批开："缴销残引，私勒陋规，殊属病民。仰松江府严查禁戢报"等因，到府。遵即唤原呈姜建宸等查询，并饬华、娄两县遵依去后，随据原呈姜建宸等投为恳恩救示勒石杜弊等事，投呈前来，据此。为照私派病商，大于法纪，奉宪饬禁，准即勒石永禁，以杜将来滋扰。兼之朝廷国课无亏，苏民救商，仰叨宪仁，以志不朽。备由申覆本使司外，又据华、娄两县具有永禁缴销残引名色，以杜胥棍勒派之弊。遵依在案。倬奸狯蠹书，俱各洗涤肺肝，毋得故违觊觎，致干拿究。仍解宪司，以违禁法处，慎之！

——《松江府为禁奸胥市狯私勒茶商陋规告示碑》①

注释

【奸胥［xū］】官府中巧于舞弊的小吏、衙役。

【市狯［kuài］】指街坊市场中的奸猾之人。

【华、娄两县】华亭县和娄县，现都为上海市松江区。

【茶引】指旧时茶商纳税后由官厅发给的运销执照。上开运销数量及地点，准予按引上的规定从事贸易。此制始于宋代，元、明、清仍之。

【衙蠹】对衙门中贪赃吏役的蔑称。

【国课】国赋。

【寝搁捺沉】搁置；耽搁。

【禁戢】禁止；杜绝。

【病民】为害百姓。

---

① 原始文献详参《松江文物志》，上海人民美术出版社2001年版，第170页。

译文

江南省的松江府积弊很深，特别请上司大人雷厉风行，颁布命令刻在石碑上永远禁止，在困境中拯救老百姓：

十月初九，江苏布政司批文，姜建宸、张常伯、王孟周、吴瑞生联名呈称：

松江府下辖华亭、娄两县，商人云集，开张的铺面很多。当地不产茶叶，只能到浙江购买。到浙购茶需到北新关拿取茶引，然后到产地凭茶引购买。商人们经过关隘盘验等重重阻隔后，回到松江拆开零售，从中赚取蝇头小利。然而官府中的衙役和胥吏，狼狈为奸，推行"缴销残引"，从中索诈钱财。其中的陋规有承行钱、差使钱、备文钱、受引钱、依议钱等名目。前五年每份茶引私派一钱二分，近五年每份茶引征收到了二钱四分。现在头目小甲又以官府规定为由，将每引征收额度提为四钱七分。这才有了已故的熟悉私摊私征的朱明文，带头向苏、松、常道告状。继而周俊看到商人受害，再次进行控告。二人揭发行为都是剔弊究赃之举，但因为朱明文因事自杀，案件再也没有了下文，周俊的诉讼，不久被奉批撤销。奸谋当道，永无休止。我们在浙江上交的茶引，只有四成多一点。市狯之人借名目征缴的茶引，费用超过了十倍。每年摊派私征，不少于三百金。这些钱没有一分上缴国家。上面没有考核，下面托累商人的性命。钱都用来填饱奸猾胥吏的肚子。顺治十六年五月，商人们受苦不堪，向前宪佟老爷控告这些人无视法纪、坑害百姓。随后得到"仰松江府严禁缴引"的批复。但因胥吏们相互勾结，视上头批复如儿戏，最终不了了之。现在蒙宪天到任，明察秋毫，有什么奸诈不能破，有什么害不能除？江南百姓，亿万欢呼。我们这些商人死守贸易，不敢同这些蛀虫打官司。恳求大老爷念在这件事于国家税收无益，对商人百姓有害，能立即行动，拔出汤火，永禁"缴销残率"等事。杜绝奸猾胥吏摊派的弊端，立石禁止，以垂不朽。

奉布政司批："缴销残引乃是私制陋规，实属于危害百姓的举动。松江府应该严查禁戢报。"传唤原呈人姜建宸等到府核查，并令华、娄两县就姜建宸等人投书一事进行核查，并将原材料一并报送。据查，摊派害商的行为为蔑视法纪，应当饬斥禁止，刻在石碑上永远禁止，防止将来滋事。加上朝廷课税没有减少，解民救商，都依靠宪仁，所以表明不朽。除回复布政司外，华、娄两县永禁缴销残引等名目，杜绝胥棍勒派弊端。遵照依据在案。那些奸狯蛀虫，都需要洗涤肺肝，不得违法觊觎，否则解送官府进行查办，以违禁法论处，众人都要对此谨慎啊！

解析：松江府立碑树信护营商

《松江府为禁奸胥市狯勒茶商陋规告示碑》颁布于康熙十二年（1673）十一月。在中国古代社会，重农抑商是传统经济思想的重要内容。明朝中后期，随着商品经济的发展，全国市场规模的扩大，国家财政对工商业的依赖日益增强，统治者开始在一定程度上为工商业的发展创造条件，以适应经济发展的新需要。入清以后，对于侵犯商人利益的各类案件，地方政府多有相应指令，保护商人利益，并以立碑示禁的形式向社会颁布实施。本条碑文就是在这样的背景下出炉的，该碑文对于新时代如何建设好法治化营商环境提供了历史启示。

1. 降低不合理的交易成本——营造良好营商环境的关键所在

清制，盐、茶为国家专卖，由户部印制颁发额定数量的引票，商人缴纳费用领取引票方能运销盐或茶。以盐引为例，盐商领引销盐，盐销卖后，销售地官员将其引票截角，表明此引所配之盐已售完，截角之引票即为"残引"。按规定,商人销盐已毕,必须于十日内将截角残引缴官,十日内不缴者按律治罪,这就是所谓的"缴销残引"。由此可见,清代政府通过专卖制度对国内商业活动进行了干预,这虽然一定程度上抑制了经济活力,但总的来说,清朝政府对商业活动所采取的态度较之前代相对宽容,态度也更为积极。① 从文中可以看出,在按照专营制度征收的茶引之外,茶商们还是可以"少趁蝇头",有利可图的。但是这一制度在执行过程中,作为基层行政人员的"胥吏"在法定收费之外,随意增设了"承行钱、差使钱、备文钱、受引钱、依议钱"等缴引陋规,于是"肆分有奇"的官方税费,变为"十倍之费",极大增加了茶商的交易成本,致使"商民受累不堪",严重干扰了商业活动的发展。

"营商环境"是指企业从事经营活动所处的外在环境,涵盖了特定地区范围内影响企业运营发展的各种要素。从世界银行《营商环境报告》的指标设置来看,企业运营的交易成本对于营商环境的评价至关重要。② 在十七世纪的中国,传统社会的官府也意识到了行政官员滥收费用、滋扰商民的不法行为对于商业发展的破坏作用,并采取措施予以治理。

2. 清晰的法律制度和高效的行政监管——营造良好营商环境的制度要求

习近平总书记指出"法治是最好的营商环境",深刻阐明了法治在构筑良好营商环境中的核心地位。在中文里,"法治"以此最早见于先秦文献,如韩非子所述"治民无常,唯以法治",③ 而现代法治包括公开明确的法律、合乎法律、程序性的政府行政行为及公正、合程序性

---

① 张海英:《明中叶以后"士商渗透"的制度环境——以政府的政策变化为视角》,《中国经济史研究》2005年第4期。
② 世界银行《全球营商环境报告》在10项一级指标中,有8项涉及运营成本问题,占指标总数的80%;在37项二级指标中,涉及成本的指标共27项,占指标总数的73%。
③ 《韩非子·心度》。

的司法。①

对于上述局面的解决之道在于，一方面是通过明确清晰的法律制度规定，保证规则的可预测性并尽可能减少商业活动程序流程，比如在康熙五年，清政府下令各地关口将税例刻写在木榜上以昭示民商，"并商贾往来之孔道，遍行晓谕，或例内有加增之数，亦明白注出，杜吏役滥征之弊"。正如世界银行《全球营商环境报告》所指出的，经济活动，特别是私营部门的发展，受益于清晰一致的规则，如果这些规则的设计较为有效，具有透明度，为它们针对的对象所知晓和理解，并且可以合理成本得到执行，那么它们就能更有效地影响经济体面临的激励机制，有利于推动经济增长和发展。另一方面，要通过健全政府行政管理制度，防止相关政府部门或工作人员在法定程序外随意增设程序或手续并进行权力寻租，本篇碑文就具有这样的作用，刻石立碑是传统社会中官府公布法令的重要形式，在交通要冲，由官府主动立碑或由人们"请宪立碑"，具有"勒石示禁"的法律效力，官民必须遵守，碑文声明"私派病商，大于法纪"，指出了缴引陋规对于商业和商人利益的侵害，明确规定"永禁缴销残引名色"，行政人员一旦违反，则"仍解宪司，以违禁法处"，起到了规范官吏行为的作用。当然，因为时代的局限性，这样的制度可能流于形式，要真正提高行政监管质量，应当从制度上和程序上强化对行政权运行的规范管控，确保行政监管具有较强的确定性和稳定性。

3. 公正高效的司法体系——营造良好营商环境的司法保障

中国古代缺乏完整的保护商人利益的法律制度，明清时期民间的商事纠纷，多由各级地方官员依据具体情况"酌以情理"断案。商户告官、告役这类特殊的诉讼在明后期和清初期国家与地方财政拮据时屡见不鲜，"在法制不健全，甚至有法不依、蔑视法律到了肆无忌惮的

---

① 舒国滢主编：《法理学导论》，北京大学出版社 2006 年版，第 312 页。

明清时期，商铺控告官府、控告官役，有可能获得法理上的胜诉，而难以获得实际利益上的胜利"。[①] 因为缺乏有效的行政监管和司法程序，对于行政人员的不当行为，商人难以及时得到救济。从碑文中可以看出，前后已有两位士绅向地方官府控诉缴引过程中的胡乱收费现象，但都没有得到妥善解决，其中周俊所开启的法律程序很快就被"批销"，即被销案处理。从顺治十六年（1659），地方政府对于缴销茶引的乱收费进行批示，要求整改，一直到康熙十二年（1673），这一乱象才得到治理，十几年期间"商民受累不堪"，足可见当时司法程序的效率低下，商人通过司法程序维护自身权益困难重重。

按照世界银行的评价标准，各经济体应当建立公正高效便捷的司法体系，以确保商事纠纷解决效率高、成本低，并确保司法程序的高质量，这些标准需要衡量各经济体司法解决商业纠纷的效率和质量，包括纠纷解决的时间、成本和以司法程序为中心的纠纷解决制度框架的质量水平。一个公正高效的司法体系，要求之一是严格执行法律规则。法院是民商事法律体系的执行者，承载着法的运行职能，承担着保护财产权、确保合同履行等重要法律职能，这些功能的有效发挥关系到市场交易环境能否稳定、公平、透明、可预期；二是要求纠纷的解决程序应当高效快捷且合乎程序和正义。这就需要优化法院结构和诉讼程序，并积极运用现代科技手段提高司法效率。比如，当前上海法院所推行的全流程网上办案，采用信息化手段，实行网上立案、电子送达、在线庭审、电子归档、网上执行等工作机制，提升审判绩效，同时，应当引入多元化纠纷解决机制，在司法制度程序设置层面上鼓励和支持当事人通过诉前调解、自行和解、商业仲裁等方式及时妥善解决纠纷。

（田颂　上海市闵行区人民法院）

[①] 范金民：《明清商事纠纷与商业诉讼》，南京大学出版社2007年版，第124页。

七、清苑投毒案

原文

清苑县有兄弟析爨而居者，仲之产荡尽，赖伯友爱，时恤之耳。伯年五十余，仅一子，取某氏女为妇，逑好甚笃。一日，仲妻以急遄至伯家乞贷，会妇在厨下作晚炊，仲妻与絮语，伯子适自外归，曰："馁甚矣。"妇即以膳进。食毕，猝呼腹痛，倒地腾扑，移时乃卒，七窍之血如沈也。妇大惊，不知所为。仲妻遽呼曰："侄妇谋杀亲夫矣，非鸣官何以白此冤，"即与伯夫妇共首于官，仲妻证焉。官拘妇至，械之，遂自诬为因奸谋杀，并诬指某甲为奸夫。甲固其家中表亲，素讷于言，既见官，畏刑亦遂自诬服。适制府讷公近堂移督直隶，虑囚至此，疑其冤。夙闻某明府有能吏之目，檄其复讯。

明府奉檄先阅其案卷，则积已三年，厚几盈尺，屡供屡翻，其情节实可疑。乃拘集诸人，分别细鞫。先问妇当日情形，妇具白之，即命带去。讯伯夫妇以妇平日之行，则曰："事舅姑柔而顺，夫妇亦无勃谿。"问："与甲奸有之乎？"曰："未见其往来，不敢知也。"亦命带去。问甲奸状，泣不能成声，再问，则曰："吾供非奸，则将刑我，供奸则去死日近，不知所供也。"问仲夫妇，仲则言当日未见，仲妻则曰："此吾当日所目击者。伯氏五十余，仅此一子，今绝嗣矣。非杀贱婢，无以伸其罪也。"明府都令带去，语人曰："吾已十得六七矣，明日再讯，当尽得其情。"人皆不解其意。既明复讯，则拘在案诸人，列跪案下。明府曰："死者夜来，以梦告我矣。其言曰：'吾诚中毒死，然毒吾者，非妇也。'问其何人，则曰：'毒我者，其右掌色变青。'"言已，以目视诸人。既而又曰："死者又言：'其白睛当变黄也。'"言已，又以目视诸人。忽抚案叱仲妻曰:"杀人者,汝也!"仲妻大惊曰:"贱婢自杀其夫,何谓我也?"曰:"汝已自承矣,何得复赖!"曰:"自承如何?"曰:"吾言杀人者右掌色变青,诸人皆自若,而汝急自视其掌,是汝自供也。吾言杀人者白睛色变黄,诸人皆自若,而汝夫急顾汝而视其目,是汝夫之代供也,何得复赖?"仲妻色大变,而仍狡展。曰:"再狡供,则刑法具在,将请尝之矣。"仲妻不得已,尽吐其实。则仲与妇久欲吞伯产,每至伯家,必怀砒以往,将同隙投之。是日见妇作炊,絮语之际,乃乘间下焉,意将尽灭之。不图伯子以饥故,首罹其祸也。三年冤案,两堂数语,遂昭雪之。人称神明焉。明府曰:"非神明也,吾特持四字诀耳。"问:"何决?"曰:"察言观色。"

——《我佛山人文集》[1]

注释

【析爨[cuàn]】分立炉灶,指分家。

【逮好】夫妻之间的情谊。

【馁】饿。

【讷[nè]于言】语言迟钝。《论语·里仁》:"君子欲讷于言而敏于行"。

【制府】明清两代的总督,均尊称为"制府"。

【讷公近堂】指费莫·讷尔经额(1784—1857),字近堂,满洲正白旗人。清代晚期十大直隶总督之一。

【明府】唐之后专称县令。

【勃溪】吵架,争斗,尤其指妯娌争吵。《庄子·外物》:"室无空虚,则妇姑勃豀[xī]。"

【狡展】狡赖。

---

[1] 原始文献详参[清]吴研人:《我佛山人文集》(第七卷),花城出版社1989年版,第130—131页。

【察言观色】观察别人的说话或脸色。多指揣摩别人的心意。《论语·颜渊》:"夫达也者,质直而好义,察言而观色,虑以下人。"

译文

清苑县(在今河北中部)有兄弟二人分家过日子,老二败光了自己的家产,还好其兄长对其爱护,时常出于怜悯而救济他。老大年纪五十多岁,只有一子,娶了某家女作儿媳妇,夫妻关系十分和睦。一天,老二妻子被逼债,到老大家求借,正赶上老大家的儿媳妇在厨房里做晚饭,老二妻子就跟她絮絮叨叨地说了一会儿话。老大的儿子恰好从外边回来,说:"我太饿了。"媳妇就给他盛了饭。老大的儿子吃完饭,突然呼喊肚子疼,倒在地上,折腾了好长时间,七窍流血死了。媳妇吓坏了,不知道怎么办。老二的妻子立刻喊说:"侄媳妇谋杀亲夫啦!不告到官府,怎么让这个冤屈大白于天下?"就带着老大夫妇一道到官府告发,老二的妻子出面做了证人。官府拘捕到儿媳妇,给她戴上刑具,媳妇受不住折磨,于是招供说自己因奸情谋杀亲夫,并且无中生有地指某甲是奸夫。某甲本来是他们家的表亲,平素不善言辞,见了县官,因惧怕受刑,也就惶惶然服罪了。这时候恰好总督讷尔经额,调职督管直隶,到此地论处罪犯,怀疑老大儿媳妇有冤情。讷总督平素听说某县令被人们评为有才能的官吏,就发公文请他重新审讯此案。

县令接到公文后先翻阅案卷,发现这一案件已经积压三年,案卷大约有一尺多厚,那女人多次招供又多次翻供,其中的情节确实可疑。县令就把此案有关的人拘拿到堂,分别予以仔细审问。县令先问那个儿媳妇当天的情况,儿媳妇一五一十地叙述案情,说完县令就让差役把她带下去了。县令又讯问老大夫妇,这儿媳妇平日言行怎样,老两口说:"侍奉公婆温柔而且顺从,夫妇俩过日子也从不争吵。"县令又问:"儿媳妇跟某甲通奸有这回事吗?"老两口回答:"没见他们来往,不敢说知道。"问过后也让公差带他们下去。县令审问某甲跟儿媳妇通奸的情况,某甲哭得十分悲伤,再追问,某甲就说:"我不承认通奸就对我动刑;承认通奸离死的日子也就不远了,我已经不知道说什么了。"县令审问老二夫妇,老二说当天没看见,老二妻子却说:"这是我当天亲眼所见的。老大五十多了,只有这么一个儿子,如今是绝后了,不杀这个下贱女人,不足以惩处她的罪行啊。"县令让公差把一应案犯都带下去。对人说:"这个案子我已经掌握六七成了,明天再审讯,一定彻底搞清全部案情。"人们都捉摸不透他的意思。天亮以后,县令又升堂审讯,把有关案犯拘拿到堂上,在公案下跪成一列。县令说:"死者夜里托梦给我了,他说:'我确实是中毒死的,但毒死我的不是我媳妇啊。'我问是谁毒死他?他说:'毒我的人,他的右掌心颜色变青了。'"县令说完就用眼睛看了一遍这几个人。过了一会,县令又说:"死者又说:'毒我的人,他的白眼珠一定变成黄色的。'"说完,又用眼睛看了一遍这几个人。县令忽然一拍公案大声斥责老二妻子说:"杀人的就是你呀!"老二妻子十分惊恐地说:"那个下贱女人亲手杀死她的丈夫,怎么能说是我杀的啊?"县令说:"你已经自己承认了,怎能又狡赖!"老二妻子说:"我怎么自己承认的?"县令说:"我说杀人犯右掌心颜色变青,几个人都很坦然,然而你却急忙看自己手掌,这是你自己在招供。我说杀人犯白眼珠颜色变黄,几个人都很坦然,可是你丈夫急忙转向你看你的眼睛,这是你丈夫替你招供呢。怎么能又狡赖!"老二妻子变了脸色,但仍然狡赖。县令说:"再狡赖供述,那么刑具都在这儿呢,就让你尝尝它们的滋味。"老二妻子没有办法,只好招供了全部罪行。原来老二与老二妻子早想吞并老大家的财产,每次到老大家,必定怀里都要揣着砒霜去,打算找机会投放。这一天看见老大家的儿媳妇做饭,絮叨闲语的工夫,乘机下了毒,想毒死他们全家,不料老大的儿子因为饥饿的缘故,首先遭了殃。三年的冤案,过两次堂,审问几句话,就得到昭雪,人们都称赞这个县令断案如神明一样。县令说:"不是什么神明啊,我只是坚持四个字的秘诀罢了。"

大家问是什么秘诀，县令回答说："察言观色。"

解析：司法亲历性原则与"察言观色"智慧

我国古代司法将被告人认罪口供作为重要的定罪依据，不招供不定罪，导致历朝历代刑讯逼供引发的冤假错案时有发生。清末谴责小说巨子吴研人在《我佛山人文集》中讲述了一起真实的清苑县投毒案，某高明县令复审中不用刑，持"察言观色"四字诀使一起因刑讯而招供的冤案得昭雪。虽然我国目前的刑事证据制度与古代迥然不同，但该县令的"察言观色"四字诀与中国特色社会主义法治体系下的司法亲历性原则具有异曲同工之处。

1. 坚持"亲历性"之"形"——亲历庭审

"察言观色"的首要前提是亲历庭审，正如清苑县投毒案中县令亲自审讯，且要求"拘在案诸人，列跪案下"。县令确认杀人者是谁的判断则源于杀人者及知情人当庭对于裁判者技巧性发问的下意识反应。可见，亲历庭审首先要求法官亲自审理。司法亲历性是指审判人员应当亲自参加案件的审理全过程，直接接触和审查证据，直接听取当事人的诉辩主张，直接听取其他诉讼参与人的言辞陈述，进而对案件作出裁判。法官亲历庭审是司法亲历性的重要体现。庭审的基本目的是查明事实，通过双方证据仅能勾勒"法律事实"而非"客观事实"，由于客观事实难以重现，作为裁判基础的法律事实只有无限接近客观事实，裁判结果才能更趋公平。法官通过亲自参加庭审，在双方当事人或控辩双方举证、质证过程中，形成对证据的初步认证，进而对初步法律事实作出判断；除此之外，法官还可通过双方陈述、互相发问、法庭询问等，了解到双方证据载明事实之外的其他事实，使法官对法律事实是否基本接近于客观事实作出判断。亲历庭审除了法官本人亲历庭审外，还包括部分案件中法院认为必要时要求当事人本人亲历庭审。我国《民事诉讼法》司法解释已作出规定，即"人民法院认为有必要的，可以要求当事人本人到庭，就案件有关事实接受询问"。民事案件中，除离婚等案件中当事人必须到庭外，多数案件当事人在委托诉讼代理人后，本人不再出庭。而诉讼代理人并未亲历案件客观事实，信息内容多来自当事人的片面陈述，庭审过程中面对法官或对方当事人对事实的提问，有时无法当庭回答，即便之后书面回复也是在谨慎措辞后作出的对己有利陈述，给案件事实的查明带来极大困难。司法实务中，遇事实难查明的疑难复杂案件时，应要求最了解客观事实的当事人本人到庭参加诉讼，由当事人本人接受交叉询问、接受法官发问。

2. 坚持"亲历性"之"本"——准确心证

亲历庭审为法官"察言观色"提供前提，法官亲历庭审后形成并完善内心确信，是"亲历性"之"本"。以古为鉴，我国自西周时期便确立了"五听"制度，即中国古代司法官吏在审理案件时观察当事人心理活动的五种方法，包括"辞听""色听""气听""耳听""目听"。《唐六典》亦规定："凡察狱之官，先备五听。"五种听讼方式在中国古代"重实体、轻程序"的刑事诉讼中占据了重要地位，为司法官吏探究案件事实真相提供了重要方法支撑。"五听"制度的精髓类似"察言观色"四字诀，即便对当今民事审判也具有重要的借鉴价值。现代司法制度体系下，证据裁判原则是现代证据法的重要原则，裁判结果必须依赖证据，法庭只能依据证据认定法律事实。然，使法律事实无限接近于客观事实，还依赖于法官不断完善心证，法官通过亲历庭审、"察言观色"，于表象之下挖掘真相，准确心证，公正裁判。庭审中，除了举证质证过程中双方以书证、物证、人证等"实化"载体出示证据外，在交叉询问、法官发问、双方辩论阶段，法官更应探查"实化"载体之外，通过"察言观色"所搜集到的"虚化证据"，比如当事人的表情信息、法官将关键问题隐藏在系列询问中引导当事人的潜意识回答等等，这些"无声无影"的虚化信息使法官更容易接触到更原始、未加工、纯事实的素材，辅助法官在证据展现的法律事实基础上做出更接近于客观事实的判定，对法官心证形成及完善起到重要作用，进而影响案件能否公正裁判。正如该县令察言观色真凶"急自视其掌""夫急顾汝而视其目"等"虚化证据"锁定真相。只有亲历庭审后形成的法官心证，才更能贴合客观事实，才更能接近公平正义，这也是亲历性之本。

3. 坚持"形""本"统一——公正裁判

伴随司法体制改革的深入推进，为更好实现"让审理者裁判，由裁判者负责"，庭审的中心地位不断加强，已然成为人民法院审判活动的核心环节。法官通过亲历庭审，不断在现有证据证明的法律事实与已有心证间来回穿梭，及时觉察证据漏洞，避免机械适用证据规则，恰当分配或转换举证责任，形成最为准确的内心确信。坚持亲历庭审和准确心证的"形""本"统一，才能为公正裁判打好坚实基础，进而实现让人民群众在每个司法案件中感受到公平正义的目标。不管是古代"察言观色"四字诀，还是现代亲历庭审和准确心证，都离不开法官个人能力和素养的综合支撑。所谓"庭上三分钟，庭下三年功"，在从亲历庭审之"形"到准确心证之"本"的进路中，如何"察言观色"、如何准确认定事实，法官需具备多种能力要素，需具备综合知识架构，能否顺利从"形"到"本"，考验的是法官智慧。

（张鑫　上海市闵行区人民法院）

八、查档取证断新讼

原文

六十年前，濮牧郄与州监生范姓父子交好，说事过钱，最亲暱，开州有田数顷，价甚廉。范诱郄同买，而契止范名。后郄罢官将回山右，不能有田，亦不敢言。范遂据其田。索价，延不与，止立一借数百金之券。郄归后，屡命其子来索，范则款之，而与之少许盘费。其子死，无人过范氏问者。今郄之孙徙河南，已中举，贫甚，检旧箧，见范借券，不知为田价也，持券来索，范不理，遂具控。

予阅其券属真，顾年久远，焉知非已还失缴废纸，斥郄刁赖。又念郄英年举人，且前牧孙，久闻范无良，因问："范曾与人有讼案否？"吏以二十年前叔侄争产案呈。查范监生弟死侄幼，范主家事，比析箸，有田二十余顷，止以数顷与侄。前牧问生："何以多十余顷？"范手开一单曰："某处系妻奁田，某处系媳奁田，某处几顷系前任郄太爷田。"族长众证单亦同，盖范既诓郄田，又独专其利如此。遂唤范至，年已八十余，初犹强辩，及以其亲笔单示之，乃俯首无词。以年远，且范家亦落，酌断二百金与郄。

——《折狱龟鉴补·卷六》①

注释

【濮州】清代治所在今河南范县西南。

---

① 原始文献详参胡文炳编：《折狱龟鉴补》，清刻本，北京大学图书馆藏。

【监生】明清两代指在国子监肄业者统称监生。初由学政考取，或由皇帝特许，后亦可由捐纳取得其名。

【开州】属贵阳府。治所即今贵州开阳县。

【山右】山西省。

【析箸】分家。

【奁［lián］田】陪嫁的田产。《元典章·户部四·夫亡》："随嫁奁田等物，今后应嫁妇人，不问生前离异，夫死寡居，但欲再适他人，其随嫁妆奁原财产等物，一听前夫之家为主，并不许似前搬取随身。"

译文

六十年前，濮州长官郅某与州监生范某父子关系很好，经常有托事说情和金钱交往，双方非常亲密。邻境开州有几顷田地出卖，价格很便宜。范某就引诱郅某一同买下来，但契约上只写范的姓名。后来郅某被罢官将要回到山西家乡，因为规定官员不能占有任官所在地方的田产，所以他也不敢讲。范某就霸占了他的田产。郅某向范某要回钱，范某拖延着不给，只立了一张借郅某几百两银子的借条。郅某回山西后，多次叫儿子来取，范就招待他的儿子，而只给少量的盘缠费用。后来郅某的儿子死了，就没有人向范某问起这件事。如今郅某的孙子迁居河南，中了举人，但家里十分贫穷，搜检旧箱子，发现范某写的借条，但不知道这是为了买田钱的缘故，就拿着借条来讨取。范某不理睬他，郅的孙子就到县里告状。

我查看他的借款凭证，认为是真的，但顾虑年岁久远，怎么能知道是不是已经还了钱而没有毁掉的一张废据，于是就指责郅的孙子刁钻无赖。但又考虑到郅年轻中举，而且是前任长官的孙子，同时又听说范某品德不良。因此问当差官吏："范某曾经同别人有过讼案吗？"官吏呈上了二十年前范家叔侄争夺财产的案卷。查出范某的胞弟死时，侄子幼小，范某当家，到了与弟分家的时候，他有田二十余顷，但只给侄子几顷。前任官员问范某："为什么你比侄子多十几顷？"范某就开了一张单子说："某处是妻子的陪嫁田，某处是儿媳的陪嫁田，某处几顷是前任郅太爷的田。"族长作证的单子上写的也相同。范某既诓骗了郅某的田产，又独吞了郅某的利益。我就把范某叫来，他已年过八十，开始还强辩，等我出示了他的亲笔单子后，他才低头没有话讲。我考虑到这件事年代久远了，而且范家现今也已破落，就酌情判决范某给郅某之孙二百两银子。

解析：证据裁判和诚信诉讼

案例中的范某背信弃义，诓骗和朋友共同购置的田产，企图独吞利益，郅某之孙告至官府。旧案涉及数十年前的旧事，经年久远，诸多往事难以考证，郅某之孙仅凭一纸借据，孤证难以甄别真假，难以令人信服。在此情况下，判案的县令并未武断判案，而是通过查找线索，多方佐证，最终厘清案件事实，体现了其体察民情、重证据、不轻信一方的断案思路，这和现代诉讼中的证据裁判原则有内在的契合。

1. 穷尽证明资源，还原案件事实

从诉讼制度的演进历史来看，关于案件事实的认定，经历了神示证据制度→法定证据制度→自由心证制度的演变历程。而证据裁判原则，是指以证据为事实认定的基本依据，"证据裁判原则不仅要求法官必须依据证据而为事实之认定，而且对于一定之证据限制法官为自由心证，如无证据能力、未经合法调查、显与事理有违或与认定事实不符之证据，不得作为自由心证之依据。除此之外，补强证据之有无，及科学证据之取舍，法官亦无自由判断之余地"。[①]

古代中国，对于官员裁断纠纷提出严格要求。宋太宗曾诏御史，

---

① 蔡墩铭：《刑事证据法论》，五南图书出版公司1997年版，第428页。

决狱必须"躬亲";宋仁宗曾诏内外百司,"听狱决罪,须躬自阅实"[①];清代规定,"官非正印者,不得受民词"。说明,办理案件的官员,负有亲自审理案件,积极主动寻找证据的职责。对比现代诉讼制度,关于证明方式、法定证据种类、举证责任分配、证明标准的相关立法更为细化,但是古今司法官员在研判案件时重证据的裁判思路上是一致的,都要分辨当事人陈述的真伪,通过缜密的逻辑分析推演出案件真实情况,在繁杂的证据中找到关键的切入点。作为本案裁判官员的县令虽然认为事情年代久远,难以证实借据是不是一张废据,但其并未武断地作出判断,而是进行了多方的查证,通过查找当年的旧档,验明借据的真伪,认定借条的真实性,还原案情原貌;通过寻访民情,了解诉讼双方的品德及为人,得知郅某之孙是年轻举人,而范某的品德不良;通过寻觅证人,找到族长出面作证,从证人、证言两方面确定了数十年前的借款事实。对于当下的中国而言,作为裁判者的法官必须依法尽职履责,只有穷尽证明方式和证据资源,才能使司法裁判认定的案件事实最大程度地接近客观真相,真正做到让人民群众在每一个司法案件中感受到公平正义。

2. 厘清证据冲突,倡导诉讼诚信

范某从霸占郅某田产,到郅某儿子讨要钱款拖欠不还,诓骗了郅某的田产,又独吞了郅某的利益。范某在审理案件的过程中,还强辩抵赖,提供不实的"口供",阻挠县官查明事实真相,直到县官拿出范某亲笔所书单据时,方才默认。范某的行为以及强辩,处处透露着不诚信。若范某面对二十年亲笔开列的单子,仍一味抵赖,则更是难以自圆其说、欲盖弥彰,遭人唾弃。

中华礼法向来崇尚"诚信"两字,这与现代民事诉讼中遵循的诚实信用原则和禁反言规则都是相通的,既是对当事人参与诉讼的基本要求,也是法官查清事实的基本保障,更是营造社会诚信氛围的重要

---

① 《宋史·刑法志一》。

载体。我国现行民事诉讼法第十三条规定,"民事诉讼应当遵循诚信原则"。现代司法制度中"禁止反言"规则,要求当事人对自己之前所作的事实陈述不得随意撤回,这是自认规则的延伸。诉讼诚信原则和禁反言规则,既是案件诉讼程序安定的需要,也是各方公平行使诉讼权利的保障,同时也承载了节省司法资源、提高司法效率的功能。随着社会观念不断地进步以及人民对权益保护认识的不断加深,诚实信用原则因其独特的道德性和法律性的融合,在社会的各个领域发挥独特的作用,在当下的诉讼过程中,应着力将中华法系文明中的诚信文化与社会主义核心价值观中的诚信价值观进行对接,提高全民诚信诉讼意识,助力构建诚信有序的社会。

3. 加强释法说理,尊崇奉公守法

案例中,郅某之孙在若干年之后,拿出旧据,县令的第一反应是斥责郅某之孙刁钻无赖,认为年代久远,怎知不是一张废据,说明其对郅某之孙是否有权主张该项权利持有一定异议。

古有法谚云:法律不保护躺在权利上睡觉的人。现行法律制度中,时效制度就是该法谚的重要体现,其价值理念在于督促当事人及时行使权利,以保障财产流动的效力和效率。与之类似的还有除斥期的规定。这些法律规定具有较强的专业性,可能超出了普通民众的常识和朴素正义观,导致司法认知和民众解读之间存在一定差异,而这正是法治宣传的意义所在。当下构建法治社会,需要广泛开展普法工作,让人民群众知晓、理解与之利益密切相关的法律法规,才能使人们能够正确运用法律武器保护自身合法权益,也才能使法律得到人们的尊崇和信仰,引导人们尊重司法裁判、维护司法权威。

(刘文燕 上海市闵行区人民法院)

九、袁枚审物擒奸

原文

一成衣工,妻早死,家止一女,颇有姿色。父每出门,辄闭户楼居,操针线。里中恶少争艳美之,而无隙可乘。一日,其父晚归,见门大开,呼女不应。登楼见女毙于凳,双手以女裹足布缚紧,下衣弛去,地下有人舌半截,女吭有抓痕,分明因奸毙命。情急控县。官验讫,签捕断舌者。邑庙祝见一人伏香案下,口血淋漓,问之,摇首不能言。适捕役迹至,解官刑讯而服,案定。后署任官细阅案情,大疑,谓行奸必先调奸,调奸必先亲嘴,今舌被女咬断,其人定负痛逃走,何由再行缚凳奸毙。此中情节必非一人,凶手亦非断舌者。出诸禁,杖而释之,另缉凶手。日日审问板凳、脚布,观者如堵。

一日,悬牌覆审,先约会武营:"俟人众挨挤不开时,我若闭门,即为我升炮,坐镇头门,俟我逐一放出,不可走漏一人。"审至日中,忽然炮响门闭,人皆不知何为。令曰:"我为人命案件,不得已夹凳鞭布。昨夜神明告我,今日凶手可获。命差役将裹脚布系于两槛,欲出者以手扶布,自东至西,始准放出;若凶手着布,布即绞住不能脱。"观者俱立在一边,以次扶布而出。内有二人,身未近布,手已惊颤不定。喝令拿下。先是邑有某役,颇有才干。令密问:"此案汝心中颇有可疑之人乎?"曰:"他无所疑,推城外某二人,年少游荡,日在城隍庙前赌钱,或入馆饮酒,彼此不稍离。自此女死后,数日不见。后断舌者供认入监,二人复出。可疑惟此,然无确据。"令恐冤诬,不肯妄拿。故于是日探知二人亦来同观,遂命放炮闭门,及见二人神情可疑,始命拿下。果一讯而服。

缘是日有货郎过女门，女下楼买线论价取钱，断舌者亦少年也，乘女取钱时掩入门内，及女闭门上楼，蓦出求欢，搂抱亲嘴。女忿，嚼其舌，负痛急下楼，开门遁去。后二少年经过，见门半敞，侧身入，虚无人声。及上楼，见女呆坐如痴。搂而求欢，女大呼。于是一人掩其口，一人解女裹足布缚于凳，轮奸讫，虑女号呼，扼吭而毙之。一一实吐，不稍讳，案遂定，二人咸正法。闻署任者乃袁公枚也。

——《折狱龟鉴补·卷三》①

注释

【下衣】指下身的穿着，如裤、裙。

【吭［kēng］】喉咙。

【庙祝】庙宇中管香火的人。

【悬牌】悬挂官府用以喻示下级或百姓的告示牌。

【蓦出】突然出现。

【袁枚】(1716—1798)，清浙江仁和（今杭州市）人，字子才，号简斋。后号随园，世称随园先生，清代诗人、散文家、文学批评家和美食家。乾隆时进士，授翰林院编修，历任溧水、江浦、江宁知县。后丁父忧归，绝意仕宦。从中年起，筑园林于江宁小仓山。博学多识，以诗称于世，洒脱不羁，为清代诗坛中性灵派的主要代表。所作古文、骈文亦纵横跌宕，自成一家。

译文

有一个裁缝，妻子早已去世，家中只有个独生女，长得很漂亮。

---

① 原始文献详参胡文炳编：《折狱龟鉴补》，清刻本，北京大学图书馆藏。

每当父亲外出时,她就闩上大门,独自在楼上做针线活。因而街上的无赖恶少都对她垂涎三尺,但都苦无机会。这天晚上裁缝回家,却见大门开着。他摸到楼上一看,女儿死在长板凳上,双手被裹脚布绑着,裤子扔在凳脚边,地上还有半截血淋淋的舌头,喉咙间有深深的指痕,分明是女儿被先奸后杀。裁缝连夜到县衙报案。县令当即到现场验了尸,又派出大批捕快,四处搜捕断舌之人。城隍庙的住持发现一个青年趴在香桌下,嘴里鲜血淋漓,便上前盘问,那个青年不住地摇头,却说不出话。正好捕快追踪到城隍庙,发现他就是断舌之人,便将他押回县衙。县令升堂审讯,断舌青年当堂认罪,此案也就此了结。不久,原县令任满外迁,继任官翻阅前任留下的卷宗,发现了这起强奸杀人案,感到还有疑点:强奸犯意图强奸女子,必先调情,调情则必进行搂抱亲吻,在强行亲吻时被女子咬断舌头,强奸犯定会负痛而逃,怎么可能还继续用女子的裹脚布将其绑在凳上再将其奸杀呢?显然犯罪现场不止一个人,罪犯也不会是这个断舌青年。于是他把断舌青年打了一顿后就放了,重新缉拿凶手。该官于是天天"审问"长板凳和裹脚布,要它们供出凶手。百姓纷纷赶来看热闹。

这天,该官又在"审问",事先和武营兵商议:等到人越围越多、拥挤不堪的时候,我会下令关大门,你就给我放炮,镇守大门,等我一个挨一个放出人来,不允许有一人走脱。到了中午,忽然一声炮响,大门立刻关上了,人们不知所措。县令大声说:"本官为了破获此案,每天夹凳打布,终于感动上苍。昨夜神明托梦给我说,今天就可以捉住凶手。我已遵照神明的嘱咐,令差役把裹脚布系在两边的柱子上了,凡想出去的人,必须用手摸布,自东向西走出去。如果是凶手,他的手碰到布,布就会把他的手绞住。"于是人们都站在一边,按次序一个个摸裹脚布出去。人群中有两个青年还未靠近裹脚布,两手已颤抖不止。县令大喝一声:"拿下!"之前,县令暗中问一个有才干的衙役:你认为这个案子谁最有嫌疑?衙役说:其他人没有,只有城外某两个小青年,终日浪荡无事,在城隍庙前赌博,或者下酒馆喝酒,两个人形影不离。自从出了这案子,好久看不见他们。后来断舌男子被当成犯人进了监狱,两个人又出现在街面上。这就很可疑,但是没有证据,恐怕冤枉好人,所以没有捉拿。今天县官听说这两个小青年也一起来了,看见他们神色可疑,就命人捉拿了。稍一审讯,果然二人就招供了。

原来,那天有个货郎经过女子家,女子就下楼买针线,选了几种样式后,又上楼取钱。断舌之人也是个浪荡子,乘机闪进了门内。女子付了钱后,关门上楼,断舌青年一下出来抱住女子,强行亲嘴。女子一怒之下,咬掉了他的舌头。青年疼痛难忍,急忙下楼,开门逃走了。过了一会儿,有两个歹徒经过附近,见大门半开着,心中暗喜,就悄悄地上了楼,看见女子呆呆地坐着,于是强行非礼,女子大喊,他们才一人捂住女子的嘴,一个人解开裹脚布把女子双手绑在长凳上,轮奸女子后,又把她掐死。这就是案件的实情,于是定案了,两个强奸犯被就地正法。听说这个县官就是袁枚。

解析:心理学与侦查学在古代司法裁判中的呈现

袁枚是我国清代乾嘉时期的代表诗人、散文家。他24岁中进士,27岁时从翰林院外调做官,先后任沭阳、江宁、上元等地知县。在清代的官僚体系中,知县虽然仅仅是授品七级的小官,但"万事胚胎,皆由州县"[①],作为一州一县的父母官,对其管辖界内的一切事情负有责任,其既是行政长官,也是司法官员。在当时侦查权和审判权合而为一的司法体制中,司法官员必须掌握一定的侦查技巧和审判技能,本案中袁枚夹凳打布、审物拿凶,充分展现了古代官吏破案决讼的司法智慧,可为我们当下的司法提供启迪。

---

① 王又槐:《论详案》,载《官箴书集成·办案要略》(第4卷),黄山书社1997年版,第772页。

1. 善于利用罪犯作案后的心理特征破案

孙子曰,"上兵伐谋"。古往今来,在案件的侦查和审讯中,司法人员往往采取攻心战术,根据人们的心理活动规律,造成犯罪嫌疑人心理认识偏差,诱其暴露,使其最终落网。本案中,袁枚设局审物擒凶的独特办案方式就运用了疑兵设伏的心理战术。袁枚先是针对犯罪嫌疑人担心事情败露、千方百计打探风声的心理弱点,故意放风宣称:"长板凳和裹脚布是犯罪行为的见证者,他要夹凳打布,审理这些证物,要它们供出凶手"。这是充分利用罪犯作案后的好奇与恐惧心理,引蛇出洞,吸引其前来观看,进入自己设下的"埋伏"。在确定嫌疑人到场以后,立刻关上大门,通过"神明托梦,凶手碰布,布就会绞住"的天罚情景设置,对犯罪嫌疑人输出这种"神明天罚"的刺激性信息,使其极度恐慌不安,心理防线崩溃,暴露凶手身份。

袁枚的心理战术着眼于具体的案情和犯罪嫌疑人的明显的心理特征,根据案情设计计谋,构思严密,环环相扣。善于运用心理战术获取案件事实真相,对当前的执法办案依然具有很好的启示。首先,要知己知彼,掌握对象的心理,基于嫌疑人犯罪行为发生后表现出的心理活动的规律性,找出其心理弱点和缺口,抓准攻击的要害。其次,要会巧设"伏击",根据实际案情,特别是犯罪嫌疑人的某种心理特征和心理轨迹提前设计好进行伏击的方案,通过一系列的引导逐渐使其放松警惕慢慢进入"伏击点位",然后突然对其心理弱点输出某种强刺激信息,出其不意突破其心理防线。在法庭审理过程中,当事人以己方胜诉为目的,对于法官的询问多会作有利于己的陈述,有意无意地忽视甚至刻意隐瞒部分事实真相,给案件事实的查明带来了困难。对此,我们可以学习袁枚打心理战的方法,结合具体案情,运用心理学上的一些方法和技巧来发现案件真相。

2. 充分重视调查摸排在执法办案中的作用

中国古代诉讼制度刑民行合一,刑事诉讼中侦诉审合一,行政主管官员也是司法官,对于侦查破案、法庭审讯、司法鉴定、痕迹证物、调解纠纷、辨诬雪冤、定罪量刑,均要有所涉猎且一一裁断,才能最终作出公正裁判。现代刑事诉讼诉讼制度中的调查摸排,一般是指侦查机关对已经发生的刑事案件在现场勘查、分析案情的基础上,根据案件发生的条件和侦查工作的部署,依靠有关方面及广大群众,在一定范围内对有作案迹象及作案条件、作案可能的人逐个调查了解,从中发现并排查出犯罪嫌疑人的一项侦查措施。① 摸排作为一项重要的侦查措施,体现了办案和群众路线相结合的方针,成为侦查人员获取犯罪线索、侦破案件的有效方法。袁枚在本案的侦破审理过程中就运用了刑事侦查学上的这个方法,他让役吏把本地的无赖恶少进行了摸排和调查,发现有两个恶少,不务正业,日日寻事,但自从本案受害女子死后就不见踪影,直到断舌青年被关进监狱之后才又出来活动,形迹可疑,初步圈定了可能的犯罪嫌疑人。之后,又进一步通过审讯长板凳与裹脚布的方法,引蛇出洞,使犯罪嫌疑人露出马脚,捉住凶手。

限于时空限制,案件真相难以在司法程序中原原本本地再现,但犯罪活动在案发现场及罪犯行踪所到之处会留下客观痕迹。盖因如此,古代那些明察秋毫的"青天"在面对棘手案件时,经常会走出公堂微服私访,进入当事人的生活环境之中,通过蛛丝马迹来追寻案件的真相。古人这种加强案件调查、深入人民群众的办案方式值得学习借鉴。现代司法实践中,由于强调法官居中裁判、诉讼两造对抗,在一定程度上呈现出职权主义诉讼模式向当事人主义诉讼模式的转化,案件事实主要依据双方提供的证据进行认定,外出调查了解案情较少,直接听取周边群众的意见和观点较少,事实真伪不明的情况下则根据举证责任分配原则作出法律推定,在价值存在冲突的情况下往往根据法官的个人判断作出价值裁量,这也导致一些案件在事实认定和价值衡量上存在争议。因此,在办案过程中,应向古代的先贤们学习,更加注重调查走访,更加注重听取群众意见。

---

① 杨宗辉、王均平:《侦查学》,群众出版社 2002 年版,第 38—39 页。

3. 去伪存真牢固树立唯物主义法治观念

袁枚审物擒奸案中的某些因素，比如夹凳打布让其供出凶手，又如神明托梦、布会把凶手的手绞住等，都是建立在迷信鬼神的基础上。应当看到，鬼神信仰在中国古代民间流传久远，官方和民间的各种虔敬鬼神的祭祀活动也不断强化了这种信仰。由于基层绝大多数民众都相信鬼神能够奖善罚恶，因此，这种民间特有的鬼神信仰始终作为我国古代法律文化的内容，对国家法律的实施发挥着重要影响。[①]

在当下的中国，我们必须坚决摒弃鬼神迷信思想，牢固树立唯物主义法治观念。习近平法治思想是马克思主义中国化的最新成果，从我国革命、建设、改革的伟大实践出发，着眼全面建设社会主义现代化国家、实现中华民族伟大复兴的奋斗目标，深刻回答了新时代为什么实行全面依法治国、怎样实行全面依法治国等一系列重大问题，标志着我们党对共产党执政规律、社会主义建设规律、人类社会发展规律的认识达到了新高度。为此，在执法办案的过程中，要全面贯彻习近平法治思想，既不走封闭僵化的老路，也不走改旗易帜的邪路，要从中国国情和实际出发，传承中国法系优秀传统，学习借鉴中华法系优秀案例中的深厚的文化底蕴和独特的方法技巧，取其精华去其糟粕，为全面建设社会主义现代化国家、实现中华民族伟大复兴夯实法治基础。

（王伟　上海市闵行区人民法院）

[①] 李文军:《论鬼神观念对中国传统司法的积极意义》，《河北法学》2009 年第 7 期。

十、黄中还银获银

原文

顺治十年三月，龙溪老农黄中与其子小三操一小船，往漳州东门买粪，泊船浦头，浦旁厕粪，黄所买也。父子饭毕，入厕担粪，见遗有腰袱一具，携以回船，解袱而观，内有白金六封。黄谓其子曰："此必上厕人所失者。富贵之人，必不亲自腰缠；若贫困之人，则此银即性命所系，安可妄取。我当待其人而还之。"小三大以为迂，争之不听，悻悻径回龙溪。黄以袱藏船尾，约篙坐待。良久，遥见一人狂奔而来，入厕周视，旁徨号恸，情状惨迫。黄呼问故。其人曰："我父为山贼妄指，现系州狱，昨造谒贵绅达情，州守许以百二十金为酬。今鬻田宅，丐亲友，止得其半，待州守许父保释，然后拮据全馈，事乃得解。故以银袱缠腰入州，因急欲如厕，解袱置板，心焦意乱，结衣而出，竟失此银。我死不足惜，何以救我父之死乎！"言讫，泪如雨下。黄细询银数与袱色俱符，慰之曰："银固在也。我待子久矣。"挈而授之，封完如故。其人惊喜过望，留一封谢黄。黄曰："使我有贪心，宁肯辞六受一？"挥手使去。

是时船粪将满，而子久不至，遂独自刺船归。行至中途，风雨骤作，舣棹荒村之侧。村岸为雨所冲洗，轰然而崩，露见一瓮，锡灌其口。黄亦不知中有何物，但念取此可为储米器，然重不能胜，力举乃得至船。须臾，雨霁风和，月悬柳外，数声欸乃，夜半抵家。小三以前事告母，两相怨詈，黄归扣户，皆不肯应。黄因诳云："我有宝瓮在船，汝可出共举之。"子母惊起趋船，月光射瓮头如雪。手舁而上，凿锡倾瓮，果皆白镪，约有千金。黄愕然，悟蕉鹿之非梦矣。黄之邻止隔苇墙，卧听黄夫妇切切私语甚悉，明日，以"擅发私藏"首于官。龙溪宰执黄庭讯，黄一无所讳，直陈还银获银之由。宰曰："为善者食其报，此天赐也，岂他人所得而问乎！"笞邻释黄。由是迁家入城，遂终享焉。

——《虞初新志·卷十七》①

注释

【龙溪】龙溪县，治所即今福建龙海市西北古县。《寰宇记·卷一百二》谓其因龙溪为名。明、清为漳州府治。

【腰袱】系于腰部的包袱。多用以藏钱。

【白金六封】银两六包。

【刺船】撑船。《庄子·渔父》："乃刺船而去，延缘苇间。"

【舁〔yú〕】共同抬东西。

【白镪〔qiǎng〕】白银的别称。

译文

顺治十年三月的一天，龙溪县有个老农名叫黄中的，同他的儿子黄小三驾着一艘小船，到漳州城东门去购买粪便，船停泊在河边码头。河岸边有个厕所里的粪便，是黄中所要购买的。父子两人吃完饭，到厕所里去挑粪，看见一个用于束在腰间的带状包袱不知是谁遗忘的，就携带回船上，解开包袱一看，里面有沉甸甸的六包银子。黄中对他儿子说："这些银子一定是上厕所的人所遗失的。有钱的人，一定不会亲自腰缠金银；如果是贫困的人，那么这些银子一定关系非轻，怎能轻率地占为己有。我应当等待失主来而还给他。"儿子黄小三听后认为

---

① 原始文献详参 [清] 张潮辑：《虞初新志》，河北人民出版社1985年版，第324页。

父亲太迂腐，同父亲争论，黄中不听儿子的话坚持己见，黄小三气冲冲地独自回龙溪去了。老农黄中把腰袱藏在船尾舱内，插定竹篙坐在船头等待失主。很久，遥遥看见有一个人发疯似地奔跑而来，急急地进入厕所四周寻找什么，彷徨地走来走去，接着大哭起来，情状凄惨而窘急。黄中呼喊他近前来询问缘故。那人说："我的父亲被山贼诬指为同党，目前被关押在漳州府衙门的监狱中。昨天拜访富贵绅士请托去衙门说情，知州答应拿一百二十两白银作为保释酬金。今天我出卖田地宅院，求借亲友，只筹集到半数，想等到知州允许保释出我父亲后，再拼全力艰难地凑齐这笔保释酬金。这样，这件事才能了结。所以我把藏有白银的包袱缠在腰上进州城，因为急于要上厕所，解下包袱放在坑板上，方便后因为心焦意乱，整了衣裤走出厕所，竟然忘了拿包袱，所以就丢失了这些银子。我死不可惜，可是拿什么来救我的父亲，让他不陷于死罪呢！"说完，眼泪像雨一样流下。黄中详细地询问他白银的数量和包袱的颜色，都符合原物，就安慰他说："银子没有丢失，在我这里。我等候您好久了。"说着从船尾舱里提出包袱交给失主，六包银子同原来一样。那失主见后始料不及地惊喜万分，从包袱中拿出一包银子给黄中。黄中拒绝说："如果我有贪心，怎么肯不拿六包而接受一包呢？"坦然地挥挥手，示意失主离去。

这时船中粪便将装满，而儿子却很久也没回来，他就独自划船而归。黄中驾船行到半路，突然风雨大作，他就在一个荒村的岸边停泊避风雨。荒村的岸边被雨水冲洗，忽然"轰"的一声，岸土坍了大块，在坍塌处露出一只瓮，瓮口用锡封住。黄中没有想到瓮里有什么东西，只是想把它拿回家去用来盛米，然而瓮很重，用力提举才提到船上。不多时，雨停风和，明月高悬柳枝之外，于是继续划船启程，橹声阵阵，半夜才回到家中。不料儿子黄小三早已回家，把父亲捡到银子又想还给失主的事告诉了母亲，母子两人都怨骂不已，等到黄中回来敲门时，两人都不肯开门。黄中因此欺骗他们说："我有一只装有财宝的瓮在船上，你们赶快出来，大家一道抬回家。"母子两人听后惊喜地起床快步跑到船上，见月光下瓮的封口白亮如雪。三人用手抬瓮回家，凿开封口的锡，倾倒瓮内的东西，果然都是白银，大约有一千两。黄中见了惊讶得发愣，这才领悟到人生得失并不是梦，而是活生生的现实。不料，黄家的邻居只隔着一堵芦苇墙，躺在床上听到黄家夫妇间的私下对话很详细，到了明天，以"擅发私藏"的罪名向官府告发黄中。龙溪县县令下令逮捕了黄中，在大堂审讯。黄中一点也不回避事实，把拾到银子归还银子和捡回瓮发现银子的情形，原原本本陈述清楚。县令说："做善事的人得到他应得的善报，这是上天所赐给的啊。岂能允许其他人也想得到它呢！"于是当堂笞打那个邻居而释放了黄中。从此，黄中迁家住到了龙溪县城内，享福而终。

解析：运用法律原则断案的"清代奇案"及其内在规则

清代康熙年间钮琇所著《觚剩续编》卷三记载了一个拾金不昧得好报的故事——黄中还银获银案。此案如依《大清律·户律钱债·得遗失物》之"凡得遗失之物，限五天内送官，在他人地内得到私藏财物，应与地主平分"的规定，应判黄中把白银千金送交官府充公，但县官却依据"为善者食其报，此天赐也。岂他人同得而问乎！"的原则，法外将白银判给这位品德高尚的老农黄中，并惩治邻居。该案的裁判并未刻板执行法律，而是选择适用"善有善报"的原则，系清代司法在特殊案件中通过法律原则的适用实现"司法个别化"的典型案例。

1. 法律原则与法律规则

从法律是否有明文规定来看，法律原则可以分为三类[①]：一是法律明文规定的原则，例如《民法典》规定的民事活动自愿、公平、诚信

[①] 黄茂荣：《法学方法与现代民法》，中国政法大学出版社2001年版，第377页。

原则；二是作为法律基础的原则，虽未规定于法律明文，但构成法律规定的规范基础，例如契约自由原则、信赖保护原则；三是作为基本价值的原则，这类原则不但尚未直接为法律明文规定，而且不能从法律规定提炼得出，更多的是从法律传统中延续过来，例如正义、平等、自由原则。本案适用的法律原则在古代往往被称为"善有善报"，在今天则称为"公序良俗"。对此，我国《民法典》第 8 条作出明确规定："民事主体从事民事活动，不得违反法律，不得违背公序良俗。"该法律原则属于第一类法律明文规定的原则。

关于法律原则与法律规则的区别。从法律适用的角度看，原则是一般的、抽象的、概括性的、开放性和方向性的，而规则是对具体权利义务的设定；原则的内容和适用具有更大程度的不确定性，规则的内容和适用则具有相对的确定性；规则具有直接的约束力，而原则仅具有指导意义。①

关于法律原则与法律规则的关系。原则是规则的精神实质和理念内涵，规则是原则的形式外延和内容拓展；规则是原则的具体化，原则依靠规则加以落实。在面对具体个案时，原则与规则的关系可能出现三种情况：一是两者具有一致的评价观点；二是两者具有不同的评价观点，即出现原则与规则的冲突；三是规则缺位，即存在法律漏洞。② 本案即上述第二种情形。法律体系中存在相应可适用的规则，即《大清律·户律钱债·得遗失物》之"凡得遗失之物，限五天内送官，在他人地内得到私藏财物，应与地主平分"，依据该法律规则白银应判归官府充公。但依据"善有善报"或者"公序良俗"的法律原则，白银应判归老农黄中。此时，法律规则与法律原则的适用出现了冲突。

2. 法律原则的适用可能性

面对具体的个案，基于法的安定性要求，在一般情况下应优先适

---

① 孔祥俊：《法官如何裁判》，中国法制出版社 2017 年版，第 315 页。
② 李鑫：《论法律原则的适用条件》，《法律方法》2013 年第 13 期。

用法律规则。法律规则的适用因其确定性而较易判断,而法律原则的适用则较为复杂,由于其结果的不确定性,需要在多个答案间进行衡量,最终决定一个相对合理的答案。法律原则也更多地与自由裁量权联系在一起,法律原则赋予法官更多的判断权。为了维护法律的稳定性,应当优先适用法律规则。

但是,法律原则的适用也是存在可能性的。正如亨克尔所言:"概括性条款是留给司法者造法的空间,在某种意义上,可以说是预先设计的法律对特殊案件特别性的让步。"[1] 又如历史学家瞿同祖所述:"儒者为官既有司法的责任,于是他常于法律条文之外,更取决于儒家的思想。中国法律原无律无正文不得为罪的规定,取自由裁定主义,伸缩性极大。这样,儒家思想在法律上一跃成为最高的原则,与法理无异。"[2] 在清代,并不是所有民事案件都严格依照成文法裁判,而且在判词中也几乎不引用律例,[3] 地方官常依儒家思想作出裁断,本案的审理即是如此。

3. 法律原则的适用条件

在具体案件中,当既存在法律规则,又存在法律原则,且适用法律规则和适用法律原则会得出两种截然不同的裁判结果时,如果适用法律规则会导致结果极端不公平,或者适用法律原则明显更符合当时的社会价值、能实现更好的社会效果时,可以适用法律原则。

在我国古代的司法实践中我们经常能看到,地方官受儒家思想的影响,时常拥有惩恶扬善的道德体系,引导人们一心向善,从而维护良好的社会秩序。助人为乐、拾金不昧向来是中华民族的传统美德,本案中,老农黄中已将先前拾得之白银归还失主,此德此举,值得褒奖。当其在回家路上竟又拾得许多无主银子而被邻居恶意告发时,若

---

[1] 转引自王泽鉴:《法律思维与民法实例》,中国政法大学出版社2001年版,第254页。
[2] 瞿同祖:《瞿同祖法学论著集》,中国政法大学出版社1998年版,第355页。
[3] 王静:《清代州县官的民事审判——一个法律文化视角的考察》,吉林大学博士学位论文,2005年。

依律例规则判归官府充公，则无益于惩恶扬善，而若依"善有善报"之原则判给这位老农，则对道德高尚的行为给予了肯定和奖励，并对恶意告发的行为予以否定和惩戒，弘扬了惩恶扬善的价值观，实现了净化人心的社会效果。正如《钦颁州县事宜》所载："州县官为民父母，上宣朝廷之德化，以移风易俗；次奉朝廷之法令，以劝善惩恶。听讼者所以行法令而施劝惩者也，明是非，剖曲直，锄豪强，安良懦，使善者从风而向化，恶者革面而洗心，则由听讼以驯致无讼，法令行而德化亦兴之，俱行矣。"[1]

德沃金说："如果人们将自己设定于对规则的研究，就不能充分地理解法律系统；因为当其与法律原则相冲突时，规则有时会被撇在一旁。"[2] 对于法律原则的适用，当代法官应当在上述考量框架、援引次序的基础上予以审慎考量，并承担例外论证的义务。

（席建林、朱秋晨　上海市闵行区人民法院）

---

[1] 《宦海指南五种·钦颁州县事宜·听断》。
[2] 转引自〔比〕马克·范·胡克：《法律的沟通之维》，孙国东译，法律出版社2008年版，第217页。

十一、丁乞三仔案

原文

检查雍正十年江西巡抚题丁乞三仔殴死无服族兄丁狗仔一案，奉旨：丁乞三仔年仅十四，与丁狗仔一处挑土，丁狗仔欺伊年幼，令其挑运重筐，又将土块掷打，丁乞三仔拾土回掷，适中丁狗仔小腹殒命。丁乞三仔情有可原，着从宽免死，照例减等发落，仍追埋葬银两给付死者之家。钦此。恭纂为例，历久遵行。

——《刑案汇览》[①]

注释

【无服族兄】远亲族兄。丧制指五服之外无服丧关系称"无服"。《礼记·丧服小记》："为父后者，为出母无服。无服也者，丧者不祭故也。"

【伊】他。

译文

查雍正十年江西巡抚启奏之丁乞三仔殴死远亲族兄丁狗仔一案，奉圣旨：丁乞三仔当时年仅十四岁，某天与比他长四周岁的族兄丁狗仔一起挑土。丁狗仔欺负丁乞三仔年幼，让他挑重的土筐，又拿土块扔打他，丁乞三仔拾土反击，正好打中丁狗仔小腹导致其死亡。丁乞三仔情有可

[①] 原始文献详参《刑案汇览三编》，北京古籍出版社2004年版，第112页。

原，令宽大处理，免于死刑，按照惯例从轻发落，仍然追讨丧葬费二十两给受害人家属。钦此。将此案件写入法律，以后按此判案。

解析：清代因案修例与类案指导制度实践

丁乞三仔案的审判结果，突破了当时清律对年满十岁者斗殴杀人不适用《大清律例》相关"恤幼"规定的限定。而经由皇帝钦定的"丁乞三仔案"成为清朝司法机关审判同类案件适用减轻刑罚比附援引的定例。这既是中国"情感本体"文化传统浸染的真实写照，更折射出了刚性司法背后的柔情与智慧。"哀矜折狱人无怨"的社会效果，是司法机关在特殊情形下以牺牲法律常态为代价获取大众情感认同、提升社会幸福感的一种方式。重视更高层面的价值追求和道德准则，并用来指导成文法的修订与完善，是对实质正义的更高追求，也是正确认识和把握社会主义司法规律的有益实践。

1."恤刑""恤幼"体现了中华法系文化中的宽仁理念

以"恤幼"之例展现司法柔情。"恤刑"是我国古代社会一项重要的法律原则，体现了儒家的"仁爱"和"礼治"思想。对未成年人犯罪实行特殊的刑事处罚，早在西周时期就已经出现。《礼记·曲礼》记载："人生十年曰'幼'，学。……七十曰'老'，而传。八十、九十曰'耄'。七年曰'悼'。悼与耄，虽有罪，不加刑焉。"[①] 这种"恤刑"的法治思想被后世法典所沿袭，丁乞三仔案正是对其中所包含"恤幼"法治思想的集中展现。

丁乞三仔案突破了《大清律例》规定的10岁以下犯杀人应死者的才能上请的适用条件。雍正年间，关于十五岁以下过失性杀人形成新例："至十五岁以下，被长欺侮殴毙人命之案，确查死者年岁亦系长于

---

① 《礼记正义·卷一·曲礼》。

凶犯四岁以上而理曲逞凶或无心戏杀者,方准援照丁乞三仔之例声请,恭候钦定。"10岁以上未满15岁的未成年人,如果与丁乞三仔案情罪相符,也可以上请减刑。这则新例突破了仅以客观年龄作为"恤幼"标准的既有成文律法。当丁乞三仔案被作为先例确立后,地方官员在决定是否要将某个身犯命案的幼童申请上裁时,便不能只是简单套用律文所划分的三个年龄阶段,而是要转向个案的实质性裁量,即考虑该案与丁乞三仔案是否"情罪相符",将与年龄对应的"幼弱"单一指标,分成"幼"和"弱"两项指标。未满15岁的未成年人,相对于年长4岁以上的人而言是"幼",而受到无理的欺凌则是相对的"弱"。15岁以下的未成年人具备这两个条件时,从情理上来说,应该视为如同年龄10岁以下儿童一样地"幼弱",应该对其在因"幼弱"被欺凌而杀人时给予同样的上请权。这种从绝对"年龄"到酌定"情由"的变化,避免了机械适用法律条文的单一性,展现了情理均衡的柔性司法。

2."缘情断狱"是古代司法裁判的重要考量因素

由丁乞三仔案可见,我国在传统司法过程中十分重视"情理"的运用,"缘情断狱"是我国传统司法的重要特点。[①] 在现代司法背景下,"以事实为依据,以法律为准绳"为前提,但我们不应忽略情理在司法裁判中运用的空间和可能。在特定刑事、民事等案件中运用情理,实现情理法相协调,这有利于提高裁判结果的可接受性,使裁判结果合法又合理,充分发挥司法裁判的定分止争和价值引领的作用。例如,在电梯劝烟猝死案中,生效裁判文书较多地运用了"弘扬社会主义核心价值观""维护社会公共利益""促进社会文明"等与情理相关的词汇来论述劝烟行为的正当性,进而得到了其不需要为对方死亡负责的裁判结论。裁判说理中对于"情理"的运用,增强了裁判结果的合理性,使之更能为社会公众所接受。法官在裁判文书中运用"情理"释

---

① 景风华:《"矜弱"的逻辑:清代儿童致毙人命案的法律谱系》,《法学家》2017年第6期。

法说理，既是将法律评价与道德评价有机结合，实现法治和德治相辅相成、相得益彰，也是综合考量法、理、情等因素，强化导向作用，不断提升司法裁判的法律认同、社会认同和情理认同。

3."因案修例"是完善成文立法的有效途径

丁乞三仔案也是因案修律的实证。清代的因案修例，即基于某一司法案件对《大清律例》中的相关条例进行修改。清代统治者通过此种机制从司法案件中抽象出成文法则，进而实现法律文本稳定性与适应性的均衡，这对于当前我国的类案指导制度的完善有着重要的借鉴意义。一方面，应当稳步构建"由案到法"的衔接机制。清代的因案修例不简单局限于案例本身，而是希冀找出最具代表性和实用性的那部分司法案例，将之转化为通用的抽象法律规则。类案指导制度可对此予以借鉴，建立起"由案到法"的衔接机制，对于享有指导性类案、案例推荐权的主体赋予立法建议权，对适用频繁、认可度高的案例，可以作为司法解释或立法草案素材，提升指导性案例的效力认可度。另一方面，应当完善类案判断机制。由于清代司法实践中未形成系统的类案判断机制，清代统治者为避免司法官员借助个案判断而随意出入人罪，干脆明文禁止成案的适用，"凡属成案未经通行著为定例，一概严禁，毋得混行牵引，致罪有出入"。由此衍生出除生成新例的案件之外，大量具有参照意义的成案无法得到充分地运用。因此，有必要完善类似案件的判断机制，确立统一的案件类似比对规则，明确在争议焦点、基本事实等方面相似就应当构成类似案件，从而扩大指导性案例类案的适用。此外，还应当改进指导性案例的退出机制。例如，丁乞三仔案突破了律文，但适用条件并不明确，此后相继被乾隆十年（1745）熊宗正案、乾隆四十三年（1778）刘縻子殴杀李子相案等案例更改、修正。对于不合时宜的案例，要及时予以修正、更替，适时而新，以保持其鲜活生命力。

（张倩、杨敬　上海市闵行区人民法院）

十二、郑裕国为乡民审银币

原文

郑裕国令归安，人称之为"郑青天"。一日，乡人某以女将遣嫁，入城购奁物，过一点心肆，食汤圆，而囊无铜钱，告店主曰："我因事入城，仅有银耳，尔且记帐，稍缓即来偿。"店主曰："我店资本甚小，且向不识尔，乃图哺啜耶？"乡人不得已，以银币一圆为质而去。事竣，则持铜钱以赎银币，店主不认，曰："汤圆值数十文耳，焉用银？"乡人忿甚，商于讼师赵某，赵曰："此地为乌程所辖，讼必屈，若逢郑青天，事乃济。"乡人哀求不已，赵曰："尔愿受笞数十乎？"语其故。乡人大喜，静候于归安署前，将伺郑出而控之。俄郑自府署归，乡人直冲其仪卫，郑喝问，大呼曰："小人籍乌程，官为归安令也，当送乌程，不当责我。"郑曰："天下官管天下百姓，事犯在我，不能免。"杖毕，乡人乃以牍进，郑曰："此为乌程界，汝应往该管衙门呈控，不得歧渎。"乡人曰："天下官管天下百姓，官之言也。"郑笑而言曰："姑为尔讯之。"即签传店主，坚不承，乃潜使役向店主妇取赃，绐之曰："尔夫已供认矣，速缴可免责。"妇曰："我原劝其不可昧良，今何如！"遂以原银币给役持归。郑获赃，谓乡人曰："汝银当于他处遗失，彼不承，我不能滥刑徇私，不如我偿汝，免枉屈良民。"乡人不受，郑佯怒曰："偿汝不领，欲何为耶？"掷银二饼，中杂以原物一，听自择。乡人见而讶之，指其一曰："此为小人故物，何得在此？"郑问何所记，曰："此银乃小女聘金，上有双喜碌字，故知为原物也。"以示店主，店主不语，乃俯首伏罪，薄责而释之，乡人顿首致谢去。

——《清稗类钞·狱讼类》[①]

---

① 原始文献详参《清稗类钞》，中华书局2010年版，第1131—1132页。

注释

【哺啜】饮食;吃喝。《孟子·离娄上》:"孟子谓乐正子曰:'子之从于子敖来,徒哺啜也。'"朱熹《集注》:"哺,食也;啜,饮也。言其不择所从,但求食耳。"

【讼师】旧时以替打官司的人出主意、写状纸为职业的人。

【归安县、乌程县】北宋太平兴国七年(982)分乌程县东南境置归安县,与乌程县同治一城,即今浙江湖州市。归安县向与乌程县同为湖州、安吉州、湖州路、湖州府治。

【呈控】上告。

【歧渎】违规控诉。

译文

郑裕国曾经在归安县做过县令,被老百姓誉为"郑青天"。一天,某乡有个人,女儿快要结婚了,去城里给女儿买嫁妆。到城里时,这个人路过一个点心铺子,进去吃了一份汤圆。但他没有零散的铜钱,就跟店主商量:"我来城里还有事要办,但是我身上只有银币,你能不能记账,等我办完事回来再给你钱。"店主一听,当即表示不愿意:"我本小利薄,又不认识你是谁,我小营生没法干了。"这个人没办法,只好给了店主一元银币作为抵押。等给女儿买完嫁妆,这个人回来拿着铜钱要赎银币。然而,店主却不承认了,还说:"汤圆就值几十文钱,谁会给我银币?"乡人一听,很生气,他找到状师赵某商量,看看这事怎么解决。赵状师跟他说:"这里归乌程县令管辖,如果打官司,那肯定不会赢。但是,如果你能碰到郑青天,这场官司肯定能打赢。"这个人苦苦哀求,赵状师问他:"你愿意挨几十下板子吗?"看到这个人不明白,赵状师跟他说了一番话,这个人大喜。随后,他来到归安县的县衙门口,静静等候着郑裕国出衙。没多会儿,郑裕国出来了,他直接冲上前去,拦住仪卫。郑裕国问他什么情况。这个人大声说:"我是乌程人,您是归安县令,您应该把我送到乌程,不应该责骂我。"郑裕国说:"天下的官员能管天下的百姓,你既然犯在我手里,我就得管你。"让人打了他几十下板子后,这个人于是拿出状纸,说要告汤圆店店主。郑裕国告诉他:"你这事儿不归我管,得让乌程县令给你主持公道。不能跨界告人,我也不能帮你。"这个人大声说:"天下的官员能管天下的百姓,这是大人您的原话啊。"听到这里,郑裕国笑了,于是说:"好吧,我就为你处理这件事吧。"随后,郑裕国让人把汤圆店店主传来,店主死不承认。郑裕国就安排了衙役去汤圆店店主的家里,找到店主的老婆,哄骗他妻子说:"你丈夫已经招供了,赶紧把银币交出来,还能免受刑罚。"店主妻子一听这话,赶紧交出银币,还说:"我早就跟他说过,做人不能昧了良心,怎么样,我说中了吧?"衙役把银币交给了郑裕国,郑裕国跟告状者说:"你的银子应该是丢在其他地方了,他不承认,我也不能滥用刑罚。这样吧?我赔给你,免得你冤枉好人。"这个人不愿意,郑裕国假装很生气,大声说:"赔给你,你又不要,你想干什么啊?"说完这话,郑裕国丢出两块银币,其中一块就是这个人的银币,任凭他去拾捡。这个人一看,认出了其中一个是自己的银币,惊讶地说:"这就是我的银币,怎么会在这里?"郑裕国问他怎么知道这是自己的银币。这个人说:"这个银币是我女儿的聘金,上面有两个红色的喜字,所以我知道这是我的银币。"拿起来给汤圆店店主看,店主无言以对,只好磕头认罪。郑裕国稍微骂了店主几句,然后就让店主走了。这个乡人拿着银币,给郑裕国磕头后也走了。

解析:从古代裁判中看司法公信的厚植与彰显

一个国家的法律文化、司法理念和法治模式,决定于其特定的文化背景和发展历史。为此,习近平总书记深刻指出,"走什么样的法治道路、建设什么样的法治体系,是由一个国家的基本国情决定的","我国古代法制蕴含着十分丰富的智慧和资源,中华法系在世界几大法系中独树一帜。要注意研究我国古代法制传统和成败得失,挖掘和传承中华法系文化精华,汲取营养、择善而用"。① 郑裕国办理的为乡民审银币案,案件标的不大,案情亦不复杂,但其不嫌案小,为乡民主持正义,终以该小案名垂青史。本案中体现的礼法合治、宽严相济、重在教化的法律文化和司法智慧,是司法公正得以实现、司法公信得到彰显的内在原因,值得现代司法裁判者学习借鉴。

1. 司法公信源自公众对司法公正的感受与认知

司法公信是指社会公众对司法过程及其结果进行认知和判断后,所形成的一种信任和尊重的社会心理状态。其中,司法制度和司法程序的完善程度、案件处理的公正性以及司法官员个人的人格、威望,都是司法公信产生的基础。本案最引人瞩目的当属乡民宁可挨几十下板子,也希望突破属地管辖,由"郑青天"为其主持公道,郑裕国在当地百姓中的良好口碑可见一斑。只有做到能谋善断、公正无私、为民担当,才能赢得这样的充分信任和尊重。

司法公正是司法公信的基础要素,让人民群众在每一起司法案件中感受到公平正义,是司法公信得以形成的内在根源。只有每一名司法官员都能牢固树立为民宗旨,把司法理念、法律原则和法律规范切实转化为指导司法实践的准则,在每一起案件中都不折不扣做到忠于事实、忠于法律,才能使当事人及社会公众充分了解进而理解法律规则和司法程序,充分感受到司法公正并进而形成司法公信。

2. 当事人对裁判的信服度来源于抽丝剥茧、断明事实

认定案件事实,必须以证据为根据。重证据,重调查研究,不轻

---

① 习近平:《加快建设社会主义法治国家》,《求是》2015年第1期。

信口供，没有证据不轻易认定案件事实。故执法者的基本素养是"仁""智""勇"，在查明真相的过程中兼顾"察情""据证""察色""察辞"，仔细耐心地进行审讯，洞察细微，抓住要害。在取证谋略方面，古人讲究"正谲并用"，重视"谲术运用"。故而，郑裕国在智取物证时，故意告知店主老婆其丈夫已招供，店主老婆方及时交出银币。即使取得了物证，郑裕国也并未急于定案，而是进一步运用谲术，故意向原告甲丢出两块银币，甲通过银币上两个红色的"喜"字识别出其女的聘金，将货币特定化，进一步提高了证据的可靠度。至此，"店主无言以对，只好磕头认罪"。郑裕国取得物证之后也并未立即对店主加以刑讯，而是通过进一步的识别，做到"情"与"迹"相结合，让店主心服口服，正是这样的办案方式，进一步显示了郑裕国的办案能力，提升了其司法公信力。

3. 礼法合治、情理法结合是古代司法公信力产生的文化渊源

"中古时期（前475—1839）即封建社会，系为中华法系及传统法律观的形成和发展时期。这一时期形成了中央集权的统一国家体制，'礼、律、典'的法律体系结构与'天理、国法、人情'的司法模式，'礼法合治'成为治国方略与主导思想。"[①] "'礼'中包括制度、含有法律，不能等同于今语道德品质。'法'是法家对法、律、令的概况，不等于全部古代法律。"银币案中，司法管辖以及司法裁判过程、裁判结果都体现了这一特点。

从裁判结果而言，虽然最终查明确系店主贪昧了原告的银币，但因未造成严重后果，在店主磕头认罪后，郑裕国没有对他作出严厉处罚，只是稍微骂了店主几句，就让他走了。贪财是经营者的本性，店主认识到自己的错误，且其妻子亦坦言"做人不能昧了良心"，郑裕国

---

① 王保民、李振、段秋关：《"礼法合治"：中国古典法治的常规形态》，《西北大学学报（哲学社会科学版）》2022年第4期。

相信已经到了教育目的，对其并未施以刑罚。这也充分体现了中华法系文明特别是清代司法裁判的特点，"清代的审判是一种教谕式的调处活动。之所以将审判当作一种教谕式的调处，首先是因为儒家思想提倡息讼、无讼；由于百姓过于健讼，令司法官员苦于大量庞杂的案件；诉讼纠纷的妥善解决也是考量各级官政绩的条件之一"，"不同于生硬的法律条文，情理基于其独特的性质和作用成为清代司法审判活动中的重要依据"。[①] 古代司法官员在案件审理过程中倡导礼法结合、法情允协、执法原情、原情定罪，这些传统的审判原则包含着化解纠纷矛盾的智慧，也为现代司法提供了吸收借鉴的资源。

  本案对于当今社会治理也具有重要意义，司法裁判者在处理案件过程中，要充分研判案件的司法效果与社会效果，确保情、理、法相结合。情、理、法的融合不是对依法独立裁判的弱化，相反，它是建立在依法独立裁判基础上，对法官运用历史、体系、比较等方法综合考量判决最优效果提出的更高要求。司法是维护社会公平正义的最后防线，审判是实践理性的艺术。正如习近平总书记所强调的，"法律不应该是冷冰冰的，司法工作也是做群众工作"。这就要求法官办案要合法合情合理，达到纠纷解决的最佳方案，努力实现政治效果、法律效果和社会效果的统一。

（陈冲　上海市闵行区人民法院）

[①] 蔡依静：《清代司法裁判依据探析》，《西部学刊》2022年1月上半月刊。

十三、藏区争讼

原文

判例1：

定日守备与番官戴琫互相禀讦审系虚诬折：守备刘瀛与番民任增贪夜进城至兵丁冯友家与番妇通奸，辄据兵丁等禀报，率以任增越城抢夺，并戴琫聚众夺犯等情具禀，虽事由误听，并非有心诬陷，究属不合。又失察兵丁私娶番妇，应请交部议处。……系番民，应与犯奸之番民任增、番妇边坝竹玛，勾引奸犯之番民长寿，及将任增带走之中译鲁垫，均交诺门罕查照夷例办理。

——《清代藏事奏牍》①

判例2

乾隆五十四年六月十三日，查，西藏遇有鼠牙争讼之事，向设有管理刑法头人，番语呼为郎仔辖。凡犯罪者俱照夷例分别重轻，罚以金银、牛、羊，即行减免。查，唐古忒番人自相构讼，原不妨听其照夷例完结，……嗣后除唐古忒番人所犯私罪，仍照旧发郎仔辖按情妥办外，至有关涉汉、回、外番及别项公罪之事，无论大小重轻，均令该郎仔辖呈报驻藏大臣拣派妥干文武，会同审理，秉公剖结存案，毋许仍听郎仔辖任意议罚，致滋枉纵。

——《清代藏事奏牍》②

---

① 原始文献详参吴丰培编辑、赵慎应校对：《清代藏事奏牍》，中国藏学出版社1994年版，第318—320页。

② 原始文献详参吴丰培编辑、赵慎应校对：《清代藏事奏牍》，中国藏学出版社1994年版，第376页。

判例 3

据署理西藏夷情怀唐武详称：据霍尔族总百户专差番目朗穷杂吗、扎里等二名禀称：于同治五年十月内由该族来藏商纳正赋银两，因将随带驮牛雇与果洛克番顺便驮脚回族，当令属下番民结噶、布穷二名，赴偏坡地方，与果洛克交待牛只。于十二月十五日天明时，该番民等行至扎什城老坟园被贼将该番民二人杀毙……奴才以劫财戕命，案情重大，当饬噶布伦同该管地方番官硕第巴等，勒限务将该犯严拿到案，以凭按律定拟。

——《西藏古代法典选编》①

注 释

【夤［yín］夜】深夜。

【戴琫［běng］】官名。亦称代本。清朝西藏地方武官之一。隶于噶伦，掌理各城典兵之事。设四品官六人。每人辖如琫二人，及甲琫、定琫等。遇有缺出，由如琫拨补。

【诺门罕】蒙语，原意为法台、法王，清时作为称号授予西藏、蒙古地区的僧俗头领。

【鼠牙】"雀角鼠牙"，指争讼之事，也特指因小事而争讼。《诗经·召南·行露》："谁谓雀无角，何以穿我屋？……谁谓鼠无牙，何以穿我墉？"

【唐古忒】即"土伯特"的异译，亦作图伯特、退摆特。为吐蕃一词的音变。屡见于清康熙、雍正、乾隆朝官书，指西藏及其附近地区。

【霍尔族】为藏族对蒙古人的称呼。清代霍尔三十九族游牧于今西藏那曲地区与昌都地区等。

---

① 周润年、喜饶尼玛译注：《西藏古代法典选编》，中央民族大学出版社 1994 年版，第 83 页。

【正赋】指地丁税。黄六鸿《福惠全书·钱穀·催征》:"田之所税为粮,人之所供为丁,统正赋之名,曰:地丁。"

【果洛克】清代果洛克族,位于康藏四川交界。

【驮脚】指赶着牲口从事驮运的人。

【扎什城】扎什城衙门,驻藏大臣衙门别称。亦称扎什敦布,位于拉萨北郊。

【饬 [chì]】命令。

【噶布伦】藏语,亦称"噶伦""噶隆"。西藏地方主管行政事务的官员,由清政府驻藏大臣会同达赖喇嘛挑选,具奏任命。

译文

判例1:

定日地方的守备官与番官戴瑺互相上禀控告经审系虚词诬告的奏折。

守备官刘瀛与藏地边民任增在深夜进城到兵丁冯友家与藏地边民妇女通奸,于是根据兵丁等的禀报,率以任增超越城抢夺,并将戴瑺聚众抢夺犯人等情况详细禀告,即使这件事情是由于误听所引发的,并非有心诬陷,但毕竟属于犯错。并且,失察兵丁私自娶藏地边民妇女,应当交部议处罚。……系本地边民,应当与犯奸的藏地边民任增、藏地边民妇女边坝竹玛,勾引奸犯的藏地边民长寿,以及将任增带走的汉语翻译鲁垫,均交给诺门罕查找按照藏例处理。

判例2

乾隆五十四年(1789)六月十三日,查,在西藏遇到有鼠牙争讼的案件,以前一直设有管理的刑法头人,藏语称为郎仔辖。凡是罪犯都按照藏地固有法按照罪行的轻重,罚金银、牛、羊,执行后罪行立即减免。查,唐古忒地方的藏民之间的诉讼案件,原来政府不干涉,让他们按照原有的藏地固有法处理……以后唐古忒藏人除了所犯的私罪，仍照旧发给郎仔辖按照情况妥善处理外，遇到有关涉及汉民、回民、其他少数民族及其他涉及公罪的案例，无论大小重轻，均命令这个郎仔辖呈报驻藏大臣，由驻藏大臣选派妥善能干的文武官员，会同审理，秉公分析过往案件，不准仍旧放任郎仔辖任意议论处罚，致使产生枉纵。

判例3

根据署理西藏夷情的怀唐武详细报告：根据霍尔族总百户专差番目朗穷杂吗、扎里等二人禀告称：在同治五年十月内由该族来藏商缴纳正赋银两，于是将随带驮牛雇予果洛克藏民顺便驮运回到族里，于是命令属下番民结噶、布穷二人，赴偏坡地方，与果洛克交易牛只。在十二月十五日天明时，这两个藏民来到扎什城老坟园这地方，却被罪犯杀害……我认为劫财害命，案情重大，应当命令噶布伦会同管辖该地方的藏官硕第巴等，严厉命令限定期限将该罪犯捉拿到案，以便能够按照法律拟定罪行。

解析：清代西藏地区"从俗从宜"的治理智慧

清代少数民族地区的立法和法律适用，是中国近两千年封建统治者民族统治和民族法治经验的总结，是清代各民族融合和各族封建法律交汇的产物和反映，其中西藏地区的法律适用实践集中体现了民族法治的成就，成为清朝法治发展的突出标志。在治理西藏的过程中，清政府逐步探索总结出一系列的统治经验，制定了许多行之有效的有特色的法律制度，形成了既连续又有阶段性的立法指导思想。"从俗从宜"就是清代治理西藏的重要法律思想，藏区争讼的三则案例从三个维度具象地体现了清代"从俗从宜"法律思想的实践运用。

1. 法律适用维度：因人制宜，尊重民族自治

清朝疆域辽阔，民族众多。在对待边疆民族问题上，清政府强调，"修其教不易其俗，齐其政不易其宜"。不同民族、不同地区、不同时期的立法，各有针对性，也各具特色。所谓"边腹之异，凡边外与腹地立法不同"，"蒙古照蒙古律拟断"，苗夷"照苗律段节"，"西藏治以番律，各回疆治以回律，俱各从其俗"。①

对西藏这样多民族混居的特殊地区，清初统治者从历史的经验教训中深刻地认识到，治理西藏只有在尊重藏族地区原有的行政制度、风俗习惯、宗教信仰与社会组织形式的情况下，因地制宜地采取统治措施，建立统治机构，才能加强对于西藏的统治。② 因此，有了判例1中对于汉藏民之间的争讼，按照属人原则，汉人适用《大清律例》，而藏民适用《十三法典》。

而《十三法典》是当时西藏地区的固有法，是五世达赖罗桑加措时期制定的，具有宗教性的一部诸法合体的基本法典，是民族习惯与民族宗教的结合。在涉及藏民的民事案件、轻微刑事案件和涉及宗教的案件中适用西藏地区的固有法，体现了对于藏区宗教、民族习惯、社会习俗的充分尊重，可以很好地适应当时西藏的政教秩序，在西藏地区的治理中发挥了重要作用。

及至今日，我国在西藏地区民事立法和法律适用方面仍然秉持上述原则，因地制宜、因人制宜，尊重西藏地区少数民族的风俗习惯、保障少数民族合法权益。例如，为了保障宪法和法律赋予的少数民族使用和发展本民族语言文字的权利，出台了《西藏自治区学习、使用和发展藏语文的规定》；1981年颁布的《西藏自治区施行〈中华人民共和国婚姻法〉的变通条例》和2002年颁布的《西藏自治区施行〈中华人民共和国收养法〉的变通规定》，从西藏的实际情况出发，保障了

---

① 张晋藩：《中国近代社会与法制文明》，中国政法大学出版社2003年版。
② 王立艳：《清代"从俗从宜"治理西藏的法律思想与实践》，《中央政法管理干部学院学报》2000年第4期。

少数民族的婚姻、家庭习俗。

2. 案件管辖维度：因案制宜，保障个案公平

清朝初年，中央政府对道路邈远的西藏地区无暇顾及，对于西藏的治理是一种间接统治，对西藏的基层社会不插手、不干预。表现在司法权的归属上，极大程度上放权给当地统治势力。如判例2中提到的"查，西藏遇有鼠牙争讼之事，向设有管理刑法头人，番语呼为郎仔辖。"说明在清初，在西藏地区的案件，无论是汉人和藏人之间的案件还是藏人之间的案件，一律都由郎仔辖管辖审判。这一案件管辖制度在案件仅涉及藏民之间的争讼时并无多大问题，但当案件涉及藏民与其他民族之间的争讼时，容易因裁判者的身份造成司法不公，因此，乾隆时期改变了对此类案件的审理管辖权，强调今后只有藏民之间的案件才继续由郎仔辖审判，涉及汉、回及藏民之间的案件一律责成郎仔辖上报驻藏大臣委员，与其会同审理，从而削弱了西藏地方的审判机构郎仔辖的司法权力。

这种因案件当事人民族不同，而确立不同管辖主体和审判组织的做法，既可以通过审判组织成员民族的多元性，确保对各民族当事人权益的公平对待；又通过郎仔辖的提起上报和会同审理，确保了很大程度上的司法自治权。这一法律文化延续发展至今，从而确保各民族当事人的风俗习惯、宗教信仰和合法权益受到充分保障。

3. 法治发展维度：因时制宜，缘法缘情而治

法律具有强烈的政治诉求，是政治制度的本质，而理想的政治管控态势在于通过国家权力的适当分配获得一种稳定的社会秩序。历代中央政府对西藏地区的治理主要是政治与军事手段，而清代则注重通过法律控制实现对西藏地区的政治管理，逐步走上了管理法律化轨道。

清代在西藏地区通过国家法的推进加强中央集权，同时也有限地允许保留地方固有法以尊重地方自治的存在。国家法体现中央集权，固有法则彰显地方自治。随着清政府不断加强中央集权统治，国家法

也因时制宜,不断被推广适用。就具体的司法实践而言,表现为两个方面,一是《大清律例》从刚开始只适用于西藏地区汉人之间的案件,逐步发展到汉藏民之间的案件,再到藏民之间的案件;二是《大清律例》从开始仅仅适用于重大的政治性案件和影响较大的宗教案件,发展到重大刑事案件,再到普通刑事案件。如判例3中,尽管当事人都是藏民,但因为是刑事案件,因此并没有适用当地的固有法,而是严格依据国家法《大清律例》予以裁判,就体现了国家法在刑事案件中的统一适用。

清代西藏地方的上述缘法而治、因时制宜、逐步推动法律适用统一的特点,反映了中央和地方两股力量的互动与调适,契合了现代法治发展的方向和趋势,也为当今西藏的法治建设奠定了基础。

"从俗从宜"的治藏法律思想对后世产生了深远影响。中华民国在立国之初,曾将清代的《钦定理藩院则例》认可为特别法之一。北洋政府统治时期,也援用了很多清政府的对藏法律。新中国成立后,对于民族地区的治理,合理运用"从俗从宜"的法律文化传统,推进民族区域自治,尊重民族平等、民族宗教信仰自由和民族风俗习惯,开启了自治地区法治新进程。

(董燕 上海市长宁区人民法院)

本书编写团队成员及分工简介

顾问

张文显　著名法学家，现任中国法学会党组成员、学术委员会主任，吉林大学和浙江大学文科资深教授。曾任吉林大学党委书记，吉林省高级人民法院党组书记、院长，二级大法官。

黄德宽　著名古文字专家，现为清华大学首位人文讲席教授，博士生导师，清华大学出土文献研究与保护中心主任，曾任安徽大学校长、党委书记。

编委会主任、主编

崔亚东　上海法学会党组书记、会长、二级大法官。曾任安徽省公安厅厅长、党委书记；贵州省委常委政法委书记，公安厅厅长、党委书记、副总警监，贵州省法学会会长；上海市高级人民法院党组书记、院长、二级大法官。负责本书的整体规划与设计，拟定参与本书编写人员构成及其分工，协调各编写组工作，审定编写大纲，对全书进行统编统校。

编委会副主任、副主编

米振荣　一级高级法官，上海市高级人民法院审判委员会专职委员，上海市法学会互联网司法研究会会长。曾任上海市崇明区人民法院院长、上海市长宁区人民法院院长。著有《互联网纠纷裁判精要》《环境资源案例裁判精要与评析》《未成年人司法保护的探索和实践》等。负责本书编写的具体分工与整体

施伟东　现任上海市法学会党组副书记、专职副会长。曾任上海市委政法委员会研究室主任，获得 CCTV 2017 年度法治人物称号。负责本书编写协调工作。

杨　华　上海政法学院人工智能法学院院长，教授，博士生导师，上海市法学会学术委员会委员、海洋法治研究会会长、人工智能法治研究会副会长。负责本书案例的选择、大纲的制定和审定，负责本书前言的起草、章节安排的设定与主要内容概括，负责与出版社对接、组织全书的修改与校对。

编委会委员（按姓氏笔画排序）

丁守胜　上海沪仑汽车集团董事长，参与本书编委会工作。

生键红　历史学博士，法学硕士，副教授，现任上海市地方志编纂委员会办公室副主任。曾任上海师范大学党委宣传部部长，上海市社会科学界联合会党组成员、秘书长、工会主席，东方讲坛办公室副主任。负责本书案例收集及审稿工作。

孙培江　一级高级法官，上海市长宁区人民法院党组书记、院长。曾任上海市高级人民法院申诉审查庭庭长、审委会委员、办公室主任，杨浦区人民法院院长，静安区人民法院院长。负责先秦时期、秦代、元代 29 件经典案例的解读，并对其进行编校。

刘学尧　曾任安徽省蚌埠市市委副书记兼政法委书记，上海大学和平与发展研究中心主任，现任上海政法学院人工智能法学院专家委员会主任。参与本书的整体规划与设计工作。

张　新　二级高级法官，上海市第二中级人民法院副院长。曾任上海市高级人民法院民事审判第五庭庭长。负责两汉三国南北朝时期及元代的 22 件经典案例的解读，并对其进行编校。

陈树森　三级高级法官，上海市高级人民法院政治部综合处处长、上海市法学会民法学研究会副秘书长。负责唐代、元代十七件经典案例的解读，并对其进行编校。

段守亮 二级高级法官，上海市黄浦区人民法院党组书记、院长。曾任上海市第二中级人民法院审判委员会委员、刑事审判第一庭庭长、审判员。上海市高级人民法院审判委员会委员、刑事审判第二庭庭长、审判员，上海市嘉定区人民法院院长。负责宋金时期23件经典案例的解读，并对其进行编校。

徐世亮 三级高级法官，上海市第一中级人民法院副院长。曾任职于上海二中院刑一庭、上海市高院，参与杨佳袭警案、林森浩投毒案、"11·15"特大火灾案、上海徐汇法院首例涉"套路贷"除恶案等大要案的审理。负责部分经典案例的解读，并对其进行编校。

席建林 一级高级法官，上海市第三中级人民法院党组书记、院长。曾任上海市高级人民法院研究室主任，上海市高级人民法院审委会委员、办公室主任，上海市虹口区人民法院院长，上海市闵行区人民法院院长。负责元明清时期31件经典案例的解读，并对其进行编校。

编辑部主任

杨　华（兼）

编辑部副主任

赵玉成 编委会办公室兼编辑部副主任，浙江清华长三角研究院法治与社会治理中心研究员。负责案例的选择与大纲拟定，经典案例的原文与现代文解释，参与本书前言的拟定。

沈丽飞 《高等学校文科学术文摘》常务副主任、编审。负责本书整体篇章审核。

孙建伟 法学博士，上海市法学会《东方法学》编辑部主任。负责本

　　　　书整体篇章审核。
胡荣鑫　上海市高级人民法院副科长。负责全书整体协调。
夏　邦　上海师范大学法学院教授。负责中华法治文明各时期的特点总结。
朱铁军　上海市普陀区检察院副检察长。负责本书整体篇章审核。
蔡一博　法学博士，上海市高级人民法院研究室二级法官助理。负责本书整体篇章审核。
王　赫　上海古籍出版社编辑。负责原文及解析校对。

参与编写案例的法官姓名一览表

（以下法院按照编写案例的朝代顺序排列）

上海市长宁区人民法院（以下按姓氏笔画排列）
丁　宁　万　达　吕　健　刘彬华　孙海峰　李旭颖　李　超
吴　双　汪　露　周晓宇　赵　丹　董　燕

上海市第二中级人民法院（以下按姓氏笔画排列）
马健博　王　霏　毛兴满　叶　戈　包　翌　吕曼菲　刘子娴
吴嘉懿　库娅芳　沈佳莹　宋亚文　张博闻　陆　越　陈晓龙
林梦婷　杭峻如　胡丽萍　拜金琳　段　夏　秦方舟　徐锦宜
龚杨帆　董步凡　储继波

上海市静安区人民法院（以下按姓氏笔画排列）
沈　烨　徐　凤　徐　涛　梁诗园　巢宇宸

上海市徐汇区人民法院
赵拥军

上海市黄浦区人民法院（以下按姓氏笔画排列）
王腾宇 刘 杰 纪冬雨 李 露 周 嫣 胡晓爽 戴逸婷

上海市闵行区人民法院（以下按姓氏笔画排列）
王 伟 王嘉兴 田 颂 卢 进 朱秋晨 刘文燕 李 震
杨 敬 何 超 张 辰 张 倩 张 鑫 陈 冲 赵宇翔
秦玉罕 夏万宏 章国栋

图书在版编目(CIP)数据

法治文明溯源：中华法系经典案例解析 / 崔亚东主编 . —北京：商务印书馆, 2023
ISBN 978-7-100-22418-5

Ⅰ. ①法… Ⅱ. ①崔… Ⅲ. ①法制史—中国 Ⅳ. ①D929

中国国家版本馆 CIP 数据核字（2023）第 075735 号

权利保留，侵权必究。

法治文明溯源
中华法系经典案例解析
崔亚东　主编

商　务　印　书　馆　出　版
（北京王府井大街 36 号　邮政编码 100710）
商　务　印　书　馆　发　行
南京爱德印刷有限公司印刷
ISBN 978-7-100-22418-5

2023 年 11 月第 1 版　　开本 718×1000　1/16
2023 年 11 月第 1 次印刷　　印张 46¾
定价：298.00 元